Edition <kes>

Mit der allgegenwärtigen IT ist auch die Bedeutung der Sicherheit von Informationen und IT-Systemen immens gestiegen. Angesichts der komplexen Materie und des schnellen Fortschritts der Informationstechnik benötigen IT-Profis dazu fundiertes und gut aufbereitetes Wissen.

Die Buchreihe Edition <kes> liefert das notwendige Know-how, fördert das Risikobewusstsein und hilft bei der Entwicklung und Umsetzung von Lösungen zur Sicherheit von IT-Systemen und ihrer Umgebung.

Die <kes> – Zeitschrift für Informations-Sicherheit – wird von der DATAKONTEXT GmbH im zweimonatigen Rhythmus veröffentlicht und behandelt alle sicherheitsrelevanten Themen von Audits über Sicherheits-Policies bis hin zu Verschlüsselung und Zugangskontrolle. Außerdem liefert sie Informationen über neue Sicherheits-Hard- und -Software sowie die einschlägige Gesetzgebung zu Multimedia und Datenschutz. Nähere Informationen rund um die Fachzeitschrift finden Sie unter www.kes.info.

Die Autoren der Zeitschrift und der Buchreihe Edition <kes> helfen den Anwendern in Basic- und Expert-Seminaren bei einer praxisnahen Umsetzung der Informations-Sicherheit: www.itsecuritycircles.de.

Weitere Bände in dieser Reihe
http://www.springer.com/series/12374

Hans-Peter Königs

IT-Risikomanagement mit System

Praxisorientiertes Management von
Informationssicherheits-,
IT- und Cyber-Risiken

5., überarbeitete und erweiterte Auflage

 Springer Vieweg

Hans-Peter Königs
Olsberg, Schweiz

Edition <kes>
ISBN 978-3-658-12003-0   ISBN 978-3-658-12004-7 (eBook)
DOI 10.1007/978-3-658-12004-7

Die Deutsche Nationalbibliothek verzeichnet diese Publikation in der Deutschen Nationalbibliografie; detaillierte bibliografische Daten sind im Internet über http://dnb.d-nb.de abrufbar.

Springer Vieweg
© Springer Fachmedien Wiesbaden GmbH 2005, 2006, 2009, 2013, 2017

Gedruckt auf säurefreiem und chlorfrei gebleichtem Papier

Springer Vieweg ist Teil von Springer Nature
Die eingetragene Gesellschaft ist Springer Fachmedien Wiesbaden GmbH
Die Anschrift der Gesellschaft ist: Abraham-Lincoln-Strasse 46, 65189 Wiesbaden, Germany

Geleitwort

Fast täglich vernehmen wir, wie Organisationen oder auch Einzelpersonen aus dem „Cyber Space" angegriffen werden. Die Schäden sind zum Teil sehr hoch und haben in einzelnen Fällen das Potenzial, ein Unternehmen zu ruinieren. Wie einige im vorliegenden Buch zitierten Untersuchungen zeigen, ist das Schadensvolumen durch solche Cyber-Attacken hoch und im Steigen begriffen. Zu den aus bösartigen Absichten resultierenden Schadensereignissen gesellen sich auch unabsichtlich verursachte Schäden wie sie sich aufgrund von Unfällen, Bränden oder Stromausfällen, bei der immer höheren Abhängigkeit unserer Gesellschaft von Systemen der Informationstechnik, ergeben. So wird auch das „Internet of Things", das zur Steuerung und Überwachung vieler Gegenstände des täglichen Lebens zunehmend Verwendung finden wird, zu Risiken führen, denen mit adäquaten Methoden begegnet werden muss.

Die vorliegende überarbeitete und erweiterte 5. Auflage des Buches trägt solchen Cyber-Risiken in einem zusätzlichen Kapitel sowie in der Überarbeitung der anderen Kapitel in hervorragender Weise Rechnung. Die im Buch durchwegs vertretene ganzheitliche Durchführung des Risikomanagements, unter Einbezug der Informationssicherheits-, IT- und Cyber-Risiken des Unternehmens ist ein Ansatz, den wir bei unseren Beratungen im öffentlichen Sektor und bei privaten Unternehmen zur Verbesserung der „Resilienz" gern einsetzen.

An diesem Buch schätzen wir zudem die Anlehnung an wichtige nationale und internationale Normen in ihren derzeit aktuellen Versionen; zu erwähnen sind hier die ISO-Standards zum allgemeinen Risikomanagement, die vielzähligen Standards über einzelne Gebiete der Informationssicherheit und über Management-Systeme, z.B. des Informationssicherheits-Managementsystems und des Cloud-Computings (innerhalb der ISO/IEC 270xx-Reihe) sowie des Business Continuity Management. Erfreulich ist auch die Anlehnung an Standards wie denen des US-amerikanischen „National Institute of Standards and Technology" oder der ISACA mit COBIT 5, in denen diese Institute auch zu Risikothemen Vorreiterrollen einnehmen.

Der Autor hat es dabei sehr gut verstanden, die für das Thema relevanten Quellen in das Buch einzubeziehen und die zum Teil umfangreichen und komplexen Zusammenhänge in den wesentlichen Aspekten verständlich zu behandeln und mit entsprechenden

Abbildungen zu visualisieren. Aufgrund der Mitarbeit des Autors in diversen Standardi-
sierungsgremien der Schweizerischen Normenvereinigung, seiner Tätigkeit als Dozierender für verschiedene Fächer des Risikomanagements an der Hochschule Luzern sowie
seiner Beratertätigkeit trifft er sicherlich für eine am Thema interessierte Leserschaft auch
in dieser Buchauflage wiederum das richtige Mass an Theorie und Praxis.

Für diese in vielen Aspekten wie der Cyber-Risiken überarbeitete und erweiterte
Buchauflage wünschen wir wiederum einen grossen Erfolg.

Zürich im Oktober 2016   Dr. Thomas Siegenthaler, Präsident CSI Consulting AG

Vorwort zur 5. Auflage

Die Risiko-Landschaft für viele Unternehmen hat sich in den letzten Jahren stark verändert, denken wir nur an die Verlagerung vieler Geschäftstätigkeiten und Informationsverarbeitungen in das Internet und die damit einhergehenden stark angewachsenen Cyber-Risiken. Auch haben die jüngst kontrovers diskutierten Ereignisse um Informationen (z. B. NSA-Belauschungen oder Hacker-Angriffe auf den deutschen Bundestag), die Informationen als hohes schützenswertes Gut vermehrt in das öffentliche Bewusstsein gerückt.

Ein Anstieg der Risiken hat sich auch aufgrund der steigenden Vernetzung und der fortschreitenden Digitalisierung von allerlei Systemen und Geräten des täglichen Lebens sowie der vielen unvermeidbaren Bedrohungen wie Hochwasser, Stürme oder Unfälle ergeben. Daher haben sich sowohl in der Standardisierung als auch in der praktischen Umsetzung des Risikomanagements von Informationssicherheits-, IT- und Cyber-Risiken in den letzten Jahren neue und vertiefte Erkenntnisse, Erfahrungen und Anpassungen ergeben; diesen Faktoren trägt die neue Buchauflage in praxisorientierter Weise Rechnung. Dabei werden in ein Gesamt-Risikomanagement integrierte Lösungsansätze vertreten, die ausgehend von der Unternehmens-Governance die fachspezifischen Risiken der Informationen, der IT mit ihren Systemen und Produkten sowie der Cyber-Systeme in systematischer Weise behandeln.

Ein solches Risikomanagement in den einzelnen Fachdisziplinen durchzuführen und in die Prozesse der Unternehmensführung zu integrieren wird nicht zuletzt durch die Unternehmensleitungen aufgrund ihrer ultimativen Verantwortung für solche Risiken gefördert wie auch durch verschiedene Gesetze und Regulative implizit verlangt. Diese Tendenz spiegelt sich auch in den jüngsten Standards der ISO wider, in denen für Managementsysteme (darunter ISO/IEC 27001) weitgehend einheitliche Anforderungs-Strukturen, z. B. bezüglich Unternehmens-Kontext, Einbindung der Führungspersonen, Ressourcenbereitstellung, Dokumentation und Kontrolle, gefordert werden. Solche wichtigen Anforderungen an die Führungsprozesse, die bei der Integration des Managements von Informationssicherheits-, IT- und Cyber-Risiken eine wichtige Rolle spielen, werden im Teil II dieses Buches behandelt.

Die derzeit laufenden Standardisierungen, an denen ich in den relevanten Normen-Komitees der Schweizerischen Normenvereinigung aktiv mitarbeite, tragen solchen aktuellen Aspekten Rechnung. Trotz der starken Anlehnung an solche Standards, ist es nicht Zweck des Buches, diese Standards zu interpretieren, zu erläutern oder die möglichen Neuerungen aus den zurzeit laufenden Reviews der Standards (z. B. ISO 31000, ISO-Guide 73, ISO/IEC 27003 oder ISO/IEC 27005) vorwegzunehmen. Vielmehr sollen für den Leser die wesentlichen praktischen Aspekte eines Risikomanagements aus der Sicht des Unternehmens und aus allgemeingültigen Grundlagen herausgearbeitet werden. Somit versteht sich das Buch als Alternative und Ergänzung zu den heute vielfältig vorhandenen und in den Literaturhinweisen erwähnten Rahmenwerken und Standardisierungs-Dokumenten.

Wie im erweiterten Titel des Buches erkennbar ist, beschränkt sich das Buch weder alleine auf die Risiken der Informationssicherheit[1] noch ausschliesslich auf die Risiken der IT, sondern behandelt im Rahmen eines Unternehmens-Risikomanagements die Risiko-Felder der Informationssicherheit, der Unternehmens-IT und der Cyber-Risiken als operationelle Unternehmens-Risiken. Deshalb sind die Buchteile I, II und IV aus der Top-down-Perspektive eines Unternehmens-Risikomanagements verfasst. Somit verfolgt das Buch das Ziel, den derzeitigen Stand des Risikomanagements von Informationssicherheits-, IT- und Cyber-Risiken, eingebettet in die Unternehmensperspektive, in einer für die praktische Anwendung notwendigen Übersicht und Ausführlichkeit zu behandeln.

Um der Sicht eines Unternehmens-Risikomanagements dienen zu können, wurde das Buch wiederum in die vier folgenden Teile gegliedert:

Teil I: Grundlagen erarbeiten
Teil II: Anforderungen aus Unternehmenssicht berücksichtigen
Teil III: Informations-Risiken erkennen und behandeln
Teil IV: Unternehmensprozesse meistern

Damit erklärt sich, dass in den ersten beiden Buchteilen die Grundlagen und die Anforderungen in einer für das Unternehmen allgemeinen Weise behandelt werden. Hingegen werden die für die IT- und Informations-Risiken spezifischen Inhalte im dritten Teil des Buches und die Umsetzung und die Integration des Informationssicherheits- und IT-Risikomanagements in die Unternehmensprozesse im vierten und letzten Teil des Buches behandelt.

Am Ende eines jeden Kapitels finden sich einige Kontrollfragen und Aufgaben. Die Musterlösungen für die Kontrollfragen und Aufgaben können über einen Online-Service im Internet abgerufen werden. Die URL dafür ist:

http://www.koenigs-media.ch/IT-Risikomanagement/

Fragen, fachliche Hinweise oder gar einen über den Online-Service möglichen Dialog sind mir herzlich willkommen.

---

[1] Sicherheit der Vertraulichkeit, Verfügbarkeit und Integrität von Informationen.

Dank

Einen wesentlichen Impuls zur Aktualisierung des vorliegenden Buches erhalte ich jeweils durch meine Tätigkeit als externer Dozierender an der Hochschule Luzern in meinen Vorlesungen über Informationssicherheit und Risikomanagement. Für die Unterstützung beim Einsatz dieses Buches in verschiedenen Ausbildungsveranstaltungen über „Information Security" im Department „Informatik" der Hochschule Luzern danke ich der Hochschule. Besonders danke ich dem Kurs- und Studienleiter Prof. Armand Portmann für sein Interesse, für die gemeinsamen Diskussionen sowie für die Abstimmungen über die dem Buch entnommenen Vorlesungsinhalte.

Für ihr stetes Interesse und Bereitschaft, einzelne Themen und ihre Praxistauglichkeit mit mir zu diskutieren danke ich meinen Kollegen: PD Dr. Karsten Decker, CEO Decker Consulting GmbH; Marcus Griesser, Dozentenkollege und CISO bei der SBB; Dr. Thomas Siegenthaler, Präsident CSI Consulting AG; und Janos Vrbata, CEO Vrbata Consulting.

Mein Dank gilt auch dem Lektorat des Springer Vieweg Verlags und vorab Frau Dr. Sabine Kathke für die sehr gute Betreuung und die wertvollen Hinweise.

Mein besonderer Dank geht vor allem an meine Frau Dr. Diemuth Königs, Historikerin und Autorin historischer Bücher, die mir mit Rat und Tat in allen Belangen zur Seite steht.

Olsberg im Oktober 2016   Hans-Peter Königs

Abkürzungsverzeichnis

AktG	Aktiengesetz
ASL®	Application Services Library (ASL® ist eine eingetragene Marke der ASL BiSL Foundation.
BiSL®	Business Information Services Library (BiSL® ist eine eingetragene Marke der ASL BiSL Foundation)
BS	British Standard
BSC	Balanced Scorecard
BSI	Bundesamt für Sicherheit in der Informationstechnik (Deutschland)
BSI	British Standards Institution (UK)
CC	Common Criteria
CEO	Chief Executive Officer
CERT®	Computer Emergency Response Team (Carnegie Melon University)
CERT®/CC	Computer Emergency Response Team/Coordination Center (Carnegie Melon University)
CFO	Chief Financial Officer
CIO	Chief Information Officer
CIP	Critical Infrastructure Protection
CIIP	Critical Information Infrastructure Protection
CISO	Chief Information Security Officer
CLO	Chief Legal Officer
COBIT®	Control Objectives for Information and related Technology (COBIT® ist eine eingetragene Marke der Information Systems Audit and Control Association)
COO	Chief Operation Officer
COSO	Committee of Sponsoring Organizations of the Treadway Commission
CRAMM	Centre for Information Systems Risk Analysis und Management Method
CRO	Chief Risk Officer
CSF	Critical Success Factor
CSO	Chief Security Officer
EBK	Eidgenössische Bankenkommission (Schweiz)
ETA	Event Tree Analysis (Ereignisbaum-Analyse)

FINMA   Eidg. Finanzmarktaufsicht
FMEA   Failure Modes and Effects Analysis (Fehler-Effekt- und Ausfall-Analyse)
FMECA   Failure Modes, Effects and Criticality Analysis
FTA   Failure Tree Analysis (Fehlerbaum-Analyse)
GL   Geschäftsleitung
HGB   Handelsgesetzbuch (Deutschland)
ICT   Information and Communications Technology
IDS   Intrusion Detection System
IEC   International Electrotechnical Commission
ISACA®   Information Systems Audit and Control Association®
ISMS   Informationssicherheits-Management-System
ISO   International Standards Organisation
IT   Informations-Technologie (Information Technology)
ITGI   IT Governance Institute®
ITIL®   IT Infrastructure Library (ITIL® ist eine eingetragene Marke der AXELOS,
             einem Joint Venture zwischen CAPITA und Cabinet Office UK)
ITSEC   Information Technology Security Evaluation Criteria
KCI   Key Control Indicator
KGI   Key Goal Indicator
KonTraG   Gesetz zur Kontrolle und Transparenz im Unternehmensbereich
KPI   Key Performance Indicator
KRI   Key Risk Indicator
MAO   Maximum Acceptable Outage
MTPD   Maximum Tolerable Period of Disruption
Mil Std   Military Standards (USA)
MTBF   Mean Time Between Failures
MTTF   Mean Time To Failures
MTTR   Mean Time To Repair
NIST   National Institute of Standards and Technology
OR   Schweizerisches Obligationenrecht
PDCA   Plan Do Check Act
PCCIP   President's Commission on Critical Infrastructure Protection
RM   Risikomanagement
ROSI   Return on Security Investments
RPO   Recovery Point Objective
RTO   Recovery Time Objective
SLA   Service Level Agreement
SOX   Sarbanes-Oxley Act (USA)
SWOT   Strength, Weaknesses, Opportunities, and Threats
SSL   Secure Socket Layer
VR   Verwaltungsrat

Inhaltsverzeichnis

Einführung

1

Überblick

„Wer nicht an die Zukunft denkt, wird bald Sorgen haben." Dieses Zitat von Konfuzius[1] bewahrheitet sich in unseren tagtäglichen Erfahrungen. Von solchen zukünftigen Sorgen soll uns das in diesem Buch behandelte Risikomanagement möglichst entlasten. Es stellt sich also die Frage: „Warum beschäftigen sich Unternehmen mit Risiken?" Die Antwort auf diese Frage und wie mit Risiken im Allgemeinen und mit den Risiken der Informationssicherheit, der IT und dem Cyberspace im Besonderen umgegangen werden soll, wird in diesem einführenden Buchkapitel grob behandelt. Dabei werden die vier Teile, in die das Buch gegliedert ist, kurz vorgestellt. Jedoch spätestens nach dem Lesen des ganzen Buches sollte der Leser mit den Vorgehensweisen zum Management solcher Risiken aus der Sicht einer Organisation[2] vertraut sein.

1.1 Warum beschäftigen sich Unternehmen mit Risiken?

Risiken sind eine Selbstverständlichkeit des Alltags. Der ehemalige deutsche Bundespräsident Walter Scheel[3] definierte dies treffend so: „Nichts geschieht ohne Risiko, aber ohne Risiko geschieht auch nichts". Die Frage dabei ist nur, wie den unerwünschten Risiken begegnet werden kann. Die Erfahrungen zeigen doch, dass mit geeigneten Vorkehrungen und Massnahmen das Eintreten der unerwünschten Ereignisse weitgehend verhindert oder

---

[1] Konfuzius: Chinesischer Philosoph (551 v.Chr. - 479 v.Chr.)

[2] In diesem Buch werden die Begriffe „Unternehmen" und „Organisation" synonym angewandt, obwohl die Standardisierungsliteratur unter dem Begriff Organisation auch nicht gewinnsuchende soziale Strukturen (z.B. Stiftungen, Kirchen oder andere Gemeinschaften) einbezieht.

[3] Deutscher Bundespräsident von 1974 bis 1979.

© Springer Fachmedien Wiesbaden GmbH 2017
H.-P. Königs, *IT-Risikomanagement mit System*, Edition <kes>,
DOI 10.1007/978-3-658-12004-7_1

die negativen Konsequenzen bei einem Eintritt zumindest vermindert werden können. Wem es je passiert ist, dass kurz vor der Fertigstellung einer umfangreichen Schreibarbeit am PC die Informationen unwiederbringlich gelöscht waren, wird die Nützlichkeit einer regelmässigen Informationssicherung auf ein anderes Speicher-Medium kaum in Frage stellen. Werden hingegen nur ein paar wenige aus dem Gedächtnis leicht zu reproduzierende Zeilen geschrieben, dann wird sich der Aufwand für ein zusätzliches Abspeichern auf ein zweites Speicher-Medium wohl kaum lohnen. Dieses simple Beispiel zeigt, wie ein den Risiken angemessenes Handeln gerade beim Umgang mit Informationen gewinnbringend sein kann. Dabei ist es auch eine allgemein bekannte Weisheit, dass negative Ereignisse (z. B. Unfälle), auch mit noch so weiser Voraussicht, nie gänzlich vermieden werden können; meist können jedoch mit entsprechenden Vorkehrungen entweder die Häufigkeit des Eintritts reduziert oder die negativen Konsequenzen unerwünschter Ereignisse gemildert werden. So hat das am 11. März 2011 stattgefundene Erdbeben in Japan und die nachfolgende Tsunami- und Atomreaktor-Katastrophe in eklatanter Weise gezeigt, wie den Verhältnissen angemessene vorsorgliche Massnahmen den Tsunami zwar nicht verhindern, aber dessen Schadens-Auswirkungen – vor allem die nachfolgende Reaktorkatastrophe – hätten wesentlich reduzieren können. So kam auch der am 5. Juli 2012 veröffentlichte Bericht einer eingesetzten parlamentarischen Untersuchungskommission zum Schluss, dass die „von Menschen verursachte Katastrophe" der Kernschmelze „vermeidbar" gewesen wäre. Betroffen von den Auswirkungen oder involviert in die Handlungen vor und nach Schadensereignis waren eine Vielzahl von Personen und Firmen wie beispielsweise der Kraftwerkbetreiber TEPCO und die japanischen Behörden.

Wie IT-Risiken Firmenpleiten verursachen können, kann am Beispiel des Unterwäsche-Herstellers Schiesser AG ersehen werden. Über die 2009 insolvent gewordene Firma am Standort Radolfzell mit 2300 Mitarbeiter war beispielsweise im Internet zu lesen: „Die Lieferschwierigkeiten der Schiesser AG waren in der Branche bekannt. Dafür verantwortlich: die Betriebssoftware. Sie stellt die Lieferbarkeit sicher. Bei Schiesser tat sie das eben nicht (…)."

Auch zeigt die inzwischen fast endlose Liste von Cyber-Attacken, wie Unternehmen und deren Anspruchsgruppen (Kunden, Lieferanten etc.) durch solche Angriffe zu Schaden kommen können, weil es offensichtlich an den angemessenen Sicherheitsmassnahmen fehlt. So wurde „Target Corporation", eines der grössten Einzelhandels-Unternehmen in den USA, im Jahr 2013 Opfer eines Hackerangriffs. Die Datendiebe erbeuteten 70 Millionen Datensätze mit persönlichen Informationen der Kundschaft, darunter von 40 Millionen Kredit- und Debit-Kartenbesitzer die Datensätze mit Kontodaten, einschliesslich der Sicherheitsdaten wie Kreditkartennummer, Gültigkeitsdatum, CVV-Sicherheitscode und PIN-Code. Für außergerichtliche Einigungen mit betroffenen Kunden musste Target rund zehn Millionen Dollar investieren. Der damalige CEO Gregg Steinhafel musste ein halbes Jahr nach dem Datendiebstahl die Firma verlassen. Angeblich könnte Target bis zu einem Betrag von 3.6 Milliarden Dollar haftbar sein. Das Vertrauen der Kunden in die Sicherheitsmassnahmen von Target wurde durch das Ereignis beschädigt, was sich u. a. auch in einem Umsatzrückgang zeigte [Pere14].

Ähnliches, aber in umgekehrter Richtung, gilt für positive Ereignisse, die mit möglichst positiven Effekten herbeigewünscht werden. Solche ebenfalls ungewissen, jedoch wünschbaren positiven Ereignisse werden als Chancen bezeichnet. Um die positiven Effekte mit grösstmöglicher Wahrscheinlichkeit oder mit möglichst günstigen Ergebnissen herbeizuführen, werden auch entsprechende Massnahmen ergriffen. So soll beispielsweise die Werbung für ein Produkt die Chancen vergrössern, dass ein Produkt möglichst häufig gekauft und dabei allenfalls auch noch ein hoher Kaufpreis erzielt wird. Unterbleiben die Massnahmen, dann wird das Produkt allenfalls nicht mehr gekauft und der gewünschte Erfolg wird zu einem Misserfolg, was umgangssprachlich wiederum als „Risiko"[4] bezeichnet wird. So ist es ein zentraler Aspekt beim Umgang mit Risiken, unter Berücksichtigung der vorhandenen Bedingungen und der in Zukunft möglichen Entwicklungen, die optimalen Massnahmen zum Erreichen wünschenswerter Ergebnisse herauszufinden und zu realisieren. Diese eben skizzierte Beschäftigung mit Risiken ist grob vereinfacht das, was die Unternehmen allgemein unter „Risikomanagement" verstehen.

Systematik beim „Risikomanagement"
Um mit allen und zum Teil abstrakten Aspekten zu den gewünschten optimalen Ergebnissen zu kommen, braucht es in der Regel ein grosses Mass an Systematik. Gerade, wenn es um hohe Risiken und hohe Massnahmenkosten geht, die den Unternehmen rund um die Risiken der Informationssicherheit, der IT und der Cyber-Sicherheit entstehen, ist es wichtig, die Risiken ganzheitlich, systematisch und transparent zu behandeln.

„Risikomanagement" mit systemischen Modellen
Die für das Risikomanagement in diesem Buch verwendeten Modelle werden als „systemische" Modelle verstanden. Dabei kann eine Risiko-Ursache zu verschiedenen Auswirkungen führen und eine Auswirkung das Resultat verschiedener Ursachen sowie Ursache neuer Auswirkungen sein. Um die meist „komplexe" Wirklichkeit möglichst gut zu modellieren, enthalten die Problemlösungs-Prozesse des Risikomanagements mit ihren Sub-Prozessen entsprechende Rückkopplungen und Iterationen ([Ulri91], S. 36–50, 114–136). Mit diesem „systemischen" Ansatz findet auch der gewählte Titel dieses Buches „IT-Risikomanagement mit System" seine Erklärung.

1.2 Risiken und Chancen bei unternehmerischen Tätigkeiten

Risiken und Chancen sind in jedem Unternehmen – wenn auch nicht immer offensichtlich – vorhanden. Es gilt der Grundsatz, dass mit dem Ergreifen von Chancen auch immer Risiken einhergehen. Dabei ist es eine normale menschliche Eigenschaft, die Risiken aus

---

[4] Der im Abschn. 2.2 erwähnte „Erweiterte Risikobegriff" enthält sowohl die negativen als auch die positiven Ungewissheiten, dabei wird als Antonym zu „Chance" (Opportunity) nicht der Begriff „Risiko", sondern der Begriff „Gefahr" respektive „Bedrohung" (Threat) verwendet (vgl. [Cott13], S. 2; [Glei05], S. 27).

dem Bewusstsein möglichst zu verdrängen. Dennoch ist der sorgfältige Umgang mit Risiken, gleichermassen wie das Wahrnehmen von Chancen, eine der wichtigsten unternehmerischen Verantwortlichkeiten und muss in der Unternehmens-Politik, in der Unternehmens-Strategie sowie in allen unternehmerischen Handlungen gepflegt werden; ist doch das Wohl des Unternehmens und gar sein Überleben vom richtigen Umgang mit den Risiken abhängig.

Die Leidtragenden der Risiken sind auch nicht nur die Eigentümer eines Unternehmens, sondern alle am Unternehmen beteiligten sogenannten Anspruchsgruppen (Stakeholder), wie Beschäftigte, Kapitalgeber, Verbände, Partner, Lieferanten, Behörden, Kommunen und der Staat. So haben die in den letzten Jahren aufgetretenen Schadensereignisse bewirkt, dass das Risikomanagement in den meisten Industriestaaten zu einer von Gesetzgebern und Regulatoren verordneten „Muss-Disziplin" der Unternehmensführung geworden ist.

1.3   Inhalt und Aufbau dieses Buchs

Die unterschiedlichen Risiken in einem Unternehmen sind in ihrer Art und Entstehung stark voneinander abhängig und tragen letztlich zum Erfolg oder Misserfolg eines Unternehmens in entscheidendem Masse bei. Deshalb muss die Steuerung und Überwachung der Risiken bereits auf der obersten Ebene der Unternehmensführung erfolgen. Das Buch behandelt zwar speziell die Informationssicherheits-, IT- und Cyber-Risiken, dennoch müssen die Bedrohungen, Massnahmen und Prozesse zum Management dieser Risiken in einem ganzheitlichen Zusammenhang aus Unternehmenssicht und dessen Zielen, Anforderungen und Management-Prozessen gesehen werden. Demzufolge wird vor der spezifischen Behandlung der auf Informationen bezogenen Risiken in den Teilen III und IV des Buches, in den Teilen I und II die dazu notwendigen Grundlagen und Voraussetzungen behandelt.

Teil I: Grundlagen erarbeiten
Gemäss diesem Buchaufbau werden in **Teil I** des Buches die für ein ganzheitliches Risikomanagement in einem Unternehmen notwendigen allgemeinen Grundlagen und Instrumente erarbeitet. Dabei werden die in der Praxis oft vereinfacht und pragmatisch verwendeten Risikobegriffe und Vorgehensweisen in ihrer Grundsätzlichkeit erläutert. Da das Buch die Informations- und IT- und Cyber-Risiken wo möglich aus Unternehmenssicht und aus der Sicht des Unternehmensmanagements behandelt, werden in diesem Teil des Buches viele Grundlagen allgemein und nicht „nur" spezifisch für die Informations-Risiken[5] aufgezeigt. Im Kap. 3 erfolgt sodann die Verknüpfung der im Kap. 2 bereits dargestellten Methoden und Werkzeuge in einem, an den Standard ISO 31000:2009

---

[5] Die drei Risiko-Arten „Informationssicherheits-Risiken", „IT-Risiken" und „Cyber-Risiken" überlappen sich stark (s. Abb. 17.1). Daher wird, wenn mehrere dieser Risiken gemeint sind, vereinfacht

angelehnten allgemeinen Risikomanagement-Prozess, der ein möglichst effizientes und effektives Risikomanagement ermöglichen soll. Die fachspezifischen Details für das Informations-Risikomanagement können leicht aus diesem allgemeinen Prozess abgeleitet werden.

Teil II: Anforderungen aus Unternehmenssicht berücksichtigen
Im Sinne eines von den Anforderungen her getriebenen Unternehmens-Risikomanagements, werden im **Teil II** die an das Unternehmen gestellten aktuellen Anforderungen an ein Risikomanagement sowohl aus „Compliance-Sicht" als auch aus Sicht der Governance und der verschiedenen Management-Prozesse behandelt. Die dazu zusammengestellten Konzepte, Methoden und Instrumente haben zum Ziel, im Sinne eines „Integrierten Risikomanagements", ein möglichst effektives Risikomanagement, unter Einbezug der wichtigen Risiken und Anforderungen bezogen auf die IT und die Informations-Risiken aufzubauen und zu betreiben.

Teil III: Informations-Risiken erkennen und bewältigen
Der Teil III widmet sich ausschliesslich dem Risikomanagement der Informationssicherheit und der Informationstechnologie (IT). Resultierend aus den im Teil II beschriebenen Unternehmensanforderungen werden mit entsprechenden Methoden und Verfahren die Risiken der Informationssicherheit und der IT detailliert behandelt. Der gebräuchliche, aber unscharfe Begriff der „Informations-Risiken" schliesst dabei die Informationssicherheits-Risiken wie auch die Risiken im Zusammenhang mit der Leistungserbringung der IT ein.

Teil IV: Unternehmensprozesse meistern
Im Teil IV wird sodann gezeigt, wie sich die verschiedenen Risiken, darunter die operationellen Risiken der Informationssicherheit und der Informations-Technologie, in einen gesamten Risikomanagement-Prozess des Unternehmens einfügen lassen. Dazu gehört vor allem die Integration der fachspezifischen Risikomanagement-Prozesse der Informationssicherheit, der IT und der Cyber-Sicherheit in den gesamten Risikomanagement-Prozess und in den Strategieprozess des Unternehmens. Behandelt werden auch unternehmenswichtige Management-Systeme und -Prozesse wie die des Geschäftskontinuitäts-Managements (BCM) und deren Verankerung im Gesamt-Risikomanagement-Prozess des Unternehmens. Letztlich werden in diesem Buchteil auch einige für die Unternehmen wichtige Risiko-Themen, wie Lifecycle von Informationen und Systemen, IT-Sourcing, Cloud-Computing sowie die immer wichtiger werdenden Vorgehensweisen bezüglich der „Cyber-Bedrohungen" behandelt.

---

von „Informations-Risiken" gesprochen, da alle drei Risiko-Arten ja ihren Ursprung bei „Informationen" haben.

Literatur

[Cott13]   Cottin, Claudia und Sebastian Döhler: Risikoanalyse. Wiesbaden, Springer Spektrum, 2013.

[Glei05]   Gleissner, Werner und Frank Romeike: Risikomanagement. München: Haufe, 2005.

[Pere14]   Perez, Sarah: Target's Data Breach Gets Worse: 70 Million Customers Had Info Stolen, Including Names, Emails And Phones. Tech Crunch: Jan 10, 2014. URL: https://tech-crunch.com/2014/01/10/targets-data-breach-gets-worse-70-million-customers-had-info-stolen-including-names-emails-and-phones/?utm_source=feedburner&utm_medium=feed&utm_campaign=Feed%3A+Techcrunch+%28TechCrunch%29&utm_content=Netvibes, abgerufen 11.9.2016.

[Ulri91]   Ulrich, Hans und Gilbert J. B. Probst: Anleitung zum ganzheitlichen Denken und Handeln. 3. erw. Auflage, Bern: Haupt, 1991.

Teil I

Grundlagen erarbeiten

Beschäftigung mit Risiken und Risikomanagement

2

Überblick

Ein grosser und in den Grundlagen des Risikomanagements anspruchsvoller Teil liegt in der methodischen Erkennung, Analyse, Verwaltung und der Kommunikation der Risiken. Auf der Basis einer qualitativen oder quantitativen Einstufung der Risiken sowie einiger weiterer Kriterien sollen möglichst optimale Massnahmen-Lösungen gefunden und umgesetzt werden; in einer prozessorientierten, nachvollziehbaren Abwicklung des Risikomanagements ist es auch wichtig, inwiefern die nach der Risiko-Behandlung verbleibenden Restrisiken in einem Risiko-Portfolio toleriert und ohne weitere Behandlung bewusst getragen werden können. In diesem Kapitel werden, ausgehend von Eigenschaften und den möglichen Darstellungsweisen eines Risikos, einige grundlegenden Vorgehensweisen und Instrumente für das Risikomanagement in einem Unternehmen behandelt.

2.1 Vernetzte Aktivitäten und Stellenwert Risikomanagement

Die hauptsächlichen Aktivitäten eines Risikomanagements werden vorteilhaft in einer prozessorientierten Weise durchgeführt (s. Abb. 2.1). Die Abb. 2.1 zeigt auch, dass die Aktivitäten eines Risikomanagement-Prozesses in hohem Masse untereinander vernetzt sind, d. h. dass alle Subprozesse voneinander abhängig sind und zur Verbesserung der Ergebnisse aufeinander einwirken sollen. Demzufolge werden auch alle Aktivitäten im Rahmen des Risikomanagements mittels Kommunikationsaktivitäten untereinander verbunden. Eine detaillierte Behandlung des Risikomanagement-Prozesses mit seinen Subprozessen erfolgt im Kap. 3 dieses Buches.

© Springer Fachmedien Wiesbaden GmbH 2017
H.-P. Königs, *IT-Risikomanagement mit System*, Edition <kes>,
DOI 10.1007/978-3-658-12004-7_2

Abb. 2.1 Vernetzte Aktivitäten
im Risikomanagement
(vgl. [Niir11], S. 8)

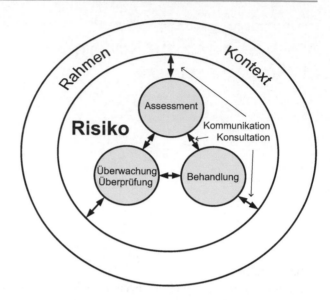

Bedeutung des Risikomanagements für die Unternehmensführung

Das „Risikomanagement", wie es in diesem Buch sowohl generell aus der Unternehmenssicht als auch spezifisch für die Gebiete der Informationssicherheit, der Informationstechnologie und der Cyber-Sicherheit behandelt wird, ist eine bedeutende Disziplin der Unternehmensführung; soll doch der Einsatz der Disziplin „Risikomanagement" den Führungspersonen erlauben, die negativen Entwicklungen und Ereignisse abzuwenden und die Geschicke des Unternehmens in positive Bahnen zu lenken.

Interdisziplinäre Vernetzungen beim Risikomanagement

Das Risikomanagement und seine Durchführung hat auch einen hohen interdisziplinären Stellenwert, können doch beispielsweise die „Informationssicherheits-Risiken" oder „Cyber-Risiken" grosse andere Risiken in der Volkswirtschaft, in öffentlichen Verwaltungen, im Gesundheitswesen, im Kommunikations-, Energie-, Verkehrs-, Finanz- und Transportwesen sowie ganz allgemein in der Gesellschaft nach sich ziehen. Zu den kriminellen Ursachen kommen die Risiken aufgrund menschlichen Versagens, höherer Gewalt und des Versagens von Technik oder Prozessen, die zu Schäden an Leib und Leben, zu hohen Abschreibungen oder zum Ruin ganzer Unternehmen führen können. Einige solcher Risiken sind: Flops oder Mängel bei grossen IT-Projekten, Ausfälle wichtiger IT-Systeme (z. B. in Banken oder öffentlichen Verwaltungen), Datendiebstähle (Namen, Passwörter und Kreditkartennummern), undurchschaubare Funktionen mit Manipulation und Datenabfluss bei der Benutzung sozialer Netzwerke. Immer stärkere Bedeutung erlangen auch die Cyber-Attacken, bei denen Kriminelle, mittels „Social Engineering" und „Trojanern", die Computer von Privatpersonen, Unternehmen und Behörden zu Betrugszwecken ausspionieren und Daten manipulieren. Solche Angriffe dienen beispielsweise der Erpressung von Personen bis hin zur Staats- und Wirtschaftsspionage und dem heute zur Realität gewordenen „Cyber-Krieg".

2.2   Betroffene, Kontext und Abgrenzung Risikomanagement

Die aus dem Risikomanagement-Prozess resultierenden Massnahmen bezwecken, die Gefahrensituationen oder die Folgen von Schadensereignissen für die „Betroffenen" zu beseitigen oder zu vermindern.

Je nachdem wie die Aufgabenstellung für das durchzuführende Risikomanagement lautet, können die Betroffenen Einzelpersonen, Gruppen von Personen oder auch, wie in diesem Buch, Unternehmen sein. Die Risiken, die wir im Rahmen dieses Buches betrachten, fallen bei einzelnen Produkten oder Dienstleistungen, bei einzelnen Organisationseinheiten oder auf der Ebene des Gesamtunternehmens an.

Neben der Fokussierung auf die Betroffenen ist die Bezeichnung und Abgrenzung der Risikoobjekte[1] für die möglichen Schadensereignisse nötig. Auch das Umfeld der betrachteten Objekte bedarf der Definition und Abgrenzung. Diese Definitionen und Abgrenzungen sind aus den Blickwinkeln der Gefahrensituationen, der an der Risiko-Beurteilung und -Behandlung beteiligten Stellen sowie der massgeblichen funktionalen Zusammenhängen notwendig.

Bereits zu Beginn einer Risikomanagement-Aufgabe ist die Fokussierung und die Bestimmung des massgeblichen Kontextes unabdingbare Voraussetzung. Mehr über die möglichen Inhalte des „Kontexts" sowie die Aktivitäten bei den einzelnen Management-Aktivitäten sind im Kap. 3 dargelegt.

2.3   Definition des Begriffs „Risiko"

Im Hinblick auf eine möglichst breite Anwendung lautet die ISO-Definition gemäss dem ISO/IEC Guide 73:2009 [Isov09]:

> Risiko ist die Auswirkung von Ungewissheit auf Ziele.

Diese grobe und allgemeine Definition schliesst nicht nur negative, sondern auch positive Auswirkungen sowie objektive und subjektive Betrachtungen ein, was für die Behandlung vieler Unternehmens-Risiken (z. B. Marktrisiken) von Vorteil ist. Die solchermassen aufgefassten und behandelten Risiken werden als „Risiken im weiteren Sinne" bezeichnet [Meye08, S. 24–25].

---

[1] Der Begriff „Risikoobjekt" wird in diesem Buch für diejenigen Objekte verwendet, auf die sich die Risiken beziehen. Der Begriff „Objekt" wird dabei synonym zum Begriff „Gegenstand" sowohl für greifbare als auch für abstrakte Güter, Objekte und Strukturen verstanden und schliesst den in der englischsprachigen Standardisierung oft verwendeten Begriff „Asset" ein.

Definition von „Risiko" im engeren Sinne

Für die Fragestellungen in der IT und der Informationssicherheit hat sich hingegen der „engere Risikobegriff" als zweckmässig erwiesen, der lediglich die zu Verlusten führenden negativen Abweichungen von Zielen behandelt. Auch bei den „Operationellen Risiken", zu denen die Risiken der IT und der Informationssicherheit gehören, werden lediglich die negativen Folgen von **„Zielabweichungen"** eines impliziten oder vorgängig definierten Ziels betrachtet. Dieses oft auch als „Downside"-Risiko bezeichnete Risiko ergibt sich aus den ursächlichen Bedrohungen, welche Schäden mit einer gewissen Wahrscheinlichkeit (Häufigkeit) hervorrufen können. Für ein solches Risiko ergibt sich die folgende für den Praxiseinsatz bei operationellen Risiken sinnvolle Risiko-Definition (vgl. [Brüh01], S. 8):

> Risiko ist eine nach Wahrscheinlichkeit (Häufigkeit) und Konsequenz bewertete Bedrohung hinsichtlich der Abweichungen von erwarteten System-Zielen.[2] Das (Downside-[3]) Risiko betrachtet dabei stets die unerwünschten Abweichungen von den System-Zielen und deren Folgen.

Einem Risiko gemäss dieser Definition steht meist auch eine Chance gegenüber, welche ein positives Ergebnis in Aussicht stellt. Bei den in diesem Buch betrachteten „Operationellen Risiken" besteht jedoch meist keine unmittelbare Verknüpfung zwischen den möglichen Schäden (Verlusten) und den Chancen (möglichen Erträgen). Daher lassen sich die Risiken und die dazugehörige Chancen solcher Risiken meist auch nicht mit dem gleichen Lösungsansatz behandeln, was das Abwägen der Risiken mit den Chancen entsprechend schwierig gestaltet.

Die obige Risiko-Definition bietet ein breites Anwendungsspektrum. So können die mit Unsicherheit behafteten Ziele in der Form elementarer Eigenschaften, aber auch in der Form komplexer qualitativer oder quantitativer Anforderungen formuliert werden. Von der Zieldefinition hängt es primär ab, was als Abweichung vom Ziel und den Folgen[4] (Konsequenzen) der Abweichung und damit als Risiko erklärt werden kann. Daher bestehen zur Analyse und Bewertung der „Folgen der Abweichungen von Zielen" vielzählige Möglichkeiten. Dazu gehören technische Risikoaussagen, wie das Mass über die Anzahl und die Folgen von technischen Fehlern oder stochastische Risikomassen in zeit- und

---

[2] Unter **„System"** wird in diesem Zusammenhang ein allgemeines System verstanden, das beispielsweise ein ökonomisches, ein gesellschaftliches oder ein technisches System mit zielorientierten Werten sein kann.

[3] Die Risiko-Definition im „weiteren Sinne" betrachtet zusätzlich zum **„Downside-Risiko"** auch das **„Upside-Risiko"**, d. h. die erwünschten positiven Abweichungen von System-Zielen. An die Stelle von Bedrohungen treten dann die „Chancen".

[4] In diesem Buch werden fast ausschliesslich die Risiken mit negativen Folgen eines Ereignisses behandelt, die dann auch als „Schaden", „Schadensausmass" oder „Verlust" bezeichnet werden. Die derzeitige Standardisierung ([Isor09], S. 5) definiert hingegen den Begriff „Konsequenz" sowohl für negative als auch für positive Zielabweichungen.

geldwerter Skalierung, z. B. bei Abweichungen von erwarteten Finanzzielen, oder auch Indikatoren, die Risikoaussagen wiedergeben (s. Abschn. 2.9 und 2.9.2).

Wird die obige Risiko-Definition beispielsweise auf Projektrisiken angewendet, dann werden hauptsächlich die Folgen der Zielabweichungen bezüglich „Dauer", „Budget" und „Qualität" betrachtet. Wenden wir die oben angegebene Definition auf die Sicherheit von Informationen an, dann können die Sicherheits-Risiken und deren Folgen aus den Abweichungen von den „elementaren" System-Zielen, „Vertraulichkeit", „Integrität" und „Verfügbarkeit" abgeleitet werden. Doch können Sicherheits-Risiken auch von komplex formulierten Zielen abgeleitet werden, wie beispielsweise von der Erreichung gewünschter Ergebnisse bei Sicherheitsprozessen.

Wird die obige Risiko-Definition bezüglich der Einhaltung einer gesetzlichen Vorschrift benutzt, dann könnte die aus einer Abweichung (Nichteinhaltung) resultierende negative Konsequenz beispielsweise der Verlust einer Banklizenz mit den entsprechenden Vermögensverlusten bedeuten. Solche auf der Erfüllung komplexer Anforderungen beruhenden Risiken werden oft unter dem Begriff „Compliance-Risiken" zusammengefasst.

Bedrohungen und Schwächen

Die „unerwünschten Zielabweichungen" können dann eintreten, wenn entsprechende Bedrohungen (resp. Gefahren) vorhanden sind. So kann beispielsweise die Bedrohung „Erkrankung Mitarbeiter" eine negative Abweichung vom Ziel „Fertigstellungs-Termin" eines Projekts bewirken.

Eine Bedrohung kann sich im Allgemeinen umso häufiger und stärker auswirken, als geeignete Massnahmen fehlen. Eine geeignete Massnahme im gerade gegebenen Beispiel wäre, den krank gewordenen Mitarbeiter kurzfristig durch eine andere gleichermassen geeignete Person zu ersetzen. Ist eine solche Massnahme nicht vorhanden, wird in einem solchen Risikomodell von einer Schwäche, Verletzlichkeit oder Schwachstelle des Objekts respektive des Systems gesprochen.

Aus den Bedrohungen und den Schwächen des Systems ergibt sich die in der obigen Risiko-Definition bereits erwähnte Wahrscheinlichkeit[5] (Häufigkeit), mit der ein Ereignis eintritt und sich damit eine Abweichung vom gesetzten Ziel mit bestimmten negativen Folgen (Konsequenzen[6]) ergibt. So kann beispielsweise die Abweichung von einem

---

[5] Der Wert einer Wahrscheinlichkeit wird oft durch eine Häufigkeit angenähert oder durch Zählwerte der möglichen Ereignisse innerhalb einer Zeitperiode (z. B. 1 Jahr) bestimmt. Bei den Informations-Risiken sind auch solche Methoden beliebt, bei denen die Wahrscheinlichkeit (Häufigkeit) aus der Analyse der Bedrohungen und Schwachstellen, bezogen auf ein bestimmtes Risikoobjekt, hergeleitet wird.

[6] Die unmittelbare Auswirkung eines Ereignisses wird manchmal auch als „Impact" bezeichnet und ist oft technischer Natur (z. B. Verfügbarkeitsverlust durch Ausfall von Server-Systemen im Kontext der IT-Prozesse). Die für die Höhe des Risikos im Endeffekt massgeblichen mittelbaren „Konsequenzen" (z. B. Kosten) resultieren sodann aus den Impacts und werden im Geschäftskontext meist in monetären Werten (z. B. als Kosten oder Reputationsverlust) zum Ausdruck gebracht (vgl. [Salv08], S. 36–38). Anstelle des Begriffs „Konsequenz" ist häufig auch die Bezeichnung „Business Impact" anzutreffen. Eine einheitliche Anwendung dieser Begriffe ist jedoch in der derzeitigen Standardisierung noch nicht gegeben.

geplanten Projekttermin finanzielle Einbussen zur Folge haben und/oder das Ansehen der
Firma auf dem Markt beeinträchtigen (Reputations-Schaden). Eine Abweichung vom Ziel
kann plötzlich, aber auch schleichend oder intermittierend, d. h. mit einer gewissen Zeit-
abhängigkeit, eintreten.

Als Beispiel einer zeitabhängig eintretenden Abweichung vom Ziel „Vertraulichkeit
der Daten", könnte ein über längere Zeit unentdeckt wiederholter Datendiebstahl genannt
werden. Solche zeitabhängigen Abweichungen vom Ziel bedürfen einer der Schadensentwicklung angepassten Risiko-Behandlung. So bedürfen die Ereignisse mit einem zeitlich
anwachsenden Schadensausmass (z. B. Brandereignisse) Massnahmen mit möglichst
rascher Wirkung.

Bestehen hingegen keine Möglichkeiten von Zielabweichungen, so resultiert definitionsgemäss auch kein Schaden, das System wird dann als „sicher" bezeichnet.

Bei bestimmten Zielen (z. B. Fertigstellungstermin in einem Projekt) kann eine Zielabweichung durchaus auch positive Folgen aufweisen. In diesem Falle haben wir es definitionsgemäss mit einer Chance zu tun. Bei den Massnahmenentscheidungen zur Behandlung
eines Risikos sind die möglichen Chancen ebenfalls in geeigneter Weise zu berücksichtigen.

Da in diesem Buch die Vorgänge um ein Risiko „systemisch" betrachtet werden (Ursachen, Auswirkungen etc.), wird für diese Art von Zielen der Begriff „System-Ziel" verwendet. In der Informationssicherheit wird statt System-Ziel meist der Begriff „Sicherheitsziel"
verwendet.

2.4   Risikomodell und Risikofaktoren

Die Einflussfaktoren für das Zustandekommen von Risiken kann vorteilhaft anhand eines
Anschauungsmodells gezeigt werden (s. Abb. 2.2).

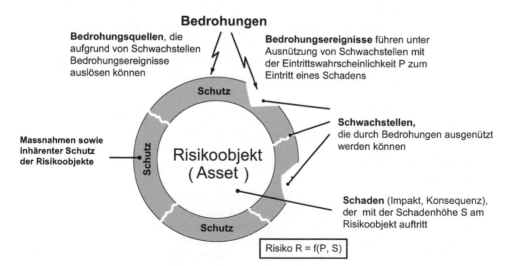

Abb. 2.2 Risikofaktoren am praktischen Risikomodell

Das Modell, wie es in noch verfeinerter Form beim Management von Cyber-Risiken verwendet wird (s. Abschn. 17.3), geht von zu schützenden Risikoobjekten aus, die sowohl immaterielle als auch materielle Werte für ein Unternehmen sein können. Der zu schützende Wert solcher Risikoobjekte kann mittels Zielen spezifiziert werden (z. B. Vertraulichkeitswert von Daten).

Dabei können die „Risikoobjekte" inhärent oder aufgrund mangelnder Massnahmen Schwachstellen aufweisen. Solche „Schwachstellen" können durch „Bedrohungsquellen"[7] mittels entsprechender „Bedrohungsereignisse" zur Bewirkung eines Schadens ausgenutzt werden. Gemäss der in diesem Modell verwendeten Risiko-Definition ergibt sich das Risiko aus der Wahrscheinlichkeit (Häufigkeit), mit der Bedrohungsereignisse stattfinden, aus denen ein Schaden resultiert, kombiniert mit der Höhe des eintretenden Schadens (vgl. [Nias12], S. 12). Mit zusätzlichen oder verbesserten Massnahmen, die den Bedrohungen und Schwachstellen entgegenwirken, können die Risikoobjekte geschützt werden. Die Aufgabe des Risikomanagements ist es nun, das resultierende Risiko in einem akzeptablen Mass zu halten. Dafür sollen die zur Bewältigung allenfalls eingesetzten Massnahmen entweder die Eintrittswahrscheinlichkeit (P) oder die Schadenshöhe (S) oder beides reduzieren.

In der Standardisierungsliteratur werden die in diesem Modell verwendeten Risiko-Variablen (Risikofaktoren) meist mit englischsprachigen Begriffen verwendet. Die Tab. 2.1 zeigt die wichtigsten dieser englischsprachigen Begriffe und ihre deutschsprachigen äquivalenten Begriffe und Erläuterungen.

2.5   Messbarkeit von Risiken

Die unter Abschn. 2.4 angeführten verbalen Definitionen und Veranschaulichungen des Risikos liefern noch keine „messbaren" Ergebnisse. Messbare Ergebnisse sind aber für viele Massnahmenentscheide oder für die Vergleichbarkeit von Risiken untereinander und mit anderen Risiken wichtig.

2.5.1   Risiko kombiniert aus Wahrscheinlichkeit und Schadenshöhe

Eine einfache Möglichkeit, das Risiko messbar auszudrücken, besteht, wie die unten stehende Formel zeigt, darin, die Eintrittswahrscheinlichkeit und die Schadenshöhe zu multiplizieren. Wie im Abschn. 2.6 noch näher erläutert, gilt es bereits vorweg zu bemerken,

---

[7]Risikomodelle, bei denen nicht nach den „Bedrohungsquellen" gesucht wird, fassen die Bedrohungsquellen und Bedrohungsereignisse zu einem einzigen Risikofaktor „Bedrohungen" zusammen.

Tab. 2.1 Hauptsächlich vorkommende Begriffe im Risikomodell

Englischer Begriff	Begriff im deutschsprachigen Raum
Asset	**Risikoobjekt** oder Schutzobjekt (= alles was für ein Unternehmen von Wert ist, z. B. Information, Software, physische Einrichtungen wie Computer, Services, Personen, immaterielle Werte wie Reputation);
Threat	**Bedrohung** (= potenzielle Ursache für ein ungewolltes Ereignis, das einem System oder Unternehmen schaden könnte);
Control (Safeguard)	**Massnahme** (= Mittel, einschliesslich Policies, Prozeduren, Richtlinien etc., zur Behandlung von Risiken);
Vulnerability	**Verletzlichkeit oder Schwachstelle** (= durch eine oder mehrere Bedrohungen ausnutzbare Schwäche eines Risikoobjekts oder einer Massnahme);
Impact*	**Schadens-Auswirkung** eines Ereignisses infolge Beeinträchtigung von Zielen an Risikoobjekten (z. B. Beeinträchtigung der Vertraulichkeit, Integrität oder Verfügbarkeit);
Consequence	**Schadens-Ergebnis** infolge eines Ereignisses, bei dem Ziele beeinflusst werden (z. B. Nichterreichen von Geschäftszielen);
Probability	**Wahrscheinlichkeit** des Eintretens eines Ereignisses (= mathematische Variable mit numerischen Werten zwischen 0 und 1);
Frequency (Rate)	**Häufigkeit** des Eintretens von Ereignissen innert einer Zeitperiode;
Likelihood	**Wahrscheinlichkeit, relative Häufigkeit, Häufigkeit oder Häufigkeit innert einer Zeitperiode** des Eintretens eines Ereignisses;
Residual Risk	**Restrisiko** (= Risiko nach der Behandlung mit Massnahmen).

*Mit dem Begriff „Impact" wird auch oft, wie mit dem Begriff „Consequence", das Schadens-Ergebnis bezeichnet

dass solche Berechnungen problematisch sind und nur unter bestimmten Bedingungen zielführend sein können.

$$R = p_E \times S_E$$

R: Risiko;

p_E: Wahrscheinlichkeit, dass ein Schadensereignis mit dem Schaden S_E eintritt;

S_E: Schadenshöhe des Schadensereignisses (Schadensausmass, Verlusthöhe)

Anstelle der „theoretischen Wahrscheinlichkeit" p_E wird in diese Formel oft auch die empirisch bestimmbare „relative Häufigkeit" H_E des Schadeneintritts eingesetzt.

Eine solche Formel zeigt zwar rudimentär, dass das Risiko grösser wird, wenn entweder die Wahrscheinlichkeit (relative Häufigkeit) eines Schadensereignisses oder dessen Schadensausmass zunimmt. Doch gilt es zu bedenken, dass in der Realität mehrere Schadensereignisse in unterschiedlichen Zeitabständen mit meist unterschiedlichen Schadenshöhen eintreten, wobei sowohl die „Schadenseintritte" als auch die „Schadenshöhen"

statistisch verteilt eintreten und sich daraus eine kombinierte statistische Schadensverteilung[8] ergibt. Die obige Formel nimmt auch keineswegs darauf Bezug, welche Kombination
von Wahrscheinlichkeit und Schadenshöhe einer statistischen Verteilung der Schadenshöhen dem zu berechnenden Risiko zugrunde liegen soll.

Multiplikation von Erwartungswerten (Durchschnittswerten)
Eine für viele betriebswirtschaftliche Entscheidungen zweckmässigere Variante ist es
daher, den für eine bestimmte Zeitperiode, z.B. ein Jahr, zu „erwartenden" Schaden aus
der Multiplikation[9] der in dieser Zeitperiode zu „erwartenden" Anzahl der Ereigniseintritte mit der „erwarteten" Schadenshöhe zu berechnen:

$$R_T = H_T \times S$$
R_T: in der Zeitperiode T „erwarteter" Schaden (Risk Exposure);
H_T: in der Zeitperiode T erwartete Anzahl der Ereigniseintritte (Rate of Occurence in T);
S: erwartete (durchschnittliche) Schadenshöhe der eintretenden Schadensereignisse (Single Loss Exposure).

Eine derartige Risiko-Darstellung beruht auf der Kumulation (Aggregation) mehrerer,
statistisch verteilter Schadensereignisse und wird auch als „erwarteter Verlust" bezeichnet.
Ihre Anwendung macht mit gewissen Einschränkungen Sinn und wird beispielsweise bei
der Berechnung eines „Return on Security Investments (ROSI)" eingesetzt (s. Abschn. 11.1).
Aber auch diese Variante, basierend auf einer einfachen Multiplikation einer durchschnittlichen, auf eine definierte Zeitperiode (z.B. ein Jahr) bezogenen Häufigkeit mit einer
durchschnittlichen Schadenshöhe, gibt lediglich ein Mass für ein „mittleres" Risiko wieder. Inwiefern die „unerwarteten" Schadensereignisse zu einem den Mittelwert (Durchschnittswert) wesentlich übersteigenden Schadensvolumen führen können, wird mit dieser
Berechnung nicht in adäquater Weise berücksichtigt. Für die Erfassung dieser „unerwarteten" Risikoereignisse müssen andere Risikomasse (z.B. Value-at-Risk, Expected Shortfall oder Extremwerttheorie) herangezogen werden (s. Abschn. 2.9 und 2.9.1). Eine
praktische Anwendung obiger Risikoformel soll an folgendem Praxisbeispiel aus der IT
veranschaulicht werden:

---

[8] Die statistische Verteilung setzt sich aus einer statistischen Verteilung der Schadenseintritte und der Schadenshöhen zusammen.

[9] Die Multiplikation der Erwartungswerte (Durchschnittswerte) der beiden Wahrscheinlichkeits-Verteilungen setzt voraus, dass das Auftreten der Ereignisse und die Schadenshöhen stochastisch voneinander unabhängig sind.

Beispiel

Ein IT-Plattform-Provider berechnet den „erwarteten Verlust" der an Kunden zu richtenden Malus-Zahlungen infolge von Ausfällen seiner Server-Plattformen. Zu dieser Berechnung registriert er über die Dauer von einem Jahr die jeden Monat, aufgrund von Ausfällen, fällig werdenden Zahlungen (s. Abb. 2.3). Wie die Tabelle in Abb. 2.3 zeigt, ist in einem Monat kein Ausfall zu verzeichnen; hingegen weisen sechs Monate einen Ausfall, drei Monate zwei Ausfälle und zwei Monate drei Ausfälle mit jeweils unterschiedlichen Kostenfolgen auf.

Abb. 2.3 Beispiel registrierter Ausfälle und Schadenshöhen

Monat \ Anzahl	Eingetretene Schadenshöhen in Tausend €			
	0	1	2	3
1		10		
2		30	20	
3		20		
4	0			
5		10	20	30
6		30		
7		10	40	
8		20	30	40
9		20	40	
10		30		
11		40		
12		20		

Anzahl Schadensereignisse in einem Monat	Rel. Häufigkeit [%] der Anzahl	Schadenshöhe [Tausend €]	Rel. Häufigkeit [%] der Schadenshöhen
0	8.3	10	16.7
1	50	20	33.3
2	25	30	27.8
3	16.7	40	22.2
Erwartete Häufigkeit H = 1.5 (pro Monat)		Erwartete Schadenshöhe S = 25.6 T. €	

$H_T = (0 \times 0.083) + (1 \times 0.5) + (2 \times 0.25) + (3 \times 0.167) = 1.5$

$S = (10 \times 0.167) + (20 \times 0.333) + (30 \times 0.278) + (40 \times 0.222) = 25.6 \ [T.€]$

Abb. 2.4 Verteilungen Schadensanzahl und Schadenshöhe

In Abb. 2.4 sind sodann die resultierenden Tabellen für die statistischen Verteilungen sowohl der Anzahl der Schadensereignisse als auch der Schadenshöhen aufgezeigt.

Aus den Erwartungswerten (Durchschnittswerten) ergibt sich sodann gemäss der Formel der pro Monat zu erwartende Schaden (Verlust):

$$R_T = H_T \times S = 1.5 \times 25.6 \text{ T. } € = 38.3 \text{ T. } €$$

Durch Multiplikation mit 12 kann der monatlich erwartete Schaden auf ein Jahr umgerechnet werden. Das Ergebnis des erwarteten Schadens pro Jahr hätte natürlich für dieses Beispiel viel einfacher durch Summation aller eingetretenen Schäden über das Jahr errechnet werden können. Auch gilt zu erwähnen, dass die alleinige Berechnung des erwarteten Schadens (Verlust) für dieses Anwendungsbeispiel dann nicht besonders aussagekräftig ist, wenn noch die selten auftretenden lang anhaltenden Ausfälle berücksichtigt werden müssen, welche zu hohen Verlusten, infolge von Reputationsschäden oder Haftung, führen können. Für solche Risikosituationen müssen die entsprechenden Verteilungen der Schadensanzahl und der Schadenshöhe zur Berechnung von aussagekräftigeren Risikomassen (z. B. dem „Value-at-Risk" und dem „Expected Shortfall") herangezogen werden, wie dies im Abschn. 2.9.1 noch näher behandelt wird.

2.5.2 Probleme bei Risikobestimmung mittels einfacher Multiplikation

Die oben angeführten „einfachen" Multiplikations-Formeln liefern bei relativ häufig eintretenden Ereignissen, wenn die Einzelschäden nicht übermässig gross sind, plausible Risiko-Werte. Doch kommen die Ereignisse mit sehr grossen und für das Unternehmen schmerzlichen Schäden in der Regel eher selten und mit schlecht quantifizierbaren Wahrscheinlichkeiten (Häufigkeiten) vor. Falls auch solche Ereignisse bei der Risikobestimmung berücksichtigt werden müssen, befinden sich diese Ereignisse in der absteigenden Flanke der Wahrscheinlichkeitsverteilung oder gar als „Ausreisser" mit geringer Wahrscheinlichkeit im sog. „Schwanz" der Wahrscheinlichkeitsverteilung. Für solche verhältnismässig hohen oder gar sehr hohen Schäden, die zwar mit geringer Wahrscheinlichkeit auftreten, ist es daher nicht sinnvoll, das Risiko mittels einer einfachen Multiplikations-Formel zu bestimmen, da die arithmetische Multiplikation eines grossen Schadens mit einer geringen Wahrscheinlichkeit (Häufigkeit) ein für das Unternehmen zu geringes und damit allenfalls „tragbares Risiko" vortäuschen würde.

Vorsicht mit den einfachen Multiplikations-Formeln ist auch geboten, wenn grobe Schätzwerte für Häufigkeit und Schadenshöhe in die Formel eingesetzt werden. Eine mit solchen Werten vorgenommene Multiplikation erweckt zwar den Eindruck eines genauen rechnerischen Ergebnisses; ein genaues Ergebnis ist aber bei geringen Eintrittswahrscheinlichkeiten (-Häufigkeiten) überhaupt nicht möglich.

Beispiel

Ereignet sich beispielsweise innert 10 Jahren in einem von hundert Computerräumen in der Schweiz ein Gross-Brand und zieht ein solcher Brand einen Schaden von 10 Millionen Schweizer Franken (CHF) nach sich, dann würde das mit obigen Multiplikations-Formeln errechnete Risiko pro Jahr (bei einer errechneten Häufigkeit pro Computerraum und Jahr von 1/1'000) gerade nur **10'000 CHF** betragen. Dieses, über eine relativ kleine Wahrscheinlichkeit und einen grossen Schaden berechnete, relativ geringe Risiko könnte für ein Unternehmen mit einem Jahresumsatz von 10 Millionen CHF dazu verleiten, keine Vorkehrungen gegen das Brandrisiko zu treffen. Ein verantwortungsbewusstes Management wird hingegen – ungeachtet dieser offensichtlich falschen Risiko-Berechnung – den Brandrisiken im Rechenzentrum mit umfassenden Massnahmen begegnen, da bei einem tatsächlichen Brandereignis das Unternehmen ohne adäquate Massnahmen wahrscheinlich nicht überleben würde.

Seltene, aber sehr grosse Schadensereignisse

Dieses Beispiel zeigt, dass für seltene, aber grosse Schadensereignisse die Berechnungen mit den oben angeführten „einfachen Risikoformeln" keine adäquaten Entscheidungsgrundlagen liefern. Hier helfen Risikomasse, wie sie im Abschn. 2.9.1 näher dargelegt werden.

In einem alternativen pragmatischen Ansatz wird für die seltenen, aber sehr grossen Schadensereignisse vorrangig der mögliche Schaden und nicht ein über die Wahrscheinlichkeit rechnerisch ermitteltes Risiko als Entscheidungsgrundlage herbeigezogen. Bei der „Analyse" und „Bewertung" des Risikos kann diesem Umstand auch in pragmatischer Weise mit einer entsprechend ausgelegten Risiko-Bewertungs-Matrix Rechnung getragen werden (s. Abschn. 2.7.1).

2.6   Subjektivität bei Einschätzung und Bewertung der Risiken

Die Einschätzung der beiden Risiko-Dimensionen „Wahrscheinlichkeit" und „Schaden" (Schadensausmass, Konsequenz, Verlust) eines Schadensereignisses erfolgt einerseits aus den Erfahrungen und Aufzeichnungen aus der Vergangenheit (ex post) und/oder aus der Prognose und Schätzung zukünftiger Ereignisse (ex ante).

Risiko-Freudigkeit versus Risiko-Aversion und Risiko-Wahrnehmung

Die Einschätzung für die Zukunft sowie die Einstellung zur Tragbarkeit der Risiken hängen stark von der Subjektivität der am Risikomanagement-Prozess beteiligten Personen ab. So neigen die einen Personen zur Risiko-Affinität,[10] andere wiederum zur Risiko-Aversion.[11]

---

[10] Risiko-Affinität (Risiko-Freude) bewirkt ein Entscheidungsverhalten, bei dem die jeweils riskantere Handlungsalternative im Hinblick auf mögliche Chancen bevorzugt wird, auch wenn die Erfolgsaussichten ungewiss sind oder ein Misslingen droht.

[11] Risiko-Aversion bewirkt ein Entscheidungsverhalten, bei dem die jeweils weniger riskante Handlungsalternative bevorzugt wird.

Auch sind einer einzelnen Person kaum alle relevanten Fakten für die Beurteilung eines Risikos bekannt. Aufgrund der Subjektivität bei der Wahrnehmung (Perzeption), aber auch bei der Risiko-Behandlung empfiehlt es sich, die Analysen und Entscheidungen beim Risikomanagement möglichst unter vielen Gesichtswinkeln breit abzustützen. Es empfiehlt sich beispielsweise, die Analyse mit einem interdisziplinär zusammengestellten Risiko-Analyse-Team durchzuführen und die Handlungs- und Akzeptanzentscheide über grosse Risiken im Team (z. B. Geschäftsleitung, Sicherheitskommission) zu fällen.

2.7   Hilfsmittel zur Analyse, Aufbereitung und Darstellung der Risiken

2.7.1   Risiko-Bewertungs-Matrix

Das Dilemma mit der einfachen Risikoformel kann, wie in Abschn. 2.5.2 kurz erwähnt, für viele praktische Anwendungen pragmatisch gelöst werden. Dazu wird eine speziell konstruierte zweidimensionale Tabelle verwendet. In dieser als „Risiko-Bewertungs-Matrix" bezeichneten Tabelle werden an den Schnittpunkten der Häufigkeits- und Schadenswerte nicht das multiplikative Produkt, sondern die der Risiko-Wahrnehmung des Unternehmens entsprechenden Risiko-Werte eingetragen.

Risiko-Wahrnehmung mittels spezieller Risiko-Matrix
Bei der Entwicklung der Risiko-Bewertungs-Matrix und der Festlegung der den Koordinaten zugeordneten Risiko-Werte kann die Risiko-Wahrnehmung des Managements, insbesondere für grosse und seltene Schadensereignisse, berücksichtigt (vorprogrammiert) werden. Eine solchermassen entwickelte „Risiko-Bewertungs-Matrix", oder kurz Risiko-Matrix genannt, kann sodann als Hilfsmittel für die „Analyse" und „Bewertung" der Risiken im Unternehmen dienen. Natürlich ist es in einem grösseren Unternehmen auch möglich, mit unterschiedlichen „Risiko-Matrizen" für unterschiedliche Bereiche (z. B. für Tochtergesellschaften) zu arbeiten. Dabei sollte aber auf die Kompatibilität der Skalen geachtet werden. Das Beispiel einer derart aufgebauten Risiko-Matrix ist in der Abb. 2.5 gezeigt.

Vorsicht beim Einsatz einer Risiko-Bewertungs-Matrix bei Massnahmenentscheidungen
An dieser Stelle muss erwähnt werden, dass bei der Risiko-Ermittlung mittels Risiko-Matrix aus dem eindimensionalen Risiko-Wert nicht mehr hervorgeht, ob dem Risiko eine kleine oder grosse Wahrscheinlichkeit (Häufigkeit) zugrundeliegt. Deshalb sollen die der Analyse nachfolgenden Massnahmenentscheidungen nicht ausschliesslich auf dem eindimensionalen Risiko-Wert basieren. Stattdessen sollen auch die individuellen Werte für Häufigkeit und Schadenshöhe berücksichtigt werden, um diese allenfalls

Monetarisierte Risiko-Höhe in Mio. €					
sehr klein	klein	mittel	gross	sehr gross	katastrophal
bis 0.1	0.1 - 0.3	0.3 - 1	1 - 3	3 - 10	über 10

Schadenshöhe / Häufigkeit der Fälle	E klein [0.1 - 0.3] Mio. €	D mittel [0.3 – 1] Mio. €	C gross [1 – 3] Mio. €	B sehr gross [3 – 10] Mio. €	A kata-strophal [über 10] Mio. €
sehr oft (mehrmals in 1 Jahr)	mittel	gross	sehr gross	kata-strophal	irreal (1)
oft (1 mal in 1-3 Jahren)	klein	mittel	gross	sehr gross	kata-strophal (2)
selten (1 mal in 3-10 Jahren)	sehr klein	klein	mittel	gross	kata-strophal (2)
sehr selten (1 mal in 10-30 Jahren)	sehr klein	klein	klein	mittel	kata-strophal (2)
unwahrscheinlich (1 mal in 30 oder mehr Jahren)	sehr klein	sehr klein	klein	mittel	kata-strophal (2)

(1) Ein solches Risiko wird als „irreal" bezeichnet, da bereits ein einziges Schadensereignis mit „katastrophaler" Schadenshöhe die Insolvenz des Unternehmens nach sich zieht.

(2) Aufgrund der Risikowahrnehmung wird für eine „katastrophale" Schadenshöhe die Risikohöhe – ungeachtet der Eintrittswahrscheinlichkeit – mit der „katastrophalen" Schadenshöhe gleichgesetzt.

Abb. 2.5   Risiko-Matrix mit semiquantitativen Skalen und monetarisierten Risiko-Werten

getrennt voneinander mit entsprechenden Massnahmen zu reduzieren. So ist es bei der auf die Risiko-Analyse folgenden Risiko-Bewertung wichtig, zu entscheiden, ob die Massnahmen auf die Schadenshöhe (beispielsweise beim Notfallmanagement) oder auf die Eintrittswahrscheinlichkeit (beispielsweise bei Internet-Attacken) anzusetzen sind. Alternativ zu den Werten der Risiko-Variablen „Wahrscheinlichkeit" und „Schadens-höhe" können für die Massnahmenentscheidungen auch Werte anderer „Risiko-Indikato-ren" hinzugezogen werden. Die Risiko-Indikatoren müssen jedoch einen kausalen Bezug zu den Risiko-Variablen „Wahrscheinlichkeit" (Häufigkeit) und „Schadenshöhe" aufwei-sen (s. Abschn. 2.9.2).

Der nächste Abschnitt beschäftigt sich nun damit, wie die Schäden und die Wahrschein-lichkeiten (Häufigkeiten) im Rahmen der Risiko-Analyse eingestuft werden können.

2.7.2   Kriterien zur Schadenseinstufung

Aus den vorangegangenen Erläuterungen geht bereits hervor, dass für die Bestimmung eines Risikos sowohl die Eintrittswahrscheinlichkeit als auch die Schadenshöhe ermittelt werden muss. Der Schaden kann sich dabei in verschiedenen Ausprägungen (Impacts) darstellen. Letztlich ist der für das Unternehmen entstehende gesamte Schaden für die Bestimmung des Risikos massgebend.

Kardinale und ordinale Skalen

Die aus einem Schadensereignis resultierenden „direkten finanziellen Verluste" werden oft mit rechenbaren Werten (z. B. Euro) eines „kardinalen" Skalensystems eingeschätzt. Hingegen erfolgt die Einschätzung der sonstigen Schadensauswirkungen, die sich indirekt und oft erst in der langen Frist als finanzielle Schäden für das Unternehmen auswirken, meist lediglich mit „ordinalen" Werten (z. B. klein, mittel, gross). Um der Schadens- und Risiko-Wahrnehmung des Unternehmens gerecht zu werden, empfiehlt es sich, auch die ordinalen Einstufungen anhand einer für das Unternehmen einheitlichen Ordinalskala vorzunehmen.[12] Zur Abstimmung der Ordinalskala mit den tatsächlichen finanziellen Werten, werden den ordinalen Skalen-Werten noch unternehmensspezifische monetäre Werte (z. B. Eurobeträge) zugeordnet. Diese als semi-quantitative bezeichneten Einstufungs-Skalen werden in Abschn. 3.5 noch näher behandelt.

Schaden-Einstufungstabelle

Die Abb. 2.6 zeigt, wie eine solche Schaden-Einstufungstabelle (Schadensmetrik) aussehen könnte. Die Schaden-Einstufungstabelle richtet sich nach der Grösse und der Branche des Unternehmens sowie nach den Besonderheiten seiner Risikoobjekte.

Einstufungs-Kriterien

Für jede Schadensstufe der Metrik werden die „Einstufungs-Kriterien" der Schadenauswirkungen in qualitativer (ordinaler) und wo möglich auch in semi-quantitativer Weise festgelegt.

Wie das Beispiel einer Schadens-Einstufungstabelle in Abb. 2.6 zeigt, ist es sinnvoll, die möglichen Typen von Schadensauswirkungen grob zu unterteilen, z. B.:

* Direkte finanzielle Schäden;
* Schädigung der geschäftlichen und wirtschaftlichen Interessen;
* Verlust an Reputation und Goodwill;
* Nichteinhaltung gesetzlicher regulativer und vertraglicher Verpflichtungen;
* Beeinträchtigung der Gesundheit, Sicherheit und des Schutzes anderer Personen.

---

[12] Eine ordinale Einstufung liegt auch den sog. „Scoring"- und „Rating"-Verfahren zugrunde. Sollen die als „Scores" erhobenen Risikodaten später auch quantitativ verwertet werden (z. B. im Rahmen der Eigenkapitalbestimmung), dann ist dies bei Risiken, die mit grossen Schäden und kleinen Wahrscheinlichkeiten eintreten und allenfalls auch aufgrund der Korrelationen verschiedener Risiken problematisch. Für entsprechend pragmatische Lösungen sei auf die entsprechende Spezialliteratur (z. B. [Alex03], S. 135–136) verwiesen.

Konsequenzen (**) / Stufe	Direkter finanzieller Verlust [€] (Barwert der Ersatzkosten + Opportunitäts-Kosten)	Sonstige firmentypische Schadensauswirkungen (*)		
		Schädigung der geschäftlichen und wirtschaftlichen Interessen / Beeinträchtigung der Geschäfts- und Management-Vorgänge / Verlust an Reputation und Goodwill	Konsequenzen aufgrund Nichteinhaltung gesetzlicher, regulativer oder vertraglicher Verpflichtungen	Beeinträchtigung der Gesundheit, Sicherheit und des Schutzes anderer Personen
		Beispiele		
A katastrophal	über 10 Mio. € (z. B. Verlust einer wichtigen Lizenz, so dass Geschäfts-tätigkeit aufgegeben werden muss)	Grossabnehmer künden Verträge aufgrund bekannt gewordener negativer Produkte-eigenschaften (z. B. krebserregendes Nahrungsmittel)	Strafen wegen Missachtung von Berichterstattungs- und Rechnungs-legungs-Vorschriften (z. B. Nichterfüllung SOX oder Finanzmarktaufsicht-Vorschriften)	Systematische Schädigung von Leib und Leben anderer Personen (z. B. Kontaminierungen durch Asbest, Radioaktivität, Dioxin etc.)
B sehr gross	3 - 10 Mio. € (z. B. aufgrund lang anhaltender Produktionsausfälle)	Einige Abnehmer stellen auf Alternativprodukte um, aufgrund abgeflossener Produktionsgeheimnisse oder irreparabler Imageschäden	Strafe infolge Verstoss gegen Kartellrecht	Schädigung von Leib und Leben anderer Personen im Einzelfall (z. B. Auslieferung eines falschen Medikaments)
C gross	1 - 3 Mio. € (z. B. aufgrund Zerstörung von Produktions-maschinen und entsprechende Produktionsausfällen)	Abnehmer drücken Preis aufgrund von durchgesickerten Geschäftsgeheimnissen	Klage und Schaden-ersatz wegen grober Sorgfaltspflicht-verletzung (z. B. Nichteinhaltung von vertraglich vereinbarten Informationssicher-heitsmassnahmen)	Klage und Schadensersatz wegen Verletzung des Geschäftsgeheimisses der Abnehmer
D mittel	0.3 - 1 Mio. € (z. B. aufgrund von Schadensersatz-forderungen bei falschen Lieferungen)	Erhöhte Werbeaktionen nötig, infolge Imageschäden durch häufige IT-Störungen	Verfahren wegen Mängeln in der ordnungsgemässen Geschäftsführung	Klagen wegen indis-kreter Behandlung von Personaldaten in grösserem Umfang
E klein	0.1 - 0.3 Mio. € (z. B. aufgrund kleinerer Störungen und daraus entstandener Ausschussteilen)	Fehlerhafte Post- und Dokumentzustellungen in kleinerem Umfang, infolge IT-Fehler	Bussgeld wegen fahrlässiger Datenschutzverletzung	Schadensersatz wegen vereinzelter Verletzung des Datenschutzes

(*) Teilweise persönliche Haftung leitender Personen; (**) Zur nachfolgenden Einschätzung des Unternehmens-Risikos sind die mittelbaren „Konsequenzen" der Schadensereignisse wichtig.

Abb. 2.6 Beispiel Schadens-Einstufungstabelle in einem Unternehmen

Für unterschiedliche Geschäftsprozesse oder Supportprozesse (z. B. der IT) in einem Unternehmen wird es in der Regel auch unterschiedliche Einstufungstabellen mit unterschiedlichen Kriterien für die Schadensmetrik geben.

Skalierung der Schadensmetrik
Die „Skalierung" der Schadensmetrik sollte jedoch vorzugsweise, unter Berücksichtigung der wichtigsten Geschäftsprozesse, für das gesamte Unternehmen oder den zu beurteilenden Teilbereich einheitlich festgelegt sein.

Monetäre Höhe für „sehr grosse" Schäden
Für eine einheitliche Schadensmetrik wird es die Aufgabe der Geschäftsleitung sein, zumindest für den als „sehr gross" einzustufenden Schaden die monetäre Höhe festzulegen (z. B. als Prozentsatz des Eigenkapitals). Sind die monetären Werte der Metrik für „direkte finanzielle Schäden" einmal festgelegt, dann lassen sich diese monetären Werte auch als „Äquivalente" für die Einstufung der „indirekten Schäden"[13] heranziehen.

Spezifische, aufeinander abgestimmte Schadens-Metriken
In einem grösseren Unternehmen sind u. U. für einzelne Risiko-Gebiete auch spezifische Schadens-Einstufungstabellen sinnvoll (z. B. für eine Tochtergesellschaft mit speziellen Geschäftsprozessen oder für System-Ziele der Informationssicherheit). Für ein integriertes Unternehmens-Risikomanagement müssen jedoch die verschiedenen Einstufungstabellen untereinander abgestimmt und ineinander überführbar sein.

Bewilligung und Inkraftsetzung der Schadens-Einstufungstabelle
Die Festlegung und regelmässige Anpassung einer Schadens-Einstufungstabelle mit einer entsprechenden Metrik gehört zu den grundlegenden Voraussetzungen für ein nach rationalen Gesichtspunkten durchzuführendes Risikomanagement. Im Rahmen der Unternehmens-Governance werden die Vorgaben für die Schadenseinstufung auch durch die obersten Führungsgremien bewilligt und in Kraft gesetzt.

2.7.3   Kriterien zur Häufigkeitseinstufung

Neben der zuvor behandelten Schadenseinstufung bedarf es zur Risikobestimmung der Bestimmung der Häufigkeit, wie dies in den vorangegangenen Abschnitten verdeutlicht wurde. In der Praxis werden meist Häufigkeiten geschätzt oder von vorhandenen Datenerhebungen abgeleitet. Die für die Risiko-Analyse eingesetzten qualitativen oder

---

[13] Indirekte Schäden (z. B. Reputations-Schäden) wirken sich nicht unmittelbar auf das finanzielle Ergebnis aus.

Häufigkeit	Wahrschein-lichkeit
sehr oft (1 bis mehrmals in 1 Jahr)	[30 – 100] %
oft (1 mal in 1-3 Jahren)	[10 – 30] %
selten (1 mal in 3-10 Jahren)	[3 – 10] %
sehr selten (1 mal in 10-30 Jahren)	[1 – 3] %
unwahrscheinlich (1 mal in 30 oder mehr Jahren)	[0 – 1] %

Abb. 2.7 Beispiel der Konversion von Häufigkeiten in Wahrscheinlichkeiten

semi-quantitativen Verfahren beruhen meist auf solchen Häufigkeits-Daten. Die quantitativen Verfahren bedienen sich jedoch meist der Stochastik und benötigen dazu Wahrscheinlichkeiten. Die Abb. 2.7 zeigt ein Beispiel, wie die in der Praxis gewonnenen Häufigkeiten in Wahrscheinlichkeiten umgesetzt werden können. Bei der Skalenfestlegung gilt es zu beachten, bei welcher maximalen Häufigkeit die Wahrscheinlichkeit von 100 % erreicht wird und dass die mit meist hoher Häufigkeit eintretenden Bagatellschäden in die Risikobestimmung nicht eingehen sollten. Bei den Schäden, die sich langsam oder lange unerkannt entwickeln, z. B. aufgrund von nicht entdeckten Lauschangriffen oder Reputationsschäden, ist es manchmal schwierig, das Risiko über eine Häufigkeit zu bestimmen. In solchen Fällen ist die Einschätzung der Wahrscheinlichkeit oft praktikabler (z. B. im Rahmen von Szenarienanalysen).

Zur Einstufung der Häufigkeiten ist es wichtig, aus bereits erfolgten Schadensfällen, z. B. anhand von Schadensdatenbanken (fremde wie auch eigene), sowie aufgrund von Expertenmeinungen und Szenarien für zukünftige Entwicklungen die notwendigen Schlüsse zu ziehen. Vor allem ist es wichtig, die für das Unternehmen relevanten Bedrohungen zu kennen. Dazu werden entsprechende Bedrohungslisten zusammengestellt. Solche Bedrohungslisten können zu einem grossen Teil von bereits vorhandenen generischen Bedrohungslisten abgeleitet werden. Aufgrund der für die Risikoobjekte konkret vorhandenen Bedrohungen können sodann, unter Beachtung der bereits vorhandenen Massnahmen und Schwachstellen, die Schätzwerte für die Eintrittswahrscheinlichkeiten bestimmt werden.

Bedrohungslisten

Die Bedrohungslisten sind an den für das Unternehmen voraussichtlich grössten Risikopotenzialen zu orientieren. Wickelt beispielsweise ein Unternehmen Geschäfte und Dienstleistungen über das Internet ab, dann muss die so genannte „Denial of Service Attacke" auf die Bedrohungsliste für die IT-Risiken aufgenommen werden. Oder ist ein Unternehmen stark von Export abhängig, dann sind die Wechselkurseinflüsse auf die Bedrohungsliste aufzunehmen. Die Bedrohungslisten müssen ständig an die Veränderungen in einem Unternehmen angepasst werden. Die für das Unternehmen relevanten Bedrohungslisten helfen sodann auch bei der Zusammenstellung der für das Unternehmen spezifischen Risiko-Kategorien (s. Abschn. 2.7.4).

Bedrohungsanalyse in einem erweiterten Risikomodell

Für die nähere Beurteilung einer Bedrohung, wie sie in Abb. 2.2 am Risikomodell veranschaulicht ist, sind zwei Faktoren einer Bedrohung für die Materialisierung eines Risikos massgebend. So steht hinter einer Bedrohung eine Bedrohungsquelle mit allenfalls einer Motivation (z. B. eine böswillige Absicht) oder einer unbeabsichtigten Gegebenheit (z. B. höhere Gewalt). Eine solche **„Bedrohungsquelle"** wird allenfalls in der Lage sein, ein **„Bedrohungsereignis"** (z. B. durch einen unautorisierten Datenzugriff) herbeizuführen, bei dem eine Schwachstelle (z. B. ein schlechtes Autorisierungsverfahren) zur Verursachung eines Schadens ausgenutzt wird. Mit der Definition der beiden Risikofaktoren „Bedrohungsquelle" und „Bedrohungsereignis" eignet sich dieses Risikomodell sowohl für die Analyse absichtlich herbeigeführter als auch für unbeabsichtigt erfolgte Risikoereignisse. Somit ist das Modell sowohl für das Assessment von „Cyber-Risiken" als auch für das Assessment andere Risiken (z. B. Umweltrisiken) geeignet. Auf die Anwendung dieses erweiterten Risikomodells im Zusammenhang mit Cyber-Risiken wird im Kap. 17 näher eingegangen.

Bedrohungsmotivation und Angriffsmittel

Bei den „beabsichtigten" Bedrohungen wie sie beispielsweise durch Angriffe im Cyberspace vorkommen, empfiehlt es sich, die **„Bedrohungsquellen"** nach der auf die Risikoobjekte und damit auf die Impacts abzielenden **„Bedrohungsabsichten"** (z. B. imageschädigende Kampagnen, Betrug, Sabotage) einerseits sowie nach den für die **„Bedrohungsereignisse"** relevanten **„Angriffsmittel"** (z. B. Soziale Netzwerke, Phishing, Ausnutzung von Schwachstellen durch Zero-day-Attacken, Malware usw.) andererseits aufzulisten (s. Anhang A.2).

Da die Bildung von Risiko-Arten stark von der Branche und auch vom einzelnen Unternehmen abhängig ist, sollen die im nächsten Abschnitt gezeigten Risiko-Arten lediglich als Beispiele verstanden werden. Für die Zusammenstellung vieler Beispiele im Umfeld der IT und der Informationssicherheit, sowohl der „Bedrohungsquellen" als auch der „Bedrohungsereignisse", sei auf den NIST-Standard 800–30 verwiesen ([Nias12], Appendix D–E).

2.7.4 Risiko-Kategorien und Risiko-Arten

Ähnlich der Kosten-Arten bei der Buchführung, bedarf es beim Risikomanagement einer Unterteilung in Risiko-Kategorien und Risiko-Arten, um die spätere Übersichtlichkeit bei der Risiko-Erfassung und Risiko-Behandlung gewährleisten zu können.

Bildung von Risiko-Arten

Die Bildung von Risiko-Kategorien und Risiko-Arten hängt stark von der Branche, den Geschäften, Märkten und anderen Parametern eines Unternehmens ab. In der Abb. 2.8 ist das Beispiel einer Zusammenstellung von Risiko-Kategorien und Risiko-Arten für eine Bank gezeigt.

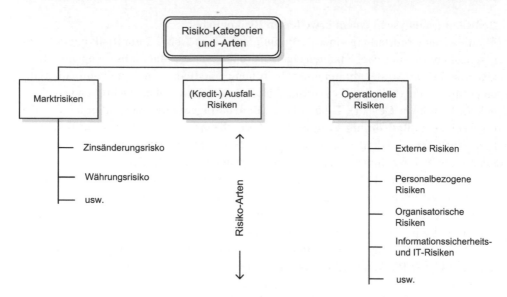

Abb. 2.8 Beispiel von Risiko-Kategorien und -Arten einer Bank

Die auf der Ebene des Gesamt-Unternehmens grob definierten Risiko-Kategorien und Risiko-Arten werden auf der Ebene der untergeordneten Organisationseinheiten (z. B. einer Abteilung, eines Geschäftsprozesses oder eines Unterstützungsprozesses) meist noch verfeinert. Die Abb. 2.9 zeigt Beispiele von Faktoren, die auf die Bildung von Risiko-Arten in einem Unternehmen Einfluss nehmen.

Je nachdem, ob die auf das Risiko-Assessment folgende Risiko-Behandlung mehr auf die Auswirkungen (Schäden) der Risiken oder alternativ auf die Bewältigung der Ursachen (Bedrohungen und Schwachstellen) ausgerichtet sein soll, erhalten die Risiken entweder ursachenorientierte Namen (z. B. Industriespionage) oder auswirkungsorientierte Namen (Datenverlust).

2.7.5   Beispiele von Risiko-Arten

Entsprechend der in Abschn. 2.2 vorgenommenen Risiko-Definition sind in der Abb. 2.10 verschiedene Risiko-Arten wie „Finanzrisiken" oder „Sachrisiken" aufgeführt (vgl. [Witt99], S. 474). Dabei werden der jeweiligen Risiko-Art die für die Risiken verantwortlichen „Abweichungen von System-Zielen" sowie eine Liste der möglichen „Bedrohungen" zugeordnet.[14]

---

[14] Eine weitergehende Zusammenstellung von Risiko-Arten, wie sie beispielsweise in Unternehmen der industriellen Fertigung, der Chemie- oder der Nahrungsmittelbranche vorkommen können, ist im Anhang A.1 dieses Buches aufgeführt.

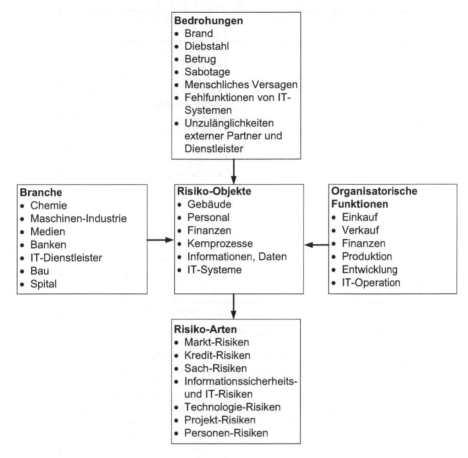

Abb. 2.9 Faktoren zur Definition von Risiko-Arten (vgl. [Romi03], S. 167)

2.7.6 Risiko-Landkarte, Risiko-Portfolio und Akzeptanz-Kriterien

Eine übersichtliche Darstellung mehrerer aus dem Risiko-Assessment hervorgehenden Risiken kann als sogenanntes Risiko-Portfolio in Form einer zweidimensionalen grafischen Risiko-Landkarte (Risk Map) vorgenommen werden.

Die Risiko-Landkarte ist beispielsweise geeignet, um sowohl die Behandlungsstrategien als auch die Risiko-Akzeptanz-Linie darstellen zu können. So zeigt die Abb. 2.11 beispielhaft das Portfolio einiger Unternehmens-Risiken (Gebäude-Zerstörungs-Risiko, IT-Betriebs-Risiko, Markt-Risiko, Betrugs-Risiko) wie sie vor und nach der Risiko-Behandlung positioniert sind.

Risiko-Akzeptanzlinie
Die Risiko-Akzeptanzlinie in der Risk Map (s. Abb. 2.11) dient als grobes Kriterium dafür, welche Risiken in einem Unternehmen, allenfalls ohne weitere Massnahmen, akzeptiert

Finanzrisiken	Abweichungen von System-Zielen	Bedrohungslisten
	• Gewinneinbussen/Verluste • Schwacher Cash-Flow • Geringer Deckungsbeitrag • Schwierigkeiten bei der Finanzmittelaufnahme	• Zinsänderung • Bonitätsverschlechterung einer Gegenpartei • Eigene Bonitätseinbusse • Kursrisiken
Sachrisiken	Abweichungen von System-Zielen	Bedrohungslisten
	• Betriebsbehinderungen • Produktionsausfälle • Sachbeschädigungen • Ressourcenschwund	• Brand • Terror • Betrug • Unterschlagung • Sabotage • Vandalismus • Technische Fehler • Wassereinbruch • Versorgungsengpässe (Wasser, Strom, Energie)
Informationssicherheits-Risiken	Abweichungen von System-Zielen	Bedrohungslisten
	• Verlust Integrität • Verlust Verfügbarkeit • Verlust Vertraulichkeit	• Maskerade einer Benutzer- oder System-Identität • Manipulieren/Infiltrieren von Informationen • Abhören von Informationen • Denial of Service Attacke • Einschleusen schädlicher / störender Software • Missbrauch / Lahmlegen von Systemressourcen • Diebstahl von Daten oder System-Ressourcen • Absichtliche Beschädigung • Benutzerfehler • Betriebsfehler • HW & SW – Fehler • Fehlfunktionen • Naturkatastrophen

Abb. 2.10 Beispiele von Risiko-Arten

werden können. Die Geschäftsleitung eines Unternehmens wird zwar neben der Risiko-Akzeptanzlinie noch weitere Kriterien festlegen, die bei der Akzeptanz von Risiken oder deren Bewältigung beachtet werden müssen (z. B. Dringlichkeit und Kosten der Massnahmen). Für unterschiedliche Geschäftszweige sind die Portfolien und Akzeptanzlinien oft unterschiedlich definiert, da die Risiko-Toleranz von der Art des Geschäfts abhängt und im Verhältnis zu den Chancen und den verfügbaren Ressourcen definiert werden muss.

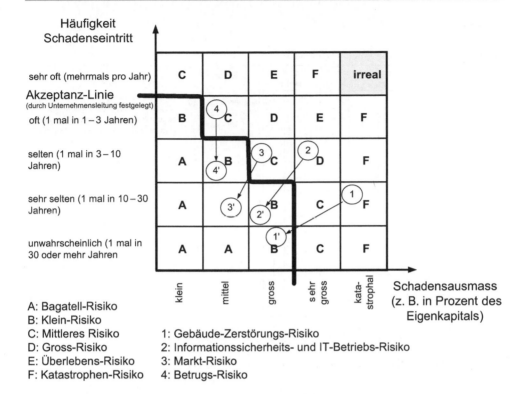

Abb. 2.11 Risiko-Portfolio in Risk Map mit Akzeptanzlinie

Die in Abschn. 2.7.1 erwähnten Schwierigkeiten mit der Risiko-Bewertungs-Matrix sind mitunter ein Grund dafür, dass die Risiko-Portfolio-Darstellung, mit eingezeichneter Akzeptanzlinie, in erster Linie zu Visualisierungszwecken und weniger für die Ableitung konkreter Massnahmen- und Akzeptanzentscheide dienen soll.

2.7.7 Risiko-Register

Die „Buchführung" über die Risiken erfolgt mit sogenannten Risiko-Registern (oft auch als Risiko-Inventar oder Risiko-Katalog bezeichnet). Die Risiko-Register enthalten in geeignet angeordneter Weise die bisher vorgestellten Risiko-Variablen und deren Dateninhalte. Der Aufbau eines Risiko-Registers und die darin zu verzeichnenden Einträge hängen von der vorgesehenen Zweckbestimmung (z. B. Berichterstattung an die Geschäftsleitung oder Überwachung der Risiken und Massnahmen einzelner Unternehmensbereiche) und den gewählten Methoden im Risikomanagement-Prozess ab. Das Risiko-Register wird bereits bei der Risiko-Identifikation mit ersten Daten gefüllt und muss für neue Risiko-Arten, Risikoobjekte, Bedrohungen und

Risiko-Art: Risiko-Art 1
Risiko-Bereich: IT-Abteilung
Risiko-Owner: Hans Holbein, Leiter IT-Abteilung

Objekte	Bedrohung (Gefahr)					Schadenshöhe Einstufung			Eintritt 1 mal in					Bemerkungen zu den potentiellen Schäden	Bestehende Massnahmen Beschreibungen / Bemerkungen	Vorgeschlagene Massnahmen Beschreibungen / Bemerkungen
	Bedrohung 1	Bedrohung 2	Bedrohung 3	...	Bedrohung n	System-Ziel 1	System-Ziel 2	System-Ziel 3	0.1 Jahr	1 Jahr	10 Jahren	30 Jahren	> 30 Jahre			
Objekt 1	x					gross	klein	mittel	x					...		
		x				...										
			x													
				x												
					x											
Objekt 2	x															
		x														
			x													
				x												
					x											

Beispiele für System-Ziele: System-Ziel 1 = Vertraulichkeit; System-Ziel 2 = Integrität; System-Ziel 3 = Verfügbarkeit.

Abb. 2.12 Beispiel für den Aufbau eines einfachen Risiko-Registers

System-Ziele flexibel erweiterbar sein (s. Beispiel eines einfachen Risiko-Registers in Abb. 2.12). Im weiteren Verlauf des Buches werden weitere in der Praxis der Informationssicherheit, der IT- oder der Cyber-Risiken angewandte Beispiele von Risiko-Registern gezeigt.

In den Abschn. 10.1.3 bis 10.1.6 werden Strukturen von Registern verwendet, die für das Risikomanagement einzelner „Risikoobjekte" sukzessive aufgebaut und gemäss dem Prozess-Fortschritt flexible erweitert werden können.

Die von einzelnen Organisationseinheiten eines Unternehmens (z. B. Abteilungen) detailliert ausgefüllten Register werden oft in einem für das gesamte Unternehmen gemeinsamen Risiko-Register konsolidiert. Dabei sind die Auslegungen der Register und die Art der Konsolidierungen (ggf. der Risiko-Aggregation) von der Zweckbestimmung und der aufsichtsrechtlichen Anforderungen an das Unternehmen geprägt. Mit der auch häufig verwendeten Bezeichnung „Risiko-Inventar" wird deutlich, dass das Register möglichst realitätsgetreu die aktuelle Risikosituation wiedergeben sollte. Deshalb ist für eine möglichst flexible Erfassung, Auswertung und Kommunikation der Daten eines umfangreichen Risiko-Registers auch eine entsprechende Datenbank zu empfehlen. Eine solche Datenbank könnte zudem mit einer für die Risiko-Identifikation und Risiko-Analyse dienlichen „Schadensdatenbank", welche die Fakten erfolgter Schadensereignisse enthält, kombiniert werden.

2.8 Risiko-Aggregation und Abhängigkeiten

Risiken interessieren nicht nur als Einzelwerte, sondern auch in geeigneten Zusammenfassungen. Liegen die Risiken in numerischen Werten vor, entsteht unwillkürlich der Wunsch, die Risiken zu addieren. Da einzelne Risiken nach Wahrscheinlichkeiten eintreten und allenfalls bestimmte Abhängigkeiten untereinander haben können, weil sie beispielsweise auf denselben oder ähnlichen Ursachen beruhen oder sich aufgrund ihrer Auswirkungen gegenseitig beeinflussen, dürfen sie nicht ohne weiteres addiert werden.

Korrelationen
Derartige Abhängigkeiten von jeweils zwei Zufallsvariablen werden als „Korrelation" bezeichnet. Bei der Korrelation interessiert in erster Linie die Stärke und das Vorzeichen der Abhängigkeit. So spricht man von einer positiven Korrelation, wenn sich bei der Vergrösserung eines Risikos auch die Vergrösserung bei einem anderen Risiko einstellt. Hingegen von negativer Korrelation, wenn bei der Vergrösserung eines Risikos bei einem zweiten Risiko eine Verringerung zu verzeichnen ist. Sind die beiden Risiken voneinander „stochastisch unabhängig", dann besteht keine Korrelation. Wird die gegenseitige Abhängigkeit mit einem „Korrelationskoeffizienten" ausgedrückt, dann beträgt der Wert des Korrelationskoeffizienten Null, wenn keine Korrelation vorliegt. Bei maximaler positiver Korrelation beträgt sein Wert $+1$ und bei maximaler negativer Korrelation -1. Mit Werten zwischen $+1$ und -1 können mehr oder minder starke Abhängigkeiten hinsichtlich Verstärkung oder Abschwächung ausgedrückt werden.

Zurückkommend auf das oben aufgestellte Postulat, dass Risiken nicht einfach addiert werden dürfen, kann festgehalten werden, dass eine Addition der Einzelrisiken nur bei maximaler positiver Korrelation zulässig ist und sich andernfalls ein zu hoher Wert für das Gesamtrisiko ergibt.

Sind hingegen die Risiken stochastisch voneinander unabhängig, dann kommt als Gesamtrisiko (siehe unten stehende Berechnungsformel) näherungsweise die Quadratwurzel aus der Summe der quadrierten Einzelrisiken zum Tragen. In der Praxis besteht zwischen den einzelnen operationellen Risiken, zu denen die IT-, Informationssicherheits- und Cyber-Risiken eines Unternehmens gehören, meist eine gewisse, wenn auch nicht totale Korrelation.

Berechnung Gesamtrisiko
Approximatives Gesamtrisiko bei unkorrelierten Einzelrisiken: $R_{uges} = \sqrt{\sum_{i=1}^{n} R_i^2}$

In der praktischen Anwendung muss zudem berücksichtigt werden, dass ein Korrelationskoeffizient[15] einen idealisierten Wert darstellt und lediglich ein Indiz für die Abhängigkeiten der Risiken untereinander liefern kann.

---

[15] Der Korrelationskoeffizient setzt einen linearen Zusammenhang der beiden miteinander in Beziehung stehenden Zufallsvariablen voraus. Zudem müssen für seine Berechnung (Quotient aus Kovarianz und den Standardabweichungen beider Zufallsvariablen) beide Zufallsvariablen „normalverteilt" sein; dies ist jedoch bei den operationellen Risiken meist nicht der Fall (s. Abschn. 2.9.1).

Aggregation

Eine Aggregation kommt dann zum Tragen, wenn aus statistisch verteilten Werten eines „Einzelrisikos" ein zusammengefasstes Risikomass bestimmt werden soll, oder wenn mehrere „Einzelrisiken" innerhalb einer „Risiko-Art" oder eines ganzen „Risiko-Portfolios" zu einem Gesamtrisiko kumuliert werden sollen. So ist für die Darstellung einer Gesamtverlust-Risikoposition auf Unternehmensebene, zur Unterlegung mit Eigenkapital, eine Aggregation der Einzel-Risikopositionen in den verschiedenen Risiko-Kategorien notwendig. Eine häufig angewandte Möglichkeit, die Risiken zu aggregieren, besteht in der Bildung des „Value at Risk" aus den jeweiligen Einzelschäden (resp. Einzelverlusten) und ihren Eintrittswahrscheinlichkeiten[16] (s. Abschn. 2.9.1). Aufbauend auf dem „Value at Risk" können noch weitere Risikomasse, wie der „Expected Shortfall", ermittelt werden, mit denen die seltenen Risiken mit extrem hohem Schadensausmass quantifiziert werden können.

Methoden der Risiko-Aggregation

In diesem Buch wird an verschiedenen Stellen auf die rechnerischen Methoden der Risiko-Aggregation eingegangen (s. Abschn. 2.9.1), aber nicht in der Tiefe behandelt, wie dies allenfalls für die Bestimmung des erforderlichen Eigenkapitals aus den operationellen Risikopositionen notwendig wäre. Die Gründe dafür sind die Komplexität und der Aufwand bei der praktischen Anwendung, insbesondere beim Vorliegen von Korrelationen.

Aggregation mittels Monte-Carlo-Methode

Die Aggregation zu einer Gesamtverlustverteilung aus den Daten mehrerer Risikoereignisse kann vor allem mittels der „Monte-Carlo-Methode" simuliert werden (s. Anhang A.5.3). Eine solche Simulation setzt entsprechende Annahmen über die Wahrscheinlichkeitsverteilungen voraus und ist aufwändig in der Durchführung.

Aufzeigen der Abhängigkeiten im Risiko-Register

Trotz der Schwierigkeiten bei der Aggregation korrelierter Risiken können wir die Risiken auf Unternehmensebene zumindest „konsolidieren", indem die ordinal eingestuften Risiken in einem Risiko-Register nach ihrer Höhe absteigend und ihren Abhängigkeiten untereinander eingeordnet werden. Die Korrelationen zwischen den Risiken werden dabei mit heuristischen Methoden festgestellt und im Risiko-Register entsprechend vermerkt. Oft sind auch sogenannte „Risk Driver" ([Alex03, S. 165–167]) für die Beeinflussung mehrerer Risiken und in allenfalls unterschiedlicher Stärke massgebend (z. B. bei Outsourcing eines IT-Systems oder bei Restrukturierung von Organisationseinheiten). Auch solche „Risk Driver" können mit ihrem voraussichtlichen Effekt auf die Risiken in geeigneter Weise im Risiko-Register vermerkt werden. Ein derartiges Register eignet sich zur Registrierung und Überwachung der Umsetzung von

---

[16] Aufgrund der mangelnden Subadditivität dürfen die Value-at-Risik-Werte der Einzelrisiken nicht einfach addiert werden, hingegen ist die Subadditivität beim Risikomass „Expected Shortfall" gegeben.

Gegenmassnahmen, die ja bei den operationellen Risiken im Vordergrund stehen. Zudem soll ein solches Register in aussagekräftiger Weise die Risikosituation des Unternehmens wiedergeben.

Aggregations-Niveau zur Risiko-Präsentation
Hinsichtlich der Darstellung des Risikos, ob es bezüglich seines finanziellen Impacts oder anderen Impact-Arten dargestellt werden soll, hängt vom Zweck der Analyse ab. So wurde das in Abschn. 2.5.1 beispielhaft aufgeführte Risiko von Serverausfällen auf dem Aggregations-Niveau der Folgekosten von Serverausfällen dargestellt, da in diesem Falle die Kosten interessierten. Für manche Zwecke, z. B. für die Berücksichtigung der Malus-Kosten im Jahres-Budget, mag diese Berechnung sinnvoll sein. Hingegen für die Bestimmung passender Massnahmen zur Risiko-Reduktion ist dieses „aggregierte" Risiko-Resultat auf der Kostenebene nicht immer zielführend. Für die Bestimmung der direkten Massnahmen zur Risiko-Reduktion ist meist eine feinere Analyse des Risikos auf der Ebene der einzelnen Komponenten und Prozesse und allenfalls sogar auf der noch fundamentaleren Ebene, der für den Betrieb massgeblichen Fähigkeiten des Personals, notwendig. Im Endeffekt manifestieren sich jedoch die Risiken der verschiedenen vorgelagerten Ebenen auf der Ebene der Finanzen.

2.9   Messung der Risiken mit Risikomasszahlen

Bereits in Abschn. 2.5 wurden einfache Darstellungen des Risikos in seinen Komponenten Wahrscheinlichkeit (resp. Häufigkeit) und Schadensausmass gezeigt und auf die Einschränkungen und Probleme bei der Anwendung einfacher Risikomasse aufmerksam gemacht. Da die Art der Analyse und Darstellung des Risikos stark vom Anwendungszweck abhängig ist, soll nachstehend noch näher auf einzelne in der Praxis öfters vorkommende Risikomasse eingegangen werden.

Arten der Risiko-Analyse
Aufgrund ihres Anwendungszwecks können die Analysearten und die allenfalls gewonnen Masszahlen für das Risiko wie folgt grob unterteilt werden:

1. **Schätzung der mittleren (durchschnittlichen) Werte** für die Wahrscheinlichkeiten (Häufigkeiten) und Schäden der Risikoereignisse an den Risikoobjekten.
2. **Schätzung der maximal möglichen Werte** für Schäden an den einzelnen Risikoobjekten und der Wahrscheinlichkeiten, dass diese Schäden eintreten. Diese maximal möglichen Werte resultieren aus einem Worst-case-Szenario (z. B. kompletter Datenverlust).
3. **Bestimmung von Risiko-Werten mittels spezieller stochastischer Methoden.** Entsprechend der Aufgabenstellung und der gewählten Methode wird das Risiko mit entsprechenden stochastischen „Risikomassen" wie „Standardabweichung", „Value

at Risk", „Conditional Value at Risk" auf der Basis erhobener und/oder geschätzter Daten berechnet oder mittels stochastischer Simulationen unter wirklichkeitsnahen Annahmen bestimmt.

4. **Bestimmung von Risiko-Kennwerten mittels Risiko-Indikatoren,** welche wichtige hervorzuhebende Aspekte des Risikos ausdrücken, und einen kausalen Zusammenhang mit dem tatsächlichen Risiko aufweisen.

5. **Bestimmung von Risiko-Werten mittels Spieltheorie,** bei der die Risikoereignisse nicht nur aufgrund zufälliger Ursachen, sondern auch infolge des Verhaltens der beteiligten Personen (Opponenten und Betroffene) analysiert werden.

2.9.1 Stochastische Methoden zur Bestimmung des Risikos

Die bisherigen Betrachtungen ergaben, dass die einfache Multiplikation der Durchschnittswerte von Eintrittshäufigkeit und Schadenshöhe bei Risiken, die selten, aber mit grossen Schäden vorkommen, eine zu geringe Höhe des Risikos ergibt. Die ebenfalls einfache Worst-Case-Betrachtung gibt zwar einen Anhaltspunkt für den maximalen Schaden, trifft aber keine Aussage über die häufigeren, aber weniger hohen Schäden. Sollen also Risiken gemäss ihrer statistischen Eigenschaften genauer gemessen werden, dann sind dafür entsprechend stochastische Risikomasse notwendig, von denen der „Value at Risk" (VaR) ein wichtiger Vertreter ist.

Das Risikomass „Value at Risk", VaR (V; α; T), ist wie folgt definiert:

Der **„Value at Risk"** ist der maximal erwartete Verlust (Schaden) V, der unter üblichen Bedingungen innerhalb einer bestimmten Zeit-Periode T mit einer bestimmten Wahrscheinlichkeit α, dem sog. Konfidenz-Niveau, nicht überschritten wird.

Konfidenz-Niveau und Restwahrscheinlichkeit

Es sind zwar auch grössere Verluste als die maximal erwarteten Verluste möglich, aber eben nur mit einer Restwahrscheinlichkeit. Liegt das Konfidenz-Niveau beispielsweise bei 95 %, dann wird mit einer Restwahrscheinlichkeit von 5 % der Maximal-Schaden überschritten. Unterliegen die Verluste (Schäden) annäherungsweise einer theoretischen Wahrscheinlichkeits-Verteilung, dann lässt sich der „Value at Risk" anhand dieser Verteilung analytisch ermitteln. Liegen empirisch ermittelte Daten vor, dann erfolgt die Kumulation anhand der diskret verteilten Zufallswerte (s. Beispiel im Anhang A.5).

Das oben angegebene Prinzip eines „Value at Risk" zur Bestimmung einer Risikomasszahl wird vorteilhaft für Risiken angewandt, die näherungsweise einer Normalverteilung unterliegen (z. B. Marktrisiken). Das Konzept lässt sich aber auch in der Form eines „Operational Value at Risk" auf die Kategorie der operationellen Risiken, zu denen die Informationssicherheits- und IT-Risiken gehören, einsetzen ([Wolk07], S. 198–209); ([Jori07],

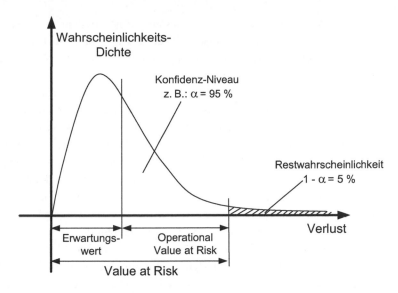

Abb. 2.13   „Value at Risk" mit Konfidenz-Niveau 95 %

S. 497–510). In der Abb. 2.13 wird die Bildung des „Operational Value at Risk" anhand eines Beispiels veranschaulicht.[17]

Wahrscheinlichkeitsverteilung operationeller Risiken
Es gilt zu bemerken, dass die operationellen Risiken meist nicht einer symmetrischen Normalverteilung, sondern einer einseitigen asymmetrischen „rechtsschiefen" Verteilungsdichtefunktion folgen.

Eine passende Wahrscheinlichkeits-Verteilung für operationelle Risiken kann manchmal nach heuristischen Überlegungen und bestimmten Anpassungstests aufgrund des vorhandenen Datenmaterials ausgewählt werden. So eignet sich für die Verteilung der „Verlusthöhen" bei operationellen Risiken beispielsweise häufig die Log-Normal-Verteilung ([Piaz02], S. 112). Weitere gebräuchliche Wahrscheinlichkeits-Verteilungen für die Verteilung der Verlusthöhen operationeller Risiken sind die Weibull- und die Exponential-Verteilung. Bei diesen Verteilungen führen die „meisten" Verlustereignisse zu einem „kleinen bis mittleren" Schaden. Hingegen kommen die Ereignisse mit „schweren" Schadensfolgen vergleichsweise selten (d. h. mit geringer Wahrscheinlichkeit) vor (s. Abb. 2.13).

Die zur Berechnung der Masszahlen „Erwartungswert" und „Value at Risk" massgebliche Gesamt-Verlustverteilung ergibt sich aus der Kombination[18] der „Verlusthöhenverteilung"

---

[17] Für einige Risikobetrachtungen (z. B. Hinterlegung von Eigenkapital oder Umsatzrisiken) ist oft auch die Definition eines DVaR (Deviation-Value-at-Risk) gebräuchlich, bei welcher der Erwartungswert E(X) nicht in das Risiko einbezogen wird und deshalb vom rechnerischen Value-at-Risk abgezogen wird: DVaR = VaR − E (X) ([Glei08], S. 128–129).

[18] Sind die „Verlusthöhen" und „Verlusthäufigkeiten" voneinander stochastisch unabhängig, dann können ihre Verteilungen zu einer Gesamtverlustverteilung „gefaltet" werden.

und der „Verlusthäufigkeitsverteilung" zu einer „Gesamtverlustverteilung" (s. Beispiele im Anhang 5). Die Risikofestlegung mittels eines „Value at Risk" führt auch zu einer von Abb. 2.11 abweichenden Darstellung eines Risiko-Portfolios, wie dies in Abb. 2.14 beispiel-haft gezeigt ist (vgl. [Glei08]).

Der für operationelle Risiken typische lang gezogene rechte „Schwanz" der Verlust-Verteilungsdichtefunktion (s. Abb. 2.15) lässt jedoch die Berechnung eines „Value at Risk" fürs Erste als fragwürdig erscheinen, da er ja lediglich eine Kumulation der Verluste innerhalb des Konfidenz-Niveaus α darstellt, wobei die mit sehr grossen Schäden eintre-tenden seltenen Ereignisse ausserhalb des Konfidenz-Niveaus nicht berücksichtigt wer-den. Solche Ereignisse, die für ein Unternehmen sehr schmerzlich sein können, sollten jedoch für eine realistische Risikobeurteilung auch berücksichtigt werden. Zur Berück-sichtigung auch dieser Schäden jenseits des Konfidenz-Niveaus des VaR stehen eine Reihe von Methoden zur Verfügung, wie beispielsweise die Berechnung des sog. „Expected Shortfall", der den Erwartungswert (Mittelwert) der „Value at Risk"-Überschreitungen misst. Aufgrund seiner „Sub-Additivität" dürfen die mit dem Expected Shortfall ermittel-ten Risiko-Werte im Gegensatz zum VAR sogar addiert werden. Doch ist für eine solche Berechnung meist wenig statistisches Datenmaterial vorhanden, weshalb grosse Ungenau-igkeiten zu erwarten sind. Mit der Anwendung der sog. „Extremwert-Theorie" kann den Schätzungsproblemen im „Verteilungsschwanz" noch besser Rechnung getragen werden, indem die über die definierten Schwellenwerte „ausreissenden" Verluste, basierend auf

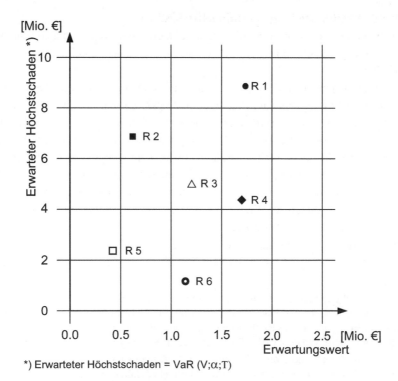

Abb. 2.14 Beispiel alternative Risiko-Portfolio-Darstellung

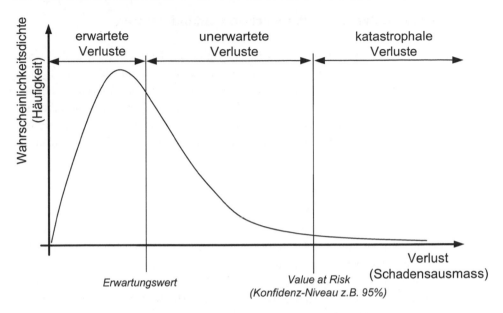

Abb. 2.15 Einteilung der Verluste aufgrund verschiedener Risikomasszahlen

teils beobachteten und teils prognostizierten Werten, berechnet werden können. Für die relativ aufwändige mathematische Anwendung dieser Theorie zur Berechnung der „katastrophalen Verluste" sei auf die entsprechende Literatur verwiesen ([Dölk06], S. 109–155; [Prok08], S. 58–63).

Wie die Abb. 2.15 zeigt, ist es üblich, eine Einteilung in „erwartete Verluste", „unerwartete Verluste" und „katastrophale Verluste" vorzunehmen.[19] Bei Banken und Versicherungen unterliegen die als Restrisiken verbleibenden „unerwarteten" und „katastrophalen" Verluste regulatorischen Auflagen betreffend der Eigenkapitalunterlegung (s. Abschn. 4.3.4).

Annäherung an Stochastik-Modelle in der Praxis

Nach dem kurzen Überblick über einige stochastische Risikomasse stellt sich die Frage nach einer pragmatischen Methode zur Einschätzung von seltenen, aber mit grossen Schäden möglicherweise eintretenden Risiken. Bei der Worst-Case-Methode ist ja nicht ohne weiteres klar, mit welchem „schlimmsten" Schaden und dessen korrespondierender Eintritts- Wahrscheinlichkeit (Häufigkeit) gerechnet werden soll. In Anlehnung an die oben erwähnte „Expected Shortfall"-Methode können beispielsweise sinnvolle Schätzungen der mittleren Anzahl möglicher Verlust-Überschreitungen über einen geschätzten „Value-at-Risk-Wert", basierend auf einem festgelegten Konfidenz-Niveau (z. B. 95 %), vorgenommen werden (vgl. [Alex03], S. 136).

---

[19] Vgl. ([Alex03], S. 143); ([Oenb05], S. 15) und ([Glei05], S. 133):

Erwartete Verluste werden als laufende Kosten in den Preis einkalkuliert; **Unerwartete Verluste** werden durch ökonomisches (Eigen-) Kapital unterlegt; **Katastrophale Verluste** werden durch Risikotransfer und Risikofinanzierung gedeckt.

2.9.2 Risiko-Analyse und -Überwachung mit Indikatoren

In den vorangegangenen Ausführungen wurden Hilfsmittel zur Risikomessung und -darstellung basierend auf den beiden grundlegenden Dimensionen Wahrscheinlichkeit (Häufigkeit) und Auswirkung (Schaden) behandelt. Im praktischen Umgang mit der Risikomessung stehen diese beiden Dimensionen nicht immer im Vordergrund. Vor allem, wenn diese Variablen schlecht oder nur auf Umwegen explizit ermittelt werden können, oder wenn die das Risiko beeinflussenden Faktoren, wie die Schwachstellen, für die Risiko-Behandlung einen starken Einfluss haben.

Messung von Risikoaspekten
Für eine solche an den konkreten Risikoverhältnissen orientierte Messung von Risikoaspekten werden entsprechend spezifische Indikatoren (resp. Kennzahlen) eingesetzt. Diese Indikatoren zeigen meist einen „Messwert" über die Zielerreichung bei bestimmten für das Risiko verantwortlichen Aspekten an.

Voraussetzung ist, dass diese sogenannten Risiko-Indikatoren nachweislich einen kausalen Zusammenhang mit dem Risiko aufweisen. Wie im Abschn. 5.5.5 noch näher gezeigt wird, ist gerade bei der Integration des Risikomanagements in das Unternehmens-Management-System das Arbeiten mit Indikatoren, welche die Zielerreichung bei verschiedenen Managementprozessen messen, von grosser Bedeutung.

Im Gegensatz zu den sogenannten „Key-Performance-Indikatoren" (KPI), welche das positive Erreichen von Prozess-Zielen der Management-Prozesse messen, geben die „Key-Risk-Indikatoren" (KRI) Auskunft über das Nichterreichen von Leistungszielen, dabei wird oft die in einem KPI enthaltene Leistungsfrage entsprechend invertiert. Key-Risk-Indikatoren können auch direkt zur Messung von Risikofaktoren beim Risiko-Assessment und bei der Risiko-Behandlung definiert sein.

▶   **Praxistipp** Key-Risk-Indikatoren werden vorteilhaft zur Risikosteuerung eingesetzt, d. h. zum zeitgerechten Einsatz von angemessenen und wirksamen Massnahmen.

Aufgrund ihres Verwendungszweckes können die Key-Risk-Indikatoren, analog zu den Key-Performance-Indikatoren, auch in „Nachlaufende Indikatoren" und „Vorlaufende Indikatoren" unterteilt werden. Wobei die nachlaufenden Indikatoren der Risikoerkennung ex-post, d. h. zur Auswertung erfolgter Ereignisse mit und ohne Schadensauswirkung dienen.

Hingegen erlauben die vorlaufenden Indikatoren ex-ante vorausschauend die Zustände zu analysieren und Prognosen zur Prävention und zu angemessenen Vorkehrungen zu treffen.

Bei den quantitativen Indikatoren ist noch zu unterscheiden, ob sie einen Absolutwert abgeben, der mit anderen Absolutwerten verglichen werden kann oder ob sie einen auf eine Bezugsgrösse normierten relativen Wert angeben.

Die Abb. 2.16 zeigt anhand von Beispielen die Bezeichnungen und wesentliche Eigenschaften von Indikatoren, die im Risikomanagement Verwendung finden.

Indikator-Arten	Vorlaufende Indikatoren *(ex-ante)* Verwendung für Prognosen und Prävention	Nachlaufende Indikatoren *(ex-post)* Verwendung zur Auswertung erfolgter Risikoereignisse
	Beispiele	
• Absolut	• Zeitraum seit letztem Virenscanner-Update • Zeitraum zwischen Datensicherungen • Qualifikation der Mitarbeiter	• Anzahl Betrugsfälle durch unberechtigte Zugriffe • Anzahl Systemausfälle • Anzahl gestohlene Notebooks • Anzahl erfolgreiche Phishing-Attacken
• Relativ (%)	• Anzahl Zugriffsverletzungen pro Monat Anzahl • Fluktuationsrate von Mitarbeitenden pro Jahr	• Anzahl Systemausfälle > 10 Min. pro Monat • Quote erfolgreicher Angriffe über das Internet • Anzahl Reklamationen pro Monat • Availability = MTTF/(MTTF+MTTR) mit MTTF: Mean Time to Failure; MTTR: Mean Time to Repair

Abb. 2.16 Beispiele von Indikatoren im Informations-Risikomanagement

Gebräuchliche Indikator-Typen[20]:

- KPI: Key Performance Indicators (vorlaufend)
- KGI: Key Goal Indicators (nachlaufend)
- KRI: Key Risk Indicators (vor- oder nachlaufend)

Die Ergebnisse verschiedener Indikatoren werden manchmal in der Form von Risiko-Scorecards aggregiert. Bei solchen Verfahren muss aber bedacht werden, welche Aussage durch das Aggregat getroffen werden soll, da im Aggregat in der Regel die Einzelaussagen verloren gehen und das Ergebnis einer quantitativen Aggregation ohnehin fragwürdig ist (vgl. [Brin08], S. 208–212).

2.10 Risiko-Organisation

Das Risikomanagement in einem Unternehmen bedarf einer hohen Systematik, gilt es doch, die wesentlichen Risiken zu erkennen und die Gegenmassnahmen effektiv einzusetzen. Bei der Risiko-Behandlung müssen zudem auch Chancen sowie die mit den Gegenmassnahmen allenfalls einhergehenden Chancen-Behinderungen (z. B. durch Verlangsamung der Betriebsprozesse) berücksichtigt werden.

Prinzip der Wesentlichkeit
Dabei ist das Risikomanagement weniger dem Prinzip der Vollständigkeit als dem Prinzip der Wesentlichkeit verpflichtet (vgl. [Brüh03], S. 110). Geht es doch in erster Linie darum, die Risiken nach Prioritäten, vorab die existenzbedrohenden, mit geeigneten Massnahmen zu bewältigen.

---

[20] Verwendung bei COBIT-Prozessen s. Abb. 5.1.

Dringlichkeit und Wichtigkeit von Massnahmen

Für die Planung der Massnahmen-Umsetzung ist die Einordnung der Risiken nach „Dring-lichkeit" und „Wichtigkeit" nützlich, wobei die häufig auftretenden wichtigen Schaden-sereignisse oder die Ereignisse, deren Schäden sich bei jedem erneuten Auftritt vergrössern (z. B. Reputationsschäden[21]), allenfalls dringlicher zu bewältigen sind als grosse Risiken, die sich selten ereignen.

Angemessenheit der Massnahmen

Dem Aspekt der Angemessenheit der Massnahmen, mitunter auch aus Kostensicht, wird am besten Rechnung getragen, wenn die Risiken in den jeweiligen Verantwortungsberei-chen selbst identifiziert und, wenn möglich, auch bewältigt werden. Der Wesentlichkeit gehorchend, wird sich die oberste Geschäftsleitung um die grössten (10 bis 20) Risiken direkt kümmern. Die untergeordneten Geschäftsbereiche und Organisations-Einheiten werden sich vor allem den Risiken in ihren Verantwortungsbereichen und an den Schnitt-stellen zu anderen Verantwortungsbereichen annehmen. Ein solcher Ansatz ist sinnvoll, weil er der Kongruenz von Risiken und Kosten mit dem jeweiligen Verantwortungsbereich Rechnung trägt.

Verantwortungsbereich für Risiken und Kosten

Zudem kann das Berichten von einer Flut von zum Teil fachspezifischen Risiken an höhere Unternehmens-Ebenen eingedämmt werden, wenn die Risiko-Behandlung in „stufengerechter" Verantwortlichkeit dezentral durchgeführt wird. Jeder Bereich hat dann seine eigene „Risiko-Ownership" und sein eigenes Risiko-Portfolio. Somit müs-sen nur noch die grössten Risiken im Portfolio des jeweiligen Geschäftsfeldes oder des Gesamtunternehmens erscheinen. Einer solchen „Risiko-Organisation" liegen, wie im Teil IV des Buches gezeigt wird, von oben nach unten ineinandergreifende Risikomanagement-Prozesse zu Grunde.

2.11 Kontrollfragen und Aufgaben

1. Wie lautet die einfache Risikoformel für ein einzelnes Risiko?
2. Wie lautet die verbale Risiko-Definition?
3. Wie ist die Risikoformel mit der Multiplikation von Erwartungswerten definiert?
4. Was sind die möglichen Probleme mit den einfachen Risikoformeln?
5. Aufgrund welcher Kriterien erfolgen die Schadenseinstufungen?
6. Welche Nachteile können kardinale Risiko-Bewertungen haben?

---

[21] Reputationsschäden bei Kunden und Geschäftspartnern entstehen vermehrt infolge unnötiger oder missbräuchlicher Offenlegung oder Kolportierung von das Unternehmen betreffenden Informatio-nen, z. B. als „Shitstorms" in sozialen Medien.

7. Ermitteln Sie das Risiko mit Hilfe der Risiko-Matrix in Abb. 2.5 bei einem katastrophalen Schaden mit einer Häufigkeit „selten". Ermitteln Sie das Risiko bei einem katastrophalen Schaden auch für die Häufigkeiten „oft" und „sehr selten". Was stellen Sie fest? Begründen Sie.

8. Welche Elemente enthält ein Risiko-Katalog?

9. Zu welchen Zwecken wird ein Risiko-Portfolio erstellt?

10. Welche Bewandtnis hat die „Akzeptanzlinie"?

11. Welche beiden Dimensionen enthält die gebräuchliche „Risk Map" zur Darstellung eines Risiko-Portfolios?

12. Nennen Sie die Koordinaten eines alternativen Risiko-Portfolios, das auch den „unerwarteten Verlusten" Rechnung trägt.

13. Benennen und erklären Sie geeignete „Stochastische Risikomasse" für „unerwartete Verluste" und für „katastrophale Verluste".

14. Zu welcher Risiko-Kategorie gehören die Informationssicherheits- und IT-Risiken?

Literatur

[Alex03] Alexander, Carol: Operational Risk. Ed. Carol Alexander. London: Pearson Education Ltd., 2003.

[Brin08] Van den Brink, Gerrit Jan: „Risikoaggregation in Kreditinstituten", in Risikoaggregation in der Praxis. Hrsg. Deutsche Gesellschaft für Risikomanagement e.V. Berlin Heidelberg: Springer-Verlag, 2008.

[Brüh01] Brühwiler, Bruno: Unternehmensweites Risk Management als Frühwarnsystem. Bern: Haupt, 2001.

[Brüh03] Brühwiler, Bruno: Risk Management als Führungsaufgabe. Bern: Haupt, 2003.

[Dölk06] Dölker, Annette: Das operationelle Risiko in Versicherungsunternehmen. Karlsruhe: Verlag Versicherungswirtschaft GmbH, 2006.

[Glei05] Gleissner, Werner und Frank Romeike: Risikomanagement. München: Haufe, 2005.

[Glei08] Gleissner, Werner: Grundlagen des Risikomanagements im Unternehmen. München: Verlag Franz Vahlen, 2008.

[Isor09] ISO 31000:2009: Risk management – Principles and guidelines. International Organization for Standardization, 2009.

[Isov09] ISO/IEC Guide 73:2009: Risk management – Vocabulary. International Organization for Standardization, 2009.

[Jori07] Jorion, Philippe: VALUE AT RISK, 3rd Edition. New York: McGraw-Hill, 2007.

[Meye08] Meyer, Ralf: „Die Entwicklung des betriebswirtschaftlichen Risiko- und Chancenmanagements." In Risikomanagement in der Unterneh-mensführung. Hrsg. Rainer Kalwait et al. Weinheim: WILEY-VCH Verlag GmbH &Co. KGaA, 2008.

[Nias12] NIST: Guide for Conducting Risk Assessment, NIST Special Publication 800–30, Revision 1. Washington DC: U.S. Department of Commerce, 2012.

[Niir11] NIST: Managing Information Security, SP 800–39. Washington DC: U.S. Department of Commerce, 2011.

[Oenb05] Oesterreichische Nationalbank: Management des operationellen Risikos. Wien: QeNB, 2005.

[Piaz02] Piaz, Jean-Marc: Operational Risk Management bei Banken. Zürich: Versus Verlags AG, 2002.

[Prok08] Prokein, Oliver: IT-Risikomanagement. Wiesbaden: Gabler, 2008.

[Romi03]   Romeike, Frank: „Risikoidentifikation und Risikokategorien." In Erfolgsfaktor Risikoma-
           nagement. Hrsg. Frank Romeike und Robert B. Finke. Wiesbaden: Gabler, 2003, S. 165 ff.
[Salv08]   Salvati, Domenico: Management of Information Security Risks. Zürich: Dissertation ETH
           18132, 2008, Berlin: Dissertation.de Verlag im Internet GmbH, 2009.
[Witt99]   Wittmann, Edgar: „Organisation des Risikomanagements im Siemens Konzern", in Risk Con-
           trolling in der Praxis. Hrsg. Henner Schierenbeck. Zürich: Verlag Neue Zürcher Zeitung, 1999.
[Wolk07]   Wolke, Thomas: Risikomanagement. München: Oldenburg Wissenschaftsverlag, 2007.

Risikomanagement als Prozess

3

Überblick

Nachdem in den vorangegangenen Kapiteln grundlegende Elemente, Definitionen und Hilfsmittel für das Risikomanagement (RM) erarbeitet wurden, wird in diesem Kapitel der allgemeine Prozess des Risikomanagements behandelt. Im Sinne einer Integration des Informationssicherheits-, IT-, und Cyber-RM in das Unternehmens-RM sind die Vorgehensweisen für die unterschiedlichen Anwendungen eines RM, insbesondere bezüglich der vielfältigen Risiko-Assessment-Methoden, in diesem Kapitel möglichst allgemein gehalten. Der spezifische Einsatz des Risikomanagement-Prozesses für IT- und Informationssicherheits-Risiken (z. B. im Rahmen eines Informationssicherheits-Management-Systems) ist sodann im Teil III des Buches, mit entsprechenden Beispielen, ausführlich behandelt. Auf die Integration der Geschäftskontinuität und der Cyber-Sicherheit wird im Teil IV des Buches eingegangen.

3.1 Generelle Eigenschaften des Risikomanagement-Prozesses

Der hier diskutierte Risikomanagement-Prozess muss als inhärent rekursiv aufgefasst werden, d. h., dass er mittels bedarfsabhängigen Rückkopplungen und Rekursionen der Komplexität und Dynamik heutiger Risikosituationen gerecht werden kann. Daher darf er vor allem nicht als eine rigide lineare Abfolge von einzelnen Aktivitäten und Subprozessen verstanden werden.

In dieser Eigenschaft soll der Prozess ein aktuelles, situationsgerechtes und umfassendes Verständnis der Risiken für die Anspruchsgruppen (Eigentümer, Mitarbeiter, Kunden etc.)

© Springer Fachmedien Wiesbaden GmbH 2017
H.-P. Königs, *IT-Risikomanagement mit System*, Edition <kes>,
DOI 10.1007/978-3-658-12004-7_3

und für die Entscheidungsträger des Unternehmens liefern. Auch soll der Prozess gewähr-leisten, dass die Risiken die von den Führungsinstanzen akzeptierten Grenzwerte für Risi-ken nicht überschreiten.

Die Grundstruktur dieses im Folgenden behandelten Prozesses ist an die derzeit verfüg-baren Standards über Risikomanagement wie dem ISO Guide 73 [Isov09], dem Standard ISO 31000 [Isor09] sowie dem Informationssicherheits-RM-Standard ISO/IEC 27005 [Isoi11] angelehnt.

3.1.1 RM-Prozess in einem übergeordneten RM-Framework

Im Standard ISO 31000:2009 ist der RM-Prozess in einen übergeordneten als PDCA[1]-Zyklus ausgestalteten Prozess eingebettet (s. Abb. 3.1). Dieser als „Framework" bezeichnete PDCA-Zyklus behandelt vor allem den Aufbau, den Erhalt und die ständige Verbesserung des Risikomanagements im Unternehmen. Auch soll das „Framework" für die Befolgung der normativen Vorgaben und die Integration des Risikomanagements in die sonstigen orga-nisatorischen Prozesse und in die allenfalls vorhandenen Unternehmens-Management-Sys-teme sorgen.

Somit wird der Risikomanagement-Prozess des Unternehmens durch dieses übergeord-nete „Framework" gesteuert und überwacht und damit die übergeordneten Aspekte wie des strategischen Kontextes oder der langfristig angelegten Überwachung und Verbesse-rung der Risikosituation behandelt.

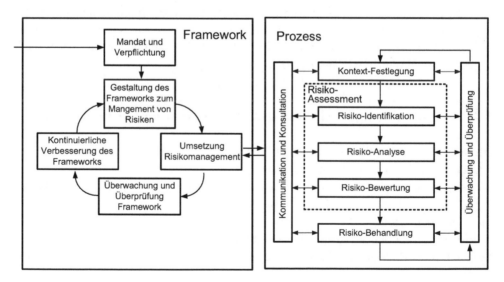

Abb. 3.1 In das RM-Framework eingebetteter RM-Prozess gemäss ISO 31000:2009

---

[1] PDCA = Abkürzung der Phasen „Plan, Do, Check, Act" eines zirkulären Prozesses.

3.1.2   Modellcharakter des RM-Prozesses

Der in das RM-Framework eingebettete RM-Prozess (s. Abb. 3.1) ist generisch und hat für sämtliche betrieblichen Risikomanagement-Probleme Modell-Charakter. Er kann sowohl auf der Ebene des Gesamt-Unternehmens (s. Kap. 12) als auch für andere untergeordneten fachspezifischen RM-Prozesse wie dem IT- und dem Informationssicherheits-Risikomanagement eingerichtet und betrieben werden.[2] Sowohl die in den Prozess einbezogenen Risikoobjekte als auch die Aufgaben, Verantwortlichkeiten, einzusetzenden Verfahren und Hilfsmittel sind bei den einzelnen Einsatzvarianten selbstverständlich unterschiedlich.

Rekursionen, Iterationen und Prozess-Wiederholungen
Durch Rekursionen und Iterationen einzelner Prozess-Schritte und Aktionen können die Methoden, Werkzeuge und Parameter variiert und somit die Ergebnisse der Realität angenähert, verbessert und optimiert werden. Neben den bei jedem einzelnen Prozessschritt möglichen Rekursionen, ist es sinnvoll, die bei den Teilprozessen „Risiko-Bewertung" und „Risiko-Behandlung" fälligen Entscheide von den für den Ressourcenbedarf und die Restrisiken verantwortlichen Funktionsträgern einzuholen (s. Abb. 3.2). Die Entscheide an

Abb. 3.2 Allgemeiner
Risikomanagement-Prozess

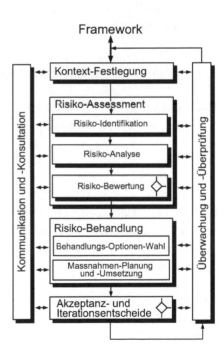

---

[2] Beispiele für die Verwendung des RM-Prozesses in fachspezifischen Anwendungen sind in den Abschn. 9.3.1 (Informationssicherheits-Management-System), 10.1 (IT-Sicherheitskonzept) und 13.3 (Geschäftskontinuitäts-Management) zu sehen.

diesen Prozess-Punkten können auch zu Iterationen von bestimmten Teilprozessen führen. Solche Iterationen von Teilprozessen oder gar des gesamten Risikomanagement-Prozesses können nicht nur aus Gründen notwendiger Prozessverbesserungen (z. B. verfeinerter Assessment-Verfahren), sondern vor allem aufgrund einer sich ständig verändernden Risikosituation notwendig werden.[3]

Integration RM-Prozess in ein fachspezifisches Management-System
Oft ist ein RM-Prozess Bestandteil eines fachspezifischen Management-Systems (z. B. ISO/ IEC 27001); dann werden einige der Aktivitäten des RM-Prozesses, wie die der Kontext-Festlegung, der Kommunikation, der Überwachung und der ständigen Verbesserung, in den im Management-System vorgesehenen eigenen Teilprozessen behandelt.

Sub-Prozesse im Risikomanagement-Prozess
Die oben bereits angesprochenen Aufgaben, wie „Kontext-Festlegung", „Risiko-Identifikation", „Risiko-Analyse" etc. werden als Sub-Prozesse zu einem Gesamtprozess verknüpft.

Die Inhalte, Aufgaben und das systematische Vorgehen in den einzelnen Teilprozessen werden in den nachfolgenden Abschn. 3.2 bis 3.9 behandelt. Infolge der universellen Einsatzweise des RM-Prozesses in einem integrierten Unternehmens-Risikomanagement sind die Beschreibungen entsprechend generisch und allgemein gehalten.

3.2   Kommunikation und Konsultation

Kontakte mit Beteiligten, Betroffenen und Informanten
Sowohl die in einem Risikomanagement-Prozess „direkt Beteiligten" als auch die „Betroffenen" (z. B. Anspruchsgruppen) sind in jedem Sub-Prozess auf eine entsprechende Kommunikation angewiesen. Diese **Kommunikation** dient der Mitteilung, dem Austausch, dem Einbezug sowie auch der Erläuterung und Erklärung von Aktivitäten und Ergebnissen im gesamten Ablauf des Risikomanagement-Prozesses. Ebenso ist es unumgänglich, für bestimmte Untersuchungen, Einschätzungen und Entscheide essenzielle Informationen durch **Konsultationen** bei den dafür prädestinierten Stellen einzuholen. Oft ist auch die Verifikation oder die Ergänzung von Informationen und Ansichten durch eine „second opinion" angezeigt.

Angemessene und verständliche Kommunikation
Die am RM-Prozess direkt beteiligten Personen sind oft Fachpersonen und Experten unterschiedlicher Disziplinen, welche ihre Informationen sowohl untereinander als auch mit den Entscheidungsträgern in angemessener und verständlicher Form austauschen müssen. Es

---

[3] Der Prozess in ISO 31000:2009 (s. Abb. 3.1) wird in diesem Buch mit einem expliziten Subprozess zur Durchführung der wichtigen Akzeptanz- und Iterationsentscheide ergänzt (vgl. auch Prozess in ISO/IEC 27005:2011).

empfiehlt sich deshalb, an den einzelnen Prozess-Punkten, wo wichtige Informationen anfallen oder unmissverständlich weitergegeben werden müssen, entsprechend vorbereitete stark strukturierte Kommunikationsformen einzusetzen. Das dabei zu verwendende Vokabular sollte möglichst eindeutig und dem Adressaten geläufig sein. Die Strukturierung der Informationsvermittlung kann u. a. mittels entsprechenden Formularen oder entsprechend benutzergeführten Kommunikations-Systemen erfolgen.

Kommunikationskonzept

Das Kommunikationskonzept enthält sicherlich einen Teil über die anforderungsgerechten (in grossen Unternehmen allenfalls stufengerechten) internen Informationsaktivitäten und einen anderen Teil über die externe Kommunikation mit Medien und Anspruchsgruppen. In unterschiedlichen und allenfalls voneinander getrennten Kommunikationskonzepten sollte das Kommunikationsvorgehen einerseits für den normalen Betriebsablauf und andererseits für die Krisen- oder Notfallsituationen definiert und festgehalten werden.

Ein Kommunikationskonzept, welches die Anforderungen und wesentlichen Schritte im Prozessablauf berücksichtigt und dabei die Risiko-Wahrnehmung im Unternehmen sowie die unterstützenden Kommunikations-Medien einbezieht, trägt massgeblich zur Qualität der Ergebnisse in einem Risikomanagement-Prozess bei. Letztlich verhilft eine gute und ausgewogene Risiko-Kommunikation der Verbesserung der Risikokultur und dem Risikobewusstsein und damit einer verbesserten Risikosituation im Unternehmen.

3.3 Festlegung Risikomanagement-Kontext

Festlegung des Anwendungsbereichs

In einer frühen Phase des RM-Prozesses wird der Anwendungsbereich mit den zu behandelnden Risikoobjekten[4] oder Risikosituationen festgelegt. Die zusätzliche Nennung der „Situation" kann nötig sein, wenn der Risikomanagement-Prozess lediglich für ein bestimmtes Ereignis mit besonderen Bedingungen oder auf eine bestimmte Zeitspanne durchgeführt werden soll (z. B. auf die Situation einer Unternehmensreorganisation).

Zur Festlegung des Anwendungsbereichs gehört auch seine Abgrenzung, z. B. die Nennung von Objekten und Situationen, deren Risiken nicht betrachtet werden sollen. Dabei sind die von ausserhalb der Abgrenzung kommenden Beeinflussungen (z. B. Bedrohungen) soweit zu berücksichtigen, wie sie auf die Risikoobjekte und Risiken im Anwendungsbereich relevant sind. Bei angrenzenden Systemen erfolgt dies meist durch die Benennung der für die Einflüsse massgeblichen Schnittstellen. Die Nennung von Einschränkungen und Randbedingungen gehört zur Bestimmung des Anwendungsbereichs

---

[4] Der Begriff „Risikoobjekt" wird in diesem Buch synonym zu „Risikogegenstand" sowohl für greifbare als auch für abstrakte Güter, Objekte, Systeme und Strukturen verwendet und schliesst den in der englischsprachigen Literatur oft verwendeten Begriff „Asset" ein. Solche Risikoobjekte können beispielsweise die für das Unternehmen lebenswichtigen Geschäftsprozesse sein.

und bedürfen, – wie der Einbezug und der Ausschluss von Risikoobjekten oder Situationen –, einer Begründung. Bei dem nachfolgenden Risiko-Assessment kann der Anwendungsbereich zudem in weitere geeignete Teilbereiche unterteilt werden. Eine solche Unterteilung könnte beispielsweise für die Anwendung einer spezifischen, für den Teilbereich geeigneten Assessment-Methode[5] sinnvoll sein.

Externe und interne Unternehmensaspekte

Bei der Kontextdefinition ist die Beschreibung wesentlicher Aspekte der externen und internen Einflüsse auf die zu betrachtenden Risikoobjekte und Situationen von grosser Bedeutung. Ist der zu betrachtende Bereich ein Unternehmen, dann gehören zur **externen** Umgebung beispielsweise die aus Gesellschaft, Natur, Technologie, Wirtschaft herrührenden Aspekte und vor allem die für das Unternehmen gültigen gesetzlichen, regulatorischen und vertraglichen Bedingungen. Bezüglich der externen Anspruchsgruppen des Unternehmens sind u. a. die Werte-Vorstellungen und Risiko-Wahrnehmungen einzubeziehen.

Zu den **internen** Aspekten gehören kulturelle Aspekte wie Normen und Werte, unternehmensinterne Führungs- und Kontrollaspekte. Wichtige interne Aspekte sind auch die weiter unten angeführten Zweck- und Absichtserklärungen und die im Rahmen des RM relevanten Ziele. Ebenfalls zu berücksichtigen sind die organisatorische Strukturen, Standards, Prozesse und deren zugeordneten Verantwortlichkeiten, die Budgetbeschränkungen, Dokumentationsvorgaben, Berichterstattungs- und Eskalationswege sowie die wichtigen für das RM festzulegenden und einzuhaltenden Termine.

Zweck, Absichten und durch das RM tangierte Ziele

Im Rahmen des Kontextes sind zudem Erklärungen über den Zweck der Risikoobjekte, der Situationen sowie die unternehmerischen Absichten und die im Anwendungsbereich des RM tangierten Unternehmensziele notwendig. Auch sind die für die Risiken im Anwendungsbereich relevanten Ziele der Geschäfts- und Support-Prozesse zu berücksichtigen. Es gilt auch festzulegen, wessen Risiken zur Behandlung anstehen und für wen (z. B. für welche konkreten Anspruchsgruppen) das Risikomanagement durchgeführt werden soll. Ebenso notwendig ist die Nennung des Zwecks und der Ziele des Risikomanagements und wie diese Ziele an den Unternehmenszielen und -strategien ausgerichtet werden sollen.

Risiko-Arten und deren System-Ziele

Im Rahmen des zu definierenden Kontextes werden nun die im Anwendungsbereich relevanten Risiko-Arten festgelegt. Solche Risiko-Arten sind beispielsweise bestimmte Finanzrisiken, Sachrisiken, Prozessrisiken sowie die in diesem Buch speziell thematisierten Informationssicherheits-, IT- und Cyber-Risiken. Für die relevanten Risiko-Arten werden sodann die massgeblichen System-Ziele für das Assessment der Risiken festgelegt (s. Abschn. 2.7.4). Ein solches System-Ziel ist beispielsweise die Wahrung der Vertraulichkeit von Informationen in bestimmten Geschäftsprozessen. (Im Anhang A.1 sind Beispiele von Risiko-Arten und System-Zielen zusammengestellt).

---

[5] Technische Systeme (z. B. IT-Applikationen) erfordern oft andere Assessment-Methoden, als rein organisatorische oder finanzielle Systeme (s. Abschn. 3.5 sowie Abschn. 10.1 bis Abschn. 10.6).

Schnittstellen zu anderen RM-Prozessen

Der Risikomanagement-Prozess ist meist zu anderen RM-Prozessen über-, unter- oder nebengeordnet (z. B. Unterordnung des Informationssicherheits-RM unter das „Operational Riskmanagement" in einer Bank). Die daraus resultierenden wichtigsten Schnittstellen mit ihren Anforderungen (z. B. für den sachbezogenen Informationsaustausch) werden in der Kontextbeschreibung aufgeführt.

Festlegung der Bewertungskriterien und -massstäbe

Sodann werden die Kriterien zur Ermittlung, Einschätzung und Einstufung der für das Risiko-Assessment notwendigen Risiko-Variablen (z. B. Risikoobjekt-Wert, Schwachstelle, Bedrohung, Impact, Konsequenz, Häufigkeit) sowie die Kriterien für die Risiko-Bewertung (z. B. Akzeptanzkriterien) festgelegt. Da die Bewertungskriterien (z. B. Akzeptanzlinie) auf bestimmten Assessment-Methoden basieren, müssen die anzuwendenden Methoden, zumindest im groben Ansatz, bereits bei der Kontext-Bestimmung festgelegt, dokumentiert und kommuniziert werden.

„Risiko-Policy" für wichtigste Kontext-Inhalte

Mittels einer schriftlich verfassten „Risiko-Policy" werden die dem Zweck des Unternehmens angemessenen, für die Unternehmensmitglieder wichtigsten Aussagen des Kontextes und der Verfahrensweise deklariert (s. auch Abschn. 5.5.7 und 5.5.5). Die Risiko-Policy muss in einer für die Zielgruppe (ggf. alle Mitarbeiter) verständlichen Sprache schriftlich abgefasst und entsprechend aktuell gehalten werden. Auch externe Anspruchsgruppen sollten, je nach Bedarf, das Dokument erhalten können.[6] Wichtige Elemente in der Risiko-Policy sind beispielsweise die Ziele des Risikomanagements sowie der organisatorische Rahmen für die den Anforderungen des Risikomanagements angemessenen Zielvereinbarungen. Wichtig sind auch die schriftliche Darlegung der für das Risikomanagement wesentlichen Verantwortlichkeiten, die Vorgaben zur fortlaufenden Verbesserung sowie die Verpflichtungen der massgeblichen Führungspersonen zur Unterstützung und Bereitstellung der notwendigen Ressourcen.

Die dem Unternehmens-Risikomanagement-Prozess untergeordneten Risikomanagement-Prozesse erhalten, ihrem untergeordneten spezifischen Kontext entsprechend, eine fachbezogene „Risiko-Policy". So werden beispielsweise für einzelne Geschäftsfelder, für die Geschäftskontinuität oder für die Informationssicherheit separate Risikomanagement-Prozesse mit eigenen Kontext-Definitionen und damit auch spezifischen „Risiko-Policies" definiert und herausgegeben.[7]

---

[6] Es gilt zu bemerken, dass die Risiko-Politik im Unternehmens-Wettbewerb und der vorherrschenden Risikosituation auch vertrauliche Elemente (z. B. Wettbewerbsziele) enthalten kann, die dann in einem zusätzlichen und entsprechend vertraulich gehandhabten Dokument abgefasst werden.

[7] Erfolgt das Risikomanagement im Rahmen eines fachspezifischen Management-Systems (z. B. Informationssicherheits-Management-System), dann schreiben die heutigen ISO-Standards für Management-Systeme eine entsprechende fachspezifische Policy (z. B. Informationssicherheits-Policy) vor, welche für das Management-System wesentlichen Elemente einer Risiko-Policy enthält.

Dokumentation, Kommunikation und Reporting
Der gesamte RM-Prozess bedarf festgelegter Vorgaben hinsichtlich der Kommunikation, der Berichterstattung und des Nachvollzugs. Die Mechanismen und Werkzeuge zur Erfüllung dieser Vorgaben, wie die Formate, Vorlagepflichten und Adressaten der verschiedenen Dokumente, werden bei der Kontext-Definition in den wesentlichen Zügen[8] festgelegt.

3.4   Risiko-Assessment

Unter dem Begriff „Risiko-Assessment" (Risikobeurteilung) werden in der heute gültigen ISO-Standardisierung [Isov09] die drei Teilprozesse „Risiko-Identifikation", „Risiko-Analyse" und „Risiko-Bewertung" zusammengefasst. Dieses Buch behandelt in diesem Abschn. 3.4, unter Bezugnahme auf das in Abschn. 2.4 gezeigte Risikomodell, welche Risiko-Variablen beim Risiko-Assessment zu ermitteln und zu beurteilen sind. Im Abschn. 3.5 werden sodann einige Methoden vorgestellt, mit denen solche Risiko-Variablen systematisch ermittelt und analysiert werden können.

Risiko-Assessment ist ein inhärent rekursiver Sub-Prozess
Wie im Rahmen dieses Buches immer wieder festgestellt werden kann, ist insbesondere das Risiko-Assessment ein inhärent rekursiver Prozess, d. h., dass aufgrund der in den Einzelschritten gewonnenen Erkenntnisse, das Risiko-Assessment und auch dessen Teilprozesse wiederholt durchlaufen werden können, um die Ergebnisse zu verbessern und zu aktualisieren. So können beispielsweise zusätzlich entdeckte Risiko-Arten zu einer Erweiterung des Anwendungsbereichs führen oder Anpassungen im Kontext hinsichtlich der zu verwendenden Assessment-Methoden notwendig machen. Oft werden auch die Ergebnisse, nach einer anfänglich groben Risiko-Analyse, mittels weiterer Assessment-Durchläufen entsprechend verfeinert. Aufgrund der Resultate kann es auch notwendig werden, den Anwendungsbereich des Risiko-Assessments aufzuteilen, um die Teilbereiche mit dafür prädestinierten Assessment-Methoden erneut bearbeiten zu können.

Geeignete Methoden für das Risiko-Assessment
Aus der Vielfalt der Methoden, mit denen die Risiken ermittelt und aus Unternehmenssicht bewertet und beurteilt werden können, gilt es, die der konkreten Risikosituation am besten geeignete Methode anzuwenden. Im Standard ISO/IEC 31010 ist eine Übersicht über mögliche Assessment-Methoden zu finden [Isoa09]. Wie die einzelnen Methoden zeigen, ist nicht immer eine strikte Trennung der Aufgaben für Identifikation, Analyse oder Bewertung der Risiken möglich. So können einzelne Assessment-Methoden sowohl für die Identifikation als auch für die Analyse oder gar zusätzlich für die Bewertung der Risiken eingesetzt werden. Im Ergebnis soll der Assessment-Prozess die Informationen

---

[8] Ist der Risikomanagement-Prozess in einen Management-System-Standard eingebettet, dann sind die diesbezüglichen Vorgaben in den dafür vorgesehenen Klauseln des Standards enthalten.

darüber liefern, wo sich Risiken befinden, wie sie zu verstehen sind und wie mit ihnen für die nachfolgende Behandlung und ihre Akzeptanz umgegangen werden soll.

Assessment-Vorgehen gemäss Risikomodell
Um ein Risiko zu beurteilen und ihm allenfalls mit geeigneten Massnahmen entgegentreten zu können, bedarf es zum einen der Erkenntnis seiner Entstehung und zum anderen einer vorausschauenden Einschätzung, wie häufig oder wahrscheinlich sich das Risiko wie und mit welcher Schadenshöhe ereignet. Dazu müssen die anzuwendende Assessment-Methode und die dafür notwendigen Input-Variablen vorab definiert und auf die angestrebten Ergebnis-Variablen ausgerichtet sein.

In diesem Buch wird vorwiegend eine in der IT und der Informationssicherheit beliebte Assessment-Variante gemäss dem im Abschn. 2.4 beschriebenen Risikomodell verfolgt. Beim Assessment[9] basierend auf diesem Risikomodell werden „Risikoobjekte", „Bedrohungen" und Schwachstellen identifiziert und analysiert, bei denen die Bedrohungen in der Lage sind, vorhandene „Schwachstellen" auszunutzen, um an den betroffenen „Risikoobjekten"[10] Schäden anzurichten.

Bei der auf die Risiko-Identifikation folgenden Risiko-Analyse werden die Input-Variablen „Bedrohung", „Schwachstelle" und „Objektwert" sowie allenfalls notwendige weitere Faktoren anhand geeigneter Metriken eingeschätzt. In der Abb. 2.2 sind die für diese Vorgehensweise verwendeten Risiko-Variablen[11] bereits grob visualisiert.

Der Vorteil dieser Assessment-Variante besteht darin, dass aufgrund des Wertes des bedrohten Objektes (Asset) hinsichtlich der Einhaltung seiner Ziele (z. B. Vertraulichkeit) sowie der identifizierten und eingestuften Bedrohungen und Schwachstellen, sowohl die Höhe des Schadens als auch die Wahrscheinlichkeit des Eintretens eingeschätzt werden kann. Zudem resultieren aus den ermittelten Schwachstellen wertvolle Anhaltspunkte für die spätere Risiko-Behandlung.

3.4.1 Risiko-Identifikation (Risk Identification)

Am Anfang des Assessment-Prozesses steht die **„Risiko-Identifikation",** mit der möglichst systematisch alle relevanten Risiken eines Unternehmens oder eines für das Assessment bestimmten Teilbereichs (z. B. Organisationseinheit, Geschäftsprozess, System, Teilsystem oder Fachgebiet) identifiziert werden. Dabei ist es empfehlenswert, zusätzlich zu den Risiken innerhalb der Assessment-Abgrenzung, auch Risiken ausserhalb der Abgrenzung zu

---

[9] Auch als „Asset-Threat-Vulnerability-Methode" bekannt und findet im Teil D dieses Buches vermehrte Anwendung.

[10] Die Risikoobjekte (Assets) oder auch Risiko-Gegenstände können beispielsweise Prozesse, Systeme, Systemkomponenten, Informationen, Lokalitäten, Personen oder Projekte sein.

[11] Die Risiko-Variablen entsprechen den Risikofaktoren (z. B. Bedrohung, Schwachstelle, Wahrscheinlichkeit, Schaden).

identifizieren, die allenfalls Einfluss auf die Risikosituation innerhalb des Anwendungsbereichs haben könnten. Der Identifikationsprozess soll möglichst systematisch und gründlich
alle im Anwendungsbereich wesentlichen Risiken erfassen. Deshalb werden Verfahren
bevorzugt, die nach Risiken vom „Groben" ins „Feine" fahnden. Dabei soll der Identifikationsprozess die möglichst vollständige Erfassung der signifikanten Risikoquellen (intern und
extern) und die möglichen Konsequenzen bezogen auf die risikobehafteten Objekte im
Anwendungsbereich des Risiko-Assessments erreichen. Ist der Anwendungsbereich ein
ganzes Unternehmen, dann ist es nützlich, die Risiken in einzelne Risiko-Kategorien und
Risiko-Arten zu unterteilen (s. Abschn. 2.7.4). Zur Identifikation gehört auch das Feststellen von
bereits für die Risikoobjekte existierenden Massnahmen sowie der Schwachstellen an den
einzelnen Risikoobjekten.

Benennung, Granularisierung und Ordnung der Risikoobjekte (Assets)
Die Risikoobjekte[12] (Assets) können für die nachfolgende „Risiko-Analyse" (Risikobestimmung) vorteilhaft in der folgenden Weise definiert, granularisiert[13] und in einem Risiko-
objektregister (Asset-Register) logisch eingeordnet werden:

1.) nach der Konstellation, wie die Risikoobjekte den Bedrohungen ausgesetzt sind und
    sich die Bedrohungsereignisse über die einzelnen Risikoobjekte vererben können;
2.) nach den Möglichkeiten, wie den Risiken sinnvolle Massnahmen entgegengesetzt
    werden können.

Zu 1.):
Ausgehend von den Bedrohungen und den Schwachstellen an den betrachteten Risikoobjekten sollen alle relevanten Ursachen-Wirkungsketten bezüglich des Abweichens von System-Zielen (z. B. Vertraulichkeit) erfasst werden. Dazu ist es oft nötig, vorab festzulegen,
wo und in welchen Abhängigkeiten die Objekte zueinander stehen. Auch pflanzen sich
Risiken meist über Ereignisse an mehreren Risikoobjekten fort. Im Standard ISO/IEC
27005:2011 werden deshalb die Risikoobjekte in „Primäre Assets" und in „Unterstützende
Assets" unterschieden ([Isor11], S. 33–38). Dabei bewirken die Bedrohungsereignisse und
Schwachstellen an den unterstützenden Risikoobjekten (Assets) (z. B. infolge Fehlverhal-
tens von Personen oder Störungen an infrastrukturellen Einrichtungen), den für das Risiko
hauptsächlich ausschlaggebenden Schaden am „Primären Risikoobjekt". So könnte beispielsweise der Ausfall eines Geschäftsprozesses durch den Ausfall des unterstützenden
Risikoobjekts „Hardware", aufgrund verschiedener Schwachstellen an den die Hardware
weiter unterstützenden Risikoobjekten, bedingt sein (s. Beispiel in Abb. 3.3). Natürlich sind

---

[12] In diesem Risikomodell werden die Bedrohungen und Schwachstellen auf Risikoobjekte (Assets)
bezogen und die Schäden von Zielverfehlungen an den Werten dieser Risikoobjekte abgeleitet.
Andere Risikomodelle verwenden die Veranschaulichung mit Risikoobjekten nicht, aber verwenden
dennoch die Variablen Bedrohung, Schwachstelle, die zu Risikoereignissen führen, bei denen aufgrund von Zielabweichungen (z. B. Vertraulichkeitsverlust) Schaden entsteht.
[13] Durch die Granularisierung wird ein für die Analyse und Massnahmenbestimmung sinnvoller
Objektumfang (Objektgrösse) definiert.

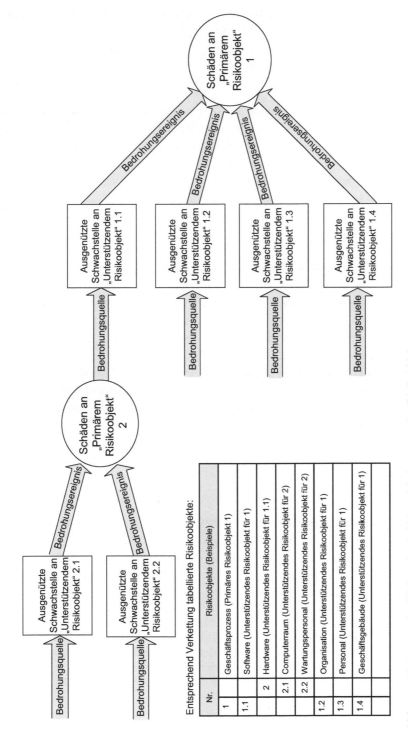

Entsprechend Verkettung tabelliert Risikoobjekte:

Nr.	Risikoobjekte (Beispiele)
1	Geschäftsprozess (Primäres Risikoobjekt 1)
1.1	Software (Unterstützendes Risikoobjekt für 1)
2	Hardware (Unterstützendes Risikoobjekt für 1.1)
2.1	Computerraum (Unterstützendes Risikoobjekt für 2)
2.2	Wartungspersonal (Unterstützendes Risikoobjekt für 2)
1.2	Organisation (Unterstützendes Risikoobjekt für 1)
1.3	Personal (Unterstützendes Risikoobjekt für 1)
1.4	Geschäftsgebäude (Unterstützendes Risikoobjekt für 1)

Abb. 3.3 Verkettung der Risiken durch Abhängigkeiten unter den Risikoobjekten

die Risiken an den „Unterstützenden Risikoobjekten" meist nicht nur im Hinblick auf ihren Einfluss auf die „Primären Risikoobjekte" relevant, sondern tragen mit eigenen Beschädigungen oft in erheblichem Mass zum Gesamtrisiko bei (z. B. kumulierte Schäden an unterstützenden und primären Risikoobjekten beim Brand in einem Rechenzentrum).

Zu 2.):
Im Hinblick auf die später zu treffenden Massnahmenentscheidungen sollten die Risiken, sowohl in ihren Ausprägungen als auch in ihren Zusammenfassungen (Aggregationen), mit möglichst passenden Massnahmen behandelt werden können. Diesem Umstand ist bei der Definition, Granularisierung und logischen Ordnung der Risikoobjekte in einem Risikoobjekt-Register[14] bestmöglich Rechnung zu tragen. In den Abschn. 10.2 (CRAMM-Asset-Modell), 10.4 (Fehlerbaum) und 10.5 (Ereignisbaum) wird an konkreten Beispielen gezeigt, wie die Risikoobjekte auch mit entsprechend geeigneten Strukturen zweckmässig geordnet werden können.

Identifikation von Bedrohungen und Schwachstellen
Das Identifizieren der Bedrohungen wird mit den bereits in Abschn. 2.7.3 erwähnten vorgefertigten Bedrohungslisten erleichtert. Für die Identifikation der Schwachstellen können Sicherheitsstandards,[15] „Best practices", Vorschriften, Regulationen oder Gesetze als Soll-Massstäbe dienen, wobei die Abweichungen von solchen Soll-Massstäben als „Schwachstellen" identifiziert werden können.

Die Relevanz der Bedrohungen und der Schwachstellen hängt von dem für das Risiko massgeblichen „System-Ziel" ab (System-Ziele könnten beispielsweise die „Verfügbarkeit eines Geschäftsprozesses", die „Vertraulichkeit von Bankdaten" oder die „Integrität von Patientendaten" sein). Im Abschn. 3.5 sind einige Methoden aufgezeigt, wie Bedrohungen und Schwachstellen systematisch gesucht werden können.

3.4.2   Risiko-Analyse (Risk Analysis)

Wurden im vorangegangenen Subprozess der „Risiko-Identifikation" die Risiken in ihrem Vorhandensein aufgespürt und in ihren Eigenschaften erfasst, dann dient der Sub-Prozess **„Risiko-Analyse"** vor allem dem tieferen Verständnis und der grössenmässigen Einschätzung der Risiken und liefert somit den Input für Entscheide, die letztlich zu einer angemessenen Risiko-Behandlung führen sollten. Dabei werden aus den Prämissen der Entstehung

---

[14] Für die der „Risiko-Identifikation" nachfolgenden „Risiko-Analyse" ist eine geordnete Auflistung der Risikoobjekte (einschliesslich der bereits vorhandenen Massnahmen und Schwachstellen) in einem Objektregister (Asset-Register) nützlich. Auch ist die Visualisierung der Konstellationen und der Abhängigkeiten der Risikoobjekte untereinander mittels entsprechenden Abbildungen zu empfehlen (s. Abb. 3.3).

[15] Ein für ein risikobehaftetes Objekt relevante schwache oder fehlende Massnahme wird in der Regel als Schwachstelle bezeichnet.

und der Wirkungen der Risiken, die Wahrscheinlichkeiten (Häufigkeiten) und das Ausmass der Schäden (Konsequenzen) bestimmt und daraus die Höhe des Risikos abgeleitet.
Um dem Wesen eines Risikos[16] gerecht werden zu können, muss mittels der Risiko-Analyse das Mass der Ungewissheit über Abweichungen von den gewünschten (resp. gesetzten) Zielen bestimmt werden. Zusätzlich zur Bestimmung der Risikohöhe werden bei der
Risiko-Analyse weitere Analyse-Ergebnisse erwartet wie die Beschreibung der Risiko-Ursachen oder der Massgaben für die Dringlichkeit der Risiko-Behandlung.

Quantitative oder qualitative Risiko-Analyse
Entsprechend der gestellten Anforderungen kann die Risiko-Analyse „quantitativ" oder
„qualitativ" durchgeführt werden. Die „quantitative" Analyse liefert numerische Werte
einer Kardinal-Skala mit einer realen Bedeutung (z. B. Zeitverlust in Stunden oder Kosten
in Euro). Die qualitative Analyse unterscheidet sich von der quantitativen Analyse dadurch,
dass der Schaden und die Häufigkeit nicht mit absoluten numerischen Grössen, sondern
mit Ordnungsbegriffen eines entsprechend definierten Skalensystems ausgedrückt werden. Gebräuchliche Ordnungsbegriffe sind verbale Beschreibungen, z. B. „sehr gross",
„gross", „mittel" oder auch lediglich zugeordnete Buchstaben- oder Zahlenreihen.

Semi-quantitative Analyse
Werden einer solchen Ordinalskala zusätzlich noch numerische Werte mit einer realen
Bedeutung zugeordnet, dann wird die mit einer derartigen Skala durchgeführte Analyse
als „semi-quantitativ" bezeichnet (vgl. [Asnz04], S. 18). Berechnungen aufgrund „semi-
quantitativer" Analysen sind jedoch mit entsprechender Vorsicht zu behandeln, da ihre
numerischen Aussagen zwar für Vergleiche geeignet sein mögen, jedoch keine Absolut-
werte ausdrücken und zudem nicht vorhandene Genauigkeiten einer Risikoberechnung
vortäuschen können.

Vorgehensweisen zur Risiko-Analyse (Risiko-Bestimmung)
In Abschn. 2.4 wurde bereits ein pragmatisches Modell skizziert, wie mittels Bedrohungen,
Schwachstellen und Schadenshöhen ein Risiko ermittelt werden kann. Die Bedrohungen
und Schwachstellen werden in der Weise eingeschätzt, wie sie als Faktoren die Wahrscheinlichkeit des Eintritts eines Risikoereignisses und damit allenfalls einen Schaden bewirken,
wobei die Höhe des Schadens von einer (wertmässigen) Ziel-Verfehlung am bedrohten
Objekt abhängt. Das aus der Höhe des Schadens (Konsequenz) und der Eintrittswahrscheinlichkeit „kombinierte" Risiko kann je nach Erfordernis mit einer einfachen Risikomatrix
bestimmt werden oder mittels der eingeschätzten Faktoren der Wahrscheinlichkeiten und
des Schadens berechnet werden. Im Abschn. 3.5 sind auch Methoden angegeben, wie die
Risikobestimmung in einer systematischen Weise, z. B. mittels entsprechender Top-down-/
Bottom-up-Analysen, durchgeführt werden kann. Sind aus statistischer Sicht die notwendigen Input-Daten vorhanden, dann ist das Risiko auch mit entsprechenden stochastischen

---

[16] Risiko-Definition in ISO 31000.

Verfahren (z. B. Value-at-Risk oder Monte-Carlo-Simulation) bestimmbar. Auf die einzelnen Grundlagen der Risikobestimmung wurde in den Abschn. 2.3 bis 2.9 bereits eingegangen. Neben den klassischen Möglichkeiten, das Risiko mittels einer Kombination von Wahrscheinlichkeit und Schadenshöhe auszudrücken, kann das Risiko auch durch sinnvolle „Risiko-Proxies", z. B. in der Form geeigneter Indikatoren gemäss Abschn. 2.9.2 oder mit Ergebnissen aus Teil-Analysen gemäss dem folgenden Abschn. 3.4.3 ausgedrückt werden.

3.4.3   Teil-Analysen

Für ein vollständiges „klassisches" Risiko-Assessment werden sowohl die Kenntnis der Wahrscheinlichkeit des Eintretens als auch der Schadensfolgen (Konsequenz) des eingetretenen Risikos vorausgesetzt. Die Art der Durchführung eines Risiko-Assessments soll sich jedoch vor allem nach dem Zweck und den vorliegenden Gegebenheiten richten. Ist es beispielsweise nicht möglich oder nicht erforderlich, sowohl Eintrittswahrscheinlichkeiten als auch die Schadensfolgen von Bedrohungsereignissen zu analysieren, dann können auch Teil-Analysen mit sinnvollen Ergebnissen den Zweck erfüllen. Oft werden auch Teil-Analysen zu Vergleichszwecken durchgeführt (z. B. vergleichende Schwachstellen-Analyse für unterschiedliche Systemrealisationen). Im Rahmen von sogenannten Teil-Analysen werden meist nicht nur die „Analyse"-Tätigkeiten (z. B. Einschätzung einzelner Risikofaktoren) sondern auch die im RM-Prozess vorgelagerten „Identifikations"-Tätigkeiten durchgeführt.

Teil-Analysen
Solche Teil-Analysen sind:

1. Bedrohungs-Analyse (Identifikation und Analyse der relevanten Bedrohungen)
2. Schwächen-Analyse (Identifikation und Analyse der relevanten Schwachstellen)
3. Impact-Analyse (Identifikation und Analyse der potenziellen Schäden)
4. Beliebige Kombination der Analysen 1 bis 3

Die Kombination der Teil-Analysen 1 bis 3 liefert das Ergebnis einer vollen Risiko-Analyse.

3.4.3.1 Bedrohungs-Analyse
Alleinstehende Bedrohungs-Analysen werden vor allem dann durchgeführt, wenn entsprechende Entscheide, meist strategischer Art, anstehen, z. B. Standortwahl für ein neues Rechenzentrum oder Eröffnung einer neuen Produktelinie. Bei der Bedrohungsanalyse werden lediglich die Bedrohungen, welche die Risikoobjekte beeinträchtigen könnten, identifiziert und allenfalls nach einem gewählten Wertemassstab analysiert und bewertet. Findet ein numerischer Wertemassstab Verwendung, dann wird damit nicht ein absolutes Analyse-Ergebnis, sondern meist ein Vergleich zwischen alternativen Varianten angestrebt.

Bei strategischen Entscheiden werden meist nicht nur die Bedrohungen, sondern mit ähnlichen Wertemassstäben auch die mit der betrachteten Variante möglichen Chancen sowie die für das Eingehen der Variante zu betrachtenden operationellen Stärken und Schwächen analysiert. Dieses als „SWOT-Analyse" bekannte und für die Strategiefindung nützliche Verfahren, bezweckt jedoch keine vollumfängliche Risiko-Analyse, da u. a. die durch die Bedrohungen und Schwächen beeinträchtigten Risikoobjekte (Assets) nicht explizit berücksichtigt werden.

3.4.3.2 Schwächen-Analyse

Wie die bisherigen Ausführungen zeigten, ist die Durchführung einer vollen Risiko-Analyse in der Regel umfangreich und zeitaufwändig. Dazu kommt, dass die Risiko-Analyse eines grösseren Bereichs, z. B. eines ganzen Unternehmens oder eines grösseren Geschäfts- oder Unterstützungs-Prozesses, nicht durch externe Experten alleine durchgeführt werden kann, sondern der intensiven Mitarbeit der betriebsinternen Verantwortlichen und Wissensträger bedarf. Dabei ist es insbesondere für die Analyse der bedrohten Risikoobjekte (Assets) und des Schadensausmasses notwendig, die internen Wissensträger des Geschäftsfeldes und der Geschäfts-Prozesse einzubeziehen. Weiter werden für die Analyse der Bedrohungen, Schwachstellen sowie für das Aufstellen entsprechender Szenarien die Fachleute der Unterstützungs-Prozesse (z. B. der IT) benötigt. Bei einer Auslagerung (Outsourcing) der Unterstützungsprozesse (z. B. der IT) muss gar mit zusätzlichem Aufwand auf beiden Partnerseiten gerechnet werden.

Ein weniger aufwändiges und deshalb häufig verwendetes Verfahren ist die Schwächen-Analyse. Mit der Schwächen-Analyse (meist Schwachstellen-Analyse genannt) werden die Schadensauswirkungen und die Eintritts-Wahrscheinlichkeiten nicht analysiert, da dazu die konkreten Kausalketten der Bedrohungsauswirkungen auf die Risikoobjekte und die damit verbundenen Schadensauswirkungen fehlen.

Der Schwachstellen[17]-Bewertungsprozess

Wird ein Risikoobjekt oder eine Situation einer Schwächen-Analyse unterzogen, dann werden zwar, wie bei der Risiko-Identifikation, anhand von vorgefertigten Bedrohungslisten die bedrohten Risikoobjekte identifiziert. Doch werden beim nachfolgenden Schwachstellen-Bewertungsprozess die zu analysierenden Risikoobjekte lediglich auf das Vorhandensein von inhärenten Schwächen gegenüber den Bedrohungen sowie die ungenügende Wirkung oder das Fehlen der gegen diese Bedrohungen üblichen Massnahmen untersucht.

Einschätzung der Schwachstelle

Mit der Schwächen-Analyse (oder Schwachstellen-Analyse) werden die Schwächen (oder Schwachstellen) der zu untersuchenden Gegenständen ermittelt. Eine Schwachstelle setzt

---

[17] Der Begriff Schwachstelle (engl. Vulnerability) wird im weiteren Verlauf des Buches gegenüber dem Begriff „Schwäche" bevorzugt verwendet.

das Vorhandensein von typischen Bedrohungen in einem bestimmten Analysegebiet voraus, gegen die das betrachtete Risikoobjekt immun respektive widerstandsfähig (resilient) sein sollte (z.B. schwache Benutzer-Authentisierung im Analysegebiet „Internet-Zugriff"). Die Einschätzung der Schwachstelle wird meist aufgrund von allgemein bekannten möglichen Konsequenzen vorgenommen. Im Beispiel der Benutzer-Authentisierung für den Internet-Zugriff können unterschiedlich starke Authentisierungs-Methoden mit Noten bewertet werden. Angefangen bei der Note 5 für eine starke Zwei-Faktoren-Authentisierung, die im analysierten Fall keine Schwachstelle darstellen soll, über die Note 3 für eine Passwort-Authentisierung mit geprüfter Länge und Komplexität bis hin zur Note 1 für eine Passwort-Authentisierung ohne geprüfte Länge und Komplexität des Passwortes. Mit der Note 1 ist letztere Variante als hohe Schwachstelle eingestuft. In Abschn. 9.3.2 ist eine Methode gezeigt, wie eine Schwachstellen-Analyse betreffend Informationssicherheit mittels des Standards ISO/IEC 27002 durchgeführt werden kann.

Schwachstellen-Kataloge

Die Schwachstellen-Kataloge (auch Schwachstellen-Register) werden in ähnlicher Weise wie die Risiko-Register angefertigt. Dabei können die Schwachstellen, wie bei der Risiko-Analyse, bezogen auf die Risikoobjekte (Assets) aufgeführt werden. Sinnvoll ist auch, die für eine Schwachstelle relevanten Bedrohungen aufzuführen. Anstelle der aufwändigen Risiko-Analyse kann beispielsweise eine ordinale oder gar eine numerische Einschätzung der Schwachstelle anhand eines entsprechenden Wertemassstabes ermittelt und ausgewiesen werden. Da die Wertemassstäbe (Metriken) bei Schwachstellen auf qualitativen Kriterien basieren, dürfen die mit numerischen Werten eingestuften und allenfalls auch numerisch berechneten Ergebnisse zwar zu Vergleichszwecken verwendet, jedoch nicht als absolute „quantitative" Werte interpretiert werden.[18]

Der Risiko-Analyse vorgelagerte Schwachstellen-Analyse

Die Schwachstellen-Analyse wird oft, zusammen mit einer Bedrohungs-Analyse, einer „vollen Risiko-Analyse" vorgelagert durchgeführt. Mit einem solchen zweistufigen Analyse-Verfahren wird vor allem die Komplexität der „vollen Risiko-Analyse" verringert, indem die für die Risiko-Analyse notwendige Einschätzung der Bedrohungsauswirkungen auf die Risikoobjekte aus der vorgängig durchgeführten Schwachstellen-Analyse hergeleitet werden kann.

Nützlichkeit einer Schwachstellen-Analyse

Wenn auch die Schwachstellen nur unter der Voraussetzung konkreter Bedrohungen und Schadenspotenziale zu einem wirklichen Risiko führen, kann eine Schwachstellen-Analyse ohne vollständige Risikoeinschätzung dennoch sinnvoll und nützlich sein. Sinnvoll und nützlich ist eine alleinstehende Schwachstellen-Analyse insbesondere dann, wenn bei einem bestimmten Bedrohungsumfeld und bei Annahmen von möglichen Scha-

---

[18] Als Beispiel für numerisch berechnete und ausgewiesene Schwachstellen kann das „Common Vulnerability Scoring System" genannt werden [Firs16].

denspotenzialen die Schwachstellen (Verletzlichkeiten) herauszufinden sind, an denen „normalerweise" Schäden entstehen könnten. Die Schwachstellen-Analyse greift dabei stark auf die Erfahrungen mit bereits bestehenden Massnahmen zurück (Best Practices oder Standards). Die Schwachstellen-Analyse zeigt somit auch, wo Massnahmen fehlen und wo allenfalls Massnahmen anzusetzen sind.

Schwachstellenbegriffe bei Informations- und Cyber-Risiken
Beim Umgang mit Bedrohungen im Bereich des Internets ist es üblich, die Schwachstellen in die folgenden zwei Ausprägungen einzuteilen:

1.) Eine **„Vulnerability"** (Verletzlichkeit) lässt gemäss analytischer Überlegungen ein Schadensereignis zu (z. B. cin bekannter Programmfehler könnte unter bestimmten Bedingungen das Einbringen eines Trojanischen Pferdes ermöglichen);
2.) Ein **„Exploit"** hat sich durch einen entsprechenden Angriffs-Code als ausnutzbare Schwachstelle erwiesen (z. B. Schwachstelle in einem Softwareprodukt wird nachweislich durch einen Angriffscode (Schad-Software) zum Einbringen eines Trojanischen Pferdes ausgenutzt). Meist wird bereits die reine Beschreibung des Angriffscodes als „Exploit" bezeichnet. Gibt es einen Angriffscode noch am selben Tag, an dem die Schwachstelle bekannt wird, wird dieser als „Zero-day-exploit" bezeichnet.

3.4.3.3 Impact-Analyse
Sind die Risiken identifiziert, und die Risikoobjekte festgelegt, auf denen die Risiken anfallen, dann können aufgrund der Bedrohungen und Schwachstellen die möglichen Wirkungen auf die Risikoobjekte und der damit einhergehenden Wertverluste ermittelt werden. Die Einschätzung der möglichen Wertverluste wird als „Impact-Analyse" bezeichnet, wobei die Impact-Analyse lediglich die Art und Höhe des Schadens eines Risikos unter Weglassung der Bedrohungs- und Schwachstelleneinflüsse liefert.

Anwendung der Impact-Analyse
Die Impact-Analyse wird oft dann durchgeführt, wenn es beispielsweise darum geht, festzustellen, ob für ein betrachtetes System überhaupt signifikante Risiken vorliegen und ob aufgrund der Höhe der potenziellen Schäden eine vertiefte Risiko-Analyse erforderlich ist. Impact-Analysen sind auch dann notwendig, wenn sich die Schadensfolgen im zeitlichen Verlauf eines Ereignisses stark verändern oder durch den Einsatz von Massnahmen verändert werden können. Diesem Aspekt muss beispielsweise bei der Geschäftskontinuitäts-Analyse Rechnung getragen werden und wird dort als Business-Impact-Analyse (BIA) bezeichnet.

Impact-Analyse bei katastrophalen Schadensereignissen
Die Impact-Analyse macht vor allem bei der Absicherung gegen seltene, aber katastrophale Schadensereignisse Sinn, da für das Aufstellen von Geschäftskontinuitäts- oder

Notfall-Plänen die Eintritts-Wahrscheinlichkeiten (-Häufigkeiten) wenige Entscheidungs-grundlagen liefern. Hingegen ist das mögliche Schadensausmass in Abhängigkeit von der Ausfall-Zeit wichtig, da ja das im Zeitverlauf meist ansteigende Schadensausmass mit vorsorglichen Massnahmen reduziert werden soll.

Die Einschätzung des Impacts kann auf eine der folgenden Arten vorgenommen werden:

1. Es werden die **maximal möglichen Schäden** aufgrund von Zielverfehlungen an den einzelnen Risikoobjekten eingeschätzt (z. B. Verfügbarkeitsverlust). Insbesondere bei der Geschäftskontinuitäts-Planung interessiert die zeitliche Entwicklung eines maxi-mal möglichen Schadens, welchem im Rahmen eines Worst-case-Szenarios Rechnung getragen werden soll.
2. Es werden **durchschnittliche Schäden** aufgrund von Zielverfehlungen an den einzel-nen Risikoobjekten erhoben oder eingeschätzt.
3. Die Schäden werden aufgrund von **Zielverfehlungen an den einzelnen Risikoobjek-ten gemäss ihrer statistischen Verteilung** erhoben oder eingeschätzt.

3.4.4   Risiko-Bewertung (Risk Evaluation)

Die gefundenen Risiken mit ihren analysierten Werten für Bedrohung, Schwachstelle, Wahrscheinlichkeit, Schadensausmass und Risiko bedürfen einer Interpretation und Bewertung im Kontext der zu untersuchenden und zu behandelnden Risikoobjekte. Die Kriterien dafür waren zuvor bereits bei der Kontextdefinition festzulegen. Aus den Erkenntnissen der durchgeführten Risiko-Analyse können auch zusätzliche Kriterien relevant werden (z. B. Qualitätsanforderungen oder Zeitprioritäten), die für die anstehen-den Entscheide hinsichtlich einer optimalen Risiko-Behandlung zu beachten sind.

Entscheide zur Reduktion von Häufigkeit oder Schadensausmass
Muss beispielsweise geklärt werden, ob die Häufigkeit oder das Schadensausmass oder beides zu reduzieren sind, dann könnte es für geringe, aber häufige Dienstleistungs-Ausfall-Risiken angezeigt sein, „nur" die als „Qualitätsmangel" wahrnehmbare Häufigkeit der Ausfälle zu reduzieren. Eine solche Anforderung wäre sodann an die im RM-Prozess nach-folgenden Bewältigungs-Massnahmen zu stellen. Gilt es die Wahrscheinlichkeit zu redu-zieren, dann stellt sich auch die Frage, ob auf die Bedrohungen Einfluss genommen werden kann oder ob die Beseitigung bestimmter Schwachstellen die wirksamsten Behandlungser-gebnisse liefert. An diesen bei der „Risiko-Bewertung" zu beantwortenden Fragen zeigt sich, wie stark sich die Risiko-Bewertung bereits mit Fragen einer effektiven und effizien-ten Risiko-Behandlung befassen muss.

Risiko-Behandlung im Hinblick auf Chancen
Ein blindes Reduzieren oder gar ein Vermeiden bestimmter Risiken könnte unter Umstän-den das Ergreifen von Chancen verhindern. Bei der Risiko-Bewertung stellt sich deshalb

die Frage, inwieweit durch die Risiko-Behandlung mögliche Chancen beeinträchtigt oder
gar zunichte gemacht werden können.

   Falls ein Optimum im Verhältnis zu den Chancen anzustreben ist, könnte es beispielsweise Risiken geben, die nur auf eine bestimmte Art und Weise oder auch gar nicht bewältigt werden sollen. (Beispiel: Verzicht der Verschlüsselung von per E-Mail übermittelter
Kundendaten, da viele Kunden nicht in der Lage sind, die Daten zu entschlüsseln.)

Weitere Behandlungsanforderungen sowie Attribute
Für die Auswahl und Realisierung der Massnahmen sind auch eine Reihe zusätzlicher
Anforderungen, die nicht aus den aktuellen Risiken abgeleitet werden können, zu berücksichtigen. Solche Anforderungen wären beispielsweise ethische Aspekte, Standards, Leistungsanforderungen, Gesetze, Zeit- und Kostenbeschränkungen. Solche Anforderungen,
auch wenn sie sich nicht direkt auf identifizierte Risiken beziehen sind im Sub-Prozess
„Risiko-Bewertung" ebenfalls aufzuführen. Die Risiken und Behandlungsanforderungen
können in diesem Subprozess mit entsprechenden „Attributen" versehen werden.

Wichtigkeit versus Dringlichkeit
Ein solches Attribut ist beispielsweise die Dringlichkeit der Risiko-Behandlung. So gibt es
Risiken, die aufgrund gesetzlicher oder regulatorischer Vorschriften bis zu einem bestimmten Termin unbedingt bewältigt sein müssen. Grosse und wichtige Risiken können hingegen unter Umständen eine weniger hohe Dringlichkeit zur Bewältigung besitzen, wenn sie
beispielsweise mit geringer Wahrscheinlichkeit vorkommen und daher in der Realisie-
rungs-Priorität hinter den zwar kleineren aber häufiger eintretenden Risiken zurückstehen
müssen. Bei der Reflektion der Risiken im Kontext der definierten Rahmenbedingungen,
kann sich sogar herausstellen, dass einige Risiken für die Behandlung weder „wichtig"
noch „dringlich" sind. In einem solchen Falle kann eine Massnahme unterbleiben. Doch
könnte einem solchen Risiko das Attribut zugeordnet werden, dass es weiterhin beobach-
tet werden muss.

Risiko-Wahrnehmung der Umgebung und des Managements
Bei der „Risiko-Bewertung" spielt auch die Risiko-Wahrnehmung der Umgebung und des
Managements eine wichtige Rolle. Dazu bedarf es der Kommunikation mit den zuständigen Entscheidungsträgern (ggf. auch mit bestimmten Anspruchsgruppen). Neben der
mündlichen Kommunikation und Berichtserstattung soll die Risiko-Kommunikation mit
entsprechenden Berichten und Darstellungen erfolgen (z. B. mit einem fortgeschriebenen
Risiko-Register und einer Risiko-Portfolio-Grafik). Auch ist es meist nützlich und gegebenenfalls sogar zwingend, an dieser Stelle des Risikomanagement-Prozesses, die Zustimmung des zuständigen Managements zur Risiko-Lage und zu den Fragen der Akzeptanz
und der Dringlichkeit der Massnahmen und deren Umsetzung einzuholen.

Entscheid über die Nachbesserung der Assessment-Ergebnisse
Beim Subprozess der Risiko-Bewertung wird auch zu überprüfen und zu entscheiden sein, ob
die Assessment-Ergebnisse, was ihre Vollständigkeit, Genauigkeit und Aussagekraft betrifft,

den Anforderungen, beispielsweise des Top-Managements, genügen. Andernfalls muss der
Prozess oder Teile davon wiederholt oder nachgebessert werden. Gegebenenfalls wird auch
ein anfänglich mit qualitativen Aussagen grob durchgeführtes Assessment in weiteren Durch-
läufen in einer feineren Betrachtungsweise und mit allenfalls sogar quantitativen Ergebnissen
und aggregierten Risikopositionen durchzuführen sein.

Verständliche und bindende Dokumentation des Risiko-Assessments
Die Ergebnisse der Risiko-Bewertung stellen den Abschluss des Risiko-Assessments
(Risikobeurteilung) dar. Anhand dieser Ergebnisse werden die nachfolgenden Prozesse
der Massnahmen-Planung und -Umsetzung gesteuert sowie die Risiko-Lage vor und nach
der Bewältigung beurteilt. Deshalb ist es besonders wichtig, die Ergebnisse der Risiko-
Bewertung mit den angestellten Betrachtungen und Entscheiden in verständlicher, binden-
der[19] und nachvollziehbarer Weise zu dokumentieren.

3.5   Systematische Risiko-Assessment-Methoden

Nachdem im vorangegangenen Abschn. 3.4 das Risiko-Assessment in seinen drei Teilprozessen Identifikation, Analyse und Bewertung aufgezeigt wurde, wird im Abschn. 3.5 noch
detaillierter auf Methoden eingegangen, mit denen die Identifikation oder/und die Analyse
von operationellen Risiken, zu denen die Informationssicherheits-, IT- und Cyber-Risiken
gehören, in systematischer Weise durchgeführt werden können. Zu Beginn eines systematischen Assessments mit einer bestimmten Methode ist es von Vorteil, den zu bearbeitenden
Bereich modellhaft als System mit seinen Subsystemen, Abgrenzungen und Schnittstellen
zugrunde zu legen. Ein solches System kann ein ganzes Unternehmen, ein Projekt, ein
Geschäftsprozess, eine Fabrikationsanlage oder bestimmte Teile eines IT-Systems sein.

3.5.1   Methoden der Risiko-Identifikation

Die Risiko-Arten, nach denen bei der „Risiko-Identifikation" gesucht werden sollen,
sind durch die bereits im Kontext aufgeführte „Risiko-Policy" und den festgelegten
„System-Zielen", deren Nichterreichen Risiken bedeuten, grob festgelegt. So könnte
beispielsweise die Aufgabe lauten, nach Informationssicherheits-Risiken bezüglich der
Verletzung der „Vertraulichkeit von Daten" oder der „Verfügbarkeit bestimmter IT-Prozesse" oder nach Projekt-Risiken bezüglich der „Nichteinhaltung von Realisierungster-
minen" zu suchen.

Mit etablierten Methoden können sodann die fraglichen Risiken mit ihren Prämissen
gefunden werden. Die dabei zum Einsatz gelangenden Methoden müssen nicht nur den
verfügbaren Input-Daten und Output-Spezifikation des Identifikationsprozesses genügen
(Risikoobjekte, Ursachen, Ereignisse, Abhängigkeiten, Konsequenzen etc.), sondern auch

---

[19] Verschiedene gesetzliche oder regulative Vorgaben verlangen eine mit Unterschrift des zuständigen Managements bestätigte Risikobeurteilung.

den für die Durchführung notwendigen Ressourcen (Personen und deren Qualifikationen, Informationen, Werkzeuge etc.) gerecht werden. Von den Vorgehensweisen her werden die einzelnen Methoden der Risiko-Identifikation grob in die Kategorien „Kollektionsmethoden" und „Suchmethoden" eingeteilt ([Rome13], S. 104).

3.5.2 Kollektionsmethoden

Die Kollektionsmethoden (z. B. mittels Checklisten oder Interviews) basieren vorwiegend auf der Informations-Beschaffung durch Befragungen von Mitarbeitern, Fachpersonen und sonstigen prädestinierten Wissensquellen über die vorhandenen und möglichen Risiken und deren Erscheinungsformen. Zu den Kollektionsmethoden zählt auch das Durchsuchen von vorhandenen Dokumentationen (z. B. Geschäftsberichte, Organigramme, Statistiken, Verträge, Prozessbeschreibungen). Somit wird auch die SWOT-Analyse oder das Risiko-Selfassessment zu den Kollektionsmethoden gezählt. Ganz allgemein eignen sich die Kollektionsmethoden vorwiegend zur Identifikation bestehender und offensichtlicher Risiken (vgl. [Piaz02], S. 81–85; [Rome13], S. 104).

3.5.3 Suchmethoden

Die sogenannten Suchmethoden werden meist angewandt, um in komplexen Anordnungen und Systemen die Risiken und insbesondere ihre Ursachen (z. B. Bedrohungen und Schwachstellen) und ihre Auswirkungen (z. B. Impacts und Konsequenzen) herauszufinden. Die Suchmethoden werden vorab zur Risiko-Identifikation eingesetzt. Einige der Methoden können aber zusätzlich auch die qualitativen oder quantitativen Ergebnisse einer Risiko-Analyse liefern. Im Teil III dieses Buches werden einige für das Informationssicherheits- oder IT-Risikomanagement gebräuchlichen Methoden detailliert behandelt (z. B. Fehlerbaum, s. Abschn. 10.4). Die Suchmethoden werden in die beiden Kategorien „Kreativitätsmethoden" und „Analytische Methoden" unterschieden ([Rome13], S. 104).

Kreativitätstechniken
Die Kreativitätstechniken (z. B. Brainstorming, Delphi-Methode) versuchen, die Kreativität durch aktivieren neuer Denkmuster bei den beteiligten Personen zu fördern und dadurch die Ergebnisse innerhalb des Problembereichs der Risiko-Identifikation zu erweitern und zu konkretisieren. Die Problemstellungen und -lösungen werden dabei entsprechend einem festgelegten Vorgehen interaktiv zwischen den Akteuren herausgearbeitet und schrittweise verbessert und verfeinert.

Analytische Suchmethoden
In der Kategorie der „Analytischen Suchmethoden" spielen die übergeordneten Vorgehensweisen „Vorwärts-Suche", „Rückwärts-Suche", „Top-down-Suche" und „Bottom-up-Suche" eine wichtige Rolle. Dabei dienen die unterschiedlichen Vorgehensweisen der Auffindung gesuchter Risiko-Variablen (z. B. Initiale Ereignisse, Folgeereignisse, Endereignisse, Ursachen und

Konsequenzen). Meist werden verschiedene analytische Suchmethoden komplementär eingesetzt, um die fraglichen Risiko-Variablen zu finden.

So berücksichtigt die Vorwärts-/Rückwärts-Suche die zeitliche Abfolge von Ereignissen, Zuständen oder Situationen. Hingegen untersucht die Top-down/Bottom-up-Suche die Struktur eines Gesamtsystems, Endzustands oder einer Gesamtsituation aufgrund ihrer Bestandteile und den Beziehungen zwischen den Bestandteilen (z. B. Teilsysteme, Komponenten oder auch Teilbedingungen) (vgl. [Leve95], S. 306–309).

3.5.3.1 Vorwärts- und Rückwärts-Suche

Vorwärts-Suche

Bei der Vorwärts-Suche (auch als induktive Suche bezeichnet) werden, ausgehend von einem initialen Ereignis, die möglichen Pfade von nachfolgenden Ereignissen (oder Bedingungen, ggf. von vorhandenen Sicherheitsmassnahmen) und resultierenden Zuständen in zeitlicher Abfolge durchsucht. Die Suche durch die verschiedenen Ereignispfade endet bei einer Anzahl möglicher Endzustände. Die Endzustände zeigen, wie sich das initiale Ereignis über die verschiedenen Pfade und Zwischenereignisse auswirken kann. Aus den mehreren möglichen Endzuständen kann der Pfad, über den sich ein konkretes Risiko materialisiert oder das höchste Bedrohungspotenzial ausweist, ersehen werden (s. Abb. 3.4, A).

Im Teil III des Buches wird am Beispiel des Ereignisbaums eine Vorwärts-Suche, wie sie im Informations-Risikomanagement angewendet wird, behandelt (s. Abschn. 10.5). Beim Ereignisbaum tragen beispielsweise die Zustände der Zwischenereignisse zu den endgültigen Analyse-Ergebnissen bei. Somit eignet sich die Vorwärts-Suche vor allem der Analyse der Wirkungen und Beeinflussungen von ursächlichen Bedingungen hinsichtlich möglicher Endzustände.

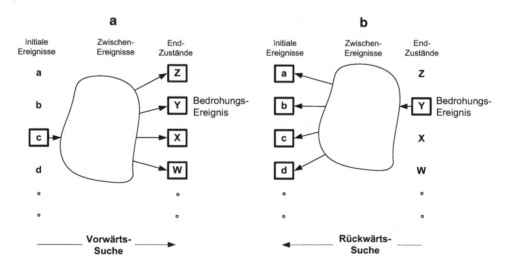

<u>Anm.:</u> Anstelle von „Ereignissen" können auch „Bedingungen" verfolgt werden.

Abb. 3.4 Vorwärts- und Rückwärts-Suche (vgl. [Leve95], S. 307–308)

Rückwärts-Suche

Bei der Rückwärts-Suche (auch als deduktive Suche bezeichnet) werden, ausgehend von einem endgültigen Schadensereignis, die verschiedenen Pfade zu den möglichen Vorgänger-Ereignissen in chronologischer Rückschau durchsucht. Die Rückwärts-Suche durch die verschiedenen Ereignispfade endet bei einer Anzahl initialer Ereignisse, welche jeweils Ursprung des endgültigen Schadensereignisses hätten sein können (s. Abb. 3.4, B). Somit eignet sich die Rückwärts-Suche vor allem für die Suche möglicher Ursachen eines Schadensereignisses.

3.5.3.2 Bottom-up-/Top-down-Methoden

Die Begriffe „Bottom-up" und „Top-down" werden in den verschiedenen Management-Disziplinen für unterschiedliche Problemstellungen, wie für strategische Planung, Budgetplanung, Projektplanung und auch für das Risikomanagement, mit unterschiedlicher Bedeutung angewandt. Allen Anwendungen gemeinsam ist ihre hierarchische und allenfalls virtuelle Anordnung von Untersystemen (oder Einzelkomponenten, Einzelfunktionen, Unterprozessen mit ihren Teilergebnissen) im Rahmen eines Gesamtsystems oder auch eines Gesamtergebnisses (s. Abb. 3.5). So werden beispielsweise die Auswirkungen oder das Gesamtresultat in einem Gesamtsystem mittels einer „Top-down-Suche" auf die möglichen untergeordneten Ursachen hin untersucht; demgegenüber werden mit der „Bottom-up-Suche", ausgehend von möglichen Ursachen in den Untersystemen, respektive in den Unterprozessen, die gesamthafte Auswirkung auf das Gesamtsystem ermittelt.[20]

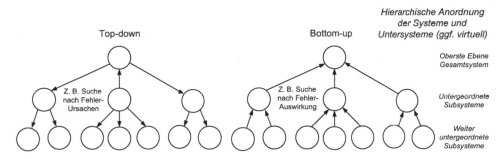

Abb. 3.5 Beispiel der Top-down und Bottom-up-Suche

---

[20] Alternativ werden die Begriffe „Top-down" und „Bottom-up" auch bei der Analyse eines Gesamtrisikos aus Unternehmenssicht angewandt, wobei beim Top-Down-Verfahren verschiedene Ergebniszahlen des Unternehmens (z. B. die Brutto-Rendite) im Hinblick auf ihre Volatilität zur Ermittlung eines Gesamtrisikos untersucht werden; hingegen werden beim Bottom-up-Verfahren die Risiko-Kategorien, Geschäftsbereiche und Prozesse ursächlich erfasst, analysiert und die entsprechenden Einzelrisiken zu einem Gesamtrisiko aggregiert. Eine weitere Verwendung der Begriffe besteht bei der organisatorischen Durchführung des Risikomanagements, indem mit „Top-down-Vorgehen" ein durch die Unternehmensleitung zentralistisch durchgeführtes Risikomanagement bezeichnet wird, hingegen das „Bottom-up-Vorgehen" ein stark dezentral von den operativen Einheiten durchgeführtes Risikomanagement bedeutet (vgl. [Paul08], S. 294–296).

Bottom-up-Identifikation

Die „Bottom-up-Suche" startet mit einem Problem oder einem Ereignis eines Subsystems oder einer Subkomponente eines Gesamtsystems[21] und beurteilt, die Auswirkung des Problems auf das Gesamtsystem. Dazu ist eine eingehende Analyse der Sub-Systeme oder Sub-Komponenten mit ihren Einflüssen im Rahmen des Gesamtsystems notwendig.

Bottom-up-Analyse

Das aufwändige Verfahren einer Bottom-up-Suche kann gleichzeitig Anhaltspunkte zum Ansetzen der Sicherheitsmassnahmen liefern. Dabei ist besondere Sorgfalt bei der Aggregation von Einzel-Risiken zu grösseren Risiko-Zusammenfassungen nötig, insbesondere hinsichtlich Überschneidungen und Doppelbewertungen. In der Form beispielsweise einer „Failure Mode and Effect Analysis" (FMEA) oder „Failure Mode and Effect Criticality Analysis" (FMECA) kann eine Bottom-up-Suche auch zu einer quantifizierenden Analysen-Methode ergänzt werden (s. Abschn. 10.3).

Top-down-Identifikation

Bei der Top-down-Methode werden ausgehend von einem Top-Ereignis[22] rückwärts nach denen zu diesem Ereignis führenden untergeordneten Ereignissen und deren Einflüsse auf die übergeordneten Ereignisse gesucht. Die Rückwärts-Suche (deduktive Suche) vom Top-Ereignis über die bereits gefundenen Sub-Ereignisse wird solange fortgesetzt, bis die ursächlichen Basisereignisse gefunden sind. Dabei erscheinen die Variablen, nach denen gesucht wird (z. B. Unterereignisse mit ihren Ausfallwahrscheinlichkeiten), mit fortschreitender Suchtiefe in einer feineren Auflösung.

Top-down-Analyse

Auf die Risiko-Analyse angewandt, können mit der Top-down Methode, vom Risiko ausgehend, die Ursachen analysiert werden. In der Form eines „Fehlerbaums" kann beispielsweise die Top-down-Suche zu einer quantifizierenden Analysen-Methode ergänzt werden, indem die Wahrscheinlichkeit eines „Top-Ereignisses" aus den Wahrscheinlichkeiten der verschiedenen möglichen Ursachen errechnet wird (s. Abschn. 10.4).

3.5.3.3 Szenario-Analyse

Zur Beschreibung des Übergangs von einer Bedrohung zu einem Risiko dient das „Szenario".

Das Szenario ist sozusagen das Drehbuch für ungünstige Entwicklungen, die wir als Schadensereignisse wahrnehmen. Mit der Szenarien-Analyse wird ein in die Zukunft

---

[21] Das Gesamtsystem kann beispielsweise auch die Gesamt-Risikoposition eines Unternehmens mit seinen risikoträchtigen Gütern (Assets) sein.

[22] Das „Top-Ereignis" könnte auch eine resultierende „Gesamt-Situation" sein.

prognostiziertes Ereignis mit einem entsprechenden Ablauf untermalt. Es dient der Simulation von kausalen Zusammenhängen.

Wenn-dann-Fragen

Die kausalen Zusammenhänge können durch „Wenn-dann"-Fragen herausgearbeitet werden. Die Szenario-Analyse wird vor allem dann angewendet, wenn wenige oder keine
konkreten Daten über Verlustereignisse aus der Vergangenheit vorliegen.

Befragung von Experten und Ex-ante-Schätzungen

Die Szenarien werden durch Befragung von Experten in Workshops oder mittels spezieller Befragungsmethoden definiert. Bei sog. „Ex-ante-Schätzungen" werden sowohl die
Schadenshöhen als auch die Eintrittswahrscheinlichkeiten der auf die Zukunft bezogenen
Szenarien eingeschätzt. Durch bestimmte Fragestellungen können in entsprechend entwickelten Szenarien auch „Erwartungswerte" und der „Value at Risk" sowie der „Expected Shortfall" für entsprechende Konfidenz-Niveaus grob eingeschätzt werden. In der
oben gegebenen Terminologie handelt es sich bei der Szenarien-Analyse um eine Bottom-up-Methode.

3.5.4 Auswahl passender Assessment-Methoden

Einige der zahlreichen heute verbreiteten Methoden sind in Abb. 3.6 zusammengestellt, die
sich für die „systematische" Behandlung von einzelnen Aufgaben der Risiko-Identifikation
und der Risiko-Analyse etabliert haben. Beim Prozess der „Risiko-Analyse" wird auch
unterschieden, ob die Methode „qualitative" oder „quantitative" Ergebnisse liefern soll.
    Eine Übersicht und Kurzbeschreibung einiger gebräuchlicher sogenannter „Assessment-
Techniken" mit kurzen Erläuterungen ist beispielsweise im Standard ISO/IEC 31010,
Anhang B zu finden [Isoa09].[23] Je nach Aufgabenstellung kommen in der Praxis oft auch
mehrere solcher Methoden (Techniken) in Kombinationen zur Anwendung.

3.6   Risiko-Behandlung

Die Risiko-Behandlung im Rahmen eines Risikomanagement-Prozesses dient der Auswahl von Behandlungs-Optionen und der Definition, Konzeption, Planung und Umsetzung von Massnahmen gemäss den bei der Risiko-Bewertung definierten Anforderungen

---

[23] Der Standard ISO/IEC 31010:2009 befindet sich derzeit in Überarbeitung.

Methode	Identifikation	Analyse	Vorwärts	Top-down	Bottom-up	Qualitativ	Quantitativ
Bayes Netzwerk		✓			✓	✓	✓
Bow Tie Analyse		✓		✓	✓	✓	✓
Brainstorming	✓						
Business-Impact-Analyse (BIA)	✓	✓		✓	✓	✓	✓
Delphi-Methode	✓	✓				✓	
Ereignisbaum-Analyse	✓	✓	✓			✓	✓
Expected Shortfall (ES) / (Conditional VaR)		✓		✓			✓
Expertenbefragungen	✓	✓			✓	✓	
Extremwert Theorie (EVT)		✓		✓			✓
Fehlerbaum-Analyse	✓	✓		✓		✓	✓
Fehlermöglichkeits- und Einfluss-Analyse (FMEA)	✓	✓	✓				✓
Fragebogen / Checklisten	✓						
HAZOP	✓	✓		✓		✓	
Indikatoren (KPI, KRI etc.)		✓		✓		✓	
Morphologisches Verfahren	✓						
Nutzwertanalyse		✓		✓		✓	
Operational-VaR		✓		✓			✓
Prozessrisiko-Analyse		✓			✓	✓	
Senisitivitätsanalyse	✓	✓				✓	
Simulationsverfahren (z. B. Monte Carlo Methode)		✓		✓			✓
SWOT-Analyse	✓	✓		✓		✓	
Synektik	✓						
Szenario-Analyse	✓	✓			✓	✓	
Zuverlässigkeitstheorie		✓			✓		✓

Abb. 3.6 Risiko-Identifikations- und Analyse-Methoden (vgl. [Rome13], S. 102–124, S. 135–145; [Piaz02], S. 81–99, 107; [Isoa09])

(s. graue Markierung in der Abb. 3.7). Der Prozess der Risiko-Behandlung wird auch als Risiko-Steuerung bezeichnet, da es darum geht, die Risikolage des Unternehmens, wenn nötig, positiv zu verändern.

Wie bereits in der vorangegangenen Phase der Risiko-Bewertung sind auch hier die Chancen mit den Risiken in ein ausgewogenes Verhältnis zu bringen. Dabei ist bei operationellen Risiken, zu denen die Informationssicherheits- IT- und Cyber-Risiken eines Unternehmens gehören, nicht das kurzfristige Kompensieren von Risiken mit Erträgen, sondern das Erreichen der Geschäftsziele durch eine angemessene und nachhaltige

Abb. 3.7 Risiko-Behandlung
als Teil des RM-Prozesses

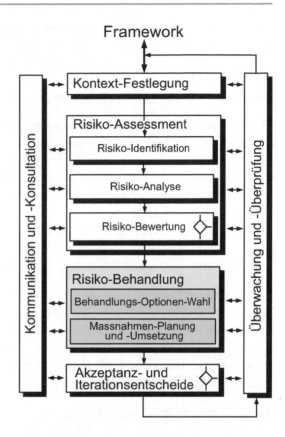

Risiko-Behandlung gemeint. Zu den Geschäftszielen gehört sicherlich auch die Erfüllung der an das Unternehmen gerichteten Compliance-Anforderungen.

Behandlungs-Optionen

Für die Massnahmengestaltung werden meist die folgenden **Behandlungs-Optionen** unterschieden:

- **Risiken vermeiden;** z. B. durch Aufgabe risikoreicher Aktivitäten oder Verlagerung von Aktivitäten an Orte, wo das Risiko nicht auftritt.
- **Risiken reduzieren;** durch Reduktion der Eintritts-Wahrscheinlichkeit und/oder des Schadensausmasses mittels entsprechenden Massnahmen (z. B. durch Firewall, Katastrophenorganisation). Reduziert werden die Risiken auch durch Diversifikation (z. B. durch örtlich getrennte Produktionsstätten oder Back-up der Risikoobjekte und Ressourcen). Die gänzliche Unterdrückung des Risikos durch die Entfernung der Risiko-Quelle kann auch eine gültige Sub-Option sein.
- **Risiken transferieren;** z. B. Überwälzung finanzieller Schäden auf Versicherungen oder Outsourcing-Partner.
- **Risiken bewusst eingehen und tragen;** z. B. Tragen des Restrisikos, welches im Rahmen der betrieblichen Reserven und eines allfälligen Goodwill-Verlusts verkraftbar ist.

Letztere Option ist auch der Grund, warum der internationale Standard ISO 31000:2009 bei den Optionen nicht generell von „Risiko-Bewältigung", sondern von einer „Risiko-Behandlung" spricht. In diesem Sinne stellt auch das Vergrössern eines Risikos mit entsprechenden Massnahmen in der Absicht, eine Chance wahrzunehmen, gemäss dem Standard eine ebenfalls gültige Behandlungs-Option dar.

Abwägen der Kosten und Machbarkeit der Massnahmen

Eine nicht einfache Aufgabe ist das Abwägen der anzustrebenden Risiko-Veränderung mit den Massnahmenkosten. Wie Abb. 3.8 zeigt, gibt es doch mehr oder weniger optimale Risiko/Massnahmen-Kombinationen. Dies kann zur Folge haben, dass die Risiko-Analyse und -Bewertung mit unterschiedlichen Massnahmen-Konstellationen in mehreren Iterationen durchgeführt werden muss.

Zu den Aktivitäten der Risiko-Behandlung gehört auch die Untersuchung der Machbarkeit der Massnahmen, sowohl aus der Sicht der gestellten Anforderungen als auch aus den Sichten der Finanzierbarkeit, des Aufwandes und der Realisierungstermine.

Kosten-/Nutzen-Untersuchungen

Bei den Kosten-/Nutzen-Untersuchungen müssen die direkten, indirekten und auch langfristigen Kosten betrachtet werden (s. Kap. 11). Das Optimum von Risiko und Massnahmenkosten kann gegebenenfalls auch dadurch erreicht werden, dass verschiedene Massnahmen in Kombinationen eingesetzt werden (z.B. technische Massnahmen und entsprechend vertragliche Absicherungen).

Berücksichtigung der Anspruchsgruppen

Ausser den Kosten sind die Vorstellungen, Erwartungen und Werte der Anspruchsgruppen in die Massnahmenentscheidungen mit einzubeziehen. Massnahmen, die beispielsweise keine Akzeptanz bei Kunden finden, sind womöglich zu vermeiden. Auch können Massnahmen sekundäre Risiken herbeiführen, die bei der Bewältigung und bei der Akzeptanz der Restrisiken berücksichtigt werden müssen.

Abb. 3.8 Kostenabwägung
Risiko gegen Massnahmen

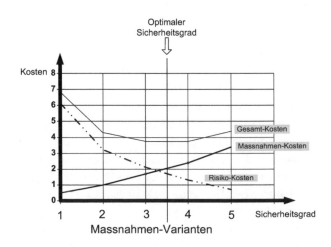

Zielgerechte Risiko-Behandlung

Die Auswahl einer oder mehrerer Behandlungs-Optionen und deren allfälligen Massnahmen wird jeweils anhand der gestellten Anforderungen und der Machbarkeit verifiziert sowie auf deren Wirksamkeit in Bezug auf das ursprüngliche Risiko überprüft. Zu diesem Zweck werden gegebenenfalls die Risiko-Analyse und die Risiko-Bewertung mit unterschiedlichen Massnahmen erneut mehrere Male durchgespielt, um das Optimum zwischen zielgerechter Risiko-Behandlung und Massnahmenkosten zu finden. Eine zielgerechte Risiko-Behandlung setzt voraus, dass die Kriterien für die Risiko-Akzeptanz bei den verbleibenden Restrisiken erfüllt werden.

Umsetzungsplan

Für die festgelegten Massnahmen muss nun ein Umsetzungsplan festgelegt werden. Im Umsetzungsplan sind die Gründe und die Rechtfertigungen für die Wahl der Massnahmen anzuführen. Ebenfalls soll der Umsetzungsplan die Dringlichkeiten der Massnahmen sowie die wesentlichen projektmässigen Planungsinformationen, einschliesslich der dafür zur Verfügung stehenden Umsetzungs-Ressourcen aufzeigen.

Viele Massnahmen, z. B. solche organisatorischer Natur, werden oft nicht einmalig umgesetzt, sondern erfordern eine ständige, meist periodische Betreuung und Überwachung. Die Planung auch solcher periodischer Aktivitäten muss aus dem Umsetzungsplan hervorgehen.

Wichtige Inhalte im Umsetzungsplan

Zusammengefasst müssen vor allem die folgenden Informationen im Plan enthalten sein (vgl. [Isor09, S. 20]):

- Gründe für die Wahl bestimmter Behandlungs-Optionen und ausgesuchter Massnahmen;
- Angaben über Effektivität der Massnahmen im Verhältnis zum Aufwand (u. a. Personal) und den Kosten;
- Bezeichnung der für die Genehmigung sowie für die Umsetzung der Massnahmen verantwortlichen Personen und Organisationseinheiten;
- Notwendige Ressourcen für Massnahmen-Umsetzung und -Betrieb;
- Allfällige Leistungseinbussen und durch Massnahmen entstandene sekundäre Risiken sowie Nützlichkeiten der Massnahmen gegenüber Anspruchsgruppen (z. B. Kunden);
- Überwachungs- und Berichterstattungs-Aktivitäten bei Massnahmen-Umsetzung und -Betrieb, integriert in die Management-Prozesse des Unternehmens;
- Aktionsplan einschliesslich Terminen zur Umsetzung der Massnahmen.

Wiederholte Risiko-Analyse und -Bewertung

Bei der Festlegung des Umsetzungs-Plans können wiederum unvorhergesehene Kosten sowie Ressourcen- und Umsetzungs-Probleme auftauchen, sodass die Risiko-Behandlung mit anderen Massnahmen überprüft werden muss. Auch in einem solchen Falle ist allenfalls die Risiko-Analyse und Risiko-Bewertung unter den neuen Voraussetzungen zu wiederholen, um die Einhaltung der Akzeptanzkriterien und Zusatzforderungen bei der Risiko-Bewertung zu verifizieren.

Für ein tragbares Restrisiko ist jedoch nicht alleine die Planung, sondern in erheblichem Masse auch die konkrete Umsetzung der geplanten Massnahmen wichtig. Die im Abschn. 3.8 näher behandelte Überwachung des Prozesses zur Risiko-Behandlung muss diesem Umstand in besonderer Weise Rechnung tragen, um allfälligen Planabweichungen wirksam entgegentreten zu können.

Als Ergebnisse für die im nächsten Prozessschritt formalen Akzeptanz-Entscheidungen sind also die Planungsinformationen wie auch die Informationen über den Ist-Zustand der Realisierungen sowie das Restrisiko mit seinen Abhängigkeiten zu liefern. Dazu muss das Restrisiko in der Weise dokumentiert sein, dass es nachvollzogen, weiterhin überwacht, überprüft und wenn notwendig, erneut behandelt werden kann.

3.7   Akzeptanz- und Iterationsentscheide

Bei diesem wichtigen Teilprozess des Risikomanagements werden sich vor allem die verantwortlichen Führungspersonen (ggf. das Top-Management) versichern, dass sich das aktuelle und auch zukünftige Restrisiko in einem tolerablen Bereich befindet. Dazu wird sich das Management zu angemessenen Zeitpunkten mit der Massnahmenplanung, dem geplanten Restrisiko sowie dem Stand der Massnahmenumsetzung befassen.

Ebenfalls wird das Management zu entscheiden haben, ob die Kontext-Definitionen und Beurteilungs-Ergebnisse der momentanen und bevorstehenden Risikolage genügen.

Akzeptanz des Restrisikos
Basierend auf den Informationen über das Restrisiko, das in seinen Abhängigkeiten dokumentiert sein muss, sowie den Überwachungs- und Überprüfungsresultaten (s. Abschn. 3.8) wird das zuständige Management das Restrisiko formal zur Kenntnis nehmen und akzeptieren, oder die Durchführung weiterer Aktivitäten des Risikomanagement-Prozesses entscheiden und veranlassen. Neben den situativ bedingten Entscheidungen über das erneute Durchführen des Prozesses oder einzelner Prozessschritte ist nach dem vollständigen Durchlaufen des Prozesses auch eine periodische Wiederholung des gesamten Prozesses (z. B. synchron zum rollierenden Strategieprozess) üblich.

Kriterien für Prozesswiederholungen
Entsprechend der Struktur moderner Management-Systeme ist der Risikomanagement-Prozess ein inhärent zyklischer Prozess, welcher der Dynamik von internen und externen Veränderungen gerecht werden muss. So sollen zur Verbesserung der Zwischenergebnisse hinsichtlich der gesetzten Ziele nicht nur einzelne Zwischenschritte, sondern der gesamte Prozess wiederholt werden. Die Kriterien dafür können beispielsweise sich ändernde Umgebungsbedingungen, inakzeptable Restrisiken, resultierend aus ungenügend realisierten Massnahmen, oder regulative Anforderungen sein. Für bestimmte Situationen wird der Prozess

zum Zeitpunkt der aktuell anstehenden Veränderung gestartet (z. B. Entwicklung einer neuen Produktions-Plattform). Hingegen wird der Risikomanagement-Prozess für das ganze Unternehmen meist mit anderen periodischen Management-Prozessen (z. B. Strategie-prozess) in geeigneter Weise synchronisiert und wiederholt (s. Kap. 12).

3.8   Überwachung und Überprüfung

Die Aktivitäten und Massnahmen zur „Überwachung" und „Überprüfung" sollten in den Risikomanagement-Prozessen eingeplant sein und klar definierten Verantwortlichkeiten unterliegen; die diesbezüglichen Aktivitäten können fortlaufend, anlassgesteuert oder periodisch erfolgen.

Sowohl während allen Teilprozessen des Risikomanagement-Prozesses als auch nach dem Durchlauf des gesamten Prozesses ist es wichtig, den Prozess bezüglich Effektivität, Effizienz sowie der Risiko-Situation und allfälliger Veränderungen zu überwachen. Anzeichen für Veränderungen können beispielsweise aus der Überwachung der Änderungs-Prozesse, der Entwicklungsprozesse und der Betriebsprozesse gewonnen werden.

Es empfiehlt sich, die Leistungsfähigkeit des Risikomanagement-Prozesses und seiner Teilprozesse sowie die Effektivität und Effizienz der Massnahmen anhand von Key-Performance-Indikatoren (KPIs) zu messen.

Auch können mit Key-Risk-Indikatoren (KRI) sowohl externe als auch interne Risiko-Situationen ständig überwacht werden, indem diese Indikatoren bei entsprechenden Situationen Alarme auslösen. Solche Alarmsituationen sind denkbar bei Veränderungen des Risiko-Kontextes, der Bedrohungslage oder aufgrund anderer ein Risiko anzeigenden Faktoren (z. B. ungewöhnliche Volumenveränderungen).

Überwachung mit Risiko-Indikatoren und Frühwarnsystem
Die Überwachung mit Risiko-Indikatoren kann zu einem Frühwarnsystem mit entsprechendem Reporting ausgebaut werden. Für eine zeitnahe Berichterstattung kann beispielsweise mit visueller Darstellung auf einem „Dashboard" erfolgen. Durch eine solchermassen konzipierte Berichterstattung können vor allem die zuständigen Führungspersonen in angemessener Weise über die aktuelle Risikosituation informiert werden.

Überprüfung durch unabhängige Auditoren
Die Risiken, die Massnahmen, wie auch der gesamte Prozess des Risikomanagements bedürfen der Überprüfung durch Personen und Instanzen, die den Tatsachen unbefangen und neutral gegenüber stehen. Dazu eignen sich beispielsweise externe unabhängige Auditoren, die unter anderem auch den Aufbau und Ablauf des RM-Prozesses mit seinen Verantwortlichkeiten, einschliesslich der im Kontext vorgegebenen Kriterien und Methoden überprüfen. Eine solche externe Überprüfung des Risikomanagements ist ab einer bestimmten Unternehmensgrösse Bestandteil der Geschäftsprüfung respektive der Jahresabschlussprüfung. In grösseren

Unternehmen wird zudem im Rahmen des IKS (Internes Kontroll-System) die Prüfung des Risikomanagements durch interne Revisoren vorgenommen.

Verifikation mittels Reifegradmodell
Um die Güte des Prozesses in seiner Wirksamkeit und Effizienz zu überprüfen, wird auch die Verifikation anhand eines entsprechenden Reifegradmodells empfohlen (z. B. [Horw04], S. 402–403). Da die gewünschte Qualität des Prozesses meist erst nach einiger Zeit, eventuell nach Jahren erreicht wird, empfiehlt es sich, den Reifegrad periodisch untersuchen zu lassen.

Risiko-Berichte
Analysen und Risiko-Berichte enthalten beispielsweise Informationen über:

- Statusmeldungen über die aktuelle und voraussichtliche Risikosituation;
- eingetretene oder fast eingetretene Risikoereignisse und daraus gezogenen Lehren;
- Stand, Wirksamkeit und Effizienz der Massnahmen-Umsetzungen und allfällige Verbesserungsvorschläge;
- geplante Ereignisse und Aktivitäten zur Verbesserung des Risikomanagements sowie die Resultate aus solchen Ereignissen und Aktivitäten (z. B. Resultate und Lehren aus Übungen oder Awareness-Aktionen);
- Voraussichtliche Veränderungen und resultierende Konsequenzen für das Risikomanagement und dessen Resultate.

Die Risiko-Berichte gehören in entsprechend zusammengefasster Form, ähnlich den Budgetberichten, zu den regelmässigen Berichterstattungen an die Unternehmensleitung. Auch bei diesem regelmässigen Reporting ist auf die Unabhängigkeit der Berichterstattung durch weitgehend unabhängige Personen und neutrale Aufzeichnungssysteme zu achten.

3.9   Universeller Risikomanagement-Prozess

Das grobe Muster eines Risikomanagement-Prozesses kann in allen Situationen angewendet werden, wo es um die Erkennung, Analyse, Bewertung und Behandlung von Risiken geht. So ist der Prozess auch als Frühwarnsystem mit schwachen Risiko-Signalen (z. B. Konjunkturindikatoren, Trends hinsichtlich Marktrisiken) einsetzbar. Ebenso ist er anwendbar für die Problembehandlung in Notfällen mit plötzlichen und völlig „unangemeldeten" Schadensereignissen oder plötzlichen akuten Bedrohungen und „Exploits", die zu Schäden eskalieren können (z. B. Computer-Würmer).

Die Teilprozesse sind dabei unterschiedlich strukturiert. Bei plötzlich auftretenden Ereignissen können beispielsweise die Risiko-Analysen meist nur grob mit qualitativen Einschätzungen durchgeführt werden. Diese Einschätzungen dienen zum einen den Sofortmassnahmen und zum anderen für Lehren hinsichtlich zukünftiger Ereignisse. Die genaueren Untersuchungen (z. B. die Impact-Analysen) und Planungen für solche „plötzlichen Ereignisse" werden womöglich im Voraus, im „vorsorglichen Plan", vorgenommen.

Teilprozesse induktiv oder deduktiv
Die Teilprozesse im RM-Prozess können, je nach Anwendung, induktiv (von den Ursachen und Fakten zum Resultat) oder deduktiv (vom Resultat rückwärts zu den Ursachen und Fakten) durchgeführt werden. Oft kommt ein optimales Ergebnis aus der Mischung beider Vorgehensweisen zustande.

Somit kann festgehalten werden:

> Der Risikomanagement-Prozess ist der „Problemlösungs-Prozess" zur folgerichtigen und „systemischen" Behandlung von Risiken.

Beispiele von RM-Prozessen
Nachfolgend sind einige Beispiele aufgeführt, bei denen es sinnvoll ist, einen dem Grundprinzip folgenden Risikomanagement-Prozess aufzubauen:

- Unternehmens-Risikomanagement-Prozess
- Frühwarnsystem für wichtige Unternehmens-Risiken
- Sub-Risikomanagement-Prozess für IT-Betriebsrisiken
- Sub-Risikomanagement-Prozess bei der Erstellung von Sicherheitskonzepten
- Sub-Risikomanagement-Prozess für den Umgang mit Cyber-Risiken
- Sub-Risikomanagement-Prozess für Projektrisiken
- Geschäftskontinuitäts-Plan
- IT-Notfall-Plan

Die Teilprozesse, Systemunterstützungen und Prozessbeteiligten sind für jeden Anwendungsfall den Anforderungen entsprechend anzupassen.

Einige dieser Risikomanagement-Prozesse werden in den Teilen III und IV des Buches noch näher behandelt.

3.10 Kontrollfragen und Aufgaben

1. Erklären Sie die Unterschiede zwischen einer Risiko-, einer Impact- und einer Schwächen-Analyse.
2. Was verstehen Sie unter einer Szenario-Analyse?
3. Nennen Sie die Hauptaufgaben und begleitenden Aufgaben eines Risikomanagement-Prozesses.
4. Erklären Sie kurz die beiden, in der Risikomanagement-Praxis verwendeten Begriffe „Top-down-Methode" und „Bottom-up-Methode".

5. Wie unterscheiden sich Top-down-Analyse und Rückwärts-Analyse?
6. Welche Subprozesse enthält das Risiko-Assessment?
7. Nennen und erklären Sie die vier prinzipiellen Behandlungs-Optionen.
8. Nennen Sie Beispiele und Verfeinerungen der prinzipiellen Behandlungs-Optionen.
9. Worauf ist bei der „Überwachung und Überprüfung" zu achten?
10. Worauf ist bei der „Kommunikation und Konsultation" zu achten?
11. Der Risikomanagement-Prozess ist ein zyklischer Prozess; er wird aufgrund bestimm-ter Ereignisse gestartet und in einzelnen Teilabschnitten, aber vor allem nach vollstän-digem Durchlauf, wiederholt.

Nennen Sie Kriterien aufgrund derer

a) der Risikomanagement-Prozess gestartet wird oder
b) der Prozess wiederholt wird.

Literatur

[Asnz04]   Australian/New Zealand Standard: Risk Managemement, AS/NZS 4360:2004. Sydney: Standards Australia International Ltd, 2004.

[Firs16]   FIRST: Common Vulnerability Scoring System v3.0: Specification Document. FIRST.org, Inc., 2016. https://www.first.org/cvss/specification-document#i9, abgerufen 17.8.2016.

[Horw04]   Horvath & Partners AG (Hrsg.): Balanced Scorecard umsetzen. Stuttgart: Schäffer-Poeschel, 2004.

[Isoa09]   ISO/IEC 31010:2009: Risk management – Risk Assessment techniques. International Organization for Standardization, 2009.

[Isor09]   ISO 31000:2009: Risk management – Principles and guidelines. International Organization for Standardization, 2009.

[Isor11]   ISO/IEC 27005:2011: Information security management systems – Information security risk management. International Organization for Standardization, 2011.

[Isov09]   ISO/IEC Guide 73:2009: Risk management – Vocabulary. International Organization for Standardization, 2009.

[Leve95]   Leveson, Nancy G.: Safeware, System Safety and Computers. New York: Addison-Wesley, 1995.

[Paul08]   Pauli, Marcus: „Risikomanagement Informationssystem (RMIS) - Basis eines modernen Risikomanagements." In Risikomanagement in der Unternehmensführung. Hrsg. Rainer Kalwait et al. Weinheim: WILEY-VCH Verlag GmbH &Co. KGaA, 2008.

[Piaz02]   Piaz, Jean-Marc: Operational Risk Management bei Banken. Zürich: Versus Verlags AG, 2002.

[Rome13] Romeike, Frank und Peter Hager: Erfolgsfaktor Risikomanagement 3.0. Wiesbaden: Gabler, 2013.

Teil II

Anforderungen aus Unternehmenssichtberücksichtigen

Risikomanagement, ein Pflichtfach der Unternehmensführung

4

Überblick

Das Risikomanagement in einem Unternehmen und das in diesem Buch im Detail behandelte Informationssicherheits-, IT- und Cyber-Risikomanagement können nicht zufriedenstellend behandelt werden, wenn nicht der Kontext des Unternehmens mit seinem Management-System und seiner Umwelt beleuchtet und einbezogen wird. Die Risiken stammen doch aus einer einzigartigen Positionierung des Unternehmens zu seiner Umwelt und seinen dem Unternehmenszweck dienenden Leistungsprozessen.

Deshalb behandelt der Teil II dieses Buches die wichtigsten Anforderungen, wie sie aus der Sicht der Unternehmensführung im Rahmen eines integrierten Risikomanagements auch für die Informationssicherheits-, IT- und Cyber-Risiken zutreffen. In diesem Kap. 4 werden zunächst die wesentlichen Eigenschaften und die Positionierung der Führungsprozesse im Unternehmen anhand des St. Galler Management Modells veranschaulicht. Aus der Sicht der Unternehmensführung werden die sich gegenseitig beeinflussenden drei Handlungsstränge „Governance", „Risikomanagement" und „Compliance" behandelt. Im Rahmen dieser Handlungsstränge sind vorab die äusseren an das Unternehmen gerichteten Anforderungen der Gesetzgeber, Regulatoren und Vertragspartner sowie der Anspruchsgruppen mit Anspruch und Einfluss auf das Risikomanagement eines Unternehmens wichtig. Viele der an ein Unternehmen gerichteten gesetzlichen Anforderungen beinhalten auch das Management der Informationssicherheits-, IT- und neuerdings der Cyber-Risiken. Neben den etablierten Gesetzgebungen, wie das deutsche KonTraG, das Schweizerisches Obligationenrecht, das US-amerikanische Sarbanes-Oxley-Gesetz oder die diversen Datenschutzgesetze und Datenschutzrichtlinien, können einige neuere für IT-Sicherheit, Informationssicherheit und Cyber-Sicherheit spezifischen Gesetze wie das deutsche IT-Sicherheitsgesetz oder das Schweizerische Informationssicherheits-Bundesgesetz relevant werden. Externe Anforderungen kommen auch von Seiten der Regulierer oder von empfohlenen Kodizes, wie

© Springer Fachmedien Wiesbaden GmbH 2017
H.-P. Königs, *IT-Risikomanagement mit System*, Edition <kes>,
DOI 10.1007/978-3-658-12004-7_4

dem „Swiss Code of Corporate Governance". Zu berücksichtigen beim Umgang mit Risiken sind auch die Medien, die als Sprachrohr für verschiedene Anspruchsgruppen wahrgenommen werden müssen. Das Kapitel beschliesst mit der Beleuchtung der für das Risikomanagement in einem Unternehmen notwendigen Führungsfunktionen.

4.1   Risikomanagement integriert in das Führungssystem

Das Risikomanagement wird in diesem Buch innerhalb eines ganzheitlichen, integrierten Management-Ansatzes behandelt. Dieser wird dadurch charakterisiert, dass verschiedene Management-Prozesse im Unternehmen mit ihren unterschiedlichen Zweckbestimmungen in ein übergeordnetes „Management-System" oder „Führungssystem" integriert sind. Der Risikomanagement-Prozess ist dabei einer dieser Management-Prozesse. Die Notwendigkeit der Integration des Risikomanagement-Prozesses in das Management-System des Unternehmens ergibt sich aus der Tatsache, dass zum einen die Unternehmensziele durch die Risiken negativ beeinflusst werden können und zum anderen die Forderungen an das „Risikomanagement" wichtige Bestandteile der „Corporate Governance"-Regeln und damit der „Compliance" sind.

Management-Modell eines Unternehmens
Anhand des St. Galler Management-Modells (in seiner 3. Generation [Rüeg02], s. Abb. 4.1) ist leicht zu verstehen, dass sich Risiken nicht alleine aus innerbetrieblichen Prozessen ergeben, sondern gleichermassen wie die Chancen bei den Interaktionen der Unternehmensprozesse mit der Umwelt des Unternehmens (Gesellschaft, Natur, Technologie und Wirtschaft) entstehen.

Das St. Galler Management-Modell unterscheidet die drei Prozesskategorien:

* Managementprozesse
* Geschäftsprozesse
* Unterstützungsprozesse

Managementprozesse und Geschäftsprozesse
Die auf der obersten Ebene angesiedelten Managementprozesse sind für die effektive und effiziente Führung eines komplexen Unternehmens unerlässlich. Solche Managementprozesse sind beispielsweise der Strategieprozess, der Risikomanagement-Prozess, die Prozesse für das Qualitätsmanagement oder das Sicherheitsmanagement, die Planungs- und Budgetierungs-Prozesse sowie die Kontrollprozesse, wie sie beispielsweise für die Informationstechnologie im Unternehmen durch COBIT[1] (s. Abschn. 9.4) empfohlen werden. Für einige wichtige Managementprozesse, wie die der Informationssicherheit oder des

---

[1] COBIT® = „Control Objectives for Information and Related Technology" entwickelt durch ISACA® (Information Systems Audit and Control Association).

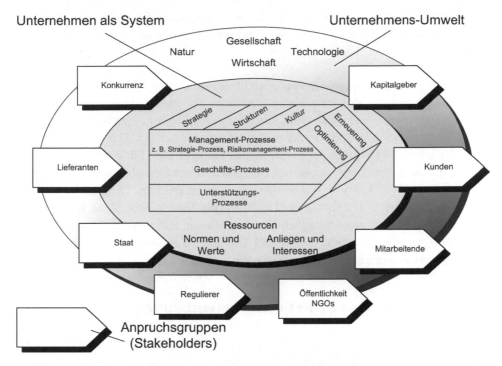

Abb. 4.1   Unternehmens-Management-Modell (vgl. [Rüeg02], S. 22)

Qualitätsmanagements bestehen inzwischen standardisierte Management-Systeme, wie sie im Abschn. 5.6 eingehender behandelt werden. Die durch die „Managementprozessc" gelenkten wertschöpfenden Geschäftsprozesse werden durch darunterliegende „Unterstützungsprozesse" bedient.

Unterstützungsprozessc
Typische Unterstützungsprozesse sind die „IT-Prozesse", aber auch die Prozesse zur Bereitstellung von Ressourcen, wie Personal, Gebäude oder Infrastruktur. Im Zusammenhang mit dem Risikomanagement sind auch Unterstützungsprozesse zur Bewältigung von Risiken zu erwähnen (z. B. unternehmensinterne Sicherheitsdienste). Die starke Verflechtung dieser drei Prozesskategorien ist offensichtlich.

Allen diesen Unternehmensprozessen gemeinsam sind:

• die Fokussierung auf eine Unternehmensstrategie,
• die Festlegungen von Aufbau- und Ablaufstrukturen sowie
• die Orientierungen auf eine Unternehmens-Kultur.

Kontroll- und Rückkopplungsschleifen bei den Prozessen
Entsprechend dem Wandel der Wirtschaft und der Märkte sind die Geschäfts- und Unterstützungsprozesse ständigen Veränderungen, von innen und von aussen, gewollt oder

ungewollt, unterworfen. Diesen Veränderungen müssen auch die Managementprozesse mittels entsprechender Kontroll- und Rückkopplungsschleifen im Sinne von „Optimierung" und „Erneuerung" Rechnung tragen.

Anforderungen von Anspruchsgruppen und Interessenvertretern

Wie einige Fälle[2] der letzten Jahre zeigen, sind an einem guten Risikomanagement nicht nur die Anteilseigner[3] eines Unternehmens interessiert, sondern eine breites Spektrum von anderen Interessenvertretern, deren Anforderungen bei den Unternehmenszielen und folglich bei den Unternehmens-Risiken eine Rolle spielen. Für die Unternehmensführung gilt es deshalb, die Umweltsphären sowie die Anspruchsgruppen[4] mit ihren Anliegen, Interessen, Erwartungen und Ansprüchen zu erfassen, zu verstehen und im Diskurs zu berücksichtigen (vgl. [Rüeg14], S. 56–58). Dazu gehört es, die Anforderungen der Anspruchsgruppen bezüglich der Risiken im Rahmen des Unternehmens-Risikomanagements zu interpretieren und im langfristig angelegten Interesse des Unternehmens anforderungsgerecht umzusetzen.

4.2   Anforderungen an die Unternehmensführung

Beim Streben nach Wertschöpfung, langfristiger Überlebensfähigkeit sowie innerer und äusserer Regelbefolgung bei der Unternehmensführung werden die drei grundlegenden, untereinander in Beziehung stehenden Handlungsstränge der Unternehmensführung genannt:

- Corporate Governance
- Risikomanagement und
- Compliance.

Diese drei Handlungsstränge sind in hohem Masse voneinander abhängig und können sich in ihren Anforderungen gegenseitig unterstützen, aber auch widersprechen (s. Abb. 4.2). Für eine gute und verantwortungsvolle Unternehmensführung bedürfen diese drei Handlungsstränge gut aufeinander abgestimmte Prozesse.

Zur „Corporate Governance" gehört die „IT-Governance" und die „Informationssicherheits-Governance" und zur „Compliance" die „Informationssicherheits-Compliance" (z. B. einige Anforderungen zur Umsetzung des Datenschutzes) und die „IT-Compliance". Das Risikomanagement kommt in der Unternehmensführung vor allem insofern zum Tragen, da ein gewisses Mass an Ungewissheit über mögliche zukünftige Ereignisse besteht.

---

[2] Z. B. Bankrott der Bank Lehmann & Brothers; Abhörskandal bei der Deutschen Telekom; 2.3 Milliarden Verlust bei UBS durch nichtautorisierte Geschäfte eines Investmentbankers.

[3] Bei Aktiengesellschaften sind dies die Aktionäre (engl. Share-holders).

[4] Anspruchsgruppen (engl. „Stakeholders" oder „Interested Parties") sind Mitarbeiter, Kunden, Lieferanten, Staat, Kommunen, Verbände, Regulatoren usw.

Abb. 4.2 GRC-Management

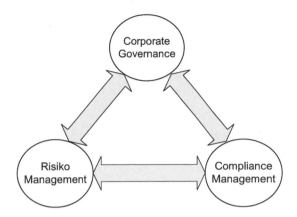

4.2.1 Corporate Governance

Wenn es um die an das Unternehmen gestellten Anforderungen bezüglich Führung und Kontrolle geht, stellt sich die Frage nach der „Corporate Governance". Der Begriff „Corporate Governance" existiert seit einigen Jahrzehnten und steht für die grundlegenden Anforderungen der Anspruchsgruppen an die Führung und Kontrolle eines Unternehmens.[5] So beinhaltet Corporate Governance auch die Vorgaben, Erwartungen und Vorstellungen bezüglich der Wertschöpfung und der Weiterentwicklung eines Unternehmens in seiner Umwelt und Schaffung der dafür notwendigen Voraussetzungen (vgl. [Rüeg14], S. 154–155).

Spätestens nach den Zusammenbrüchen von Unternehmen wie Enron, Worldcom, Swissair oder die Kirch-Gruppe ist „Corporate Governance" zum „Buzzword" für Verantwortlichkeit und Transparenz im Unternehmen auf oberster Kontroll- und Führungsebene geworden. In der 2007 entstandenen globalen Finanz- und Wirtschaftskrise mit einer Vielzahl kollabierender Firmen sowie staatlichen Stützmassnahmen wird die Abhängigkeit der Anspruchsgruppen von anforderungsgerecht geführten Firmen vermehrt im öffentlichen Interesse thematisiert.

Das grundlegende Anliegen der Corporate Governance besteht nun darin, die Bedingungen dafür herzustellen, dass die Unternehmensführung im Interesse des Unternehmens, der Anteilseigner,[6] des Kapitalmarktes, der Mitarbeiter und anderer Anspruchsgruppen handelt. Dabei geht es um die „Führungsfunktion" der Geschäftsleitung, um die Oberleitung und Überwachungsfunktion des „Verwaltungsrates" und um die Prüfungsfunktion der

---

[5] Als Synonym für „Corporate Governance" wird oft der Begriff „Unternehmens-Verfassung" verwendet.

[6] Im angloamerikanischen Raum steht die Regelung des Verhältnisses zwischen den Anteilseignern, namentlich den grossen Investoren, und der obersten Unternehmensleitung im Vordergrund und ist durch den „Shareholder-Value"-Ansatz, d. h. die Maximierung des Börsenwerts, geprägt. In der im Sommer 2007 offenbar gewordenen Finanzkrise hat sich jedoch der „Shareholder-Value"-Ansatz als schädliche, nicht nachhaltige Unternehmens-Maxime erwiesen.

Revisoren, *„aber auch und vor allem, um die zweckmässige Zusammensetzung und Struk-turierung des Verwaltungsrates als Gremium"* ([Böck04], S. 1759).

Aus der bestehenden Vielfalt von Begriffsdefinitionen für Corporate Governance ist nachfolgend das Begriffsverständnis der OECD aufgeführt, wie es in der Präambel der „Grundsätze der Corporate Governance" [7] ([Oecd04], S. 11) definiert wurde:

> **„Corporate Governance"** ist eine der Schlüssel-Voraussetzungen für die Verbesse-rung von wirtschaftlicher Effizienz und Wachstum wie auch für die Stärkung des Anlegervertrauens. Corporate Governance betrifft die Beziehungen zwischen dem Management *(Geschäftsleitung)* eines Unternehmens, seinem Verwaltungsrat[8] (Board), seinen Anteilseignern *(Shareholder)* und anderen Anspruchsgruppen *(Stakeholder)*. Die Corporate Governance liefert auch den strukturellen Rahmen für die Festlegung der Unternehmensziele, die Identifizierung der Mittel und Wege zu deren Umsetzung und der Überwachung des erreichten Erfolgs. Eine gute Corporate Governance soll dem Verwaltungsrat *(Board)* und der Geschäftsleitung[9] *(Management)* die angemessenen Anreize zur Verfolgung der im Interesse des Unternehmens und seiner Aktionäre lie-genden Ziele geben und eine wirkungsvolle Überwachung erleichtern.

In den nun folgenden Abschn. 4.3 werden vor allem die gesetzlichen und regulativen Anforderungen und im Abschn. 4.4 die Anforderungen der Kunden und der Öffentlichkeit an das Risikomanagement in einem Unternehmen behandelt.

4.3   GRC-Anforderungen der Gesetzgeber und Regulierer

Die wirtschaftlichen und menschlichen Katastrophen der letzten Jahre infolge von Miss-bräuchen und falschem Risikoverhalten in den Unternehmensführungen haben die Regu-lierungsbehörden und Gesetzgeber in einigen Ländern dazu bewogen, die „Corporate

---

[7] Im Jahr 1999 wurden erstmalig durch die OECD Grundsätze zur Corporate Governance veröffent-licht, welche im April 2004 durch sechs überarbeitete und erweiterte Grundsätze ersetzt wurden. Eine überarbeitete Neuauflage der Grundsätze ist seit Ende 2014 in der Form eines Entwurf-Textes in Bearbeitung.

[8] Das in der englischen Fassung der OECD-Definition genannte „Board" ist in der Schweiz der „Ver-waltungsrat", in Deutschland der „Aufsichtsrat" und in den meisten anglo-amerikanischen Ländern das „Board of Directors" (vgl. [Böck04], S. 1759). Die gesetzlichen Regelungen über dieses oberste Gremium weichen in den verschiedenen Ländern voneinander ab, so dürfen beispielsweise in Deutschland Mitglieder des Vorstandes nicht gleichzeitig Mitglieder des Verwaltungsrates sein. Hingegen sind in Grossbritannien solche Mitgliedschaften erlaubt.

[9] Mit „Management" in der englischen Fassung ist in der Schweiz vor allem die „Geschäftsleitung", in Deutschland der „Vorstand" und in den meisten anglo-amerikanischen Ländern das „Executive Management" oder das „Executive Board" gemeint.

Governance" und den Umgang mit Unternehmens-Risiken straff zu regeln. So sind in den USA, in Ländern der EU und der Schweiz zwingende Rechtsvorschriften entstanden.

Kodizes

Daneben gibt es eine Reihe von „Codes of best practice", wie den „COSO-Report (1992)" in den USA, den „Cadbury Report (1992)" und „The combined Code Principles of Good Governance and Best Practices (2000)" in Grossbritannien, den „Swiss Code of best practices for Corporate Governance (2002/2007/2014)" in der Schweiz, den deutschen „Corporate Governance Kodex (2002/2003/2015)" und den „Kodex Corporate Governance (2002/2012)" in Österreich.

Basel II und Solvency II

Auch haben mit „Basel II" umfassende Risikomanagement-Auflagen der Bankenaufsichtsbehörden der G-10-Länder im Banken-Sektor Einzug gehalten. Analog zu diesem Regelwerk in der Bankenbranche ist mit „Solvency II" auf europäischer Ebene ein Regelwerk zur Eindämmung von Missbräuchen und Risiken in der Versicherungsbranche entstanden, welches am 31.10.2012 in nationales Recht umgesetzt wurde.

Regulierungen der EU-Gremien

Ausserdem werden über die EU-Gremien verstärkte Regelungen und Harmonisierungen in den Bereichen Corporate Governance, Risikomanagement, Interner Kontrolle und Abschlussprüfung vorangetrieben. Mit der bis Mitte 2008 in lokales Recht umgesetzten „Abschlussprüfer-Richtlinie", auch EuroSOX genannt, wurde durch die EU ein wichtiger Schritt in dieser Richtung vollzogen.

Alle diese die Corporate Governance berührenden Vorschriften nehmen sich auch dem Thema Risikomanagement in der einen oder anderen Form an, da der verantwortungsvolle Umgang mit Risiken zur ordnungsgemässen Führung eines Unternehmens gehört.

4.3.1   Gesetz KonTraG in Deutschland

In Deutschland wurde 1998 unter dem Kürzel „KonTraG", ein Gesetz zur „Kontrolle und Transparenz im Unternehmensbereich" erlassen. Mit diesem Gesetz wird der Vorstand einer Aktiengesellschaft zur Einrichtung eines „Frühwarnsystems" verpflichtet.

Überwachungssystem

So hat der Vorstand einer Aktiengesellschaft „geeignete Massnahmen zu treffen, insbesondere ein Überwachungssystem einzurichten, damit den Fortbestand der Gesellschaft gefährdende Entwicklungen früh erkannt werden" (§ 91 Abs. 2 AktG), ([Homm00], S. 8).

Berichterstattung im Lagebericht

Im Weiteren erweitert der deutsche Gesetzgeber die Pflicht der „Berichterstattung im Lagebericht", indem die Unternehmensführung bei der Darstellung des Geschäftsverlaufs und der Lage der Gesellschaft „auch auf die Risiken der künftigen Entwicklungen einzugehen hat" (§ 289 Abs. 2 HS 2 HGB).

Prüfungen des Abschlussprüfers
Die Forderungen des Gesetzgebers sind durch den Abschlussprüfer gutachterlich zu prüfen: „Bei einer Aktiengesellschaft, die Aktien mit amtlicher Notierung herausgegeben hat, ist ausserdem im Rahmen der Prüfung zu beurteilen, ob der Vorstand die ihm nach § 91 Abs. 2 des AktG obliegenden Massnahmen in einer geeigneten Form getroffen hat und ob das danach einzurichtende Überwachungssystem seine Aufgabe erfüllen kann." (§ 317 HGB). Über diese Prüfung hat der Abschlussprüfer gegenüber dem Aufsichtsrat Stellung zu nehmen und seine Prüfungsergebnisse im Testat gegenüber der Allgemeinheit offen zu legen (§ 321 HGB und § 322 HGB) [Homm00].

Zu den Risiken, die mit dem Frühwarnsystem (§ 91 Abs. 2 AktG) frühzeitig erkannt und überwacht werden müssen, gehören auch mögliche Schadensereignisse und Fehlentwicklungen der IT- und der Informationssicherheit (z. B. Datenverluste und Datenmissbrauch infolge Cloud-Computing, Malware, Angriffe auf IT-Ressourcen, Datenkorrumpierungen).

4.3.2 Obligationenrecht in der Schweiz

In der Schweiz sind 1992 Erweiterungen des Aktienrechts im „Schweizerischen Obligationenrecht" [Obli15] in Kraft gesetzt worden, welche die Verantwortlichkeiten regeln.

Unübertragbare und unentziehbare Aufgaben des Verwaltungsrats
Gemäss Art 716a, Ziffer 1, OR gehören beispielsweise zu den „unübertragbaren und unentziehbaren Aufgaben" des Verwaltungsrats:

1. die Oberleitung der Gesellschaft und die Erteilung der nötigen Weisungen;
2. die Festlegung der Organisation;
   (…)
5. die Oberaufsicht über die mit der Geschäftsführung betrauten Personen, namentlich im Hinblick auf die Befolgung der Gesetze, Statuten, Reglemente und Weisungen;
   (…).

Art. 716a, Ziffer 2, OR legt weiter fest: „Der Verwaltungsrat kann die Vorbereitung und die Ausführung seiner Beschlüsse oder die Überwachung von Geschäften Ausschüssen oder einzelnen Mitgliedern zuweisen. Er hat für eine angemessene Berichterstattung an seine Mitglieder zu sorgen."

Organhaftung
Zum Thema Organhaftung hält B. Lehmann fest ([Lehm02], S. 28):

„Die Mitglieder von Verwaltungsrat und Geschäftsleitung können aufgrund ihrer Garantenstellung persönlich haftbar werden, wenn Schäden aus einem Datenunfall auf eine Vernach-

lässigung ihrer Pflichten im Zusammenhang mit Aufbau, Organisation, Aufsicht und Kontrolle eines Systems zur Informationssicherung zurückzuführen sind."

Aufgrund der Finanzskandale im In- und Ausland sowie im Zuge der internationalen Harmonisierungen wurde per 1.1.2008 das „Schweizerische Obligationenrecht" (OR) dahingehend erweitert, dass „Risikomanagement" und „Internes Kontrollsystem" zur Pflicht geworden sind.

Pflicht für Internes Kontrollsystem: Art. 728 a/b OR
Die Pflicht für ein Internes Kontrollsystem (IKS) aufgrund des Artikels 728a/b OR richtet sich an Unternehmen, die der „ordentlichen Revision" unterliegen.

Gemäss OR Artikel 727 unterliegen der ordentlichen Revision:

1. (…)
2. Gesellschaften, die zwei der nachstehenden Grössen in zwei aufeinander folgenden Geschäftsjahren überschreiten:
   a. Bilanzsumme von 20 Millionen Schweizer Franken (**CHF**),
   b. Umsatzerlös von 40 Millionen CHF,
   c. 250 Vollzeitstellen im Jahresdurchschnitt;
3. (…).
   Die bezüglich IKS am 1.1.2008 in Kraft getretenen Neuerungen lauten:
   Artikel 728a OR:

   „Die Revisionsstelle prüft, ob: 1. (…); 2. (…); 3. ein internes Kontrollsystem existiert. (…)"

   Artikel 728b OR:

   „Die Revisionsstelle erstattet dem Verwaltungsrat einen umfassenden Bericht mit Feststellungen über die Rechnungslegung, das interne Kontrollsystem sowie die Durchführung und das Ergebnis der Revision." (…).

Was zumindest in der Schweiz unter IKS verstanden wird, kann dem „Schweizer Handbuch für Wirtschaftsprüfung"[10] wie folgt entnommen werden:

Unter „Interner Kontrolle" (Synonym: Internes Kontrollsystem) werden alle von Verwaltungsrat, Geschäftsleitung und übrigen Führungsverantwortlichen angeordneten Vorgänge, Methoden und Massnahmen verstanden, die dazu dienen, einen ordnungsgemässen Ablauf des betrieblichen Geschehens sicherzustellen. Die organisatorischen Massnahmen der „Internen Kontrolle" sind in die betrieblichen Abläufe integriert.

---

[10]Treuhand Kammer, Schweizer Handbuch der Wirtschaftsprüfung 1998, Band 2, S. 171.

Pflicht für Risikomanagement im OR

Im (neuen) Rechnungslegungsgesetz werden mit **Artikel 961c**[11] für Unternehmen, die der ordentlichen Revision unterliegen (s. OR Artikel 727), im Rahmen des dann notwendigen Lageberichts eine Risikobeurteilung zwingend gefordert.

4.3.3 Swiss Code of best Practice for Corporate Governance

In der Schweiz wurde am 25. März 2002 ein „Code of best Practice" zur „Corporate Governance" durch den Vorstand der *economiesuisse*,[12] auf einstimmige Empfehlung einer Expertengruppe „Corporate Governance" hin genehmigt.[13]

Swiss Code

Der inzwischen 2007 und 2014 aktualisierte „Swiss Code" wird durch Organisationen und Unternehmensverbände der Schweiz, wie Schweizerische Bankiervereinigung, Ethos (Schweizerische Anlagenstiftung), Schweizerischer Versicherungsverband, SwissHoldings (Verband der Industrie- und Dienstleistungskonzerne in der Schweiz), Schweizerischer Gewerbeverband, Vereinigung der privaten Aktiengesellschaften, mitgetragen.

Der „Swiss Code" wendet sich im Sinne von Empfehlungen an die schweizerischen Publikumsgesellschaften. „Auch nicht kotierte volkswirtschaftlich bedeutende Gesellschaften oder Organisationen (inkl. solchen in anderer Rechtsform als der einer Aktiengesellschaft) können dem „Swiss Code" zweckmässige Leitideen entnehmen." ([Scod14], S. 6).

Verantwortlichkeit zum Umgang mit Risiken

Zum Umgang mit Risiken weist der „Swiss Code" dem Verwaltungsrat folgende Verantwortlichkeiten zu ([Scod14], S. 13–14):

„Der Verwaltungsrat sorgt für ein dem Unternehmen angepasstes Risikomanagement und ein internes Kontrollsystem. Das Risikomanagement bezieht sich auf finanzielle, operationelle und reputationsmässige Risiken.

• *Das interne Kontrollsystem ist der Grösse, der Komplexität und dem Risikoprofil der Gesellschaft anzupassen.*

• *Das interne Kontrollsystem deckt, je nach den Besonderheiten der Gesellschaft, auch das Risikomanagement ab;*

---

[11] In Kraft seit 1.1.2013, (mit Übergangsfristen ab Geschäftsjahr 2015 und 2016 für Konzernrechnung, ersetzt früheren Artikel 663b, Ziffer 12).

[12] Wirtschafts-Dachverband der Schweizer Unternehmer.

[13] 2007 wurde ein Anhang 1 „Empfehlungen zu den Entschädigungen von Verwaltungsrat und Geschäftsleitung" zugefügt.

- *Die Gesellschaft richtet eine Interne Revision ein. Diese erstattet dem Prüfungsausschuss („Audit Committee") oder gegebenenfalls dem Präsidenten des Verwaltungsrats Bericht."*
- *(...)*

(...) „Der Prüfungsausschuss bildet sich ein eigenständiges Urteil über die externe und Interne Revision, das interne Kontrollsystem und den Jahresabschluss".

- *„Der Prüfungsausschuss macht sich ein Bild von der Wirksamkeit der externen Revision (Revisionsstelle) und der internen Revision sowie über deren Zusammenwirken."*
- *Der Prüfungsausschuss beurteilt im Weiteren die Funktionsfähigkeit des internen Kontrollsystems mit Einbezug des Risikomanagements und macht sich ein Bild vom Stand der Einhaltung der Normen (Compliance) in der Gesellschaft.*
- *(...)*

4.3.4   Rahmenwerke Basel II und Basel III

Speziell für Finanzinstitute sind die Rahmenvereinbarungen des Baseler Ausschusses für Bankenaufsicht unter dem Begriff **„Basel II"** zu nennen. Das am 26.6.2004 verabschiedete Rahmenwerk[14] behandelt zu einem wesentlichen Teil die adäquate Unterlegung von Kredit-, Markt- und operationellen Risiken der Banken mit Eigenkapital.

Risiken mit Eigenkapital unterlegen
Auch sind die Banken verpflichtet, die Kreditrisiken in Abhängigkeit vom Risiko des Kreditnehmers mit Eigenkapital zu unterlegen. Die massgeblichen Bonitätseinstufungen erfolgen dabei durch interne oder externe Ratings.

Aufschläge auf Kreditzinssatz
Der Kreditzinssatz von Banken an die kreditnehmenden Unternehmen wird demzufolge umso höher, je höher die Risiken des Unternehmens sind. Damit erhält der Kreditzinssatz aufgrund der Risiken zusätzliche Aufschläge (s. Abb. 4.3).

Drei Säulen
Im Sinne stabiler Finanzmärkte werden zudem Vorschriften über „aufsichtliche Prüfverfahren" sowie „Marktdisziplin durch Offenlegung" erlassen.

Somit wird die Vereinbarung auf den drei Säulen: „Mindestkapitalanforderungen", „aufsichtlicher Überprüfungsprozess" und „Marktdisziplin" getragen.

---

[14] Titel des Rahmenwerks: International Convergence of Capital Measurement and Capital Standards – A Revised Framework [Bisf04].

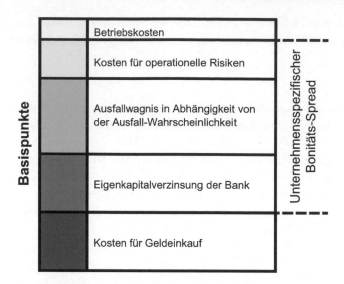

Abb. 4.3 Zusammensetzung Kreditzinssatz infolge Basel II ([Bein03], S. 30)

Bessere Risikomanagement-Praktiken

Die Rahmenvereinbarung sollte vor allem die Anwendung besserer „Risikomanagement-Praktiken" durch den Bankensektor fördern und eine weitere Stärkung der Solidität und Stabilität des internationalen Bankensystems unter Beibehaltung hinreichender Konsistenz sicherstellen. Der Vereinbarung haben die Zentralbank-Gouverneure und Leiter der Bankenaufsichtsbehörden der G-10-Länder[15] zugestimmt und war für international tätige Banken der Mitgliedstaaten des Baseler Ausschusses bis Ende 2006 umzusetzen. Für Institute, welche sog. „fortgeschrittene" Messansätze zur „Risiko-Messung" verwenden, gelten die Bestimmungen ab Ende 2007. (Aufgrund von Verzögerungen in den USA hat der Baseler Ausschuss die Inkraftsetzung des fortgeschrittenen internen „rating-basierenden" Ansatzes zur Eigenmittelbemessung auf den 1.1.2008 verschoben).

Basel II in Europäischem Recht

Die Inkorporierung von Basel II in Europäisches Gemeinschaftsrecht wurde inzwischen durch den Rat am 14. Juni 2006 in Form der „Capital Requirement Directive" erlassen.[16] Die nationale Umsetzung der EU-Richtlinie ist beispielsweise in Deutschland in einem entsprechenden Gesetz vom 17.11.2006 erfolgt und per 1.1.2007 in Kraft gesetzt worden. Die Umsetzung in Deutschland erfolgt mit dem Kreditwesengesetz (KWG), der Mindestanforderungen an das Risikomanagement (MaRisk (BA) s. [BaFi12][17]) und

---

[15] G-10: Mitglieder sind 10 Industrienationen plus seit 1983 auch die Schweiz.

[16] Obwohl die EU-Richtlinie stark an die Baseler Vereinbarungen angelehnt ist, ergeben sich bei der Umsetzung einzelner Anforderungen Unterschiede (vgl. [Foll07], S. 35–36).

[17] MaRisk (BA) ist für Banken bestimmt, im Gegensatz zu MaRisk (VA) für Versicherungen.

der Solvabilitätsverordnung (SolvV). Die MaRisk nehmen in Artikel AT 7.2 Bezug auf die Sicherheit der IT-Systeme und Prozesse, in AT 7.3 zum Notfallkonzept und in Artikel BTR 4 auf Operationelle Risiken und deren Massnahmen. In der Schweiz erfolgte die Umsetzung in schweizerisches Recht anhand der Rundschreiben der FINMA (EBK)[18] (EBK RS 06/1 bis EBK RS 06/5) per 1.1.2007. In der Zwischenzeit hat die FINMA die Basel II- sowie auch die spätere Basel III-Umsetzung mit weiteren Rundschreiben geregelt.

Operationelle Risiken
Bei den zu bewertenden Risiken spielen im Rahmen der quantitativen Mindestanforderungen zur Eigenkapitalunterlegung (Säule 1) nicht nur die Markt- und Kreditrisiken, sondern auch die operationellen Risiken sowohl der Banken als auch der Kreditkunden eine massgebliche Rolle.

Definition „Operationelles Risiko" nach Basel II
Das operationelle Risiko definiert der Baseler Ausschuss in Basel II wie folgt:

> Operationelles Risiko ist die Gefahr von Verlusten, die in Folge der Unangemessenheit oder des Versagens von internen Verfahren, Menschen und Systemen oder in Folge externer Ereignisse eintreten.

> Diese Definition schliesst Rechtsrisiken ein, beinhaltet aber nicht strategische Risiken oder Reputationsrisiken.

Messansätze Basel II für OpRisk
Von den mit Basel II vorgegebenen Ansätzen zur Bestimmung der Eigenkapital-Unterlegung interessieren im Rahmen dieses Buches die Ansätze für operationelle Risiken, die in Abb. 4.4 und 4.5 kurz zusammengestellt sind.

Fortgeschrittene Bemessungsansätze für OpRisk
Als **fortgeschrittene Bemessungsansätze** für das **operationelle Risiko** wurden in einem Arbeitspapier des Baseler Ausschusses einige Verfahren vorgeschlagen, die in Abb. 4.5 im Überblick dargestellt werden ([Bisw01], S. 33–35).

Inwieweit diese fortgeschrittenen Ansätze für seltene Schadensfälle mit hohem Ausmass aufgrund der in einer Bank vorhandenen Datenbasis zu akzeptablen Ergebnissen führen, unterliegt dem Urteil der nationalen Bankenaufsicht.

Bezüglich der Anwendbarkeit der Verfahren auf die Quantifizierung von IT-Risiken auch bei Nicht-Banken nimmt der **„Interne Bemessungsansatz"** (s. Abb. 4.5) eine für die

---

[18] Ursprünglich Eidg. Bankenkommission, seit 01.01.2009 liegt Zuständigkeit bei der „FINMA".

Basisindikatoransatz (BIA):

- Banken mit geringen operationellen Risiken;
- 15 % der durchschnittlichen Bruttoerträge der vergangenen 3 Jahre als Eigenkapitalunterlegung.

Standardansatz (STA):

- Einstiegsansatz für international tätige Banken sowie Banken mit signifikantem OpRisk;
- Bruttoerträge im Dreijahresdurchschnitt auf acht Geschäftsfelder differenziert, mit festgesetzten bankenaufsichtlichen „Beta-Faktoren" multipliziert;
- Gesamtkapitalunterlegung für operationelle Risiken resultiert aus Summierung über die Geschäftsfelder;

Alternativer Standardansatz (ASA) für Nicht-G-10-Banken verwendet statt Bruttoerträge die durchschnittlichen Portfolio-Volumen.

Fortgeschrittene (ambitionierte) Messansätze (AMA):

- Billigung durch nationale Bankenaufsicht (in der Schweiz FINMA, in Deutschland BaFin und in Österreich FMA);
- Ermittelt die bankspezifischen, individuellen Risiken einer Bank, was zu einem optimierten Eigenmittelbedarf führt;
- Interne Ermittlung der Eigenmittelanrechnungsbeträge mittels Verlustdaten übermindestens 5 Jahre (übergangsweise 3 Jahre), Externe Verlustdaten, Szenarien-Analysen sowie qualitative Komponenten (Ratings, Key-Risk-Indikatoren, Selfassessments etc.);

Bis zu 20 % Minderung durch Anerkennung von Versicherungen.

Abb. 4.4 Messansätze Basel II für operationelles Risiko

Praxis favorisierte Stellung ein, wie dies auch in einer Untersuchung ([Prok08], S. 43–43 und 72–78) gezeigt wurde. Als eine in der Praxis häufig angewandte qualitative Methode soll auch die auf einer Expertenbefragung beruhenden **Szenario-Analyse** erwähnt werden, da damit insbesondere Einschätzungen für zukünftige Risiken der IT und der Informationssicherheit, mit allenfalls grossem Schadenspotenzial, vorgenommen werden können (vgl. [Prok08], S. 47–49).

Mindestanforderungen bei Standardansatz
Wählt eine Bank beispielsweise den sogenannten Standardansatz für die Eigenkapitalunterlegung, dann müssen, wie der folgende Auszug zeigt, bestimmte Mindestanforderungen erfüllt werden:

- Die oberste Leitungsebene (oberstes Verwaltungsorgan und Geschäftsleitung) ist in angemessenem Umfang aktiv in die Überwachung des Management-Systems für operationelle Risiken involviert.
- Die Bank verfügt über ein konzeptionell solides Risikomanagement-System für operationelle Risiken, das vollständig umgesetzt und integriert wurde.
- Die Bank verfügt über ausreichende Ressourcen zur Umsetzung des Ansatzes, sowohl in den wichtigsten Geschäftsfeldern als auch in den Kontroll- und Revisionsbereichen.

Interner Bemessungs-Ansatz (IMA=Internal Measurement Approach):

$$UL = \sum_{i=1}^{n} \sum_{j=1}^{m} \gamma_{i,j} \times EI_{i,j} \times PE_{i,j} \times LGE_{i,j}$$

UL :   Unerwarteter Gesamtverlust

mit

$\gamma_{i,j}$: Gamma-Faktor für Geschäftsfeld i und Schadensereignistyp j

$EI_{i,j} \times PE_{i,j} \times LGE_{i,j}$: Erwarteter Verlust (p.a.) im Geschäftsfeld i für den Schadensereignistyp j

mit

$EI_{i,j}$: Exposure Indikator für Geschäftsfeld i und Schadensereignistyp j

$PE_{i,j}$: Eintrittswahrscheinlichkeit von Schadensereignistyp j im Geschäftsfeld i

$LGE_{i,j}$: Mittlerer Verlust eines Schadensereignisses

Anhand des „γ-Faktors" werden die analysierten erwarteten Verluste in unerwartete Verluste umgerechnet. Der γ-Faktor ist in Abhängigkeit der Häufigkeitswerte für ein bestimmtes „Konfidenzintervall" (z.B. 99.9 % Quantil) in Form einer Tabelle vorgegeben. Zum Genauigkeitswert dieser relativ einfachen Berechnungsmöglichkeit für relativ „seltene" Ereignisse gilt es zu berücksichtigen, dass die Hochrechnung der „unerwarteten Verluste" mittels Gammafaktor nicht auf aktuellen Daten im „Verteilungsschwanz" beruht und zudem die Summation der Einzelrisiken ein zu hohes Gesamtrisiko vorgibt.

Verlustverteilungs-Ansatz (LDA=Loss Distribution-Approach):

Die Interne Berechnung der Höhe des zu unterlegenden Eigenkapitals wird auf der Basis interner historischer Daten sowie des „Operational Value at Risk" und allenfalls mit Hilfe der Monte-Carlo-Simulation durchgeführt.

Scorecard-Ansatz (SCA=Scorecard-Approach)

Anhand eines intern definierten Kennzahlensystems wird die Höhe des zu unterlegenden Eigenkapitals berechnet.

Abb. 4.5   Vorgeschlagene Bemessungsansätze für operationelle Risiken

Zusätzliche Anforderung für international tätige Banken

Zur Anwendung des vorerwähnten Standard-Ansatzes muss eine international tätige Bank noch zusätzlich die folgenden Anforderungen erfüllen:

a)   Die Bank muss für den Bereich der operationellen Risiken über ein Management-System verfügen, das einer für das Management der operationellen Risiken verantwortlichen Stelle klare Verantwortungen zuweist. Diese Einheit ist dafür verantwortlich, dass Strategien zur Identifikation, Bewertung, Überwachung und Steuerung/Minderung operationeller Risiken entwickelt werden; dass unternehmensweit geltende Grundsätze und Verfahren für Management und Kontrolle der operationellen Risiken niedergelegt werden; dass eine Methodik zur Bewertung der operationellen Risiken entwickelt und umgesetzt wird; und dass ein Berichtssystem für operationelle Risiken entwickelt und implementiert wird.

b) Als Teil des bankinternen Systems zur Bewertung der operationellen Risiken muss die Bank systematisch die relevanten Daten zum operationellen Risiko einschliesslich erheblicher Verluste je Geschäftsfeld sammeln. Das System zur Bewertung der operationellen Risiken muss eng in die Risikomanagement-Prozesse der Bank integriert sein. Dessen Ergebnisse müssen fester Bestandteil der Risikoprofilüberwachungs- und Kontrollprozesse sein. Zum Beispiel müssen diese Informationen im Risiko-Bericht, im Management-Bericht und in der Risiko-Analyse eine wesentliche Rolle spielen. Die Bank muss über Methoden zur Schaffung von Anreizen zur Verbesserung des Managements operationeller Risiken innerhalb der Gesamtbank verfügen.

Einschluss der Zulieferer und Geschäftspartner

Die Bewertung nach Risiken erfolgt nicht nur für Finanzinstitute und deren Kreditkunden, sondern auch für Zulieferer und Geschäftspartner der Bankkunden.

Risikomanagement-System

Es gehört deshalb zum ureigensten Interesse nicht nur der Finanzinstitute, sondern auch aller anderen in die Finanzmärkte eingebundenen Unternehmen, sich ein Risikomanagement-System aufzubauen, das zu den Geschäftsrisiken auch die operationellen Risiken nach prüfbaren Standards unter Kontrolle umfasst.

Die Ausgestaltung des Managements und der Überwachung von operationellen Risiken wird durch den Baseler Ausschuss für Bankenaufsicht mit zusätzlichen Papieren unterstützt. So werden in den „Sound Practices for the Management and Supervision of Operational Risk" zehn Grundsätze zur Ausgestaltung angegeben [Biss03]. Auch werden die Typen von operationellen Risiko-Ereignissen spezifiziert und mit Beispielen untermauert (s. Abb. 4.6).

Informationssicherheits- und IT-Risiken gehören zu Operationellen Risiken

Wie aus der Liste der operationellen Verlust-Ereignis-Typen ersichtlich ist, gehören die Informationssicherheits- und IT-Risiken zu den operationellen Risiken. Die Kontrolle und Bewältigung dieser Risiken erfolgt weitgehend nach standardisierten Methoden, wie sie im dritten Teil dieses Buches behandelt werden (z. B. COBIT® oder ISO/IEC 27002).

Basel III Rahmenwerk

Als Konsequenz aus der Finanzmarktkrise in den Jahren 2007 und 2008 wurde durch den Baseler Ausschuss am 16. Dezember 2010 das neue Basel III-Rahmenwerk[19] finalisiert. Das Rahmenwerk enthält vor allem verschärfte Anforderungen für die Anrechenbarkeit

---

[19] „Basel III: A global regulatory framework for more resilient banks and banking systems".

Basel II Ereignis-Typen	Beispiele
Interne betrügerische Handlungen	• Nicht gemeldete Transaktionen (vorsätzlich) • Unzulässige Transaktionen (mit finanziellem Schaden) • Falschbezeichnung einer Position (vorsätzlich) • Betrug / Kreditbetrug / Einlagen ohne Wert • Diebstahl / Erpressung / Unterschlagung / Raub • Veruntreuung von Vermögenswerten • Böswillige Vernichtung von Vermögenswerten • Fälschung
Externe betrügerische Handlungen	• Diebstahl / Raub / Betrug • Fälschung • Schäden durch Hackeraktivitäten • Diebstahl von Informationen (mit finanziellem Schaden)
Beschäftigungspraxis und Arbeitsplatzsicherheit	• Probleme aufgrund Löhne, Gehälter, Sozialleistungen, Kündigung • Gewerkschaftsaktivitäten • Haftpflicht (Ausrutschen und Stürzen usw.) • Verstoss gegen Gesundheits- und Sicherheitsbestimmungen • Diskriminierung
Kunden, Produkte und Geschäftsgepflogenheiten	• Verstoss gegen treuhänderische Pflichten • Verletzung von Informationspflichten gegenüber Kunden • Verletzung von Datenschutzbestimmungen • Missbrauch vertraulicher Informationen • Insidergeschäfte (auf Rechnung des Arbeitgebers) • Unerlaubte Geschäftstätigkeit • Geldwäsche • Produktmängel • Versagen bei der Kundenprüfung gemäss Richtlinien
Physische Schäden	• Verluste durch Naturkatastrophen (Wasser, Erdbeben usw.) • Personenschäden aufgrund von externen Ereignissen
Geschäftsunterbrechungen und Systemausfälle	• Hardware, Software oder Telekommunikation • Ausfall/Störung der Versorgungseinrichtungen
Abwicklung, Lieferung und Prozessmanagement	• Verständigungsfehler • Fehler bei der Dateneingabe, -pflege oder -speicherung • Nichterfüllung von Vertragspunkten • Buchungsfehler / falsche Kontozuordnung • Fehlerhafte Lieferung • Fehlerhafte Verwaltung von Besicherungsinstrumenten • Nichteinhaltung zwingender Meldepflichten • Fehlende/unvollständige Rechtsdokumente • Unberechtigter Zugriff auf Konten • Fehlerhafte Kundenunterlagen (Schaden eingetreten) • Outsourcing • Auseinandersetzungen mit Lieferanten oder Geschäftspartnern

Abb. 4.6 Operationelle Verlust-Ereignis-Typen (vgl. [Bisk06], S. 340–342)

von Eigenmitteln und erhöhte Mindestkapitalquoten sowie die Einführung einer „Leverage Ratio" (Verschuldungsgrenze) als weitere Risikokennzahl. Enthalten ist auch der Aufbau von gegenzyklischen Kapitalerhaltungspuffern sowie die verstärkte Abfederung des „Kontrahentenausfallrisikos". Ebenfalls werden Vorschriften und Massnahmen zur Überwachung und Gewährleistung der Liquidität definiert. Die Umsetzung des Rahmenwerks mit der schrittweisen Erhöhung der Kapitalquoten erfolgt ab 1. Januar 2013 bis

1. Januar 2019. Gegenüber dem Basel II Rahmenwerk, das vor allem das Risikomanagement zur Stabilisierung des internationalen Finanzsystems thematisiert und grundsätzlich mit einigen Überarbeitungen weiterhin gültig ist, handelt es sich bei Basel III um eine Weiterentwicklung von Basel II. In der Europäischen Union erfolgte die Umsetzung von Basel III über eine Neufassung der Capital Requirements Directive (CRD-IV und CRR), die am 1. Januar 2014 mit umfassenden Übergangsbestimmungen in Kraft getreten ist.[20]

4.3.5 Sarbanes-Oxley Act (SOX) und COSO-Rahmenwerke

Am 30. Juli 2002 wurde in den USA der Sarbanes-Oxley Act (SOX) in Kraft gesetzt. Das Gesetz ist nach den beiden Kongress-Abgeordneten und Initianten Paul S. Sarbanes und Michael G. Oxley benannt.

Das Gesetz ist eine Massnahme der US-Regierung gegen Pleiten namhafter Firmen (z. B. Enron und Worldcom), die auf mangelhafte und manipulierte Buchführung sowie Unzulänglichkeiten bei der Wirtschaftsprüfung (z. B. Arthur Anderson) zurückzuführen waren. Die massiven Bilanzfälschungen der Worldcom in Höhe von 11 Mrd. US $ hatten 2002 zum grössten Konkurs in der amerikanischen Geschichte geführt. Von einem einstigen Börsenwert des Unternehmens auf dem Höhepunkt von 180 Mrd. US $ ist für die Aktionäre lediglich ein kleiner symbolischer Restbetrag übrig geblieben.

Die bei solchen Firmenzusammenbrüchen entstandenen Schäden hatten ihren Niederschlag besonders in der Finanz- und Volkswirtschaft der USA, aber auch in anderen Ländern. Ziel des Gesetzes ist, den Kapital-Anlegern mehr Sicherheit zu bringen.

Corporate Governance, Berichterstattung und Interne Kontrolle
Das Gesetz enthält neue Bestimmungen der „Corporate Governance", der „Berichterstattung" und der „Internen Kontrolle". Diese Bestimmungen müssen von bestimmten Firmen des öffentlichen Sektors und solchen, die an der amerikanischen Börse (US Securities and Exchange Commission) registriert sind, strikt eingehalten werden.

Verstösse gegen das Gesetz können den Entzug der Börsenkotierung und hohe Haftstrafen (10 bis 20 Jahre) für Mitglieder der Unternehmensleitung (Board Members und Executive Management) zur Folge haben.

Section 404 im SOX-Gesetz
Die Section 404 des Sarbanes-Oxley Gesetzes behandelt die „Interne Kontrolle" des „Financial Reportings" (Überprüfung der Berichterstattung und Offenlegung der

---

[20] Die Umsetzung von Basel III in Deutschland erfolgt mit dem Kreditwesengesetz (KWG) mit direkter Vorschrift der „Capital Requirement Regulation" (Kapitaladäquanzverordnung, CRR) der EU und der „Capital Requirement Directive" (CRD IV) Umsetzungsgesetz sowic der Neufassung der Solvabilitätsverordnung (SolvV) sowie der Grosskredit- und Millionenkreditverordnung (GrMiKV). In der Schweiz erfolgte die schrittweise Umsetzung ab 2013 unter Leitung der FINMA, wobei insbesondere strengere Kapitalquoten verlangt werden.

Geschäftstätigkeit des Unternehmens). Die Wirtschaftsprüfer müssen entsprechend diesem Gesetz nicht nur die Richtigkeit der im Finanzergebnis ausgewiesenen Zahlen überprüfen, sondern auch den unternehmensinternen Prozess und die Fehlerfreiheit der Systeme beurteilen, die zu diesen Zahlen geführt haben.

Section 302 im SOX-Gesetz

Section 302 des Sarbanes-Oxley Acts fordert das Management auf, sowohl vierteljährlich als auch jährlich zu bescheinigen, dass die Interne Kontrolle unter ihrer Aufsicht und Verantwortung die für die Finanz-Berichterstattung wesentlichen Informationen ordnungsgemäss offenlegt. Die Offenlegungen müssen autorisiert, komplett und korrekt aufgezeichnet, sowie in der durch die SEC[21] geforderten Regeln, Formularen und Fristen zusammengefasst und berichtet werden.

Unternehmen, welche Dienstleistungen für andere Unternehmen erbringen, welche der SOX-Pflicht unterliegen, müssen ebenfalls SOX einhalten.

COSO I „Internal Control – Integrated Framework" zur Erfüllung von Section 404

Das Sarbanes-Oxley Gesetz fordert die Unternehmen auf, eine passende „Internal Control Structure" zu wählen und einzusetzen. Diese „Internal Control Structure" muss jährlich auf ihre Wirksamkeit hin überprüft und durch das Management berichtet werden. Die mit der Überwachung der SOX-Compliance beauftragte „US Securities and Exchange Commission" (SEC) macht konkret zur Auflage, ein anerkanntes Framework für Interne Kontrolle anzuwenden und referenziert dabei das COSO[22]-Rahmenwerk zur internen Kontrolle. Die Anforderungen an die Unternehmens-IT beim Einsatz eines solchen Rahmenwerks für „Interne Kontrolle" resultieren daraus, dass die Reporting-Zahlen zur Erfüllung von Section 404 des Sarbanes-Oxley-Gesetzes zu einem grossen Teil aus IT-Systemen meistens aus der gesamten Wertekette des Unternehmens stammen und mit den IT-Systemen für die Buchführung und Berichterstattung aufbereitet werden. Das 1992 erstmalig herausgegebene COSO-Rahmenwerk I, „Internal Control – Integrated Framework" liegt inzwischen in einer derzeit gültigen 2. Edition von 2013 vor [Cosa13]. Im Jahr 2004 wurde durch COSO zusätzlich das Rahmenwerk II, „Enterprise Risk Management – Integrated Framework" herausgegeben, das den breiteren Bereich eines unternehmensweiten Risikomanagements beinhaltet. Dieses Rahmenwerk sollte jedoch keinen Ersatz für das interne Kontrollmodell des Rahmenwerks I darstellen, sondern für ein unternehmensweites Risikomanagement-System die Kernprinzipien und -konzepte in einer einheitlichen Terminologie mit dafür klaren Anweisungen und Hilfestellungen bereitstellen. Somit ist das Rahmenwerk I „Internal Control – Integrated Framework" in seiner nun 2. Edition immer noch die akzeptierte Grundlage, um den Anforderungen von SOX gerecht zu werden.

---

[21] SEC = US Securities and Exchange Commission.

[22] COSO = Committee of Sponsoring Organizations of the Treadway Commission.

Auch für das Rahmenwerk II, „Enterprise Risk Management – Integrated Framework" aus dem Jahr 2004 hat sich inzwischen, insbesondere aus Sicht der Unternehmens-Governance, ein Aktualisierungsbedarf ergeben. Ein entsprechendes „Aktualisierungsprojekt" ist durch COSO eingeleitet und unter der Projektleitung von PwC LLP und dem Einbezug der Öffentlichkeit in Bearbeitung. Inzwischen hat sich jedoch, insbesondere für das IT- und das Informationssicherheits-Risikomanagement, die Anlehnung an den Risikomanagementstandard ISO 31000 etabliert. Abgesehen von lehrreichen und ausführlich behandelten Anleitungen und Erklärungen, dürfte COSO II als Rahmenwerk für das Risikomanagement im Unternehmen, insbesondere ausserhalb den USA, in Zukunft seine Bedeutung verlieren.

Hingegen wird das Rahmenwerk I, „Internal Control – Integrated Framework" aufgrund der SOX-Compliance-Anforderungen seine Attraktivität behalten.

„Mapping" COSO auf das IT- Rahmenwerk COBIT 5

Die ISACA mit seinem umfassenden COBIT[23]-5-Rahmenwerk (s. Abschn. 9.4) hat die Kontroll-Grundsätze des COSO – Frameworks I, Second Edition zur Erfüllung des SOX-Gesetzes im IT-Bereich auf die Prozesse des CobiT-5-Rahmenwerks abgebildet. Tab. 4.1 zeigt, wie die siebzehn Kontroll-Grundsätze innerhalb der fünf „Komponenten" von COSO I durch COBIT®-Prozesse erfüllt werden können. Weitergehende Ausführungen können dem ISACA® white paper „Relating the COSO Internal Control Integrated Framework and CobiT" entnommen werden [Isac13].

Tab. 4.1 Erfüllung von COSO-Kontroll-Grundsätzen durch COBIT® 5

COSO-Kontroll-Komponenten und Kontroll-Grundsätze	CobiT-5-Prozesse bezogen auf COSO-Grundsätze
Kontrollumgebung	
1 Die Organisation beweist die Verpflichtung zu Integrität und ethischen Werten.	EDM01: Sicherstellen der Erstellung und Pflege des Governance-Rahmenwerks. APO01: Managen des IT-Management-Rahmenwerks. APO07: Managen der Personal-Ressourcen.
2 Der Verwaltungsrat (Board of Directors) beweist die Unabhängigkeit vom Management und hat die Aufsicht über die Entwicklungen und Leistungen der Internen Kontrolle.	EDM01: Sicherstellen der Erstellung und Pflege des Governance-Rahmenwerks. EDM02: Sicherstellen der Nutzen-Lieferung. EDM03: Sicherstellen der Risiko-Optimierung. EDM04: Sicherstellung der Ressourcen-Optimierung. EDM05: Sicherstellung der Transparenz gegenüber Anspruchsgruppen.

(Fortsetzung)

---

[23] COBIT® = Control Objectives for Information and related Technology.

Tab. 4.1   (Fortsetzung)

COSO-Kontroll-Komponenten und Kontroll-Grundsätze	CobiT-5-Prozesse bezogen auf COSO-Grundsätze
3	Das Management definiert unter der Aufsicht des Verwaltungsrats (Board of directors) Strukturen Berichterstattungswege, und angemessene Stellen und Verantwortlichkeiten zur Verfolgung der Ziele.	EDM01: Sicherstellen der Erstellung und Pflege des Governance-Rahmenwerks. APO01: Managen des IT-Management-Rahmenwerks.
4	Die Organisation verpflichtet sich, entsprechend ihrer Ziele kompetente Mitarbeitende zu rekrutieren, zu entwickeln und zu behalten.	APO01: Managen des IT-Management-Rahmenwerks. APO07: Mangen der Personal-Ressourcen.
5	Die Organisation besitzt zuständige Personen für die Verantwortlichkeiten der Internen Kontrolle in der Verfolgung der Ziele.	RACI-Tabellen aller 37 CobiT-5-Prozesse.
Risiko Assessment	
6	Die Organisation spezifiziert Ziele mit hinreichender Klarheit, um die Risiken bezogen auf diese Ziele zu identifizieren und beurteilen zu können.	Anleitungen zu den Zielen, die durch die 37 CobiT-5-Prozesse unterstützt werden können.
7	Die Organisation identifiziert die Risiken im Erreichen ihrer Ziele über die gesamte Organisationseinheit und analysiert die Risiken als Basis für deren Behandlung.	EDM03: Sicherstellen der Risiko-Optimierung. APO12: Managen des Risikos.
8	Die Organisation berücksichtigt bei der zielbezogenen Risikobeurteilung das Potenzial für Betrug.	EDM01: Sicherstellen der Erstellung und Pflege des Governancc-Rahmenwerks. APO01: Managen des IT-Management-Rahmenwerks. APO07: Managen der Personal-Ressourcen. MEA03: Überwachen, Bewerten und Beurteilen der Compliance mit externen Anforderungen.
9	Die Organisation identifiziert und beurteilt Veränderungen die das Interne Control System erheblich beeinflussen könnten.	APO01: Managen des IT-Management-Rahmenwerks. BAI02: Managen der Definition von Anforderung. BAI05: Managen der Ermöglichung von organisatorischen Veränderungen BAI06: Managen der Veränderungen. BAI07: Managen des Akzeptanz-Vorgehens und der Inbetriebsetzung von Veränderungen.
Kontroll-Aktivitäten	
10	Die Organisation wählt und entwickelt Kontroll-Aktivitäten, die zur Minderung von Risiken für das Erreichen der Ziele auf einem akzeptablen Niveau beitragen.	Befähigung mittels aller 37 CobiT-5-Prozesse

(Fortsetzung)

Tab. 4.1 (Fortsetzung)

COSO-Kontroll-Komponenten und Kontroll-Grundsätze		CobiT-5-Prozesse bezogen auf COSO-Grundsätze
11	Die Organisation wählt und entwickelt allgemeine Kontroll-Aktivitäten mittels Technologien um die Ziele zu erreichen.	DSS06: Managen von Geschäftsprozesskontrollen. Weitere Kontrollaktivitäten auf der Grundlage der restlichen 36 CobiT-5 Prozesse.
12	Die Organisation bringt die Kontroll-Aktivitäten mittels Policies zum Einsatz, mit denen die Erwartungen erreicht werden und setzt Verfahren ein, mittels derer die Policies umgesetzt werden können.	APO01: Managen des IT-Management-Rahmenwerks.
Information und Kommunikation		
13	Die Organisation erhält oder erzeugt und benützt relevante Qualitätsinformationen, um die Funktionsweise der internen Kontrolle zu unterstützen.	Anleitungen zu allen 37 CobiT-5-Prozessen
14	Die Organisation kommuniziert intern Informationen über Ziele und Verantwortlichkeiten der Internen Kontrolle, welche zur Unterstützung der Funktionsweise der internen Kontrolle notwendig sind	Prozess-Ermöglichung-Ziele aller 37 CobiT-5-Prozesse.
15	Die Organisation kommuniziert mit externen Parteien die Angelegenheiten, welche die Funktionsweise der Internen Kontrolle betreffen.	EDM05: Sicherstellung der Transparenz gegenüber Anspruchsgruppen.
Überwachungs-Aktivitäten		
16	Die Organisation wählt, entwickelt und verrichtet fortlaufende und/oder einzelne Beurteilungen zur Versicherung, ob die Komponenten der Internen Kontrolle vorhanden und in Funktion sind.	MEA02: Überwachen, Bewerten und Beurteilen das System der Internen Kontrolle.
17	Die Organisation beurteilt und kommuniziert die Schwächen in der Internen Kontrolle rechtzeitig an diejenigen Stellen, die für die Behebung zuständig sind wie auch an die zuständigen Leitungspersonen und gegebenenfalls auch an den Verwaltungsrat (Aufsichtsrat, Board of directors).	EDM05: Sicherstellung der Transparenz gegenüber Anspruchsgruppen. MEA02: Überwachen, Bewerten und Beurteilen das System der Internen Kontrolle.

4.3.6 EuroSOX, 8. EU Richtlinie

Wie in den USA haben Skandale weltweit tätiger europäischer Unternehmen wie Parmalat oder Ahold eine Verschärfung und Vereinheitlichung der gesetzlichen Anforderungen an die Prüfung und Berichterstattung von Unternehmen auf europäischer Ebene deutlich gemacht. Zur Wiederherstellung des Vertrauens der Investoren in die Märkte und Unternehmen hat, ähnlich dem amerikanischen SOX, das Europäische Parlament und der Rat im Juni 2006 die Neufassung der 8. EU Richtlinie („Abschlussprüfer-Richtlinie") verabschiedet. Der Zweck der Richtlinie ist „eine Harmonisierung der Anforderungen an die Abschlussprüfung auf hohem Niveau, wenn auch eine vollständige Harmonisierung nicht angestrebt wird".

Die Änderungen zweier bestehender Richtlinien (4. und 7. EU-Richtlinie), die in der neuen 8. Richtlinie angesprochen werden, sind ebenfalls seit dem Juli 2006 in Kraft. Darin wird beispielsweise eine Erklärung über die Unternehmensführung im Lagebericht, der die wichtigsten Merkmale des „Internen Kontrollsystems" (IKS) und des Risikomanagement-Systems beschreibt, verlangt.

Die Umsetzung der neuen 8. Richtlinie (auch EuroSOX genannt) in lokales Recht war durch die Mitgliedstaaten bis zum 29. Juni 2008 durchzuführen.

Qualität der Audits, Abschlussprüfer und Prüfgesellschaften
Zu den vielen neuen Regelungen hinsichtlich Qualität der Audits, der Abschlussprüfer und der Prüfungsgesellschaften wird die Einführung eines Prüfungsausschusses (wie „Audit Committee" bei SOX) und ein wirksames internes Kontrollsystem verlangt, mit denen die finanziellen und betrieblichen Risiken sowie das Risiko von Vorschriftsverstössen auf ein Mindestmass begrenzt und die Qualität der Rechnungslegung verbessert werden.

Direkt betroffen von der neuen Richtlinie sind Unternehmen, die unter das Recht eines EU-Mitgliedstaates fallen und deren übertragbaren Wertpapiere zum Handel auf einem geregelten Markt eines Mitgliedstaates zugelassen sind. Die Mitgliedstaaten können auch zusätzlich „Unternehmen des öffentlichen Interesses" bestimmen, auf welche die Richtlinie anzuwenden ist, wenn ein solches Unternehmen aufgrund der Art, der Tätigkeit, dessen Grösse oder Zahl der Beschäftigten von erheblicher öffentlicher Bedeutung ist.

Für die IT eines von EuroSOX betroffenen Unternehmens gilt es vor allem, wie bei SOX, regelkonforme IT-Systeme bereitzustellen und die geforderte „Compliance" mit Hilfe von IT-Systemen durchzusetzen. Ein hauptsächliches Augenmerk gilt denjenigen Prozessen und IT-Systemen, mit denen Geldflüsse abgewickelt und überwacht werden. In Deutschland beispielsweise müssen ab Juli 2008 alle Kapitalgesellschaften ein IT-Sicherheitskonzept vorweisen.

Die wichtigsten Anforderungen an die IT, die von EuroSOX abgeleitet werden können, sind (vgl. [Comw08]):

* Steuerung der IT-Infrastruktur, Organisation Applikationsentwicklung und Pflege;
* Steuerung und Überwachung der logischen und physischen Zugriffs- und Zutrittssicherheit (z. B. Berechtigungswesen und umfeldbedingte Sicherheit);
* Steuerung und Überwachung der Kommunikationssicherheit (z. B. Firewalls) und Schutz gegen Software- und Datenkorrumpierungen (z. B. Virenschutz);
* Planungen für den Erhalt der Betriebs- und Geschäftskontinuität und der Erstellung von Notfallkonzepten;
* Überwachung der Systementwicklung und der IT-Projekte, des Systembetriebs sowie der Speicherung der relevanten Daten und Dokumente für Nachvollzug und Archivierung.

Selbstverständlich wird der in der Disziplin IKS (Internes Kontrollsystem) geschulte Abschlussprüfer auch prüfen, inwiefern die getroffenen Massnahmen die Risiken adäquat abdecken.

Für Lücken haftet der Geschäftsführer, respektive der Vorstand (Geschäftsleitung), vollumfänglich. Bei Nichteinhaltung können Haftungsklagen, Marktzugangsbarrieren sowie Schwierigkeiten für die Kreditaufnahme entstehen, aber insbesondere die Verweigerung des Testats durch den Wirtschaftsprüfer resultieren.

4.3.7 IT-Sicherheitsgesetz in Deutschland

Das in Deutschland am 12. Juni 2015 im Bundestag verabschiedete und am 25. Juli 2015 in Kraft getretene „IT-Sicherheitsgesetz" [Bgbl15][24] ist gemäss einer Pressemitteilung des Bundesinnenministeriums wie folgt beschrieben [Bmib15][25]: *„Betreiber kritischer Infrastrukturen aus den Bereichen Energie, Informationstechnik und Telekommunikation, Transport und Verkehr, Gesundheit, Wasser, Ernährung sowie Finanz- und Versicherungswesen müssen damit künftig einen Mindeststandard an IT-Sicherheit einhalten und erhebliche IT-Sicherheitsvorfälle an das Bundesamt für Sicherheit in der Informationstechnik (BSI) melden. Darüber hinaus werden zur Steigerung der IT-Sicherheit im Internet die Anforderungen an die Anbieter von Telekommunikations- und Telemediendiensten erhöht. Parallel dazu werden die Kompetenzen des BSI und der Bundesnetzagentur sowie die Ermittlungszuständigkeiten des Bundeskriminalamtes im Bereich der Computerdelikte ausgebaut."* Damit zielt das neue Gesetz vor allem darauf ab, die Sicherheit der informationstechnischen Infrastrukturen Deutschlands sowie der davon abhängigen „Kritischen Infrastrukturen" und damit die Sicherheit von Unternehmen und der Bundesverwaltung sowie den Schutz der Bürgerinnen und Bürger, insbesondere hinsichtlich der Cyber-Risiken, zu verbessern. Auch wird damit die Stellung des Bundesamtes für Sicherheit in der Informationstechnik (BSI) und des Bundeskriminalamtes (BKA) gestärkt. Aus Wirtschaftskreisen ist unter anderem der Kritikpunkt zu vernehmen, dass aus dem Gesetz nicht klar gefolgert werden kann, welche Unternehmen „kritische Infrastrukturen" betreiben und inwiefern Störungen als „erheblich" zu bezeichnen sind und somit der Meldepflicht unterliegen [Spie15].[26] Die im Gesetz verankerte Meldungspflicht ist im Gesetz wie folgt formuliert: *„Betreiber Kritischer Infrastrukturen haben erhebliche Störungen der Verfügbarkeit, Integrität, Authentizität und Vertraulichkeit ihrer informationstechnischen Systeme, Komponenten oder Prozesse, die zu einem Ausfall oder einer Beeinträchtigung der Funktionstüchtigkeit der von ihnen betriebenen Kritischen Infrastrukturen (1.) führen können oder (2.)*

---

[24] Gesetz zur Erhöhung der Sicherheit informationstechnischer Systeme, vom 17. Juli 2015.

[25] Pressemitteilung des Bundesinnenministeriums, 12.06.2015.

[26] Artikel Spiegel Online: Neues IT-Sicherheitsgesetz, 12.06.2015.

geführt haben, über die Kontaktstelle unverzüglich an das Bundesamt zu melden" ([Bgbl15], S. 1326, Ziffer (4)). Diese Formulierung bezieht sich auf die Sicherheit der „Kritischen Infrastrukturen" und damit sicherlich auch implizit auf die Sicherheit der mit diesen Einrichtungen einhergehenden Daten und Informationen (s. Abschn. 6.4 in diesem Buch: „Informationssicherheit versus IT-Sicherheit"). Klarer im Hinblick auf die Beurteilung von Risiken der „Informationssicherheit" von Kritischen Infrastrukturen ist der Nachsatz in Paragraf 8a, Ziffer 1 des Gesetzes formuliert ([Bgbl15], S. 1325): *„(…) Organisatorische und technische Vorkehrungen sind angemessen, wenn der dafür erforderliche Aufwand nicht ausser Verhältnis zu den Folgen eines Ausfalls oder einer Beeinträchtigung der betroffenen Kritischen Infrastruktur steht."*

4.3.8   Anstrengungen hinsichtlich Informationssicherheit in der Schweiz

Melde- und Analysestelle (MELANI)
Die Schweiz verfolgt gegenüber privater Organisationen das Prinzip der Freiwilligkeit zur Meldung von Ereignissen und Cyberangriffen. Die durch das Informatiksteuerungsorgan des Bundes (ISB) betriebene Melde- und Analysestelle unter der Bezeichnung MELANI bindet Betreiber von „kritischen Infrastrukturen" sowie Stellen, die sich mit der Informationssicherheit und Cyber-Sicherheit beschäftigen, in eine Partnerschaft ein, innerhalb derer Probleme an die Meldestelle gemeldet und mit Unterstützung durch die Meldestelle gelöst werden können. Auch private Anwender und Personen können ihre Probleme melden und werden beraten und unterstützt.

Nationale Strategie zum Schutz der Schweiz vor Cyber-Risiken (NSC)
Die Melde- und Analysestelle MELANI ist auch mit der Koordination der „Nationalen Strategie zum Schutz der Schweiz vor Cyber-Risiken (NCS)" betraut. Die Umsetzung der Strategie anhand von 16 Massnahmen erfolgt bis 2017 in Zusammenarbeit mit der Verwaltung, den Kantonen und der Wirtschaft. Einzelne Branchen unterliegen den Regelungen ihrer Regulierer, wie beispielsweise der FINMA oder der Schweizerischen Nationalbank.

Bundesgesetz über Informationssicherheit (ISG)
Ein Bundesgesetz über Informationssicherheit (ISG) mit verpflichtenden Anforderungen an die Stellen des Bundes ist derzeit im Entwurfsstadium. Die entsprechende Botschaft an den Bundesrat zu Überweisung an das Parlament wurde im Jahr 2015 verabschiedet. Dieser Gesetzesentwurf [Bund14][27] *„schafft – basierend auf international anerkannten Standards – einheitliche formell-gesetzliche Grundlagen für das Management der Informationssicherheit im Zuständigkeitsbereich des Bundes. Dabei strebt er an, den Schutz der Informationen und die*

---

[27] Gesetzentwurf des Bundesgesetzes über die Informationssicherheit (ISG).

Sicherheit beim Einsatz von Informations- und Kommunikationstechnologien (IKT) an die Anforderungen einer modernen, vernetzten Informationsgesellschaft anzupassen sowie Lücken und Schwachstellen des geltenden Rechts zu beheben" ([Vtga14], S. 3).[28]

Geltungsbereich und Einfluss des Gesetzes auf Kantone und andere Stellen
Das Gesetz ist primär an alle Bundebehörden sowie die ihnen unterstellten Organisationen gerichtet. Dabei ist das Gesetz anderen Vorschriften dieser Behörden und Organisationen hinsichtlich Informationssicherheit übergeordnet. Die Unabhängigkeit der einzelnen Bundesbehörden beim Vollzug des Gesetzes kann mit eigenen spezifischen „Ausführungsbestimmungen" gewahrt werden. Kantone und andere Stellen adressiert das Gesetz jeweils dann, wenn sie unter Aufsicht des Bundes mit sicherheitsrelevanten Tätigkeiten des Bundes betraut werden oder Zugang zu seinen IKT-Mitteln erhalten.

Einige Punkte des ISG zum Thema Risikomanagement
Nachfolgend werden einige im Zusammenhang mit Risikomanagement wichtigen Punkte des Gesetzes genannt.

Risikomanagement:
[1] *Die verpflichteten Behörden und Organisationen sorgen dafür, dass die Risiken für die Informationssicherheit in ihrem Zuständigkeitsbereich sowie bei der Zusammenarbeit mit Dritten laufend identifiziert, bewertet, beurteilt und überprüft werden.*
[2] *Sie sorgen dafür, dass die erforderlichen organisatorischen, personellen, technischen und baulichen Massnahmen getroffen werden, um die identifizierten Risiken zu vermeiden oder auf ein tragbares Mass zu reduzieren.*
[3] *Sie sorgen dafür, dass Risiken, die getragen werden sollen, nachweislich kommuniziert und akzeptiert werden.*
[4] *Das Risikomanagement im Bereich der Informationssicherheit muss in den allgemeinen Risikomanagement-Prozess integriert werden.*
Das Gesetz soll das gesamte Gebiet der Informationssicherheit des Bundes aufgrund von Risikobeurteilungen berücksichtigen.

Sicherheitsziele
Die Informationen sollen gemäss der Sicherheitsziele Vertraulichkeit, Integrität, Verfügbarkeit und Nachvollziehbarkeit behandelt werden.

Schutzbedarfsanalyse und Risikobeurteilung beim Einsatz von IKT-Mitteln
Erstellung einer Schutzbedarfsanalyse der IKT-Mittel aufgrund einer Risikobeurteilung.

---

[28] Entwurf eines Bundesgesetzes über die Informationssicherheit (ISG), erläuternder Bericht vom 26. März 2014.

Vorsorgeplanungen

Die verpflichteten Behörden sorgen dafür, dass für allfällige schwerwiegende Verletzungen der Informationssicherheit, welche die Erfüllung unverzichtbarer Aufgaben gefährden können, Vorsorgeplanungen erstellt und entsprechende Übungen durchgeführt werden.

Klassifizierungsstufen

Die Informationen werden gemäss der folgenden Stufen klassifiziert:

- „intern",
- „vertraulich" und
- „geheim".

Mit der Einstufung „intern" müssen beispielsweise Informationen klassifiziert werden, deren Kenntnisnahme durch Unberechtigte die folgenden Interessen beeinträchtigen:

a. *die Entscheidungs- und Handlungsfähigkeit der Bundesbehörden;*
b. *die innere und äussere Sicherheit der Schweiz;*
c. *die aussenpolitischen Interessen der Schweiz;*
d. *die wirtschafts-, finanz- und währungspolitischen Interessen der Schweiz;*
e. *die Erfüllung der gesetzlichen und vertraglichen Verpflichtungen der Bundesbehörden zum Schutz von Informationen.*

Starke Massnahmen bereits für Klassifikationsstufe „intern"

„Zugang zu klassifizierten Informationen des Bundes erhalten nur Personen, die Gewähr dafür bieten, dass sie mit klassifizierten Informationen sachgerecht umgehen, und:

- *a. die Informationen zur Erfüllung einer gesetzlichen Aufgabe benötigen; oder*
- *b. über eine vertraglich vereinbarte Zugangsberechtigung verfügen und die Informationen zur Erfüllung der ihnen übertragenen Aufgaben benötigen. "*

Periodische Überprüfung der Klassifizierung

Jede Klassifizierung muss periodisch überprüft werden.

Informationssicherheitskonzepte

- *[1]Die verpflichteten Behörden und Organisationen sorgen dafür, dass für IKT-Mittel der Sicherheitsstufen „hoher Schutz" und „sehr hoher Schutz" eine **Risiko-Analyse** durchgeführt und ein **Informationssicherheitskonzept** erstellt wird.*
- *[2]Das Informationssicherheitskonzept muss durch die zuständige Informationssicherheitsbeauftragte oder den zuständigen Informationssicherheitsbeauftragten geprüft werden und von der verpflichteten Behörde oder Organisation genehmigt werden.*
- *[3]Es muss laufend aktualisiert werden.*

Personensicherheitsprüfung
bei Personen, die eine sicherheitsempfindliche Tätigkeit ausüben müssen, bei deren vor-
schriftswidriger oder unsachgemässer Ausübung die Interessen nach Artikel 1 Absatz 2
erheblich beeinträchtigt werden können.

Betriebssicherheitsverfahren
zur Wahrung der Informationssicherheit bei der Vergabe von öffentlichen Aufträgen an
Unternehmen oder Teile von Unternehmen (Betriebe), sofern diese Aufträge die Ausübung einer sicherheitsempfindlichen Tätigkeit einschliessen (sicherheitsempfindliche
Aufträge).

4.3.9 Datenschutz: Eine wichtige Unternehmensanforderung

Der Datenschutz als gesetzliche Anforderung an die Unternehmen erhält eine immer
höhere Wichtigkeit, wenn es um Compliance und Risiken im Zusammenhang mit Informationen geht. Eine wesentliche Herausforderung besteht in der zunehmenden Vielfalt
von Beteiligten in den Dienstleistungsketten heutiger Informationsverarbeitungen.

Drittfirmen als Service-Provider
So kommen beispielsweise als „Service-Provider" vermehrt Drittfirmen ins Spiel. Diese
Vielfalt geht einher mit dem rasanten Anwachsen von technologischen Möglichkeiten.
  Als Beispiele seien genannt: Die fast überall verfügbare drahtlose Vernetzung der
Daten (z. B. über WLAN, Internet, E-Mail), die sozialen Netzwerke, das Cloud-Compu-
ting, die mobilen Gerätetechnologien, die miniaturisierten Ton-, Bild- und Videoaufzeich-
nungen und die mobilen hochvolumigen Speichertechnologien.

Persönlichkeitsrechte an Informationen
Mit dem unbestrittenen Nutzen, den alle diese Technologien erbringen können, gehen
auch Risiken hinsichtlich der Persönlichkeitsrechte an den Informationen einher, für deren
angemessenen Schutz auch die Betreiber solcher Technologien Verantwortung tragen.

Begrifflichkeit des Datenschutzes
Zur Begrifflichkeit des Datenschutzes gibt es weltweit bisher kein Übereinkommen. So
versteht die Europäische Richtlinie[29] unter Datenschutz „insbesondere den Schutz der

---

[29] Die Allgemeine Datenschutzrichtlinie der EU (95/46/EG) wurde durch eine bereichsspezifische
Richtlinie „Datenschutzrichtlinie für elektrische Kommunikation" (2002/58/EG) ergänzt. Inzwischen ist eine weitere EU-Richtlinie 2009/136/EG dazugekommen, die vor allem die Verwendung
von „Cookies" beim Internet-Browsen regelt, z. B. dass die Nutzer ausdrücklich in die Platzierung
von Cookies einwilligen müssen.

Privatsphäre natürlicher Personen bei der Verarbeitung personenbezogener Daten".[30] In der Zweckbestimmung des deutschen Bundes-Datenschutzgesetzes (BDSG) heisst es hingegen: „(…) den Einzelnen davor zu schützen, dass er durch den Umgang mit seinen personenbezogenen Daten in seinem Persönlichkeitsbereich beeinträchtigt wird." Das Datenschutzgesetz in Österreich beschreibt Datenschutz (DSG 2000) als „(…) Anspruch auf Geheimhaltung der ihn betreffenden personenbezogenen Daten, soweit ein schutzwürdiges Interesse daran besteht."

Juristische Personen im Datenschutzgesetz
Die Schweiz und Lichtenstein definieren Datenschutz (DSG) als „Schutz der Persönlichkeit und der Grundrechte von Personen, über die Daten bearbeitet werden.", wobei hier die Anwendung ausdrücklich sowohl auf natürliche als auch auf juristische Personen gilt. Die Datenschutz-Richtlinie der EU sowie die Datenschutzgesetze von Deutschland und Österreich klammern die Daten von juristischen Personen aus dem Geltungsbereich aus.

Verbotsprinzip mit Erlaubnisvorbehalt
Den Gesetzen gemeinsam ist das „Verbotsprinzip mit Erlaubnisvorbehalt", welches besagt, dass die Bearbeitung oder Nutzung personenbezogener Daten nur dann erlaubt ist, wenn entweder eine klare Rechtsgrundlage gegeben ist oder wenn die betroffene Person ausdrücklich ihre Zustimmung zur Behandlung und Verwendung der Daten gegeben hat (vgl. [Witb10], S. 76).

Vergleichbares Schutzniveau in Drittländern
Sowohl die durch die Mitgliedstaaten der EU umzusetzende Richtlinie sowie die im Entwurf vorliegende neue EU-Datenschutzgrundverordnung[31] als auch das schweizerische Datenschutzgesetz verlangen, dass personenbezogene Daten nur dann in Drittländer transferiert werden dürfen, wenn diese ein angemessenes vergleichbares Schutzniveau aufweisen oder gemäss dem Schweizerischen Datenschutz, hinreichende Garantien bestehen, dass ein solches gewährleistet wird. Diese an sich selbstverständliche Forderung bedarf vor allem bei Outsourcing-Vorhaben und noch ausgeprägter bei Cloud-Computing einer sorgfältigen Abklärung und Behandlung.

Datenschutz in der öffentlichen Verwaltung
Der Datenschutz im Anwendungsbereich der öffentlichen Verwaltung ist meist mit gesonderten Gesetzen geregelt. In der Schweiz haben beispielsweise die kantonalen

---

[30] Die Richtlinie beschreibt Mindeststandards für den Datenschutz, die in allen Mitgliedstaaten der Europäischen Union durch nationale Gesetze sichergestellt werden müssen. Die Richtlinie soll im Rahmen der Datenschutzreform durch die Datenschutz-Grundverordnung abgelöst werden.

[31] EU-Datenschutzgrundverordnung, die bestehende Richtlinie 95/46/EG voraussichtlich 2018 für alle 28 Staaten der EU in Kraft setzt.

Organe entweder eigene Datenschutzvorschriften, „die einen angemessenen Schutz gewährleisten"[32] oder sie verwenden Teile des für „Bundesorgane" bestimmten Datenschutzrechts.

Privacy in den USA

In den USA sind Gesetze[33] und Richtlinien unter dem Begriff „Privacy", d. h. Schutz der „Privatsphäre" in Kraft, dabei gilt es zu beachten, dass der Zugriff auf private Daten in vielen Fällen sogar gesellschaftlich akzeptiert wird, z. B. Bonitätsprüfung vor der Vereinbarung eines Arbeitsverhältnisses.[34]

Spezifische Gesetze zum Schutz der Privatsphäre

Zu den Datenschutzgesetzen kommen für bestimmte Branchen noch spezifische Gesetze, die dem Schutz der „Privatsphäre von Personen" dienen, so beispielsweise die ärztliche Schweigepflicht, das Bankgeheimnis, das Postgeheimnis oder das Fernmeldegeheimnis.

Compliance-Risiken und Reputations-Risiken

Für die Unternehmen resultieren aus Verstössen zu diesen Gesetzen vor allem „Compliance-Risiken" (z. B. mit Strafauswirkungen) oder Reputations-Risiken (z. B. Verlust von Kundschaft). Für die Anwendung der konkreten Compliance-Anforderungen geben die aktuellen Gesetze, Verordnungen, Richtlinien und sonstigen Vorschriften Aufschluss.

Datenschutzbeauftragter und Datenschutzkommission

Die Beurteilung konkreter Anwendungsfälle kann auch anhand der zahlreich vorhandenen Literatur und nicht zuletzt im Dialog mit den öffentlich bestellten Datenschutzbeauftragten (oder Datenschutzkommission in Österreich) vorgenommen werden. Gemeinsam für die oben genannten Datenschutz-Vorschriften ist die Einteilung der Daten gemäss ihrer Sensibilität und der entsprechenden Abstufung der Schutzmassnahmen.

Technische und organisatorische Massnahmen

Die technischen und organisatorischen Massnahmen sowie die Vorgaben für die Umsetzung des Gesetzes sind in der Schweiz beispielsweise in einer „Verordnung zum Bundesgesetz über den Datenschutz enthalten". Das deutsche Datenschutzgesetz enthält einen zu Paragraf 9 gehörenden Anhang mit technischen und organisatorischen Massnahmen zur automatisierten Verarbeitung und Nutzung von personenbezogenen Daten.

---

[32] s. Art. 37, Bundesgesetz über den Datenschutz (DSG).

[33] The Privacy Act of 1974, 5 U.S.C. § 552a, establishes a code of fair information practices that governs the collection, maintenance, use, and dissemination of information about individuals that is maintained in systems of records by federal agencies.

[34] http://de.wikipedia.org/wiki/Datenschutz, Abschn. 4.2.

Eine praktische Umsetzungsanleitung für solche Massnahmen für einen „angemessenen" Datenschutz ist im Anhang A.3 dieses Buches gezeigt.

Unternehmensinterne Anweisungen zum Datenschutz
Die im Anhang A.3 aufgezeigten technischen und organisatorischen Massnahmen sind an Mitarbeiter und beauftragte Dritte im Verantwortlichkeitsbereich des Unternehmens gerichtet. Solche als „Ausführungsbestimmungen" benannte unternehmensinterne Anweisungen können nicht nur die Massnahmen für den gesetzlichen Datenschutz, sondern auch die Massnahmen für die zu schützenden Geheimnisse des Unternehmens selbst enthalten.

Schutz der unternehmensinternen Informationen
Der Schutz dieser Informationen gehört ebenfalls zum Risikomanagement des Unternehmens. Solche Geheimnisse können beispielsweise Informationen über Strategien oder hängige Patente des Unternehmens sein. Die Gesetze zum Schutz solcher unternehmenseigenen, geheimhaltungsbedürftigen Informationen fallen in Deutschland und Österreich unter den Begriff „Betriebs- und Geschäftsgeheimnis" und in der Schweiz unter den Begriff „Fabrikations- und Geschäftsgeheimnis".[35]

4.4   Anforderungen an das Risikomanagement als Anliegen der Kunden und der Öffentlichkeit

Vermehrt übergeben Personen in Treu und Glauben irgendwelchen Unternehmen ihre persönlichen Informationen und Vermögenswerte zur Bearbeitung, Aufbewahrung und Übermittlung. So werden beispielsweise Kreditkarten und Kreditkartennummern bei einer Vielzahl von tagtäglichen Vorgängen irgendwelchen Unternehmen ausgehändigt (z. B. Hotels, Restaurants, Läden). Aber auch die leibliche Sicherheit wird einigen Unternehmen anvertraut, so vertrauen die Passagiere von Verkehrsmitteln wie dem Flugzeug, der Bahn oder dem Bus ihre Gesundheit und ihr Leben der Transportfirma und ihren Mitarbeitern an. In der Öffentlichkeit wird auch immer wieder das Vertrauen zu Ärzten oder Spitälern, denen wir oft „Leib und Leben" für eine entsprechende Behandlungen anvertrauen, diskutiert.

Interesse der Öffentlichkeit an Risiko-Ereignissen
Es ist nicht verwunderlich, dass sich die öffentliche Meinung mittels ihrer Medien (Zeitung, Fernsehen, Radio, soziale Netzwerke usw.) besonders den Ereignissen mit negativem

---

[35] Art. 321a Abs. 4 OR und Qualifizierung der Informationen als Geschäftsgeheimnis gemäss Art. 162 StGB (Schweizerisches Strafgesetzbuch, SR 311.0).

Ausgang, ob möglich oder bereits eingetroffen, annimmt. So konnte die Öffentlichkeit beispielsweise zwei womöglich grosse Risiken zur Kenntnis nehmen:

Berlin, 18. Juni 2015: Bei der Späh-Attacke auf das deutsche Parlament entwende-
ten die Täter offenbar große Mengen vertraulicher E-Mails. Der Bundestag will jetzt
damit beginnen, sein internes Datennetz „Parlakom" teilweise neu aufzubauen
[Spio15].[36]

Zürich, 23. Januar 2015: „Die Credit Suisse erlebte gestern ihren IT-Crash. Nach
einem Netzwerkausfall in der Schweiz standen ihre Systeme stundenlang still. Von
7 Uhr am Morgen bis um 4 Uhr am Nachmittag ging praktisch nichts mehr innerhalb
des Heimmarkts, wo die CS rund 20'000 Mitarbeiter beschäftigt. Keine Mails, kein
Zugriff auf Daten, nichts. Selbst im Börsenhandel, der seit Mitte der 1990er-Jahre
elektronisch läuft, war Mattscheibe. Die CS-Trader mussten auf Telefonhandel
umstellen. (…)."[Haes15][37]

Berichterstattung durch Medien
Die Medien halten es für ihre Aufgabe, über solche Ereignisse zu berichten. Finden sie bei
ihren Recherchen Schwachstellen, d. h. Zustände, die entsprechend der gängigen Praxis
nicht vorkommen sollten, dann werden diese unbarmherzig verbreitet.

Kontrollfunktion der Medien und Image-Schäden
Die Medien, als Sprecher der öffentlichen Meinung, nehmen somit auf der einen Seite
eine wichtige Kontrollfunktion über Risiken in unserer Gesellschaft wahr. Auf der anderen
Seite wird das durch die Risiko-Offenlegung betroffene Unternehmen mit hoher Wahrscheinlichkeit einen Image-Verlust davontragen.

Die Image-Verluste führen oft zu Kundenabfall und Umsatzschwund. Solche indirekten Folge-Schäden sind manchmal grösser als die direkten Schäden und dürfen bei
den Massnahmen für die Risikominderung oder -vermeidung keinesfalls vernachlässigt
werden.

Ein gutes Risikomanagement, und dazu gehört auch die Berücksichtigung der
Öffentlichkeit und der Umgang mit den Medien, ist also nicht nur Pflichtfach, sondern
steht im ureigensten Interesse eines Unternehmens, wenn es nachhaltigen Erfolg verzeichnen will.

---

[36] Spiegel online: Cyberangriff auf den Bundestag – Hacker kopierten Abgeordneten-E-Mails.
[37] In$ide Paradeplatz: Gestern stand CS-Computer 9 Stunden still.

4.5   Hauptakteure im unternehmensweiten Risikomanagement

Das Management der Risiken gehört in einer Aktiengesellschaft nach schweizerischem Recht zu den „unübertragbaren und unentziehbaren Aufgaben" des Verwaltungsrats ([Obli10], Art. 716a): „(...) der Verwaltungsrat allein entscheidet am Schluss und trägt die Verantwortung" ([Böck04], S. 1533) in seiner Aufgabe der Oberleitung der Gesellschaft.

Der **Verwaltungsrat**[38] wird das Unternehmen an der Spitze so strukturieren, dass die Risiken adäquat analysiert, berichtet und mit Massnahmen angemessen bewältigt werden können. Zu diesem Zweck wird er sich zusätzlich zur Revisionsstelle ein „Audit-Komitee" und eine „Interne Revision" einrichten.

Der Verwaltungsrat hat die Aufgabe, für die Geschäftsabwicklung eine **Geschäftsleitung**[39] zu bestellen, doch wird er sich die wichtigsten Entscheide wie Strategiebeschlüsse, Formulierung wichtiger Unternehmensziele und die Allokation aufwändiger Ressourcen vorbehalten. Solche Entscheide basieren unter anderem auch auf den Vorstellungen des Verwaltungsrats über Integrität und ethische Werte (vgl. [Cose04], S. 83).

Bezüglich der Risiken wird sich der Verwaltungsrat die Übersicht verschaffen über (vgl. [Cose04], S. 83):

- den Umfang des durch das Management effektiv eingerichteten Risikomanagements,
- das Bewusstsein über die Risiko-Bereitschaft (Risiko-Appetit),
- die Überprüfung des Geschäfts-Portfolios im Hinblick auf die Risiken und Risiko-Bereitschaft im Unternehmen,
- die grössten Risiken und ob das Management diese in angemessener Weise bewältigt.

Der **„Chief Executive Officer" (CEO)** hat die ultimative Ownership-Verantwortung über das Risikomanagement im Unternehmen. Er trägt die Verantwortung dafür, dass alle Komponenten eines Unternehmens-Risikomanagements eingerichtet sind (vgl. [Cose04], S. 83 ff.). Dabei formuliert er die Werte, Grundsätze und wichtigsten Betriebs-Policies, welche das Fundament für das Unternehmens-Risikomanagement darstellen. Auch wird der CEO eine für sein Unternehmen geeignete Risikomanagement-Organisation zusammenstellen. Dazu gehören beispielsweise folgende Funktionen:

- Chief Risk Officer (CRO)
- Chief Compliance Officer (CCO)
- Risk Owner

---

[38] Hier ist das Gremium für die „Oberleitung" des Unternehmens gemeint, das in der Schweiz durch den „Verwaltungsrat", in Deutschland durch den „Aufsichtsrat" in anglo-amerikanischen Ländern durch das „Board of Directors" wahrgenommen wird (s. Abschn. 4.2.1 Corporate Governance).

[39] In anglo-amerikanischen Ländern oft als „Management" oder „Executive Management" bezeichnet.

- Risk Manager
- Chief Financial Officer (CFO)
- Chief Operation Officer (COO)
- Chief Audit Executive (CAE)
- Linien-Manager

In Unternehmen mit entsprechend hohen Abhängigkeiten von der IT und der Informationssicherheit kommen folgende Funktionen dazu:

- Chief Information Officer (CIO)
- Chief Information Security Officer (CISO)
- IT-System Owner

(Anm.: Die Rollen und Verantwortlichkeiten für die Risiken der IT und der Informationssicherheit werden im Teil III des Buches im näheren Detail behandelt.)

An dieser Stelle werden die Funktionen (Rollen und Verantwortlichkeiten) eines Chief Risk Officer und eines Risk Owner noch genauer betrachtet:

Der **„Chief Risk Officer" (CRO)** hat die zentrale Funktion, den Unternehmens-Risikomanagement-Prozess in Gang zu halten und zu koordinieren. Seine Aufgaben erstrecken sich von der Gestaltung und Einführung bis hin zur Aufrechterhaltung und Anpassung des Risikomanagement-Prozesses. Dazu verfügt er über die notwendigen Ressourcen und Kompetenzen.

Bei den Banken stehen dem Chief Risk Officer und seiner Organisationseinheit oft umfassende Analyse- und Bewertungssysteme für Markt-Risiken zur Verfügung. (Aufgrund der oben gezeigten Anforderungen gibt es solche Informations-Systeme inzwischen auch für Kredit-Risiken und Operationelle Risiken.) In den Banken kommt besonders aus regulatorischen Gründen dieser Funktion ein hoher Stellenwert zu, da beispielsweise die Unterlegung mit Eigenkapital in Abhängigkeit von der Risiko-Situation dem Ziel einer hohen Eigenkapital-Rendite entgegenwirkt.

Besonders in grossen Unternehmen sind die „Checks and Balances", wie sie durch das Sarbanes-Oxley Gesetz gefordert werden, sehr wichtig. Ein unabhängiger, ausserhalb der Linie direkt dem Verwaltungsratspräsidenten oder dem Leiter eines mit den Risiken betrauten Ausschusses (Auditkomitee oder Risikokomitee) oder als Mitglied der Geschäftsleitung dem CEO unterstellter Risk Officer, soll in der Lage sein, ähnlich wie die Interne Revision, seine Aufgaben in Gewaltentrennung zu den Managern der Geschäfts- und Support-Einheiten auszuführen. In einigen Unternehmen ist anstelle eines Chief Risk Officers ein sog. Risiko-Beauftragter der obersten Unternehmensleitung bestimmt, der in der Regel selbst Mitglied der Unternehmensleitung ist (vgl. [Brüh11], S. 212–213).

Das Schwergewicht der Aufgaben des Chief Risk Officers liegt in der Steuerung des Risiko-Assessments und der Risiko-Kontrolle einschliesslich der Überwachung der Risiko-Behandlung. Die Risiko-Behandlung hingegen sollte durch die Linie respektive die operativen Fachabteilungen ausgeführt werden. Ansonsten würde das Prinzip der Funktionentrennung wiederum verletzt werden.

Der „**Risk Owner**" ist eine Führungsperson und ein Entscheidungsträger in der Linie, welcher in dem ihm anvertrauten Bereich unternehmerische Verantwortung trägt. Mit seinen Entscheiden trägt er Verantwortung sowohl über die Risiken als auch über die in seinem Aufgabengebiet wahrzunehmenden Chancen. Der oberste Risk Owner ist der CEO. Risk Owner sind vor allem die Führungspersonen, u. a. die Prozess-Owner, von Geschäfts- und Unterstützungsprozessen oder von IT-Systemen. Die Ernennungen der Owner sollten durch übergeordnete Führungsinstanzen z. B. durch Mitglieder der Geschäftsleitung erfolgen.

Die oft anzutreffende Funktion eines „**Risk Manager**" ist dem Chief Risk Officer fachlich unterstellt oder alternativ dem Risiko-Beauftragten der obersten Unternehmensleitung. Dabei unterstützt er vor allem die Risiko-Owner in fachlicher Hinsicht, wobei die wesentliche Aufgabe dieser Funktion darin besteht, den unternehmensweiten Risikomanagement-Prozess wirksam zu unterhalten. Oft wird diese Funktion mit der Unterhaltung des Strategie-Prozesses kombiniert. Es versteht sich von selbst, dass der Risikomanager die notwendige Methodenkompetenzen, Fähigkeiten und Instrumente besitzen muss, um dafür zu sorgen, dass mit Hilfe der Risk Owner die unternehmensweiten Risiken erhoben, beurteilt, konsolidiert und aus Unternehmenssicht mit angemessenen Massnahmen behandelt werden.

4.6   Kontrollfragen und Aufgaben

1. Das St. Galler Management-Modell nennt drei Kategorien von Unternehmensprozessen. Nennen Sie diese mit ihren hauptsächlichen Aufgaben.
2. Was verstehen Sie unter Corporate Governance?
3. Was hat Corporate Governance mit Risikomanagement zu tun?
4. Welche Rolle spielt das IT-Risikomanagement in den Anforderungen an die Corporate Governance?
5. Welche Rollen kommen dem Verwaltungsrat (Aufsichtsrat) und dem CEO eines Unternehmens bezüglich des Risikomanagements zu?
6. Warum ist das IT-Risikomanagement im Zusammenhang mit dem Sarbanes-Oxley-Gesetz wichtig?
7. Unter welche Gesetze fällt der Schutz der unternehmenseigenen geheimen Daten?
   a. In der Schweiz und in Lichtenstein
   b. In Deutschland und Österreich
8. Wer muss das zukünftige Informationssicherheitsgesetz (ISG) der Schweiz und wer das IT-Sicherheitsgesetz in Deutschland zwingend befolgen?
9. In welchen der Länder Deutschland, Österreich, Schweiz und Lichtenstein trifft der Schutz von juristischen Personen in den zurzeit gültigen Datenschutz-Gesetzen zu?
10. Was ist der hauptsächliche Zweck von Euro-SOX?
11. Welchen Zweck verfolgt Basel II und Basel III?
12. Für welche Unternehmen kommt ein fortgeschrittener Messansatz nach Basel II in Frage?
13. Sind auch andere Unternehmen als Banken von Basel II betroffen? Wenn ja, warum?

Literatur

[Bafi12]   BaFin: Mindestanforderungen an das Risikomanagement – MaRisk, Rundschreiben 10/2012 (BA), 2012.

[Bein03]   Beinert, Claudia: „Bestandesaufnahme Risikomanagement", in Risikomanagement und Rating. Hrsg. Peter Reichling. Wiesbaden: Gabler, 2003, 32–41.

[Bgbl15]   Bundesgesetzblatt: Gesetz zur Erhöhung der Sicherheit informationstechnischer Systeme. Bonn: Bundes Anzeiger Verlag, 24. Juli 2015. URL: http://www.bgbl.de/xaver/bgbl/start.xav?startbk=Bundesanzeiger_BGBl#__bgbl__%2F%2F*[%40attr_id%3D%27bgbl115s1324.pdf%27]__1443117300681, abgerufen 26.9.2016.

[Bisf04]   Bank for International Settlements: International Convergence of Capital Measurement and Capital Standards – A Revised Framework. Basel: Bank für Internationalen Zahlungsausgleich, 2004.

[Bisk06]   Basler Ausschuss für Bankenaufsicht: Internationale Konvergenz der Eigenkapitalmessung und Eigenkapitalanforderungen – Überarbeitete Rahmenvereinbarung – Umfassende Version. Basel: Bank für Internationalen Zahlungsausgleich, 2006.

[Biss03]   Bank for International Settlements: Sound Practices for the Management and Supervision of Operational Risk. Basel: Bank für Internationalen Zahlungsausgleich, 2003.

[Bisw01]   Bank for International Settlements: Working Paper on Regulatory Treatment of Operational Risk. Basel: Bank für Internationalen Zahlungsausgleich, 2001.

[Bmib15]   Bundesministerium des Innern: Pressmitteilung Pressemitteilung des Bundesinnenministeriums, Berlin: Bundesministerium des Innern, 12.6.2015. URL: http://www.bmi.bund.de/SharedDocs/Pressemitteilungen/DE/2015/06/bundestag-beschliesst-it-sicherheitsgesetz.html, abgerufen 26.9.2016.

[Böck04]   Böckli, Peter: Schweizerisches Aktienrecht. Zürich: Schulthess, 2004.

[Brüh11]   Brühwiler, Bruno: Risk Management als Führungsaufgabe. ISO 31000 mit ONR 49000 wirksam umsetzen. Bern: Haupt, 2011.

[Bund14]   Bundesrat CH: Gesetzentwurf über Bundesgesetzüber die Informationssicherheit (ISG). Bern: Admin.VBS, 26.3.2014. URL: http://www.news.admin.ch/NSBSubscriber/message/attachments/34224.pdf, abgerufen: 26.9.2016.

[Cosa13]   Committee of Sponsoring Organizations of Treadway Commission (COSO): Internal Control - Integrated Framework Second Edition. New York: AICPA, 2013.

[Cose04]   COSO: Enterprise Risk Management – Integrated Framework, Frame-work. New York: AICPA, 2004.

[Foll07]   Follmann, David: Basel II und Solvency II. Saarbrücken: VDM Verlag Dr. Müller, 2007.

[Haes15]   Hässig Lukas: Gestern stand CS-Computer 9 Stunden still. Zürich: In$ide Paradeplatz, 23.2.15. URL: http://insideparadeplatz.ch/2015/01/23/gestern-stand-cs-computer-9-stunden-lang-still/, abgerufen 26.9.2016.

[Homm00] Hommelhoff, Peter und Daniela Mattheus: „Gesetzliche Grundlagen: Deutschland und international." In Praxis des Risikomanagements. Hrsg. Dietrich Dörner, Péter Horwath und Henning Kagermann. Stuttgart: Schäffer-Poschel, 2000, 6–40.

[Isac13]   ISACA: Relating the COSO Internal Control – Integrated Framework and COBIT®. Rolling Meadows: ISACA®, 2013.

[Lehm02]   Lehmann, Beat: Verantwortung und Haftung für die IT-Sicherheit. Luzern: Fachhochschule Luzern - IWI, 2002.

[Obli15]   OR: Schweizerisches Obligationenrecht (Stand am 1. Juli 2015), 2015.

[Oecd04]   OECD: OECD Principles of Corporate Covernance. 2004 Edition. Paris: OECD Publications, 2004.

[Prok08]   Prokein, Oliver: IT-Risikomanagement. Wiesbaden: Gabler, 2008.

[Rüeg02] Rüegg-Stürm, Johannes: Das neue St. Galler Management-Modell. Bern: Haupt, 2002.

[Rüeg14] Rüegg-Stürm, Johannes und Simon Grand: Das St. Galler Management-Modell, 4. Generation - Einführung. Bern: Haupt, 2014.

[Scod14] Swiss code of best practice for corporate governance. Zürich: econo-miesuisse, 2014.

[Spie15] Spiegel online: Neues IT-Sicherheitsgesetz. SPIEGEL ONLINE, 12.6.2015. URL: http://www.spiegel.de/netzwelt/netzpolitik/it-sicherheitsgesetz-was-sie-wissen-soll-ten-a-1038557.html, abgerufen 26.9.2016.

[Spio15] Spiegel online: Cyberangriff auf den Bundestag – Hacker kopierten Abgeordneten-E-Mails. SPIEGEL ONLINE, 18.6.2015. URL: http://www.spiegel.de/politik/deutsch-land/cyberangriff-auf-bundestag-abgeordneten-e-mails-erbeutet-a-1039388.html, abgerufen 26.9.2016.

[Vtga14] Schweizer Armee: Entwurf eines Bundesgesetzes über die Informationssicherheit (ISG), erläuternder Bericht. Bern: VTG/Admin, 26.3.2014. URL: http://d-nsbc-p.admin.ch/NSBSubscriber/messages/https://www.newsd.admin.ch/newsd/message/attach-ments/34227.pdf, abgerufen 12.8.2016

[Witb10] Witt, Bernhard C.: Datenschutz kompakt und verständlich, 2. Auflage. Edition <kes>, Wiesbaden: Vieweg+Teubner, 2010.

Risikomanagement integriert in das Management-System

5

Überblick

Die in diesem Buch hauptsächlich zur Diskussion stehenden sogenannten „Downside-Risiken" wirken, im Gegensatz zu den „Upside-Risiken", den Erfolgszielen und dem Erhalten von Werten eines Unternehmens entgegen. Dies gilt auch für die Informationssicherheits-, IT- und Cyber-Risiken, die hinsichtlich der möglichen äusseren Chancen und Bedrohungen wie auch hinsichtlich der internen Stärken und Schwächen eines Unternehmens zu berücksichtigen sind. In einem effektiven, im Management-System des Unternehmens verankerten Risikomanagement gilt es doch, nicht nur die Chancen, sondern auch die durch die Bedrohungen verursachten Risiken für nachhaltige Prosperität und Lebensfähigkeit des Unternehmens zu behandeln. Ein solcher Umgang mit Risiken soll durch ein ganzheitliches „Integriertes Risikomanagement" erfüllt werden. In Anlehnung an die zurzeit gebräuchlichen Management-Konzepte wie beispielsweise das St. Galler-Management-Konzept [Bleic11], das „Balanced Scorecard"-Konzept [Kapl01] und die aktuell standardisierten „Management-Systeme" (z. B. Qualitäts-Management-System nach ISO 9001:2015 [Isoq15] oder Informationssicherheits-Management-System nach ISO/IEC 27001:2013 [Isom13]), werden in diesem Kapitel die Umsetzung der äusseren und inneren Anforderungen an das Risikomanagement in einem Unternehmen diskutiert und behandelt.

5.1 Management-Ebenen für ein integriertes Risikomanagement

Je nach „Flughöhe" und Zeithorizont werden die Anforderungen an ein integriertes Risikomanagement in die Management-Ebenen für das „normative", das „strategische" und das „operative" Management eingegliedert (s. Abb. 5.1).

© Springer Fachmedien Wiesbaden GmbH 2017   119
H.-P. Königs, *IT-Risikomanagement mit System*, Edition <kes>,
DOI 10.1007/978-3-658-12004-7_5

Abb. 5.1 Grundsätzliche
Ebenen der Unternehmensführung

Normatives Management	Langzeit-Perspektive (5 bis 20 Jahre)
Strategisches Management	Mittelfrist-Perspektive (1 bis 5 Jahren)
Operatives Management (Gewinn Management)	Kurzfrist-Perspektive (Jahresplan)

Abb. 5.2 „Horváth &
Partner-Schalenmodell" (vgl.
[Horw04], S. 126)

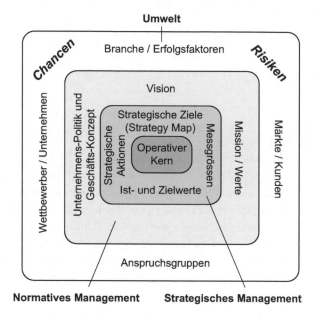

Diese im St. Galler Management-Konzept ([Bleic11], S. 85–98; [Rüeg02, S. 67–79]) ausführlich behandelten Ebenen sind nicht als Ebenen einer institutionellen hierarchischen Führungsstruktur, sondern als systemisch funktionale Ebenen zu verstehen. Auch ist zu bemerken, dass die wesentlichen Spezifikationen eines solchen Management-Konzepts für verschiedene Unternehmensgrössen skalieren sollen, das heisst, dass sie sowohl für kleine und mittlere als auch für grosse Unternehmen tauglich sein sollten. Selbstverständlich sollen die für kleinere Unternehmen relevanten Prozesse mit geringerem Aufwand als bei grösseren durchgeführt werden können.

Zusammenhänge am Horváth & Partner-Schalenmodell
Vor einer eingehenderen Behandlung der Integration des Risikomanagements in die drei Management-Ebenen sollten deren wichtigsten Inhalte und Zusammenhänge am „Horváth & Partner-Schalenmodell" überblicksmässig veranschaulicht werden (vgl. [Horw04], S. 126). Das Normative Management, einschliesslich des Wertekanons des Unternehmens, die Mission, die Vision, die Risikopolitik usw. befindet sich in diesem Schalenmodell als „strategischer Rahmen" in einer Schale um das „klassische" Strategische Management herum (Abb. 5.2). Die drei in dieser Darstellung konzentrisch angeordneten Management-Ebenen interagieren dabei

in ihrer jeweils eigenen Dynamik mit den das Unternehmen umgebenden Faktoren wie die der Anspruchsgruppen, der Wettbewerbssituation sowie der Chancen und Gefahren.

5.2   Unternehmensweites Risikomanagement

Das unternehmensweite Risikomanagement lässt sich gemäss der zurzeit aktuellen ISO-Standardisierung, wie Abschn. 3.1 zeigt, als zwei ineinandergreifende mit unterschiedlichem Tempo „rotierende" Prozesse durchführen und in das Management-System des Unternehmens integrieren. Dabei ist der „unternehmensweite Risikomanagement-Prozess" in die DO-Phase eines übergeordneten PDCA[1]-Zyklus „eingeklinkt" und behandelt, aufgrund der vorliegenden Risiken, die strategischen und operativen Aktivitäten des Risikomanagements. Hingegen dient der im Standard als „Framework" bezeichnete PDCA-Zyklus als „strategischer Rahmen" dem Aufbau und der Aufrechterhaltung des Risikomanagements. Zum Framework gehören die verbindliche Auftragserteilung und das Commitment der Unternehmensleitung für Einführung und Umsetzung des Risikomanagements. Die Check- und Act-Phasen des übergeordneten PDCA-Zyklus erfüllen die wichtigen Aufgaben, die Veränderungen in den Anforderungen an das normative Management (z.B. mission-wirksame Veränderungen durch Gesetzgebung) kontinuierlich zu erkennen und zu berücksichtigen.

Die Zweckbestimmung des auf den normativen Grundlagen des Unternehmens aufgesetzten „unternehmensweiten Risikomanagement-Prozesses" kann somit wie folgt definiert werden:

> Der „unternehmensweite Risikomanagement-Prozess" muss sicherstellen, dass alle wesentlichen Risiken des Unternehmens systematisch identifiziert, analysiert, bewertet, behandelt und laufend überwacht werden.

Subprozesse des unternehmensweiten Risikomanagement-Prozesses
Der unternehmensweite Risikomanagement-Prozess sollte sodann mit den dezentralen Subprozessen einzelner Organisationseinheiten (Geschäftsbereiche, Abteilungen, Fachbereiche etc.) synchronisiert sein. Dabei müssen sich die dezentralen Sub-Prozesse in die Struktur und die Vorgaben des unternehmensweiten Risikomanagement-Prozesses einfügen. Die Vorgaben über die Abstimmung der einzelnen Subprozesse untereinander sowie mit dem übergeordneten Unternehmens-Risikomanagement-Prozess werden vorteilhaft im übergeordneten „Framework" entsprechend geregelt.

Hinsichtlich der möglichen Subprozesse empfiehlt es sich beispielsweise, die im Unternehmen anfallenden Informationssicherheits-, IT-, und Cyber-Risiken auf zwei Ebenen zu behandeln: zum einen auf der strategischen Ebene, wo die generellen Ziele für die IT, die Cyber-Systeme und die Sicherheit der Informationen zu definieren sind und zum anderen auf der operativen Ebene, wo die Risiken im notwendigen Detail der einzelnen Prozesse, Systeme

---

[1] PDCA: Phasen „Plan", „Do", „Check" und „Act" in einem kontinuierlichen Verbesserungsprozess.

und Objekte analysiert und bewältigt werden. Die „Restrisiken" der operativen Ebene werden wiederum auf der strategischen Ebene konsolidiert, wo sie allenfalls strategische Bedeutung haben und demzufolge mit strategischen Massnahmen (z. B. Erhöhung des Eigenkapitals oder Auflösung risikoreicher Sourcing-Partnerschaften) behandelt werden müssen.

Fallweiser oder kontinuierlicher Risikomanagement-Prozess
Zu unterscheiden ist ein fallweise durchzuführender Risikomanagement-Prozess von einem kontinuierlich laufenden (rollenden) Risikomanagement-Prozess. Bei starken internen oder externen Veränderungen ist es sicherlich angezeigt, einen den Veränderungen angemessenen Risikomanagement-Prozess durchzuführen. Aus Gründen, wie der ständigen Risikoüberwachung oder der geforderten Berichterstattung ist auch ein kontinuierlich laufender (rollender) Risikomanagement-Prozess angezeigt. Im Teil IV dieses Buches wird auf einen solchen Prozess näher eingegangen.

Platzierung Risikomanagement in den Management-Ebenen
Die drei Management-Ebenen, in denen auch das Risikomanagement in seinen normativen, strategischen und operativen Belangen seinen Platz findet, werden in den folgenden Abschn. 5.3 bis 5.5 näher behandelt.

5.3   Normatives Management

Das „normative Management" beinhaltet die generellen Merkmale eines Unternehmens in der Form von Normen, Werten, Vorstellungen und Verhaltensweisen.

5.3.1   Unternehmens-Vision als wichtiges normatives Element

Ausgangspunkt für die Entwicklungsfähigkeit sowie als Bezugsrahmen für die vorausschauende Vorstellung eines Zukunftsbildes des Unternehmens ist eine **Unternehmens-Vision**. Die Unternehmens-Vision ist im Normativen-, Strategischen- wie auch Operativen-Management zu konkretisieren (vgl. [Bleic92], S. 84).
    Beispiel der Unternehmens-Vision einer Fluggesellschaft:

> Unsere Kunden sollen die beste Welt-Klasse-Airline erleben und ihr vertrauen, wie wir auch die beste Qualität und Sicherheit für jeden bieten, der mit unserem Unternehmen in Verbindung steht: Passagiere, Airlines, Konzessionäre, Lieferanten und die eigenen Angestellten.

Auf der Ebene des normativen Managements werden neben der Unternehmens-Vision die folgenden Ausprägungen unterschieden (vgl. [Bleic11], S. 87–96):

- Unternehmens-Politik
- Unternehmens-Verfassung und
- Unternehmens-Kultur

5.3.2 Unternehmens-Politik

Die Unternehmens-Politik enthält die Festlegungen für die Abstimmung der äusseren für das Unternehmen relevanten Interessen mit den inneren Interessen im Hinblick auf ein langfristiges, autonomes Überleben. Sie enthält die Unternehmensgrundsätze über das Verhalten bezüglich Werten, Normen und Idealen sowie die übergeordneten Unternehmensziele (z. B. Kundenzufriedenheit, Qualitätsführerschaft, Fähigkeiten) und Vorgaben für Unternehmensprozesse (z. B. Risikomanagement).

Risikomanagement-Politik
Zur Unternehmenspolitik gehört auch die Festlegung der Risikomanagement-Politik. Darin müssen die wesentlichen Angaben für das „Framework" des unternehmensweiten Risikomanagements enthalten sein. Das Framework muss u. a. auch gewährleisten, dass eine angemessene und aktuelle Risikomanagement-Politik durch die Unternehmensführung getragen wird und an alle involvierten und betroffenen Kreise kommuniziert ist.

Für die Integration des Risikomanagements in das Unternehmens-Management-System kann die Unternehmenspolitik beispielsweise folgende Inhalte enthalten[2]:

- Grundsätze für das Risikomanagement;
- Auftrag und Verpflichtung der Unternehmensführung;
- Externer und interner Kontext;
- Zweckbegründung und Ziele Risikomanagement;
- Vorgaben für die Einstufung der Risiken und der Akzeptanz- und Toleranzkriterien;
- Spezifikation des „Frameworks" mit seinem grundlegenden Aufbau und den hauptsächlichen Hinweisen für die Umsetzung, einschliesslich der Verantwortlichkeiten und Ressourcen-Zuteilung;
- Überwachung, Überprüfung und Vorkehrungen für die kontinuierliche Verbesserung des Risikomanagements
- Vorgaben für Bewusstseinsförderung und Kommunikation
- Vorgaben für dem vorgegebenen Risikomanagement-Framework angemessene Fähigkeiten und Kompetenzen

---

[2]Weitergehende Inhalte können dem Standard ISO 31000:2009 ([Isor09], S. 3–7) entnommen werden.

Einige der Anforderungen haben nebst der normativen langfristigen auch eine auf die strategische oder operative Ebene heruntergebrochene Dimension, z. B. externer und interner Kontext oder Verantwortlichkeiten und Ressourcen.

In die Unternehmenspolitik sind oft auch weitere unternehmensweite Teilpolitiken integriert, wie Qualitätspolitik, Umweltpolitik, Sicherheitspolitik. Beim Einsatz standardisierter Management-Systeme sind wichtige fachspezifische Politikinhalte in den Standards meist vorgegeben.

5.3.3 Unternehmens-Verfassung

Da es im normativen Management unter anderem um die gesetzlichen Randbedingungen und vor allem um die Voraussetzungen für ein langfristiges Überleben des Unternehmens geht, muss die grundsätzliche Einstellung des Unternehmens zu Risiken bereits in der „Unternehmens-Verfassung" zum Ausdruck gebracht werden.

Die Unternehmens-Verfassung enthält die von aussen durch Gesetze und Regulierungen gegebenen Auflagen und die vom Unternehmen selbst geschaffenen Statuten und Reglemente. Darin festgelegt wird unter anderem die „Corporate Governance",[3] wie sie für das Unternehmen in seiner Rechtsform und den örtlichen Gesetzgebungen erforderlich ist.[4] Im Vordergrund stehen dabei die Verantwortlichkeiten und Kompetenzen der Geschäftsleitung sowie die wesentlichen organisatorischen Gestaltungen wie Strukturen und Prozesse der Führung, Geschäftsordnung, Rechtsform, Rechnungslegungsstandard, Berichterstattungen über Kontrolle und Transparenz.

Für Unternehmen in der Schweiz werden im Rahmen der Unternehmens-Verfassung beispielsweise folgende Dokumente erstellt ([Thom00], S. 680):

- „**Satzung** und **Statuten**, die den spezifischen Zweck, die Aufgabe und die Arbeitsweise wesentlicher Organe der Unternehmung beschreiben.
- **Geschäftsverteilungsplan**, der die Zusammensetzung der Spitzenorgane, ihre Aufgaben und Verantwortung und die Form ihrer Zusammenarbeit näher konkretisiert.
- **Geschäftsordnung** für die Spitzenorgane, welche die satzungsmässigen und statuarischen Vorschriften in detaillierter Form verfahrensmässig weiter konkretisiert."

Für die Integration des Risikomanagements in das normative Management werden die Festlegungen zu „Governance" und „Compliance" aus Risikosicht entsprechend integriert, z. B. bei der Festlegung der Verpflichtungen, Kompetenzen und Verantwortlichkeiten

---

[3] Der Begriff „Unternehmens-Verfassung" wird meist bei allen Unternehmensformen angewendet, hingegen hat sich der Begriff „Corporate Governance" international bei grösseren börsenkotierten Unternehmen durchgesetzt.

[4] Weitere Ausführungen über Corporate Governance s. Abschn. 4.2.1.

der Geschäftsleitung und der nachgeordneten oberen Führungskräfte. Die Verpflichtungen beziehen sich beispielsweise auf die hinsichtlich der Risiken einzuhaltenden Gesetzesvorschriften und der Unterrichtung des Verwaltungsrats über das Ausmass der aktuellen Risiken. Die Kompetenzen könnten beispielweise enthalten, bis zu welchem Ausmass die Geschäftsleitung Risiken akzeptieren darf.

5.3.4 Unternehmens-Kultur

„Unter Unternehmens-Kultur werden die gelebten Werte, Normen und die daraus resultierenden Einstellungen und typischen Verhaltensweisen der Unternehmensmitglieder verstanden" ([Toep07], S. 431–432). Dabei soll die Unternchmens-Kultur die verhaltensbezogenen Werte und Normen aus der Vergangenheit in die Zukunft „transportieren", indem sie den Rahmen für die Perzeptionen und Präferenzen der Mitglieder eines Unternehmens bei der Definition der Ziele und deren Umsetzung bildet (vgl. [Bleic92], S. 83).

Damit spielt die Unternehmens-Kultur beim Risikomanagement allgemein und besonders beim Informationssicherheits-Risikomanagement eine wichtige Rolle; haben doch viele Risiken im Umgang mit Informationen und Informationstechnologien (z. B. Verletzung der Vertraulichkeit und der Persönlichkeitsrechte an Informationen) ihren Ursprung im menschlichen Verhalten. Für die Umsetzung einer Vision, der Unternehmenspolitik und Unternehmens-Verfassung ist ein, den Zielen entsprechendes gut gelebtes Risikobewusstsein aller Unternehmens-Mitglieder unerlässlich und stellt somit einen wichtigen Faktor für die innere Stärke eines Unternehmens dar. So wird beispielsweise eine Kultur des „Lernens aus Fehlern", einer „vorausschauenden Erkennung und Behandlung von Schwachstellen" oder einer Früherkennung von Risiken nicht nur der Vermeidung unerwünschter Vorfälle, sondern auch dem positiven Image im Marktumfeld dienen. Für die Umsetzung von nachgelagerten strategischen Zielen wird die Unternehmens-Kultur eine wichtige Voraussetzung und treibende Kraft im Bereich „Lernen und Entwickeln" zum Erreichen der Erfolgsziele darstellen.

5.3.5 Mission als wichtige Rahmenbedingung für die Strategischen Ziele

Die Unternehmens-Politik liefert an der Schnittstelle zum strategischen Management die sogenannte „Mission" als wichtige Vorgabe für die im Strategie-Prozess zu definierenden strategischen Ziele.

Unternehmenszweck
Die Mission gibt Auskunft über den Unternehmenszweck und kann mit der Beantwortung der Frage definiert werden:

• Weshalb existiert unser Unternehmen?

Die Antwort auf diese Frage sollte zumindest die Definition der Geschäfte des Unternehmens mit den folgenden drei Dimensionen beinhalten:

- Produkte (resp. Dienstleistungen)
- Besonderheit (in Funktionen, Aktivitäten, Qualitäten, Ressourcen) und
- Märkte, in denen die Geschäfte abgewickelt werden.

Eine solche Mission kann kurz in einem „Mission-Statement" definiert werden, z. B.:

> Wir entwerfen, entwickeln, produzieren und vertreiben qualitativ hochstehende Systeme mit Personal-Computer, Tablet-Computer und Smartphones weltweit für anspruchsvolle Nutzer im Business-Einsatz von Office- und Multimedia-Anwendungen.

Die Mission ist in der Regel über eine längere Zeitspanne (5 bis 10 Jahre) mit entsprechend generellen Aussagen angelegt. Werden die Geschäfte durch verschiedene „strategische Geschäftseinheiten" eines Unternehmens durchgeführt, dann sollten diese ebenfalls aus der Mission hervorgehen.

Die Mission muss insbesondere den äusseren Unternehmensverhältnissen entsprechen, d. h. bei entsprechenden Veränderungen angepasst werden. Das kurze „Mission-Statement" dient somit vor allem der Kommunikation nach aussen. Nach innen sollen die für die Belegschaft wichtigen Aussagen der Vision, der Mission sowie wichtige Grundsätze, z. B. über das Risikoverhalten und zur Unternehmens-Kultur, mit entsprechend motivierenden Formulierungen an die Belegschaft kommuniziert werden.

5.3.6 Vision als Input zum Strategischen Management

Unter Abschn. 5.3.1 wurde gefordert, dass die Unternehmens-Vision auf allen Management-Ebenen zu konkretisieren sei. Gerade in neueren Management-Konzepten, die dem raschen Wandel in den Unternehmens-Anforderungen Rechnung tragen sollen, wird der Strategiefindung eine sehr konkrete und teilweise sogar mit Messgrössen versehene Vision vorgeschaltet.

Kaplan und Norton erwähnen in ihrem Buch „Balanced Scorecard" ([Kapl97], S. 245): „Die allen gemeinsame Vision ist der essenzielle Ausgangspunkt für den strategischen Lernprozess, da sie in klaren und operativen Begriffen die Ergebnisse definiert, die die gesamte Organisation zu erreichen versucht."

Die Vision kann dann beispielsweise so konkretisiert werden, indem der Fokus auf messbare Operationen und auf eine grundlegende Änderung der Wettbewerbs-Situation gelegt wird.

Dazu das Beispiel der Federal Express:

„Wir werden die Pakete bis um 10:30 des nächsten Morgen liefern." ([Hamm93], S. 156).

Eine Konzern-Strategie mit einer Konzern-Vision wird sich aus mehreren Bereichs- oder Geschäftsfeld-Strategien zusammensetzen, die ihre eigenen konkreten Visionen aufweisen.

Es gilt festzuhalten, dass langfristig angelegte Visionen aufgrund ihrer oft anzutreffenden Unschärfe eine gewisse Beliebigkeit haben können, hingegen eine kurzfristig angelegte präziser formulierte Vision durch äussere Einflüsse und das in kurzer Periode agierende Strategische Management eventuell überholt wird. Zu Bedenken gilt auch, dass die oft anzutreffende Eindimensionalität von Visionen (z. B. „Wir wollen in fünf Jahren die grösste Investmentbank in den USA sein") die mit der Umsetzung der Vision einhergehenden dynamischen Umwelt-Risiken meist ausblendet.

Henry Mintzberg et al. ([Mint12], S. 191) beantworten die Frage nach einer echten Vision wie folgt: „(...) was ist eine echte Vision? Die vielleicht einfachste Antwort lautet, dass eine echte Vision etwas ist, das man vor seinem inneren Auge sehen kann. Der Grösste zu sein oder 42 Prozent Return on Investment zu erzielen gehört wohl nicht unbedingt dazu. Eine Vision muss ein Unternehmen von anderen unterscheiden, muss es als einzigartig herausheben."

5.4 Strategisches Management

Das „Strategische Management" sowie auch das „Operative Management" orientieren sich stark an der Umwelt des Unternehmens und sind in das unter Abschn. 5.3 beschriebene Normative Management „eingebettet".

Im „Strategischen Management" werden die folgenden Elemente behandelt:

- Strategische Ziele;
- Strategien und (abgeleitete) Geschäftsziele;
- Strategie-Konkretisierung und Schnittstelle zum Operativen Management.

Im Rahmen des Strategischen Managements werden vor allem die „Strategischen Ziele" gesetzt und die entsprechenden strategischen Entscheide gefällt. Die solchermassen zu fällenden Strategie-Entscheide basieren auf der Mission und sind weitere Konkretisierungen der Vision.

Umsetzung mit strategischen Aktionen
Die Umsetzung der Strategischen Ziele und abgeleiteten Geschäftsziele erfolgt mittels „Strategischen Aktionen". Die Richtlinien zur Umsetzung dieser Entscheide werden mittels Strategischen Plänen und Politiken (Policies) erlassen. Anhand des „Balanced Scorecard"-Konzepts können die Strategischen Ziele im Hinblick auf ihre operationelle Umsetzung konkretisiert, verfolgt und mittels einer Strategy-Map veranschaulicht werden. (s. Abschn. 5.4.1).

Orientierung des Strategischen Managements an der Umwelt
Wie das Normative Management orientiert sich das Strategische Management an den durch die Umwelt des Unternehmens gestellten Anforderungen unter Berücksichtigung der Dynamik in den Veränderungen. Dabei sind die Strategischen Ziele anfänglich sehr breit gefasst und werden hinsichtlich ihrer Umsetzung in den verschiedenen organisatorischen Bereichen und Ebenen eines Unternehmens entsprechend heruntergebrochen, verfeinert und konkretisiert.

5.4.1 Strategische Ziele

Ziele sind aus verschiedenen Gründen für das strategische Management wichtig (vgl. [Jauc88], S. 65):

- Ziele drücken aus, was das Unternehmen durch sein Dasein und seinen Leistungsprozess erreichen soll.
- Ziele helfen, das Unternehmen in seiner Umgebung zu definieren und die strategischen Entscheidungen zu koordinieren.
- Ziele können als Standards dienen, gegen welche die Unternehmensleistung, aber auch die Compliance gegenüber den äusseren und inneren Anforderungen gemessen werden kann.

Nachfolgend sind einige Beispiele breit gefasster „Strategischer Ziele" aufgeführt:

- Rendite steigern
- Wachstum steigern
- Shareholder-Value erhöhen
- Marktposition ausbauen
- Strategische Partnerschaften aufbauen
- Kundenzufriedenheit erhöhen
- Kapazitätserhöhung und -ausnutzung erreichen
- Fixkosten (u. a. der Informationsverarbeitung) senken
- Kosten-/Nutzen-Verhältnis der IT nachhaltig verbessern
- Flexibilität und Anpassungsfähigkeit erhöhen
- Sicherheit der Produkte und Dienstleistungen verbessern
- Qualität der Produkte und Dienstleistungen verbessern
- Informationssicherheit (Vertraulichkeit, Verfügbarkeit und Integrität von Systemen, Prozessen und Informationen) verbessern
- Widerstandsfähigkeit gegenüber Cyber-Bedrohungen stärken
- Mitarbeiterzufriedenheit verbessern
- Leistungsanreize schaffen
- Soziale Verantwortung erhöhen
- Umweltverantwortung erhöhen

Strategisches Ziel	Messgrösse	Zielwert/Periode	Risiko-Toleranz
Rendite steigern	ROE	15 %/in 2 Jahren	+/- 5 %

Abb. 5.3 Bildung strategischer Ziele

Die oben angeführten Beispiele geben zwar die Zielrichtung, aber noch kein konkretes Mass für das Ziel vor. Doch sollen Strategische Ziele nicht nur formalisiert, spezifisch, messbar, priorisiert und zeitbasiert, sondern auch herausfordernd, aber dennoch erreichbar sein (vgl. [Jauc88], S. 75). Mittels geeignet zugeordneten Messgrössen und Zielwerten lassen sich einige der oben genannten Ziel-Präzisierungen verwirklichen.

Messgrössen mit Risiko-Toleranzen
Für die Zieldarstellung im Risikomanagement ist es empfehlenswert dem Ziel eine konkrete Messgrösse, einen Zielwert innerhalb einer Zeitperiode und eine Risikotoleranz zuzuordnen (s. Abb. 5.3). Ein etwas ausführlicheres an das COSO-Framework angelehntes Beispiel der Zielbildung, unter Berücksichtigung des Risikos, ist in Abb. 5.4 gezeigt.

Ein strategisches Ziel repräsentiert meist eine für das Unternehmen anzustrebende positive Veränderung. Das Erreichen des Ziels kann somit als wahrgenommene Chance ausgelegt werden. Hingegen können die negativen Folgen von Abweichungen solcher Ziele als „Risiken" definiert werden.

Risiko-Indikatoren
Häufig werden den Zielen auch „Risiko-Indikatoren" zugeordnet. Die Risiko-Indikatoren geben Aufschluss darüber, inwieweit der ursprünglich erwartete positive Effekt des Ziels nicht eintritt.

Bildung von risikobehafteten Zielen im Strategieprozess
Zur Bildung der strategischen Ziele können als Input u. a. die Vorgaben des normativen Managements, der Mission, der Vision sowie die Ergebnisse einer SWOT-Analyse zugrunde gelegt werden. Für die Ziele auf der Ebene der Geschäftsfeld-Strategien ist zudem das entsprechende Geschäftskonzept massgeblich. Die SWOT[5]-Analyse ist dabei eine Methode, um auf der strategischen Ebene eine Bestandsaufnahme zu liefern, zum einen über die Chancen und Gefahren der Umwelt (z. B. Zielgruppen, Wettbewerbsumfeld, Marktstellung, Umfeldrisiken) und zum anderen über die Stärken (z. B. Kernkompetenzen) und Schwächen (z. B. hohe Mitarbeiterfluktuation) des Unternehmens respektive des Geschäftsfeldes. Aus dem Abstimmen der Chancen und Gefahren mit den Stärken und Schwächen können sodann die Ziele und Strategien abgeleitet werden.

---

[5] SWOT: Strengths, Weaknesses, Opportunities and Threats.

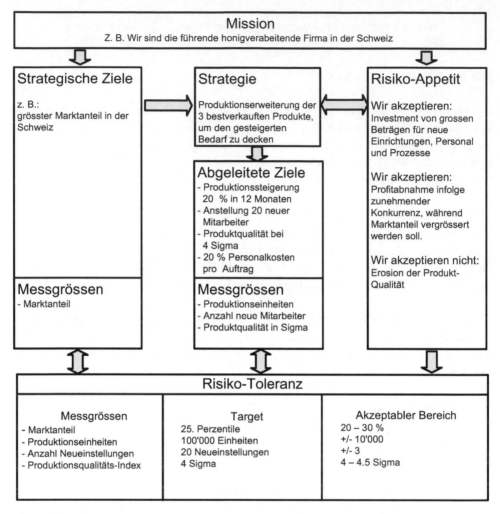

Abb. 5.4 Beispiel der Zielbildung im Strategie-Prozess (vgl. [Cose04], S. 20)

Strategische Ziele als Verursacher von Risiken

Strategische Ziele können nicht nur infolge ihrer Nichteinhaltung Risiken bedeuten, sondern bei ihrer Umsetzung auch an anderer Stelle Risiken zur Folge haben. So kann beispielsweise eine Kostenreduktion mittels „Strategischem Sourcing", Risiken bezüglich Wahrung der Vertraulichkeit (Geschäftsgeheimnis, Bankgeheimnis usw.) zur Folge haben. Oder eine kurzfristige Gewinnmaximierung durch Abbau von Forschungsaufwendungen kann im langfristigen Rahmen zu existenzgefährdenden Risiken führen. Aus dem Betrachtungswinkel des Risikomanagements ist es deshalb wichtig, entsprechend langfristige strategische Ziele zur Gewährleistung einer nachhaltigen Profitabilität, aber zusätzlich auch solche Ziele einzuführen, mit denen den dabei entstehenden Risiken entgegengewirkt werden kann.

Prioritäten

Die Ziele können auch mit Prioritäten versehen werden. Ein solches Vorgehen hilft beispielsweise, wenn auf Grund äusserer Zwänge (z. B. hohe Zinsen oder Kreditklemme) einzelne Ziele gegenseitig in Widerspruch geraten. In einer solchen Situation könnte beispielsweise ein Profitabilitäts-Ziel über das Ziel „Erweiterung des Marktanteils" Vorrang erhalten. Auch könnte ein Risiko-Ziel (z. B. Liquidität) Vorrang über ein Expansions-Ziel erhalten. Für eine Fluggesellschaft wäre es beispielsweise ratsam, dem Risiko-Ziel „Sicherheit der Passagiere" eine höhere Priorität als dem Ziel „Komfort der Passagiere" einzuräumen. Würden sich andernfalls bei einer Fluggesellschaft „Sicherheitsprobleme" für die Passagiere häufen, dann würde dies wahrscheinlich Umsatzeinbussen bis hin zur Zahlungsunfähigkeit der Fluggesellschaft zur Folge haben.

Zielkonkretisierungen und Zielkaskadierungen

Wie Abschn. 5.5.2 am Beispiel der „Balanced Scorecard" gezeigt wird, sollten den strategischen Zielen, nebst der Messgrösse und dem Zielwert, auch eine strategische Aktion respektive eine Massnahme zugeordnet werden, mit der das Ziel erreicht werden soll. Durch die sog. „Dualität von Strategischem Ziel und Strategischer Aktion" kann eine strategische Aktion wiederum auch als untergeordnetes Ziel aufgefasst werden ([Horw04, S. 187]). Auch können die Ziele selbst, mittels einer „Zielkaskade", auf die Ebene ihres konkreten Einsatzes präzisiert respektive heruntergebrochen werden.

Auf diese Weise werden auch die „Operativen Ziele" aus den übergeordneten strategischen Zielen abgeleitet. Eine Zielkaskadierung ist beispielsweise bei COBIT 5 vorzufinden, wo die „Stakeholder Bedürfnisse" ausgehend von den „Zielen des Unternehmens" über „IT-bezogene Ziele" bis hin auf die Ziele der untersten Ebene, der sog. „Befähigungsziele" heruntergebrochen respektive „kaskadiert" werden (s. Zielkaskade bei COBIT 5, Abschn. 9.4.4).

5.4.2 Strategien

Nachdem im Abschn. 5.4.1 die für das Strategische Management und auch für das Risikomanagement wichtigen „Strategischen Zielsetzungen" behandelt wurden, wird in diesem Abschnitt auf die „Strategien" näher eingegangen. Wobei dieses Thema lediglich in einer für dieses Buch relevanten Übersicht behandelt werden soll.

Klassischer Strategie-Begriff

Die Strategien bedeuten die im Rahmen des Strategischen Managements definierten Aktionen, Handlungen und Massnahmen, mit anderen Worten die Mittel, um wichtige Unternehmensziele in gegebenen Situationen optimal erreichen zu können. Z. B. könnte das Ziel „hohe Flexibilität bei der Produktegestaltung" durch die Strategie „Einführung einer neuen Organisationsform" und/oder durch die Strategie „Einführung eines neuen IT-Systems" erreicht werden.

Diese „klassische" Bedeutung des Strategiebegriffs ist für die Gestaltung des Strategieprozesses, in welchen das Risikomanagement einbezogen werden soll, wichtig, zumal verschiedene Strategien mit unterschiedlichen Risiken möglich sind, um dieselben Ziele erreichen zu können.[6] So führen unterschiedliche Strategien über entsprechende Aktivitäten und Ressourcen zur Entwicklung von entsprechenden Erfolgspotenzialen des Unternehmens ([Bleic11], S. 287–308).

Strategien im Wettbewerbs-Umfeld
Strategien kommen auf verschiedenen Ebenen (Flughöhen) der Unternehmensführung vor, doch gilt es auf der Ebene des „Strategischen Managements" den durch die Mission gegebenen Auftrag zu erfüllen sowie die Vision umzusetzen. Dabei sind die Gegebenheiten des Umfelds (z. B. Markt) und die internen Möglichkeiten zu berücksichtigen, um das Unternehmen u. a. gegenüber den Wettbewerbern in einzigartiger und werterhaltender Weise zu positionieren. Als Output der Strategie sind vor allem die diesbezüglichen Festlegungen, einschliesslich einer zugrunde liegenden SWOT-Analyse sowie die breit gefassten übergeordneten „Strategischen Ziele" und die wesentlichen „Strategischen Aktionen" zu nennen. Zusammengefasst ist Strategie gemäss Horwath & Partners ([Horw04], S. 41–42) „die beabsichtigte oder sich ergebende grundsätzliche Vorgehensweise (bzw. Verhaltensweise) des Unternehmens und relevanter Teilbereiche, um sich von der Konkurrenz zur Verwirklichung der langfristigen Ziele abzuheben."

Strategie bei öffentlich-rechtlichen Unternehmen
Die auf die Konkurrenz bezogene Strategiefestlegung ist wohl bei privatrechtlichen, jedoch nicht bei öffentlich-rechtlichen Unternehmen praktikabel. Eine Strategie-Definition in öffentlich-rechtlichen Unternehmen wird sich auf Faktoren wie Gesetzgebung, Anspruchsteller, Politik etc. beziehen (s. [Horw04], S. 433–468).

5.5   Balanced Scorecard zum Umsetzen der Unternehmens-Anforderungen

Die aus den Anforderungen resultierenden strategischen Ziele und Strategien gilt es den Anforderungen entsprechend konkret umzusetzen. Für die Umsetzung stehen nebst den monetären Unternehmenswerten, vor allem Menschen, Prozesse und Technologien zur Verfügung. Wie auch bei der Entwicklung der Ziele und Strategien im normativen und strategischen Management muss auch bei der Umsetzung der Ziele und Strategien die Wahrnehmung von Chancen und Risiken mit entsprechenden Massnahmen konkret und konform im Rahmen der GRC[7]-Handlungsstränge erfolgen. So können sich beispiels-

---

[6] Oft wird der gesamte Output des strategischen Managements einschliesslich SWOT-Analysen, strategischen Zielen und strategischen Aktionen als „Strategie" bezeichnet.
[7] GRC: Governance, Risk & Compliance.

weise bei der Einführung von Massnahmen zusätzliche neue Risiken (z. B. Arbeitsbehinderungen) oder Compliance-Anforderungen (z. B. Datenschutz) ergeben, die entsprechend zu berücksichtigen sind.

5.5.1 Strategie-Umsetzung mittels Balanced Scorecards (BSC)

Das im Folgenden behandelte Konzept der „Balanced Scorecard" sollte insbesondere die hohen Misserfolgsquoten von Strategien bei ihrer Umsetzung reduzieren. So erwähnen die Begründer der BSC, David P. Norton und Robert S. Kaplan in ihrem Buch ([Kapl01], S. 1), dass gemäss einer Umfrage in den 80er-Jahren weniger als 10 % der formulierten Strategien tatsächlich erfolgreich implementiert worden seien.

Das Balanced-Scorecard-Konzept erfreut sich aufgrund der Berücksichtigung und Integration „weicher Unternehmensfaktoren" wie Sicherheits- und Qualitätsbewusstsein sowie auch dem Risikomanagement einer steigenden Beliebtheit. Einige wichtige Eckwerte des Balanced-Scorecard-Konzepts sind deshalb nachfolgend in den wesentlichen Zügen wiedergegeben ([vgl. Kapl01], S. 8–17):

Dimensionen der BSC
Das BSC-System hat die folgenden drei Dimensionen [Kapl01]:

1. **Strategie:** Gemäss dem BSC-System ist es jeder Person im Unternehmen möglich, die Strategien zu verstehen und danach zu handeln;
2. **Fokus:** Sämtliche Unternehmensressourcen und -aktivitäten sind auf die Strategie ausgerichtet (s. Abb. 5.5);
3. **Organisation:** Die BCS liefert die Logik und Struktur zur Vernetzung zwischen den Geschäftseinheiten, den Shared Services[8] und den einzelnen Mitarbeitern.

Abb. 5.5 Ausrichtung und Fokussierung der Ressourcen auf die Strategie ([Kapl01], S. 9)

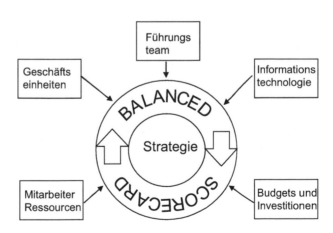

---

[8] Dienstleistungen, die zusammen mit einem anderen Unternehmen erstellt oder angeboten werden.

Fünf Grundsätze der BSC

Die Ausrichtung und Fokussierung mit der BSC beruht auf folgenden fünf Grundsätzen (vgl. [Kapl01], S. 10–17):

1. **Operationalisierung der Strategie:** Im Rahmen der BSC wird die Strategie in verständlicher Weise vermittelt, sodass sämtliche Mitarbeiter vom Top-Management bis zur Ausführungsebene die Strategie umsetzen und an der Verbesserung der Strategie mitwirken können. Das Rahmengerüst dazu ist eine logisch strukturierte und umfassende Struktur, die als „Strategy Map" bezeichnet wird. Mit der Strategy Map wird gezeigt, wie „immaterielle Vermögen" in materielle (finanzielle) Erfolge transformiert werden. Der Einsatz quantitativer, aber nicht finanzieller Werte in der Scorecard – wie Zykluszeiten, Marktanteile, Innovationen, Kompetenzen und Kundenzufriedenheit – erlaubt es, wertschaffende Prozesse nicht nur zu vermuten, sondern zu beschreiben und zu messen.

2. **Ausrichtung der Organisation an der Strategie:** Die Kommunikationsbarrieren funktional strukturierter Organisationseinheiten werden durchbrochen. Die Unternehmensführung ersetzt formale Berichtsstrukturen durch strategische Themen und Prioritäten, welche die Kommunikation einer konsistenten Botschaft und eines konsistenten Satzes von Prioritäten über die verschiedenen Organisationseinheiten des Unternehmens ermöglicht.

3. **Strategie als „Everyone's Everydays Job":** Das Strategie-fokussierte Unternehmen bedarf des Verständnisses der Strategie durch alle Mitarbeiter bei der Durchführung ihrer tagtäglichen Aufgaben. Dadurch sind alle Mitarbeiter aufgefordert, zum Erfolg der Strategie beizutragen. Damit ist nicht „Top-down-Anweisung", sondern „Top-down-Kommunikation" gemeint.

4. **Strategie als kontinuierlicher Prozess:** Der Management-Prozess darf sich nicht alleine um das Budget und die operative Planung kümmern, sondern muss das strategische Management (d. h. die langfristigen Initiativen) nahtlos und kontinuierlich integrieren. Damit die langfristigen Aktionsprogramme nicht vor den kurzfristigen Erfolgen zu kurz kommen, sind zwei Arten von Budgets, ein „strategisches" und ein „operatives", denkbar. Die Strategie sollte nicht nur einmal jährlich, sondern mehrmals (monatlich oder vierteljährlich) in den Management-Meetings behandelt werden. Ein Lern- und Adaptionsprozess der Strategie, ausgehend von den ursprünglichen strategischen Hypothesen bis hin zu Feedback- und Reporting-Systemen, soll die Erkennung und Feinabstimmung der strategischen Chancen und Risiken ermöglichen.

5. **Mobilisierung des Wandels durch die Führung:** Für eine erfolgreiche Balanced Scorecard ist die Erkenntnis wichtig, dass es dabei nicht um ein Leistungsmessungs-Projekt, sondern um ein Projekt des Wandels geht. Mit der Scorecard wird die Strategie beschrieben, während das Management-System die einzelnen Teile des Unternehmens mit der Scorecard verknüpft. Für gute Manager gibt es keinen „Stillstand": Die Wettbewerbs-Landschaft verändert sich ständig, daher müssen sich die Strategien entfalten und sich ständig in den veränderten Chancen und Gefahren widerspiegeln. Dazu

bedarf es eines ständigen Prozesses. Die Kunst des Führens besteht dabei in der feinfühligen Ausbalancierung des Spannungsfeldes von Stabilität und Veränderung.

5.5.2 Perspektiven der Balanced Scorecard

Die Balanced Scorecard wird aus der Mission, der Vision sowie dem Output der Strategie mit den wichtigsten strategischen Zielen, einschliesslich der Ergebnisse einer SWOT-Analyse, abgeleitet.

Dabei werden die strategischen Ziele in vier Perspektiven eingeordnet. Dies sind:

- Finanzperspektive
- Kundenperspektive
- Interne Prozessperspektive
- Lernen- und Entwicklungsperspektive

Ursache-Wirkungsbeziehungen in der Balanced Scorecard
Die Ziele dieser Perspektiven stehen untereinander in bestimmten Ursache-Wirkungsbeziehungen. Beim Entwickeln der „Balanced Scorecard" aus dem Output des Strategie-Prozesses ist insbesondere auf die Ausbalancierung der kurzfristigen mit den langfristigen Zielen, der monetären mit den nichtmonetären Messgrössen,[9] der Frühindikatoren mit den Spätindikatoren und der internen mit den externen Gegebenheiten zu achten. Die Operationalisierung der definierten Ziele erfolgt mit der Zuordnung von Messgrössen (Indikatoren) und deren Zielwerte. Die Messgrössen können entweder als „vorlaufende Indikatoren" (lead indicators) oder als „nachlaufende Indikatoren" (lag indicators) bestimmt werden. Die Messgrössen in den Perspektiven „Lern- und Entwicklungsperspektive", „Interne Prozessperspektive" und teilweise auch in der „Kundenperspektive" sind meist „vorlaufende Indikatoren" und die Messgrössen der Finanzperspektive in der Regel „nachlaufende Indikatoren", mit denen Ergebnisse ausgedrückt werden. Die vorlaufenden Indikatoren können auch als Leistungstreiber oder Frühwarn-Indikatoren bezeichnet werden, da sie als Input-Grössen der Steuerung von Ergebnissen dienen. Ebenfalls den Zielen zugeordnet werden die zum Erreichen der Ziele definierten Massnahmen in der Form von strategischen Aktionen (s. Abb. 5.6).

Es ist erstrebenswert, bei den Messgrössen geeignete quantitative Werte einzusetzen. Doch sind quantifizierbare Messgrössen, insbesondere in der Lern- und Entwicklungsperspektive, nicht immer möglich. Für solche Fälle empfiehlt Horwath & Partners

---

[9] Die Messgrössen werden in der Literatur oft als „Indikatoren", als „Kennzahlen" oder als „Metriken" bezeichnet. Für einen vorlaufenden Indikator wird oft die Bezeichnung „Key Performance Indicator" (KPI) und für einen nachlaufenden Indikator manchmal die Bezeichnung „Key Goal Indicator" (KGI) verwendet.

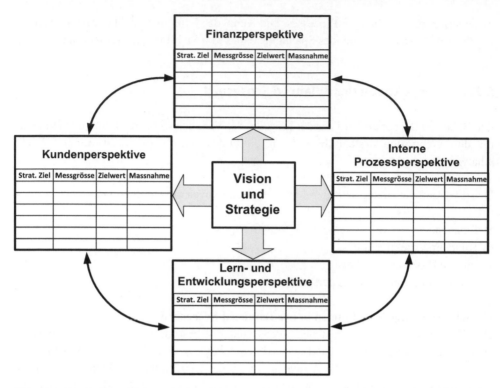

Abb. 5.6 Die Balanced Scorecard in Anlehnung an Kaplan/Norton ([Kapl97], S. 140) und Horvath & Partners ([Horw04], S. 4)

([Horw04], S. 228): „(…) immer dann einen Text zu verwenden, wenn Kennzahlen noch nicht entwickelt oder noch nicht verfügbar sind." Oder nach der Formulierung durch Kaplan/Norton ([Kapl97], S. 140): „Dieser Text ersetzt Kennzahlen und dient als Basis für eine Diskussion über Initiativen und Ergebnisse. Dies ist nicht dasselbe wie bei Kennzahlen und sicherlich langfristig auch kein Ersatz dafür. Der Text dient jedoch als Wegweiser und unterstützt dieselben Ziele wie ein formales Kennzahlensystem."

Strategy Map

Für die wichtige Kommunikation zur Visualisierung der gegenseitigen Beeinflussungen der Ziele und der Umsetzung der Strategien dient eine sogenannte „Strategy Map"; diese veranschaulicht in grafischer Darstellung die Ursachen-Wirkungszusammenhänge der strategischen Ziele (s. Beispiel in Abb. 5.7).

Aus Sicht des Risikomanagements können die in der Balanced Scorecard definierten Ziele auch als risikobehaftet angesehen werden. Der Zielwert kann dann beispielsweise durch den Erwartungswert und das Risiko durch Risiko-Messgrössen wie dem „Value at Risk" oder mit spezifischen „Risiko-Indikatoren" ausgedrückt werden. Alternativ können in der Balanced Scorecard auch zusätzliche Ziele aufgeführt werden, die alleine der Berücksichtigung wichtiger Risiken dienen.

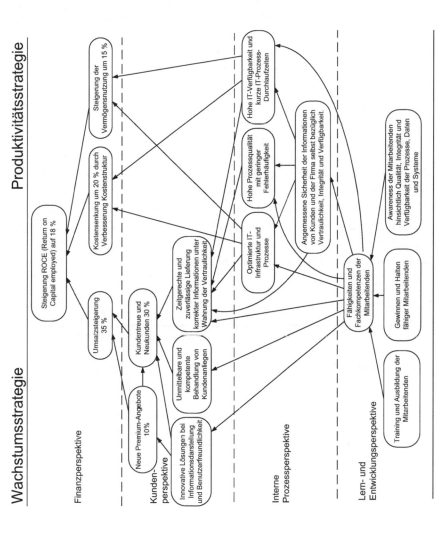

Abb. 5.7 Beispiel „Strategy Map" eines IT-Unternehmens für Finanzdatenlieferung

„Shareholder-Prinzip" oder „Stakeholder Prinzip"?

Aus Sicht des Risikomanagements der Informationssicherheit, der IT- und der Cyber-Sicherheit sollte an dieser Stelle erwähnt werden, dass das in der Balanced Scorecard ursprünglich stark betonte „Shareholder-Prinzip" (Anteilseigner-Prinzip) mit der Definition einer obersten Finanzkennzahl wie dem „Return on Capital Employed" (ROCE) in einigen neueren Anwendungen durch das „Stakeholder-Prinzip", basierend auf den übergeordneten Anforderungen der Anspruchsgruppen, ersetzt wird. Dieses Stakeholder-Prinzip kommt u. a. auch der Strategiedefinition und Strategieumsetzung in öffentlich-rechtlichen Unternehmen (z. B. einer Bundesverwaltung) entgegen. In dem im Abschn. 9.4 näher behandelten COBIT®-5-Regelwerk sind beispielsweise solche übergeordneten Anforderungen der Anspruchsgruppen in die Bereiche **„Nutzen-Realisierung", „Risiko-Optimierung" und „Ressourcen-Optimierung"** unterteilt. Diese Anforderungsbereiche der Anspruchsgruppen werden in COBIT 5 sodann mittels einer Reihe generischer „Unternehmens-Ziele" in einer entsprechenden Balanced Scorecard-Tabelle und einer Kaskadierung der Ziele über die drei Ziel-Ebenen, „Unternehmensziele", „IT-bezogene Ziele", „Befähigungs-Ziele" umgesetzt.

Die Abb. 5.8 zeigt einen Ausschnitt aus einer BSC-Tabelle darüber, wie die Anforderungen der Anspruchsgruppen bezüglich „Nutzen-Realisierung", „Risiko-Optimierung" und „Ressourcen-Optimierung" durch (generische) Unternehmensziele der Finanzperspektive einer Unternehmens-BSC erfüllt werden ([Cobf12], S. 19).

Generische Unternehmens-Ziele in der BSC-Finanzperspektive	Anforderungen der Anspruchsgruppen		
	Nutzen-Realisierung	Risiko-Optimierung	Ressourcen-Optimierung
Werte der Anspruchsgruppen (Stakeholder Value) aus Geschäftsinvestitionen	P		S
Portfolio wettbewerbsfähiger Produkte und Dienstleistungen	P	P	S
Gemanagtes Geschäftsrisiko (Schützen der Unternehmenswerte)		P	S
Compliance mit externen Gesetzen und regulatorischen Bestimmungen		P	
Finanzielle Transparenz	P	S	S

P: Primäre Anforderung; S: Sekundäre Anforderung.

Abb. 5.8 Unternehmens-Ziele einer BSC zur Erfüllung von Anforderungen der Anspruchsgruppen ([Cobf12], S. 19)

5.5.3 Unternehmensübergreifende BSC

Unternehmen mit mehreren strategischen Geschäftseinheiten (z. B. Gruppengesellschaften) verwenden eine übergeordnete sogenannte „**Corporate Scorecard**", mit der die unternehmensweiten strategischen Prioritäten definiert werden.

Eigene BSC für jede Strategische Geschäftseinheit oder jede Support-Einheit
Zusätzlich definieren die „**Strategischen Geschäftseinheiten**" des Unternehmens jeweils eine eigene Geschäfts-Strategie und eine eigene Balanced Scorecard, die auf die Corporate Strategie abgestimmt sind. Ebenso entwickeln die „**Support-Einheiten**" des Unternehmens (z. B. Personal oder Informations-Technology) jeweils eine Support-Strategie (z. B. IT-Strategie) und eine Balanced Scorecard, die mit den Geschäftsstrategien und letztlich mit der Corporate Strategie abgestimmt sind, um die Anforderungen zu erfüllen und die möglichen Synergien über alle Organisations-Einheiten zu verwirklichen.

BSC für strategisch wichtige externe Partner
Balanced Scorecards werden auch im Zusammenspiel mit **strategisch wichtigen externen Partnern** (z. B. Joint Ventures, Outsourcer, Distributers) entwickelt. Damit werden die Beziehungen zu den Partnern im Kontext zu den „Strategischen Geschäftseinheiten" aufgezeigt.

5.5.4 Balanced Scorecard und COBIT für die IT-Strategie

Wie die Balanced Scorecard auf den verschiedenen Ebenen der Umsetzung einer IT-Strategie eingesetzt werden kann, ist im Abschn. 9.4 dieses Buches am Beispiel des „COBIT[10]-Frameworks" noch eingehender behandelt. In seiner jetzigen Version COBIT 5, wie auch in seiner Vorgänger-Version COBIT 4.1 werden Ansätze gezeigt, wie unter Zuhilfenahme der Balanced Scorecard die im Strategieprozess erarbeiteten Unternehmensziele (Geschäftsziele) in messbare und kontrollierbare Handlungen, bezogen auf den IT-Bereich eines Unternehmens, umgesetzt werden können. Umgekehrt zeigen die Ansätze auch, wie die gemessenen Leistungen der IT das Erreichen von Unternehmenszielen und letztlich die Erfüllung der Anforderungen der Anspruchsgruppen optimal unterstützen. In der im COBIT-5-Rahmenwerk zugrunde liegenden Terminologie und Systematik soll die IT des Unternehmens hauptsächlich als „Befähiger" (Enabler) für die Erfüllung von Anforderungen der Anspruchsgruppen des Unternehmens dienen. Die Systematik, wie die aus den Anforderungen generierten Ziele und Scorecards auf die „Enablers" heruntergebrochen und konkretisiert werden, ist mit der Abb. 5.9 grob veranschaulicht.

Informationskriterien
Die durch die IT des Unternehmens zur Erfüllung der Geschäftsanforderungen zu erreichenden Ziele (Goals) werden gemäss COBIT 4.1 durch die sogenannten „Informationskriterien" beeinflusst. Es gilt vorweg zu erwähnen, dass bei der aktuell gültigen Version

---

[10] COBIT®: Control Objektives for Information and related Technology.

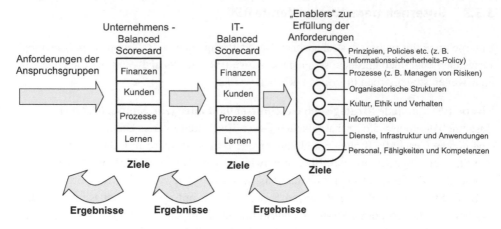

Abb. 5.9 Umsetzung von Unternehmensanforderungen mittels BSC im COBIT-5-Konzept

COBIT 5 die sieben „Informationskriterien" durch fünfzehn feiner definierte sogenannte „Informations-Qualitätsziele" eines Informationsmodells ersetzt werden ([Cobf12], S. 81–84). Mit einer durch ISACA gelieferten Mapping-Tabelle (s. Abschn. 9.4.5), können die neuen Informations-Qualitätsziele von COBIT 5 auf die in der IT-Praxis beliebten gröberen und einfacher zu handhabenden sieben Informationskriterien von COBIT 4.1 abgebildet werden. Die drei Informationskriterien „Vertraulichkeit", „Verfügbarkeit" und „Integrität" sollen dabei die Anforderungen an die Informationssicherheit bemessen. Mit den restlichen vier Informationskriterien (Effektivität, Effizienz, Compliance, Zuverlässigkeit) können weitere wichtige Anforderungen an die IT spezifiziert werden.

Der Messwert eines jeden Informationskriteriums wird primär von den Anforderungen[11] an den jeweiligen Geschäftsprozess sowie seinen Unterstützungs- und Managementanforderungen abgeleitet. Dies soll der Bedingung gerecht werden, dass die IT in einem Unternehmen die durch die Geschäfte verlangten Informationen und Informations-Funktionen so zu liefern hat, dass die Geschäftsziele (resp. die Unternehmensziele) erreicht werden können. Hat ein Informationskriterium den Wert „Null", dann besteht für den betrachteten Geschäftsprozess, Unterstützungsprozess oder Managementprozess bezüglich dieses Kriteriums keine Anforderung. Hat ein Kriterium den Wert „Eins" (wie es beispielsweise das Kriterium „Integrität" in Abb. 5.10 zeigt), dann wird von dem betrachteten Prozess die höchstmögliche Einhaltung dieses Kriteriums verlangt.

In dieser Weise stellt das in COBIT 4.1 genannte „Informationskriterien-Profil" (oder die in COBIT 5 spezifizierten Informations-Qualitätsziele) wichtige „Soll"-Anforderungen der für das Geschäft relevanten Anspruchsgruppen an die Informationen dar. Im Vergleich zum „Soll-Wert" der Anforderung kann auch der vorhandene oder allenfalls mögliche „Ist-Wert" ausgewiesen werden.

---

[11]Die Anforderungen an den Geschäftsprozess werden in COBIT 5 von den Anforderungen der relevanten Anspruchsgruppen abgeleitet.

Abb. 5.10 Beispiel „Informationskriterien-Profil" in COBIT 4.1

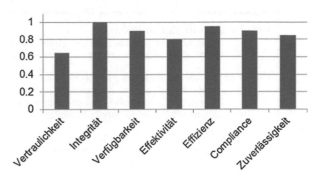

5.5.5 IT-Indikatoren in der Balanced Scorecard

Die in COBIT 5 bezeichnete „Befähigung" (Enabling) zur Erfüllung der Anforderungen der Anspruchsgruppen findet nicht alleine durch die „Informationen", sondern
auch mittels der anderen „Enablers" wie der Prozesse, Prinzipien, Policies, Personal,
Fähigkeiten, Kompetenzen statt (s. Abb. 5.9). Sämtlichen dieser „Enablers" können
Ziele zugeordnet werden, die wiederum in der Zielkaskade mit den Balanced Scorecards ihren Niederschlag finden. Wie bereits in Abschn. 5.5.2 erläutert, erfolgt die
Messung der Zielerreichung sodann allgemein mit „Metriken" (Messgrössen), die in
„vorlaufende Indikatoren" und „nachlaufende Indikatoren" unterteilt werden. Die nachlaufenden Indikatoren zeigen die Ergebnisse der Zielerfüllung an. Hingegen zeigen die
vorlaufenden Indikatoren an, wie gut beispielsweise die sogenannten „guten Praktiken"
das Erreichen der gesteckten Ziele ermöglichen. Die im früheren Rahmenwerk COBIT
4.1 im Zusammenhang mit der Balanced Scorecard verwendeten Indikatoren sind in
Abb. 5.11 erklärt.

Zurzeit ist es üblich, nicht mehr den Begriff KGI, sondern allgemein den Begriff KPI zu
verwenden, wobei mit KPI[12] auch nachlaufende Indikatoren bezeichnet werden können.

Risiko-Indikatoren in der Balanced Scorecard
Wie im Abschn. 2.9.2 bereits behandelt, sollen sogenannte „Risiko-Indikatoren" ein
Mass über die Ungewissheit angeben, mit dem bestimmte Ziele, aufgrund von vorliegenden Anzeichen nicht erreicht werden. Oben wurde bereits ausgeführt, dass in einer
Balanced Scorecard mit entsprechenden Messgrössen ersichtlich sein soll, wie „gut" ein
formuliertes Ziel erreicht wird oder in der Zukunft erreicht werden soll. Bei den Messgrössen wird dabei in nachlaufende „Ergebnisindikatoren" und vorlaufende „Leistungsindikatoren" unterschieden. Zur Analyse von Risiken und insbesondere zur „Frühwarnung"
hinsichtlich der „Materialisierung" latenter Risiken sind vor allem die „vorlaufenden"

---

[12] Umfangreiches KPI-Verzeichnis: http://kpilibrary.com/.

Key Goal Indikatoren (KGI)
> misst, ob der IT-Prozess die Geschäftsanforderungen (z. B. die Sollwerte der Informationskriterien) erfüllt hat (nachlaufender Indikator).

Key Performance Indikatoren (KPI)
> misst „wie gut" die Leistung eines IT-Prozesses für das Erreichen eines Ziels in der Lage ist und ermöglicht damit eine Voraussage für die Zielerreichung (vorlaufender Indikator).

Kritische Erfolgsfaktoren (CSF)
> repräsentieren die wichtigsten Dinge, die getan werden müssen, um den Erfolg des Prozesses in der Erfüllung seiner Ziele zu erhöhen.
> Beispiel: Die IT-Prozesse sind definiert und an der IT-Strategie und den Geschäftszielen ausgerichtet.

Key Risk Indikatoren (KRI)
> geben Auskunft über bestimmte Aspekte des Risikos; sie können u. a. mittels negierter Performance-Parametern gebildet werden.

Abb. 5.11   In BSCs eingesetzte Indikatoren aus COBIT 4.1

Indikatoren von Interesse. Die unter der Bezeichnung „Key Performance Indicators" (KPI) definierten Indikatoren können auch als Risiko-Indikatoren verwendet werden, wenn sie hinsichtlich einer vorgegebenen Schwelle nicht eine gute, sondern eine schlechte Leistung anzeigen. Gebräuchlich ist u. a. eine Vorgehensweise, bei der aus der Inversion eines Leistungsindikators (KPI) ein „Key Risk Indicator (KRI) erzeugt werden kann (s. nachfolgendes Beispiel)".

Beispiel:

KPI	Prozentsatz von Geschäftsprojekten, die hinsichtlich IT-Risiken gemäss Vorgaben untersucht wurden.
KRI	Prozentsatz von Geschäftsprojekten, die hinsichtlich IT-Risiken gemäss Vorgaben *nicht* untersucht wurden.
KPI	Prozentsatz der Belegschaft, die in einem vorgegeben Programm in Risikomanagement und IT-Sicherheit ausgebildet wurde.
KRI	Prozentsatz der Belegschaft, die in einem vorgegeben Programm über Risikomanagement und IT-Sicherheit *nicht* ausgebildet wurde.

Im nachfolgend gezeigten Beispiel aus COBIT 5 (vgl. [Cobe12], S. 16) ist auch ersichtlich, dass die Erfüllung eines Ziels, z. B. des Unternehmensziels „Gemanagtes Geschäftsrisiko (Schutz der Assets)", durch mehrere Indikatoren gemessen werden soll. Ebenso ist ersichtlich, dass die allgemein als Metriken bezeichneten Indikatoren aus Leistungsindikatoren und Risikoindikatoren bestehen können. Zu solchen Indikatoren können auch sich bedingende oder widersprechende Indikatoren gehören.

Beispiel:

Unternehmens-Ziel:		Gemanagtes Geschäftsrisiko (Schutz der Assets)
Metriken	KPI	Prozentsatz kritischer Geschäftsziele und Services, die durch ein Risiko-Assessment behandelt werden.
	KRI	Verhältnis von signifikanten Vorfällen, die *nicht* durch das Risiko-Assessment entdeckt wurden zu den gesamten Vorfällen.
	KPI	Häufigkeit der Überarbeitung des Risiko-Profils.

5.5.6   Operatives Management (Gewinn-Management)

Die durch das normative und strategische Management festgelegten Vorgaben bedürfen der Umsetzung durch das operative Management. Das operative Management steuert, lenkt und kontrolliert die leistungs-, finanz- und informationswirtschaftlichen Prozesse in einem Unternehmen.

Strategiefokussiertes „Operatives Management"
Arbeitet das Unternehmen „strategiefokussiert", dann werden durch das operative Management die Unternehmensstrategien respektive die Geschäftsziele und -strategien umgesetzt. Dabei werden die strategischen Ziele in realisierbare operative Ziele heruntergebrochen. Für eine optimale Umsetzung der strategischen Ziele mit den entsprechenden operativen Mitteln werden Operations-Strategien entwickelt, die für den Planungszeitraum des Operativen Managements (z. B. 1 Jahr) gültig sind. Daraus entstehen entsprechende Pläne für die Erstellung und Durchführung der durch die Kundschaft nachgefragten Produkte und Dienstleistungen oder der Umsetzung beispielsweise von IT-Sicherheitsmassnahmen.

Zielbezogene Problemlösungs-Prozesse
Die Problemlösungs-Prozesse des operativen Managements sind zielbezogen auf die Lenkung einzelner Aufträge, die Anpassung der Management- und Organisationsstrukturen sowie auf das Mitarbeiterverhalten in Bezug auf die situativen Gegebenheiten ausgerichtet.

Die Problemlösungen können sich beispielsweise auf folgende Ziele beziehen:

• Geringe Produktionskosten
• Schnelle und pünktliche Lieferung der Produkte und Dienstleistungen
• Hohe Qualität und Sicherheit der Produkte und Dienstleistungen oder der umzusetzenden Sicherheitsmassnahmen
• Flexibilität in den Produktions- und Dienstleistungsprozessen

Solche Ziele können mit entsprechend „treibenden" Zielen in einer Balanced Scorecard auf der operativen Ebene in den Perspektiven „Lernen und Entwickeln", „Interne Prozesse" und „Kunden" erreicht werden.

Risikomanagement im Operativen Management

Somit materialisieren sich auch ein Grossteil der Risiken im operativen Bereich und müssen dort ermittelt, erkannt und mit entsprechenden Massnahmen behandelt werden. Die Behandlung der Risiken und Kontrollen erfolgt mit entsprechenden Dispositionen, organisatorischen und technischen Massnahmen. Die dazu notwendigen Aktivitäten und Mittel werden im Operations-Plan und Jahresbudget geplant und ausgewiesen.

Rückkopplungen zum Strategischen und Normativen Management

Da es im „Operativen Management" um die Umsetzung der Unternehmensstrategien und deren Unternehmensziele in verfeinerter Granularität geht, sind Rückkopplungsschleifen mit entsprechenden Berichterstattungs-Aktivitäten zum Strategischen Management sowie auch zum Normativen Management in angemessener Weise zu etablieren und aufrecht zu erhalten.

5.5.7 Policies und Pläne

Die oben behandelte Balanced Scorecard und ihre Strategy Map sind auch geeignete Instrumente, mit denen die Strategie im Unternehmen kommuniziert werden kann. Für das „Tagesgeschäft" im Unternehmen braucht es jedoch eine Reihe weiterer Instrumente, um die Forderungen aus der Strategie und den verschiedenen Management-Prozessen zu kommunizieren und umzusetzen. Darunter nehmen die „Policies" eine wichtige Stellung ein.

Policies

„Policies" sind gemäss anglo-amerikanischer Management-Begrifflichkeit „Guides to Action" ([Jauc88], S. 30) was wir als „Anleitung zum Handeln" verstehen. Im deutschsprachigen Gebrauch wird der Begriff „Policy", wie er auch im Risikomanagement und der Informationssicherheit verwendet wird, trefflicher mit „Richtlinie" übersetzt. In einigen Branchen und Anwendungsgebieten wird der Begriff „Policy" auch in andere Begriffe wie „Weisung" übersetzt. In den schriftlichen „Policy-Dokumenten" sind meist auch die Grundsätze enthalten und textlich vorangestellt, die mit den Policy-Anweisungen konkret in die Praxis umgesetzt werden sollen oder müssen.[13]

Mit Policies werden somit vorwiegend die an Führungspersonen und Mitarbeiter gerichteten Vorgaben für das Verhalten und die Handlungsweisen bezeichnet. Sie können sowohl von der Ebene des normativen, als auch von den Ebenen des strategischen oder des operativen Managements erlassen werden. Als solche kommunizieren sie, wie die Anforderungen, Ziele und Grundsätze auf den entsprechenden Ebenen durch die angesprochenen Personenkreise umzusetzen sind und enthalten auch die Festlegungen und Bedingungen, wie die Aufgaben, Verantwortlichkeiten, Kompetenzen und Ressourcen im Unternehmen zugeteilt werden.

---

[13] In der Praxis sind jedoch auch separate Dokumente für Weisungen, Grundsätze und Richtlinien anzutreffen.

Die Policies sollen bewirken (vgl. [Jauc88], S. 332), dass

- die strategischen Entscheide sowie die sonstigen verpflichtenden Anforderungen (Gesetze, Regulationen, Verträge etc.) umgesetzt werden,
- eine Basis zur Überwachung und Kontrolle gegeben ist,
- ähnliche Situationen konsistent behandelt werden können und
- die Koordination zwischen den Bereichen, Organisations- und Geschäftseinheiten erleichtert wird.

Es versteht sich von selbst, dass die auf verschiedenen Ebenen erlassenen Policies den jeweils übergeordneten Zielen und Anforderungen entsprechen müssen. Die Policies wiederholen oft die auf den verschieden Ebenen definierten Ziele (z. B. Ebene Strategisches Management) und kommunizieren mit Grundsätzen und weiteren Handlungsanweisungen deren Umsetzung (s. Beispiel Informationssicherheits-Policy in Abschn. 8.1.2).

Auf der Ebene des normativen Managements wird beispielsweise die allgemeine Geschäfts-Policy, sowie die Sicherheits- und Risiko-Policy erlassen. Folgerichtig werden solche Policies auch vom obersten Führungs- und Kontrollgremium, dem Verwaltungsrat (Aufsichtsrat) in Kraft gesetzt und deren Einhaltung kontrolliert.

Unterschiedliche Arten von Policies
Die Policies stellen Leitplanken dar und können je nach den sachlichen Erfordernissen enger (hart) oder weiter (weich) gefasst werden. So werden beispielsweise die gesetzlichen und regulativen Anforderungen oder die Vorgaben bezüglich der Sicherheit und des Risikomanagements meist in eng gefasste Policies gekleidet.

Solche „harten" Policies werden oft auch als **„Weisungen"** bezeichnet und sind im definierten Gültigkeitsbereich strikt einzuhalten, oft auch unter Androhung von Sanktionen.

Andere Policies sind weiter gefasst. Solche weiter gefassten Policies können auch die **„Ausführungsbestimmungen"** für notwendige Regelungen sein. Die weiter gefassten Policies werden oft auch als **„Anleitungen"** bezeichnet. Als solche können sie beispielsweise als Umsetzungsanleitungen für die Strategien dienen.

Pläne
Zur operationellen Umsetzung der Strategien werden neben den Policies auch Pläne entworfen. Die Pläne spiegeln die konkrete Ausgestaltung der Strategie (z. B. Umsetzung einer Expansions-Strategie) in den einzelnen Bereichen des Unternehmens wieder (z. B. Geschäftsbereichen, Marketing, Finanz oder IT)

Für jeden einzelnen Plan kann wiederum eine Reihe von Policies dafür sorgen, dass der Plan in der beabsichtigten Weise umgesetzt wird, um die strategischen Ziele erreichen zu können. Eine wesentliche Anforderung an die Pläne und Policies ist, dass sie untereinander keine Widersprüche enthalten.

▶ **Praxistipp**
   Policies
   • so kurz und prägnant wie möglich fassen
   • Inhalte auf das Wesentliche beschränken
   • Instrumente zur ständigen Kommunikation einsetzen, z. B. Intranet

5.5.8 Risikopolitische Grundsätze

Der Risikobezug der strategischen Unternehmens-Ziele muss mit den „Risikopolitischen Grundsätzen" des Unternehmens im Einklang stehen.

Grundlegende Merkmale der Risiko- und Sicherheits-Politik
Die „Risikopolitischen Grundsätze" sind meist innerhalb einer Policy abgefasst (z. B. in einer Risiko- und Sicherheits-Politik). Mit den Risikopolitischen Grundsätzen werden die grundlegenden Merkmale der Risiko- und Sicherheits-Politik im Unternehmen festgelegt. Sie zeigen unter anderem die grundlegende Haltung der Unternehmensleitung zur Handhabung der Risiken.

Verhaltensregeln für den Umgang mit bedeutenden Risiken
Die Risikopolitischen Grundsätze bringen auch zum Ausdruck, inwieweit das Eingehen von Risiken für die entsprechende Wahrnehmung von Chancen im Sinne einer Risiko-Freude erwünscht oder im Sinne einer Risiko-Aversion unerwünscht ist. Damit sollen auch die grundsätzlichen Verhaltensregeln für die Führungskräfte und die Mitarbeiter im Umgang mit bedeutenden Risiken kommuniziert werden. Da die Risikopolitischen Grundsätze für das Unternehmen grundlegenden und langfristigen Charakter haben, sind sie Bestandteil der Unternehmenspolitik auf der Ebene des normativen Managements. Für einzelne Unternehmensbereiche und Teilbereiche werden die Risikopolitischen Grundsätze in spezifische Policies (Weisungen), die den operativen Anforderungen entsprechen, aufgefächert.

Informationssicherheits-Policy
Die Informationssicherheits-Policy ist eine von den „Risikopolitischen Grundsätzen" des Unternehmens abgeleitete Policy. Im Teil III (Abschn. 8.1.2 und 8.1.3) dieses Buches wird anhand von Beispielen gezeigt, wie eine solche Informationssicherheits- Policy (Information Security Policy) anhand mehrerer spezifischer Weisungen sinnvoll aufgebaut werden kann.

5.6 Umsetzung von Anforderungen mit Management-Systemen

Im Abschn. 4.1 wurden bereits anhand des St. Galler Management-Modells die grundsätzlichen Funktionen von Management-Prozessen im Unternehmen beleuchtet. Verschiedene solcher Prozesse, wie der Strategieprozess, der Risikomanagement-Prozess oder der

Informationssicherheits-Management-Prozess haben gemeinsam, dass den Veränderungen, die sowohl von aussen als auch von innen kommen, durch entsprechende Kontroll- und Rückkopplungsschleifen Rechnung getragen werden muss.

Gesetze, Regulierungen und Kodizes stellen einen Teil der Anforderungen dar, denen ein Unternehmen zur Minimierung der Risiken sowohl des Unternehmens selbst, als auch seiner vielfältigen Anspruchsgruppen, gerecht werden muss.

Rahmenwerke und Standards für „Management-Systeme"
Zur Berücksichtigung und Einhaltung solcher Anforderungen, wie sie bereits im Abschn. 4.3 und seinen Unterabschnitten diskutiert wurden, haben sich in den letzten Jahren eine Vielzahl von Rahmenwerken und Standards etabliert, die in die Management-Systeme von Unternehmen einfliessen oder sogar für bestimmte Anforderungen wie für Qualität, Umwelt oder Informationssicherheit komplette Management-Systeme vorschreiben. Die Betrachtung solcher Rahmenwerke und Standards ist bei der Umsetzung eines möglichst integrierten Risikomanagements wichtig, da sie womöglich im Benchmarking mit anderen Unternehmen, die Effizienz der eigenen Verfahren steigern können und die Anwendung einheitlicher und erprobter Verfahren begünstigen.

5.6.1   Management-Systeme

Die **Management-Systeme** beschreiben die Aufgaben des Managements und verknüpfen „Strukturen", „Prozesse", „Mittel" und „Methoden", um die Management-Aufgaben wie *Ziele setzen, steuern und kontrollieren,* erfolgreich bewältigen zu können. Als solche beinhalten sie in systematischer Weise Aktivitäten, Verantwortlichkeiten und Dokumentationen, um auch im Sinne von „Interner Kontrolle" und „Risikomanagement" die Management-Ziele nachhaltig und nachvollziehbar erreichen und umsetzen zu können.

Rahmenwerke und Standards für Management-Systeme
Jedes Unternehmen wird implizit und vermehrt auch explizit mittels eines oder mehrerer Management-Systeme geführt. Dazu sind bereits Rahmenwerke und Standards vorhanden, auf die sich Gesetzgeber, Regulatoren und Anspruchsgruppen, zur Einhaltung der Anforderungen an die Unternehmensführung, gerne beziehen.

Management-Systeme mit spezifischen Fokus sind beispielsweise:

- Risikomanagement-System (ISO 31000:2009)
- Business-Continuity-Management-System (ISO 22301:2012)
- Qualitäts-System (ISO 9001:2015)
- Umwelt-Management-System ISO (14001:2015)
- Informationssicherheits-Management-System (ISO/IEC 27001:2013)
- Service-Management-System (ITIL® oder ISO/IEC 20000-x)

Während bei den ISO-Standards die Struktur von Management-Systemen klar geregelt ist, werden bei anderen Herausgebern die standardisierten Management-Prozesse unterschiedlich definiert und beispielsweise auch als Frameworks bezeichnet, z. B.:

*   COSO[14]-Internal Control – Integrated Framework
*   COSO-Enterprise Risk Management – Integrated Management Framework

Integriertes Management-System
Ein Unternehmens-Management-System kann aufgrund der verschiedenen Fachanforderungen mehrere Einzel-Management-Systeme und/oder Frameworks beinhalten. Dabei beinhalten einzelne Management-Systeme oder Frameworks, die zur jeweiligen Disziplin gehörenden Grundsätze, Richtlinien und Vorgaben, sowie die für die systematische Behandlung der Management-Aufgaben notwendigen „Management-Prozesse". Mehrere dieser Inhalte, z. B. bezüglich Führungsanforderungen, können sich inhaltlich überschneiden und deshalb allenfalls zusammengeführt werden. Werden mehrere solche fachspezifischen Management-Systeme zusammengeführt und die Aufgaben und Aspekte ganzheitlich erfasst und umgesetzt, dann kann von einem „Integrierten Management-System" gesprochen werden.

Management-Systeme nach dem PDCA-Prinzip
Die Struktur der den Management-Systemen unterliegenden Management-Prozesse zielt darauf ab, die aktuellen und zukünftigen inneren und äusseren Veränderungen in die Führungsentscheide einzubeziehen und für eine laufende Verbesserung und Optimierung der Prozessziele zu sorgen.

Als Prinzip der Prozessabfolge bei Management-Systemen sowohl der gesamten Prozesse als auch der Teilprozesse hat sich, als Problemlösungs-Prinzip, der **Plan-Do-Check-Act-Zyklus**[15] eingebürgert und bewährt.

Generische Management-System-Standards
Durch entsprechende Parametrisierung[16] der Prozesse und Teilprozesse der meist generisch aufgesetzten Management-System-Standards und Frameworks können diese meist für jegliche Unternehmen und Unternehmensgrössen eingesetzt werden. Ein wesentliches

---

[14] COSO: Committee of Sponsoring Organizations of the Treadway Commission.

[15] Dieses PDCA-Prinzip wurde vor allem durch den Amerikaner und Pionier im Bereich des Qualitätsmanagements Dr. W. Edwards Deming zur Verbesserung der Qualität in der japanischen Automobilindustrie erfolgreich eingesetzt und deshalb später auch als „Deming Cycle" bezeichnet. Das Prinzip wurde ursprünglich als Lernzyklus in der Folge „Plan-Do-Study-Act" als „Shewhart Cycle" benannt und durch Dr. Deming als „neues Modell" seinem Mentor Dr. Walter A. Shewhart zugeschrieben.

[16] Die Teilprozesse mit Input, Aktivität und Output können beispielsweise durch die Festlegung von „Prozess-Ziel", Prozessleistungsmessung mittels „Key Performance Indikator (KPI)", „Prozess-Frequenz" und „Prozess-Owner" parametrisiert werden.

Augenmerk aller Management-System-Standards ist zudem auf die Unternehmens-Kultur gerichtet (z. B. auf das Management-Commitment und das Verhalten der Mitarbeiter).

5.6.2   Vereinheitlichung der Management-System-Standards (MSS) durch ISO

Wie bereits in Abschn. 5.6.1 erwähnt, rufen die teilweise überlappenden Vorgaben verschiedener in einem Unternehmen gleichzeitig einzusetzenden Standards und Frameworks nach einer Integration. Diesem Wunsch der Vereinheitlichung und Integration von Management-Systemen versucht die ISO bei der Ausarbeitung neuer oder überarbeiteter Versionen von Management-System-Standards durch eine einheitliche Grundstruktur und durch einheitliche Textphrasen, basierend auf einheitlichen Kern-Definitionen, Rechnung zu tragen. Die Vorgaben dazu wurden durch das „Technical Management Board" der ISO in der Form eines Anhangs zu einer ISO/IEC Directive, Part 1[17] unter der Bezeichnung „Annex SL" herausgegeben. Der Nutzen einer solchen Harmonisierung von verschiedenen Management-System-Standards sollte sich herausstellen, wenn ein Unternehmen die Anforderungen mehrerer Management-Disziplinen in einem „Integrierten Management-System" vereinen möchte [Isoa13].[18]

High-Level-Struktur in Annex SL
Die Kapitel- und Abschnittsbezeichnungen der im Annex SL ([Isoa12], S. 143–152) vorgegebenen High-Level-Struktur für ein integriertes Management-System ist in der Abb. 5.12 veranschaulicht. In Anlehnung an eine Figur im Standard ISO 9001:2015 zeigt diese Abbildung, wie die High-Level-Struktur eines Management-Systeme-Standards implizit einem PDCA-Zyklus folgt. Im Annex SL ist jedoch der PDCA-Zyklus aus verschiedenen Gründen nicht explizit vorgeschrieben.

Inwiefern sich jedoch die auf den „Annex SL" ausgerichteten Standards in der Praxis mit anderen Managementstandards nutzbringend integrieren lassen, wird die Zukunft zeigen. Wie sich bereits nach den ersten, nach dem Annex SL entwickelten Standards zeigt (z. B. bei ISO 22301, ISO/IEC 27001 und ISO 9001), sind gerade für die Querschnitts-Disziplin „Risikomanagement" in den verschiedenen MS-Standards wenig zueinander kompatible Definitionen, Strukturen und Klauseln vorhanden.

---

[17] Solche ISO/IEC-Directives beinhalten u. a. die grundlegenden Verfahren, die bei der Entwicklung von Standards oder anderer ISO/IEC-Publikationen befolgt werden müssen.

[18] ISO: Beantwortung häufig gestellter Fragen zur Unterstützung von Annex SL, 03.12.2013.

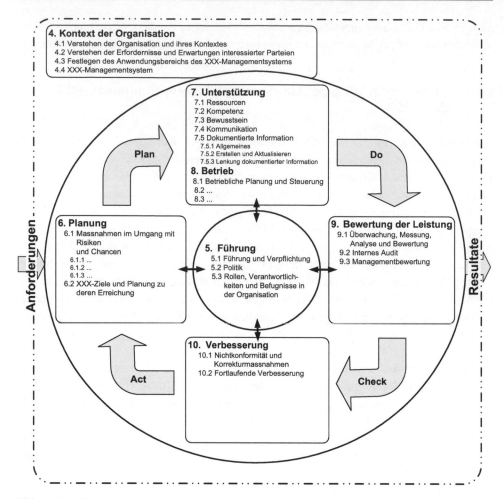

Abb. 5.12 High-Level Struktur für Management-Systeme (vgl. [Isoa12] und [Isoq15], S. viii)

5.7   Kontrollfragen und Aufgaben

1. Welche Zeithorizonte haben das „Normative"-, das „Strategische"- und das „Operative" Management?

2. Welche Unternehmens-Perspektiven sollen im Strategie-Prozess miteinander abgestimmt werden?

3. Ihr Unternehmen hat die Mission, „das führende Unternehmen für das Outsourcing von IT-Dienstleistungen in Deutschland" zu sein.

    Definieren Sie eine Strategie mit fiktiven Zahlen:

    a) strategische Ziele und Messgrössen

    b) Strategie

c) abgeleitete Geschäftsziele und Messgrössen
d) Risiko-Appetit
e) Risiko-Toleranz
4. Erläutern Sie Aufbau und Zweck eines Balanced Scorecard-Systems.
5. In welchen Perspektiven der Balanced Scorecard kommen die KGIs und die KPIs zur Geltung?
6. Erläutern Sie die Begrifflichkeit und die Aufgabe einer „Policy".
7. Erläutern Sie grundlegende Eigenschaften von „Management-Systemen", wie sie derzeit standardisiert werden.
8. Erläutern Sie die dem PDCA-Zyklus der Management-Systeme inhärente Philosophie.

Literatur

[Bleic11]   Bleicher, Knut: Das Konzept Integriertes Management. 8. revidierte und erweiterte Auflage des Standardwerks. Frankfurt: Campus, 2011.

[Bleic92]   Bleicher, Knut: Das Konzept Integriertes Management. 2. revidierte und erweiterte Auflage. Frankfurt: Campus, 1992.

[Cobe12]   ISACA: COBIT® 5 – Enabling Processes. Rolling Meadows: Information Systems Audit and Control Association, 2012.

[Cobf12]   ISACA: COBIT® 5 – A business Framework for the Governance and Management of Enterprise IT. Rolling Meadows: Information Systems Audit and Control Association, 2012.

[Cose04]   COSO: Enterprise Risk Management – Integrated Framework, Frame-work. New York: AICPA, 2004.

[Hamm93]   Hammer, Michael and James Champy: Reengineering the Corporation. New York: HarperCollins Publishers, 1993.

[Horw04]   Horvath & Partners AG (Hrsg.): Balanced Scorecard umsetzen. Stuttgart: Schäffer-Poeschel, 2004.

[Isoa12]   ISO 2012: Annex SL (normative) Proposals for management system standards. International Organization for Standardization, 2012.

[Isoa13]   ISO/TMB JTCG: Frequently Asked Questions in support of Annex SL. International Organization for Standardization, 3.12.2013. URL: https://www.accredia.it/Upload-Docs/5980_ISO_TMB_JTCG_N0359_N0359__JTCG_FAQ_to_support_Annex_SL.pdf, abgerufen 27.9.2016.

[Isom13]   ISO/IEC 27001:2013: Information Security Management System-Requirements. International Organization for Standardization, 2013.

[Isoq15]   ISO 9001:2015: Quality management systems – Requirements. International Organization for Standardization, 2015.

[Isor09]   ISO 31000:2009: Risk management – Principles and guidelines. International Organization for Standardization, 2009.

[Jauc88]   Jauch, Lawrence R. and William F. Glück: Business Policy and Strategic Management, Fifth Edition. New York: McGraw Hill, 1988.

[Kapl01]   Kaplan, Robert S. and David P. Norton: The Strategy Focused Organization. Boston: Harward Business School Press, 2001.

[Kapl97]   Kaplan, Robert S. and David P. Norton: Balanced Scorecard. Aus dem Amerikanischen
             von Péter Horvath. Stuttgart: Schäffer-Poeschel, 1997.

[Mint12]   Mintzberg, Henry, Bruce Ahlstrand und Joseph Lampel: Strategy Safary, Der Wegwei-
             ser durch den Dschungel des Strategischen Managements, 2. Aktualisierte Auflage.
             München: FinanzBuch Verlag, 2012.

[Rüeg02]   Rüegg-Stürm, Johannes: Das neue St. Galler Management-Modell. Bern: Haupt, 2002.

[Thom00]   Thommen, Jean-Paul: Managementorientierte Betriebswirtschaftslehre. 6. Aktuali-
             sierte und ergänzte Auflage, Zürich: Versus, 2000.

[Toep07]   Toepfer, Armin: Betriebswirtschaftslehre, Anwendungs und prozessorien-tierte Grund-
             lagen. 2., überarbeitete Auflage, Berlin Heidelberg: Springer, 2007.

Teil III

Informations-Risiken erkennen und bewältigen

Informationssicherheits- und IT-Risiken

6

Überblick

Nachdem im Teil I des Buches die Grundlagen für das Risikomanagement und im Teil II die Anforderungen an die Unternehmen vor allem hinsichtlich eines integrierten Risikomanagements behandelt wurden, wird in diesem Teil III das Risikomanagement vor allem aus der Sicht der Informationssicherheit und der IT behandelt. In diesem Kap. 6 wird das in Abschn. 2.3 vorgestellte Modell, dessen Verwendung in der IT und der Informationssicherheit sehr beliebt ist, in einigen dafür wichtigen Zusammenhängen wiederholt dargestellt. Es wird ein Einblick in die Bedeutung der Informationssicherheits- und der IT-Risiken gegeben. Sodann werden die Disziplinen Informationssicherheit und IT-Sicherheit sowie Informations-Risiken und IT-Risiken voneinander abgegrenzt. Dazu werden die für die Informations-Risiken und deren Behandlung wichtigen Kriterien und Begriffe erläutert. Auch wird, sozusagen als Vorspann zu den in den nächsten Kapiteln zu behandelnden konkreten Methoden und Verfahren, ein genereller Einblick in die Möglichkeiten des Informationssicherheits- und IT-Risikomanagements vermittelt.

6.1 Veranschaulichung der Risikozusammenhänge am Modell

Vor dem Eintauchen in die Einzelheiten der Informationssicherheits- und der IT-Risiken, gilt es, auf die im ersten Teil dieses Buches getroffenen Grundlagendefinitionen zurück zu blicken.

Schutzobjekte oder Risikoobjekte als Unternehmenswerte

Zum Management der Risiken bei Informationen und IT-Systemen und bei den im Kap. 17 behandelten Cyber-Systemen werden vorteilhaft „Risikoobjekte" (oft auch Schutzobjekte genannt) definiert. In den massgeblichen englischsprachigen Standards wird ein solches Risikoobjekt meist als „Asset" bezeichnet (s. auch Tab. 2.1). Mit diesem englischen Begriff wird gleichzeitig zum Ausdruck gebracht, dass es um Werte geht, die es vor Bedrohungen zu schützen und unbeschädigt zu erhalten gilt. Für das in unserem Buch behandelte Informationssicherheits-, IT- und Cyber-Risikomanagement sind diese „Assets" Unternehmenswerte. Solche Unternehmenswerte können entweder materielle Werte (z. B. Hardware) oder immaterielle Werte (z. B. Informationen) sein.

Bedrohungen und Schwachstellen

Bedrohungen können sich über Schwachstellen an den Risikoobjekten mit Schäden auswirken. Die zu betrachtenden Risiken sind die mit den Eintrittswahrscheinlichkeiten (Häufigkeiten) gewichteten negativen Folgen der Abweichungen von System-Zielen. Anhand der in Abschn. 2.3 bereits aufgeführten Modellvorstellungen lassen sich die wesentlichen Aspekte eines praktischen, auf die Informationssicherheit, Cyber-Sicherheit und die IT zugeschnittenen Risikomanagements erklären und einordnen. Als Risikoobjekte können sich dabei Informationen aber auch ganze Systeme, Dienstleistungen oder Prozesse anbieten.

Risiken in der Informationssicherheit

Das Sicherheits-Risiko bei den Objekten **„Informationen"** lässt sich aufgrund der drei folgenden elementaren[1] System-Ziele (resp. Sicherheitsziel) bestimmen:

- „Vertraulichkeit",
- „Integrität" und
- „Verfügbarkeit".

Massnahmen, Schwachstellen, Bedrohungen und Impacts

Mit dem Begriff „Massnahmen" bezeichnen wir sämtliche Vorkehrungen, Anordnungen und Eigenschaften, die ein Risikoobjekt zu schützen vermögen. Daher werden ungenügende oder fehlende Massnahmen, aber auch inhärente Schwächen von Risikoobjekten als „Schwachstellen" oder in den englischsprachigen Standards als „Vulnerabilities" bezeichnet. Nur über vorhandene Schwachstellen ist es möglich, dass sich die Bedrohungen an den Risikoobjekten (Assets) als Schäden in der Form von „Impacts" oder „Konsequenzen" auswirken können (s. Tab. 2.1).

6.2   Informationen – die risikoträchtigen Güter

Sämtliche heutigen Unternehmen sind in der einen oder anderen Weise von Informationen abhängig oder mit Informationen konfrontiert, sei es zur Aufbereitung, Kommunikation oder zur Aufbewahrung wichtiger Sachverhalte. Die Informationen eines Versicherungsausweises dienen beispielsweise der Kommunikation und dem späteren Nachweis einer

---

[1] Das oft angeführte System-Ziel „Non-Repudiation" wird nicht zu den elementaren System-Zielen gezählt, da es erst durch eine integre Prozedur zur Beweisführung zustande kommt (z. B. Digitale Unterschrift). Das Zielsystem für Risiken kann jedoch auch auf solche und andere Prozeduren und Prozesse erweitert werden.

getroffenen Vereinbarung zwischen dem Versicherungsanbieter und dem Versicherungsnehmer. Oder am Beispiel eines Hochregallagers sind es die Informationen, die über digitale Steuerbefehle und Zustandswerte ermöglichen, die Lagervorgänge automatisch durchzuführen. Selbst die heute bereits im Test befindlichen führerlosen Autos werden durch Informationen gesteuert.

Informationsarten und Informationssysteme
Eine unabsehbare Anzahl von Informationsarten und informationsverarbeitenden Systemen ist für das reibungslose Funktionieren der Unternehmen in einer technisierten Gesellschaft notwendig.

Davon einige Beispiele:

- Unser weltweit funktionierendes Handy-Netz dient in vielen Lebens- und Geschäftsbereichen der direkten Kommunikation sowohl der Telefonie als auch vielen anderen Kommunikationsarten wie E-Mail oder Internet.
- Finanz- und Zahlungsinformationen als Basis für die Finanz- und Zahlungssysteme in unserer Wirtschaft.
- Informationen im Transportwesen dienen der Planung und Kommunikation der Fahrzeiten sowie der Steuerung und Sicherung von Transport-Vehikeln, wie z. B. dem Flugzeug.
- Im Anlagenbau (z. B. in der chemischen Industrie oder den Stromversorgungsunternehmen), in Fahrzeugen oder Geräten des täglichen Lebens sind Informationen zur Steuerung wichtiger Vorgänge nicht mehr wegzudenken. Das Überwachen und Steuern solcher technischer Systeme mittels Computer wird heute meist unter dem Begriff „Supervisory Control and Data Acquisition (SCADA)" verstanden.
- Im sogenannten „Internet der Dinge" können in allerlei Gebrauchsgegenständen (auch Kleidern) eingebettete miniaturisierte Computer, teilweise sogar unmerklich, die Menschen bei ihren Tätigkeiten unterstützen, aber auch überwachen. Die Kommunikation mit der Umgebung erfolgt dabei meist über die automatische Identifikation mittels RFID[2] und entsprechend ausgelegte Sensoren. Dass derartige Systeme und Informationen natürlich auch des Datenschutzes und Informationssicherheit bedürfen, liegt geradezu auf der Hand.

Informationen und ihre „technologischen Gefässe"
Die Kommunikation, Darstellung, Bearbeitung und Speicherung solcher Informationen erfolgt weitgehend mit technologischen Mitteln. Dabei sind nicht nur die Informationen selbst, sondern auch ihre „technologischen Gefässe" (z. B. Computer, Eingabe-Geräte, Bildschirme, Netzwerke) für heutige Unternehmen zu lebenswichtigen Ressourcen geworden. Wie auch die oben erwähnten Beispiele zeigen, wird die Abhängigkeit von Informationen und ihren „technologischen Gefässen" zunehmend wichtiger und kann in der industrialisierten Welt mit der Abhängigkeit von Elektrizität, Nahrung, Kleidung und Wohnung verglichen werden.

---

[2] RFID = Radio Frequency Identification.

Überleben der industrialisierten Welt

In diesem Zusammenhang stellte eine durch den damaligen US-Präsidenten Bill Clinton 1997 eingesetzte Kommission fest, dass Sicherheit, Wirtschaft, die Art zu Leben und überhaupt das Überleben der industrialisierten Welt von elektrischer Energie, Kommunikation und Computern, die untereinander in Wechselbeziehungen stehen, abhängig ist.[3]

Kritische Infrastrukturen

Inzwischen sind in vielen Industrie-Nationen Bemühungen im Gange, die „kritischen Infrastrukturen" (CIP=Critical Infrastructure Protection) und darin auch die „kritischen Informations-Infrastrukturen" (CIIP=Critical Information Infrastructure Protection) auf nationaler Ebene zu sichern. Gerade die als „Cyberthreats" bezeichneten Gefahren im Zusammenhang mit dem Internet sind inzwischen ein grosses staatliches Anliegen, das sich beispielsweise in einer „Executive Order" – Improving Critical Infrastructure Cybersecurity" vom 12. Februar 2013 des damaligen US-Präsidenten Obama äussert [Thew13].

Informationen und Daten

Die Informationen in ihrer codierten, für IT-Systeme verständlichen Form werden als „Daten" bezeichnet. Nur die Daten zu schützen und zu sichern würde aber zu kurz greifen, da es letztendlich die Informationen sind, die für die verschiedenen Prozesse benötigt werden.

Die Risiken schlagen hauptsächlich bei den Informationen selbst zu Buche oder bei den Übergängen (Schnittstellen) von der einen Informationsform in eine andere (z. B. bei der Postsortierung mittels Schriftenerkennung oder bei der persönlichen Anmeldung und Authentifizierung an einem System mittels eines Passworts).

Auf Informationen ausgerichtetes, ganzheitliches Risikomanagement

Ein ganzheitliches Risikomanagement in einem Unternehmen muss deshalb primär an den Informationen und nicht an den Daten oder gar nur an den Informations-Systemen angesetzt werden.

Beispiel

In einer Bank ist das Wissen um eine Bank-Kundenbeziehung eine zu schützende Information. Die Informationen über diese Bank-Kundenbeziehung (z. B. Bonität, abgewickelte Transaktionen, Vermögenswerte) unterliegen in der Schweiz dem Gesetz über das Bankkundengeheimnis. Hier lediglich die Risiken bei den Daten, den IT-Systemen oder Cyber-Systemen und nicht bei den Informationen selbst zu betrachten, würde den Anforderungen eines ganzheitlichen, für die Bank sinnvollen Risikomanagements nicht genügen. Aus dem Blickwinkel des Unternehmens „Bank" sind daher das „Wissen um die Bankkundenbeziehung", und „die Geschäftsvorgänge in ihrer Vertraulichkeit, Richtigkeit und Pünktlichkeit" die primär zu schützenden Güter. Der Schaden einer Bank bei Bekanntwerden von Informations-Lecks kann in Strafen, Schadensersatz bis hin zu Sanktionen durch die Bankenaufsichtsbehörde sowie schweren Reputationsschäden für die Bank resultieren.

---

[3] President's Commission on Critical Infrastructure Protection (PCCIP). Critical Foundations: Protecting America's Infrastructures. (Washington, October 1997).

6.3   System-Ziele für Risiken der Informationssicherheit und der IT

Für die Risikobetrachtungen der Informationssicherheit, Cyber-Sicherheit und der IT ist es sinnvoll, entsprechende System-Ziele zu definieren. Entsprechend der Sicherheitsanforderungen sind dies beispielsweise für die Informationssicherheit die folgenden:

System-Ziele für Informationssicherheit
Für die Informationssicherheit sind die schützenswerten Eigenschaften der Information in den folgenden „Informationssicherheitszielen" enthalten:

* **Vertraulichkeit**
  Die Information ist ausschliesslich den durch den Besitzer autorisierten[4] Personen, Entitäten oder Prozessen zugänglich.

* **Integrität (einschliesslich Authentizität)**
  Die Information ist lediglich in der vorgesehenen Weise erzeugt, verändert oder ergänzt und ist somit weder fehlerhaft noch verfälscht.

* **Verfügbarkeit**
  Die Information steht den autorisierten Personen, Entitäten oder Prozessen in der erforderlichen Weise (in vereinbarter Darstellung und Zeit) zur Verfügung.

Die Verfügbarkeit der **Information** hängt dabei meistens von der Verfügbarkeit der Systeme respektive der „technologischen Gefässe" der Informationen ab.

Verfügbarkeit (Availability) der Systeme
Die Verfügbarkeit der **Systeme** wird oft aus dem Mittelwert der Zeit, in der das System verfügbar ist (MTTF: Mean Time to Failure) und der mittleren Ausfall-Zeit (MTTR: Mean Time to Repair) berechnet. Mit den gebräuchlichen englischen Begriffen errechnet sich die Verfügbarkeit (Availability) mit der folgenden Formel:

$$\text{Availability} = \frac{\text{MTTF}}{\text{MTTF} + \text{MTTR}}$$

MTTF: Mean Time to Failure
MTTR: Mean Time to Repair

---

[4] Der ultimative Eigentümer der Information (z. B. Bankkunde) autorisiert direkt oder über den in seinem Auftrag handelnden Dienstleister.

Der Nachteil dieser Formel ist, dass sie lediglich einen Durchschnittswert angibt, aber über die „lästigen" lang anhaltenden Ausfälle nur ungenügende Auskunft gibt. Um die lang anhaltenden Ausfälle besser zu quantifizieren oder Anforderungen an die System-Verfügbarkeit spezifizieren zu können, bietet sich der in Abschn. 2.9.1 behandelte „Value at Risk" in der Form eines „Systemausfall at Risk" an. Die für eine solche Statistik benötigten Daten werden oft als „Qualitätsnachweise" erhoben. Dabei kann es auch sinnvoll sein, den Ausfalldauern zusätzlich die korrespondierenden monetären Verlusthöhen zuzuordnen.

Nachweis von Urheberschaft und Authentizität von Informationsinhalten

Die oben genannten drei primären System-Ziele für die Informationssicherheit (Vertraulichkeit, Integrität und Verfügbarkeit) werden oft um das folgende Ziel erweitert:

• **Verbindlichkeit**
  Der Benutzer der Information kann sich auf das Ergebnis seiner Informations-Interaktionen verlassen, z. B. dass die digital festgehaltenen Informationsinhalte nachweislich vom Urheber in unveränderter Weise stammen und deshalb vom Urheber auch nicht bestritten werden können (non-repudiation of origin).

Dieses über einige prozedurale Massnahmen (z. B. Digitale Unterschrift) erreichbare Ziel wird oft auch unter dem System-Ziel Integrität (und Authentizität) behandelt.

Ziele hinsichtlich Qualität, Leistungsfähigkeit und Vertrauenswürdigkeit der IT

Zu den oben angeführten System-Zielen bezüglich Risiken der Informationssicherheit sind gemäss dem Rahmenwerk COBIT 4.1 weitere primäre Ziele bezüglich der Qualität, Leistungsfähigkeit, und Vertrauenswürdigkeit der unterstützenden IT-Prozesse wichtig. Diese Ziele sind im Einzelnen (vgl. [Itgo], S.10, 11):

• **Effektivität**
  Es werden die für die Geschäftsprozesse relevanten und wichtigen Informationen in zeitgerechter, aktueller, fehlerfreier, konsistenter und verwendbarer Form geliefert.
• **Effizienz**
  Die Bereitstellung der Informationen erfolgt mit einer optimalen Verwendung von Ressourcen.
• **Compliance**
  Geschäfts- und IT-Prozesse erfolgen unter Einhaltung der rechtlichen, regulativen und vertraglichen Erfordernisse sowie der internen Vorgaben, z. B. auferlegte externe Geschäftskriterien und interne Policies.
• **Zuverlässigkeit**
  Bereitstellung der geeigneten Informationen zur Steuerung der Geschäftsausübung durch das Management und zur gesetzesgetreuen und regulativen Berichterstattung im Unternehmen (Ziel nicht zu verwechseln mit der im Verfügbarkeits-Ziel enthaltenen System-Zuverlässigkeit).

In der Terminologie von COBIT 4.1 werden solche primären System-Ziele auch Informationskriterien genannt, da sie vor allem den Informationsanforderungen der Geschäftsprozesse gerecht werden müssen (s. Abschn. 5.5.4). Inzwischen wurden diese Informationskriterien durch das neue COBIT 5 – Framework auf weitere Ziele verfeinert (s. Abschn. 9.4.5).

Weitere System-Ziele der IT
Mit zusätzlichen Zielen (Informationskriterien) werden auch Risiken der Beschaffung, der Leistung oder aufsichtsrechtlichen Vorgaben der IT behandelt. Im Rahmen eines IT-Risikomanagements kann es beispielsweise auch durchaus nützlich sein, System-Ziele für das Projektmanagement einzuführen.

Das Zielsystem für Informationssicherheits- und IT-Risiken wird oft durch komplexe Ziele ganzer Management-Prozesse erweitert (s. Beispiele in COBIT 5, Abschn. 9.4.4). Die Erfassung und Beurteilung solcher Prozessziele werden ebenfalls im Rahmen des Risikomanagements entsprechend behandelt.

6.4   Informationssicherheit versus IT-Sicherheit

Die Informationssicherheit ist ein primäres Anliegen des Risikomanagements im Unternehmen.

Ziel der Informationssicherheit
Ziel der „Informationssicherheit" ist es, sowohl die Informationen selbst als auch die Daten, Systeme, Kommunikationen, Prozeduren und Einrichtungen zu schützen, welche die Informationen enthalten, verarbeiten, speichern oder liefern.

Fokus der Informationssicherheit
Der Fokus der Informationssicherheit bezüglich Sicherheit ist breiter als derjenige der IT-Sicherheit (Abb. 6.1). So trägt beispielsweise die Verfügbarkeit der IT-Systeme zwar zur

Abb. 6.1 Fokus der
Informationssicherheit

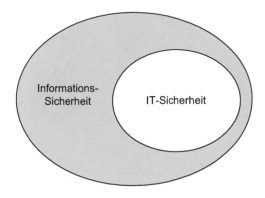

Verfügbarkeit der Informationen bei, doch geht es letztendlich darum, dass die Informationen zur vorgesehenen Zeit dem Benutzer zur Verfügung stehen. Somit beschränkt sich die Informationssicherheit nicht auf die Sicherheit der Informations-Technologien, welche lediglich die „Gefässe" für die Informationen darstellen, sondern bezieht sich auf die Informationen, die auch in nichttechnologischer Form vorkommen können (z. B. Notizen auf Papier).

> Im weiteren Verlauf des Buches wird die **IT-Sicherheit** in den Begriff der **„Informationssicherheit"** eingeschlossen.

6.5   Informationssicherheits-Risiken versus IT-Risiken

Die Risiken hinsichtlich der im vorangegangen Abschnitt behandelten Informationssicherheit bringen die Abweichungen von den System-Zielen „Vertraulichkeit", „Integrität" und „Verfügbarkeit" an den Informations-Objekten zum Ausdruck. Hingegen betreffen die IT-Risiken nicht alleine die Risiken über „Vertraulichkeit", „Integrität" und „Verfügbarkeit" in der IT, sondern auch weitere Risiken, z. B. hinsichtlich Compliance oder Effektivität der IT-Prozesse. Die IT-Risiken beschränken sich damit nicht auf die Informationssicherheit der IT, sondern beziehen sich auch auf Unternehmens-Risiken hinsichtlich beispielsweise der IT-Ressourcen-Beschaffung und der IT-Nutzung. Die Zusammenhänge dieser beiden Risikobereiche können gemäss der Abb. 6.2 veranschaulicht werden.[5]

Abb. 6.2 Zusammenhang Informationssicherheits-Risiken und IT-Risiken

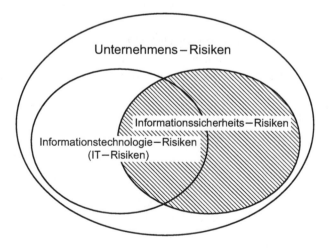

---

[5] Die Überlappung der beiden Risikobereiche Informationssicherheits-Risiken und IT-Risiken mit den Cyber-Risiken ist in Kap. 17, Abb. 17.1 gezeigt.

Aus Sicht des Risikomanagements lassen sich die beiden Bereiche in ein gemeinsames Risikomanagement der „Informations-Risiken" integrieren, wohlwissend dass für die beiden Risiko-Kategorien unterschiedliche Anforderungen bestehen. Bei der Vielfalt heutiger Management-Systeme im Unternehmen ist eine solche Integration der Management-Prozesse sicherlich erstrebenswert. Auch stellt die integrierte Behandlung beider Risikobereiche einen verbesserten Bezug zu den IT-Leistungen und den vielfältigen Compliance-Anforderungen im IT-Bereich her.

Im weiteren Verlauf dieses Buches werden unter dem kurzen Begriff **„Informations-Risiken"** sowohl die „Informationssicherheits-Risiken" als auch die „IT-Risiken" verstanden.

6.6 Kontrollfragen und Aufgaben

1. Wie hoch ist das Risiko, wenn keine Schwachstelle vorhanden ist? (Zur Veranschaulichung dient das Risikomodell in Abschn. 2.4).
2. Erläutern Sie die Begriffe „Informationssicherheit", „IT-Sicherheit", „Informationssicherheits-Risiken" und „IT-Risiken".
3. Nennen Sie Gründe, die ein Informations-Risikomanagement notwendig machen.
4. Nennen Sie die primären „System-Ziele" respektive „Informationskriterien", die im Rahmen des Managements von „Informations-Risiken" behandelt werden.

Literatur

[Itgo07] IT Governance Institute: CobiT 4.1 Excerpt. Executive Summary Framework. Rolling Meadows: IT Governance Institute, 2007.

[Thew13] The White House, Office of the Press Secretary: Executive Order – Improving Critical Infrastructure Cybersecurity, The White House, Office of the Press Secretary, 12.2.2013.

Governance der Informationssicherheit und der IT

Überblick

Die Leistung der „Informations- und IT-Sicherheit" äussert sich vor allem in einem an den Geschäfts-Strategien und -Zielen ausgerichteten Informations-Risikomanagement, welches die Risiken und Massnahmenkosten im Geschäftskontext optimiert. Zum Informations-Risikomanagement gehören an vorderster Stelle die Führungsaspekte, die in der Governance, der Aufbauorganisation und den Führungsinstrumenten zum Ausdruck kommen.

Im Teil II dieses Buches wurden bereits die Anforderungen eines Unternehmens-Risikomanagements aus der Sicht der Corporate-Governance behandelt. Bevor in diesem Buch die Inhalte, Methoden und Verfahren des Informations-Risikomanagements im Einzelnen behandelt werden, soll deshalb festgehalten werden, wo die beiden Disziplinen IT-Risikomanagement und Informationssicherheits-Risikomanagement im Fokus der Unternehmens-Governance zu positionieren sind.

Die ISO differenziert mit zwei verschiedenen Standards zwischen der „IT-Governance" und der „Information Security Governance". Beide Standards führen die Aufgaben der oberen Führungspersonen unter den Begriffen „Evaluate", „Direct" und „Monitor" auf. Zu den beiden sich teilweise überschneidenden Governance-Bereichen gehört auch jeweils ein entsprechendes Risikomanagement.

Während sich die „IT-Governance" vor allem auf die Umsetzung der geschäftlichen Anforderungen durch die Informationstechnologie bezieht, nimmt die „Informationssicherheits-Governance" Bezug auf die Verfügbarkeit, Vertraulichkeit und Integrität der

© Springer Fachmedien Wiesbaden GmbH 2017   165
H.-P. Königs, *IT-Risikomanagement mit System*, Edition <kes>,
DOI 10.1007/978-3-658-12004-7_7

Informationen, die sowohl in „Gefässen" der Informationstechnologie (IT), als auch in nichttechnologischen „Erscheinungsformen" existieren (z. B. Handnotizen auf Papier) kann.

Das IT Governance Institut der ISACA definiert IT-Governance als Verantwortlichkeit des Verwaltungsrats und der Geschäftsleitung als integralen Bestandteil der Corporate-Governance. Aufgrund der Wichtigkeit der Informationssicherheit hat das IT Governance Institut auch Anleitungen zur Umsetzung der „Informationssicherheits-Governance" herausgegeben, die in diesem Kapitel wiedergegeben werden. Darin kommen „Best Practices" hinsichtlich Informationssicherheit für die Ebenen des Verwaltungsrats und der Geschäftsleitung zum Ausdruck. Zusätzlich zur Behandlung des Wesens und der Abgrenzung der beiden Governance Bereiche werden in diesem Buch-Kapitel auch einige für die Risikomanagement-Aufgaben der beiden Governance-Bereiche notwendigen Führungsrollen aufgezeigt. Die Rollenbeschreibungen enthalten neben den Führungspflichten auch die notwendigen Kontrollfunktionen und Organisationsprinzipien (z. B. Gewaltentrennung).

7.1   IT-Governance versus Informationssicherheits-Governance

Die ISO differenziert mit zwei verschiedenen Standards zwischen IT-Governance (ISO/ IEC 38500:2015) und Information Security Governance (ISO/IEC 27014:2013). Die beiden sich teilweise überschneidenden Governance-Bereiche, in denen jeweils das zugehörige Risikomanagement anfällt, werden im Standard ISO/IEC 27014 [Isoh13] gemäss der nachfolgenden Abb. 7.1 veranschaulicht.

Während sich die „IT-Governance" vor allem auf die Umsetzung der geschäftlichen Anforderungen durch die Informationstechnologie bezieht, nimmt die „Informationssicherheits-Governance" Bezug auf die Verfügbarkeit, Vertraulichkeit und Integrität der Informationen, die sowohl in „Gefässen" der Informationstechnologie (IT), als auch in nichttechnologischen „Erscheinungsformen" existieren (z. B. Handnotizen auf Papier).

Abb. 7.1 Zusammenhang zwischen IT-Governance und Information Security Governance

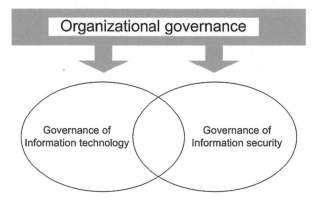

In der Kombination der beiden oben genannten Standards hat das oberste Führungspersonal die drei folgenden hauptsächlichen Aufgaben[1]:

a) **„Evaluate": Beachtung und Beurteilung** der jetzigen und zukünftigen Benutzung der IT *sowie der Erfüllung von Informationssicherheitszielen*, um das Erreichen jetziger und zukünftiger strategischer Ziele zu unterstützen;

b) **„Direct":** Kommunikation und Richtungsvorgabe zur Vorbereitung und Umsetzung von Strategien und Policies, um mit der Benutzung der IT die Geschäftsziele zu erfüllen *und um die Informationssicherheitsziele und -Strategien umzusetzen*;

c) **„Monitor": Überwachen der** Einhaltung der Policies und der Leistungen der IT gegenüber den Strategien hinsichtlich angemessener Anpassungs-Entscheide *sowie der Wirksamkeit der Informationssicherheits-Aktivitäten, um die internen und externen Anforderungen zu erfüllen*.

Im Zuge eines „Integrierten Informations- und IT-Risikomanagements" werden in diesem Buch beide Governance-Bereiche in ihren wesentlichen Aspekten beleuchtet, zumal die Governance-Bereiche zum Teil zwar verschieden sind, aber die Prozesse in beiden Bereichen vereinheitlicht angewandt werden können.

(Die **IT-Governance** wird im Standard ISO/IEC 38500:2015 [Isog15], S. 2) wie folgt definiert:

> Governance der IT ist das System, mit dem die gegenwärtige und zukünftige Verwendung der IT gesteuert und überwacht wird.

Sowohl der Standard ISO/IEC 38500:2015 für die „Governance der IT" als auch der Standard ISO/IEC 27014:2013 [Isoh13] für die „Governance der Informationssicherheit" beinhalten sechs ähnliche Grundsätze sowie ein ähnliches Vorgehensmodell.

Die sechs Grundsätze beziehen sich im Wesentlichen auf:

- die Verantwortlichkeiten für Aktivitäten auf sämtlichen organisatorischen Ebenen und in allen Bereichen des Unternehmens;
- die Investitionsstrategien basierend auf Geschäftsstrategien;
- die risikobasierten Entscheidungen, u. a. für den Ressourceneinsatz und die Beschaffungen;
- die Leistungskontrolle im Hinblick auf die Erfüllung der Geschäftsanforderungen;

---

[1] Die für die Governance der Informationssicherheit zutreffenden Aufgabenbeschreibungen sind in Italics eingefügt.

- die Konformität mit internen und externen Anforderungen;
- die Unternehmens-Kultur und das personelle Verhalten in den Unternehmensprozessen.

Kurz zusammengefasst behandelt der modellhafte Prozess der Governance die für das „Steuern", „Beurteilen" und „Überwachen" des Managements der IT respektive der Informationssicherheit notwendigen Aktivitäten. Diese Aktivitäten sollen der Wertschöpfung unter Berücksichtigung der Geschäftsanforderungen im Interesse der Anspruchsgruppen dienen.

7.1.1   IT-Governance nach ITGI der ISACA

Das IT Governance Institut[2] der ISACA widmet sich der IT-Governance, indem es Anleitungen, Frameworks und Berichte erstellt sowie Befragungen zum aktuellen Stand der IT-Governance durchführt.

Das IT Governance Institut definiert IT-Governance wie folgt ([Itgb03], S. 10):

> IT-Governance ist die Verantwortlichkeit des **Board of Directors**[3] und des **Executive Management.**[4] Sie ist integraler Bestandteil der Corporate/Enterprise-Governance und besteht aus Führung, organisatorischen Strukturen und Prozessen, welche sicherstellen, dass die IT des Unternehmens die Unternehmens-Strategien und -Ziele aufrechterhält und ausbaut.

Dabei sind folgende Herausforderungen zu bewältigen:

- Ausrichtung der IT-Strategie nach der Geschäftsstrategie
- Kaskadierung der Strategie und Ziele „top-down" in das Unternehmen
- Schaffung von Organisations-Strukturen, welche die Umsetzung der Strategien und Ziele erleichtern

---

[2] Das ITGI (IT Governance Institut) wurde 1998 durch die ISACA (Information Systems Audit and Control Association) als Forschungseinrichtung auf den Gebieten der Revision und des Managements der IT und der Informationen gegründet.

[3] Das „Board of Directors" hat in anglo-amerikanischen Ländern die Oberleitung und Überwachungsfunktion des Unternehmens inne. In Deutschland fällt diese Rolle dem „Aufsichtsrat" und in der Schweiz dem „Verwaltungsrat" zu (vgl. [Böck04], S. 1759).

[4] Das „Executive Management" nimmt die „Führungsfunktion" im Unternehmen ein. In Deutschland wird diese Funktion durch den „Vorstand" und in der Schweiz durch die „Geschäftsleitung" wahrgenommen (vgl. [Böck04], S. 1759).

- Durchsetzung eines IT Control Frameworks
- Messung der IT-Leistung

Das IT Governance Institut nennt für die „IT Governance" und die „Information Security Governance" fünf grundlegende Bereiche von „Ergebnissen" (s. Abb. 7.2).

☐ **Strategische Ausrichtung**
- Gewährleistung von Transparenz und Verständnis von Kosten, Nutzen, Strategien, Policies und Service Levels der IT-Sicherheit
- Entwicklung einer gemeinsamen und umfassenden Anzahl von IT-Sicherheits-Policies (Weisungen, Richtlinien, Ausführungsbestimmungen usw.)
- Kommunikation der IT-Strategie, der Policies und des Überwachungs-Frameworks.
- Durchsetzung der IT-Sicherheits-Policies
- Definition von Sicherheitsereignissen in einer Sprache, wie sie sich auf das Geschäft auswirken
- Schaffung von Klarheit über den Geschäfts-Impact der Risiken hinsichtlich IT-Zielen und Ressourcen.
- Einrichtung eines IT-Kontinuitäts-Plans, der die Geschäftskontinuitäts-Pläne unterstützt

☐ **Risikomanagement**
- Berücksichtigung und Schutz aller IT-Werte (Assets)
- Ermittlung und Reduktion der Wahrscheinlichkeit und des Impacts der IT-Sicherheitsrisiken
- Regelmässige Durchführung von Risiko-Assessments mit dem verantwortlichen Management und mit Schlüsselpersonen
- Zugriffs-Erlaubnis auf kritische und sensitive Daten nur für berechtigte Benutzer
- Gewährleistung, dass kritische und vertrauliche Informationen vor unbefugtem Zugriff geschützt sind
- Identifikation, Überwachung und Berichterstattung über Sicherheits-Schwachstellen und Sicherheitsereignisse
- Entwicklung eines IT-Kontinuitäts-Plans, der umgesetzt, getestet und unterhalten wird.

☐ **Ressourcen-Management**
- Unterhalt der Unversehrtheit der Information und der Verarbeitungs-Infrastruktur
- Berücksichtigung und Schutz aller IT-Werte (Assets)
- Gewährleistung, dass IT-Services und -Infrastrukturen widerstandsfähig sind und sich von Fehlern, Attacken oder Katastrophen wieder
- Gewährleistung von richtiger Benutzung und Leistung der Anwendungen und Technologie-Lösungen.

☐ **Leistungs-Messung**
- Messung, Überwachung und Berichterstattung über Informationssicherheits-Prozesse sollen die Erreichung der Unternehmensziele gewährleisten.
- Beispiele von Messwerten sind: Anzahl Ereignisse von öffentlichen Reputationsschäden; Anzahl von Systemen, die nicht den Sicherheitsanforderungen entsprechen.

☐ **Wertbeitrag (Value Delivery)**
- Gewährleistung, dass den automatisierten Geschäftstransaktionen und dem Informationsaustausch vertraut werden kann
- Gewährleistung, dass die IT Services entsprechend der Anforderungen verfügbar sind
- Minimierung der Wahrscheinlichkeit einer Unterbrechung von IT Services
- Minimierung der Auswirkungen von Sicherheits-Schwachstellen und -Ereignissen
- Gewährleistung eines minimale Geschäfts-Impact im Falle von Unterbrechungen oder Veränderungen bei den IT Services
- Einrichtung eines kostenwirksamen Aktion-Plans für die kritischen IT-Risiken.

Abb. 7.2 Ergebnisse der Information Security Governance ([Itga06], S. 29–31)

Im aktuellen COBIT-5-Rahmenwerk werden diese Ergebnisse auf die heutigen Anspruchsgruppen-Erfordernisse hin mit den folgenden fünf Governance-Prozessen konkretisiert ([Cobi12], S. 22–24):

Sicherstellung

- der Einrichtung und Pflege des Governance-Rahmenwerks,
- der Mehrwert Lieferung,
- der Risiko-Optimierung,
- der Ressourcen-Optimierung und
- der Transparenz gegenüber Anspruchsgruppen.

In dem COBIT-5-Rahmenwerk ist mit der ISACA-Publikation „COBIT 5 for Information Security" auch eine detaillierte Behandlung der Informationssicherheit eingebettet [Cobi12]. Mehr Details über das COBIT-5-Rahmenwerk sind im Abschn. 9.4 dieses Buches beschrieben.

7.1.2 Informationssicherheits-Governance nach ITGI der ISACA

Das „IT Governance Institut" der ISACA hat für Verwaltungsräte und Geschäftsleitungen auch eine Reihe von Empfehlungen und Anleitungen darüber herausgegeben, wie die **„Information Security Governance"** zu verstehen ist und umgesetzt werden soll [Itga01; Itga06].[5] Gemäss dieser Anleitungen ist die „Information Security Governance" Bestandteil einer „Enterprise Governance" und beinhaltet die in Abb. 7.3 dargestellten Punkte.

Dabei sollten das „Board of Directors" und das „Executive Management" hinsichtlich der Informationssicherheit (vgl. [Itga01], S. 12, 13); [Itga01, S. 21]:

- verstehen, warum Informationssicherheits-Bedürfnisse Bestandteil der Governance sind;
- sicherstellen, dass sich Informationssicherheit in das „Governance Framework" einfügt;
- bewirken, dass auf den Ebene „Board of Directors" und „Executive Management" über Informationssicherheit, ihre Angemessenheit und Effektivität, Bericht erstattet und entsprechende Direktiven gegeben werden.

---

[5] Nach der ersten Ausgabe von 2001 liegt inzwischen eine zweite Ausgabe aus dem Jahre 2006 vor. Wenngleich die zweite Ausgabe verstärkt auf die Wertegenerierung durch effektive Investitionen der IT eingeht, behält die erste Ausgabe in vielen Punkten nach wie vor ihre Gültigkeit.

Die Sicherheitsanforderungen und -lösungen sollen durch die Unternehmens-Anforderungen und die Unternehmens-Strategie getrieben und auf das Risikoprofil des Unternehmens abgestimmt werden. Die für das „Board of Directors" und das „Executive Management" wertvollen als „Best Practices" bezeichneten Empfehlungen, sind in den Abb. 7.4. und 7.5 wiedergegeben.

❏ Eine Informationssicherheit-Risikomanagement-Methode;

❏ Ein umfassende Sicherheits-Strategie, die explizit mit den Geschäfts- und den IT-Zielen verbunden ist;

❏ Eine effektive Sicherhelts-Organisationsstruktur;

❏ Eine Sicherheits-Strategie, die sich auf zu liefernde und schützende Informationswerte bezieht;

❏ Sicherheits-Policies, die alle Aspekte der Strategie, der Überwachung und der Regulierung adressieren;

❏ Eine kompletter Satz an Sicherheitsstandards für jede Policy, welche die Compliance von Verfahrensregeln und Richtlinien zu den Policies garantieren;

❏ Ein institutionalisierter Überwachungs-Prozess, welcher die Compliance sicherstellt und Rückschlüsse auf die Wirksamkeit der Risiko-Überwachung und Bewältigung erlaubt;

❏ Ein Prozess, mit dem die kontinuierliche Beurteilung und Anpassung der Sicherheits-Policies, -Standards, -Verfahren und -Risiken gewährleistet wird.

Abb. 7.3 Information Security Framework nach ITGI ([Itga06], S. 18)

Best Practices auf der Ebene „Board of Directors":

❏ Einrichtung von „Ownership" für Sicherheit und Kontinuität im Unternehmen.

❏ Einrichtung eines „Audit-Komitees", welches seine Rolle betreffend Informationssicherheit und die Zusammenarbeit mit den Revisoren (Auditors) und dem Management klar versteht.

❏ Sicherstellung, dass externe und interne Revisoren (Auditors) mit dem Audit-Komitee und dem Management übereinstimmen, wie die Informationssicherheit in den Audits behandelt werden soll.

❏ Fordern, dass der Leiter IT-Sicherheit die Anliegen und den Fortschritt an das Audit-Komitee berichtet.

❏ Entwicklung von Krisen-Management-Praktiken, in welche das „Executive Management" und das „Board of Directors" von einer vereinbarten Eskalationsstufe an einbezogen werden.

Abb. 7.4 Informationssicherheit-Governance auf der Ebene „Board of Directors" ([Itga01], S. 18)

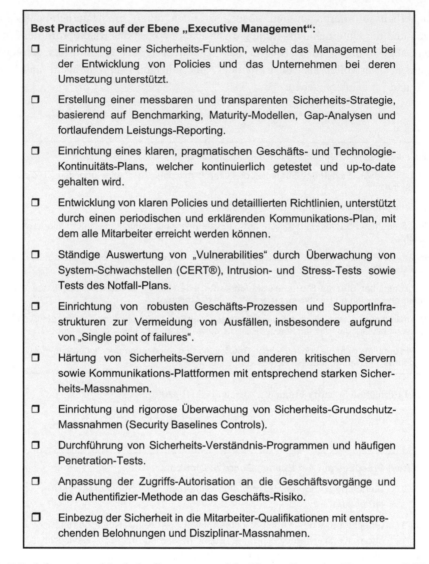

Best Practices auf der Ebene „Executive Management":

❑ Einrichtung einer Sicherheits-Funktion, welche das Management bei der Entwicklung von Policies und das Unternehmen bei deren Umsetzung unterstützt.

❑ Erstellung einer messbaren und transparenten Sicherheits-Strategie, basierend auf Benchmarking, Maturity-Modellen, Gap-Analysen und fortlaufendem Leistungs-Reporting.

❑ Einrichtung eines klaren, pragmatischen Geschäfts- und Technologie-Kontinuitäts-Plans, welcher kontinuierlich getestet und up-to-date gehalten wird.

❑ Entwicklung von klaren Policies und detaillierten Richtlinien, unterstützt durch einen periodischen und erklärenden Kommunikations-Plan, mit dem alle Mitarbeiter erreicht werden können.

❑ Ständige Auswertung von „Vulnerabilities" durch Überwachung von System-Schwachstellen (CERT®), Intrusion- und Stress-Tests sowie Tests des Notfall-Plans.

❑ Einrichtung von robusten Geschäfts-Prozessen und SupportInfra-strukturen zur Vermeidung von Ausfällen, insbesondere aufgrund von „Single point of failures".

❑ Härtung von Sicherheits-Servern und anderen kritischen Servern sowie Kommunikations-Plattformen mit entsprechend starken Sicher-heits-Massnahmen.

❑ Einrichtung und rigorose Überwachung von Sicherheits-Grundschutz-Massnahmen (Security Baselines Controls).

❑ Durchführung von Sicherheits-Verständnis-Programmen und häufigen Penetration-Tests.

❑ Anpassung der Zugriffs-Autorisation an die Geschäftsvorgänge und die Authentifizier-Methode an das Geschäfts-Risiko.

❑ Einbezug der Sicherheit in die Mitarbeiter-Qualifikationen mit entspre-chenden Belohnungen und Disziplinar-Massnahmen.

Abb. 7.5 Informationssicherheits-Governance auf der Ebene „Executive Management" ([Itga01], S. 18–19)

7.1.3 Praktische Umsetzung der Anforderungen „Informationssi-cherheit"

Aus der Sicht der „Informationssicherheit" (IT-Sicherheit eingeschlossen) gilt es festzu-halten, dass eine hundertprozentige Sicherheit nicht möglich ist. Um über die Höhe der Sicherheit überhaupt eine Aussage machen zu können, kommt das „Risiko" als ein Mass für die „Unsicherheit" respektive der „Ungewissheit" für das Erreichen der Sicherheits-ziele zur Anwendung.

Nutzen-Begründung für Sicherheits-Massnahmen

Die Kosten von Sicherheitsmassnahmen im Unternehmen sind oft sehr hoch und bei der heutigen Risiko-Exponierung (u. a. infolge der Cyber-Risiken) im Steigen begriffen. Für Aussagen über die Höhe des Risikos hinsichtlich zu fällender Entscheide wird es deshalb immer wichtiger, die Kosten der Massnahmen gegen ihren Nutzen, sprich ihre Fähigkeit zur Risiko-Verminderung, abzuwägen.

So sind die Budgets für Sicherheitsmassnahmen, wenn sie beispielsweise durch die Geschäftsleitung eines Unternehmens bewilligt werden sollen, vermehrt mit dem zu erzielenden Nutzen zu begründen. Bei der Nutzen-Argumentation genügt es meist nicht, die vorhandenen Bedrohungen zu erläutern, sondern dass die eingeschätzten und nach unternehmensspezifischen Kriterien bewerteten Risiken aufgezeigt werden können. Das Aufzeigen der Risiken kann dabei sinnvollerweise mit entsprechenden Risiko-Szenarien unterlegt werden. Der Management-Prozess für die Informationssicherheit geht somit in einen Risikomanagement-Prozess über, wie er im Kap. 3 in seiner allgemeinen und systematischen Form behandelt wurde. Ein solches Risikomanagement soll in der Lage sein, im Geschäftskontext die Massnahmenkosten im Verhältnis zu den Risiken zu optimieren; dabei sollen die Entscheide, ob und welche Art von Sicherheitsmassnahmen eingesetzt werden, erst aufgrund der Ergebnisse der vorgelagerten „Risiko-Analyse" und einer entsprechenden „Risiko-Bewertung" gefällt werden.

Aufgabe der Disziplin „Informationssicherheit"

In der Realität hat also die Disziplin „Informationssicherheit" nicht die Aufgabe, „Sicherheit per se" zu erzeugen, sondern die zum Teil wechselnden Risikosituationen im Zusammenhang mit Informationen in einem ständigen Prozess festzustellen und den Umständen entsprechend angemessen zu behandeln und wo nötig zu bewältigen.

Aus den Risiko-Behandlungs-Optionen „verhindern", „reduzieren", „transferieren" oder „selbst tragen" wird klar, dass das Informationssicherheits-Risikomanagement, wie auch jedes andere Risikomanagement in einem Unternehmen, nicht die alleinige Aufgabe einer Fachabteilung sein kann, sondern sowohl eine strategische wie auch eine operative Aufgabe des ganzen Unternehmens ist.

Informationssicherheits-Risikomanagement als Bestandteil einer guten Governance und Management-Praxis

Informationssicherheit-Risikomanagement ist somit ein integraler Teil guter Governance und Management-Praxis und leitet sich von den Wertvorstellungen, der Politik, den Strategien und Zielen des Unternehmens ab. Doch kann die Frage über das notwendige Mass an Sicherheit letztlich nur über das eingeschätzte und im Kontext der Unternehmenswerte (Risikoobjekte/Assets) bewertete Risiko beantwortet werden. Die Leistung der

„Informationssicherheit" äussert sich daher vor allem in einem an den Geschäfts-Strategien und -Zielen ausgerichteten Informationssicherheits-Risikomanagement.

Ausblick auf „Cyber Security Governance"
Inwiefern die Governance der „Cyber Security Governance" in einem eigenen Standard analog zu „IT-Security" und „Information Security" standardisiert werden soll, ist derzeit noch offen. Neben den Überlappungen mit „IT-Security" und „Information Security", besitzt die „Cyber Security" auch starke Überlappungen und Schnittstellen zu „Critical Infrastructure Protection", „Network Security", „Safety", „Business Continuity" und bedarf im Rahmen der Governance ein grosses Mass an interdisziplinären und ausserbetrieblichen Abstimmungen und Koordinierungen.

7.2   Organisatorische Funktionen für Informations-Risiken

Die Bedeutung des Risikomanagements für die Informationssicherheit wurde im Abschn. 7.1 bereits behandelt. Behandelt wurden auch die Anforderungen an eine IT-Governance auf den Ebenen des Verwaltungsrats und der Geschäftsleitung. Auf die wichtigen Funktionen im Rahmen eines übergeordneten Unternehmens-Risikomanagements wurde bereits im Abschn. 4.5 eingegangen.

Für die IT-Governance und die Informationssicherheits-Governance fallen, insbesondere in Unternehmen mit hohen IT-Abhängigkeiten, dem CIO (Chief Information Officer) und dem CISO (Chief Information Security Officer) wichtige Rollen zu. In den folgenden Abschnitten sollen diese und einige weitere organisatorische Funktionen behandelt werden, die sowohl aus der Sicht der IT als auch der Informationssicherheit das „Informations-Risikomanagement" im Unternehmen steuern. Diese Funktionen sind vor allem:

- Chief Information Officer;
- Chief Information Security Officer[6];
- Prozess- und System-Owner bei IT-unterstützten Prozessen;
- IT-Administratoren und IT-Sicherheits-Administratoren.

7.2.1   Chief Information Officer (CIO)

Verantwortlichkeit für Informations-Technologien im Unternehmen
Um dem hohen Stellenwert der Informationen gerecht zu werden, setzen Unternehmen mit hohen Abhängigkeiten von Informationen (z. B. Banken, Versicherungen, Verwaltungen) einen Verantwortlichen für die Informations-Technologien (IT) auf der obersten Management-Ebene des Unternehmens ein. Diese meist dem CEO (Chief Executive Officer) des

---

[6] Die Rolle des CISO wird gelegentlich auch in die Funktion eines „Chief Security Officers" integriert.

Unternehmens direkt unterstellte Führungsperson wird oft als „Chief Information Officer" (CIO) bezeichnet. Häufig ist dieser Chief Information Officer auch Mitglied der Geschäftsleitung. Diese Führungsperson übernimmt im Auftrag des Verwaltungsrates und der Geschäftsleitung vor allem Verantwortlichkeiten über „strategische" und „zentrale" Fragen im Zusammenhang mit Konzeption, Aufbau, Betrieb, Nutzung und Abbau von Informations-Technologien. In vielen Fällen obliegt diesem CIO auch gleichzeitig die operative Verantwortung für die Informationstechnologie im Unternehmen.

Strategische IT-Belange
Die Zuordnung der Verantwortlichkeiten zu einem CIO ist stark von der Struktur des Unternehmens abhängig. So werden in einem Unternehmen mit komplexen und wechselhaften Informationsanforderungen dem CIO in erster Linie die strategischen IT-Belange zugeordnet.

Operative Aufgaben der Unternehmens-IT
Hingegen werden in einem Unternehmen mit einfacheren und stabilen Informationsanforderungen dem CIO zusätzlich zu den strategischen auch die operativen Aufgaben und Verantwortlichkeiten der Unternehmens-IT übertragen.

CIO als Katalysator für IT-Belange
In jedem Falle muss der CIO die Rolle eines Katalysators zwischen den Geschäfts-Anforderungen und den IT-Lieferungen des IT-Bereichs einnehmen können. In seiner strategischen Aufgabe wird er Owner der IT-Strategie-Risiken, IT-Technologie-Risiken und der IT-Projektrisiken sein.

7.2.2   Chief Information Security Officer

Die Funktion eines (unternehmensweiten) Chief Information Security Officer beruht in vielen Unternehmen, wie die des CIO, auf dem hohen Stellenwert der Information und der IT-Systeme.

Garant für Informationssicherheit
Zudem bedarf es auf Grund der wichtigen Informationssicherheits- und IT-Risiken und der zum Teil komplexen Risiko-Zusammenhänge einer Funktion mit der notwendigen Fachkompetenz, die für die Geschäftsleitung Garant dafür ist, dass den Informations-Risiken in angemessener Weise Rechnung getragen wird. In seiner Zuständigkeit über das gesamte Informationssicherheits-Programm im Unternehmen stellt er somit das wichtige Verbindungsglied zwischen der Geschäftsleitung und dem zur Ausführung gelangenden Informationssicherheits-Programm im Unternehmen dar (vgl. [Cobi12], S. 169–170).

Bezeichnung Chief Information Security Officer
Die Bezeichnung „Chief Information Security Officer" ist deshalb beliebt, weil sie zum einen eine deutliche Abgrenzung gegenüber anderen Sicherheitsaspekten im Unternehmen

trifft (z. B. der physischen Objekt-Sicherheit) und zum anderen die Sicherheit der IT-Systeme als Voraussetzung für die Informationssicherheit in das Verantwortlichkeitsgebiet einzubeziehen vermag. Die Abgrenzung gegenüber den anderen Sicherheitsaspekten wird oft so getroffen, dass dem CISO die Informationssicherheit bezüglich Vertraulichkeit, Integrität und Verfügbarkeit der Informationen und IT-Systeme zugeteilt ist.

Policy-Erstellung, Durchsetzung und Kontrolle
Die Aufgaben des CISO konzentrieren sich vor allem auf die Strategiefindung bezüglich der Informations-Risiken im Strategie- und Risikomanagement-Prozess sowie der Erarbeitung und Aktualisierung der Informationssicherheits-Policy und deren Durchsetzung und Kontrolle. Mit diesen Aufgaben legt der CISO zum einen die Leitplanken für die operativen Verantwortlichkeiten betreffend Informationssicherheit fest und zum anderen steuert er den fortlaufenden Informationssicherheits-Risikomanagement-Prozess.

Bewilligungs- und Anordnungsbefugnisse
In seiner Kontroll- und Überwachungsfunktion können dem CISO durch den Verwaltungsrat oder die Geschäftsleitung auch Bewilligungs- und Anordnungsbefugnisse für besondere Prozess-Schritte oder Situationen (z. B. während der System-Entwicklung oder bei akuten Gefahren und Ereignissen) zugeteilt sein. Aus der Führungs-Pyramide der Informationssicherheit (s. Abschn. 8.1) sind weitere Führungs-Verantwortlichkeiten ersichtlich, wie das Erlassen von Sicherheitsstandards, das Definieren einer Sicherheits-Architektur oder die Abnahme von Sicherheitskonzepten.

Steuerung und Koordination der IT-RM-Prozesse
In seinem Aufgabengebiet, der Steuerung und Koordination der Informations-RM-Prozesse (s. Abschn. 12.1.3), fällt dem CISO die Rolle eines „Prozess-Owners" für den Informations-Risikomanagement-Prozess zu. Natürlich ist er damit nicht gleichzeitig Owner der Informations-Risiken oder der Informations- und IT-Prozesse selbst.

Gewaltentrennung bezüglich der Verantwortlichkeiten des CISO
Der CISO hat hauptsächlich Verantwortlichkeiten über den Informations-RM-Prozess, über die Sicherheits-Anweisungen und deren Durchsetzungen und Kontrollen. Neben diesen Verantwortlichkeiten sollten dem CISO hinsichtlich möglicher Interessenkonflikte nicht gleichzeitig die Verantwortlichkeiten der Sicherheitsausführung und -umsetzung zugeordnet sein (s. Abschn. 7.2.6).

7.2.3 Information Security Manager

Besonders in grösseren Unternehmen sind dem CISO führungsmässig meist mehrere Information Security Managers unterstellt. Diese Manager sind in verschiedenen Bereichen und für bestimmte Durchsetzung- und Umsetzungs-Aufgaben der Informationssicherheit im Unternehmen verantwortlich. Dabei nehmen sie wichtige Aufgaben an den

Schnittstellen zur operativen Umsetzung der Informationssicherheits-Policies und des Informationssicherheits-Management-Prozesses wahr. In diesen Bereichen und Aspekten verfügen Sie über die entsprechenden Entscheidungs-, Anordnungs- und Kontrollbefugnisse. Für eine breite und das Unternehmen durchdringende Umsetzung der Informationssicherheit in Gebieten wie der Anwendungsentwicklung, der Zugriffs-Sicherheit, dem Incident-Management oder dem Durchführen von Awareness-Programmen, spielen eine für die Informationssicherheit massgebliche Rolle. Eine bedeutsame Funktion haben sie auch dann, wenn sie, neben anderen Aufgaben, die Information Security Rolle nur nebenamtlich ausüben.

7.2.4   Business-Owner, IT-Owner und IT-Administratoren

Bei der Behandlung des Risikomanagements aus Unternehmenssicht wurde bereits der Risk-Owner als einer der Hauptakteure im unternehmensweiten Risikomanagement angeführt.

Ownership-Prinzip
Das Ownership-Prinzip hinsichtlich Verantwortlichkeits-Zuordnung hat sich auch bei den Informations-Risiken bewährt. So weist beispielsweise das „IT Governance Institute" in seinen Anleitungen über die „IT Security Governance" auf die Einrichtung von „Ownership" für Sicherheit und Kontinuität im Unternehmen hin.

Owner für Informations-Risiken
Als Owner für Informations-Risiken eignen sich Führungskräfte in der Linie, welche die Verantwortung über eine bestimmte Prozesskette oder ein IT-System (IT-Infrastruktur oder IT-Applikation) tragen.

Geschäftsprozess-Owner/IT-Prozess-Owner
Dabei kommen einerseits **Owner von Geschäftsprozessen**[7] in Frage, welche mit den von den Geschäftsprozessen benötigten Informationen und den Konsequenzen allfälliger Informations-Risiken vertraut sind. Andererseits braucht es **Owner für die IT-Prozesse, IT-Systeme und IT-Infrastrukturen**. Diese sog. „IT-Owner" tragen für die ihnen zugeteilten IT-Prozesse, IT-Systeme oder IT-Infrastrukturen, zusätzlich zu ihrer Linienverantwortung, die Verantwortung, dass sie die Risiken dieser Bereiche kennen und angemessen behandeln müssen.

Administratoren für Verwaltungsaufgaben
Neben den oben beschriebenen Ownern, die definierte Führungs- und Prozessverantwortlichkeiten (z. B. Risiko-, Kosten- und Leistungsverantwortung) wahrnehmen, sind

---

[7] Vgl. „COBIT 5 for Risk", ([Cobr13], S. 40).

für den gesicherten Betrieb der IT-Systeme noch sogenannte Administratoren (oder Sicherheits-Administratoren) im Einsatz. Diese Administratoren nehmen Verwaltungsaufgaben wahr, wie die Erfassung und Verwaltung von Zugriffsrechten oder die Registrierung, Auswertung und Weiterleitung von Sicherheits-Ereignissen.

Administration von vorgegebenen Fachaufgaben
Innerhalb des Informations-Risikomanagement-Prozesses haben die Administratoren meist keine Führungsaufgaben, sondern erfüllen die mit Policies vorgegebenen Fachaufgaben. Sowohl Owner als auch Administratoren führen ihre Aufgaben zur Informationssicherheit und zum Informations-Risikomanagement nicht in jedem Falle vollamtlich aus. Gerade in kleineren Unternehmen können diese Funktionen auch in Personalunion mit anderen Funktionen ausgeübt werden.

7.2.5　Information Security Steering Committee

Die Informationssicherheit berührt sämtliche Aspekte eines Unternehmens. Demnach ist es wichtig, sowohl das Assessment möglicher Risiken mit ihren Ursachen als auch die umzusetzenden Massnahmen breit mit den entsprechenden Kenntnisträgern und den Verantwortlichen im Unternehmen abzustützen.

In der aktuellen Publikation „COBIT 5 for Information Security" der ISACA werden die Komitee-Aufgaben der Beaufsichtigung, Unterstützung, Überprüfung und Überwachung auf die beiden in Verbindung stehenden Committees „Unternehmens Risk Management" und „Information Security Steering Comittee" aufgeteilt. Dabei sind CEO, CRO, CFO, COO etc. sowie der CISO, Mitglieder im „Unternehmens Risk Management Committee". Die Zusammensetzung des „Information Security Steering Committee" wird mit folgenden spezifischen Rollen der IT und der Informationssicherheit vorgeschlagen (vgl. [Cobi12], S. 171–172, 174):

- CISO
- Information Security Manager (ISM)
- Information Custodians/Business Owner
- IT Manager
- Vertreter von Spezialfunktionen (z. B. Administratoren)

Das „Information Security Steering Committee" soll hauptsächlich die Kommunikation der Management-Absichten und die Ausrichtung des Sicherheits-Programmes an den Unternehmenszielen gewährleisten. Neben der Besprechung, Zuteilung und Überwachung der Aufgaben aufgrund der aktuellen Anforderungen, (z. B. Ereignisse, externe oder interne Anforderungen) soll durch das Komitee und seine Mitglieder das Bewusstsein im Unternehmen hinsichtlich einer guten Risiko- und Sicherheitskultur gefördert werden.

7.2.6   Organisatorische „Checks and Balances"

Funktionentrennung
Wie aus den obigen Funktions- und Rollenbeschreibungen erkennbar ist, sollten insbesondere die Verantwortlichkeiten für den Risikomanagement-Prozess und die Risikoverantwortlichkeiten in den Geschäfts- und IT-Prozessen im Sinne einer „Funktionentrennung" personell getrennt sein. So ist beispielsweise von der Unterstellung eines CISO mit dem oben skizzierten Aufgaben-/Verantwortlichkeitsprofil unter die Führungs-Linien der IT-Organisation oder eines Geschäftsfeldes abzuraten. In einer solchen Unterstellung würde er die im Interesse des Gesamt-Unternehmens notwendigen Kontrollen und aufwändigen Sicherheitsmassnahmen nur schwerlich durchsetzen können.

Principal/Agent-Konflikt
Aufgrund der Informations-Asymmetrie zwischen dem für die Unternehmens-Risiken verantwortlichen Verwaltungsrat und den für eher kurzfristige Kosteneinsparungen belohnten Linien-Manager eines Geschäftsfeldes oder IT-Prozesses wird es zwangsläufig zu einer „Principal/Agent"-Situation kommen. Dabei werden sich die Linien-Manager in der Regel für die kurzfristigen Einsparungen durch Nichtrealisierung nachhaltiger Sicherheits-Massnahmen entscheiden (vgl. [Bitr04], S. 54); dies vor dem Hintergrund, dass sich grössere IT-Risiken meist erst in der langen Sicht materialisieren.

Organisatorische Einordnung CISO
Die organisatorische Einordnung sollte deshalb dem CISO den direkten Berichtsweg zu den obersten Kontroll- und Führungsinstanzen gewährleisten. Mit der notwendigen Bewegungsfreiheit und Unbefangenheit wird er somit im Auftrag der obersten Kontroll- und Leitungsinstanzen die Informationssicherheit im Unternehmen durchsetzen und kontrollieren können. Unter Beachtung des Prinzips der Funktionentrennung sind Unterstellungen des CISO unter den Verwaltungsrat, den CEO oder den CIO mögliche Varianten.[8]

Mögliche Organisationsstruktur
Die übergeordnete Steuerung, Koordination und Kontrolle des Gesamt-Risikomanagement-Prozesses erfolgt durch den „Chief Risk Officer". Die Umsetzung der aufgrund der Risiken notwendigen Massnahmen, Überwachungs- und Berichterstattungsaufgaben obliegen den Risiko-Eignern (Risk Owner). Die Risiko-Owner für die operativen Risiken sind meist leitende Personen in den operativen Geschäftseinheiten und Unterstützungsfunktionen.

Eine Organisations-Struktur mit den bereits unter Abschn. 4.5 erwähnten Funktionen ist in der Abb. 7.6 veranschaulicht. In dieser Abbildung sind zudem die wesentlichen organisatorischen Funktionen gezeigt, die in ihren jeweiligen Führungs- und Fachgebieten das Risikomanagement steuern und kontrollieren.

---

[8] Die Unterstellung des CISO unter den CIO ist im Falle, wenn der CIO auch operative Verantwortlichkeiten einnimmt, nicht empfehlenswert und durch Regulierer oder Gesetzgeber auch nur bedingt erlaubt, z. B. in Deutschland nur dann, wenn der Datenschutz durch eine nicht dem CIO unterstellte Person gewährleistet wird.

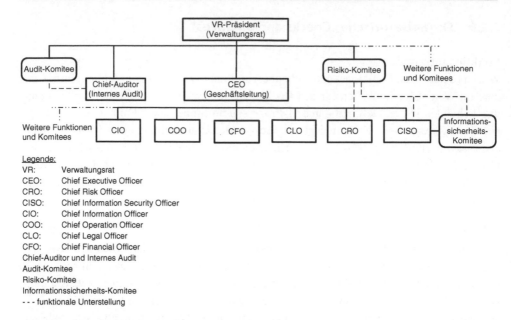

Legende:
VR: Verwaltungsrat
CEO: Chief Executive Officer
CRO: Chief Risk Officer
CISO: Chief Information Security Officer
CIO: Chief Information Officer
COO: Chief Operation Officer
CLO: Chief Legal Officer
CFO: Chief Financial Officer
Chief-Auditor und Internes Audit
Audit-Komitee
Risiko-Komitee
Informationssicherheits-Komitee
- - - funktionale Unterstellung

Abb. 7.6 Risikomanagement-Funktionen in einem grossen Unternehmen

Weitere Rollen und Organisationsstrukturen

Je nach Unternehmen können auch andere hier nicht speziell erwähnte Gremien, Funktionen und Rollen für das Unternehmen notwendig sein. So können beispielsweise Business Continuity Manager, Compliance Officer, Service Manager, Datenschutzbeauftragte, Chief-Technology-Officer usw. für das Unternehmen wichtige Rollen bedeuten und auch auf das IT- und Informationssicherheits-Risikomanagements einen wichtigen Einfluss haben. Solche Rollen behandeln ihre Anliegen meist in eigenen Gremien oder können nach Bedarf auch in den geschilderten Gremien für Informationssicherheit oder Risikomanagement als Mitglieder ihre diesbezüglichen Anliegen behandeln und koordinieren.

Verantwortlichkeitszuweisungen mittels RACI-Charts

Die den einzelnen Instanzen zugeteilten Verantwortlichkeiten für das Risikomanagement und die Informationssicherheit sind von Unternehmen zu Unternehmen verschieden. Gerade bei der starken Verflechtung von Risiken und Verantwortlichkeiten einer Vielzahl von Funktionsträgern und Komitees ist es wichtig, die organisatorischen Verantwortlichkeiten und Informationsflüsse zu regeln. Ein dafür gerne verwendetes Instrument, das auch bei COBIT 5 angewandt wird, sind die sog. RACI-Charts.

RACI sind die Abkürzungen für

R: Responsible (zuständig für die Durchführung einer Aufgabe oder eines Teilprozesses)
A: Accountable (rechenschaftspflichtige Verantwortung)
C: Consulted (konsultierte, beratende und informationsliefernde Mitwirkung)
I: Informed (Rollenträger wird über Aspekte, Ergebnisse usw. informiert)

Die „RACI-Chart" stellt in einer Tabelle dar, wie die einzelnen Instanzen (Rollenträger) in die Ausführung einer Aufgabe oder einen Teilprozess einbezogen werden.

7.3 Kontrollfragen und Aufgaben

1. Wie definieren Sie IT-Governance?
2. Nennen Sie mindestens fünf Resultate, welche eine „Information Security Governance" liefern sollte.
3. Nennen Sie mindestens je drei der Best Practices zur Information Security Governance auf der Verwaltungsrats- und auf der Geschäftsleitungs-Ebene.
4. Mit welchen organisatorischen Dispositionen können „Checks and Balances" für die Informationssicherheit herbeigeführt werden?
5. Welche Probleme können entstehen, wenn der Chief Information Security Officer innerhalb der Linie einer Informatik-Abteilung unterstellt wird?
6. Definieren Sie den Unterschied zwischen „Information Security Governance" und „IT Governance".
7. Aus welchen drei Hauptaufgaben besteht der Governance-Zyklus?

Literatur

[Bitr04] Biri, Kurt und Giampaolo M. Trenta: Corporate Information Security Governanance im schweizerischen Privatbankgeschäft. Diplomarbeit Executive MBA. Universität Zürich, 2004.
[Böck04] Böckli, Peter: Schweizerisches Aktienrecht. Zürich: Schulthess, 2004.
[Cobi12] ISACA: COBIT® 5 for Information Security. Rolling Meadows: Information Systems Audit and Control Association, 2012.
[Cobr13] ISACA: COBIT® 5 for Risk. Rolling Meadows: Information Systems Audit and Control Association, 2013.
[Isog15] ISO/IEC 38500:2015: Corporate governance of information technology. International Organization for Standardization, 2015.
[Isoh13] ISO/IEC 27014:2013: Governance of information security. International Organization for Standardization, 2013.
[Itga01] IT Governance Institute: Information Security Governance, Guidance for Boards of Directors and Executive Management. Rolling Meadows: IT Governance Institute, 2001.
[Itga06] IT Governance Institute: Information Security Governance, Guidance for Boards of Directors and Executive Management, 2nd Edition. Rolling Meadows: IT Governance Institute, 2006. URL: http://www.isaca.org/Knowledge-Center/Research/Documents/Information-Security-Govenance-for-Board-of-Directors-and-Executive-Management_res_Eng_0510.pdf, abgerufen 12.9.2016.
[Itgb03] IT Governance Institute: Board Briefing on IT Governance, 2nd Edition. Rolling Meadows: IT Governance Institute, 2003. URL: http://www.isaca.org/restricted/Documents/26904_Board_Briefing_final.pdf, abgerufen 12.9.2016.

Verantwortlichkeiten und Inhalte von Führungsinstrumenten gemäss Führungspyramide

8

Überblick

Nach der Behandlung der Governance Aspekte und der möglichen organisatorischen Strukturen und Funktionen im Unternehmen, stellt sich nun die Frage, wie das Informations-Risikomanagement in der Praxis konkret umgesetzt werden kann. Zur Umsetzung bedarf es der Instrumente, aber auch einer Zuordnung von Aufgaben, Verantwortlichkeiten und Kompetenzen sowie der für die Umsetzung notwendigen Ressourcen. Wie in einem grösseren Unternehmen die Umsetzung der Governance und des Managements des Informations-Risikomanagements und der Informationssicherheit sowohl in Bezug auf die Führungsebenen als auch hinsichtlich praktikabler Führungsinstrumente durchführbar ist, wird anhand einer sogenannten Führungspyramide visualisiert.

Für die Kommunikation, die Anweisung und Kontrolle der Umsetzung des Risikomanagements, vor allem hinsichtlich der Informationssicherheit, sind die Policies und für die technische Umsetzung die Sicherheitskonzepte praktikable Mittel. Die Aufteilung von Policy-Themen kann mittels eines gezeigten beispielhaften Rahmenkonzepts erfolgen.

Bezüglich der Ressourcenplanung sind, neben den wichtigen Personal-Ressourcen, auch technische Mittel notwendig, die zu einem grossen Teil in der Form von Sicherheitsmassnahmen, im Rahmen einer „IT-Sicherheitsarchitektur", zum Einsatz gelangen sollen. Eine solche Architektur soll, im Einklang mit der Forderung nach „risikobasierten Massnahmen", vorausschauend und nach Wirksamkeits- und Effizienzkriterien geplant, umgesetzt und betrieben werden. Anhand von Beispielen wird gezeigt, wie eine solche Architektur mit Einzel-„Bausteinen" aufgebaut werden kann. Sowohl mittels Bausteinen einer unternehmenseigenen Sicherheitsarchitektur als auch mit einzelnen aus Grundschutzkatalogen (Baseline Security Standards) entnommenen Bausteinen ist es möglich und sinnvoll, für die typische Risiko-Exponierung des Unternehmens einen breiten, wenn auch nicht alle Anforderungen abdeckenden

© Springer Fachmedien Wiesbaden GmbH 2017

H.-P. Königs, *IT-Risikomanagement mit System*, Edition <kes>,
DOI 10.1007/978-3-658-12004-7_8

Schutz im Unternehmen einzuführen und zu unterhalten. Bevor das Kapitel mit Empfehlungen für risikobasierte IT-Sicherheitskonzepte abschliesst, wird eine sinnvolle
Koexistenz von „**Grundschutz** und **risikobasierten Massnahmen**" diskutiert.

8.1   Informations-Risikomanagement in der Führungs-Pyramide

Die Steuerung des Informationssicherheits-Risikomanagements in einem Unternehmen
lässt sich anhand einer Pyramide darstellen. Die Pyramide symbolisiert dabei, die von oben
nach unten zunehmende Verfeinerung der zu steuernden und kontrollierenden Aspekte. Auf
den einzelnen Ebenen der Pyramide sind sodann die Führungsinstrumente der jeweiligen
Führungs- und Kontrollinstanzen angeordnet. Abb. 8.1 zeigt das Beispiel einer solchen Führungspyramide, wie sie in einem mittelgrossen Unternehmen aussehen könnte.

Der Output aus einer Ebene der Pyramide fliesst top-down als Input in die nächst tiefer
gelegene Ebene ein. Der Top-down-Ansatz sorgt für eine sukzessive Verfeinerung der

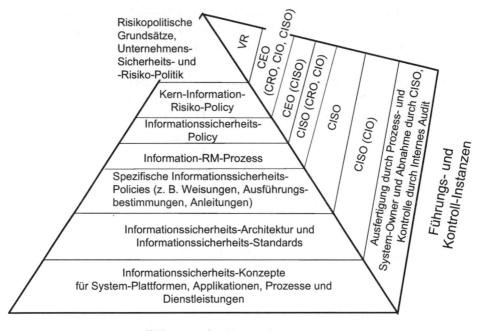

Legende:
VR: Verwaltungsrat
CEO: Chief Executive Officer
CRO: Chief Risk Officer
CIO: Chief Information Officer
CISO: Chief Information Security Officer
Konsultations- und Unterstützungs-Instanzen in Klammern

Abb. 8.1   Führungspyramide mit Instrumenten und Führungsinstanzen

Instrumente und garantiert eine den Unternehmens-Anforderungen entsprechende Standardisierung der Prozesse und Massnahmen. Selbstverständlich werden die tiefer gelegenen Ebenen aufgrund der aktuellen operativen Realität den Inhalt der höher gelegenen Ebenen wiederum beeinflussen.

Ebenen der Führungspyramide

In den nachfolgenden Abschnitten werden die Inhalte der Führungsinstrumente für das Informations-Risikomanagement auf den einzelnen Ebenen beleuchtet. Ebenfalls werden Anhaltspunkte für die Verantwortlichkeiten bezüglich der Inkraftsetzung, Ausführungsverantwortung und Kontrolle der Instrumente auf den einzelnen Ebenen gegeben. In kleineren Unternehmen können aneinander angrenzende Ebenen und deren Instrumente miteinander verschmolzen werden. In grossen Organisationen mit komplexen Führungsstrukturen sind sogar zusätzliche Ebenen mit entsprechenden Instrumenten möglich.

8.1.1   Risiko- und Sicherheits-Policy[1] auf der Unternehmens-Ebene

Die Risiko- und Sicherheits-Policy ist ein durch den Verwaltungsrat (Aufsichtsrat) genehmigtes Dokument. Dieses gibt die für das Unternehmen gültigen übergeordneten Sicherheits- und Risiko-Ziele sowie die dazu wichtigsten Risikopolitischen Grundsätze wieder.

Wichtige Werte und Haltungen zu Risiken und Sicherheit

Die Ziele und Grundsätze beziehen sich auf die Unternehmens-Mission und die Unternehmens-Ziele und bringen wichtige Werte und Haltungen (ggf. auch ethische Grundsätze) zu Risiken und zur Sicherheit im Unternehmen zum Ausdruck. Solche Punkte können z. B. der Schutz von Kunden-Vermögen oder das Unterhalten von Ausweich-Standorten und Katastrophen-Organisationen sein.

Risikobereiche und Grundzüge für Risikomanagement-Prozess

Die Risiko- und Sicherheits-Policy legt zudem in groben Zügen die Risiko- und Sicherheitsorganisation und die einzelnen Risikobereiche sowie die Abgrenzungen untereinander fest. Informationssicherheit ist in der Regel einer dieser Risikobereiche. Andere Risikobereiche enthalten die IT-Risiken, die Geschäftskontinuitäts-Risiken, die Personal-Risiken, die Finanzrisiken und andere mehr.

Einige der Risikobereiche, wie die der IT-Risiken und der Informationssicherheits-Risiken werden entsprechend der Unternehmensanforderungen allenfalls gemeinsam behandelt. Ebenfalls in der Risiko- und Sicherheits-Policy enthalten sind die Grundzüge für den integrierten unternehmensweiten Risikomanagement-Prozess.

---

[1] Der in der anglo-amerikanischen Management-Literatur und auch in den internationalen Standards verwendete Begriff „Policy" wird in diesem Buch meist als englischsprachiger Fachbegriff belassen oder als „Richtlinie" übersetzt.

Übergeordnete und langfristig angelegte Policy

Die wesentlichen Risikobereiche des Unternehmens sollen mit den entsprechenden Vorgaben und Verhaltensweisen in dieser Risiko- und Sicherheits-Policy angesprochen sein. Diese Policy ist übergeordnet und langfristig angelegt und ist damit ein Führungsinstrument des „Normativen Managements". Folgerichtig wird auch der Verwaltungsrat massgeblich den Inhalt bestimmen und die Policy genehmigen. Sowohl die Strategiefindung als auch die operativen Aktivitäten des Unternehmens werden sich im Rahmen dieser Risiko- und Sicherheits-Policy bewegen.

Untergeordnete Risiko- und Sicherheits-Policies

In grösseren Unternehmen sind für die kritischen Risikobereiche untergeordnete Risiko- und Sicherheits-Policies angezeigt, welche die fachspezifischen Ziele, Grundsätze und Verantwortlichkeiten des Gebiets aufzeigen. In ein solches Gebiet fallen die Informations-Risiken, in die sich gemäss Abschn. 6.5 sowohl die Informationssicherheits-Risiken als auch die IT-Risiken einreihen.

8.1.2 Informationsrisiko-Policy (Information Risk Policy)[2]

Diese Policy[3] (Richtlinie) bezieht sich aus Unternehmenssicht auf die Risiken aller mit Informationen zusammenhängenden Handlungen, Prozessen und Technologien. Somit konkretisiert diese Policy für die Risiken der Informationssicherheit und der IT die Vorgaben aus der übergeordneten „Risiko- und Sicherheits-Policy" des Unternehmens und legt auf der strategischen und operativen Ebene fest, wie in den untergeordneten Policies und Prozessen (u. a. dem Risikomanagement-Prozess), mit den Informations-Risiken des Unternehmens umgegangen werden soll.

Eine der angesprochenen untergeordneten Policies ist die „Informationssicherheits-Policy" (Information Security Policy), die im Weiteren als Ausgangspunkt für die Behandlung der Informationssicherheit im Unternehmen näher behandelt werden soll.

8.1.3 Informationssicherheits-Policy (Information Security Policy)

Für die an den aktuellen Risiken des Unternehmens orientierte „Informationssicherheit" bedarf es der Vorgaben und Vorschriften, von denen einige an bestimmte für den Aufbau und Erhalt der Informationssicherheit verantwortliche Funktionsträger gerichtet sein sollten. Andere Vorschriften und Vorgaben sollten an die verschiedenen Kreise von

---

[2] Ein ähnliches Policy-Konzept wird auch durch COBIT 5 for Risk vorgeschlagen ([Cobr13], S. 31–32). Doch ist der COBIT-5-Risikomanagement-Prozess im Wesentlichen auf die Informations-Technologie (IT) fokussiert.

[3] In diesem Buch wird der in der internationalen englischsprachigen Standardisierung übliche Begriff „Policy" verwendet, da er im deutschsprachigen Raum nicht einheitlich in „Richtlinie" übersetzt wird.

Nutzern von Informationen und Informationstechnologien gerichtet sein. Solche Vorgaben und Vorschriften werden in den heute massgeblichen Standards für Informationssicherheit in ihrer Gesamtheit als „Informationssicherheits-Policy" bezeichnet (vgl. [Isom13], S. 2–3; [Isoc13], S. 2). Mit der Bezeichnung „Informationssicherheits-Policy" ist somit noch nicht ausgesagt, mit wie vielen Dokumenten und unter welchen unternehmensspezifischen Bezeichnungen die Vorgaben und Vorschriften an die Mitarbeiter und andere Betroffene des Unternehmens kommuniziert werden. Die umfangreichen Inhalte einer solchen Informationssicherheits-Policy (s. Beispiele in Abb. 8.2) können gemäss der Standards der ISO-270xx-Reihe, auf mehrere Dokumente verteilt werden.

Rahmenbedingungen aus der Informationsrisiko-Policy
Die grundsätzlichen Rahmenbedingungen einer solchen „Informationssicherheits-Policy" sind grösstenteils durch die übergeordnete „Informationsrisiko-Policy" und damit durch die normative „Risiko- und Sicherheits-Policy" des Unternehmens vorgegeben. Dort werden beispielsweise die Einstellungen des Unternehmens hinsichtlich Risiken sowie die Ziele und die Kriterien zur Einstufung, Toleranz und Akzeptanz der Risiken vorgegeben.

Für die Kommunikation solcher Vorgaben und Vorschriften muss insbesondere beachtet werden, dass deren Befolgung für die Informationssicherheit wichtig ist und dass die entsprechenden Dokumente der jeweiligen Zielgruppe punkto Übersichtlichkeit, Verständlichkeit und Detaillierungsgrad angepasst sein müssen.

▶ **Praxistipp** Für Policy-Dokumente gilt die Devise, dass kurze und dem Vokabular der Zielgruppe angepasste Policy-Dokumente eher befolgt und umgesetzt werden, als langatmige und kompliziert formulierte Schriftstücke.

Damit wird klar, unter welchen Gesichtspunkten die vielfältigen Inhalte einer Informationssicherheits-Policy auf einzelne Dokumente aufgeteilt werden und wie diese Dokumente abgefasst und im Einklang mit anderen Richtlinien-Dokumenten des Unternehmens benannt werden sollen. So gibt es Unternehmen, die solche Policy-Dokumente als Weisungen bezeichnen, andere wiederum verwenden Bezeichnungen wie Standards, Regeln, Ausführungsbestimmungen oder Richtlinien. Auch ist es üblich, zusätzlich zu den als zwingend einzuhaltenden Policy-Dokumenten auch Anleitungen, Merkblätter oder ähnliches an die Zielgruppen herauszugeben. Einzelne Unternehmen lassen auch einzelne Policy-Dokumente, zum Zeichen des Einverständnisses, durch die Zielpersonen unterzeichnen.

Policy-Inhalte an Funktionsträger und Dienstleister
Die an die Funktionsträger von Management-Prozessen der Informationssicherheit sowie der IT-Dienstleister gerichteten Policy-Dokumente bedürfen auch entsprechender fachspezifischer Inhalte. So wird das für die Umsetzung und den Unterhalt eines ISMS zwangsläufig notwendige Policy-Dokument über die Allgemeinverständlichkeit eines an die Nutzer gerichteten Policy-Dokuments hinausgehen. Die an die Funktionsträger eines ISMS und IT-Dienstleister gerichteten Policy-Inhalte werden deshalb vorteilhaft mittels separater Policy-Dokumente kommuniziert.

Allgemeines:
- ❏ Geschäfte des Unternehmens und Rolle der Informationen und der IT;
- ❏ Umwelt, u. a. für Unternehmen wichtige Märkte und Technologien
- ❏ Hauptsächliche Bedrohungen;
- ❏ Anspruchsgruppen (z. B. Kunden, Partner, Lieferanten) und deren Sicherheitsbedürfnisse
- ❏ Anforderungen gesetzlicher, regulatorischer und vertraglicher Art;
- ❏ Für Informationssicherheit relevante Ziele und Grundsätze und Umsetzungsstrategien abgeleitet von der „Risiko-und Sicherheits-Policy" und der „Informationsrisiken-Policy" des Unternehmens;
- ❏ Hinweis auf Risiko- und Sicherheitskultur: Bewusstsein, Kommunikation und Schulung;
- ❏ Hinweis auf angestrebte „Sicherheitsreife" (gemäss Maturity-Modell);
- ❏ Bezugnahme auf ein allenfalls zugrundliegendes ISMS oder anderes Rahmenwerk und Befolgung der diesbezüglichen Anforderungen;
- ❏ Begriffsdefinitionen: z. B. für Informationen, IT-Systeme und deren Komponenten;

Regelungen:
- ❏   Anwendungsbereich und Abgrenzung der Informations-Sicherheit:
  - o   Informationen, Geschäftsprozesse, IT-Prozesse, Hardware, Software, Netzwerke, Personal/Benutzer, Lokalitäten, Organisationseinheiten;
  - o   Nicht zur Informations-Sicherheit gehörende Funktionen (z. B. physische Objekt-Sicherheit);
- ❏   Sicherheits- und Risikoziele und generelle Aussagen über deren Einhaltung:
  - o   Elementare Sicherheitsziele (z. B. Vertraulichkeit, Integritätund Verfügbarkeit, ggf.auch Authentizität, Non-Repudiation und Zuverlässigkeit);
  - o   Höhere Ziele (z. B. Prozessziele, Zustandsziele, Verhaltensziele, Aufwandsziele
  - o   Zielsetzungs-Vorgehen;
  - o   Indikatoren zur Verifikation der Zielerreichung;
- ❏   Risiko-Management
  - o   Methode und Hinweise auf Prozess-Beschreibungen;
  - o   Bewertungs- und Akzeptanzschemata;
  - o   Hinweise auf Behandlungsoptionen (z. B. reduzieren, vermeiden, transferieren, bewusst tragen);
  - o   Verfahren oder Framework, nach dem die Massnahmen und deren Einhaltung überprüft werden;
- ❏   Grundlegende Vorschriften an Nutzer von Information und IT (z. B. Zugriffschutz, Datenspeicherung);
- ❏   Bezugnahme auf:
  - o   Themenspezifische Informationssicherheits-Policies an Nutzer und IT-Anbieter
  - o   Sicherheitsarchitektur
  - o   Sicherheitskonzepte
  - o   Policies und Prozesse für Geschäftskontinuität und IT-Notfall-Planung
  - o   Vorschriften für Outsourcing
  - o   Vorschriften für Externe und Vertragspartner
- ❏   Unterstützung und Bereitstellung der erforderlichen Mittel und Ressourcen durch Unternehmensleitung
- ❏   Kontinuierlichen Verbesserungen durch geregelten Einbezug der Unternehmensleitung

Verantwortlichkeiten und Kompetenzen:
- ❏   Leiter von Geschäftseinheiten
- ❏   CISO
- ❏   CIO
- ❏   IT-Prozess- und IT-System-Owner
- ❏   Internes Audit
- ❏   Benutzer

Geltungsbereich / Zielgruppe:
- ❏   Z. B. ganzes Unternehmen / Alle Mitarbeitenden

Inkraftsetzung:
- ❏   Datum
- ❏   Unterschrift CEO

Abb. 8.2 Aufbau und Inhalte einer Informationssicherheits-Policy

Rahmenkonzept für Informationssicherheits-Policy-Dokumente
Für die Abfassung und Kommunikation aller Policy-Dokumente im Rahmen einer Informationssicherheits-Policy ist es ratsam, ein Rahmenkonzept zu erstellen. Das Beispiel eines solchen Rahmenkonzepts ist in Abschn. 8.1.4 behandelt. An der Spitze aller zur Informationssicherheits-Policy gehörenden Dokumente könnte ein relativ kurzes gut verständliches Hauptdokument stehen, das Aufschluss über die untergeordneten Dokumente und deren Einhaltungspflicht sowie die Verpflichtung der Unternehmensleitung gibt. Da ein solches Hauptdokument kurz und verständlich sein soll und sich auf die untergeordneten Dokumente abstützt, sollte es lediglich einige hauptsächliche und grob spezifizierte Risiko- und Sicherheitsaussagen enthalten.

Für die detaillierten Policy- und Ausführungsinhalte sollten, wie der nächste Abschnitt zeigt, pro spezifischem Thema und Zielgruppe separate spezifische Policies und Anleitungen im Rahmen der Haupt-Policy erstellt werden.

8.1.4   Rahmenkonzept mit Weisungen und Anleitungen

Die Zusammenhänge der Informationssicherheit und des Informationssicherheits-Risikomanagements sind oft nicht einfach zu verstehen und zu kommunizieren. Doch hängt die Sicherheit zu einem grossen Teil vom Verhalten der Mitarbeiter und den Benutzern der IT-Systeme ab. Auch bedürfen die Beschaffung, der Aufbau, der Betrieb, und nicht zu vergessen, die Entsorgung der IT-Systeme, klarer, auf die Organisation (Unternehmen) abgestimmter Sicherheits-Vorschriften. Solche Dokumente mit Inhalten einer Informationssicherheits-Policy werden nachfolgend in einem beispielhaften Rahmenkonzept als Weisungen und Anleitungen bezeichnet.

Rahmenkonzept
Ein gut gestaltetes Rahmenkonzept für Weisungen und Anleitungen stösst bei Management und Mitarbeitern meist auf Befürwortung, da es klare Auskunft über wichtige Fragen im Arbeitsprozess gibt. Die mit den Weisungen zu regelnden Aspekte enthalten, ähnlich der Gesetzgebung, oft grundlegende, langfristige Festlegungen. Meist sind zusätzliche Anleitungen darüber notwendig, wie einzelne Weisungsinhalte durch die „Betroffenen" mit den entsprechenden Einrichtungen konkret umzusetzen sind. Solche Informationen können in den zusätzlichen „Anleitungen" enthalten sein.

Anleitungen
Derartige „Anleitungen" können einer Weisung als integraler Bestandteil „unterstellt" werden. Oft werden diese Anleitungen auch als Standards, Verfahrensregeln oder Ausführungsbestimmungen bezeichnet. Häufig besteht im Unternehmen auch bereits ein generelles Weisungskonzept[4], in welches die Informationssicherheits-Weisungen und -Anleitungen

---

[4] Im angloamerikanischen Sprachgebrauch entsprechen die Weisungen den „Policies" und die Anleitungen den „Standards, Procedures and Guidelines".

integriert werden können. In Abb. 8.3 ist ein Rahmenkonzept für die Weisungen und Anleitungen der Informationssicherheit ansatzweise skizziert.

Die Bereiche, für die Weisungen und Anleitungen erstellt werden, unterscheiden sich von Unternehmen zu Unternehmen. Auch gibt es kein allgemeingültiges Konzept dafür, welche Bereiche mit engen Vorschriften und welche mit gröberen Vorschriften zu behandeln sind. Auch der Sprach-Stil, in welchem die Weisungen kommuniziert werden sollen, ist von der Unternehmens-Kultur, den Geschäftsprozessen und dem Stellenwert des Risikomanagements und der Sicherheit im Unternehmen abhängig.

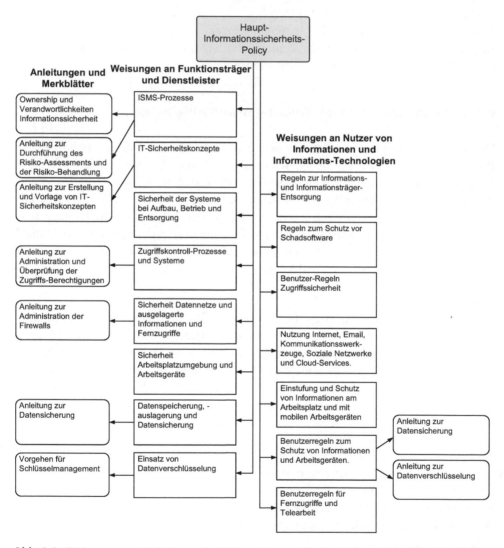

Abb. 8.3 Weisungen und Anleitungen im Rahmenkonzept für eine Informationssicherheits-Policy

Akzeptanz und Segmentierung der Weisungen und Anleitungen

Die Akzeptanz der Weisungen durch die Zielgruppe ist sicherlich umso höher, wenn die offensichtlich wichtige Sicherheits-Aspekte darin zum Vorschein kommen, und den aktuellen Bedrohungen in ausgewogener und konsistenter Weise begegnet werden. Selbstverständlich kann die Segmentierung in Weisungen und Anleitungen auch an die Kapitel und Abschnitte des „Code of Practice for Information Security Controls" gemäss ISO/IEC 27002:2013 angelehnt werden, doch ist dabei ebenfalls auf Verständlichkeit und Relevanz der Inhalte in Bezug auf die adressierten Personen zu achten.

8.1.5   Informationssicherheits-Architektur und -Standards

Bei mittleren bis grösseren Unternehmen empfiehlt es sich, aufgrund der für das Unternehmen typischen System-Situation, eine eigene System-Architektur, eigene Sicherheits-Standards und eine standardisierte Sicherheits-Infrastruktur aufzubauen (s. Abb. 8.4). Eine solche standardisierte Sicherheits-Infrastruktur verhilft der Übersichtlichkeit, Wirksamkeit, Konsistenz und Kontinuität der Massnahmen und nicht zuletzt der Effizienz mit niederen Kosten.

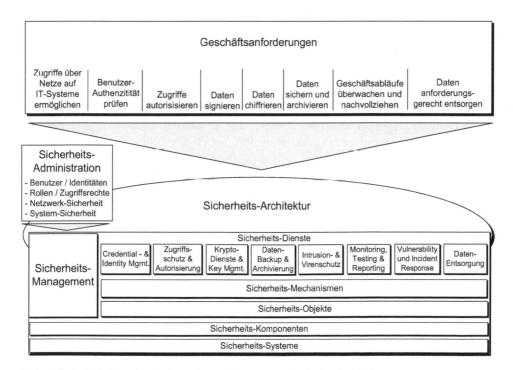

Abb. 8.4 Beispiel für den Aufbau einer Informationssicherheits-Architektur

> **Beispiel**
>
> Betreibt ein Unternehmen unterschiedliche Kundensysteme und müssen diese Systeme aufgrund des Vertraulichkeits-Ziels weitgehend voneinander isoliert sein, dann können mit einer entsprechenden Sicherheits-Architektur die erforderlichen Sicherheits-Dienste und -Mechanismen proaktiv vorgesehen werden.

Unternehmens-Sicherheits-Standards

Auch wird sich ein Unternehmen auf ganz bestimmte Sicherheitssysteme beschränken und diese zu „Unternehmens-Sicherheits-Standards" erklären. Damit können Rationalisierungspotenziale ausgeschöpft werden. Solche unternehmensspezifische Standards könnten beispielsweise bestimmte Authentisierungs-Mittel oder eine Proxy-Infrastruktur sein, mit der auf das Internet zugegriffen werden kann.

Standards in Stärkegraden und Schnittstellen-Arten

Um den spezifischen Risiken und Kosten-Beschränkungen bei einzelnen Systemen gerecht werden zu können, werden Standards für Sicherheits-Dienste in verschiedenen „Stärkegraden" und „Schnittstellen-Arten" konzipiert. So wird beispielsweise ein zentral eingesetzter Authentisierungs-Server folgende unterschiedliche Authentisierungs-Methoden mit unterschiedlichen Stärken unterstützen:

- „Passwort-Authentisierung",
- Soft-Zertifikat- und
- Hard-Token-Authentisierung.

Weitere Beispiele für solche „risiko-gerechten" Sicherheitsdienste sind:

- Unterschiedliche Sicherheitszonen (Netz-Areas) im internen Datennetz, in welche die Applikations-Server je nach Sicherheitsbedürfnis (Vertraulichkeit, Integrität und Verfügbarkeit) platziert werden;
- Sicherheitsdienste für Kryptografie, Signatur, Zugriffskontrolle, Back-up etc. zum angemessenen Schutz von Informationen, die aufgrund der vorliegenden Vertraulichkeits- und Integritäts-Einstufungen ausgewählt und eingesetzt werden können (s. Muster einer entsprechenden Ausführungsbestimmung im Anhang A.3);
- Rollenbasiertes Zugriffs-Kontrollsystem;
- Viren-Schutz auf sämtlichen Client- und Server-Systemen mit definierten Update-Perioden;
- Anforderungsgerechtes Ressourcen-Sharing (z. B. Unterschiedliche SAN[5]-Kategorien oder Storage-Arrays);
- Vulnerability-Scanning-System;
- Patch-Verteilungs- und Einspiel-Mechanismen basierend auf Kritikalität;

---

[5] SAN = Storage Area Network.

- Werkzeuge für das Incident-Management (z. B. Intrusion-Detection);
- Security Information and Event Management (SIEM);
- Gesichertes Cloud-Computing-Interface.

Vom Anwendungszweck her kann die Informationssicherheits-Architektur in einem Unternehmen pragmatisch wie folgt definiert werden (s. auch Abb. 8.5):

> Die Informationssicherheits-Architektur in einem Unternehmen ist ein Baukasten-System mit abgestimmten, standardisierten Bausteinen unterschiedlicher Sicherheitsdienste mit abgestuften Stärken und den Anforderungen entsprechenden Schnittstellen.

Die Informationssicherheits-Architektur ist somit die technische Konzeption eines vorab definierten, in sich schlüssigen Informationssicherheits-Weisungskonzepts (Informations-sicherheits-Policy) und zielt auf eine rationelle Umsetzung der Sicherheitsmassnahmen in Form von Komponenten und Systemen ab. Die Policy gibt vor, wo und aufgrund welcher Kriterien und Risikosituationen einzelne Architektur-Bausteine eingesetzt werden. Die einzelnen Architektur-Bausteine sind für den Anwender bezüglich ihrer Leistungen und Schnittstellen-Definitionen beschrieben.

System-Plattform-Härtung mittels Baseline-Security-Standards
Ein verbreitetes Vorgehen besteht auch darin, die System-Plattformen (z. B. LINUX-Server) mit eigenen, für das Unternehmen zugeschnittenen technischen „Baseline Security

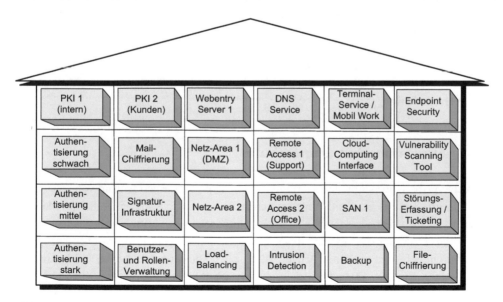

Abb. 8.5   Beispiel einer IT-Sicherheits-Architektur mit ihren Bausteinen

Standards" aufzusetzen und zu betreiben. Diesen Standards gehorchend werden beispielsweise beim Aufsetzen der Server, unter dem Begriff „Härtung", die gefährlichen Betriebs-
system-Funktionen sowie die gefährlichen Zugriffs-Funktionen und Netzwerk-Ports beim
Installations-Vorgang präventiv unterbunden.

**Unternehmensinterne Standardisierung mittels öffentlich verfügbaren
Sicherheits-Standards**
Im Rahmen der unternehmensinternen Standardisierung werden vermehrt auch öffentlich
verfügbare Sicherheits-Standards (z. B. ISO/IEC 27002, COBIT oder BSI IT-Grundschutz-
Kataloge) oder Teile daraus als Unternehmens-Standards erklärt.

Unternehmenseigene Sicherheits-Infrastruktur
Ein grösseres Unternehmen wird sich in der Regel eine eigene „Sicherheits-Infrastruktur"
aufbauen und betreiben. Zu einer solchen Sicherheits-Infrastruktur gehören beispielsweise
die zentralen Zugriffs-Kontrollsysteme, die Webentry-, Proxy- und Firewall-Systeme sowie
die Intrusion-Detection- und Content-Filter-Systeme. Abb. 8.5 zeigt Beispiele von Bauste-
nen, die zu einer solchen Sicherheits-Infrastruktur gehören könnten. Da diese Infrastruk-
tur-Einrichtungen den einzelnen Plattformen und Applikations-Systemen zur Verfügung
gestellt werden, sollten diese Einrichtungen mit ihren Sicherheits-Diensten und Schnittstel-
len-Spezifikationen als „unternehmensspezifische Standards" in Kraft gesetzt werden.

Standard-Sicherheits-Einrichtungen erleichtern Risikomanagement und Audit
Bezüglich des Risikomanagements erleichtern solche Standard-Sicherheits-Einrichtungen
die Durchführung des Risikomanagement-Prozesses, indem die Risiken für eine ganze
Population gleichartiger Systeme nur einmal analysiert und die Massnahmen nur einmal
konzipiert werden müssen.

▶   **Praxistipp** Standard-Sicherheits-Einrichtungen schaffen nicht nur Transparenz
    für die Risikobeurteilung, sondern ermöglichen auch die Einsparung von Mass-
    nahmenkosten.

8.2   Einrichtung von Grundschutz

Im vorigen Abschnitt wurde die „Härtung" von Systemplattformen anhand von sogenannten „Baseline Security Standards" angesprochen. Im deutschen Sprachgebrauch werden die
dabei anzuwendenden Massnahmen auch als „Grundschutzmassnahmen" bezeichnet. Derartige „Grundschutzmassnahmen" respektive „Baseline Security Controls" bezüglich
Informationssicherheit werden in den amerikanischen Standards NIST SP 800-37 [Niis10],
NIST SP 800-53r4 [Niss13] und dem deutschen Standard BSI 100-2 [Bsig08] (s. Abschn. 9.5)
behandelt. Wie bei der „Härtung" von Systemplattformen dienen solche Massnahmen der
Behebung von „Schwachstellen", die für die gegenwärtige Bedrohungslage allgemein

bekannt sind und demzufolge zu einer erhöhten Sicherheitslage beitragen können. Wie bei vielen Sicherheitsmassnahmen des täglichen Lebens (z. B. der Sicherheitsgurte im Auto) tragen die Grundschutzmassnahmen zwar zu einer allgemeinen Erhöhung der Sicherheit bei, lassen aber im einzelnen Fall immer noch grosse Risiken zu. Bei der Anwendung in der IT-Sicherheit werden Grundschutzmassnahmen oft auch in unterschiedlichen „Stärken" entsprechend eines grob eingeschätzten „Schutzbedarfs" eingesetzt. Der Schutzbedarf wird dabei hinsichtlich der Verletzung der Sicherheitsziele „Vertraulichkeit", „Integrität" und „Verfügbarkeit" eingeschätzt (z. B. aufgrund niederer, mittlerer oder hoher Schadensaus- wirkung). In Situationen mit speziellen Gefahrenpotenzialen und hohen Schadensmöglich- keiten sind solche „Grundschutzmassnahmen" oft nicht ausreichend, da sie die spezifisch notwendige Sicherheit nur in beschränktem Umfang bieten können. In diesen Fällen ist es notwendig, die Bedrohungslage und die vorhandenen Schwachstellen der speziell zu schüt- zenden Objekte, einschliesslich der Wirksamkeit der bereits vorhandenen Massnahmen, durch ein vollumfängliches Risiko-Assessment zu untersuchen. Ausgehend von dem Assessment-Resultat können sodann die vom Grundschutz abweichenden Massnahmen im Hinblick auf ein „tragbares" Restrisiko bestimmt werden.

Trotz der meist breiten Abstützung von Grundschutzmassnahmen, muss von einem unreflektierten Einsatz von Grundschutzmassnahmen ohne Beachtung der vorliegenden Risikosituation abgeraten werden, da bereits bei elementaren und häufig vorkommenden Sicherheitsmassnahmen (z. B. Einstellung von Firewall-Regeln oder Datensicherungen) die aktuelle Risikosituation berücksichtigt werden muss.

Berücksichtigung spezifischer Risiken
Die angemessene Berücksichtigung von spezifischen Risiken, die eines umfassenden Risiko-Assessments bedürfen, kann anhand eines Analysevorgehens, wie es die Abb. 8.6 zeigt, erreicht werden. Dabei wird vorab mit einer einfachen „Auswirkungs-Analyse" (Impact-Analyse) festgestellt, ob die Kritikalität der Risikoobjekte eine umfassende Risiko-Analyse und eine entsprechend angemessene Massnahme erfordert oder ob der Grundschutz ausreicht.

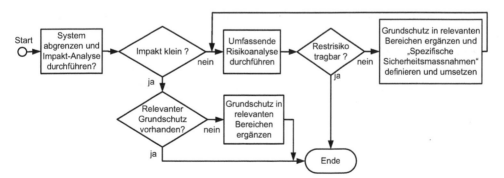

Abb. 8.6 Kombination Grundschutzmassnahmen und risikobasierter Ansatz

8.3   IT-Sicherheitskonzepte

Die Risiken und der Schutz der Informationen und der damit verbundenen Prozesse werden vorteilhaft im Rahmen eines Sicherheitskonzepts analysiert, konzipiert und dokumentiert.

Spezifische Analyse und Lösung von Sicherheitsproblemen
Das Sicherheitskonzept dient somit der spezifischen Analyse und Lösung der Sicherheitsprobleme eines Systems oder in organisatorischen Anordnungen eines bestimmten Anwendungsbereichs. Durch eine ganzheitliche Betrachtung der Unternehmens-IT mit allen Prozessen und Beteiligten ermöglicht das Sicherheitskonzept die Erstellung eines ausgewogenen Massnahmenpakets, flankiert mit den für die Sicherheit notwendigen Policies, Vorschriften und organisatorischen Regelungen.

Sicherheitskonzept mit spezifischem Weisungscharakter
Es kann sich als nützlich erweisen, wenn die im Sicherheitskonzept getroffenen Festlegungen für die notwendigen Aktivitäten und Vorgaben im betrachteten System oder im Anwendungsbereich der betroffenen Risikoobjekte (Assets) Weisungscharakter haben. Bei einem entsprechend (durch den CISO) abgenommenen und in Kraft gesetzten Sicherheitskonzept können für einen spezifischen Fall auch in generellen Policies (Weisungen) behandelten Aspekte und Vorschriften durch alternative Festlegungen in einem spezifischen Sicherheitskonzept übersteuert werden. Somit könnte ein für den Einzelfall angefertigtes Sicherheitskonzept eine Sonderreglung für den spezifischen Einzelfall beinhalten. Beispiel: Ein im Unternehmen allgemein vorgeschriebenes Prüfverfahren wird aufgrund eines mit einem Kunden vereinbarten Sicherheitskonzepts in abgeänderte Weise durchgeführt.

Der Aufbau und die Inhalte eines solchen Sicherheitskonzepts sowie sein Stellenwert für das Informations-Risikomanagement sind im Abschn. 10.1 ausführlich behandelt.

8.4   Kontrollfragen und Aufgaben

1. Warum sollte die allgemeine Risiko- und Sicherheits-Politik eines Unternehmens durch den Verwaltungsrat (Aufsichtsrat) erlassen werden?
2. Erläutern Sie Sinn und Zweck von Informationssicherheits-Weisungen (Information Security Policies) und Informationssicherheits-Ausführungsbestimmungen.
3. Wie wird die Informationssicherheits-Architektur für ein Unternehmen sinnvollerweise aufgebaut?
4. Weshalb kann es allenfalls notwendig werden, mit einem auf einen konkreten Fall bezogenes Sicherheitskonzept die Inhalte von Weisungen und Ausführungsbestimmungen zu übersteuern?
5. Nennen Sie Gründe, Grundschutzmassnahmen im Unternehmen einzusetzen.
6. Erklären Sie ein Vorgehen, wie Sie feststellen können, dass bei bereits bestehenden Grundschutzmassnahmen eine zusätzliche umfassende Risiko-Analyse notwendig ist.

Literatur

[Bsig08] BSI: BSI-Standard 100-2: IT-Grundschutz-Vorgehensweise, Version 2.0. Bonn: BSI, 2008.

[Cobr13] ISACA: COBIT® 5 for Risk. Rolling Meadows: Information Systems Audit and Control Association, 2013.

[Isoc13] ISO/IEC 27002:2013: Code of practice for information security controls. International Organization for Standardization, 2013.

[Isom13] ISO/IEC 27001:2013: Information Security Management System-Requirements. International Organization for Standardization, 2013.

[Niis10] NIST: Security and Privacy Controls for Federal Information Systems and Organizations, SP 800-37r1. Washington DC: U.S. Department of Commerce, 2010.

[Niss13] NIST: Security and Privacy Controls for Federal Information Systems and Organizations, SP 800-53r4. Washington DC: U.S. Department of Commerce, 2013.

Informations-Risikomanagement mit Standard-Regelwerken

9

Überblick

Die in diesem Kapitel aufgeführten Standards oder Rahmenwerke und Referenzmodelle, die den Status eines „De-facto-Standards" haben, werden in diesem Kapitel als „Standard-Regelwerke" bezeichnet. Aus den vielzähligen Standard-Regelwerken sind einige wichtige ausgewählt, die mit einem grossen Anteil dem Risikomanagement der Informationssicherheit und der Informations-Technologie im Unternehmen dienen. Die Behandlung der ausgewählten Standard-Regelwerke erfolgt dabei möglichst übersichtsweise in der Aufführung einiger wesentlicher Merkmale und Zusammenhänge. Für weitergehende und tiefere Informationen zu einzelnen Punkten ist jeweils auf die Originalquellen und die zahlreich vorhandene Spezialliteratur verwiesen. Viele dieser Standard-Regelwerke weisen für ihren Anwendungszweck Überschneidungen untereinander auf. Dennoch verfolgt jedes Standard-Regelwerk einen bestimmten Zweck und verfügt für die Anwendung bevorzugte Gesichtszüge, die aus den Beschreibungen entnommen werden können. Besonders den verschieden Rahmenwerken der „COBIT 5"-Reihe von ISACA und den Standards der ISO/IEC 270xx, wird ein jeweils grosser Buchabschnitt eingeräumt, da sie in ihrem Anwendungszweck u. a. ganzheitliche Lösungen für das Informations-Risikomanagement verfolgen und einen grossen Teil der in diesem Buch aufgegriffenen Themen tangieren. Für die prozessorientierte Umsetzung solcher Standard-Regelwerke, zu denen auch das Servicemanagement nach ITIL und ISO/IEC 20000-x gehören, wird auf den Standard ISO/IEC 33020 eingegangen. Mit diesem Standard können die Prozessfähigkeiten, alternativ zu den Reifegrad-Modellen des früheren „COBIT 4.1"-Rahmenwerks, beurteilt werden. In einem abschliessenden Abschnitt dieses Kapitels werden Praxishinweise für die Einführung und den Einsatz von Standard-Regelwerken gegeben.

© Springer Fachmedien Wiesbaden GmbH 2017

H.-P. Königs, *IT-Risikomanagement mit System*, Edition <kes>,

DOI 10.1007/978-3-658-12004-7_9

9.1   Bedeutung von Standard-Regelwerken

Die Informations-Risiken[1] haben heute bei den meisten Unternehmen zwangsläufig grosse Aufmerksamkeit erlangt, sei es aufgrund von Schadenereignissen oder aufgrund von „Revisionsergebnissen". Hilfreich beim Umgang mit diesen Risiken sind die inzwischen zahlreich verfügbaren „Standard-Regelwerke". Die Bezeichnung Standard-Regelwerke beinhaltet sowohl Standards als auch Rahmenwerke und Referenzmodelle, die den Status „De-facto-Standards" besitzen.

Standard-Regelwerke aufgrund von *„Best Practice"*
Viele der heute verfügbaren Standard-Regelwerke entstehen aus den sog. „besten Praktiken" oder „guten Praktiken" („best practices" oder „good practices"). Solche aus best practices entstandenen Standard-Regelwerke enthalten die unter einem breiten Publikum abgestützten Vorgehensweisen, Massnahmen (Controls) und Umsetzungs-Anleitungen, die in der Praxis zum Einsatz gelangen sollen. Im Teil B des Buches wurden einige an Unternehmen gerichtete Anforderungen aufgezeigt, für deren Erfüllung der Einsatz solcher gemäss „Best Practices" breit abgestützter Standard-Regelwerke hilfreich ist.

Solche Anforderungen können beispielsweise sein:

•   Anforderungen von Kunden hinsichtlich einer Zertifizierung;
•   Gesetzliche und/oder regulative Anforderungen wie Sarbanes-Oxley Act.

Dabei ist die Einhaltung solcher Standard-Regelwerke gegenüber äusseren Anforderungen (z. B. seitens der Gesetzgeber) im Sinne von „Compliance" zwar unterstützend, aber nicht zwingend.

Jedoch können die Standard-Regelwerke Referenz-Massstäbe darstellen, nach denen die Vorgehensweisen ausgerichtet werden und mit denen allenfalls auch die Differenz der eigenen Vorgehensweisen in Relation zu anderen Organisationen aufzeigt werden kann.

Überwachung und Überprüfung mit Standard-Regelwerken
Einige der Standard-Regelwerke geben zusätzlich Anleitungen und Hinweise, wie die Umsetzung der Massnahmen in der Praxis überprüft werden kann. Sie sind somit Regelwerke sowohl für die Realisierung als auch für die Überwachung, Überprüfung und Berichterstattung (Review/Audit).

9.2   Risikomanagement mit der Standard-Reihe ISO/IEC 2700x

In diesem Buch werden immer wieder Standards aus der Reihe ISO/IEC 270xx erwähnt. Diese inzwischen umfangreiche Standard-Reihe deckt einen grossen Teil der Informationssicherheit mehrheitlich aus der Perspektive der Informationstechnologie ab. Aus diesem Grund wird auf dieses Regelwerk nachfolgend näher eingegangen.

---

[1] Hier werden „Informations-Risiken" angesprochen, da einige Regelwerke definitionsgemäss sowohl den „Informationssicherheits-Risiken" als auch den „IT-Risiken" gelten.

Die ISO/IEC 270xx-Familie ist ein Rahmenwerk für Standards der Informationssicherheit mit einem zentralen Informationssicherheits-Management-System (ISMS). Die Standards dieser Familie sollen sowohl den Anforderungen eines Grundschutzes als auch einem risikobasierten Management der Informationssicherheit in allen Arten und Bereichen von Unternehmen gerecht werden. Die Vorgehensweisen und Massnahmen sind generisch und die Handlungsanweisungen (z. B. Management-Systeme) wo möglich prozessorientiert definiert. In der Abb. 9.1 sind die ersten 19 Standards der ISO/IEC 270xx-Familie aufgeführt.

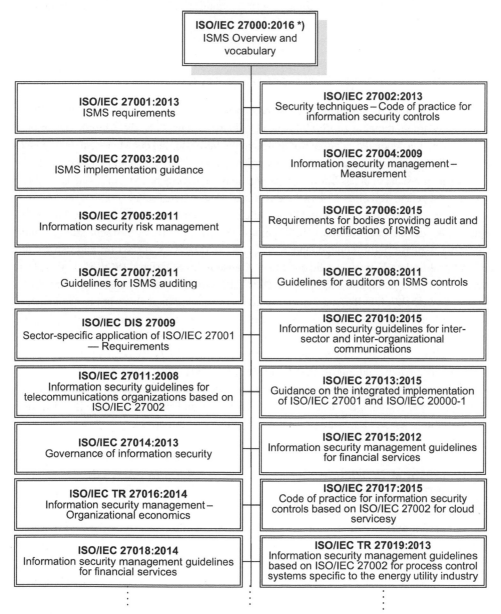

*) Gültige Version zum Zeitpunkt der Buchauflage

Abb. 9.1 ISO/IEC270xx-Familie

9.3   Für Informations-Risikomanagement wichtige Standards der ISO/IEC 270xx-Reihe

In diesem Buch interessieren vor allem die folgenden vier Standards, auf die im Weiteren näher eingegangen wird:

*   ISO/IEC 27000:2016 (Overview and vocabulary)
*   ISO/IEC 27001:2013 (Information security management systems – Requirements), s. Abschn. 9.3.1;
*   ISO/IEC 27002:2013 (Code of practice for information security management), s. Abschn. 9.3.2;
*   ISO/IEC 27005:2011 (Information security risk management), s. Abschn. 9.3.3.

Von zentraler Bedeutung innerhalb dieser Standardreihe ist der ISMS-Standard ISO/IEC 27001. Dieser Standard gibt analog zu ISO 9001 des Qualitätsmanagements, die Anforderungen und Prozesse vor,, mit denen die ständige Kontrolle und die Verbesserung der Managementvorgänge rund um die Informationssicherheit erreicht werden können. Das Informationssicherheits-Risikomanagement ist dabei in das Informationssicherheits-Management-System (ISMS) eingebettet und sollte zudem Teil eines Unternehmens-Risikomanagements sein.

Der Standard ISO/IEC 27002 enthält vor allem in seinen Kapiteln 5 bis 18 die Massnahmen, die bei der Umsetzung eines ISMS gemäss ISO/IEC 27001 in Betracht fallen. Ein in der Entwurfsphase befindlicher Standard ISO/IEC 27003:20xx erklärt im näheren Detail und mit praktischen Hinweisen die einzelnen Klauseln des Standards ISO/IEC 27001. Der zurzeit noch gültige Standard ISO/IEC 27003:2010 wird durch die neue Version ISO/IEC 27003:20xx inhaltlich vollständig ersetzt werden. In der Planungsphase befindet sich auch eine neue Version des Standards ISO/IEC 27005, der den derzeit gültigen und in diesem Buch beschriebenen Standard ersetzen soll. Das Ziel der neuen Version ist es vor allem, den derzeitigen Anforderungen eines Informationssicherheits-Risikomanagements, im Hinblick auf die Anwendung im Standard ISO/IEC 27001, nachzukommen.

Das für alle Standards der 270xx-Reihe anzuwendende Vokabular ist im Standard ISO/IEC 27000 festgelegt. Dieser Standard wird aufgrund der vielen Aktivitäten in der 270xx-Reihe in jeweils kurzen Zeitabständen ergänzt und angepasst.

9.3.1   Informationssicherheits-Management-System nach ISO/IEC 27001

Der Standard ISO/IEC 27001, kurz „ISMS-Standard", ist das Herzstück der 2700x-Reihe und dazu bestimmt, ein Informationssicherheits-Management-System (ISMS) in einem Unternehmen aufzubauen und aufrecht zu erhalten. Das ISMS soll die Auswahl von geeigneten und angemessenen Prozessen und Massnahmen zum Schutze der Informationen und deren Werte im Unternehmen sicherstellen und dafür Vertrauen schaffen.

Tab. 9.1 Übersicht über ISO/IEC 27001:2013

Regelwerk	ISO/IEC 27001:2013 Information security management system – Requirements
Herkunft	• „British Standards Institute" BS 7799–2 • Vorgängerstandard ISO/IEC 27001:2005
Einsatzzweck	Aufbau und Aufrechterhaltung eines risikobasierten Informationssicherheits-Management-Systems (ISMS) im Unternehmen
Wichtige Merkmale	• Standard zur Entwicklung, Umsetzung, Durchführung, Überwachung, Aufrechterhaltung und zur kontinuierlichen Verbesserung eines organisationsbezogenen ISMS. • Aufbau als Management-Systeme-Standard nach der ISO-Struktur des „Annex SL" zu den ISO Directives, Part 1. • Die im Annex SL definierte sog. „High level structure" sollte ermöglichen, das ISMS zusammen mit anderen ebenfalls nach dieser Struktur aufgebauten Management-Systemen (z. B. ISO 9001:2015, ISO 14001:2015 und ISO/IEC 22301:2012) effizient einzusetzen.

Der Standard (s. Übersicht in Tab. 9.1) erfährt im Rahmen dieses Buches besondere Beachtung, da er ein „risikobasiertes" Sicherheitsmanagement verfolgt und die wesentlichen Prozessschritte für den Aufbau und die nachhaltige Aufrechterhaltung der Informationssicherheit im Unternehmen vorgibt.

Der inzwischen überarbeitete und am 1. Oktober 2013 zusammen mit dem Standard ISO/IEC 27002 erneut herausgegebene Standard ist gemäss der in Abschn. 5.6 beschriebenen Vereinheitlichung von Management-Systeme-Standards aufgebaut. Implizit befolgt der Standard das „Plan-Do-Check-Act"-Modell (PDCA), welches durch die Qualitätsmanagement-Pioniere Walter A. Shewhart und W. Edwards Deming ursprünglich als „Lernzyklus" mit den Phasen „Plan-Do-Study-Act" eingeführt wurde. Auf eine explizite Erwähnung des PDCA-Modells wurde in der neuen Standard-Version jedoch verzichtet, da das PDCA-Prinzip in unterschiedlicher Granularität, auf verschiedenen Ebenen sowie mit unscharfen Phasenübergängen und verschachtelten Teilprozessen angewendet wird; aus solchen Gründen kann der PDCA-Zyklus auch keine strikte Anforderung für eine mit dem Standard ISO/IEC 27001 mögliche Zertifizierung sein.

Noch stärker wie bei der Vorgänger-Version wird bei der jetzt gültigen Version (ISO/IEC 27001:2013) die Einbindung des Informationssicherheits-Managements in die Unternehmensführung verlangt. Diese Einbindung erfolgt im Einklang mit der Unternehmensstrategie und den Geschäftsanforderungen (rechtlich, regulatorisch oder vertraglich) sowie im Hinblick auf die für das Unternehmen spezifischen Geschäftsrisiken. Entsprechend dem Unternehmenszweck müssen wichtige Inhalte mittels einer Informationssicherheits-Policy durch die Unternehmensführung festgelegt und kommuniziert werden. Solche Inhalte sind beispielsweise die Ziele zur Informationssicherheit und der organisatorische Rahmen für die Zielbestimmung oder die Verpflichtung der Unternehmensführung zur Erfüllung der Anforderungen an die Informationssicherheit. Durch die Umsetzung der Policy und die vom Standard verlangten weiteren Aktivitäten entsteht entsprechend einem PDCA-Zyklus ein geschlossener Regelkreis, der die Informationssicherheit des Unternehmens, mit ihren ständig wechselnden Einflüssen und Anforderungen, zwangsläufig gewährleisten soll.

Für das Risikomanagement wird die Ausrichtung an den Risikomanagement-Standard ISO 31000 verlangt. Die diesbezüglichen feineren Details können dem Standard „ISMS-Guidance" (ISO/IEC 27003:201x) oder dem Standard „Information Security Risk Management" (ISO/IEC 27005:2011) entnommen werden. Für die Umsetzung des Risikomanagements legt der Standard jedoch keine detaillierten Lösungsansätze fest, wie beispielsweise die Verwendung eines Risikomodells basierend auf Risikofaktoren wie „Assets", „Bedrohungen" und „Schwachstellen".

In der Abb. 9.2 ist veranschaulicht, wie sich die Klauseln eines Informationssicherheits-Management-Systems gemäss dem Annex SL in einen PDCA-Zyklus einfügen. Dabei

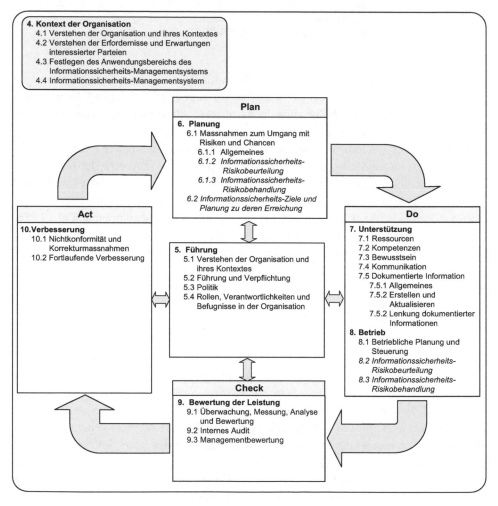

Abb. 9.2 Kapitel und Abschnitte im Standard ISO/IEC 27001:2013

In der **Plan-Phase** (s. ISO/IEC 27001, Kapitel 6): **Definieren und anwenden** der Prozesse „Risiko-Beurteilung" und „Risiko-Behandlung".	In der **Do-Phase** (s. ISO/IEC 27001, Kapitel 8): **Durchführen** der Prozesse „Risiko-Beurteilung" und „Risiko-Behandlung" periodisch oder bei vorgeschlagenen sowie auftretenden Veränderungen.

Der Informationssicherheitsrisiken-Beurteilungsprozess...

a)	...legt fest und unterhält Informationssicherheits-Kriterien, unter Einbezug von: 1) Kriterien der Risiko-Akzeptanz und 2) Kriterien für die Durchführung von Risiko-Beurteilungen;
b)	...garantiert, dass wiederholte Risiko-Beurteilungen zu konsistenten, gültigen und vergleichbaren Resultaten führen;
c)	...identifiziert die Informationssicherheits-Risiken, 1) hinsichtlich Verlusten von Vertraulichkeit, Integrität und Verfügbarkeit der Informationen im Anwendungsbereich des ISMS und 2) ermittelt und benennt die Risiko-Eigner;
d)	...analysiert die Informationssicherheits-Risiken, durch 1) Einschätzen der potentiellen Konsequenzen beim Eintritt der identifizierten Risiken; 2) Einschätzen der realistischen Wahrscheinlichkeit (Häufigkeit) ihres Eintretens; 3) Bestimmen der Risikohöhe;
e)	...bewertet die Informationssicherheits-Risiken, durch 1) Vergleichen der Ergebnisse der Risikoanalyse mit den in a) etablierten Risikokriterien; 2) Priorisieren der Risiken hinsichtlich ihrer Behandlung.
Aufbewahrung der dokumentierten Informationen über den Risiko-Beurteilungsprozess.	

Informationssicherheitsrisiken-Behandlungsprozess, um ...

a)	...angemessene Optionen für die Risiko-Behandlung unter Berücksichtigung der Ergebnisse der Risiko-Beurteilung auszuwählen;
b)	...alle Maßnahmen festzulegen, die zur Implementierung der gewählte(n) Option(en) für die Risiko-Behandlung erforderlich sind;
c)	...die festgelegten Massnahmen mit den Massnahmen in Annex A zu vergleichen, um festzustellen, dass keine notwendigen Massnahmen ausgelassen wurden.
d)	...ein „Statement of Applicability" (SOA) zu erstellen, das die notwendigen Massnahmen (gemäss b) und c)) enthält einschliesslich der Begründungen ihrer Verwendung und ob sie bereits implementiert sind, sowie die Begründungen für Auslassungen von Massnahmen aus Annex A.
e)	...ein Informationssicherheits-Risiko-Behandlungsplan zu formulieren.
f)	...die Einwilligung des Risiko-Eigners zum Risiko-Behandlungsplan und der Akzeptanz von Informationssicherheits-Restrisiken zu erlangen.
Aufbewahrung der dokumentierten Informationen über den Risiko-Behandlungsprozess.	

Abb. 9.3 Prozesse Risiko-Assessment und Risiko-Behandlung in ISO/IEC 27001:2013

sind die für das Informationssicherheits-Management spezifischen Teilprozesse und Aktivitäten betreffend des Risikomanagements mit kursiver Schrift in der Abb. 9.2 eingetragen.

In der Abb. 9.3 wird sodann grob veranschaulicht, wie die im Kapitel 6 des Standards, die massgeblichen Schritte für das Risiko-Assessment und der Risiko-Behandlung aufeinander folgen. Diese Prozess-Schritte sind an die Standardisierung im Risikomanagement-Standard ISO 31000 angelehnt.[2]

---

[2] Die in diesem Buch wiedergegebenen Beschreibungen beschränken sich auf die für das Risikomanagement wesentlichen Aspekte und erheben keinen Anspruch auf Detailgenauigkeit, wie sie für eine Zertifizierung nötig wäre.

Besonderheiten des Standards bei der Risikobehandlung

Die Schritte b), c) und d) (s. Abb. 9.3) bei der Risiko-Behandlung im Standard ISO/IEC 27001:2013 bedürfen einer besonderen Erklärung. Mit dem speziellen Vorgehen durch den normativen Einbezug von generischen Massnahmen aus dem Standard ISO/IEC 27002:2013 sollte wohl eine für die Zertifizierung notwendige Vereinheitlichung der Güte der Risiko-Behandlung erreicht werden.

Der Schritt c) beim Risiko-Behandlungsprozess (s. Abb. 9.3) verlangt, dass bei der Festlegung von Massnahmen im Schritt b) die im „Anhang A" des Standards 27001 vorgegebenen generischen Massnahmen in einer ersten Wahl zumindest in angemessener Weise ausgeschöpft werden. Wobei dieser „normative" Anhang A in 27001 die 35 Hauptsicherheitskategorien und Massnahmenziele des Standards ISO/IEC 27002 beinhaltet (s. Abschn. 9.3.2).

In einer zweiten Wahl können im Schritt b) aber auch Massnahmen erforderlich werden, für die der Anhang A von 27001 keine adäquaten Vorgaben enthält. Im Schritt d) ist sodann zu überprüfen, ob die im Anhang A vorgegebenen Massnahmen, bei den entsprechenden Risiken, wo nötig, in Schritt b) auch festgelegt wurden. Das diesbezügliche Vorgehen muss mit einer schriftlich festgehaltenen „Erklärung zur Anwendbarkeit" (Statement of Applicability) belegt und dokumentiert werden. Ein möglicher Aufbau einer solchen „Erklärung zur Anwendbarkeit" ist beispielhaft in der Abb. 9.4 dargestellt. Das Statement of Applicability in Abb. 9.4 zeigt auch beispielhaft eine notwendige Massnahme B.1.1, für die der Anhang A von 27001 keine Vorgabe enthält. Diese Massnahme muss im Schritt b) ebenfalls festgelegt sein. Das Statement of Applicability zeigt neben den Spalten für Begründungen der Massnahmenwahl auch eine Spalte für die Angabe von Referenzdokumenten. Solche Referenzdokumente müssen konkrete Beschreibungen über die Ausgestaltung der Massnahmen liefern, da die generischen Massnahmenbeschreibungen der Standards keine spezifischen Angaben über die konkrete Risikobewältigung liefern.

Zertifizierung nach ISO/IEC 27001

Wie bereits bei den Vorgängerstandards BS 7799–2 und ISO/IEC 27001:2005 sind auch auf der Basis der Version ISO/IEC 27001:2013 Zertifizierungen durch ein akkreditiertes Zertifizierungsunternehmen möglich (in der Schweiz beispielsweise SQS, SwissTS oder KPMG). Ein Zertifikat wird 3 Jahre nach der Ausstellung ungültig und kann mit einer Re-Zertifizierung aufgrund eines Audits durch ein akkreditiertes Zertifizierungsunternehmen wiedererlangt werden. Innerhalb der 3-jährigen Gültigkeitsdauer des Zertifikats sind „Überwachungs-Audit" notwendig, die im Ein-Jahres-Rhythmus durch das Zertifizierungsunternehmen durchzuführen sind.

Paragraph	Massnahmenziel (Control Objective 27002) / Anhang A 14 Kapitel, 35 Massnahmenziele, 114 Massnahmen / Zusätzliche Massnahmen zu Anhang A	Massnahme (Control 27002)	Massnahme notwendig [ja/nein]	Begründung der Massnahmenwahl sowie Begründung der Nichtanwendung von Massnahmen aus Annex A	Massnahmen-Beschreibung und Referenz-Dokumente	Massnahme umgesetzt [ja/nein]
A.5	**Informationssicherheitsrichtlinien**					
A.5.1	Vorgaben der Leitung für Informationssicherheit / Vorgaben und Unterstützung für die Informationssicherheit sind seitens der Leitung in Übereinstimmung mit geschäftlichen Anforderungen und den relevanten Gesetzen und Vorschriften bereitgestellt.	A.5.1.1 Informationssicherheitsrichtlinien	ja	Die Policies sind der obligatorische Rahmen und die generellen Vorgaben der zuständigen Führungspersonen zur Gewährleistung einer angemessenen Informationssicherheit und deren Risiken.	Dokumente: Nr. 001 „Informationssicherheits-Policy"; Nr. 002 bis Nr. 013 „Information security policies" für spezifische Sicherheitsgebiete (Policies=Weisungen, Richtlinien, Standards etc.)	ja
		A.5.1.2 Überprüfung der Informationssicherheitsrichtlinien	ja	Zur Gewährleistung der ständigen Tauglichkeit, Angemessenheit und Wirksamkeit der Policies werden diese gemäss einem schriftlichen Vorgehensplan überprüft.	Vorgehensplan (Prozess, Adressaten etc.) in Dokument 001 festgelegt.	ja
A.6	**Organisation der Informationssicherheit**					
A.6.1	Interne Organisation / Ein Rahmenwerk, für die Leitung, mit dem die Umsetzung der Informationssicherheit in der Organisation eingeleitet und gesteuert werden kann, ist eingerichtet.	A.6.1.1 Informationssicherheitsrollen und -verantwortlichkeiten	ja	Die verschiedenen für die Informationssicherheit notwendigen Aufgaben und Verantwortlichkeiten bedürfen der eindeutigen Definition und Zuordnung an Personen resp. Organisationseinheiten.	In Dokument Nr. 001 „Informationssicherheits-Policy" festgelegt.	ja
		A.6.1.2 Aufgabentrennung	ja	Zur Reduktion der Risiken durch unberechtigte oder unbeabsichtigte Veränderung oder Missbrauch von Vermögenswerten der Organisation.	Zuständigkeitsmatrix mit Funktionen- und Gewaltentrennung Dokument Nr. 014	nein
...	...	...		...	...	
	Zusätzliche Massnahmen zu Anhang A					
B.1.1	Speicherung streng vertraulicher, hochkritischer Daten / Speicherung streng vertraulicher, hochkritischer Daten gegen hochentwickelte Zugriffs-Attacken (z. B. Advanced Persistent Threats) angemessen geschützt.	B.1.1.1 Speicherung in nicht öffentlich vernetzten Systemen	ja	Zusätzlich zu kryptographischen Massnahmen die Speichersysteme von öffentlichen Netzwerken abtrennen, um unautorisierte Zugriffe auf streng vertrauliche und hochkritische Daten (u.a. Master-Schlüssel) mittels hochentwickelter Attacken (z. B. Credential-Diebstahl, Bruteforce-Kryptoattacken) zu verhindern.	Konzeption und Beschreibung der Systemkonfiguration ohne öffentliche Netzwerk-verbindung (Streng vertrauliches Dokument Nr. 101)	ja
...	...	...		...		...

Abb. 9.4 Aufbau einer „Erklärung zur Anwendbarkeit"

9.3.2 Code of Practice ISO/IEC 27002

Der internationale Standard ISO/IEC 27002:2013 (s. Tab. 9.2), „Code of practice for information security controls", baut auf dem Standard BS 7799–1 sowie auf seinen Vorgängerstandards ISO/IEC 17799:2000 und ISO 27002:2005 auf und ist bei seinen Überarbeitungen auf die jeweils aktuellen Gegebenheiten angepasst worden.

Tab. 9.2 Übersicht über ISO/IEC 27002:2013

Regelwerk	ISO/IEC 27002:2005 (ex 1779:2005) Code of practice for information security management.
Herkunft	„British Standards Institute" BS 7799–1. Mit den Versionen ISO/IEC 1779:2000, ISO/IEC 27002:2005 (ex 1779:2005) sowie ISO/IEC 27002:2013 wurde der Standard jeweils entsprechend der fortgeschrittenen Anforderungen strukturell überarbeitet und inhaltlich aktualisiert.
Einsatzzweck	Ist das Referenzdokument zur Auswahl von Massnahmen im Rahmen eines ISMS nach ISO/IEC 27001; Bietet Anleitung bei der Umsetzung von allgemein akzeptierten Massnahmen zum Erreichen und Aufrechterhalten eines zielorientierten Informationssicherheitsniveaus im Unternehmen.
Wichtige Merkmale	Umfasst 14 Sicherheitsbereiche mit insgesamt 35 Haupt-Kategorien und entsprechenden Massnahmen-Zielen; zur Erfüllung der definierten Massnahmen-Ziele stehen 114 Massnahmen (controls) zur Verfügung. Die Auswahl der Massnahmen soll aufgrund der vorhandenen Sicherheitsanforderungen erfolgen, u. a. basierend auf einer Risikobeurteilung sowie den Geschäftsanforderungen (z. B. gesetzlich, regulatorisch, vertraglich).

ISOIEC 27002: Ein Massnahmen-Regelwerk für Informationssicherheit

In der Einleitung des Standards (nicht-normatives Kap. 0) ist festgehalten, dass der Standard in seiner Fassung von 2013 als Referenz zur Auswahl von Massnahmen im Rahmen eines ISMS nach ISO/IEC 27001 konzipiert sei. Alternativ soll der Standard aber auch Organisationen als Anleitung bei der Umsetzung von allgemein akzeptierten Massnahmen dienen. Doch wird in der Einleitung auch auf die Wichtigkeit des Einsatzes von anforderungsgerechten Massnahmen hingewiesen, welche auf einem Risiko-Assessment sowie auf legalen, statutarischen, regulatorischen und vertraglichen Anforderungen und auf den Geschäftsanforderungen mit ihren Grundsätzen und Zielen einer Organisation basieren. Da es sich bei dem Standard nach wie vor um einen Massnahmen-Standard und nicht um einen Management-System-Standard handelt, ist die konkrete Umsetzung eines Risikomanagements darin nicht behandelt, sondern dem Standard 27001 mit Unterstützung durch die Standards 27003 und 27005 vorbehalten.

Aufbau des Standards

Die Kapitel der Ausgabe 27002:2013 sind gemäss Abb. 9.5 gegliedert. Die für konkrete Massnahmenziele und Massnahmen heranzuziehenden Kapitel 5 bis 18 im Standard ISO/IEC 27002:2013, mit den darin aufgeführten 35 Haupt-Sicherheitskategorien, sind in der Abb. 9.6 dargestellt.

Dieser in hohem Masse generisch gestaltete Standard findet für kleine wie grosse Unternehmen Anwendung und hat in den letzten Jahren sicherlich die Informationssicherheit in starkem Masse geprägt.

Aufgrund der in der ISO alle fünf Jahre fälligen Reviews werden die jeweils notwendigen inhaltlichen Anpassungen vorgenommen, um den aktuell gültigen „Best Practices" gerecht zu werden. Dabei haben sich der strukturelle Aufbau der aktuell gültigen

ISO/IEC 27002:2013 enthält:

❑ 18 Kapitel, davon 14 Kapitel mit

  ° 35 Haupt-Sicherheitskategorien mit je einem zugeordneten Massnahmenziel

⇨ 114 Massnahmenbeschreibungen mit

  • Umsetzungsanleitungen

  • Andere Informationen

Abb. 9.5 Gliederung im Standard ISO/IEC 27002:2013

Sicherheitskapitel und Unterkapitel ISO/IEC 27002:2013			
A.5	Informationssicherheitsrichtlinien 5.1 Vorgaben der Leitung für Informationssicherheit	A.12	Betriebssicherheit 12.1 Betriebsabläufe und -verantwortlichkeiten 12.2 Schutz vor Schadsoftware 12.3 Datensicherung 12.4 Protokollierung und Überwachung 12.5 Steuerung von Software im Betrieb 12.6 Handhabung technischer Schwachstellen 12.7 Audit von Informationssystemen
A.6	Organisation der Informations- sicherheit 6.1 Interne Organisation 6.2 Mobilgeräte und Telearbeit	A.13	Kommunikationssicherheit 13.1 Netzwerksicherheitsmanagement 13.2 Informationsübertragung
A.7	Personalsicherheit 7.1 Vor der Beschäftigung 7.2 Während der Beschäftigung 7.3 Beendigung und Änderung der Beschäftigung	A.14	Anschaffung, Entwicklung und Instandhaltung von Systemen 14.1 Sicherheitsanforderungen an Informationssysteme 14.2 Sicherheit in Entwicklungs- und Unterstützungsprozessen 14.3 Testdaten
A.8	Verwaltung der Werte 8.1 Verantwortlichkeit für Werte 8.2 Informationsklassifizierung 8.3 Handhabung von Datenträgern	A.15	Lieferantenbeziehungen 15.1 Informationssicherheit in Lieferantenbeziehungen 15.2 Steuerung der Dienstleistungserbringung von Lieferanten
A.9	Zugangssteuerung 9.1 Geschäftsanforderungen an die Zugangssteuerung 9.2 Benutzerzugangsverwaltung 9.3 Benutzerverantwortlichkeiten 9.4 Zugangssteuerung für Systeme und Anwendungen	A.16	Handhabung von Informationssicherheits- vorfällen 16.1 Handhabung von Informationssicherheits- vorfällen und Verbesserungen
A.10	Kryptographie 10.1 Kryptographische Massnahmen	A.17	Informationssicherheitsaspekte beim Business Continuity Management 17.1 Aufrechterhalten der Informationssicherheit 17.2 Redundanzen
A.11	Physische und umgebungs- bezogene Sicherheit 11.1 Sicherheitsbereiche 11.2 Geräte und Betriebsmittel	A.18	Compliance 18.1 Einhaltung gesetzlicher und vertraglicher Anforderungen 18.2 Überprüfungen der Informationssicherheit

Abb. 9.6 Kapitel und Kategorien in ISO/IEC 27002:2013

2013-er-Ausgabe und deren Zweckbestimmung im Vergleich mit seiner Vorgänger-Version nicht wesentlich verändert.[3]

Verwendung zur Schwachstellen-Analyse

Neben der Verwendung als Massnahmenkatalog für den Standard ISO/IEC 27001 wird das Regelwerk ISO/IEC 27002:2013 (Code of Practice for Information Security Management) auch für Sicherheitsüberprüfungen verwendet. Dabei wird die Erfüllung (resp. Nichterfüllung) der Massnahmen-Ziele des Standards bewertet. Fälschlicherweise wird dieses Vorgehen, trotz der dabei fehlenden Bewertung der Schadenspotenziale (Impacts), oftmals als „Risiko-Analyse" bezeichnet. Bei der in diesem Buch verwendeten Risiko-Begrifflichkeit handelt es sich dabei jedoch lediglich um eine „Schwachstellen-Analyse", da ausschliesslich das Erreichen von Massnahmenzielen beurteilt wird.

Basierend auf dem im Abschn. 2.4 behandelten Risikomodell lässt sich eine Schwachstelle wie folgt definieren:

> Eine Schwachstelle ist eine fehlende oder ungenügend vorhandene, aber für das Risikoobjekt (Asset) relevante Massnahme.

Die Abb. 9.7 zeigt das Beispiel einer solchen Schwachstellen-Analyse. Bei dieser Darstellung ergibt sich die jeweils erreichte Bewertungsnote (0 bis 5) aus dem Durchschnitt der Einzelbewertungen pro Sicherheitskapitel (A.5 bis A.18).

Trotz der fehlenden Bewertung der vorhandenen Bedrohungen und Schadenspotenziale geniesst dieses Verfahren für bestimmte Anwendungsfälle hohe Akzeptanz. So kann es

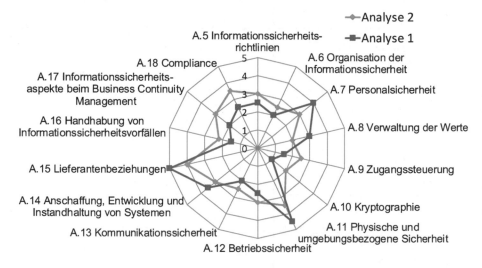

Abb. 9.7   Schwachstellen-Analyse mit ISO/IEC 27002:2013

---

[3] Innerhalb der 5 Jahre kommen oft kleinere Korrekturen vor, die derzeit beispielsweise die Bezeichnung „ISO/IEC 27002:2013/Cor 2:2015" trägt.

beispielsweise bei Vergleichen mit anderen Organisationen (Benchmarking) oder bei Vergleichen von IT-Infrastrukturen herangezogen werden. Natürlich darf dabei nicht vergessen werden, dass das Verfahren nicht die echten Restrisiken, sondern lediglich Mängel in der Compliance zu einem generischen Massnahmen-Katalog aufzeigt.

9.3.3   Informationssicherheits-Risikomanagement mit ISO/IEC 27005

Der Standard ISO/IEC 27005:2011 (s. Tab. 9.3) beschreibt in generischer Weise den Informationssicherheits-Risikomanagement-Prozess mit den darin anfallenden Teilprozessen und Vorgehensweisen.

Dieser Risikomanagement-Prozess ist weitgehend an den in der ISO standardisierten allgemeinen Risikomanagement-Prozess (ISO 31000:2009) und das in der ISO standardisierte Risikomanagement-Vokabular gemäss ISO/IEC Guide 73:2009 angelehnt.

Wie die Abb. 9.8 zeigt, entspricht der Prozess im Wesentlichen dem in diesem Buch verwendeten generischen Risikomanagement-Prozess. Interessant an diesem Standard sind vor allem die detaillierten Beschreibungen der Prozessschritte.

Insgesamt können dem Standard 16 Prozessschritte der Struktur,

* Input,
* Action,
* Umsetzungs-Anleitung und
* Output

entnommen werden.

Tab. 9.3   Übersicht über ISO/IEC 27005:2011

Regelwerk	ISO/IEC 27005:2011 Information security risk management
Herkunft	ISO/IEC 27005:2011 Information wurde im ISO ursprünglich unter der Bezeichnung ISO/IEC 13335–2 entwickelt. Der im Juni 2008 erstmalig in Kraft gesetzte neue Standard ISO/IEC 27005:2008 ersetzt zudem die bereits existierenden Technical Reports ISO/IEC TR 13335–3:1998 und ISO/IEC TR 13335–4:2000.
Einsatzzweck	Bietet Leitfaden für ein Informationssicherheits-Risikomanagement im Unternehmen und unterstützt die im Standard ISO/IEC 27001:2005 vorgegebenen Anforderungen für die auf einem Risikomanagement-Ansatz basierenden Umsetzung eines ISMS.
Wichtige Merkmale	Vorgehen basierend auf einem Risikomanagement-Prozess, welcher sowohl auf den Risikomanagement-Standard ISO 31000:2009 als auch auf den ISMS-Standard ISO/IEC 27001:2005 ausgerichtet ist. Die Einzelschritte des Prozesses sind in der Form „Input", „Action", „Implementation guidance" und „Output" mit den wesentlichen Inhalten erläutert. Die Anhänge A bis E geben reichlich Anleitung für die Durchführung der einzelnen Prozessschritte.

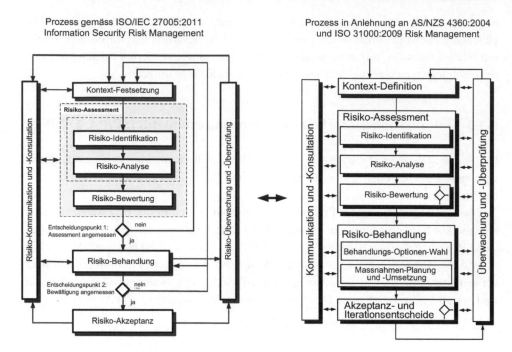

Abb. 9.8 Risikomanagement-Prozess nach ISO/IEC 27005:2011

Ebenfalls sind die grundlegenden Kriterien für das Risikomanagement erläutert. Diese Kriterien sind:

- Risiko-Bewertungskriterien
- Impact-Kriterien
- Risikoakzeptanz-Kriterien und
- Notwendige Ressourcen

Informativer Anhang A

Hilfreich für die Durchführung des Informationssicherheits-Risikomanagement-Prozesses sind auch die informativen Ausführungen im Anhang des Standards. So erläutert der informative Anhang A diejenigen Punkte, die zur Kontext-Definition (Anwendungsbereich und Abgrenzungen) untersucht und definiert werden müssen.

Informative Anhänge B bis F

Im Anhang B werden Erläuterungen über die „Identifikation", „Werteinschätzung" der Risikoobjekte (assets) sowie über das „Impact Assessment" gegeben. Der Anhang C beinhaltet eine Liste typischer Bedrohungen der Informationssicherheit. Der Anhang D zeigt Beispiele von Verletzlichkeiten (Schwachstellen) im Hinblick auf die möglichen Bedrohungen sowie Methoden zur Analyse technischer Schwachstellen. Im Anhang E werden sodann Ansätze gezeigt, wie das Risiko-Assessment mittels einer groben (high-level)

Analyse und/oder mit einer detaillierten Analyse durchgeführt werden kann. Die grobe Analyse könnte in der Terminologie dieses Buches als Top-down-Analyse und die detaillierte Analyse als Bottom-up Analyse bezeichnet werden. Schliesslich werden im Anhang F die zu beachtenden Randbedingungen für den Massnahmeneinsatz angeführt. Solche Randbedingungen sind beispielsweise:

- Zeit;
- Finanzen;
- Technische Probleme;
- Betriebliche Zwänge;
- Kultur;
- Ethische Zwänge;
- Umwelt;
- Gesetze;
- Benutzerfreundlichkeit;
- Personelle Voraussetzungen für Massnahmen;
- Integration von neuen Massnahmen in ein bestehendes Umfeld.

Insgesamt ist der Standard in seiner generische Form und seinen detaillierten Ausführungen bei der Gestaltung und Umsetzung eines Informations-Risikomanagement-Prozesses nützlich und bietet insbesondere für das Risiko-Assessment eine hilfreiche Anleitung. Damit ergänzt der Standard ISO/IEC 27005:2011 im Sinne einer Anleitung viele wesentlichen Aspekte des Risikomanagements in den Standards ISO/IEC 27001:20xx und ISO/IEC 27003:20xx. Abweichungen bestehen natürlich darin, dass der Standard nicht exakt auf die wesentlich später herausgegebene Version ISO/IEC 27001:2013 angepasst ist. Eine punktgenaue Umsetzung des Standards, wie sie beispielsweise beim Standard ISO/IEC 27001 für die Erlangung einer Zertifizierung gefordert wird, ist jedoch beim Standard ISO/IEC 27005 weder beabsichtigt noch sinnvoll. Somit kann der Standard immer noch als nützliche Anleitung zur Durchführung des Informationssicherheits-Risikomanagements verwendet werden.

9.4   COBIT®[4] 5 Framework

COBIT liegt zurzeit in der Version COBIT 5 vor und beansprucht, ein umfassendes Framework zu sein, welches die Unternehmen bei der Erreichung ihrer Ziele sowohl bei der „Governance" als auch beim „Management" der IT unterstützt. Als solches soll COBIT 5 für sämtliche Unternehmen und Unternehmensgrössen anwendbar sein. Im Rahmen dieses Buches über das Risikomanagement in der IT und Informationssicherheit spielt die Einbindung dieser Themen in COBIT eine wichtige Rolle, weshalb die für die Themen dieses Buches relevanten Merkmale des umfangreichen COBIT-5-Frameworks in entsprechender Kürze beleuchtet werden (s. Tab. 9.4).

---

[4]COBIT® = Control Objectives for Information and Related Technology.

Tab. 9.4 Übersicht über COBIT®

Regelwerk	COBIT® 5
Herkunft	Forschungseinrichtungen **„Information Systems Audit and Control Foundation" (ISACF)** ; Später **„IT Governance Institute" (ITGI)** unter dem Berufsverband **„Information Systems Audit and Control Association" (ISACA).** COBIT 3rd Edition in 2000, dann COBIT 4.0 in 2005 sowie aus der Integration des 2007 entstandenen COBIT 4.1 mit anderen ISACA-Rahmenwerken wie VAL-IT und Risk-IT. Herausgabe von COBIT 5 im April 2012.
Einsatzzweck	Geschäftsorientiertes „Rahmenwerk" zur Governance und zum Management der IT im Unternehmen. Infolge der Fokussierung auf sämtliche Aspekte der IT, kann es anderen Regelwerken und Standards als Ausgangsbasis für die Behandlung von unternehmensspezifischen Anforderungen übergeordnet werden. Ebenfalls findet es Anwendung als Leitfaden und Ausbildungs-Ressource für Chief Information Officers (CIOs), Senior Management, IT-Management und Audit- und Revisionsfachpersonal.
Wichtige Merkmale	„COBIT 5" soll insbesondere mit dem Governance-Ziel „Wertschöpfung" die „Stakeholder"-Bedürfnisse eines Unternehmens erfüllen; dies soll durch „Nutzenrealisierung", „Ressourcen-Optimierung" und „Risiko-Optimierung" bewerkstelligt werden. Dazu sollen die übergeordneten Ziele zur Befriedigung der Anforderungen der verschiedenen Anspruchsgruppen auf die untergeordnete Unternehmens-Ziele, IT-Ziele und letztlich auf die sog. Enabler-Ziele mittels einer Zielkaskade heruntergebrochen werden. Die insgesamt 32 Prozesse des Prozess-Referenzmodells sind dabei in einer der insgesamt sieben „Enabler-Kategorien" enthalten. Andere Enabler-Kategorien sind beispielsweise „Organisatorische Strukturen", „Information" und „Mitarbeiter mit ihren Fähigkeiten und Kompetenzen".

Detaillierte Beschreibungen des Standard-Regelwerks sind den ISACA-Publikationen, vorab dem „COBIT 5 Framework" [Cobf12] sowie den weiteren Publikationen der „COBIT-5-Produktfamilie", zu entnehmen.[5]

9.4.1 COBIT® 5 als IT-Governance und IT-Management-Rahmenwerk

Die grundlegenden Eigenschaften von COBIT 5 beruhen auf den in Abb. 9.9 aufgeführten fünf Prinzipien.

---

[5] Neben der Vielzahl von ISACA-Publikationen kann auf das ausführliche, deutschsprachige Buch „Praxiswissen COBIT" von Markus Gaulke hingewiesen werden [Gaul14].

Prinzipien	Kurze Erläuterung
1 Erfüllung der Anforderungen der Anspruchsgruppen (Meeting Stakeholder Needs).	Die Werte für die Anspruchsgruppen werden durch eine ausgewogene Realisierung von Nutzen, Optimierung von Risiken und Ausnützung von Ressourcen erzeugt.
2 Abdeckung des gesamten Unternehmens (Covering Enterprise End-to-End).	Die IT Governance des Unternehmens wird in die Unternehmens-Governance integriert, dabei werden nicht nur die IT-Funktionen, sondern alle Funktionen und Prozesse angesprochen. Die IT-bezogenen „Enablers" sowohl mit interner als auch externer Relevanz werden unternehmensweit und durchgängig betrachtet.
3 Anwendung eines einheitlichen integrierten Frameworks (Applying a Single Integrated Framework).	Das Framework soll auch für andere Standards, Rahmenwerke und gute Praktiken (z. B. ISO oder ITIL®) einen übergeordneten Rahmen darstellen.
4 Ermöglichung eines ganzheitlichen Ansatzes (Enabling a Holistic Approach).	Der Ansatz berücksichtigt in einer ganzheitlichen Weise die untereinander in Beziehung stehenden und interagierenden Komponenten des Frameworks (z. B. Enabler und Ziele). Jede Anforderung kann durch einen oder auch durch mehrere untereinander in Beziehung stehenden Enabler erfüllt werden.
5 Unterscheidung zwischen Governance und Management (Separating Governance From Management).	COBIT unterscheidet streng zwischen Governance und Management, wobei **Governance** die Anforderungen der Anspruchsgruppen sicherstellt und durch Beurteilung (evaluate) Priorisierung und Entscheidung (direct) die Richtung vorgibt sowie und die Erfüllung der Unternehmensziele überwacht (monitor). Hingegen werden beim **Management** in Übereinstimmung mit den Vorgaben der Governance, mittels Aktivitäten der Planung (plan), des Aufbaus (build), des Betriebs (run) und der Überwachung (monitor), die Ziele des Unternehmens erfüllt. COBIT 5 enthält unter anderem ein Prozess-Referenz-Modell, in dem die Rollen und Aktivitäten in die beiden Ebenen „Governance" und „Management" unterschieden werden.

Abb. 9.9   COBIT 5 – Prinzipien (vgl. [Cobf12], S. 13–14)

9.4.2   Enabler

Die „Enabler" sind Faktoren, die einzeln und im Verbund bewirken, dass die Forderungen und Ansprüche der Anspruchsgruppen (Stakeholder) an das Unternehmen erfüllt werden. So sorgen sie u. a. auch dafür, dass die Ziele in der Zielkaskade erfüllt werden. Anschaulich ausgedrückt, sind die Enablers die „Stellschrauben", an denen gedreht wird, um die Ziele der an das Unternehmen gestellten Anforderungen der Anspruchsgruppen zu erfüllen. Die in COBIT 5 definierten Kategorien von „Enabler" sind in Abb. 9.10 gezeigt.

1. Prinzipien, Policies und Rahmenwerke (Principles, Policies and Frameworks)
2. Prozesse (Processes)
3. Organisatorische Strukturen (Organisational Structures)
4. Kultur, Ethik und Verhalten (Culture, Ethics and Behaviour)
5. Informationen (Information)
6. Dienstleistungen, Infrastruktur und Anwendungen (Services, Infrastructure and Applications)
7. Mitarbeiter, Fähigkeiten und Kompetenzen (People, Skills and Competencies)

Abb. 9.10 „Enabler"-Kategorien in COBIT® 5

❑ **Anspruchsgruppen**
Z. B. Parteien die an der Ausführung von Prozessen beteiligt sind oder Interesse an den Prozessergebnissen haben.

❑ **Ziele**
Die Ziele können aufgrund ihres Einsatzbereiches in die folgenden Kategorien unterteilt werden:

     o   Intrinsische Qualität,
     o   Kontextbezogene und repräsentative Qualität und
     o   Sicherheit und Zugänglichkeit;

❑ **Lebenszyklus**
Jeder „Enabler" hat einen Lebenszyklus mit den Phasen: Planen (Plan), Konzipieren (Design), Aufbauen/Beschaffen, (Build/Acquire), Benützen/Betreiben (Use/Operate), ÜberwAchen (Monitor), Beseitigen (Dispose).

❑ **Gute Praktiken**
Die Guten Praktiken helfen die Enabler umzusetzen und unterstützen die Erreichung der Enabler-Ziele.

Abb. 9.11 Enabler Dimensionen

Enabler-Dimensionen
Die Wirkungsbereiche der Enabler sind zudem gemäss der Abb. 9.11 in vier Dimensionen unterteilt.

9.4.3 Enabler-Kategorie „Prozesse"

Governance-Prozesse
Wie in den Vorgängerversionen von COBIT kommt dem Prozess-Referenzmodell in COBIT 5 eine wichtige Bedeutung zu. So beinhaltet der **Governance-Bereich** fünf Governance-Prozesse (EDM01-EDM05). Zu jedem dieser Prozesse gehören die aus dem ISO-Governance-Standard (ISO 38500) bekannten drei Prozesspraktiken für die Führungsaufgaben:

Management-Domäne	Prozesse	Anzahl Praktiken
Anpassen, Planen und Organisieren	APO01-APO13	72
Aufbauen, Beschaffen und Implementieren	BAI01-BAI10	68
Bereitstellen, Betreiben und Unterstützen	DSS01-DSS06	38
Überwachen, Evaluieren und Beurteilen	MEA01-MEA03	17
	32	195

Abb. 9.12 Prozesse und Praktiken pro Domäne

- Evaluieren (Evaluate),
- Vorgeben (Direct) und
- Überwachen (Monitor).

Z. B. „EDM01.01: Evaluieren des Governance Systems" (Evaluate the governance system).

Management-Prozesse
Der **Management-Bereich** ist ähnlich wie in früheren COBIT-Versionen in vier Management-Domänen mit jeweils zugeordneten Prozessen und Praktiken unterteilt. In diesen Management-Domänen befinden sich insgesamt 32 Management-Prozesse. Diese Management-Prozesse enthalten wiederum insgesamt 195 Management-Praktiken. Die anzahlmässige Aufteilung der Prozesse und Praktiken auf die Domänen ist in Abb. 9.12 gezeigt.

Als „Praktiken" werden in COBIT 5 die einzelnen elementaren Teilprozesse eines Prozesses bezeichnet. So lautet beispielsweise innerhalb des Prozesses „APO13: Managen von Risiken" eine zugehörige Prozesspraktik, „APO12.02: Analysieren des Risikos". Eine andere Prozesspraktik im Prozess APO13 lautet, „APO12.06: Behandeln des Risikos".

9.4.4   Zielsystem in COBIT 5

Die vollständige Integration von „Governance" und „Management" erfolgt einerseits über die Vernetzung der verschiedenen „Prozesspraktiken" und „Enablers" untereinander und andererseits über ein Zielsystem. Dieses Zielsystem wird mittels einer „Zielkaskade" gebildet. Bei dieser Zielkaskade werden die Ziele, ausgehend von den „Anforderungen der Anspruchsgruppen an die Governance" hinunter auf die Ebene der „Unternehmensziele" und von dort auf die Ebene der „IT-bezogenen Ziele" und von dieser Ebene letztlich auf die Ebene der sog. „Enabler-Ziele" heruntergebrochen und umgesetzt (s. Abb. 9.13).

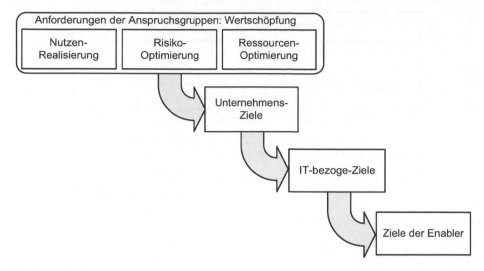

Abb. 9.13   Zielkaskade in COBIT 5

Die in die Enabler-Kategorie „Prozesse" gehörenden 32 Prozesse haben auf den Ebenen dieser Zielkaskade entsprechende Ziele zu erfüllen.

Generische Ziele in COBIT 5
COBIT 5 definiert sowohl auf der Ebene der „Unternehmensziele" als auch auf der Ebene der „IT-bezogenen Ziele" jeweils 17 generische Ziele sowie deren Beschreibungen zur Erfüllung von Anforderungen. Diese jeweils 17 generischen Ziele sind in die vier Perspektiven einer Balanced Scorecard[6] eingeordnet, wobei die Ziele auf der Ebene der „Unternehmensziele" hauptsächlich die zu erfüllenden Anforderungen der Anspruchsgruppen hinsichtlich „Nutzen-Realisierung", „Risiko-Optimierung" und „Ressourcen Optimierung" unterstützen sollen.

Mapping-Tabellen zur Abbildung der Ziele verschiedener Ebenen
Gemäss der Ziele-Kaskadierung müssen die Ziele einer Ebene, die Ziele, respektive die Anforderungen, auf der höher gelegenen Ebene unterstützen (s. Abb. 9.13). So müssen die IT-bezogenen Ziele die auf der höheren Ebene gelegenen Unternehmensziele unterstützen. Wie durch die generischen 17 „IT-bezogenen" Ziele die 17 generischen „Unternehmensziele" unterstützt werden sollen, ist im Anhang der Framework-Publikation anhand von sogenannten Mapping Tabellen gezeigt ([Cobf12], S. 49–50). Ebenfalls wird im Anhang der Framework-Publikation mittels einer Mapping-Tabelle gezeigt, mit welchen der 17 generischen „Unternehmensziele" die Anforderungen der Anspruchsgruppen berücksichtigt werden können ([Cobf12], S. 55, 56).

---

[6] S. Beschreibung der Balanced Scorecard in Abschn. 5.5.

In der COBIT-5-Framework-Dokumentation wird aber auch darauf hingewiesen, dass jedes Unternehmen auch seine eigene spezifische Zielkaskade mit den entsprechenden Mapping-Tabellen entwickeln soll, in der, im Vergleich zur COBIT-Ziel-Kaskade, die für das Unternehmen spezifischen Ziele abgebildet werden ([Cobf12], S. 17–20).

Dass die Prozesse in ihrer Enabling-Funktion nicht nur ihre „Prozessziele" sondern auch die auf den höheren Zielebenen gelegenen Ziele unterstützen sollen, wurde oben bereits erwähnt. Im Zusammenhang mit IT- und Informationssicherheits-Risiken sind vor allem die dafür relevanten generischen Ziele der Zielkaskade von Interesse. Auf der Ebene der Unternehmensziele sind diesbezüglich vor allem die beiden generischen „Enterprise goals", EG03 (Gemanagtes Geschäftsrisiko) und EG07 (Kontinuität und Verfügbarkeit von geschäftsbezogenen Services) von Interesse, die wiederum durch die generischen „IT related goals" gemäss Abb. 9.14 unterstützt werden sollen. Wie die „IT related goals" wiederum durch einzelne Prozesse des Prozessmodells von COBIT 5 unterstützt werden, ist in der Framework-Publikation von COBIT 5 anhand entsprechender Zuordnungstabellen gezeigt ([Cobf12], S. 52, 53).

Metriken für Ziele

Sämtliche Ziele in der Zielkaskade, einschliesslich der Ziele auf der Enabling-Ebene, verfügen über entsprechende Metriken. Die Metriken geben die Massstäbe wieder, mit denen das Erreichen der Ziele gemessen werden kann. In COBIT 5 sollen die Metriken „quantifizierte"

Für Risiken und Sicherheit relevante generische „Unternehmensziele":		
EG03	„Gemanagtes Geschäftsrisiko (Sicherung von Vermögenswerten)" mit primär zugeordneten generischen IT-bezogenen Ziele ITG04, ITG10 und ITG16.	
EG07	„Kontinuität und Verfügbarkeit von geschäftsbezogenen Services" mit primär zugeordneten generischen IT-bezogenen Ziele ITG04, ITG010 und ITG14.	
Für Risiken und Sicherheit relevante generische „IT-bezogene Ziele":		Anzahl Prozesse
ITG04	„Gemanagtes, IT-bezogenes Unternehmensrisiko".	15
ITG10	„Sicherheit von Information, Verarbeitungsinfrastruktur und Anwendungen".	5
ITG14	„Verfügbarkeit zuverlässiger und verwendbarer Informationen zur Entscheidungsfindung".	6
ITG16	„Kompetente und motivierte Mitarbeiter".	3

Abb. 9.14 Wichtige Ziele in der Zielkaskade für Risikomanagement (vgl. [Gaul14], S. 153–155)

Messwerte ergeben. So lautet beispielsweise ein **Prozessziel** (auf der Enabler-Ebene) zum Prozess „APO13: Managen von Informationssicherheit":

„Es ist ein System vorhanden, das die Informationssicherheits-Anforderungen des Unternehmens angeht und wirksam berücksichtigt."

Und die definierten **Metriken** zu diesem Prozessziel lauten:

- „Anzahl von klar definierten Sicherheits-Rollen";
- „Anzahl von sicherheitsbezogenen Vorfällen".

Ein anderes Beispiel eines **Ziels** für den Prozess APO12: „Managen von Risiko" auf der **IT-bezogenen** Ziel-Ebene wäre:

„ITG10: Sicherheit der Information, der Verarbeitungsinfrastruktur und der Anwendungen". Die zu ITG10 gehörigen **Metriken** lauten:

- Anzahl von Sicherheitsvorfällen, die finanzielle Verluste, Geschäftsunterbrechungen oder öffentliche Peinlichkeiten verursachen;
- Anzahl von IT-Services mit hohen Sicherheitsanforderungen;
- Zeit um Zugriffsrechte zuzuteilen, verändern oder löschen im Vergleich zu den getroffenen Service-Vereinbarungen.
- Häufigkeit der Sicherheits-Beurteilungen im Vergleich zu den aktuellen Standards und Richtlinien.

9.4.5   Enabler-Ziele in COBIT 5 und COBIT 4.1

Jeder Enabler aus den sieben Enabler-Kategorien soll für das Erreichen bestimmter Ziele bewertet werden können. Diese zu definierenden Ziele befinden sich auf der untersten Ebene der Zielkaskade. In COBIT 5 werden solche „Enabling-Ziele" in die drei folgenden Qualitäts-Kategorien unterteilt ([Cobf12], S. 29, 65):

- **Intrinsische Qualität:** Ausmass, in dem ein Enabler genau und objektiv arbeitet und dementsprechend ansehnliche Ergebnisse liefert;
- **Kontextbezogene und repräsentative Qualität:** Ausmass, in dem ein Enabler und seine erzielten Ergebnisse dem durch den Kontext gegebenen Zweck entsprechen;
- **Zugänglichkeit und Sicherheit:** Ausmass, in dem ein Enabler und seine Ergebnisse zugänglich, verfügbar und gesichert sind.

Für die Informationen in der Enabler-Kategorie „Information" kommt der Bemessung von Zielen anhand solcher Qualitätsanforderungen eine wichtige Rolle zu. In COBIT 4.1 wurde eine solche Qualitäts-Spezifikation für die Information mittels der sogenannten

„Informationskriterien" ausgedrückt. Anhand dieser Informationskriterien konnten die an die Informationen gestellten Anforderungen mit entsprechenden Metriken eingestuft und quantifiziert werden. Für das Risikomanagement der IT und der Informationssicherheit war in COBIT 4.1 die Definition solcher Informationskriterien insofern von Interesse, als von der Zielabweichung bei einem Informationskriterium (z. B. Abweichung beim Verfügbarkeitskriterium) ein entsprechendes Risiko abgeleitet werden konnte. Derartige Enabler-Ziele sollen in COBIT 5 in sämtlichen sieben Enabler-Kategorien angewendet werden können. Für die Enabler-Ziele in der Kategorie „Information" gibt COBIT 5 gegenüber dem früheren COBIT 4.1 eine feinere Einteilung der massgeblichen Ziele vor. Die Abb. 9.15 zeigt die in COBIT 5 vorgesehenen Ziele für den Enabler „Information" und deren Einteilung in die drei Qualitätskategorien sowie die Abbildung auf die gröber spezifizierten „Informationskriterien" in COBIT 4.1.

Enabler Zielkategorie in COBIT 5	Zielkriterien für den Enabler „Information" in COBIT 5	Informationskriterium in COBIT 4.1
Intrinsische Qualität	Objektivität (Objectivity)	Effektivität sowie Zuverlässigkeit
	Glaubwürdigkeit (Believability)	Effizienz sowie Zuverlässigkeit
	Reputation (Reputation)	
	Genauigkeit (Accuracy)	Integrität
Kontextbezogene und darstellerische Qualität	Vollständigkeit (Completeness)	
	Relevanz (Relevancy)	Effektivität
	Geeignete Informationsmenge (Appropriate amount)	
	Interpretierbarkeit (Interpretability)	
	Verständlichkeit (Understandability)	
	Einfache Handhabung (Ease of manipulation)	Effizienz
	Aktualität (Currency)	Keine Angaben
	Präzise Darstellung (Concise repräsentation)	
	Konsistente Darstellung (Consistent representation)	
Zugänglichkeit/Sicherheit	Verfügbarkeit/Rechtzeitigkeit (Availability/Timeliness)	Verfügbarkeit
	Eingeschränkter Zugriff (Restricted Access)	Vertraulichkeit
Alle	Abhängig von den Anforderungen alle Ziele (All goals depending on requirements)	Compliance

Abb. 9.15 Ziele der Enabler-Kategorie „Information" (vgl. [Cobf12], S. 63, 82).

9.4.6 IT-Risikomanagement und Informationssicherheit in COBIT 5

Mit den Publikationen der Produkte „COBIT 5 for Risk" und „COBIT 5 for Information Security" wird zwischen den IT Risiken im Allgemeinen und den Informationssicherheits-Risiken im Besonderen differenziert. Im Prozessreferenz-Modell werden die Anforderungen dieser beiden Gebiete vor allem in den folgenden Prozessen und den dazugehörigen Prozesspraktiken behandelt:

In **„COBIT 5 for Risk"** sind dies die Prozesse EDM03 und APO12 (s. Abb. 9.16) und in **„COBIT 5 for Information Security"** ist dies der Prozess APO13 (s. Abb. 9.17).

Die Prozesspraktiken in ihrer Eigenschaft als Subprozesse weisen jeweils eine Kurzbeschreibung auf und bestehen aus einer Anzahl durchzuführender Aktivitäten. Über diverse Input- und Outputschnittstellen werden die einzelnen Prozesspraktiken sowohl mit einer Vielzahl anderer Prozesspraktiken als auch mit entsprechenden Informationsquellen und -destinationen vernetzt. Es gilt zu erwähnen, dass über solche Vernetzungen bei einer Mehrheit der insgesamt 210 Prozesspraktiken ein vielfältiger Einfluss des Risikomanagements und der Informationssicherheit zu verzeichnen ist.

❑ **EDM03:** „Sicherstellung der Risiko-Optimierung (Ensure Risk Optimisation)" sowie die zu diesem Prozess gehörenden Prozesspraktiken:

    o **EDM03.01:** Evaluierung des Risikomanagements (Evaluate risk management)

    o **EDM03.02:** Steuern des Risikomanagements (Direct risk management)

    o **EDM03.03:** Überwachen des Risikomanagements (Monitor risk management)

❑ **APO12:** „Managen von Risiken (Manage Risk)" sowie die zu diesem Prozess gehörenden Prozesspraktiken:

    o **APO12.01:** Erfassen von Daten (Collect data)

    o **APO12.02:** Analysieren des Risikos (Analyse risk)

    o **APO12.03:** Pflegen eines Risikoprofils (Maintain a risk profile)

    o **APO12.04:** Artikulieren des Risikos (Articulate risk)

    o **APO12.05:** Definieren eines Portfolios für Risikomanagement-Massnahmen (Define a risk management action portfolio)

    o **APO12.06:** Behandeln des Risikos (Respond to risk)

Abb. 9.16 Prozesse für Risikomanagement in COBIT 5

❑ **APO13:** „Managen der Sicherheit (Manage security)", sowie die zu diesem Prozess gehörenden Prozesspraktiken:

    o **APO13.01:** Einrichten und Pflegen eines Informationssicherheits-Managementsystems ISMS (Establish and maintain an ISMS)

    o **APO13.02:** Definieren und managen eines Plans zur Behandlung von Informationssicherheits-Risiken (Define and manage an information security risk treatment plan)

    o **APO13.03:** Überwachen und Überprüfen des ISMS (Monitor and review the ISMS)

Abb. 9.17 Prozess für Informationssicherheit in COBIT 5

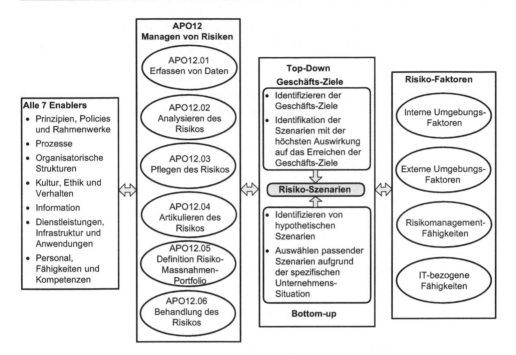

Abb. 9.18   COBIT® 5-Risikomanagement mittels Szenarien (vgl. [Cobr13], S. 59).

Die Beteiligung von Anspruchsgruppen (vor allem Führungspersonen) an der Durchführung der einzelnen Praktiken ist mit sog. RACI[7]-Charts vermerkt. Wie das Erreichen von Zielen des Risikomanagements durch Prozesse des Prozessmodells von COBIT 5 unterstützt werden soll, wurde bereits in der Abb. 9.14 veranschaulicht.

Die Publikationen „COBIT 5 for Risk" und „COBIT 5 for Information Security" behandeln neben dem Enabler „Prozess" auch ausführlich die für das Risikomanagement und die Informationssicherheit wichtigen Enabler, wie Policies oder Fähigkeiten und Kompetenzen des Personals.

Anwendung von Szenarien

Das Risikomanagement-Verfahren stützt sich auf Szenarien[8] ab und verwendet dabei den Prozess APO12 mit seinen sechs Prozesspraktiken APO12.01-ABO12.06 sowie die bereits geschilderten Enabler-Kategorien (s. Abb. 9.18). Die Entwicklung dieser Szenarien erfolgt sowohl Top-down, d. h. ausgehend von Unternehmenszielen, als auch Bottom up, d. h. ausgehend von generischen COBIT® 5-Szenarien, die auf die relevante Unternehmenssituation angepasst werden sollen.

---

[7] RACI: Responsible, Accountable, Consulted and Informed.

[8] Definition Risikoszenario in COBIT 5: Ein Risikoszenario ist die Beschreibung eines möglichen Ereignisses, das bei Eintritt eine ungewisse Auswirkung auf die Erreichung der Unternehmensziele hat. Die Auswirkung kann positiv oder negativ sein.

Für die Häufigkeit der Ereignisse und das Ausmass der Zielverfehlungen sind die sogenannten Risikofaktoren massgeblich. Das Zusammenspiel von Szenarien und Risikofaktoren mit dem Risikomanagement-Prozess (APO12) und den Enablers ist in der Abb. 9.18
grob veranschaulicht.

Die Komponenten, die bei den Risiko-Szenarien nach COBIT 5 eine massgebliche
Rolle spielen sind in Abb. 9.19 grob zusammengestellt und erklärt.

Risikomanagement mit dem Dokument „COBIT 5 for Risk"
Zu den in COBIT 5 üblichen Ausführungen über die einzelnen Enabler, kommen die in
„COBIT 5 for Risk" aufgeführten zusätzlichen Ausführungen hinsichtlich des Risikomanagements. So befasst sich Dokument „COBIT 5 for Risk" mit den IT-bezogenen Risiken
und unterteilt dabei seine Ausführungen in die beiden Perspektiven „Risk function perspective" und „Risk management perspective". Die „Risk function perspective" betrachtet
dabei die Erfordernisse, um die „Risiko Funktion" in einem Unternehmen aufzubauen und
zu erhalten. Die „Risk management perspective" hingegen befasst sich damit, wie die

---

❑ **Akteur (Actor):** Ein solcher Akteur kann eine Person oder ein Sache sein
und erzeugt eine Bedrohung, die eine Schwachstelle ausnützt. Natur-
Ereignisse werden gemäss dem Konzept nicht durch einen solchen
Akteur verursacht.

❑ **Bedrohungs-Typ (Threat Type):** Damit wird das Wesen der Bedrohung
eingeteilt (z. B. bösartige Verursachung oder unglückliche Verursachung)

❑ **Ereignis (Event):** Darunter fallen die Art von Auswirkungen (z. B.
Offenlegung vertraulicher Informationen oder unwirksame Ausführung
von Prozessen).

❑ **Vermögenswert/Ressource (Asset/Resource):** Ein Vermögenswert
(Asset) ist jeglicher Gegenstand, der einen Wert für das Unternehmen hat
und durch ein Ereignis beeinflusst zu einen Geschäfts-Impakt führt. Eine
Ressource ist alles das, was zum Erreichen von IT-Zielen beiträgt.
Vermögenswerte/Ressourcen beinhalten:

    o   Personal und Fähigkeiten;
    o   Organisatorische Strukturen;
    o   IT-Prozesse oder Geschäftsprozesse;
    o   Physische Infrastruktur, Gebäude, Geräte etc.;
    o   IT Infrastruktur, einschliesslich Hardware, Netzwerke, Middleware
    o   Andere Unternehmens-Architekturkomponenten, einschl.
       Informationen und Anwendungen.

❑ **Zeit (Time):** Für eine Szenario können folgende Zeiten relevant sein:

    o   Dauer eines Ereignisses (z. B. Ausfall einer Dienstleistung);
    o   Zeitpunkt (Eintreten in einem kritischen Moment);
    o   Erkennung (Erfolgt die Erkennung unmittelbar oder nicht?);
    o   Zeitverzögerung zwischen dem Eintreten des Ereignisses und der
       resultierenden Konsequenz.

Abb. 9.19   Komponenten für Risiko-Szenarien (vgl. [Cobr13], S. 62, 63).

IT-bezogene Risiken im Unternehmen optimiert und auf einer täglichen Basis identifiziert, analysiert, behandelt und berichtet werden können. Die Dokumentation COBIT 5 for Risk enthält somit Festlegungen, Prozesse, Aktionen und Instrumente (u. a. Templates), um die oben genannten Perspektiven zu erfüllen. Die Ausführungen in COBIT 5 for Risk beziehen sich dabei auf die sieben in der Abb. 9.10 gezeigten „Enabler-Kategorien". Eine dieser sieben Enabler ist „Information", welche in risikospezifischer Weise die Risikoaspekte der Governance und des Managements im Unternehmen befähigen soll.

Anwendung der Enabler-Kategorie „Information" beim Risikomanagement
Für den Enabler „Information" sind gemäss der Publikation „COBIT 5 for Risk" in der „Risk management perspective" die folgenden Punkte abzuarbeiten:

- Risiko-Profile (Risk Profile);
- Risiko-Kommunikationsplan (Risk Communication Plan);
- Risiko-Bericht (Risk Report);
- Risiko-Bewusstsein-Programm (Risk Awareness Program);
- Risiko-Karte (Risk Map);
- Risiko-Bereich, Appetit, und Toleranz (Risk Universe, Appetite and Tolerance);
- Schlüssel-Risiko-Indikatoren (Key Risk Indicators);
- Aufkommende Risiko-Themen und Faktoren (Emerging Risk Issues and Factors);
- Risiko-Klassifizierung (Taxonomy);
- Geschäftsauswirkungs-Analyse (Business Impact Analysis);
- Risiko-Ereignis (Risk Event);
- Risiko- und Massnahmenaktivitäten-Matrix (Risk and Control Activity Matrix);
- Risiko-Beurteilung (Risk Assessment).

Über diese Punkte können mittels Templates im Dokument „COBIT 5 for Risk" ([Cobr13] S. 119–157) sämtliche vorkommenden Dimensionen (Anspruchsgruppen, Lebenszyklus, gute Praktiken und die in Abb. 9.15 aufgeführten Enabler–Ziele) sowie die Schnittstellen-Verbindungen zu anderen Enablers herausgearbeitet werden.
    Der erste Punkt „Risk Profile" enthält beispielsweise die Informationen über die IT-bezogenen Risiken, denen ein Unternehmen ausgesetzt ist. So enthält die Dokumentation „COBIT 5 for Risk" zum Punkt „Risk Profile" u. a. das Template eines „Risk Registers", in das die erhobenen und analysierten Risiken, zusammen mit wichtigen anderen Daten, wie die Bezeichnung des Risk Owners und die Daten eines Risiko-Behandlungsplans, eingetragen werden können.

9.4.7   COBIT 5, COBIT 4.1 und andere Rahmenwerke

Wie in den COBIT-5-Publikationen mehrheitlich betont wird, sollen mit dem ganzheitlichen Rahmenwerk insbesondere die „Stakeholder"-Bedürfnisse (Bedürfnisse der Anspruchsgruppen) an ein Unternehmen erfüllt werden. Dazu wird das übergeordnete Ziel der

Wertschöpfung auf entsprechende „Unternehmensziele", „IT-Ziele", und „Enabler-Ziele" einschliesslich „Prozessziele" heruntergebrochen.

In einer Übergangsphase von COBIT 4.1 auf COBIT 5 wurde den Aspekten eines solchen ganzheitlichen Frameworks für Governance und Management durch einzelne zusätzliche Rahmenwerke wie VAL-IT, Risk-IT, „Information Technology Assurance Framework (ITAF)" und das „Business Model for Information Security (BMIS)" Rechnung getragen. Inzwischen sind diese Konzepte, wenn auch teilweise mit separaten Publikationen, in das Regelwerk von COBIT 5 integriert.

Eine Mehrzahl der Prozesse von COBIT 4.1 finden sich in allenfalls abgeänderter Form in COBIT 5 wieder. Beispiele von Zuordnungen von Prozessen des früheren Risk-IT-Rahmenwerks sind in der Abb. 9.20 gezeigt.

Auch wurden einige Prozesse aus COBIT 4.1 zusammengelegt, und einige Prozesse, vor allem die Prozesse betreffend Governance, umbenannt. Bemerkenswert ist die Empfehlung des IT Governance Instituts, eine laufende Einführung von COBIT 4.1 vor einer Migration zu COBIT 5 erst abzuschliessen [Itgn11].

COBIT 5 als generischer Rahmen für spezifische Unternehmens-Konzepte
Interessant sind auch die in den ISACA-Publikationen häufig anzutreffenden Bemerkungen, dass die Anwender auf der Basis der COBIT 5-Konzepte ihre eigenen auf das

Risk IT Framework	COBIT 5 Enabling-Prozesse
RG1: Aufbau und Unterhalt einer gemeinsamen Risiko-Sicht	EDM03: Sicherstellung der Risikooptimierung
	APO12: Managen von Risiko
RG2: Integration in das Unternehmens-Risikomanagement	EDM03: Sicherstellung der Risikooptimierung
	EDM04: Sicherstellung der Ressourcenoptimierung
	APO07: Managen des Personals
RG3: Risikobewusste Geschäftsentscheide	EDM01: Sicherstellung der Einrichtung und Pflege des Governance-Rahmenwerks
	EDM03: Sicherstellung der Risikooptimierung
RE1: Erheben von Daten	APO12.01:Erfassen von Daten
RE2: Analysieren der Risiken	APO12.02: Analysieren des Risikos
RE3: Unterhalt von Risiko-Profilen	APO12.02: Analysieren des Risikos
	APO12.03: Pflege eines Risikoprofils
RR1: Aufzeigen von Risiken und Findings	APO12.04: Artikulieren des Risikos
RR2: Behandlung der Risiken	APO12.05: Definieren eines Portfolios für Risiko-management-Massnahmen
RR3: Reaktionen auf Ereignisse	APO12.06: Behandeln des Risikos

Abb. 9.20 Zuordnungen von Prozessen in „Risk IT" zu COBIT 5

jeweilige Unternehmen zugeschnittenen Prozesse und Ziele anwenden sollen. Auch will COBIT 5 andere „Frameworks", „gute Praktiken" und „Standards" nicht verdrängen, sondern für diese ein übergeordnetes ganzheitliches Rahmenwerk darstellen.

9.5 BSI-Standards und Grundschutzkataloge

Das deutsche Bundesamt für Sicherheit in der Informationstechnik (BSI) hat aus dem ursprünglichen IT-Grundschutzhandbuch durch laufende Erweiterungen und Ergänzungen, neben dem Katalog für Grundschutzmassnahmen, inzwischen Standards für ein „Information Security Management System" (ISMS) und für die Risiko-Analyse entwickelt (s. Tab. 9.5).

Tab. 9.5 Übersicht über BSI-Standards zur Informationssicherheit und Grundschutzkataloge

Regelwerk	Standards zur Informationssicherheit und Grundschutzkataloge
Herkunft	• Bundesamt für Sicherheit in der Informationstechnik (BSI) • Vorgängerdokument: Handbuch für die sichere Anwendung der Informationstechnik (IT-Sicherheitshandbuch); erste Veröffentlichung 1992 • IT-Grundschutzhandbuch
Einsatzzweck	Empfehlungen des BSI zu Methoden, Prozessen und Verfahren sowie Vorgehensweisen und Maßnahmen mit Bezug zur Informationssicherheit. Es werden Themenbereiche behandelt, die von grundsätzlicher Bedeutung für die Informationssicherheit in Behörden oder Unternehmen sind und für die sich national oder international sinnvolle und zweckmäßige Herangehensweisen etabliert haben.
Wichtige Merkmale	• **Standards zur Informationssicherheit** – **100–1: Management-Systeme für Informationssicherheit** [Bsim08] – Generelle Anforderungen an ein Management-System für Informationssicherheit (ISMS). – **100–2: IT-Grundschutz-Vorgehensweise** [Bsig08] – Detaillierte Anleitung, wie ein ISMS auf der Basis IT-Grundschutz in der Praxis umgesetzt werden kann. – **100–3: Risiko-Analyse auf der Basis von IT-Grundschutz** [Bsir08] – Detailliert beschriebene Methode einer Risiko-Analyse, die mit der IT-Grundschutz-Vorgehensweise abgestimmt ist. – **100–4: Notfallmanagement** [Bsin08] – Methodik zur Etablierung eines institutsweiten Notfallmanagement basierend auf der IT-Grundschutz-Vorgehensweise. • **IT-Grundschutzkataloge** unterteilt in [Bsik16]: – Vorspann – Schichtenmodell – Bausteinkataloge – Gefährdungskataloge und Massnahmenkataloge

Das IT-Grundschutzhandbuch ist 2005 in verschiedenen Bereichen umstrukturiert worden. Dabei sind die Beschreibung der Vorgehensweise nach IT-Grundschutz sowie die Informationen zum ISMS und zur Risiko-Analyse von den „IT-Grundschutz-Katalogen" separiert worden.

9.5.1 Management-Systeme für Informationssicherheit (ISMS) auf der Basis Grundschutz

Der **Standard 100-1**[9] für das ISMS ist an den Standard ISO/IEC 27001 angelehnt. Seit Anfang 2006 können beim BSI Zertifizierung von „ISO/IEC-27001-Zertifikaten auf der Basis Grundschutz" beantragt werden. Gemäss dem BSI-Standard gehören zu einem ISMS folgende grundlegenden Komponenten [Bsim08, Bsig08]:

*   Management-Prinzipien
*   Ressourcen
*   Mitarbeiter
*   Sicherheitsprozess, welcher vor allem geprägt ist durch:
    *   Leitlinie zur Informationssicherheit,
    *   Sicherheitskonzept und
    *   Informationssicherheitsorganisation.

9.5.2 Sicherheitsprozess gemäss IT-Grundschutz

Der Standard 100–1 verweist bei der Behandlung des Sicherheitsprozesses auf die im Standard 100–2 behandelte Grundschutz-Vorgehensweise. Der **Sicherheitsprozess** im **Standard 100–2** beinhaltet im Wesentlichen den folgenden Ablauf [Bsig08, S. 36 ff.]:

IT-Strukturanalyse
Nach der Initiierung des IT-Sicherheitsprozesses erfolgt eine IT-Strukturanalyse, die vor allem der Identifikation von Risikoobjekten und deren Abhängigkeiten untereinander dient. Der Sicherheitsprozess wird auf Zielobjekten (z. B. Systemen, Komponenten) durchgeführt.

Im Rahmen der IT-Strukturanalyse werden somit die für den betrachteten IT-Verbund relevanten Risikoobjekte wie Informationen, IT-Anwendungen, IT-Systeme, Netze,

---

[9] Anm.: Der derzeit publizierte Standard 100–1 bezieht sich noch auf die Standards ISO/IEC 27001 und ISO/IEC 27002 in ihren alten Versionen von 2005. In den neuen Versionen dieser beiden Standards von 2013 haben sich besonders hinsichtlich der zu verwendenden „Controls" in ISO/IEC 27002, aber auch bezüglich der Anforderungsklauseln in ISO/IEC 27001 wesentliche inhaltliche Anpassungen ergeben.

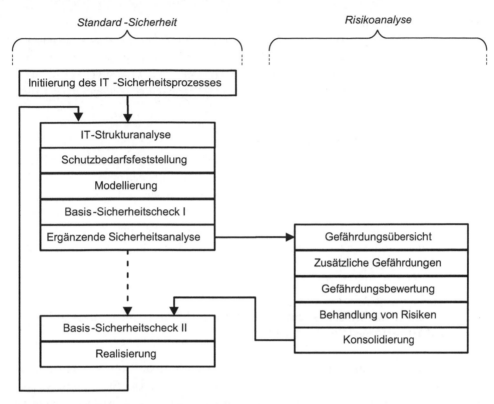

Abb. 9.21   IT-Sicherheitsprozess der BSI [Bsir08]

Räume und Gebäude, aber auch die zuständigen Mitarbeiter ermittelt und dokumentiert. Zusätzlich müssen die Beziehungen und Abhängigkeiten zwischen den Risikoobjekten dargestellt werden. Die Erfassung von Abhängigkeiten dient dazu, die Auswirkungen von IT-Sicherheitsvorfällen auf die Geschäftstätigkeit zu erkennen, um dann angemessen reagieren zu können.

Schutzbedarf-Feststellung
Nach der Strukturanalyse wird der Schutzbedarf in drei ordinalen Stufen ermittelt; dieser orientiert sich an den möglichen Schäden hinsichtlich Verfügbarkeit, Vertraulichkeit und Integrität für die jeweiligen Geschäftsprozesse.

Modellierung mit Bausteinen
Mittels der IT-Grundschutzkataloge wird nun der analysierte IT-Verbund anhand der vorgegebenen Bausteine nachgebildet. Für die einzelnen Bausteine sind in den Grundschutzkatalogen typische Gefährdungslagen und Massnahmen-Empfehlungen vorgegeben.

Basis-Sicherheitschecks

Wie die Abb. 9.21 zeigt, werden im Verlaufe des IT-Sicherheitsprozesses sogenannte Basis-Sicherheitschecks[10] gemäss der IT-Grundschutz-Vorgehensweise durchgeführt. Dadurch wird mit Hilfe von Interviews jeweils festgestellt und aufgezeigt, welche Standard-Sicherheitsmassnahmen für den vorliegenden IT-Verbund bereits umgesetzt sind und wo noch Defizite bestehen.

Handlungsbedarf über IT-Grundschutz hinaus

Zeigt die Schutzbedarfs-Feststellung einen hohen oder sehr hohen Schutzbedarf hinsichtlich „Vertraulichkeit", „Verfügbarkeit" oder „Integrität" oder können einzelne Zielobjekte (Risikoobjekte) mit den vorhandenen Bausteinen und Szenarien in den Katalogen nicht abgedeckt werden, dann wird das IT-Grundschutz-Sicherheitskonzept mit entsprechenden Gefährdungen (Bedrohungen) und Massnahmen ergänzt. Gefährdungen und Massnahmen, die in den Grundschutzkatalogen nicht aufgeführt sind, müssen somit noch analysiert und definiert werden.

9.5.3 Leitlinie zur Informationssicherheit und Sicherheitskonzept im Informationssicherheitsprozess

Im Rahmen des Informationssicherheitsprozesses gibt der Standard 100–1 wichtige Erfordernisse vor, zu denen die „Leitlinie zur Informationssicherheit", das „Sicherheitskonzept" sowie die „Informationssicherheitsorganisation" gehören. Detaillierte Angaben zu diesen Themen können auch dem Standard 100–2 entnommen werden.

In der **„Leitlinie zur Informationssicherheit"** (Informationssicherheits-Politik) sind u. a. die Sicherheitsziele und deren Beziehung zu den Geschäftszielen, das angestrebte Sicherheitsniveau sowie Leitaussagen zum angestrebten Sicherheitsniveau und dessen Nachweis enthalten. Die Leitlinie ist durch die Leitung des Unternehmens zu verabschieden und im Unternehmen bekannt zu machen.

Die Erstellung, Umsetzung, Erfolgskontrolle des **Sicherheitskonzepts** mit Angaben zur Optimierung und Verbesserung ist im Sinne eines PDCA-Zyklus im Standard 100–1 behandelt. Für die praxisnahen Vorgehensweisen zur Risiko-Bewertung und Massnahmendefinitionen wird auf die IT-Grundschutz-Vorgehensweise (Standard 100–2) und auf die **Risiko-Analyse Standard 100–3**, basierend auf IT-Grundschutz verwiesen.

---

[10] Der Basis-Sicherheitscheck dient einem schnellen Überblick über das Sicherheitsniveau in Bezug auf die Umsetzung des Grundschutzes in einem IT-Verbund.

9.5.4 IT-Grundschutz-Kataloge

Bezüglich der Gefährdungen, Massnahmenempfehlungen, Vorgehensweisen und IT-Systeme in der Form von „Bausteinen" beziehen sich die Standards 100–1 sowie 100–2 auf die regelmässig überarbeiteten und aktualisierten IT-Grundschutz-Kataloge [Bsik16]. „In den Bausteinen werden für typische Aufgaben des Informationssicherheitsmanagements und für Bereiche des IT-Einsatzes Gefährdungen und Standard-Sicherheitsmassnahmen beschrieben" [Bsim08, S. 37]. Bei den in den Grundschutzkatalogen enthaltenen Massnahmen handelt es sich sowohl um konkrete Implementierungshilfen zu den generischen Anforderungen aus ISO/IEC 27002 bzw. ISO/IEC 27001 als auch um zahlreiche technische Massnahmen für den sicheren Betrieb von typischen IT-Systemen und IT-Anwendungen. Eine genaue Anleitung zur Auswahl der Bausteine hilft dabei, alle sicherheitsrelevanten Aspekte zu berücksichtigen.

9.6 Regelwerke mit Teilaspekten des Informations-Risikomanagements

Nachfolgend sind in den Abschn. 9.6.1, 9.6.2 und 9.6.3 Standard-Regelwerke übersichtsmässig dargestellt und erläutert. Diese Regelwerke sind ausgewählt, weil sie aus einer bestimmten Anwendungsperspektive spezifische Gebiete der IT und der Informationssicherheit abdecken und für das Informations-Risikomanagement relevante Aussagen treffen.

9.6.1 Offenes Framework „Common Vulnerability Scoring System"

Wie an verschiedenen Stellen des Buches gezeigt wird, ist das Erkennen, Analysieren und Bewerten von Schwachstellen ein wichtiger Bestandteil des Risikomanagements in der IT und der Informationssicherheit. Insbesondere auf dem Gebiet der Informationssicherheit lassen vorhandene Schwachstellen erkennen, inwieweit die Risikoobjekte (Assets) gegenüber dem vorhandenen Bedrohungspotenzial, z. B. gegenüber möglicher Cyber-Angriffe, ausgesetzt sein können. Oft fehlen die konkreten Fakten über die möglichen Bedrohungen (z. B. der Bedrohungsquellen und möglichen Angriffsvektoren), auch ist es oft praktisch unmöglich, den Wert der bedrohten Risikoobjekte zu erfahren, um den „Impact" eines möglichen Risikoereignisses abschätzen zu können. In solchen Fällen, wie sie auch häufig bei Informations-Übertragungsnetzen vorkommen, kann lediglich das Feststellen von Schwachstellen (Vulnerabilities) aufgrund von aktuellen aus der Praxis abgeleiteten Bewertungskriterien und -massstäben zu sinnvollen Ergebnissen führen. Genau eine solche Rolle kann durch das in Tab. 9.6 übersichtsmässig aufgeführte „Common Vulnerability Scoring System" (CVSS) sinnvoll ausgeübt werden.

Tab. 9.6 Übersicht über Common Vulnerability Scoring System v3.0

Regelwerk	Common Vulnerability Scoring System v3.0 (CVSS v3.0)
Herkunft	• Forum of Incident Response and Security Teams (FIRST. Org, Inc., US-ansässige Non-Profit-Organisation). • Vorgängerstandard: CVSS v2.0 wurde im April 2011 zum internationalen Standard (ITU-T X.1521) für die Bewertung von Schwachstellen erhoben. • Erste Veröffentlichung im Jahr 2004.
Einsatz-zweck	Offenes, standardisiertes Scoring-Framework zur Bewertung und Kommunikation der Charakteristiken und Schweregrade von IT-Schwachstellen.
Wichtige Merkmale	• CVSS unterscheidet drei Metrik-Gruppen: – Base: Repräsentiert die intrinsische Schwachstellen und bewertet diese in Stufen von 0 bis 10; – Temporal: Charakteristiken von Schwachstellen, die sich zeitlich verändern, jedoch nicht bezüglich der Benutzerumgebung; – Environmental: Charakteristiken von Schwachstellen, die relevant und einzigartig für eine bestimmte Benutzerumgebung sind; • Die Bewertung in den drei Metrik-Gruppen erfolgt jeweils anhand von vorgegebenen Bewertungs-Gleichungen und Bewertungs-Algorithmen; • Die Temporal- und Environmental-Bewertungen sind optional und justieren das numerische Ergebnis der „Base"-Bewertung.

Die Vergleichbarkeit der „Bewertungs-Scores" wird unter anderem durch die Pflicht bei der Benutzung des Frameworks dadurch erreicht, indem für veröffentlichte Scores, die Richtlinien des Frameworks eingehalten sein müssen und in der Veröffentlichung dokumentiert sein muss, wie und von welchen Input-Faktoren (Vektor) der Score abgeleitet wurde.

9.6.2 ISO/IEC 15408 Common Criteria

Für den Einsatz von IT-Systemen (Betriebssystem, Applikationen, Middleware, Komponenten etc.) ist es oft wichtig, die Sicherheit nach offiziellen, verbindlichen Massstäben garantieren zu können. Gerade bei der Verwendung von Einzelsystemen, Modulen oder Komponenten in grösseren Systemen wird die Sicherheit des Gesamtsystems durch das schwächste Glied im zusammenhängenden Gesamtsystem bestimmt. Ursprünglich wurden durch das US-amerikanische Department of Defense (DoD) mit dem damaligen sogenannten „Orange Book" die Kriterien für Trusted Computer System Evaluation publiziert. Aus den ursprünglichen „Trusted Computer System Evaluation Criteria" (TCSEC) wurden später die „Common Criteria" (CC). Diese Kriterien für die in 7 Stufen prüfbare und nachzuweisende Sicherheit wurden inzwischen zum internationalen Standard ISO/IEC 15408 erhoben (s. Evaluierungsstufen in Tab. 9.7). In den Common Criteria wird zwischen der Funktionalität (Funktionsumfang) und der Vertrauenswürdigkeit (Qualität) des betrachteten Systems unterschieden. Die Vertrauenswürdigkeit wird aufgrund der Wirksamkeit der verwendeten Methoden und der Korrektheit der Implementierung beurteilt. Die Prüfung

Tab. 9.7 ISO/IEC 15408 Common Criteria

Regelwerk	Common Criteria (CC) seit 1999 ISO/IEC 15408 (CC/ITSEC) Inzwischen ist der Standard in drei Teilen veröffentlicht: ISO/IEC 15408–1:2009 Part 1: Introduction and general model ISO/IEC 15408–2:2008 Part 2: Functional Requirements ISO/IEC 15408–3:2008 Part 3: Assurance Requirements Im September 2012 wurde die vierte Revision der Common Criteria 3.1 veröffentlicht.
Herkunft	CC ist das Ergebnis, die Standards ITSEC (Europa), U.S. TCSEC (USA) und CTCPEC (Canada) in einem internationalen Standard zusammen zu führen. Ursprünglich wurden die Kriterien für Trusted Computer System Evaluation (TCSEC) durch das US-amerikanischen Department of Defense (DoD) im damaligen „Orange Book" publiziert.
Einsatzzweck	Kriterien, mit denen nachgewiesen werden kann, dass ein IT-Produkt oder IT-System (Target of Evaluation) die Anforderung seines „Security Target" erfüllt.
Wichtige Merkmale	Bei der Evaluation beschafft sich der „Evaluator" detaillierte Kenntnisse über die Funktionen und die Sicherheit des Produkts in der vorgesehenen Betriebsumgebung. Ebenso untersucht der „Evaluator" die Benutzerführung, wie das Produkt entwickelt ist und wie es sich gegenüber Störungen von aussen verhält. Das Evaluationsergebnis wird in 7 Stufen (EAL1 bis EAL7) bewertet: EAL1 (E0-E1)*: funktionell getestet EAL2 (E1): strukturell getestet EAL3 (E2): methodisch getestet und überprüft EAL4 (E3): methodisch entwickelt, getestet und durchgesehen EAL5 (E4): semiformal entworfen und getestet EAL6 (E5): semiformal verifizierter Entwurf und getestet EAL7 (E6): formal verifizierter Entwurf und getestet Es ist anzumerken, dass das Verfahren sehr aufwendig ist, und über EAL3 hinausgehende Evaluationen kaum in nützlicher Frist umsetzbar sind. Somit ist eine Zertifizierung gemäß den Common Criteria auch lediglich bis EAL4 international gegenseitig anerkannt. Eine Zertifizierung kann in Deutschland durch das Bundesamt für Sicherheit in der Informationstechnik (BSI) erfolgen.

*Die frühere Stufenbezeichnung war EAL0 bis EAL6; die Bezeichnungen in Klammern beziehen sich auf den parallelen ITSEC-Standard

der Sicherheitseigenschaften erfolgt in einem Vier-Augen-Prinzip. Die Sicherheitsanforderungen sind in Klassen strukturiert. Die insgesamt 11 Klassen sind dabei wiederum in Familien und die Familien in Komponenten unterteilt. Eine solche Klasse kann beispielsweise Anforderungen an die Kommunikation für die „Protokollierung potentieller Sicherheitsverletzungen" in der Form von Urhebernachweis und Empfangsbeweis enthalten. Weitere Klassen können beispielsweise die „kryptographische Unterstützung" oder der „Schutz der Benutzerdaten" beim zu untersuchenden Target (Produkt, System oder Komponente) beinhalten.

Für das in diesem Buch behandelte Informationssicherheits-Risikomanagement bedeutet dies, dass bei den mittels „Common Criteria" geprüften und zertifizierten IT-Systemen,

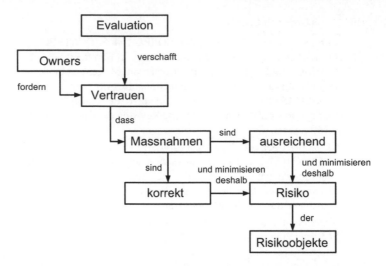

Abb. 9.22 Zusammenhänge des Evaluationskonzepts betreffend Risiken (vgl. [Isoc09], S. 25)

Komponenten oder Teilsystemen die herkömmlichen Schwachstellen und der damit zusammenhängenden Risiken weitgehend ausgeschlossen werden können. In Abb. 9.22 sind die Zusammenhänge der Evaluation hinsichtlich der Risiken und des Vertrauens in die Massnahmen veranschaulicht.

Das Vertrauen in die Sicherheit ist gerade für solche Systeme, Komponenten oder Produkte wichtig, die in hohen Stückzahlen eingesetzt werden und zu „globalen" Bedrohungsereignissen führen und deren Schwachstellen beim Ereigniseintritt nicht genügend schnell korrigiert werden können. Systeme und Produkte dieser Art sind beispielsweise häufig bei Softwareherstellern (z. B. Citrix oder WMWare) oder Herstellern anderer IT-Systeme (z. B. CISCO) anzutreffen.

9.6.3   Service-Management-Standards

Das Service-Management, als „Gesamtheit der spezialisierten organisatorischen Fähigkeiten, die zur Generierung eines Mehrwerts für Kunden in Form von Services verfügbar sind" ([Bucs08], S. 15), wird sowohl bei IT-Dienstleistungen im Unternehmen selber als auch bei der Inanspruchnahme externer Provider immer wichtiger, gilt es doch, die oft komplexen und aufwändigen IT-Dienstleistungen von entsprechend spezialisierten Organisationen (intern oder extern) vollbringen zu lassen. Die immer häufiger anzutreffende Rechtfertigung dafür, ein Service-Management nach den Regeln eines Service-Managementstandards aufzuziehen, ist sicherlich bei den möglichen Kosteneinsparungen zu suchen. Solche Kosteneinsparungen können sich aus den Spezialisierungen der „Provider" mit entsprechend geschultem Personal sowie den möglichen Volumeneffekten ergeben. Die Tab. 9.8 zeigt eine Übersicht über ITIL 2011, das vor allem wertvolle „Best Practices" für

Tab. 9.8 ITIL® 2011 (IT Infrastructure Library)

Regelwerk	ITIL® 2011, derzeit publizierte Edition (update) von IT Infrastructure Library V3
Herkunft	Herausgegeben durch die IT Service Management Foundation. Entwickelt durch die „Office of Governance Commerce" (OGC) im Auftrag der britischen Regierung.
Einsatzzweck	„Best practice" als De-facto-Standard für IT-Serviceprozesse.
Wichtige Merkmale	Unterstützt eine prozessorientierte Strukturierung von Betreiber-Organisationen für IT- und Telekommunikations-Dienste unter Einbezug der Benutzer. Gegenüber früheren Versionen wurde mit der Version V3 die frühere Strukturierung in „Service Support" und „Service Delivery" durch die Strukturierung mit einem „Service Lifecycle" abgelöst. Dieser besteht aus den hauptsächlichen Phasen: „Service Strategy", „Service Design", „Service Transition", „Service Operation" und „Continual Service Improvement".

Diese Struktur wurde auch in der Edition 2011 beibehalten. Den Sicherheitsaspekten wird durch Prozesse wie „Availability Management", „IT Service Continuity Management", „Information Security Management", umfassend Rechnung getragen (z. B. eigene Prozesse für „Access Management" und „Incident Management").

Beim Prozess „Information Security Management" wird auf ein ISMS gemäss ISO/IEC 27001 hingewiesen. Für das Risikomanagement beispielsweise im „IT Service Continuity Management" wird das Framework „Management of Risk" M_o_R) der OGC angeführt. |

das Service Management liefert. Die Tab. 9.9 enthält eine Übersicht über den Standard ISO/IEC 20000-x, welcher die Mindestanforderungen an ein Servicemanagement definiert.

Der Einbezug des Risikomanagements in das Service-Management ist für „Outsourcing" und „Cloud-Computing" in den Kap. 15 und 16 dieses Buchs näher behandelt.

Die beiden für ein Service-Management wichtigen Standard-Regelwerke ITIL 2011 und ISO/IEC 20000-x können sich idealerweise gegenseitig ergänzen, wobei ITIL 2011 als De-facto-Standard die Best-Practices bietet und der Standard ISO/IEC 20000–1:2011 die Muss-Anforderungen für eine international anerkannte Zertifizierung bietet.

Aus Sicht eines IT-Risikomanagements sind beide Standards insofern von hohem Wert, da sie Soll-Vorgaben für ein anforderungsgerechtes Service-Management liefern. So stellt ITIL-2011 beispielsweise die Ziele und KPIs zur Verfügung, mit denen nicht nur die Güte, sondern auch die Risiken aus Unternehmenssicht gemessen werden können. Auch der Standard ISO/IEC 20000-x widmet sich mit entsprechenden Muss-Vorgaben der Informationssicherheit. In einem inzwischen veröffentlichten ISO-Standard ISO/IEC 27013:2015 (Guidance on the integrated implementation of ISO/IEC 27001 and ISO/IEC 20000–1) sind die vielfältigen inhaltlichen Überlappungen der Anforderungen hinsichtlich Informationssicherheit des Standards ISO/IEC 20000–1:2012 – Part 1 (Service management system requirements) und dem Standard ISO/IEC 27001:2013 (Information security management systems – Requirements) aufgezeigt.

Tab. 9.9 Service Management ISO/IEC 20000-x

Regel-werke	ISO/IEC 20000–1:2011 (second edition): Service management – Part 1: Service management system requirements ISO/IEC 20000–2:2012: Service management – Part 2 Guidance on the application of service management systems ISO/IEC 20000–3:2012: Service management – Part 3: Guidance on scope definition and applicability of ISO/IEC 20000–1.
Herkunft	Ursprünglich als britische Standards BS 15000-x entwickelt und an den Prozessbeschreibungen ausgerichtet, wie sie durch ITIL des Office of Government Commerce (OGC) definiert wurden.
Einsatzzweck	Integrierter Prozess-Ansatz für Service-Prozesse, die den Geschäfts- und Kundenanforderungen wirksam Rechnung tragen.
Wichtige Merkmale	Der Teil 1 enthält die Muss-Anforderungen eines „Service-Management-Systems" (SMS) zur Erlangung einer Zertifizierung durch ein sog. „Registered Certification Body". Der Wert aus der Befolgung des Standards soll sowohl dem Kunden als auch dem Service-Provider zugutekommen. Der Standard zielt in seinen Anforderungen und Prozessen auf eine Integration der Planung und Implementierung sowie des Betriebs, der Überwachung und Überprüfung und der fortlaufenden Verbesserung des Service Management Systems ab. Dabei muss der PDCA-Zyklus berücksichtigt werden.
	Der Teil 2 zeigt anhand von Empfehlungen, wie die Anforderungen aus Teil 1 sinnvoll umgesetzt werden können.
	In weiteren Teilen des Standards werden die Empfehlungen in Teil 2 mit weiteren Empfehlungen ergänzt: z. B. Part 3 (ISO/IEC 20000–3): Anleitung für die Definition des Anwendungsbereichs und des Nachweises der Konformität.
	Eine Reihe weiterer „Technischer Reports" geben zusätzliche Hilfestellung bei der Umsetzung der Standard-Reihe.

9.7 Beurteilung von Informations-Risikomanagement-Prozessen mit ISO/IEC 33020

Oft liegt es nahe, für die Beurteilung eines Reifegrades, respektive einer Leistungsfähigkeit der aktuell betriebenen IT-Governance- und IT-Management-Prozesse, ein prozessorientiertes Beurteilungsmodell zu verwenden. COBIT 5 verwendet dafür das „Process Capability Framework" der Standard-Reihe ISO/IEC 330xx.[11] Das früher unter COBIT 4.1 zum Einsatz gelangte Reifegrad-Modell wurde somit durch das in der Abb. 9.23 dargestellte Prozess-Fähigkeits-Modell abgelöst. Eine Gegenüberstellung der beiden Modelle ist im Abschn. 9.8 behandelt. Bei der Verwendung eines Prozess-Fähigkeits-Modells oder eines Prozess-Reifegrad-Modells zur Beurteilung der Qualität eines Governance- und Management-Systems gilt es zu berücksichtigen, dass die Prozess-Beurteilungs-Modelle lediglich die Qualität der Prozesse beurteilen, dass jedoch nicht nur die „Prozesse" alleine, sondern auch alle anderen sogenannten „Enabler" einer Beurteilung bedürfen.

---

[11] Die Standard-Reihe ISO/IEC 330xy ersetzt die Standard-Reihe ISO/IEC 15504-x, auf die sich die aktuellen COBIT-5-Publikationen noch beziehen.

Prozess unvollständig 0	Prozess ausgeführt 1	Prozess geleitet 2	Prozess etabliert 3	Prozess vorraussagend 4	Prozess innovierend 5
|	|	|	|	|	|

0	Prozess unvollständig	Der Prozess ist nicht umgesetzt oder verfehlt seinen Prozess-Zweck. Auf dieser Stufe bestehen wenige oder keine Nachweise, dass der Prozesszweck systematisch erfüllt wird.
1	Prozess ausgeführt	Der umgesetzte Prozess erreicht seinen Prozess-Zweck. PA 1.1: Prozess-Leistung
2	Prozess geleitet	Der zuvor beschriebene ausgeführte Prozess ist in einer geleiteten Weise umgesetzt (geplant, überwacht und angepasst) und seine Arbeitsprodukte sind angemessen eingerichtet, gesteuert und aufrechterhalten. PA 2.1: Leistungs-Management PA 2.2: Arbeitsprodukte-Management
3	Prozess etabliert	Der zuvor beschriebene geleitete Prozess ist in einem definierten Vorgehen („standard process") umgesetzt, sodass der Prozess fähig ist, seine Ergebnisse zu erreichen. PA 3.1: Prozess-Definition PA 3.2: Prozess-Einsatz
4	Prozess voraussagend	Der zuvor beschriebene etablierte Prozess arbeitet und liefert seine Ergebnisse voraussagend, innerhalb definierter Grenzen. Quantitative Management-Bedürfnisse sind identifiziert. Messdaten sind gesammelt und analysiert, um die dem Prozess zurechenbaren Ursachen von Abweichungen festzustellen. Korrigierenden Massnahmen sind ergriffen, um die dem Prozess zurechenbaren Ursachen von Abweichungen zu behandeln. PA 4.1: Quantitative Analyse PA 4.2: Quantitative Steuerung
5	Prozess innovierend	Der zuvor beschriebene voraussehende Prozess wird kontinuierlich verbessert, um auf die Veränderungen hinsichtlich der organisatorischen Ziele zu reagieren. PA 5.1: Prozess-Innovation PA 5.2: Prozess-Innovation-Umsetzung

PA: Abkürzung für Prozess-Attribut

Abb. 9.23   Prozessfähigkeits-Beurteilung gemäss ISO/IEC 33020:2015 ([Isoe15], S. 2–8)

Prozessfähigkeitsbeurteilung mit dem Standard ISO/IEC 33020:2015

Eine international standardisierte Prozessfähigkeits-Beurteilung erfolgt gemäss dem Standard ISO/IEC 33020 wie er von COBIT 5 und voraussichtlich auch für einen Einsatz von ISO/IEC 27001 (Informationssicherheits-Management-System) eingesetzt wird. In Abb. 9.23 sind die Prozessstufen mit den zu beurteilenden Prozess-Attributen dargestellt.

Die im Standard ISO/IEC 33020:2015 detailliert beschriebenen Prozess-Attribute (PA) geben die zu messenden Eigenschaften eines Prozesses wieder, mit denen die Fähigkeiten eingestuft werden können. Zur vollständigen Erreichung der durch ein Prozessattribut gestellten Anforderungen muss eine Reihe von im Standard vorgeschriebenen Kriterien erfüllt sein. So lautet beispielsweise beim Prozess Attribute 4.1 „Quantitative Analyse" das erste der 7 Kriterien: „Der Prozess muss an quantitativen Geschäftszielen ausgerichtet sein". Die Bewertung des Erfüllungsgrades eines jeden Prozess-Attributes kann anhand einer im Standard vorgegebenen Skala vorgenommen werden (s. Tab. 9.10).

Prozessfähigkeits-Beurteilung eines ISMS nach ISO/IEC 27001

Eine Anwendung der Prozessfähigkeits-Beurteilung nach der Standard ISO/IEC 330xx-Reihe ist derzeit in der ISO über die Einzel-Prozesse des ISMS-Standards ISO/IEC 27001 (Informationssicherheits-Management) in der Entwurfsphase. Die Zusammenhänge der

Tab. 9.10 Einstufungs-Skala
für Prozessfähigkeits-
Bewertungen

Stufe	Beschreibung	Prozentsatz erreicht
N	Not achieved	0
P-	Partially achieved -	>15 % <= 32.5 %
P+	Partially achieved +	>32.5 % <= 50 %
L-	Largely achieved -	>50 % <= 67.5 %
L+	Largely achieved +	>67.5 % <= 85 %
F	Fully achieved	100 %

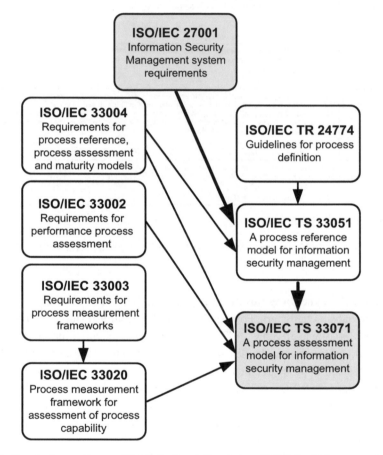

Abb. 9.24 Standards zur Prozessfähigkeits-Beurteilung einer ISMS-Realisierung nach ISO/IEC
27001

verschiedenen ISO Standards und Technical Specifications für dieses Prozess-Assessment-
Modell (PAM) sind in Abb. 9.24 veranschaulicht. Wie die Abbildung zeigt, wird der Standard ISO/IEC 27001 vorab gemäss der technischen Spezifikation ISO/IEC TS 33051 in ein
Prozess Referenz-Modell abgebildet. Danach kann die Prozessfähigkeits-Beurteilung (Process Capability Assessment) mit der technischen Spezifikation ISO/IEC TS 33071 erfolgen.

9.8   Maturity-Modell bei COBIT 4.1 und Prozessfähigkeits-Modell ISO/IEC 33020 bei COBIT 5

In den früheren Rahmenwerken „COBIT 4.1", „Risk IT" und „Val IT" war ein Reifegrad-modell enthalten, mit dem der Reifegrad der IT-bezogenen Prozesse, meist in der Form von Selbstbeurteilungen, in eine Skala von fünf Stufen eingereiht werden konnte (s. Abb. 9.25). Mit diesem Modell konnten die allfälligen Lücken zwischen dem erreichten Reifegrad und einem allenfalls gewünschten Status aufgezeigt werden. Eine solche Analyse war sowohl für einzelne Prozesse möglich, als auch für die Umsetzung von COBIT 4.1 oder anderer einzelner Rahmenwerke, wie „Risk IT", „Val IT" oder „Business Model for Information Security".

Mit COBIT 5 wurde nun das in COBIT 4.1 gebräuchliche Modell durch das international standardisierte „Prozessfähigkeits-Modell" im Standard ISO/IEC 33020:2015[12] abgelöst (s. Abb. 9.23).

Gegenüberstellung der Modelle aus COBIT 4.1 und ISO/IEC 33020

Wie aus der Gegenüberstellung der Modelle nach COBIT 4.1 und COBIT 5 (s. Abb. 9.26) ersehen werden kann, sind die Einstufungen weder inhaltlich noch von den Einstufungs-kriterien und dem erlangten Einstufungsgrad her vergleichbar. Aus der Darstellung in Abb. 9.26 geht auch hervor, dass beispielsweise eine Fähigkeitsstufe „Eins" beim Pro-zess-Fähigkeitsmodell ISO/IEC 33020 aufwändiger zu erreichen ist, als mit dem früheren Prozess-Reifegradmodell.

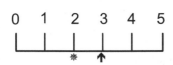

Bewertungsbeispiel:
* Derzeitiger Status im Unternehmen
↑ Best Practice in der Unternehmens-Branche

0	Nicht vorhanden	Management Prozesse fehlen gänzlich
1	Begonnen	Prozesse sind ad hoc und nicht organisiert
2	Wiederholbar	Prozesse folgen einem geregelten Muster
3	Definiert	Prozesse sind dokumentiert und kommuniziert
4	Geleitet	Prozesse sind überwacht und gemessen
5	Optimiert	Best Practices werden befolgt und sind automatisiert

Abb. 9.25 Beispiel Informationssicherheit-Maturity-Modell gemäss COBIT 4.1 (vgl. [Itga06], S. 36)

---

[12] Der in den COBIT-5-Publikationen referenzierte Standard ISO/IEC 15504–2 ist in den massgebli-chen Spezifikationen durch den Standard ISO/IEC 33020:2015 abgelöst worden.

COBIT 4.1 Reifegrade		Prozess-Fähigkeit nach ISO/IEC 33020:2015	
0	**Nicht vorhanden:** – Management Prozesse fehlen gänzlich	0	**Prozess unvollständig** – Prozess ist nicht umgesetzt oder verfehlt seinen Zweck. Es bestehen wenige oder keine Nachweise, dass Prozesszweck systematisch erfüllt wird.
1	**Begonnen / Ad hoc** – Unternehmen hat erkannt, dass die Themen bestehen und in Angriff genommen werden sollten. Jedoch keine standardisierten Prozesse, sondern lediglich einige Ad-hoc-Ansätze vorhanden, die dazu neigen, individuell oder fallweise zum Einsatz zu kommen. Herangehensweise unorganisiert.	1	**Prozess ausgeführt** – Der umgesetzte Prozess erreicht seinen Prozess-Zweck. PA 1.1: Prozess-Leistung
2	**Wiederholbar aber intuitiv** – Prozesse sind zu einem Stadium hin entwickelt, bei dem gleichartige Verfahren durch verschiedene Personen mit derselben Aufgabe verfolgt werden. Dabei bestehen kein formales Training und keine Kommunikation von standardisierten Verfahren. Verantwortlichkeiten sind einzelnen Personen überlassen. Es besteht hohe Abhängigkeit von den Kenntnissen einzelner Personen und damit hohe Fehlerwahrscheinlichkeit.		
		2	**Prozess geleitet** – Der zuvor beschriebene ausgeführte Prozess ist in einer geleiteten Weise umgesetzt (geplant, überwacht und angepasst) und seine Arbeitsprodukte sind angemessen eingerichtet, gesteuert und aufrechterhalten. PA 2.1: Leistungs-Management PA 2.2: Arbeitsprodukte-Management
3	**Definierte Prozesse** – Verfahren sind standardisiert, dokumentiert und durch entsprechendes Training kommuniziert. Es besteht Auftrag zur Beachtung der Prozesse, jedoch werden Abweichungen wahrscheinlich nicht erkannt. Verfahren sind nicht hochentwickelt, doch Formalisierungen bestehender Praktiken.	3	**Prozess etabliert** – Der zuvor beschriebene geleitete Prozess ist in einem definierten Vorgehen („standard process") umgesetzt, sodass der Prozess fähig ist, seine Prozess-Ergebnisse zu erreichen. PA 3.1: Prozess-Definition PA 3.2: Prozess-Einsatz
4	**Geleitet und messbar** – Führungspersonen überwachen und messen die Einhaltung der Verfahren und agieren beim Anschein, dass Prozesse nicht effektiv arbeiten. Prozesse werden ständig verbessert und ergeben „Good Practice". Automatisierung und Werkzeuge werden in begrenztem Masse eingesetzt.	4	**Prozess voraussagend** – Der zuvor beschriebene etablierte Prozess arbeitet und liefert seine Ergebnisse voraussagend, innerhalb definierter Grenzen. Quantitative Management-Bedürfnisse sind identifiziert. Messdaten sind gesammelt und analysiert, um dem Prozess zurechenbaren Ursachen von Abweichungen festzustellen. Korrigierende Massnahmen sind ergriffen, um die dem Prozess zurechenbaren Ursachen von Abweichungen zu behandeln. PA 4.1: Quantitative Analyse PA 4.2: Quantitative Steuerung
5	**Optimiert** – Prozesse sind aufgrund kontinuierlicher Verbesserung und Vergleich mit anderen Unternehmen zu einer „Good Practice" verfeinert. IT wird in einer integrierten Weise eingesetzt, um „Workflow" zu automatisieren, Werkzeuge zur Verbesserung von Qualität und Effektivität bereit zu stellen und Unternehmen schnell an Veränderungen zu anzupassen.	5	**Prozess innovierend** – Der zuvor beschriebene voraussehende Prozess wird kontinuierlich verbessert, um auf die Veränderungen hinsichtlich der organisatorischen Ziele zu reagieren. PA 5.1: Prozess-Innovation PA 5.2: Prozess-Innovation-Umsetzung

Abb. 9.26 Vergleich Reifegrade, COBIT 4.1 und Prozessfähigkeitsstufen ISO/IEC 33020:2015 (vgl. [Cobf12], S. 44)

Selbstverständlich ergibt das Fähigkeitsmodell eine genauere und nach standardisierten Kriterien besser vergleichbare Auskunft über die „Güte" der einzelnen Prozesse als das frühere Prozessreifegradmodell; jedoch ist der Aufwand für eine Fähigkeitsüberprüfung aller Prozesse und Praktiken (z. B. in einer COBIT-5-Realisierung) als sehr aufwendig zu bezeichnen. Sicherlich ist die Anwendung auf Teilgebiete einer COBIT-5-Realisierung, wie auch auf die Prozesse eines Informationssicherheits-Management-Systems zu empfehlen. Zu bedenken ist aber auch, dass die alleinige Sicht auf die Prozesse den Zweck einer umfassenden Reifegrad-Überprüfung nicht vollumfänglich erfüllt. So wird insbesondere dort, wo beispielsweise noch mit dem COBIT 4.1 Rahmenwerk gearbeitet wird, sicherlich auch noch das zu COBIT 4.1 gehörende Reifegradmodell zur Anwendung gelangen.

9.9   Einführung und Einsatz von Standard-Regelwerken

Für die Auswahl von Standard-Regelwerken und deren Einsatz im Unternehmen ist es wichtig, sich vorab Klarheit darüber zu verschaffen, was die Anforderungen und die Ziele des Einsatzes sind und inwiefern einzelne Regelwerke diese Ziele erfüllen können. Da die Einführung und der Einsatz eines Regelwerks nebst dem zu erwartenden Nutzen auch mit Aufwänden und Risiken verbunden ist, bedarf es sicherlich einer entsprechenden „Rechtfertigung".

Einsatz bestimmter Standard-Regelwerke
Oft ist der Einsatz eines bestimmten Regelwerks aufgrund einer Kundenanforderung notwendig. Eine solche Kundenanforderung kann beispielsweise die Zertifizierung nach ISO/IEC 27001, ISO/IEC 20000–1 oder ISO/IEC 15408 bedeuten. In anderen Fällen soll der Einsatz von Standard-Regelwerken auch helfen, die an ein Unternehmen gerichteten gesetzlichen oder regulatorischen Anforderungen zu erfüllen. Oft soll ein Regelwerk (z. B. ISO/IEC 27001) aber auch eingeführt werden, um das Unternehmen am Markt besser positionieren zu können. Häufig entspricht der Einsatz eines Regelwerkes dem Wunsch der Unternehmensführung, die Risiken des Unternehmens oder die Qualität von Produkten und Dienstleistungen besser unter Kontrolle zu haben.

In Anbetracht der Verschiedenartigkeit der Unternehmen in ihren Stärken und Schwächen und ihrer einzigartigen Positionierung zur Umwelt sowie der Wahrnehmungen und Vorstellungen ihrer Führungspersonen, ergeben sich für den Einsatz von Regelwerken ganz bestimmte Ziele. Da einzelne Regelwerke für bestimmte Aufgaben prädestiniert sind, bedarf es meist mehrerer Regelwerke, um, insbesondere bei mittleren und grösseren Unternehmen, die gestellten Ziele erfüllen zu können. Beim Einsatz mehrerer Regelwerke zeigt sich, dass gerade für das Risikomanagement meist inhaltliche Überschneidungen vorkommen. Hinsichtlich Synergien und Anwendungsfreundlichkeit liegt es deshalb nahe, solchen Überschneidungen durch weitgehende Vereinheitlichungen der Verfahren Rechnung zu tragen.

Anwendungsbreite und Unterstützungstiefe der Standard-Regelwerke
Die Anwendung eines Standard-Regelwerks mit grosser Anwendungsbreite ist für die
spezifischen Anforderungen in einem Unternehmen nicht immer auch zielführend. So
kommt die hohe Anwendungsbreite von COBIT 5 sicherlich der IT-Governance zugute.
Für detaillierte Praktiken der Informationssicherheit verweist jedoch „COBIT 5" bei-
spielsweise auf den Einsatz eines „Information Security Management System" (ISMS),
das aber in COBIT 5 nicht näher behandelt wird. An andere Stelle verweist „COBIT for
Risk" auf Standards wie ISO/IEC 20001/2 ([Cobr13], S. 202, S. 21). Hinsichtlich der
Anwendungsbreite gilt es deshalb zu beachten, dass einzelne Regelwerke oft auf bestimmte
Teilbereiche eingeschränkt sind. So behandeln die Regelwerke der ISO 270xx-Familie im
Sinne der Informationssicherheit lediglich, aber mit grosser Unterstützungstiefe, die
Sicherheitsziele „Vertraulichkeit", „Integrität" und „Verfügbarkeit". Hingegen werden die
für IT-Risiken ebenfalls relevanten Leistungs-Ziele oder Qualitätsziele durch andere
Standard-Regelwerke, z. B. des Service-Managements oder Qualitätsmanagements behan-
delt. Standard-Regelwerke, die sowohl eine hohe Anwendungsbreite als auch eine hohe
Unterstützungstiefe aufweisen, zu denen auch COBIT 5 gehört, sind meist in Aufbau und
Unterhalt mit grossem Aufwand verbunden.

Rechtfertigung (Business Case) und projektmässige Einführung eines Regelwerks
Die Einführung eines Regelwerks ist meist ein sich über Monate erstreckender Prozess,
bei dem die einzelnen Teilprozesse durch Führungspersonen und Mitarbeiter erlernt und
in den Ablauf anderer Unternehmens-Prozesse eingefügt und eingespielt werden müssen.
Für die Einführung umfangreicher Regelwerke (z. B. eines Service-Management-Systems
oder eines ISMS) ist sicherlich eine auf einer „Rechtfertigung" beruhende projektmässige
Einführung notwendig. Für die Rechtfertigung des Projekts in allen seinen Phasen hat
sich die Erstellung und Nachführung eines sogenannten „Business Case" bewährt. In
grober Zusammenfassung zeigt der „Business Case" die Anforderungen und Ziele, den
Zeitrahmen, die Projektrisiken sowie die Gegenüberstellung des angestrebten Nutzens
mit den erwarteten Aufwänden und Kosten. Der Fokus der Nutzendarstellung bei Standard
Regelwerken zur Informationssicherheit liegt dabei weniger auf materiellen Werten und
finanziellen Messgrössen als vielmehr auf nichtfinanziellen Messgrössen, Bewertungen,
Beschreibungen und Vergleichen von immateriellen Unternehmenswerten. Als Projekt-
Optionen sollte zumindest die Nulloption (keine Lösung) dargestellt und verglichen werden.
       Bereits der Business Case soll die Metriken für die Erreichung der Ziele sowie eine
Einschätzung des Zeitrahmens und die notwendigen Ressourcen (u. a. materiell und per-
sonalmässig) während der Projektabwicklung und dem späteren Betrieb aufzeigen. Zur
Kontrolle der Zielerreichung und der Risiken wie auch des Aufwands und Nutzens bei der
laufenden Projektabwicklung soll der Business Case während dem Projektablauf wie auch
beim späteren Betrieb bezüglich Genauigkeit und neuer Erkenntnisse nachgeführt werden.
       Auf der Grundlage des Business Case sollten die zuständigen Führungspersonen den
Einführungsentscheid fällen können. Ausgehend von einem durch die zuständigen Führungspersonen genehmigten „Business Case" sollte auch die Projektplanung mit einer konkreten
Projektorganisation, mit Einführungsaktivitäten, Meilensteinen, notwendigen Instruktions-

und Schulungsaktivitäten usw., festgelegt und das Projekt initiiert werden können. Das Vorgehen nach einer Projektmanagement-Methode, z. B. Prince2 [Prin09], kann für eine erfolgreiche Einführung eines umfangreichen Regelwerks empfohlen werden.

Für die projektmässige Planung und Einführung von Standard-Regelwerken ist auch die unterstützende Mitwirkung durch auf dem Gebiet erfahrene externe Berater zu empfehlen; für den dauerhaften Betrieb eines Standard-Regelwerks sollten jedoch möglichst unternehmensinterne Führungs- und Fachkräfte eingesetzt werden.

Einbindung der Unternehmensführung

Die mit Risikomanagement, Informationssicherheit oder anderen Management-Systemen befassten Regelwerke haben meist einen starken Einfluss auf das Tagesgeschäft der Belegschaft und erfordern meist Umstellungen und zusätzliche Aufwände. Deshalb sollte sich die Unternehmensleitung in offensichtlicher Weise für die Unterstützung bei der Umsetzung des Regelwerks verpflichten und in einzelne Aufgaben und Abläufe, zumindest in einer regelmässigen Überwachungsaktivität, einbezogen sein. Die bei der ISO vorgesehene Grundstruktur für Management-Systeme-Standards verlangt deshalb die Mitwirkung des „Top-Managements" in wichtigen Führungsaktivitäten mit einer nachvollziehbaren Selbstverpflichtung. Ein schlecht eingeführtes und durch die Unternehmensleitung nicht unterstütztes Regelwerk wird die Identifikation und Mitwirkung der Führungskräfte und der Mitarbeiter schwerlich erreichen und damit die Ziele des Standard-Regelwerks (z. B. eine angemessene Informationssicherheit) nicht erfüllen können.

Werkzeuge und Methoden für die Einführung und Umsetzung des Regelwerks

Gerade bei den Regelwerken, die eine Zertifizierung ermöglichen, sind die Kommunikation sowie die Dokumentation einzelner Umsetzungsschritte erforderlich. Sind viele Personen in die Umsetzung des Regelwerks einbezogen, ist auch eine systemgesteuerte Führung bei der Durführung einzelner Aufgaben und Umsetzungsschritte wünschenswert. Bei der Einführung eines Regelwerks kommt auch meist der Wunsch nach einer softwaremässigen Unterstützung auf. Viele Teilprozesse bei der Umsetzung eines Regelwerks, wie die des Risiko-Assessments bei ISO/IEC 27001, können beispielsweise in kleincrem Rahmen mittels Excel-Tabellen durchgeführt werden. Der Vorteil einer solchen einfachen Vorgehensweise ist, dass die Erfassungen, Ergebnisse und Dokumentationen noch leicht verstanden werden. Für umfangreiche Anwendungen, sowohl betreffend der Anzahl der Benutzer als auch der Anzahl der Erfassungen, sind aufwendige Softwarepakete basierend auf Datenbanken notwendig [Iryn12]. Der Einsatz solcher Software erfordert ein sorgfältiges Auswahlverfahren und wenn möglich, ein unter realistischen Bedingungen durchgeführter Probebetrieb.

Durchführung Pilotprojekt

Die Anwendung eines umfangreichen Regelwerks hat für den Betrieb meist Konsequenzen, mit denen die Mitarbeiter bei der täglichen Arbeit umzugehen haben. Oft sind Inkompatibilitäten mit bestehenden Vorgehensweisen oder Fehler bei der Umsetzung nicht auszuschliessen. Im Hinblick auf eine Lernphase, nach der notwendige Korrekturen im weiteren Projektablauf oder bei der Lösung von Teilaufgaben noch leicht vorgenommen werden können, empfiehlt es sich, ein Pilotprojekt für einen engen aber repräsentativen Anwendungsbereich durchzuführen. Ein solcher eingeschränkter Anwendungsbereich eines Standard-Regelwerks kann sich beispielsweise auf wenige Geschäftsprozesse oder auf ausgesuchte Organisationseinheiten beschränken.

▶   **Praxistipp**

- Auswahl und Einführung von Standard-Regelwerken bedürfen vorgängiger Abklärungen der Anforderungen, Möglichkeiten, Ziele und Risiken sowie der Gegenüberstellung von Aufwand und Nutzen vorteilhaft in der Form eines „Business Case".
- Business Case soll die Grundlage für ein projektmässiges Einführen und die spätere Nutzen-Kontrolle darstellen.
- Einbindung „Top Management" bei der projektmässigen Einführung als auch im weiteren Projektverlauf und späteren Betrieb mit entsprechenden Aktivitäten und Verpflichtungserklärungen.
- Durchführen Pilotprojekt in einem engen aber repräsentativen Anwendungsbereich erlaubt eine Lernphase zur Durchführung von Korrekturen bei der späteren Ausbreitung des Regelwerks auf das gesamte Unternehmen.

9.10   Kontrollfragen und Aufgaben

1. In welchem Kapitel des Standards ISO/IEC 27001:2013 werden die Teilprozesse für das Risiko-Assessment und die Risiko-Behandlung beschrieben?
2. Grenzen Sie im Standard ISO/IEC 27001:2013 die im Kapitel 6 (Planung) beschriebenen Aufgaben von den Aufgaben im Kapitel 8 (Betrieb) des Standards voneinander ab.
3. Erklären Sie die Bewandtnis des Standards ISO/IEC 27002:2013 im Zusammenhang mit dem Standard ISO/IEC 27001:2013.
4. Charakterisieren Sie vergleichend die beiden Standard-Regelwerke ISO/IEC 2000-x und ITIL® 2011.
5. Nennen Sie die Informationskriterien bei COBIT® 4.1.
6. Wie korrespondieren die Informationskriterien von COBIT® 4.1 mit den Informationsqualitätszielen in COBIT® 5?
7. Auf welche IT-Governance-Bereiche sind die COBIT®-Prozesse und Kontroll-Ziele fokussiert?
8. Erläutern Sie die wesentlichen Merkmale der Risikobeurteilung anhand der BSI-Standards.
9. Fassen Sie die Vorgehensweisen bei Auswahl und Einführung eines Standard-Regelwerks in einem grösseren Unternehmen zusammen.
10. Beschreiben Sie die in COBIT® 5 eingesetzten „Enabler".
11. Skizzieren und erläutern Sie die in COBIT® 5 eingesetzte Zielkaskade.

Literatur

[Bsig08] BSI: BSI-Standard 100-2: IT-Grundschutz-Vorgehensweise, Version 2.0. Bonn: BSI, 2008.

[Bsik16] BSI: BSI IT-Grundschutz-Kataloge, 15. Ergänzungslieferung. Bonn: BSI, 2016.

[Bsim08] BSI: BSI-Standard 100-1: Managementsysteme für Informationssicherheit (ISMS), Version 1.5. Bonn: BSI, 2008.

[Bsin08] BSI: Notfallplanung, Version 1.0. Bonn: BSI, 2008.

[Bsir08] BSI: BSI-Standard 100–3: Risikoanalyse auf der Basis von IT-Grundschutz, Version 2.5. Bonn: BSI, 2008.

[Bucs08] Buchsein, Ralf et al.: IT-Management mit ITIL® V3, 2. Auflage. Wiesbaden: Vieweg+-Teubner, 2008.

[Cobf12] ISACA: COBIT® 5 – A business Framework for the Governance and Management of Enterprise IT. Rolling Meadows: Information Systems Audit and Control Association, 2012.

[Cobr13] ISACA: COBIT® 5 for Risk. Rolling Meadows: Information Systems Audit and Control Association, 2013.

[Gaul14] Gaulke, Markus: Praxiswissen COBIT, Grundlagen und praktische Anwendung in der Unternehmens-IT, 2. Auflage. Heidelberg: dpunkt.Verlag, 2014.

[Iryn12] Windhorst, Iryna und Benedikt Pirzer: Managementsysteme für Informationssicherheit: Marktübersicht. Vorgehensmodell. Handlungsempfehlungen.Garching bei München: Fraunhofer Research Institution AISEC, 2012.

[Isoc09] ISO/IEC 15408-1:2009: Evaluation criteria for IT security – Part 1: Introduction and general model. International Organization for Standardization, 2009.

[Isoe15] ISO/IEC 33020:2015: Process assessment – Process measurement framework for assessment of process capability. International Organization for Standardization, 2015.

[Itga06] IT Governance Institute: Information Security Governance, Guidance for Boards of Directors and Executive Management, 2nd Edition. Rolling Meadows: IT Governance Institute, 2006. URL: http://www.isaca.org/Knowledge-Center/Research/Documents/Information-Security-Govenance-for-Board-of-Directors-and-Executive-Management_res_Eng_0510.pdf, abgerufen 12.9.2016.

[Itgn11] IT Governance network: Summary of differences between CobiT® 4.1 and CobiT®5: IT Governance Network, 2011. URL: http://itgovernance.com/changes%20in%20cobit5.pdf, abgerufen 30.9.2016.

[Prin09] Hedeman, Bert und Ron Seegers: Prince2® 2009 Edition – Das Taschenbuch. Van Haren Publishing, 2009.

Methoden und Werkzeuge für das Informations-Risikomanagement

10

Überblick

Das Buch soll in erster Linie die Risiken und speziell die Informationssicherheits-, IT und Cyber-Risiken aus der Perspektive des Unternehmens und seiner Governance behandeln. Wie die individuellen Anforderungen für die einzelnen Risikobereiche sind auch die Methoden und Hilfsmittel verschieden. Deshalb werden in diesem Kapitel einige ausgesuchte Methoden behandelt, die an verschiedenen Stellen des Risikomanagement-Prozesses zur systematischen Bearbeitung der Aufgaben eingesetzt werden können. So wird beispielsweise die praktische Umsetzung des gesamten Risikomanagement-Prozesses anhand des Aufbaus und der Erstellung eines Sicherheitskonzepts für ein IT-System oder für einen anderen Teilbereich der IT gezeigt. Eine andere Möglichkeit, wie ein Informationssicherheits-Prozess mittels einer entsprechenden Software durchgeführt werden kann, ist an der sogenannten CRAMM-Methode veranschaulicht. Für die Lösung einzelner Probleme des Informations-Risikomanagements, wie die der Risiko-Identifikation oder Risiko-Analyse, bestehen verschiedene Vorgehensweisen (z. B. Bottom-up und Top-down-Methoden oder Vorwärts- und Rückwärts-Suchmethoden). Solche Methoden werden in diesem Buch-Kapitel beispielhaft an den Methoden „Fehlermöglichkeits- und Einfluss-Analyse" (FMEA), „Fehlerbaum-Analyse" (FTA) sowie „Ereignisbaum-Analyse" (ETA) in ihren wesentlichen Eigenschaften werden. Neben den in diesem Kapitel ausführlich behandelten Methoden und Werkzeugen, können für den konkreten Anwendungsfall viele weitere in Frage kommen. Für deren Beschreibung, Auswahl und Einsatzweise sei an dieser Stelle auf die zu diesem Thema weitergehende Literatur ([Knol14], S. 155–202) hingewiesen.

© Springer Fachmedien Wiesbaden GmbH 2017
H.-P. Königs, *IT-Risikomanagement mit System*, Edition <kes>,
DOI 10.1007/978-3-658-12004-7_10

10.1   IT-Risikomanagement mit Sicherheitskonzepten

Das „Informations-Risikomanagement" ist in der IT eine wichtige Management-Anforderung. Deshalb soll in diesem Abschnitt zunächst eine pragmatische Methode gezeigt werden, wie der im Kap. 3 behandelte generische Risikomanagement-Prozess mittels eines IT-Sicherheitskonzepts umgesetzt werden kann.

Die Erstellung eines IT-Sicherheitskonzepts ist immer dann angezeigt, wenn es bei Prozessen (Geschäftsprozessen) mit IT-Unterstützung oder bei IT-Systemen[1] darum geht, die vorhandenen Risiken mit geeigneten Massnahmen auf tragbare Restrisiken zu reduzieren; dabei sollen sowohl die Vorgänge der Identifikation, Analyse und Bewertung der Risiken als auch die Art und Weise ihrer Behandlung aufgezeigt und dokumentiert werden. Die Erstellung von IT-Sicherheitskonzepten soll dabei nicht als Alternative zur Umsetzung eines Standard-Regelwerkes, wie beispielsweise eines ISMS oder eines COBIT Rahmenwerkes, sondern als praktische Ergänzung zu solchen Standard-Regelwerken verstanden werden. Als solches fügt sich das Sicherheitskonzept in die Vorgehensweisen generischer Regelwerke ein und liefert, insbesondere für die Massnahmengestaltung, die praktischen Ergebnisse im notwendigen Detail.

Sicherheitskonzept als Risikomanagement-Prozesses
Mit der Bestimmung des Anwendungsbereichs und der Abgrenzungen der Risikoobjekte (z. B. IT-Systeme, Prozesse) sowie eines der Risiko-Behandlung und Massnahmen-Umsetzung vorgelagerten Risiko-Assessments kann das Sicherheitskonzept analog zu den Prozessschritten eines Risikomanagement-Prozesses erstellt, dokumentiert und umgesetzt werden.

Ein für den späteren Betrieb eines Systems gültiges Sicherheitskonzept soll vor allem zeigen, welche Massnahmen aufgrund der Risiken in der späteren Betriebsphase zu bestimmen und umzusetzen sind.

Sicherheitsaspekte im Lebenszyklus eines Systems
Ein Sicherheitskonzept kann sich auch auf die Sicherheitsaspekte in anderen Lebenszyklus-Phasen eines Systems als der Betriebsphase beziehen: z. B. Beschaffung, Entwicklung, Einführung, oder Entsorgung. Solche phasenspezifischen Sicherheitskonzepte sind dann sinnvoll, wenn die Risiken und Massnahmen einzelner Lebenszyklusphasen (z. B. Entwicklung, Migration oder Einführung) von entsprechendem Interesse sind.

Für Massnahmen zusätzliche Anforderungen
Neben den aus dem Risikoassessment hervorgehenden Risiken sind für die Massnahmendefinition und -umsetzung noch andere Anforderungen zu berücksichtigenden. Solche Anforderungen sind beispielsweise:

---

[1] Vgl. NIST Special Publication 800-18 [NIST 800-18]: Darin besteht ein IT-System aus einer definiert abgegrenzten Anzahl von Prozessen, Kommunikationen, Speicherungen und damit zusammenhängenden Ressourcen (einer Architektur).

- Leistungsvorgaben (z. B. definiert mittels SLA)
- Qualitätsanforderungen
- Architektur-Vorgaben
- Innerbetriebliche Weisungen
- Innerbetriebliche Standards
- Gesetzliche und regulative Vorgaben (Informationenschutz, Bankgeheimnis, Urheber-recht, Basel II usw.)
- Kostenvorgaben

Abwägung von Kosten mit Nutzen und Wirksamkeit
Wird das Sicherheitskonzept als Risikomanagement-Prozess verstanden, darf die Abwägung von Kosten, Nutzen und Wirksamkeit nicht fehlen. In der Abschn. 3.8 wurde bereits veran-schaulicht, wie aus den Ergebnissen von mehreren möglichen Risiko-/Massnahmen-Kombi-nationen eine optimale Risiko-/Massnahmen-Kombination ausgewählt werden kann; dies kann zur Folge haben, dass bei der Ausarbeitung des Sicherheitskonzepts die Analyse und Bewertung des Risikos in mehreren Iterationen mit unterschiedlichen Massnahmen-Konstel-lationen durchgeführt werden muss, um mit sinnvollen Massnahmenkosten auf ein für das Unternehmen akzeptables Restrisiko zu kommen.

Organisatorische Umsetzungs-Aspekte
Die Sicherheit kann letztlich nur so gut sein, wie die konzipierten Massnahmen umgesetzt und kontrolliert werden. Deshalb muss das Sicherheitskonzept die wesentlichen Planungs-Aspekte für die Umsetzung der Sicherheitsmassnahmen enthalten (z. B. Verantwortlich-keiten, Termine und Kontrollen).

Es empfiehlt sich, den Prozess der Erstellung und der Umsetzung von Sicherheitskon-zepten in die Risikopolitik, Sicherheits-Politik und in die Sicherheitsorganisation des Unternehmens einzubeziehen. Ebenfalls sollten die Prozesse der Erstellung, Umsetzung und Überwachung von Sicherheitskonzepten in die Prozesse der Unternehmens-IT sowie des Gesamtunternehmens integriert sein.

Mögliche Einsatzsituationen
Ein Sicherheitskonzept erweist sich beispielsweise in folgenden Situationen als nützlich:

1. Bei der Entwicklung und Neueinführung eines IT-Systems;
2. Bei Änderungen an einem bestehenden IT-System;
3. In Situationen, wo bestehende Systeme auf ihre Sicherheit überprüft und die Restrisi-ken auf ein tolerables Mass reduziert werden müssen;
4. Bei Outsourcing- oder Cloud-Computing-Vorhaben (s. Kap. 14 und 16).

Orientierung an realer Situation
Der grosse Vorteil eines solchen Sicherheitskonzepts gegenüber einem „Grundschutz-Verfahren" besteht darin, dass die Risiko-Ermittlung und die Massnahmen-Bestimmung

konkret, bezogen auf die reale Situation am realen Risikoobjekt, vorgenommen werden. Die Strukturierung eines solchen Sicherheitskonzeptes ist in Abb. 10.1 gezeigt.

Aktivitäten in Funktionentrennung

Aus der Abb. 10.1 kann auch abgeleitet werden, dass die Teilprozesse der Risikoakzeptanz und der Konzeptabnahme, sowie die Überwachung und Überprüfung ausserhalb des Erstellungs- und Umsetzungs-Prozesses liegen. Diese Aktivitäten müssen selbstverständlich in Funktionentrennung zur Erstellung und Umsetzung des Konzepts erfolgen.

Sechs Kapitel eines IT-Sicherheitskonzepts und das Sicherheitskonzept begleitende Dokumente

Die Erstellung von Sicherheitskonzepten gemäss dem in Abb. 10.1 gezeigten Aufbau und der in Abb. 10.2 gezeigten Text-Gliederung in sechs Kapitel hat sich in der praktischen Anwendung bewährt, insbesondere weil damit in einer standardisierten Weise die für die Sicherheit massgeblichen realen Aspekte dokumentiert werden. Für die detaillierten Systembeschreibungen, Policies, Massnahmenbeschreibungen kann auf Dokumente ausserhalb des Sicherheitskonzepts verwiesen werden. Es empfiehlt sich beispielsweise ein zum Sicherheitskonzept gehörendes entsprechendes Dokumentenverzeichnis anzulegen. Auch ist es für ein derartiges Sicherheitsdokument wichtig, entsprechend einheitliche Dokumentationsstandards im Rahmen einer Policy zu regeln und zu befolgen: Z. B. Konzepttitel, Autoren, Adressaten, Gültigkeits-Datum, Referenz-Nummer, Versions-Kontrolle und Klassifikation für entsprechend sicheres Handling.

In den folgenden Abschn. 10.1.1 bis 10.1.7 werden die in der Abb. 10.2 gezeigten sechs Kapitel eines Sicherheitskonzepts, mit ihren Erstellungsprozessen und ihren Inhalten, näher beleuchtet.

10.1.1   Kapitel „Kontextbeschreibung"

Um die Risikosituation im Kontext des Unternehmens treffend beurteilen zu können und um vergleichbare Voraussetzungen sowohl für das Vorgehen als auch für die Resultate von Risiken und Massnahmen zu schaffen, sind in der Kontextbeschreibung eine Vielzahl von Informationen zu eruieren und festzuhalten (s. Abb. 10.3). Selbstverständlich können auf andere oder allgemeine Beschreibungen und Konzepte verwiesen werden, um nicht unnötigen Ballast in diesem Kapitel wiederholt zu dokumentieren.

Ausgangslage

Für das Verständnis sowohl des geschäftlichen als auch des organisatorischen Umfelds, wird am Anfang der Kontextbeschreibung die **Ausgangslage** mit allen dazu notwendigen Informationen beschrieben. Hier gilt es zu fragen, was der Zweck und die Ziele des zu behandelnden Systems sind. In welchem grösseren Kontext (z. B. Geschäftsfunktionen, Eigentums- und Vertragsverhältnisse) das System steht und wer für was verantwortlich ist.

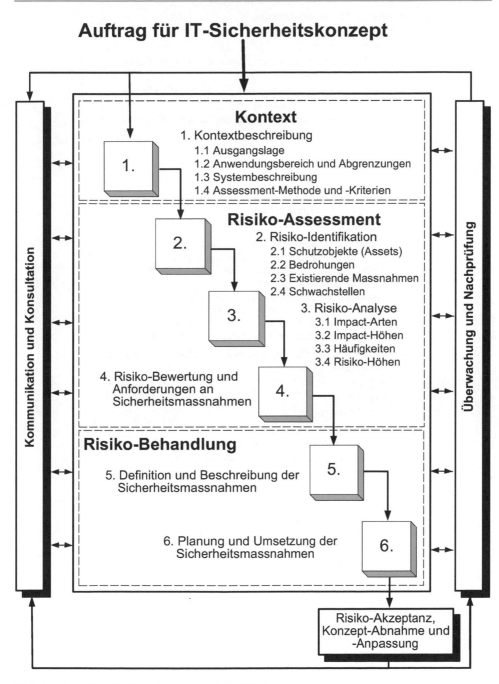

Abb. 10.1 Aufbau IT-Sicherheitskonzept als RM-Prozess

Kapitel eines IT-Sicherheitskonzepts

Kapitel 1: Kontextbeschreibung

Kapitel 2: Risiko-Identifikation

Kapitel 3: Risiko-Analyse

Kapitel 4: Risiko-Bewertung und Anforderungen an Sicherheitsmassnahmen

Kapitel 5: Definition und Beschreibung der Sicherheitsmassnahmen

Kapitel 6: Planung und Umsetzung der Sicherheitsmassnahmen

Abb. 10.2 Aufbau eines IT-Sicherheitskonzepts

Kapitel 1: Kontextbeschreibung

1.1 Ausgangslage

o Allgemeines, Absichten, Zweck, Zielsetzungen

o Einflüsse und Abhängigkeiten intern und extern (z. B.
organisatorische Zusammenhänge, vertragliche Bedingungen,
zu beachtende Regulative)

o Wichtige Anforderungen (z. B. durch Geschäfts- und Support-
Prozesse, terminliche Anforderungen)

o Bezeichnung der Auftraggeber und sonstige
Verantwortlichkeiten (z. B. nominierter System-Owner)

1.2 Anwendungsbereich, Abgrenzungen und Einschränkungen

o Anwendungsbereich

o Abgrenzungen

o Restriktionen

o Randbedingungen

1.3 Systembeschreibung

o Verwendete Plattformen und Infrastruktur

o Systemlokalitäten und grobe Systemanordnung

o Systemanforderungen

o Systemfunktionen

o Abläufe, Prozesse

o Komponenten, Teilsysteme

o Standard-Produkte

o Konfigurationen

o Netzeinbindung und Kommunikations-Matrix (s. Abbildung
10.4)

o Schnittstellen (technisch, organisatorisch, extern, intern etc.)

o Graphische Darstellungen

1.4 Assessment-Methoden und -Kriterien

o Assessment-Methode

o Risiko-Arten und Sicherheitsziele (z. B. Prozessrisiken,
Verfügbarkeits- und Integritäts-Ziele)

o Impact-Kriterien und Schadensmetrik

o Bewertungskriterien und -massstäbe (z. B. Risikomatrix,
Dringlichkeitsstufe)

o Akzeptanzkriterien (z. B. Akzeptanzlinie)

Abb. 10.3 Wichtige Inhalte im Kapitel 1 eines IT-Sicherheitskonzepts

Auch werden in der Ausgangslage die ganz besonderen Anforderungen aus Geschäfts-
und Anwendersicht sowie die Einschränkungen und Rahmenbedingungen dokumentiert
und die wichtigen Termine (Milestones) festgehalten.

Anwendungsbereich, Abgrenzungen und Einschränkungen

Mit der Festlegung des „Anwendungsbereichs", der „Abgrenzungen" und der „Einschränkungen" wird möglichst genau spezifiziert, für was das Sicherheitskonzept Gültigkeit
haben soll. Dazu gehören beispielsweise die Benennung des Systems oder des Prozesses,
die organisatorischen Abgrenzungen und Schnittstellen sowie die „Lifecycle"-Phase, für
die das Sicherheitskonzept angefertigt werden soll.

Systembeschreibung

Zur wirklichkeitsnahen Darstellung der Zusammenhänge in einem IT-Sicherheitskonzept,
aus der u. a. die Risikoobjekte (Assets) und die Risiken abgeleitet werden können, gehört
eine **Systembeschreibung**. Die Systembeschreibung muss in übersichtlicher Weise die
für ein Risiko-Assessment und eine Massnahmen-Gestaltung massgeblichen Informationen und Zusammenhänge aufzeigen.

Sicherheitsrelevante Aspekte des Systems

Die Beschreibungen und Darstellungen in der Systembeschreibung erläutern die sicherheitsrelevanten Aspekte des Systems. Eine solche Darstellung ist beispielsweise die sogenannte „Kommunikations-Matrix", mit der die notwendigen Kommunikations-Verbindungen
des Systems mit anderen Systemen und die entsprechenden Firewall-Einstellungen aufzeigt (s. Abb. 10.4).

Für tiefergehende Beschreibungen und Darstellungen ist es sinnvoll, an dieser Stelle im
Sicherheitskonzept auf die entsprechenden Systemunterlagen zu verweisen (z. B. Detail-
konzepte, Betriebskonzepte und Handbücher.)

Da es bei einem Sicherheitskonzept mit eingeschlossenem Risiko-Assessment auch
darum geht, den Zusatzaufwand für die Sicherheit und das Mass der Risiko-Reduktion zu
veranschaulichen, empfiehlt es sich, das System mit den bereits vorhandenen Massnahmen (z. B. Grundschutzmassnahmen) darzustellen.

Assessment-Methoden und -Kriterien

Für die Durchführung des Risiko-Assessments werden im Abschnitt **Assessment-Methoden
und -Kriterien** die anzuwendenden Methoden sowie die wesentlichen Kriterien zur Einschätzung, Bewertung und allfälligen Akzeptanz der Risiken angeführt oder auf die entsprechenden Festlegungen in Policy-Dokumenten verwiesen.

Solche Festlegungen, die vor allem bei der Risiko-Analyse und bei der Risiko-Bewertung
gebraucht werden, sind beispielsweise die Risiko-Matrix mit einer eingezeichneten Akzeptanzlinie sowie die Kriterien zur Schadens- und zur Häufigkeitseinstufung, wie sie in den
Abschn. 2.7.1 bis 2.7.3 dieses Buches näher behandelt wurden. Eine Risiko-Matrix, wie sie
in den nachfolgenden Beispielen für ein Sicherheitskonzept verwendet werden soll, ist in
Abb. 10.5 gezeigt.

Zugriff von	Zugriff auf	Protokoll	Port	Zugriffsart / Client
Zugriff aus dem Internet in die „Demilitarisierte Zone"				
Internet	E-Gateway	HTTPS	443	Web-Browser
Administrationszugriffe aus der „Internen Zone" in die „Demilitarisierte Zone"				
Applikations-Betreuer	E-Gateway	APICS	6390	Administrations-Client
		SSH	22	Applikations-Betreuer
Datei-Transfer zwischen I-Prozess und E-Gateway				
I-Prozess	E-Gateway	FTP	6370	I-Prozess
E-Gateway	I-Prozess	FTP	1366	E-Gateway
Zugriff von E-Gateway auf die Authentifikations-Mittel				
E-Gateway	Authentifikations-Server	UDP	5500	Authentifikations-Client des E-Gateway
		TCP	5510	

Abb. 10.4 Dokumentationsbeispiel einer Kommunikations-Matrix in der Systembeschreibung

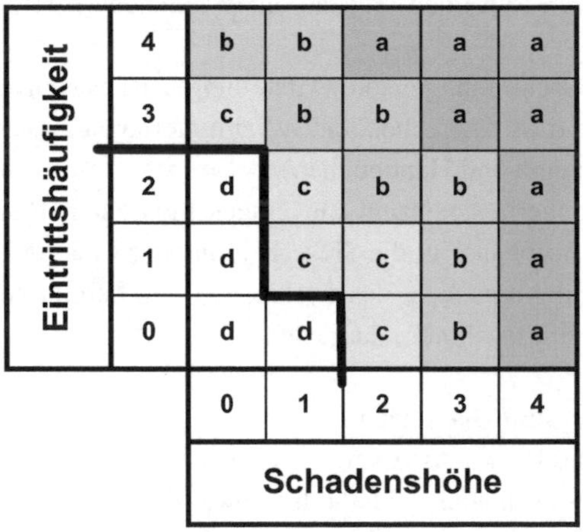

Schadenshöhe

Legende: a: rigoros bewältigen; b: bewältigen; c: bewältigen nach wirtschaftlichen Aspekten; d: nicht bewältigen.

Abb. 10.5 Im IT-Sicherheitskonzept angewandte Risiko-Matrix mit Akzeptanz-Kriterien

10.1.2   Kapitel „Risiko-Identifikation"

Der erste Schritt der **Risiko-Identifikation** beginnt meist mit dem Aufsuchen und Einordnen der Risikoobjekte (Assets) in einer Asset-Liste.

Die Abgrenzung, die bereits in der Kontextbeschreibung definiert wurde, wird für das Assessment nochmals überdacht und schriftlich festgehalten. So werden in diesem Schritt diejenigen Risikoobjekte, die anderweitig bereits analysiert wurden (z. B. für eine bereits vorhandene Rechenzentrums-Infrastruktur), für ein erneutes Risiko-Assessment entsprechend markiert oder ausgeklammert. Selbstverständlich sind die bereits identifizierten und analysierten Risiken entsprechend ihres Einflusses auf die neu zu analysierende Risikosituation entsprechend zu berücksichtigen. Auch sollten an den Schnittstellen des Assessment-Bereichs geeignet zusammengefasste Risikoobjekte für den Aussenbereich definiert werden, da ein zu beurteilendes IT-System auch andere, ausserhalb des Assessment-Bereichs befindliche Systeme bedrohen kann.

Mit der Erstellung der Risikoobjekte-Liste[2] kann eine wesentliche Vorarbeit für die nachfolgende Risiko-Identifikation und Risiko-Analyse geleistet werden, indem die Assets aufgrund ihrer Abhängigkeiten in Asset-Typen eingeteilt und aufgelistet werden. Die Abb. 10.6 veranschaulicht, wie eine Asset-Liste, aufgrund der Verschachtelung der an einem Risiko beteiligten verschiedenen Assets in einer typischen IT-Umgebung (z. B. Rechenzentrum), strukturiert werden kann. Zu den „technisch verschachtelten" unterstützenden Assets kommen noch die auf alle Assets einwirkenden Asset-Typen „Personal" und „Organisation" hinzu.

Beim Prozess der Risiko-Identifikation der für die Informationssicherheit meist immateriellen Assets (z. B. Software) geht es, neben der Identifikation der Assets und der darauf einwirkenden Gefahrenquellen, auch darum, die für die Entstehung eines Risikos relevanten Kausalketten darzustellen. Solche Kausalketten reichen von den Ursachen über die Auswirkungen an den einzelnen Assets bis hin zu den Konsequenzen des Risikos für das Unternehmen. So sind in der Kausalkette die „Unterstützenden Assets" (z. B. Hardware) für die Analyse der Bedrohungsauswirkung auf die „Primären Assets" (z. B. Endbenutzer-Services) wichtig, auch wenn der an ihnen anfallende Schaden (z. B. Ersatzkosten für Hardware) im Hinblick auf den Gesamtschaden vernachlässigbar sein sollte.

Ein weiterer wichtiger Aspekt bei der Erstellung der Asset-Liste ist die Wahl der richtigen „Granularität" bei der Bestimmung der Assets. Dabei gilt der Grundsatz:

▶   **Praxistipp** Im Hinblick auf die Analyse von Bedrohungen, Schwachstellen, Schadensauswirkungen und Massnahmengestaltungen soll die Festlegung der Assets „so grob wie möglich" und „so fein wie nötig" vorgenommen werden.

Die Abb. 10.7 zeigt, welche Inhalte in das Kapitel 2 des Sicherheitskonzepts, „Risiko-Identifikation", aufgenommen werden sollten.

---

[2] Risikoobjekte-Liste auch unter dem Begriff Asset-Register bekannt.

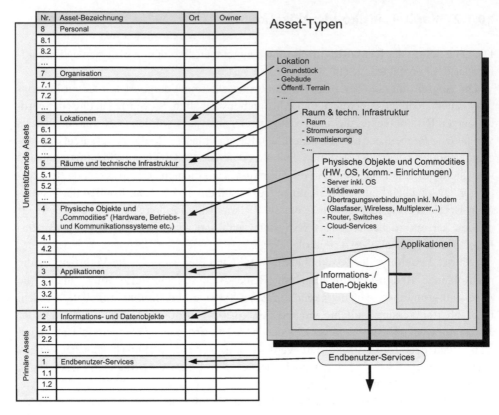

Abb. 10.6   Einordnung der Assets in das Asset-Register

Bevor im nächsten Kapitel der „Risiko-Analyse" die Risiken in ihrer Höhe bestimmt werden können, sind im Kapitel 2 des Sicherheitskonzepts noch die für die Assets relevanten Bedrohungen sowie die bereits existierenden Massnahmen und die für eine Risiko-Exponierung der Assets vorhandenen Schwachstellen zu beschreiben.

10.1.3   Kapitel „Risiko-Analyse"

Im Kapitel 3 eines IT-Sicherheitskonzepts soll die „Risiko-Analyse", bezogen auf die identifizierten Risiken, beschrieben werden. Als Ergebnis liefert die durchgeführte Risiko-Analyse die Höhe des Risikos entweder in qualitativen, quantitativen oder semi-quantitativen Werten. Die für die durchzuführende Risiko-Analyse relevanten Kriterien wurden zuvor im Kapitel der Kontextbeschreibung dokumentiert. Die Inhalte, die im Kapitel 3 zum Thema „Risiko-Analyse" dokumentiert werden sollen, sind in der Abb. 10.8 grob zusammengefasst.

Die Abb. 10.9 zeigt am Beispiel des primären Risikoobjekts „Zahlungsverkehr E-Banking" wie in einem sogenannten „Risiko-Register" die Ergebnisse der Identifikation und der

---

Kapitel 2: Risiko-Identifikation

2.1 Risikoobjekte (Assets)

❏   Lokationen, d. h. Orte des IT-Einsatzes mit Relevanz für entsprechende Bedrohungen (z. B. Wasser, Erdbeben, gesetzgeberische Eigenheiten)

❏   Räume und umgebende Infrastruktur

❏   Physische Objekte und Commodities (z. B. Hardware, hardwarenahe Software wie Betriebs- oder Kommunikationssoftware)

❏   Applikationen (z. B. Legacy-Software)

❏   Informationen und Daten-Objekte (z. B. Personal-, Kreditkarten- oder Bankinformationen als Transaktionsdaten, Dateien oder Dokumente)

❏   Endbenutzer-Services (Lieferergebnis der Applikation für Endbenutzer (z. B. ausgeführte Transaktionen)

2.2 Bedrohungen

Für die Assets und die zu beurteilende Risiko-Arten relevanten Bedrohungen

(In den Anhängen A.1 und A.2 dieses Buches sowie im Standard ISO/ICE 27005, Annex C sind Anhaltspunkte für typische Informationssicherheits-Bedrohungen zu finden.)

2.3 Existieren Massnahmen

Für Assets und Bedrohungen bereits vorhandene Massnahmen.

2.4 Schwachstellen

Schwachstellen, die bei den vorhandenen Asset aufgrund der Bedrohungen Risiken zulassen

(Im Standard ISO/ICE 27005, Annex D sind Beispiele für typische Informationssicherheits- und IT-Schwachstellen zu finden; Schwachstellen können beispielsweise auch mit Bezug auf den Massnahmen-Standard ISO/ICE 27002, die „BSI Grundschutz-kataloge" oder das Datenschutzgesetz eruiert werden.

Schwachstellen können auch mittels analytischer Suchverfahren (s. Abschnitte 10.3 bis 10.5) oder durch Tests ermittelt werden.)

Abb. 10.7 Wichtige Inhalte im Kapitel 2 eines IT-Sicherheitskonzepts

Analyse von Informationssicherheits-Risiken festgehalten werden können. Zur Spalte der Bedrohungen im Risiko-Register gilt es zu erwähnen, dass für die Ermittlung der Häufigkeit eines Risikoeintritts die Schwachstellen bezogen auf das bedrohte „Risikoobjekt" ermittelt werden müssen, um den Einfluss der Bedrohung auf die Häufigkeit des Risiko-Eintritts einschätzen zu können.

Die für die „Primären Assets" relevanten „Unterstützenden Assets" sowie die bereits vorhandenen Massnahmen, Bedrohungen und Schwachstellen können in einer separaten Tabelle aufgeführt und bei der Risiko-Analyse entsprechend berücksichtigt werden. Die an

---

Kapitel 3: Risiko-Analyse

3.1 Impact-Arten

Auswahl der für das Risiko relevanten Impact-Arten

- o Direkter finanzieller Verlust
- o Schädigung der geschäftlichen und wirtschaftlichen Interessen
- o Beeinträchtigung personelle Sicherheit
- o Nichteinhaltung gesetzlicher und regulativer Verpflichtungen
- o etc.

3.2 Impact-Höhen

Einschätzung anhand der vorgegebenen Schadens-Einstufungskriterien (z. B. Schadenseinstufungstabelle)

3.3 Häufigkeiten

Einschätzung anhand der vorgegebenen Häufigkeits-Einstufungsmetrik (z. B. Risikomatrix mit Häufigkeits-Metrik)

3.4 Risiko-Höhen

Risiko-Bestimmung gemäss vorgegebenem Risikobestimmungsverfahren (z. B. Risikomatrix mit ordinalen Werten)

Abb. 10.8 Wichtige Inhalte im Kapitel 3 eines IT-Sicherheitskonzepts

jedem einzelnen Risiko beteiligten „Unterstützenden Assets" können aber auch in einer zusätzlichen Spalte im Risiko-Register direkt aufgeführt werden. Für die nachfolgend zu bestimmenden Massnahmen ist es wichtig zu wissen, an welchen unterstützenden Assets Schwachstellen vorhanden sind und wie diese durch die Bedrohungen ausgenutzt werden können.

Es stellt sich nun noch die Frage, wie die Werte für ein solches Risiko-Register in pragmatischer Weise ermittelt werden können?

Szenario-Analyse zur Identifikation und Analyse der Risiken

Für das bei der Erstellung eines Sicherheitskonzepts notwendigen „Risiko-Assessment" bietet sich unter den vielen möglichen Methoden vor allem die „Szenario-Analyse" an (s. Abschn. 3.5.3.3). Diese Methode hilft, neben Erkenntnissen über die Risiken auch die Möglichkeiten für die Risikomilderung zu finden. Selbstverständlich können zusätzliche Methoden (z. B. „Failure Effekt und Ausfall-Analyse", „Fehlerbaum-Analyse", s. Abschn. 10.3 bis 10.5) weitere wichtige Risiko-Zusammenhänge und Schwachstellen in den Systemen und Prozessen aufzeigen.

Einstufungstabellen

Für eine pragmatische Einschätzung der Risiken, die meist mit einem knappen Zeitbudget durchgeführt werden muss, sind im Anhang A.3 dieses Buches auch einige einfache Einstufungstabellen zusammengestellt.

▶ **Praxistipp** Gerade bei der Risiko-Analyse mit ausgefeilten und aufwendigen Analyse-Verfahren ist es wichtig, dass bei den Risiko-Einschätzungen keine Pseudo-Genauigkeiten vorgetäuscht werden.

Risiko-Assessment													
Identifikation						Analyse							
						Schaden			Sicherheitsziel			Häufigkeit	Risiko (Risiko-Rating gemäss Risiko-Matrix)
Nr.	Risikoobjekt	Risikobezeichnung	Spezifische Bedrohung *)	Schwachstellen	Schadensszenario	Wiederherstellungskosten	Imageverlust	Direkter finanzieller Schaden	Verfügbarkeitsverlust	Vertraulichkeitsverlust	Integritätsverlust	mehre Male in: 1 Jahr..........(4) / 1 mal in: 1-3 Jahren.....(3) / 3-10 Jahren...(2) / 10-30 Jahren..(1) / > 30 Jahren...(0)	
1.1	Zahlungsverkehr E-Banking	Betrug an Kundenvermögen	Maskerade einer Benutzer-Identität	Unachtsamkeit Benutzer / Keine Transaktions-	Diebstahl Kunden-Credentials mittels Phishing-Attacke	3	2		x	x		3	a
1.2		Ausspähen Bankdaten		Schwaches Authentisierverfahren		4	2			x		2	a
1.3		Lahmlegen E-Banking	Denial-of-Service-Attacke	keine technischen und vorsorglichen Massnahmen vorhanden	gezielte Blockade des Internet-Zugangs mittels Distributed Denial-of-Service-Attacke	2	2	2	x			3	b
1.4		Falschüberweisungen	Softwarefehler	Verfahren für Erstellung und Testen der Software nicht anforderungsgerecht.	Sporadische Verfälschungen von Überweisungsdaten infolge schlecht ausgetestem Software-Release	2	4	3			x	2	a

(Schaden: s. klein...(0), klein......(1), mittel.....(2), gross....(3), s. gross.(4))

*) Zur Bestimmung der Häufigkeit ist die Analyse der auf das Asset bezogenen, durch die Bedrohungen ausgenützten Schwachstellen notwendig.

Abb. 10.9 Beispiel „Identifikation" und „Analyse" im Risiko-Register

10.1.4 Schwachstellen-Analyse anstelle einer Risiko-Analyse im Sicherheitskonzept

Oft ist es schwierig, das Schadensausmass zu bestimmen, da die Risikoobjekte nicht in einer bewertbaren Form bekannt sind. So ist es bei IT-Infrastruktur-Einrichtungen manchmal gar nicht möglich, die Werte der Risikoobjekte abzuschätzen (z. B. bei den zu übertragenden Informationen in Übertragungsnetzen).

In solchen Fällen kann manchmal eine Schwachstellen-Analyse den Zweck erfüllen. Die Schwachstellen-Analyse wird häufig auf der Basis eines Massnahmenkatalogs oder von Grundschutzmassnahmen (Baseline Security Standards) durchgeführt. Als

Schwachstelle kann dann ein ungenügend erreichtes Massnahmenziel bezeichnet werden
(s. Abschn. 9.3.2). Natürlich muss die fehlende oder zu schwache Massnahme für die am
Risikoobjekt möglichen Bedrohungen relevant sein.

▶ **Praxistipp** Eine nach den gezeigten Verfahren „sklavisch" durchgeführte Risiko-
   Analyse oder Schwachstellen-Analyse kann sehr bald umfangreich und unübersichtlich werden. Deshalb sollte zu jedem Zeitpunkt hinterfragt werden, ob
   signifikante Impacts oder Bedrohungen an einem Risikoobjekt überhaupt möglich sind. Wenn nicht, dann sollte das betreffende Risiko oder die Schwachstelle
   als „unbedeutend" nicht weiter betrachtet werden.

10.1.5   Kapitel „Bewertung und Anforderungen an Massnahmen"

Zur Konzeption der Sicherheitsmassnahmen müssen die aus der Risiko-Analyse hervorge-
gangen Risiken zunächst einer „Bewertung" unterzogen werden. In diesem Schritt ist primär
zu prüfen, inwiefern die analysierten Risiken im Rahmen der Akzeptanz-Kriterien liegen
und mit welcher „Wichtigkeit" und „Dringlichkeit" Massnahmen ergriffen werden müssen.
Die Risiko-Bewertung wird sowohl im Rückblick auf die in der Kontextbeschreibung festgehaltenen „Akzeptanzvorgaben" als auch im Vorausblick auf die in den folgenden Kapiteln
des Sicherheitskonzeptes zu konzipierenden Massnahmen durchgeführt. So könnten beispielsweise im Kapitel „Bewertung und Anforderungen an Massnahmen" absehbar hohe
Massnahmenaufwände oder Angaben über Chancen, die durch die Massnahmen nicht
behindert werden sollten, berücksichtigt werden. Rückblickend auf die Kontext-Festlegungen könnten sich bei der Risiko-Bewertung auch die Sicherheitsanforderungen an die Vertraulichkeit oder die Integrität oder auch andere Anforderungen an die Geschäftsprozesse
nach der durchgeführten Risiko-Analyse in einem neuen Licht darstellen.

Iterative Erstellung des Kapitels „Bewertung und Anforderungen an Massnahmen"
Wie der Prozess des Risikomanagements in iterativen Zyklen abgewickelt wird (s. Kap. 3
dieses Buches), werden auch die Kapitel und Abschnitte eines Sicherheitskonzepts weitgehend iterativ erstellt. Gerade beim Ausarbeiten des Kapitels „Risiko-Bewertung" wird die
Angemessenheit der Verfahren, der Methoden und Ergebnisse nochmals hinterfragt, um
allenfalls notwendige Nachbesserungen vorzunehmen. In Abb. 10.10 ist ein Beispiel gezeigt,
wie das „Risiko-Register" mit einer zusätzlichen Spalte für einige wichtige Bewertungs-
Aspekte erweitert werden kann.

Zusätzliche Anforderungen an die Sicherheitsmassnahmen
Im Weiteren sind für die im Sicherheitskonzept zu definierenden Massnahmen nicht alleine
die analysierten Risiken, sondern eine Reihe zusätzlicher Anforderungen zu berücksichtigen.
Solche Anforderungen sind vor allem die „Muss-Anforderungen" hinsichtlich einzuhalten-
der Gesetze, Regulierungen und Verträge. Zusätzliche Anforderungen an die Massnahmen
sind aber auch zu erfüllende Leistungsanforderungen (SLAs) oder unternehmensinterne

Risiko-Assessment															
Identifikation					Analyse										Bewertung
Nr.	Risikoobjekt	Risikobezeichnung	Spezifische Bedrohung *)	Schwachstellen	Schadensszenario	Schaden (s. klein…(0) / klein…(1) / mittel…(2) / gross…(3) / s. gross…(4))						Sicherheitsziel	Häufigkeit (mehre Male in: 1 Jahr…(4); 1 mal in: 1-3 Jahren…(3); 3-10 Jahren…(2); 10-30 Jahren…(1); > 30 Jahren…(0))	Risiko (Risiko-Rating gemäss Risiko-Matrix)	Vorgaben für Behandlung von Risiken und Muss-Anforderungen: a = rigoros bewältigen; b = bewältigen; c = bewältigen nach wirtschftl. Aspekten; d = nicht bewältigen; Zeitprioritäten: 1 = hoch: sofort; 2 = mittel: im Rahmen Budget; 3 = tief: in nächster Strategie- / Budget-Periode einplanen.
						Wiederherstellungskosten	Imageverlust	Direkter finanzieller Schaden	Verfügbarkeitsverlust	Vertraulichkeitsverlust	Integritätsverlust				
1.1	Zahlungsverkehr E-Banking	Betrug an Kunden-vermögen	Maskerade einer Benutzer-Identität	Unachtsamkeit Benutzer. Keine Transaktions-	Diebstahl Kunden-Credentials mittels Phishing-Attacke	3	2			x	x		3	a	a 1
1.2		Ausspähen Bankdaten		Schwaches Authentisier-verfahren		4	2			x			2	a	a 2
1.3		Lahmlegen E-Banking	Denial-of-Service-Attacke	keine technischen und vorsorglichen Massnahmen vorhanden	gezielte Blockade des Internet-Zugangs mittels Distributed Denial-of-Service-Attacke	2	2	2	x				3	b	b 3
1.4		Falschüber-weisungen	Software-fehler	Verfahren für Erstellung und Testen der Software nicht anforderungs-gerecht.	Sporadische Verfälschungen von Überweisungsdaten infolge schlecht ausgetestetem Software-Release	2	4	3			x		2	a	a 1

*) Zur Bestimmung der Häufigkeit ist die Analyse der auf das Asset bezogenen, durch die Bedrohungen ausgenützten Schwachstellen notwendig.

Abb. 10.10 Beispiel mit einer Spalte „Bewertung" erweitertes „Risiko-Register"

Vorgaben für den Einsatz bestimmter Standards oder für den Einsatz einer vorgegebenen System- und Sicherheitsarchitektur. Auch solche Anforderungen sollten im Kapitel 4 des Sicherheitskonzepts aufgeführt sein. Die Abb. 10.11 zeigt eine Zusammenstellung einiger wichtiger im Kapitel 4 des Sicherheitskonzepts zu beschreibenden Inhalte.

10.1.6   Kapitel „Definition und Beschreibung der Massnahmen"

Nachdem die zu behandelnden Risiken und die Anforderungen an die Sicherheitsmass-nahmen bekannt und dokumentiert sind, werden die Sicherheitsmassnahmen ausgewählt, bestimmt und im Kapitel 5 des Sicherheitskonzepts beschrieben (Abb. 10.12).

Die Beschreibung der Massnahmen im Sicherheitskonzept soll sich auf die aus Sicher-heitssicht wesentlichen Merkmale beschränken, sodass sie technisch und organisatorisch realisiert, eingeführt und in der erforderlichen Wirksamkeit betrieben werden können. Eine lediglich generische Nennung von Massnahmen kann dem Zweck eines Sicherheitskonzepts nicht genügen. Gerade die schnell ändernden Bedrohungssituationen durch Cyber-Attacken

---

**Kapitel 4: Risiko-Bewertung und Anforderungen an Sicherheits-
massnahmen**

- o Vergleich der analysierten Risiken mit den vorgegebenen
     Akzeptanzkriterien unter Einbezug des zuständigen
     Managements

  - • „Akzeptanzvorgaben" infolge „Wichtigkeit" der Risiken
       berücksichtigen

  - • „Zeitprioritäten" für Massnahmenumsetzung infolge
       „Dringlichkeit"

- o Grundlagen für Behandlungsstrategien
     (Chancenbeeinflussung, Reduktion Auftretens-Häufigkeit oder
     Schadensausmass)

- o Relevante Gesetze, Regulierungen und Verträge

- o Leistungsanforderungen (SLAs)

- o Policies, Richtlinien, Architekturvorgaben und Standards,
     technische und organisatorische Bedingungen und
     Anforderungen (z. B. aus dem Grobkonzept)

- o Kritische Beurteilung der Ergebnisse und allenfalls Entscheid
     für eine erneute Assessment-Durchführung

Abb. 10.11 Wichtige Inhalte im Kapitel 4 eines IT-Sicherheitskonzepts

---

Kapitel 5: Beschreibung der Sicherheitsmassnahmen
- o Definition und Zuordnung von Massnahmen zu den Risiken
     und sonstigen Anforderungen
- o Technische Massnahmenbeschreibung
     (Realisierungsvorgaben aus Sicherheitssicht) innerhalb der
     vorliegenden Systemanordnung
- o Organisatorische Massnahmenbeschreibung
  - • Aufbauorganisatorische Massnahmen
  - • Ablauforganisatorische Massnahmen
- o Graphische Darstellung der Massnahmen und deren
     Integration in das mit dem Sicherheitskonzept
     beschriebenen Systems (Ergänzung des in Kap. 1
     beschriebenen Systems)
- o Zugriffskonzept

Abb. 10.12 Wichtige Inhalte im Kapitel 5 eines IT-Sicherheitskonzepts

bedürfen, neben den notwendigen technischen Massnahmen, entsprechender organisatorische Dispositive, (z. B. trainierte Cyber-Teams), die auf die Bedrohungen des Cyberspace
entsprechend reagieren können.

Anpassungen der Systembeschreibung
Im Kapitel 5 werden auch die durch die Sicherheitsmassnahmen notwendigen Anpassungen und Ergänzungen der Systembeschreibung (aus Kapitel 1 des Sicherheitskonzepts)

		Risiko-Assessment					Risiko-Behandlung				
		Identifikation				Bewertung	Massnahmen	Massnahmen-Umsetzung			
Nr.	Risikoobjekt	Risikobezeichnung	Spezifische Bedrohung *)	Schwachstellen	Schadensszenario	Vorgaben für Behandlung von Risiken und Muss-Anforderungen: a = rigoros bewältigen; b = bewältigen; c = bewältigen nach wirtschftl. Aspekten; d = nicht bewältigen; Zeitprioritäten: 1 = hoch: sofort; 2 = mittel: im Rahmen Budget; 3 = tief: in nächster Strategie- / Budget-Periode einplanen.	v = vermeiden; r = reduzieren; t = tranferieren; s = selbst tragen.	Termine oder Periodizität	Ressourcen / Budget	Verantwortlicher Owner	Status
1.1	Zahlungsverkehr E-Banking	Betrug an Kunden-vermögen	Maskerade einer Benutzer-Identität	Unachtsamkeit Benutzer Keine Transaktions-limiten	Diebstahl Kunden-Credentials mittels Phishing-Attacke	a 1	r	Brief an Kunden über Vorsichtsmassnahmen im E-Banking; Transaktionslimiten vereinbaren und einrichten	30.06.2016	2 PT	HES	realisiert
1.2		Ausspähen Bankdaten		Schwaches Authentisier-verfahren		a 2	r	Starkes Authentifizier-Verfahren (3-Faktoren) einsetzen.	28.02.2017	5 T € / Jahr 30 PT	BEM	40 % realisiert
1.3		Lahmlegen E-Banking	Denial-of-Service-Attacke	keine technischen und vorsorglichen Massnahmen vorhanden	gezielte Blockade des Internet-Zugangs mittels Distributed Denial-of-Service-Attacke	b 3	r	Abwehrsystem Telekom einrichtern; Vorgehen im Rahmen BCM planen.	Milestone: 31.8.2016 Abschluss: 31.10.2016	3 T € / Jahr 3 PT	HOA	Durchführ-barkeit ok Realisie-rung offen
1.4		Falschüber-weisungen	Software-fehler	Verfahren für Erstellung und Testen der Software nicht anforderungs-gerecht.	Sporadische Verfälschungen von Überweisungs-daten infolge schlecht ausgetestem Software-Release	a 1	r	Überarbeitung Standards und Vorgehen zur Software-Qualitätssicherung.	31.12.2016	20 PT	WAE	offen

Abb. 10.13 Beispiel mit „Massnahmen" und „Massnahmen-Umsetzung" erweitertes „Risiko-Register"

aufgeführt. Die Abb. 10.13 zeigt, wie das beispielhafte „Risiko-Register" mit einer zusätz-lichen Spalte für die auszuwählende Behandlungs-Option und die zu definierenden Mass-nahmen erweitert werden kann.

10.1.7 Kapitel „Umsetzung Massnahmen"

Ein Sicherheitskonzept ist schliesslich nur so gut, wie es in der Praxis umgesetzt wird. Die einzelnen Massnahmen müssen durch entsprechende Aktionen (ggf. im Rahmen eines Projekts) umsetzbar sein. Dafür müssen die Aktionen und erwarteten Ergebnisse mit den dafür verantwortlichen Personen abgesprochen und die Termine oder allenfalls auch die Periodizitäten für Aktionen und Massnahmen festgelegt werden. Dokumen-tiert werden in diesem Kapitel insbesondere die Festlegungen **wie, bis wann und durch wen** die Massnahmen umgesetzt werden. In der Abb. 10.14 sind einige in diesem Kapitel wichtige Inhalte aufgezeigt. Für eine grobe Übersicht kann das Risiko-Register mit entsprechenden Spalten (z. B. für die Realisierungs-Termine und die Umset-zungs-Verantwortlichkeiten) ergänzt werden. In Abb. 10.13 ist ein solchermassen ergänztes Risiko-Register gezeigt.

Kapitel 6: Umsetzung der Sicherheitsmassnahmen

Festlegungen:

o   Verantwortlichkeiten und Termine für die Realisierung der Massnahmen

o   Verantwortlichkeiten für den Betrieb der Massnahmen

o   Zur Verfügung gestellte Ressourcen zur Umsetzung der Massnahmen

o   Nutzen (Wirksamkeit), Aufwand und Kosten der Massnahmen

o   Kontrollen, Reviews und Auditing

o   Einverständnis durch Unterschriften

Abb. 10.14   Wichtige Inhalte im Kapitel 6 eines IT-Sicherheitskonzepts

Stelle/Rolle	Name / Kurzzeichen	genehmigt Ja/nein, Begründung	Datum	Unterschrift
Chief Information Security Officer (CISO)	F. Helfer / HEF			
Projekt-Owner	M. Beutler / BEM			
Betriebs-Owner	A. Holzer / HOA			
Entwicklungs-Owner	E. Waldmann / WAE			
Netzwerk-Owner	P. Niedermeier / NIP			

Abb. 10.15   Beispiel Unterschriften-Tabelle eines IT-Sicherheitskonzepts

Kosten-/Nutzen-Abwägung

Bei den Untersuchungen zur Umsetzbarkeit muss der Aspekt der Kosten-/Nutzen-Abwägung einbezogen werden. Der Aufwand und die Kosten beim Aufbau und Betrieb der Massnahmen sollten in einem vernünftigen, wenn nicht sogar optimalen Verhältnis zum Risiko und zu den sonstigen Anforderungen an die Massnahmen stehen (s. Abb. 3.8).

Bei zu teuren oder schlecht umsetzbaren Massnahmen muss eventuell der Prozess der Sicherheitskonzept-Erstellung von Kapitel 3 bis 6 iteriert und für eine bessere Lösung überarbeitet werden. Stehen die Massnahmen einmal fest, dann wird in diesem letzten Kapitel des Sicherheitskonzepts ein entsprechender Umsetzungsplan in klarer und eindeutiger Weise dokumentiert.

Verpflichtungen mit Unterschriften

Im Rahmen einer guten IT-Governance verpflichten sich die im Umsetzungsplan bezeichneten verantwortlichen Personen mit ihrer Unterschrift, ihre zugeordneten Aufgaben termingerecht auszuführen (Abb. 10.15). Die Unterschriften bestätigen auch das Einverständnis mit den im Sicherheitskonzept dokumentierten Aussagen im jeweiligen Zuständigkeitsbe-reich, wie beispielsweise die Akzeptanz der nach der Massnahmenrealisation verbleiben-den Restrisiken.

10.1.8   Kommunikation und kooperative Ausarbeitung der Kapitel

Für den gesamten Prozess der Erstellung eines IT-Sicherheitskonzepts gelten auch die im Abschn. 3.2 diese Buchs bereits für den allgemeinen Risikomanagement-Prozess beschrie-benen Hinweise zur „Kommunikation und Konsultation".

Bei der Risiko-Analyse sollten die „Schadenshöhen" (Impacts) durch Verantwortliche der Geschäftsprozesse eingestuft werden (z. B. durch die Owner der Geschäftsprozesse). Für die Festlegung der Wahrscheinlichkeiten muss Fachwissen über den Aufbau des Sys-tems und sein Umfeld vorhanden sein. Für die Bedrohungs- und Schwachstellen-Analyse werden entsprechende IT-Fachexperten zugezogen.

Fachinformationen aus Geschäfts- und IT-Perspektive
Schliesslich werden die Fachinformationen sowohl aus der Geschäfts-Perspektive als auch der IT-Perspektive in einem gemeinsamen Dialog zur Einschätzung des tatsächlichen Risi-kos zusammengeführt. Der Dialog ist auch dann wichtig, wenn sich die Massnahmenkosten als zu hoch erweisen und mit einer geänderten Behandlungsstrategie die Restrisiken neu eingeschätzt und bewertet werden müssen.

Moderation oder Coaching durch CISO oder Berater
Eine Moderation oder ein Coaching des Erstellungsprozesses von zentraler Stelle (z. B. durch CISO) oder durch externe Berater kann die Effizienz des Erstellungsprozesses wesent-lich steigern.

10.1.9   Risiko-Akzeptanz, Konzept-Abnahme und -Anpassung

Ausserhalb des Prozesses der Konzepterstellung bedarf es eines weiteren wichtigen Prozes-ses, nämlich des Prozesses der Vorlage, der Abnahme und Akzeptanz sowie der Umset-zungskontrolle; dieser Prozess sollte vorzugsweise durch eine entsprechende „Policy" gesteuert werden. Mit einem solchen zusätzlichen Prozess erfüllt ein Sicherheitskonzept die an einen Risikomanagement-Prozess gestellte wichtige Anforderung der „stetigen Kon-trolle und Anpassung an die Risikolage".

Festlegungen in Policy
In der Policy wird beispielsweise festgelegt, für was und zu welchem Anlass (z. B. Einfüh-rung eines IT-Systems) ein Sicherheitskonzept zu erstellen ist und wer die Verantwortung für die Ablieferung eines Sicherheitskonzepts trägt.

Konzeptabnahme als Zeichen der Konzept-Akzeptanz
Das aus dem Sicherheitskonzept ersichtliche Vorgehen, z. B. wie die Risiken ermittelt und die Massnahmen definiert und umgesetzt werden, sind für die Akzeptanz des Konzepts und der daraus ersichtlichen „Restrisiken" wichtig. Es empfiehlt sich deshalb, das Sicherheitskonzept zum Zeichen der Akzeptanz von den verantwortlichen Führungspersonen „abnehmen" und unterzeichnen zu lassen (s. Beispiel Unterschriften-Tabelle, Abb. 10.15).

Verpflichtung zur Konzept-Aktualisierung
Sind die für die Erstellung und Aktualität eines Sicherheitskonzepts verantwortlichen Personen (z. B. Owner) per Policy definiert, dann können diese Personen periodisch und zu geeigneten Anlässen zur Aktualisierung verpflichtet werden.

10.1.10   Überwachung und Überprüfung

Der Prozess der Erstellung eines IT-Sicherheitskonzepts weist die für einen Risikomanagement-Prozess üblichen Rückkopplungen auf, die insbesondere auch der Überwachung und Überprüfung der Ergebnisse dienen soll.

Überprüfungen im Rückblick
Bei der schrittweisen Bearbeitung ist immer wieder zu prüfen, ob die Aussagen (z. B. das Assessment) auch dem realen übergeordneten Kontext entsprechen und auch die Wirksamkeit der Massnahmen hinsichtlich ihrer Umsetzung und der eingeschlagenen Behandlungs-Optionen gewährleistet ist.

Überprüfung Einhaltung und Richtigkeit
Die Einhaltung der Vorlage- und Aktualisierungsvorschriften, wie auch die Richtigkeit der Akzeptanzentscheide, sind in entsprechende Überprüfungen einzubeziehen. Für die gesamten Prozesse der Erstellung, Vorlage, Abnahme und Akzeptanz der Sicherheitskonzepte gelten die im Abschn. 3.8 dieses Buches bereits für den allgemeinen Risikomanagement-Prozess beschriebenen Hinweise zur „Überwachung und Überprüfung".

10.2   Die CRAMM-Methode

Eine Methode für das Informationssicherheits-Risikomanagement, die auch gleichzeitig mit einem Software-Werkzeug umgesetzt werden konnte, bestand in der CRAMM[3]-Methode. Die Methode verwirklichte mit semi-quantitativen Risiko-Berechnungen das in diesem Buch und

---

[3] CRAMM (= Centre for Information Systems Risk Analysis und Management Method); CRAMM has been produced in consultation with the Security Service and CESG, who are UK Government national security authorities.

auch im Standard ISO/IEC 27005:2011 zugrunde liegende Risikomodell, basierend auf den Variablen Assets, Threats, Vulnerabilities, Impacts und Controls (s. Abschn. 2.3). Mit einer entsprechenden Standalone-Software war es möglich, das Risiko-Assessment systemunterstützt Schritt für Schritt durchzuführen und den Risiken geeignete Massnahmen zuzuordnen.

Trotz der seit mehreren Jahren nicht mehr unterstützten Software soll die nach wie vor interessante Methode in diesem Abschnitt grob behandelt werden. Interessant ist beispielsweise die Verknüpfung von Risikoobjekten in einem sogenannten Asset-Modell, über das sich die Bedrohungen, aufgrund der Schwachstellen an den „unterstützenden Assets", letztendlich auf die Informationen auswirken können.

Geschichtlicher Hintergrund der CRAMM-Methode

Die CRAMM-Methode wurde ursprünglich für den Einsatz in Regierungsstellen des United Kingdom entwickelt und 1986 erstmalig publiziert. Eine erste Software-Version (Version 1.0) wurde 1988 für den öffentlichen Sektor und kurz darauf auch für den privaten Sektor freigegeben. Nach langjähriger Betreuung und Vertrieb der Software durch die englische Firma Insight Consulting Ltd., auch der letzten Version 5.2.5 und der durch die NATO angewandte Version NATO (CRAMM) V5.6, wurde die Betreuung und der Vertrieb der Firma „Siemens Enterprise Communication Ltd." übergeben. Dabei gilt es hervorzuheben, dass eine volle Kompatibilität des Tools zum damaligen Standard ISO/IEC 27001:2005 und damit für eine mögliche Unterstützung zur Erlangung einer ISO-27001-Zertifizierung angepriesen war. Ein Grund für die Aufgabe des inzwischen bei ca. 5000 Anwendern und in 23 Ländern eingesetzten Tools war u. a. die aufwendige Wartung der Datenbasis, die den im Einsatzumfeld sich ständig verändernden Bedrohungen, Schwachstellen und Massnahmen möglichst gut angepasst sein sollte.

Profile und Profilfestlegungen

Das System kann mit verschiedenen, auf das Anwendungsgebiet zugeschnittenen „Profilen" arbeiten: Prinzipiell wurden die Profile für die NATO, das UK Government, die EU, und für andere Institutionen (z. B. Militär der Niederlande) oder private Firmen zugeschnitten.

Die Profile enthalten Festlegungen für:

- Risikoobjekt-Typen (Asset Types);
- Bedrohungs-Arten;
- Fragebögen sowie Eingabe-Masken für die Erhebung und Eingabe der Bedrohungen und Schwachstellen;
- Risiko-Matrix, mit welcher die Risiken aus den eingegebenen Werten für die Risikoobjekte, Bedrohungen und Schwachstellen berechnet werden können (s. Abb. 10.16[4]);
- Massnahmenkataloge zur Bewältigung der Risiken;
- Report-Format zur Präsentation der Ergebnisse;
- Unterstützung anwendungsspezifischer „Policy Frameworks" (z. B. für NATO-Benutzer).

---

[4] Insight Consulting: Broschüre „CRAMM 3 Overview".

Bedrohung	sehr klein			klein			mittel			gross			sehr gross		
Schwach-stelle	klein	mittel	gross	klein	mittel	gross	klein	mittel	gross	klein	mittel	gross	klein	mittel	gross
1	1	1	1	1	1	1	1	1	2	1	2	2	2	2	3
2	1	1	2	1	2	2	2	2	3	2	3	3	3	3	4
3	1	2	2	2	2	2	2	3	3	3	3	4	3	4	4
4	2	2	3	2	3	3	3	3	4	3	4	4	4	4	5
5	2	3	3	3	3	4	3	4	4	4	4	5	4	5	5
6	3	3	4	3	4	4	4	4	5	4	5	5	5	5	6
7	3	4	4	4	4	5	4	5	5	5	5	6	5	6	6
8	4	4	5	4	5	5	5	5	6	5	6	6	6	6	7
9	4	5	5	5	5	6	5	6	6	6	6	7	7	7	7
10	5	5	6	5	6	6	6	6	6	6	7	7	7	7	7

(Zeilenbeschriftung links: Schutzobjekt-Wert)

Beispiel: Bedrohung = sehr gross, Schwachstelle = klein, Risikoobjekt-Wert = 8 ergibt Risiko-Wert aus der Tabelle = 6.

Abb. 10.16 Beispiel einer CRAMM-Risiko-Matrix

Aus den Ausführungen der Anbieter über mögliche Profile kann geschlossen werden, dass ein solches Tool u. a. im Sinne von Benchmarking den Vorteil besitzt, eine gewisse Standardisierung bei den Risikobeurteilungen und den Massnahmenzuordnungen zu erreichen. Hingegen wird es den Nachteil besitzen, der Individualität und Schnelllebigkeit der Bedrohungen und Anforderungen zu wenig Rechnung tragen zu können.

Review-Schritte

Das Software-Tool führt systematisch durch einen „Risk Management Review" und gibt die folgenden Schritte vor:

1. Festlegen der Rahmenbedingungen und System-Abgrenzungen für den Review;
2. Identifikation der Risikoobjekte (Assets) und Konstruktion des Risikoobjekte-Modells (Asset Model);
3. Bewertung der Risikoobjekte (Asset Valuation);
4. Erhebung und Einstufung der Bedrohungen (threats) und der bei diesen Bedrohungen massgeblichen Schwachstellen (vulnerabilities);
5. Risiko-Bestimmung;
6. Massnahmenzuordnung;
7. Abschliessende Berichterstattung.

Festlegung der Rahmenbedingungen und des Kontextes
Zu Schritt 1:
Bei der Festlegung der Rahmenbedingungen des Reviews in Schritt 1 verlangt das Programm die Eingabe der Funktionsbeschreibung für das zu untersuchende System und die mit dem zuständigen Management abgestimmten Systemabgrenzungen, sowie die organisatorischen Rahmenbedingungen und andere Kontext-Informationen für den durchzuführenden Review.

Asset-Modell zur Behandlung von Bedrohungs-Vererbungen
Zu Schritt 2:
Nachdem im Schritt 2 die relevanten Risikoobjekte aufgesucht und identifiziert wurden, werden diese bezüglich ihrer Schadensabhängigkeiten respektive Kausalkette der Risikoereignisse in einem Risikoobjekt-Modell (Asset Model) logisch untereinander verknüpft.

Die logischen Verknüpfungen erfolgen in der folgenden Hierarchie:

* Informationen-/Informationsobjekt und für die Informations-Lieferung zuständiger „Endbenutzer-Service";
* Software-Objekt;
* Physische Objekte, welche die Informationsobjekte jeweils unterstützen (z. B. Hardware, Netzwerkkomponenten und Betriebssysteme; Anm.: die Betriebssysteme und ihre Komponenten werden zu den physischen Objekten gezählt);
* Räume.

Die Methode bedient sich eines sogenannten „Enduser Service". „Enduser Services" können beispielsweise Interaktive Sessions, File Transfer, Application-to-Application-Messaging, E-Mail, Sprache oder Video sein.[5] Das Risikoobjekt-Modell (Asset Model) spiegelt die Logik wider, wie die einzelnen Risikoobjekte voneinander abhängen, d. h. bezüglich der Bedrohungsauswirkung ineinander verschachtelt sind.
Die freie Eingabe von praktisch beliebigen Risikoobjekt-Modellen erlaubt die flexible Anpassung eines Reviews an die Gegebenheiten einer realen Systemkonfiguration. Damit können die Bedrohungsauswirkungen über beliebig ineinander verschachtelte Risikoobjekte modelliert werden.

Beispiel
Auf ein „Pensions-Versicherungs-System" für die interaktive Verarbeitung der Versicherungs-Informationen mit anschließendem Ausdruck des Versicherungsausweises kann über 5 Workstations zugegriffen werden. Zum Review der Risiken und der Sicherheitsmassnahmen mittels CRAMM und dem allenfalls notwendigen Zuordnen von zusätzlichen Sicherheitsmassnahmen wird vorgängig ein Risikoobjekte-Modell (Asset-Model) erstellt (s. Abb. 10.17).

---

[5] Der „Enduser Service" bestimmt die Art, wie die anderen Risikoobjekte als „unterstützende Risikoobjekte" (z. B. Hardware) die „primären Informations-Risikoobjekte" unterstützen.

Abb. 10.17 Beispiel eines
CRAMM „Asset Modells"

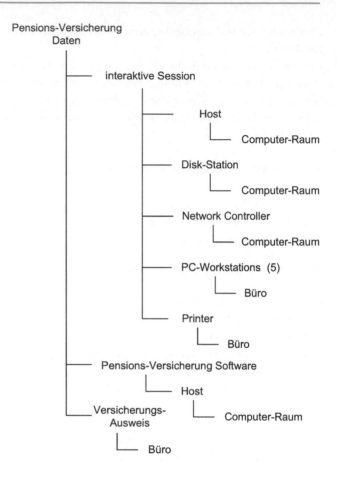

Wert-Einschätzung Risikoobjekte
Zu Schritt 3:

Zur Einschätzung der Risikoobjekte steht eine Werteskala von 10 Stufen zu Verfügung. Die Einschätzung wird für das Worst-case-Szenario (z. B. Totalverlust) durchgeführt. Nach Abschluss der Risikoobjekt-Bewertung in Schritt 3 werden nur noch diejenigen Schutzobjekte weiter analysiert, deren Schutzbedarf nicht durch „Baseline Security"-Massnahmen abgedeckt werden können. Der Massnahmen-Katalog gemäss Standard ISO/IEC 27002 ist im Tool enthalten.

Einstufung der Bedrohungen und Verletzlichkeiten
Zu Schritt 4:

Im Schritt 4 werden die Bedrohungen und die Verletzlichkeiten aufgrund ihrer Einflussstärke auf das Risikoobjekt mit entsprechenden Faktoren eingestuft.

Die Risikoobjekte, welche von der gleichen Bedrohung direkt betroffen sind, werden vor der Einstufung der Bedrohung und der Verletzlichkeit zu Risikoobjekte-Gruppen zusammengefasst. Im oben aufgeführten Beispiel werden demzufolge bezüglich der Bedrohung

„Brand" die Risikoobjekte „Computer-Raum" und „Büro-Raum" zu einer Gruppe und bezüglich der Bedrohung „Stromausfall" alle Hardware-Einrichtungen zu je einer Gruppe zusammengefasst.

Zur Einstufung einer Bedrohung auf ein Risikoobjekt (oder eine Risikoobjekt-Gruppe) stehen fünf Stufen von Häufigkeiten zur Verfügung, mit denen die Bedrohung je nach Stärke zum Ereigniseintritt führen kann (jeden Monat, alle 4 Monate, jedes Jahr, alle 10 Jahre).

Zur Einstufung der Verletzlichkeit eines Risikoobjekts (oder einer Risikoobjekt-Gruppe) stehen drei Stufen (klein, mittel und gross) zur Verfügung mit denen die Verletzlichkeit (Schwachstelle) durch eine Bedrohung ausgenutzt werden kann.

Berechnung Risiko-Werte
Zu Schritt 5:
Mit den Einschätzungen des Schutzobjekte-Wertes, der Bedrohung und der Verletzlichkeit wird mittels der Risiko-Matrix (s. Abb. 10.16) ein Risiko-Wert berechnet.

Bezogen auf jede Bedrohung wird ein solcher Risiko-Wert berechnet,

* für jedes Risikoobjekt in einer Risikoobjekt-Gruppe,
* für jedes Risikoobjekt, welches von einer Risikoobjekt-Gruppe abhängig ist oder von welchem eine Risikoobjekt-Gruppe abhängt und
* für jede Art von Schadensauswirkung (Impact Type), die von einer Bedrohung herrührt.

„Backtracking"-Funktion
Mittels einer „Backtracking"-Funktion können sämtliche Bewertungen und Eingaben, die zu den Risiko-Werten geführt haben, zurückverfolgt werden.

Sowohl beim Backtracking als auch bei den jeweiligen Schritten der Risiko-Berechnung können entsprechend Reports ausgedruckt werden.

Massnahmen-Zuordnungen und „What-if"-Funktion
Zu Schritt 6:
Die Teilschritte bei der Massnahmenzuordnung werden in der Terminologie des Tools als „Risikomanagement" bezeichnet. Bei dieser Massnahmenzuordnung können Massnahmenvorschläge des Tools eingesetzt werden. Die Massnahmenbibliothek beinhaltet in der zuletzt erhältlichen Version über 7000 detaillierte Massnahmen, die in 70 logische Gruppen unterteilt sind. Es können aber auch alternative Massnahmen aus einem eigens angelegten Massnahmenkatalog zugeordnet werden. Für den gesamten Review-Prozess besteht eine „Backtracking"- und eine „What-if"-Funktion.

Die „What-if"-Funktion erlaubt das Durchspielen des Reviews mit anderen Variablen und Werten, ohne dass die zuvor eingegeben Variablen und Werte verloren gehen.

Risikomanagement-Report
Zu Schritt 7:
Der abschliessende Risikomanagement Report gibt die wesentlichen Informationen für die Umsetzung der definierten Massnahmen wieder (Abb. 10.18).

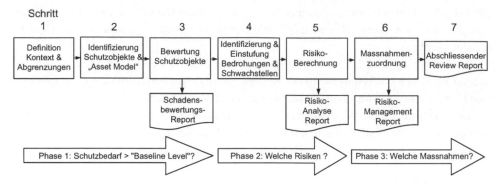

Abb. 10.18   Ablauf eines Reviews mittels CRAMM-Software

10.3   Fehlermöglichkeits- und Einfluss-Analyse (FMEA)

Die Fehlermöglichkeits- und Einfluss-Analyse (FMEA: Failure Mode and Effects Analysis) war ursprünglich (1940) als Standard MIL-STD-1629 des US Departments of Defence (DoD) zur Ermittlung von Schwachstellen in technischen Systemen, vor allem in der Raketen-Entwicklung, vorgesehen. In der Luft- und Raumfahrt und der Rüstungsindustrie sind die Nachfolgestandards MIL-STD-129A FMCEA (Failure Mode Effect and Criticality Analysis) und SAE ARP5580 FMEA entstanden. 1970 wurde der Standard durch die Ford Motor Company aufgegriffen, um das Design und die Produktion von Autos zu verbessern. Auch hier sind Nachfolgestandards entstanden (z. B. SAE J1739 FMEA und AIAG FMEA).

Bottom-up-Methode und Erweiterung FMEA zu FMECA
Grundsätzlich ist FMEA eine „Bottom-up-Methode" (s. Abschn. 3.5.3.2) und zeigt, wo Einzelkomponenten „induktiv" zu Ausfällen und Auswirkungen auf den höheren Ebenen eines ganzen Systems oder Teilsystems führen können. Die FMCEA ist eine Erweiterung der FMEA und unterscheidet sich von dieser durch eine detailliertere Analyse der Kritikalität einer Fehlfunktion oder eines Ausfalls, indem neben der Eintritts-Wahrscheinlichkeit, auch die Konsequenzen des zu erwartenden Schadens aufgezeigt werden. Die Kritikalität der FMECA kann sodann mittels einer „Kritikalitäts-Matrix" ausgewiesen werden. Entsprechend der verfügbaren Daten können die Werte qualitativ oder quantitativ dargestellt werden.

FMEA zur Analyse von Schwachstellen
Die FMEA ist unter anderem auch eine Schwachstellen-Analyse-Methode, die dem Aufzeigen von „Single Point of Failures" dienen kann. Falls mit korrektiven Massnahmen die „Single Point of Failures" nicht eliminierbar sind, können zumindest nach dem „What-if"-Prinzip (Was ist, wenn…?) Massnahmen herausgefunden werden, welche den Störungs-Einfluss einer kritischen Komponente auf das Gesamtsystem mildern.

Einsatz in der Zuverlässigkeits-Analyse

Das Verfahren wird hauptsächlich in der Zuverlässigkeits-Analyse eingesetzt. Einschränkungen in der Anwendung bestehen darin, dass die gegenseitige Beeinflussung der Komponenten nicht berücksichtigt wird und die Methode lediglich Aussagen über Schwachstellen und die daraus resultierenden Ausfallszenarien macht, hingegen keine echte Risiko-Analyse aufgrund von tatsächlichen Bedrohungen und Verlustpotentialen vornimmt.

Die Methode wird heute hauptsächlich im Bereich des präventiven Qualitätsmanagements für die Produkte-Herstellung insbesondere in der Automobil- und Medizintechnik verwendet. Dabei geht es darum, in den planerischen Phasen einer Produkteentwicklung potentielle Fehler während der Entwicklung oder der Herstellung aufzudecken und geeignete Vorkehrungen (Massnahmen) zu treffen.

Einsatz im Qualitäts-Management

Mit der FMEA-Methode können im Lebenslauf eines Produktes (in unserem Falle eines IT-Systems) die Fehlerquellen von der Entwicklung bis hin zur Nutzung analysiert und bewältigt werden. Im klassischen Qualitätsmanagement erfolgt die Fehlerquellen-Analyse mit FMEA in den drei Betrachtungsgebieten:

- **Konstruktions-FMEA:** Ermittelt die Risiken der Produkte (Systeme) während der Entwicklung (Eignungs-Validierung und Funktionen-Verifizierung). Die in dieser Phase zu treffenden Massnahmen können sowohl in der Entwicklung als auch im Herstellungsprozess einsetzen.
- **Prozess-FMEA:** Ermittelt die Risiken vor der Herstellung, während des Produktplanungsprozesses und baut auf den Ergebnissen der Konstruktions-FMEA auf.
- **System-FMEA:** Ermittlung der gesamtheitlichen Risiken mehrerer Untersysteme und deren Konstruktions-FMEA. Dabei gehen die FMEAs der Konstruktions-FMEAs der einzelnen Untersysteme in die Betrachtung des Gesamtsystems ein.

Risikoprioritätenzahl

Es ist eine Spezialität der Methode, aufgrund von potenziellen Fehlern eine Risikoprioritätenzahl zu liefern, mit welcher die Reihenfolge der Verbesserungsmassnahmen gesteuert werden können.

$$Rpz = A \times B \times E$$

Rpz: Risikoprioritätenzahl mit

A: Auftretenswahrscheinlichkeit
(1 = sehr gering; 10 = sehr hoch)
B: Bedeutung
(1 = geringfügige Folgen; 10 = äusserst
schwerwiegende Folgen)
E: Entdeckungswahrscheinlichkeit
(1 = sehr hoch; 10 = sehr gering)

Einsatz im Qualitätsmanagement der Automobilindustrie
Der Verband der (deutschen) Automobilindustrie hat ein genormtes Formblatt (VDA-Formular) mit einer Schrift „Qualitätsmanagement in der Automobilindustrie VDA 4.2" herausgegeben ([Eber03], S. 83–116). Für jedes System respektive Merkmal werden im Wesentlichen die potenziellen Fehler, die potenziellen Folgen der Fehler, die potenziellen Fehlerursachen sowie die empfohlenen Massnahmen mit Verantwortlichkeitszuordnung registriert. Der derzeitige sowie der mit Massnahmen verbesserte Zustand werden mit den oben angegebenen Risiko-Parametern bewertet.

Einsatz in der Informations-Technologie
Die FMEA kann in abgewandelter Form auch in der Informations-Technologie eingesetzt werden, wo es um die Gesamtverfügbarkeit von Systemen oder ganzen IT-Dienstleistungen aufgrund der Zuverlässigkeit einzelner Komponenten und einer bestimmten Anordnung der Komponenten im System geht.

Soll beispielsweise ein System auf möglichst hohe Gesamtverfügbarkeit an der Schnittstelle zum Kunden ausgelegt werden, dann können für das Gesamtsystem sowie für einzelne Untersysteme die FMEAs unter Einsatz verschiedener Komponenten und Konfigurationen durchgespielt werden. Die Zuordnung der Risikoprioritätenzahl zu einzelnen Komponenten oder Konfigurationen ermöglicht die quantitative Bewertung der Gesamtzuverlässigkeit einer gewählten Systemvariante. Zu bedenken ist, dass die Komponenten nicht zu weit heruntergebrochen werden dürfen, da andernfalls die FMEA aufgrund der Komplexität unübersichtlich wird.

10.4   Fehlerbaum-Analyse

Entgegen der FMEA-Analyse ist die Fehlerbaum-Analyse (FTA: Fault Tree Analysis) eine Top-Down-Methode (s. Abschn. 3.5.3.2).

„Top-Ereignis" als Ausgangspunkt
Bei dieser Methode werden von einem bestimmten Fehlerereignis dem sog. Top-Ereignis (Top Event) „deduktiv" die ursächlichen Ereignisse gesucht, die für das Top-Ereignis verantwortlich sind.

Logische Verknüpfungen in einer Baumstruktur
Die möglichen Ereignisse werden dabei logisch zu einer Baumstruktur verknüpft. Der Baum zeigt auf, welche untergeordneten Ereignisse, in welcher logischen Verknüpfung, ein jeweils übergeordnetes Fehler-Ereignis verursachen.

Eintrittswahrscheinlichkeit des Top-Ereignisses
Das Verfahren kann sowohl qualitative als auch quantitative Aussagen liefern. Als quantitative Aussage ist insbesondere die Eintrittswahrscheinlichkeit des Top-Ereignisses

von Interesse. Diese Wahrscheinlichkeit ergibt sich rechnerisch aus den logischen Verknüpfungen des Baumes und den Wahrscheinlichkeiten der ursächlichen (Basis)-Ereignissen.

Systemdefinition

Im ersten Schritt der Fehlerbaum-Analyse, der sogenannten „Systemdefinition", ist es wichtig, im abgegrenzten Analysebereich alle Top-Ereignisse sowie die Situationen für das Eintreten der Top-Ereignisse zu bestimmen ([Leve95], S. 317–327).

UND-/ODER-Verknüpfungen der „ursächlichen Ereignisse"

Vom resultierenden Ereignis werden die dafür verantwortlichen „ursächlichen" Ereignisse gesucht. Müssen für den Eintritt eines Ereignisses die dafür ursächlichen Bedingungen gemeinsam auftreten, dann werden sie algebraisch (Boolesche Algebra) mittels eines logischen UND verknüpft. Genügt bereits eine der ursächlichen Fehler-Bedingungen, um das Fehlerereignis zu bewirken, dann wird diese Eigenschaft durch eine logische ODER-Verknüpfung abgebildet. Die Eingangs-Bedingungen für jede logische Verknüpfung sind die Resultate der direkt untergeordneten Verknüpfungen. Der Baum wird solange von oben nach unten konstruiert, bis die Bedingungen für solche Verknüpfungen „grundlegend" sind und deshalb nicht mehr weiter hergeleitet werden können.

„Basis-Ereignisse" sind „Blätter" des Baums

Die grundlegenden Bedingungen können anschaulich als die Blätter des Baumes verstanden werden. Diese Blätter werden auch **„Basis-Ereignisse"** genannt. Bei der Definition der Basis-Ereignisse ist darauf zu achten, dass diese nicht voneinander abhängig sind oder aufgrund gemeinsamer Ursachen eintreten. Wird der Baum gezeichnet, dann werden die im Standard IEC 1025 normierten Symbole verwendet (Abb. 10.19). Die jeweiligen „Resultats-Ereignisse" werden in einem Rechteck dargestellt. Hingegen werden die Basis-Ereignisse als Kreis und die Ereignisse mit ungeklärten Ursachen als Raute gezeichnet.

Was ist ein „Cut Set"?

Bei der Auswertung eines solchermassen konstruierten Baumes sind vorab die sogenannten „Cut Sets" von Interesse:

> Ein **Cut Set** ist eine Gruppe von gleichzeitig auftretenden Basis-Ereignissen, die den Eintritt des Top-Ereignisses bewirkt.

Single Point of Failure

Ein Fehler-Baum weist in der Regel mehrere Cut Sets auf (s. Beispiel in Abb. 10.19). Enthält beispielsweise ein Cut Set lediglich ein einziges Basis-Ereignis, dann liegt ein „Single Point of Failure" vor.

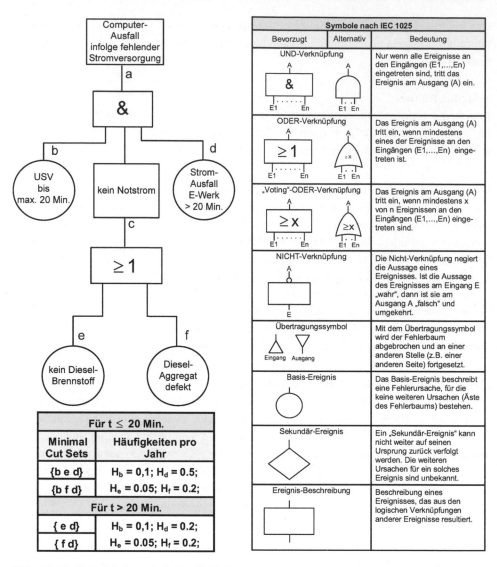

Abb. 10.19 Beispiel eines einfachen Fehlerbaums

Minimal Cut Set

Die Cut Sets können auch zur Berechnung der Wahrscheinlichkeit des Top-Ereignisses herangezogen werden. Dazu müssen aber vorab die „Minimal Cut Sets" bestimmt werden:

Ein **Minimal Cut Set** ist eine minimale Gruppe von gleichzeitig auftretenden Basis-Ereignissen, die den Eintritt des Top-Ereignisses bewirkt.

Berechnung der Wahrscheinlichkeit aus „Minimal Cut Sets"

Mit den „Minimal Cut Sets" kann die Wahrscheinlichkeit (oder Häufigkeit) des Top-Ereignisses berechnet werden, indem die Wahrscheinlichkeiten der in einem „Minimal Cut Set" vertretenen Basis-Ereignisse multipliziert und anschliessend die Ergebnisse aus den einzelnen „Minimal Cut Sets" aufsummiert werden. Die Ermittlung der „Cut Sets" aus dem Fehlerbaum und deren Reduktion auf „Minimal Cut Sets" erfolgt mittels Boolescher Algebra ([Vese81], S. VII-1 bis VII-19). Zur Berechnung der Wahrscheinlichkeiten aus den „Minimal Cut Set" dient die Wahrscheinlichkeits-Algebra ([Vese81], S. VI-3 bis VI-8).

▶ **Addition der Ergebnisse aus den Minimal Cut Sets** Die Addition führt zu einem annähernd guten Ergebnis, wenn die Cut Sets kleine Wahrscheinlichkeiten liefern. Andernfalls ist die Wahrscheinlichkeit des Top-Ereignisses mit folgender Formel aus den Wahrscheinlichkeiten p_i der Minimal Cut Sets zu berechnen:

$$P_t = 1 - \prod_{i=1}^{n}(1 - pi)$$

Beispiel

Für den Fehlerbaum in Abb. 10.19 soll die Wahrscheinlichkeit für das Top-Ereignis der beiden Fälle für einen Stromausfall berechnet werden:
Fall 1: Stromausfall E-Werk $\leq$ 20 Min.
Fall 2: Stromausfall E-Werk > 20 Min.
  Die Tab. 10.1 gibt die quantitative Auswertung des Fehlerbaums über seine Minimal Cut Sets wieder. Die Häufigkeit, dass der Computer infolge Ausbleibens der Stromversorgung ausfällt, beträgt 1.25 Mal in 100 Jahren im Zeitintervall von $\leq$ 20 Min. und 1 Mal in 20 Jahren im Zeitintervall von > 20 Min.

Tab. 10.1 Quantitative Auswertung des Fehlerbaums in Abb. 10.19

Stromausfall E-Werk t $\leq$ 20 Min.		Stromausfall E-Werk t > 20 Min.	
Minimal Cut Sets[a]	Häufigkeit pro Jahr	Minimal Cut Sets	Häufigkeit pro Jahr
{b e d}	0.1 * 0.05 * 0.5 = 0.0025	{ e d}	0.05 * 0.2 = 0.01
{b f d}	0.1 * 0.2 * 0.5 = 0.01	{ f d}	0.2 * 0.2 = 0.04
/////	**0.0125**	/////	**0.05**

[a]Mit Boolescher Algebra aus Fehlerbaum hergeleitet: a = bcd = b(e + f)d = bed + bfd

Grosse Fehlerbäume

Zur Konstruktion und Auswertung von grösseren Fehlerbäumen helfen Softwareprogramme, mit welchen die Bäume erfasst und die Wahrscheinlichkeiten von den Basis-Ereignissen auf das resultierende Top-Ereignis hochgerechnet werden können.

Die Bäume zu konstruieren und die Wahrscheinlichkeiten für die Primärereignisse zu schätzen, ist bei Informationen und IT-Komponenten nicht trivial und bedarf einiger Erfahrung.

Angriffsbaum-Analyse

Eine modifizierte Form der Fehlerbaum-Analyse ist die Angriffsbaum-Analyse. Bei dieser Analyse wird untersucht, welche Angriffsstrategien für einen Angreifer hinsichtlich seines Angriffsziels, bei vorliegenden Schwachstellen, hinreichend lukrativ sind ([Witb06], S. 111–113).

Fehlerbaum für komplexes IT-System

Eine Fehlerbaum-Analyse für ein komplexes IT-System erfolgt in der Regel in einem Team von in verschiedenen Disziplinen erfahrenen Fachkräften. Ein auf hohe Verfügbarkeitsanforderungen ausgelegtes Systemkonzept kann anhand dieses Verfahrens verifiziert werden. Das Verfahren eignet sich auch vorzüglich für „Sensitivitäts-Analysen", indem durch Variationen in den Konfigurationen und dem Zuordnen von Massnahmen, z. B. bei Sichtbarwerden von „Single Point of Failures", die resultierenden Auswirkungen auf das Top-Ereignis studiert werden können.

Geschicktes Einfügen von Redundanzen

Durch geschicktes Einfügen von Redundanzen in ein System können diese „Single Point of Failures" eliminiert und damit die Wahrscheinlichkeit für das Eintreten des Top-Ereignisses verringert werden. Anhand der Variationen kann unter anderem das Kosten-/Wirksamkeits-Verhältnis der Massnahmen optimiert werden.

Anwendungen

Die Fehlerbaum-Analyse kann bei unterschiedlichen Fragestellungen Anwendung finden:

- Präventive Qualitätssicherung auf Entwicklerbasis;
- System-Analyse/Bestätigung des Systemkonzepts;
- Problemlösung bei neu eingetretenen Fehlern.

Ausfallkategorien

Es werden drei Ausfallkategorien unterschieden ([Stor96], S. 45):

- Primärer Ausfall: Ausfall bei zulässigen Einsatzbedingungen;
- Sekundärer Ausfall: Ausfall bei unzulässigen Einsatzbedingungen;
- Kommandierter Ausfall: Ausfall aufgrund einer falschen oder fehlenden Ansteuerung.

10.5 Ereignisbaum-Analyse

Die Ereignisbaum-Analyse (ETA: Event Tree Analysis) geht von einem auslösenden Ereignis aus und zeigt anhand eines Entscheidungsbaums, welche Folgen dieses Ereignis, in einem definierten Gesamtsystem haben kann. Angewandt auf das Risiko-Assessment kann mit dem Entscheidungsbaum vor allem die Eintritts-Häufigkeit von End-Zuständen bestimmt werden, die aufgrund der Fortpflanzung eines auslösenden Ereignisses in einem Gesamtsystem erreicht werden. Das auslösende Ereignis kann der Ausfall einer Systemkomponente oder ein anderes Ereignis im System sein. Die Ereignisbaum-Analyse ist somit eine Vorwärtssuch-Methode (s. Abschn. 3.5.3.1).

Bei den meistens angewandten binären Entscheidungsbäumen wird, ausgehend vom auslösenden Ereignis, schrittweise ein Baum von links nach rechts gezeichnet. Trifft ein Ereignis auf ein Subsystem, welches beispielsweise eine Massnahme sein kann, dann ergibt sich eine Gabelung in zwei weitere Äste des Baums. Einer der Äste zeigt nach oben, wenn das Ereignis durch das Subsystem positiv verändert wird (z.B. Der Ausfall eines Systems verhindert wird). Hingegen zeigt der zweite nach unten gerichtete Ast die Unwirksamkeit des Subsystems auf das Ereignis an.

Wahrscheinlichkeiten an Gabelungspunkten
Die beiden abgehenden Äste an jedem Gabelungspunkt des Baumes sind mit den Wahrscheinlichkeiten versehen, mit denen der jeweilige Ast, aufgrund des an der Gabelung wirkenden Subsystems, weiter verfolgt wird. Der Baum wird in der Regel dort beendet, wo alle möglichen Subsysteme keine Wirkung zur Eingrenzung des Schadens haben. Die Abb. 10.20 zeigt das Beispiel eines Ereignisbaumes.

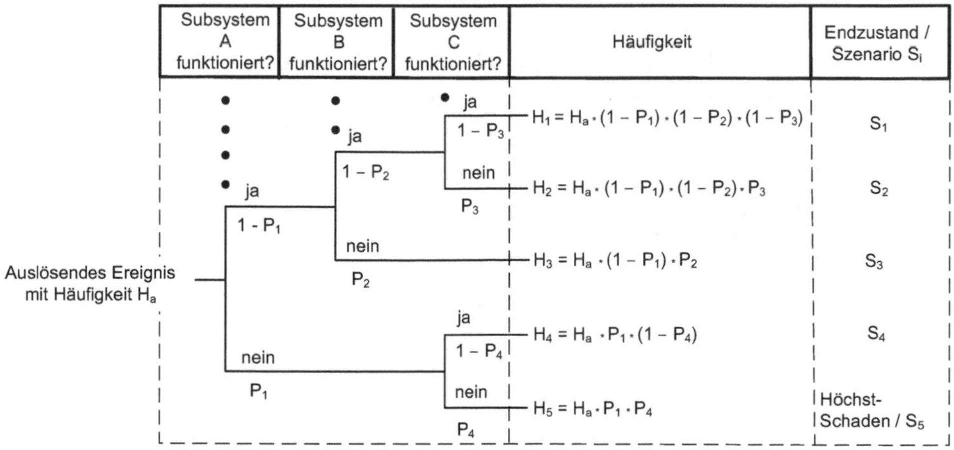

Abb. 10.20 Beispiel eines binären Ereignisbaums

Die Multiplikation[6] der Wahrscheinlichkeiten an den Gabelungspunkten der einzelnen Pfade bis hin zum Endzustand ergibt die Wahrscheinlichkeit mit dem das Szenario des gesamten Pfades eintritt.

Der Pfad, bei dem sämtliche Subsysteme unwirksam sind (d.h. ausfallen), führt in der Regel zum grössten Schaden, der mit der geringsten Eintrittshäufigkeit eintritt.

Berechnungen von der Eintritts-Häufigkeiten bei Ereignis-Bäumen

Mehrere Szenarien können zwar mit unterschiedlicher Häufigkeit, aber näherungsweise mit derselben Schadensauswirkung (Konsequenz) eintreten. Die kombinierte Eintritts-Häufigkeit, bezogen auf mehrere Szenarien, berechnet sich sodann durch die Summation der Eintrittshäufigkeiten der diesen Szenarien zugrundliegenden Pfade.

Für komplexe Systeme ergeben sich sehr grosse Ereignisbäume, die zwar mit Computer-Unterstützung gut verwaltet werden können, jedoch bei der numerischen Auswertung der geschätzten Wahrscheinlichkeiten zu grossen Ungenauigkeiten führen.

Anwendung der Ereignisbaum-Analyse in der IT und der Informationssicherheit

Um einen Ereignisbaum erstellen zu können, muss das System in seinen Eigenschaften gut analysierbar sein. Die Anwendung in der Informationssicherheit erfolgt deshalb bisher nur in Teilbereichen und für gut analysierbare Konstellationen und Aspekte (z.B. Brandschutz, Rechenzentrums-Standortbestimmung).

Im Bereich der Cyber-Risiken würden, unter der Voraussetzung, dass Erhebungen für die Häufigkeit der auslösenden Ereignisse und der Massnahmen mit ihrer Wirksamkeit vorhanden sind, zumindest die Häufigkeit von Cyber-Attacken bestimmt werden können. Für die umfassende Bedrohungs- und Schwachstellen-Analyse in der IT und Informationssicherheit liegen jedoch derzeit noch wenige Praxisbeispiele vor.

10.6   Kontrollfragen und Aufgaben

1. Nennen Sie fünf Beispiele von Anforderungen, die in einem Sicherheitskonzept neben den Risiken ebenfalls zu berücksichtigen sind.
2. In welchen Situationen erachten Sie die Erstellung eines IT-Sicherheitskonzepts als nützlich?
3. Nennen Sie die Überschriften der sechs Kapitel eines Sicherheitskonzepts.
4. Nennen und beschreiben Sie einen wichtigen Prozess ausserhalb dem Erstellungsprozess eines Sicherheitskonzepts.

---

[6] Die Wahrscheinlichkeiten an den Gabelungspunkten des Ereignisbaums sind „Bedingte Wahrscheinlichkeiten". Diese dürfen dann multipliziert werden, wenn die Ereignisse an den Gabelungspunkten voneinander unabhängig sind. Diese Eigenschaft wird beim Arbeiten mit Ereignisbäumen im Allgemeinen vorausgesetzt.

5. In welchen Situationen führen Sie anstelle einer Risiko-Analyse eine Schwachstellen-Analyse durch?

6. Zeigen Sie die Hierarchie der Risikoobjekte-Kategorien bei CRAMM.

7. Was zeigt die FMEA-Methode?

8. Wie ist die Risikoprioritätenzahl bei FMEA definiert?

9. Welche Art von Ergebnis liefert die Fehlerbaum-Analyse?

10. Was liefert die Ereignisbaum-Analyse?

Literatur

[Eber03]   Eberhardt, Otto: Gefährdungsanalyse mit FMEA: Die Fehler-Möglichkeits- und Einfluss-Analyse gemäss VDA-Richtlinie, 1. Auflage. Renningen: Expert Verlag, 2003.

[Knol14]   Knoll, Matthias: Praxisorientiertes IT-Risikomanagement. Heidelberg: dpunkt.Verlag, 2014.

[Leve95]   Leveson, Nancy G.: Safeware, System Safety and Computers. New York: Addison-Wesley, 1995.

[Stor96]   Storey, Neil: Safety Critical Computer Systems. London: Prentice Hall, 1996.

[Vese81]   Vesely, W.E. et al.: Systems and Reliability Research Office of Nuclear Regulatory Research, U.S. Nuclear Regulatory Commission: Fault Tree Handbook. Washington, D.C.: U.S. Government Printing Office, 1981.

[Witb06]   Witt, Bernhard C.: IT-Sicherheit kompakt und verständlich. Edition <kes>, Wiesbaden: Vieweg, 2006.

Kosten/Nutzen-Relationen der Risiko-Behandlung

11

Überblick

In diesem Buch soll das Risikomanagement vor allem aus den Perspektiven der Governance und der Compliance auf die Vorgehensweisen rund um die Risiken der Informationstechnologien und Informationen heruntergebrochen werden. Wie in Abschn. 5.5.1 ausgeführt, erwarten die Anspruchsgruppen von der Governance eines Unternehmens, dass das Unternehmen Nutzen generiert unter gleichzeitiger Optimierung der Risiken und der Optimierung der dafür notwendigen Ressourcen. Das heute praktizierte Risikomanagement der Informationssicherheit zielt vor allem auf die Verhinderung von Risiko-Ereignissen und der Verminderung grosser Schäden ab. Inwieweit daraus ein Nutzen für das Unternehmen generiert wird ist mit den gebräuchlichen Methoden schwer zu beantworten. Jedoch sind die Fragen der Nutzengenerierung bei der Finanzierung der meist aufwendigen und kostenintensiven Sicherheitsmassnahmen notwendig. In diesem Kapitel werden daher einige der heute angewandten Lösungsansätze zur möglichen Optimierung von Informationssicherheits-Risiken unter gleichzeitiger Optimierung der Ressourcen diskutiert. Das heute oft angewandte Verfahren einer „Return on Security Investments"-Berechnung (ROSI) ist in einigen Aspekten fragwürdig, wie aus den Ausführungen dieses Kapitels hervorgeht. Die Nutzenbestimmung auf die Erfüllung der an das Unternehmen gestellten Anforderungen und Bewertung der Erfüllung von Unternehmenszielen zurückzuführen, ist ein alternativer und erfolgversprechender Ansatz. Selbstverständlich gilt es auch bei einem solchen Ansatz den Risiken weiterhin angemessene Massnahmen entgegenzusetzen und die Kosten der Massnahmen mit geeigneten Verfahren, wie sie in diesem Kapitel vorgeschlagen werden, zu kontrollieren.

© Springer Fachmedien Wiesbaden GmbH 2017
H.-P. Königs, *IT-Risikomanagement mit System*, Edition <kes>,
DOI 10.1007/978-3-658-12004-7_11

11.1   Forderung nach quantitativen Aussagen über Informationssicherheit

Wie die Informationssicherheits-Risiken einerseits zu grossen, oder gar „existenzbedrohenden" Verlusten in Unternehmen führen können, stellen andererseits die Kosten für die Gegen-Massnahmen verhältnismässig hohe Kostenblöcke dar.

Deshalb werden im Rahmen der Strategie-, Investitions- und Budgetplanung oder zur Wertbestimmung bei Angeboten oder zu Kostenverrechnungen von Produkten und Dienstleistungen der IT vermehrt quantitative Aussagen über die Sicherheit verlangt. Solche quantitativen Aussagen sollten nicht nur über die Risiken und Restrisiken, sondern auch über die Kosten, die Wirksamkeit und die Angemessenheit der Massnahmen gemacht werden können.

Kosten/Nutzen-Nachweise

Wie für die IT-Prozesse im Allgemeinen sind auch für die Informationssicherheits-Prozesse im Besonderen Kosten-/Nutzen-Nachweise zu erbringen. Das Finden von betriebswirtschaftlich optimalen Sicherheitsmassnahmen, wie dies beispielsweise in Abb. 3.8 in der Gegenüberstellung von Risikokosten und Massnahmenkosten veranschaulicht ist, setzt voraus, dass sowohl die Risiken wie auch die Massnahmen kostenmässig erfassbar sind. Für „faire" Vergleiche gelten dabei als Massnahmenkosten sämtliche Kosten, die zur Behandlung der Risiken aufgewendet werden.

Schwierigkeiten bei der Ermittlung der Risikokosten

Eine quantitative Kostendarstellung der Informationssicherheits-Risiken ist meist schwer zu erfüllen. So können beispielsweise die absoluten **Kosten der Risiken aus Unternehmenssicht** vor und nach der Massnahmen-Umsetzung meist nur aufgrund rudimentärer Annahmen bestimmt werden. Wie an verschiedenen Stellen des Buches gezeigt wird, liegen für die in der Zukunft zu „erwartenden" Schadensereignisse oft komplexe Wirkungszusammenhänge aus Bedrohungen, Schwachstellen und Schadenshöhen vor. Für die mit relativ geringer Wahrscheinlichkeit auftretenden „unerwarteten" grossen Schadensereignisse ist in der Regel ungenügend verwendbares statistisches Zahlenmaterial vorhanden, um eine zuverlässige Aussage treffen zu können.

Probleme bei der Ermittlung der Massnahmenkosten

Ähnlich schwierig stellt sich meist die Erhebung (Berechnung) der **Kosten, der für die Risikobewältigung eingesetzten Massnahmen** dar. Die Hauptschwierigkeit bei der Massnahmenkostenbestimmung liegt darin, dass für eine effiziente Sicherheit die Massnahmen möglichst inhärent in den IT-Systemen und IT-Prozessen verankert sein sollten und daher die Sicherheitskosten von den IT-Kosten schwer zu extrahieren sind. So stellt sich beispielsweise bei der Aufschaltung eines neuen Benutzers an ein IT-System die Frage, welcher

Kostenanteil der „normalen" Leistungserbringung und welcher Kostenanteil der „Risiko-Minderung" aufgrund der Zugriffskontrolle zuzuordnen sind. Solche Kosten können allenfalls lediglich grob geschätzt werden. Um dennoch eine über ein ganzes Unternehmen konsistente „verursachergerechte" Erhebung der IT-Sicherheitskosten zu ermöglichen, sind für die einzelnen Bereiche entsprechend klare „Erhebungs-Richtlinien" notwendig.

Kostenerhebung bei komplexen IT-Systemen
Ein weiteres Problem für die Kostenerhebung bei komplexen IT-Systemen ist die Tatsache, dass ein bestimmtes Risiko oft durch mehrere Massnahmen gemildert wird und umgekehrt eine bestimmte Massnahme der Reduktion mehrerer Risiken dienen kann. Auch haben Massnahmen oft Nebeneffekte, indem sie andere Risiken hervorrufen oder verstärken können. So rufen beispielsweise die Massnahmen zur Gewährleistung der Geheimhaltung meist erhöhte Risiken hinsichtlich der Verfügbarkeit der Informationen hervor (z. B. Kopierverbot der geheimen Schlüssel und damit verbundenes Verlustrisiko der chiffrierten Daten im Falle eines Schlüsselverlusts).

Für ein kleines Unternehmen mit einfacher Informatik-Unterstützung, z. B. einem PC für die Abwicklung der Zahlungs- und Buchhaltungsvorgänge, mag die Wirtschaftlichkeit der Sicherheitsmassnahmen (z. B. Virenschutz und Datensicherstellung) an einfachen Szenarien plausibel dargestellt werden können. Für die Sicherheit der Informationen und IT-Systeme grosser Unternehmen mit sicherheitskritischen Anwendungen ist ein umfassender quantitativer Nachweis der Sicherheitskosten und der Angemessenheit der Massnahmen schwierig und wird in der Praxis wie in der Wissenschaft kontrovers diskutiert.

Unternehmens- und Geschäftsziele
Wie aus den im Teil II dieses Buches beschriebenen Anforderungen hervorgeht, muss ja der Nutzen der Risiko-Bewältigung, einschliesslich der dafür eingesetzten Management-Prozesse, letztlich an der Erfüllung der Unternehmens- und Geschäftsziele gemessen werden.

Lösungsansätze
Basierend auf den praktischen Erfahrungen des Autors werden in den folgenden Abschnitten die zum heutigen Zeitpunkt häufig diskutierten Lösungsansätze mit den entsprechenden praktischen Hinweisen dargestellt.

11.2 Formel für „Return on Security Investments" (ROSI)

Zur numerischen Berechnung der sogenannten „Rendite von Sicherheits-Investitionen" (ROSI) wird vorab das mit Massnahmen zu reduzierende „Risiko-Exposure" als ein pro Jahr zu erwartender Verlust dargestellt:

$$R_a = H_a \times S_E$$

wobei
R_a : jährlich zu erwartender Verlust;
H_a : Häufigkeit mit der ein Schadensereignis in einem Jahr eintritt;
S_E : Voraussichtliche durchschnittliche Kosten eines einzelnen Schadenereignisses.

Netto-Verlustreduktion

Von diesem „erwarteten" Verlust kann durch geeignete Massnahmen ein Anteil in der Höhe von E_a bewältigt werden. Sind die mit den Massnahmen reduzierten „erwarteten" Verluste höher als die Kosten der Massnahmen pro Jahr, dann können wir von einer „Netto-Verlustreduktion" durch die Sicherheitsmassnahme sprechen:

$$\text{Netto - Verlustreduktion} = E_a - T_a$$

wobei
E_a das bewältigte Risiko pro Jahr darstellt mit
$E_a = R_a \times \text{Risikoreduktion}[\%]$
und
T_a : Massnahmenkosten pro Jahr

Der jährlich verbleibende Restverlust ALE[1] aus verbleibenden Risiken und Massnahmenkosten beträgt somit:

$$\text{ALE} = R_a - \left(E_a - T_a\right)$$

wobei
ALE : jährlich zu erwartender Restverlust

ROSI als Kennzahl

Oft wird bereits die Netto-Verlustreduktion als ROSI bezeichnet [Isae06] . In Analogie zum ROI (Return on Investment) als Finanz-Kennzahl[2] wird der ROSI (Return on Security Investment)-Wert auch als Verhältniszahl ausgedrückt [Sonn06]:

$$\text{ROSI} = \frac{E_a - T_a}{T_a}$$

---

[1] In der anglo-amerikanischen Literatur ist dieser jährlich zu erwartende Verlust unter der Bezeichnung „Annual Loss Exposure" oder kurz ALE zu finden (vgl. [Sonn06]).
[2] Vorsicht: Analogien zur Finanzkennzahl ROI sind nicht ohne weiteres zulässig, da die Finanzkennzahl ROI eine Ertrags-Kennzahl darstellt, hingegen in eine ROSI-Berechnung keine Erträge eingehen.

Die Herausforderungen im Umgang mit dieser Formel liegen bei der Einschätzung des Risikos und dessen Reduktion durch die Massnahmen sowie in der Erhebung respektive Berechnung der Massnahmenkosten.

Erwartungswert als Risikomass

Bereits der Umstand, dass für ROSI als Risikomass der Erwartungswert eingesetzt wird, zeigt, dass die Berechnung lediglich für relativ häufig auftretende Schadensereignisse gültig ist, wo ein Erwartungswert eine sinnvolle Risikoaussage liefert. Für die relativ seltenen „unerwarteten" Schadensereignisse greift die ROSI-Berechnung zu kurz, indem sie mit dem Erwartungswert das Risiko ungenügend quantifiziert (s. Abschn. 2.5.1 und 2.5.2). In Anbetracht der Schwierigkeiten, quantitative Risikogrössen zu ermitteln, werden in der praktischen Anwendung auch semiquantitative Werte (Scores) eingesetzt [Sonn06].

Für die Ermittlung der Massnahmenkosten in einem Unternehmen zur Bewältigung der Sicherheits-Risiken wird im nächsten Abschnitt ein Lösungsansatz gezeigt, der in komplexen IT-Umgebungen zu sinnvollen Ergebnissen führen kann.

11.3 Ermittlung der Kosten für die Sicherheitsmassnahmen

Um die Massnahmenkosten den reduzierten Risiken gegenüberstellen zu können, müssen wir vorab klären, was Massnahmenkosten der Informationssicherheit sind und was diese Kosten enthalten müssen.

Jahreskosten

Da das bewältigte Risiko auf die Periode eines Jahres bezogen wird, müssen auch die Massnahmenkosten auf ein Jahr umgerechnet werden. So sind beispielsweise die Sicherheitsinvestitionen mit Abschreibungsdauern von mehreren Jahren auf Jahreskosten umzurechnen:

Kosten-Kategorien

Generell können die Massnahmenkosten in die folgenden drei hauptsächlichen Kategorien eingeteilt werden:

1. Investitionskosten: Einmalige Aufwendungen, um neue Hardware, Software zu beschaffen (einschliesslich Entwurf, Entwicklung und Kauf);
2. Einführungs- und Inbetriebnahmekosten: Einmalige Aufwendungen, um die Massnahmen in Betrieb zu nehmen und nach einer Gebrauchszeit wieder zu entsorgen;
3. Betriebskosten: Laufende Aufwendungen, um die Massnahmen zu betreiben und zu unterhalten.

Kostengliederung

Die weitere Kostengliederung von Sicherheitsmassnahmen wird sinnvollerweise nach ähnlichen Gesichtspunkten wie für die gesamten IT-Kosten vorgenommen.

Grob ist eine Gliederung wie folgt üblich:

- Personal: einmalige, laufende und sporadische Kosten;
- Hardware: einmalige und laufende Kosten;
- Software: einmalige und laufende Kosten;
- Kosten für Massnahmen-Auswahl, und -Planung;
- Kosten für Installation und Inbetriebnahme;
- Externe Kosten (Externe Berater und Mitarbeiter);
- Betriebskosten für Raum und Einrichtung;
- Kosten für Gebrauchs- und Verbrauchsmaterial sowie Entsorgungskosten;
- Kosten für Betreuung und Pflege.

Diese Grob-Aufteilung unterscheidet sich noch nicht von den IT-üblichen Kostenarten-gruppen.

Sicherheitsrelevante Kostenarten
Die Kunst liegt nun im Füllen dieser Kostengruppen mit sicherheitsrelevanten Kostenarten für die Einzelmassnahmen, Sicherheitssysteme und Sicherheitsprozesse. Solche Kostenarten erhalten wir aus den „Sicherheitsfunktionen", die den IT-Risiken zur Risiko-Reduktion gegenübergestellt werden.

Eingliederung von Sicherheitsfunktionen
Die Abb. 11.1 veranschaulicht beispielhaft die Eingliederung von Sicherheitsfunktionen in die verschiedenen IT-Systemebenen und die Aufteilung der Kosten in Kostenarten.
    Wie für die Ermittlung der „normalen" IT-Kosten können nun die Sicherheitskosten aus den Buchungs- und Inventarisierungssystemen der IT sowie mittels Zeitaufschreibungen für die Personalkosten erhoben werden.

Unterteilung in „Sicherheitskosten" und „Normale IT-Kosten"
Für die Unterteilung in „IT-Sicherheitskosten" und „normale IT-Kosten" empfiehlt es sich, eine Policy mit Zuordnungs-Grundsätzen zu erstellen, mit der für die einzelnen Sicherheitsfunktionen im Voraus klar festgelegt und kommuniziert wird, welche Aufwendungen als Sicherheitskosten zu erfassen sind.
    Ein Policy-Grundsatz könnte beispielsweise lauten:

„Alle für einen effizienten Normalbetrieb ohnehin notwendigen Tätigkeiten und Aufwendungen gelten nicht als Sicherheitskosten." (Der Grundsatz muss sicherlich mit einigen für das Unternehmen relevanten Beispielen untermauert werden.)

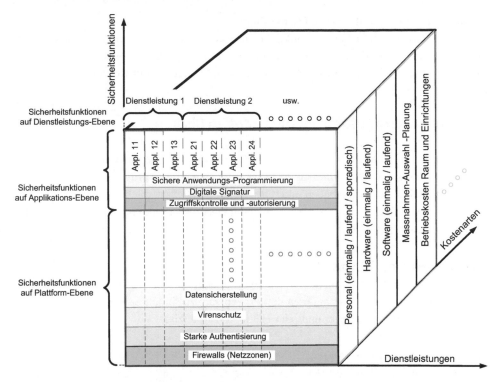

Abb. 11.1 Prinzip der Massnahmen-Kostenrechnung

Indirekte Massnahmen-Kosten

In den Grundsätzen kann beispielsweise auch festgehalten werden, inwieweit „indirekte Massnahmen-Kosten" einzubeziehen sind. Solche indirekten Massnahmen-Kosten sind beispielsweise:

- Systemleistungsverminderung durch Sicherheitsmassnahmen;
- Betriebsbehinderungen durch überrestriktive Sicherheitsvorschriften;
- Umständliche Verwendung und Handhabung von Authentisierungs-Mitteln;
- Patching-Einflüsse;
- Verfügbarkeitsrisiken durch Verschlüsselung.

Divisions-Kalkulation

Werden die Sicherheitsfunktionen in grösseren „Stückzahlen" eingesetzt (z. B. Smartcard zur starken Authentisierung), dann kann die Kostenerhebung auf Stückkostenbasis durchgeführt werden. Die Ermittlung der Stückkosten (respektive des Verrechnungspreises) erfolgt dann mittels einer „Divisions-Kalkulation" (Kosten dividiert durch Anzahl).

„Vollkosten" und „Total Cost of Ownership"
Werden die Kosten von Sicherheitsfunktionen in einer ROSI-Berechnung verwendet, dann sollten für eine faire Berechnung womöglich die „Vollkosten"[3] sowie die in der IT-Kostenrechnung wichtigen „Total Cost of Ownership"[4] angewendet werden.

11.4 Kostenermittlung der behandelten Risiken

Im vorherigen Unterkapitel wurde gezeigt, welche Kosten für die einzelnen Massnahmen vorkommen können. Dieses Unterkapitel beschäftigt sich mit der Frage, welche Kosten die Sicherheitsvorfälle zur Folge haben und mit welcher Häufigkeit solche Sicherheitsvorfälle auftreten. Dabei gilt es zu beachten, dass von dem gesamten Risiko pro Jahr (R_a) durch die gewählte Massnahme in der Regel lediglich ein bestimmter Prozentsatz reduziert wird.

Monetärer Wert des Risikos
Die Aufgabe besteht nun darin, zum einen den monetären Wert des Risikos vor dem Einsatz der Massnahme und zum anderen den Prozentsatz zu finden, mit dem eine gewählte Massnahme das Risiko (Impact und/oder Häufigkeit) reduziert.

Quantitative Analyse-Methoden
Zur Analyse des Risikos und des „Restrisikos" kommt gemäss den Ausführungen im Abschn. 2.9 eine Reihe von „quantitativen" Analyse-Methoden in Frage. Im konkreten Fall ist es nützlich, ein System-Modell[5] zu bilden und die Ereignis-Szenarien hinsichtlich der Gefahrenauswirkungen und zukünftiger Verluste zu untersuchen. So ist es beispielsweise sinnvoll, für Internet-Attacken (Würmer, Distributed Denial-of-Service-Attacken) die monetären Schadenswerte zu folgenden Schadenstypen (vgl. [Dübe05], S. 19–22) zu ermitteln:

- Ausfallzeit-Verlust (Einbussen an Produktivität und Umsatzerlösen während der Ausfallzeit);
- Wiederherstellungskosten (Personal- und Materialkosten);
- Haftungskosten (Kosten infolge Nichteinhaltung von Leistungen oder anderer Forderungen);
- Verluste durch Abfall von Kunden (Verlust aktueller und potenzieller Kunden).

---

[3] Die Vollkostenrechnung berücksichtigt entgegen der Teilkostenrechnung auch die Kosten (Gemeinkosten), die nicht einem Kostenträger direkt zugerechnet werden können.

[4] Die „Total Cost of Ownership" enthalten, zusätzlich zur „Vollkostenrechnung", die alles umfassenden Gesamtkosten einer Investition über die gesamte Lebensdauer, einschliesslich der zum Teil versteckten indirekten Kosten und der Folgekosten wie beispielsweise für die Entsorgung.

[5] Interessant ist die in [Dübe04] anhand des Modells vorgenommene Schadenseinschätzung, die für den Fall einer „massiven" DDOS-Attacke auf das Internet Schweiz (Totalausfall 1 Woche) einen wirtschaftlicher Schaden von CHF 6 Mia. ausweist.

Die so berechenbaren Schäden beziehen sich jeweils auf ein einziges Schadensereignis. Für die Berechnung des Risikos ist nun noch die Abschätzung der Häufigkeit (pro Jahr) der voraussichtlichen Schadensereignisse notwendig.

Anteil Risikoreduktion durch Massnahmen bei der ROSI-Berechnung
Wurde das Risiko vor dem Massnahmen-Einsatz ermittelt, dann stellt sich für die ROSI-Berechnung die Frage, welcher Anteil eines identifizierten Risikos durch die Massnahme(n) tatsächlich reduziert werden kann. Dazu sind die beiden folgenden Fragen zu beantworten:

1. Inwieweit sind Modell und Szenario für das identifizierte Risiko zutreffend?
2. Inwieweit wird das identifizierte und analysierte Risiko durch die Massnahme tatsächlich gemildert?

Beide Fragen können bezüglich des durch eine Massnahme tatsächlich „ex ante" zu bewältigenden Risikos weitreichende Konsequenzen haben und sind hinsichtlich einer fairen ROSI-Aussage sorgfältig zu klären. Dabei gilt es zu berücksichtigen, dass bei Informationssicherheits-Risiken für beide Fragen zum heutigen Zeitpunkt noch keine im mathematischen Sinne exakten Antworten verfügbar sind. Wie für die Einschätzung der Häufigkeiten wird stattdessen, unter Abwägung der verfügbaren Fakten, eine prozentuale Reduktion des vorab analysierten Risikos geschätzt werden müssen. Für die allenfalls notwendige spätere Verteidigung der Schätzung müssen die für die Schätzung berücksichtigten Fakten dokumentiert werden.

Fehlende Abzinsung der Kapitalbeträge bei der ROSI-Berechnung
Eine weitere Schwäche des ROSI-Ansatzes für Sicherheits-Investitionsentscheide liegt auch in der fehlenden Abzinsung der Kapitalbeträge im Sinne einer Barwertberechnung. Eine solche Kapital-Abzinsung ist zwar bei den Massnahmen-Investitionen möglich. Hingegen fehlen bei der Risikobestimmung mit Erwartungswerten die Zeitparameter zur Berechnung eines Barwerts (Discounted Cash Flow).

▶   **Praxistipp** Bei komplexen IT-System-Modellen oder für seltene Ereignis-Szenarien (unerwartete Verluste) liefert eine ROSI-Berechnung fragwürdige Resultate und sollte in solchen Fällen nicht für Realisierungsentscheide herangezogen werden.

11.5   Massnahmen-Nutzen ausgerichtet an Unternehmenszielen

Sowohl aufgrund der Mängel des ROSI-Ansatzes hinsichtlich seltener Ereignisse als auch der fehlenden Ausrichtung von Risiken und Massnahmen an Geschäftszielen muss der ROSI-Ansatz zumindest als Basis für Realisierungsentscheide von Informationssicherheits-Massnahmen in Frage gestellt werden.

Nutzenfrage aus einer ganzheitlichen Governance-Sicht

In einem ganzheitlichen integrierten Risikomanagement-Ansatz lautet die Nutzenfrage nicht primär, was die Einsparungen an Risiko- und Massnahmenkosten sind, sondern inwieweit die Sicherheitsprozesse und -massnahmen die Strategieziele des Unternehmens unterstützen. Mit einer solchen Fragestellung sind die Investitionsentscheide über Sicherheitsmassnahmen in den Unternehmensstrategie- und den Risikomanagement-Prozess eingebunden, wie dies im Kap. 5 dargestellt wurde.

Umsetzung der Sicherheitsziele aus Unternehmenssicht

Wie die definierten Sicherheitsziele im Einzelnen umgesetzt werden können, zeigt uns der Ansatz mit der Balanced Scorecard im Abschn. 5.5. Die IT unterstützt in diesem Ansatz die Umsetzung der Unternehmensziele und Strategien. Die diesbezüglichen Anforderungen können anhand von Prozessen, Informationszielen, Informationskriterien, Performance-Indikatoren und Risk-Indikatoren beschrieben, analysiert und bewertet werden.

Aufwand und Nutzen im COBIT-5-Rahmenwerk

Ein integriertes Vorgehen unter Verwendung einer Balanced Scorecard liegt dem COBIT-Rahmenwerk COBIT 5 und den zugehörigen Anleitungen (Guides), vor allem „COBIT 5 for Information Security" und „COBIT 5 for Risk" zugrunde (s. Abschn. 9.4). So behandelt COBIT 5 sowohl die Governance als auch das Management von IT-Risiken und zwar auch solchen, die nicht ausschliesslich der Informationssicherheit zuzuordnen sind, sondern die gesamte IT-Leistung des Unternehmens betreffen (z. B. Compliance-Risiken, Projektrisiken und Nutzenrisiken). Die Relation von Risiken und Chancen sowie Aufwand und Nutzen von Sicherheitsmassnahmen wird dabei auf die geschäftliche Ebene der Wertegenerierung des Unternehmens angehoben. Die Ausrichtung des Informationssicherheits-Managements am internen und externen Unternehmenskontext und den Anforderungen der Anspruchsgruppen im ISMS ISO/IEC 27001:2013 entspricht ebenfalls einer strategischen Betrachtungsweise.

11.6　Fazit zu Ansätzen der Sicherheit-Nutzen-Bestimmung

Ein wesentliches Problem bei Sicherheits-Nutzen-Berechnungen besteht in der Schwierigkeit, das Risiko, sowohl vor einer Massnahme als auch danach in seinen Absolutwerten korrekt zu messen. Dieses Problem ist auch der Grund, dass ROSI-Berechnungen mit entsprechender Vorsicht anzuwenden sind. Hingegen können die Massnahmen-Kosten für Informationssicherheit, als Teil einer ROSI-Berechnung, mit Methoden des IT-Rechnungswesens berechnet werden. Eine andere Vorgehensweise der Nutzenbestimmung ist in dem COBIT-5-Rahmenwerk mit seinen Guides „COBIT 5 for Information Security" und „COBIT 5 for Risk" enthalten. Die auf einzelne Risiken und Massnahmen bezogene isolierte Nutzenbetrachtung des ROSI-Ansatzes wird in dem ganzheitlichen COBIT-5-Ansatz durch die Bewertung der Erfüllung von Unternehmenszielen vermieden. Auch begegnet der COBIT-5-Ansatz der Schwierigkeit von absoluten quantitativen Kostenberechnungen, indem die Bewertungsmetriken auf qualitativen Kennzahlen (z. B. Key-Risk-Indikatoren und Performance-Indikatoren) beruhen. Das Finden solcher Kennzahlen, welche sowohl die an den Unternehmenszielen und Risiken zu messende Effektivität (Wirksamkeit) als auch die Effizienz (Wirtschaftlichkeit) wiedergeben, könnte zukünftig eine praktikable Alternative zum ROSI-Ansatz darstellen.

11.7 Kontrollfragen und Aufgaben

1. Ein Unternehmen stellt seinen Mitarbeitern „Remote Access" mittels PC über das Internet zum Zugriff auf eine Firmen-Datenbank und zum Zugriff auf das Firmen E-Mail zur Verfügung. Die Authentisierung des Benutzers erfolgt mit einem einfachen Passwort. Im vergangenen Jahr konnten 10 Hacking-Attacken auf die Datenbank und auf E-Mail-Accounts registriert werden. Der durch diese Attacken verursachte Schaden betrug insgesamt 100.000 €. Mit dem geplanten Einsatz einer „starken Authentisier-Methode" wird erwartet, dass die Anzahl von Attacken auf eine im Zeitraum von zwei Jahren reduziert werden können. Die Einführung und der Betrieb der Massnahme führt zu jährlichen Kosten von 50.000 €.
   Berechnen Sie mit der ROSI-Formel den ROSI-Wert.
2. Ein Unternehmen hat auf seinen Arbeitsplatz-PCs veraltete Viren-Scanner im Einsatz. Im letzten halben Jahr mussten fünf Viren-Verseuchungen bereinigt werden. Die Kosten für den Bereinigungsaufwand und den Produktionsausfall aufgrund der Nichtverfügbarkeiten betrug 50.000 €. Der annualisierte Anschaffungswert und die Betriebsmehrkosten eines neuen „Scanning Tools" beträgt 40.000 €. Es wird erwartet, dass mit dem neuen Tool statt der fünf lediglich noch eine Virus-Verseuchung pro Jahr eintritt.
   Berechnen Sie den ROSI-Wert.
3. Diskutieren Sie die Nützlichkeit der ROSI-Berechnungen in den beiden oben angeführten Fällen (Aufgabe 1 und Aufgabe 2) im Verhältnis zu einem COBIT-5-Ansatz.
4. Schlagen Sie einige Kennzahlen vor, die der Analyse und Lösung der in den Aufgaben 1 und 2 angeführten Probleme dienlich sind.

Literatur

[Dübe04] Dübendorfer, Thomas, Arno Wagner und Bernhard Plattner: „An Economic Damage Model for Large-Scale Internet Attacks", in Proceedings of 13th IEEE International Workshops on Enabling Technologies (WET ICE 2004); Enterprise Security (ES), IEEE, 2004.
[Dübe05] Dübendorfer, Thomas: Impact Analysis, Early Detection and Mitigation of Large-Scale Internet Attacks. Dissertation Swiss Federal Institut of Technology Zürich, Zürich: ETH, 2005.

[Isae06]   ISACA: IS Auditing Guideline Return on Security Investment Exposure Draft. Rolling Meadows: Information Systems Audit and Control Association, 2006.

[Sonn06]   Sonnenreich, Wes, Jason Albanese and Brouce Stout: „Return On Security Investment (ROSI) – A Practical Quantitative Model." Journal of Research and Practice in Information Technology, Vol. 38, February 2006, 55–66.

Teil IV

Unternehmens-Prozesse meistern

Risikomanagement-Prozesse im Unternehmen

12

Überblick

In diesem Kapitel wird veranschaulicht, wie der Informations-RM-Prozess und auch andere unternehmensinterne RM-Prozesse mit dem Gesamt-RM-Prozess und dem Strategie-Prozess verzahnt werden können. Dabei werden die Kompatibilitätsanforderungen der verschiedenen ineinandergreifenden Prozesse diskutiert. Bei den subsidiär betreuten Risikomanagement-Prozessen wird beispielsweise gezeigt, wie mit einer IT-Risiko-Ownership, den sogenannten „IT-System-Owner" die Risiko-Verantwortlichkeit in ihrem Systembereich zugeteilt werden kann.

An einem Prozess-Beispiel wird schliesslich veranschaulicht, wie die verschiedenen Unternehmens-Prozesse und Sub-Prozesse im Jahresablauf mit ihren Aufgaben und Ergebnissen im Rahmen eines Strategieprozesses und eines Gesamt-Risikomanagement-Prozesses aufeinander abgestimmt werden können.

12.1 Verzahnung der RM-Prozesse im Unternehmen

Der Governance-Anforderung für einen Gesamt-RM-Prozess auf Unternehmensebene wird in grösseren Unternehmen Rechnung getragen. Dazu werden in Teilbereichen, z. B. in einer Geschäftseinheit, in einem strategischen Geschäftsfeld, in einzelnen Gruppengesellschaften oder in einzelnen Organisationseinheiten den spezifischen Anforderungen entsprechende eigene RM-Prozesse eingerichtet, die von dem Gesamt-Risikomanagement-Prozess gesteuert werden. Gerade hinsichtlich Informationssicherheit, aber auch hinsichtlich der Leistungen der IT im Unternehmen, sind solche spezifischen Risikomanagement-Prozesse häufig

© Springer Fachmedien Wiesbaden GmbH 2017

H.-P. Königs, *IT-Risikomanagement mit System*, Edition <kes>,

DOI 10.1007/978-3-658-12004-7_12

anzutreffen. Oft sind solche spezifischen Risikomanagement-Prozesse auch Teil eines Management-Systems, wie dies bei der Umsetzung eines ISMS nach ISO/IEC 27001 der Fall ist.

Für einen sinnvollen Gesamt-RM-Prozess müssen jedoch solche spezifischen, untergeordneten, nachgeordneten oder übergeordneten Risikomanagement-Prozesse untereinander kompatibel sein. Mit anderen Worten, die Anforderungen, d. h. der Input zu den einzelnen Prozessen sowie die Ergebnisse, d. h. der Output aus den einzelnen Prozessen müssen aufeinander abgestimmt sein.

Verstehen und Umsetzen des übergeordneten RM-Kontextes und der Kommunikationsvorgaben

Für einen Gesamt-RM-Prozess muss vor allem der übergeordnete Kontext auf den untergeordneten Risikomanagement-Prozess umgesetzt werden. Dazu gehört die Umsetzung der im Abschn. 3.3 im Einzelnen behandelten Kontext-Festlegungen, z. B.:

- Vorgaben aus der Unternehmenssicherheits-Policy;
- Anwendungsbereich;
- Externe und interne Unternehmensaspekte;
- Relevante Risiko-Arten und entsprechend heruntergebrochenen Unternehmens-Ziele;
- Vorgegebene Bewertungskriterien und -Massstäbe;
- Vorgaben für Kommunikation, Dokumentation und Reporting

Zu liefernde Informationen eines untergeordneten Informations-RM-Prozesses

So erhält beispielsweise der übergeordnete Gesamt-RM-Prozess von einem untergeordneten Informations-RM-Prozess die Ergebnisse über das Assessment der grössten Informations-Risiken. Bestehen bereits Massnahmen, dann werden die Restrisiken und die für die Risiko-Bewältigung eingesetzten Massnahmen an den übergeordneten RM-Prozess „berichtet". Diese Ergebnisse können beispielsweise anhand eines entsprechend aufgebauten Risiko-Registers kommuniziert werden.

Entscheide über die Risiko-Behandlung

Aus der Sicht aller Unternehmens-Risiken und deren Vernetzungen untereinander müssen diese Risiken (resp. Restrisiken) allenfalls neu bewertet werden. Die Entscheide über eine notwendige neue Risiko-Bewertung sowie hinsichtlich der Risiko-Behandlung (z. B. einzuschlagende Risiko-Strategie, Budgets für Massnahmen oder Aktionspläne) werden vom Gesamt-RM-Prozess an den untergeordneten RM-Prozess entsprechend zurück kommuniziert (Abb. 12.1).

Kompatibilitätsanforderungen bei integrierten RM-Prozessen

Zum Austausch der Informationen zwischen den verschieden Risikomanagement-Prozessen müssen diese an den Schnittstellen zueinander kompatibel sein. Abb. 12.2 zeigt

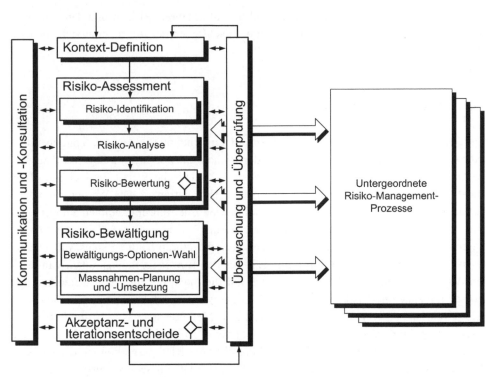

Abb. 12.1   RM-Prozess mit Sub-RM-Prozessen

❏   Risikohöhen-Metrik (s. Abbildung 2.5)

❏   Schadens-Metrik (d. h. Zuordnung von kardinal oder ordinal eingestuften Schweregraden zu bestimmten Schadenskategorien, s. Abbildung 2.6)

❏   Häufigkeits-Metrik (z. B. „selten" = 1 mal in 3-10 Jahren, s. Abbildung 2.7)

❏   Bei quantitativer Aggregation mit VAR: Metrik für Schadenaufwand, Marginalschwelle, Zeitperiode und Konfidenzintervall

---

Abb. 12.2   Kompatible Variable für verschiedene Risikomanagement-Prozesse

die Risiko-Variablen, die an den Schnittstellen der Risikomanagement-Prozesse entweder kompatibel sein müssen oder entsprechender Konversionen bedürfen.

Zeitlich aufeinander abgestimmte RM-Prozesse

Die untereinander kommunizierenden RM-Prozesse müssen auch zeitlich aufeinander abgestimmt sein. Besteht beispielsweise das strategische Ziel, einen bestimmten Geschäftsprozess

oder Teile davon zu „outsourcen", dann sind die Informations-Risiken und deren Konsequenzen vor dem Strategie-Beschluss durch die Fachstellen der Informationssicherheit zu
analysieren.

12.1.1 Risiko-Konsolidierung

Zur gesamthaften Darstellung der Risiken auf Unternehmensebene ist, ähnlich einer
„Konzernrechnung", eine Konsolidierung der Risiken notwendig. Im Gegensatz zu den
Rechnungslegungsinformationen sind die Risiken statistische Werte, die meist gewisse
statistische Abhängigkeiten untereinander haben (Korrelationen). Die Werte dürfen deshalb nicht, wie beispielsweise in einer konsolidierten Buchführung, einfach addiert werden, sondern sind entsprechend ihrer Korrelationen zu aggregieren. Die quantitative
Aggregation von Einzelrisiken zu einem Gesamtrisiko durch Bildung eines VaR (Value
at Risk) oder eines Expected Shortfalls (ES) aus den Einzel-Risikopositionen wurde in
den Abschn. 2.8 und 2.9.1 behandelt, wobei auf die meist ungenügende Datenlage der
grossen Informations-Risiken für statistische Aggregationsverfahren hingewiesen wurde.
Selbst wenn die Aggregation mittels Monte-Carlo-Methode stochastisch simuliert wird,
muss mit grossen Abweichungen der quantitativen Ergebnisse von der Wirklichkeit
gerechnet werden. Zur Entscheidungsfindung über die Risikolage können die Risiken
aber auch mit geeigneten Kennzahlen und „semiquantitativen Scores" ausgewiesen werden (s. Abschn. 2.9.2).

Anforderungen an Gesamtrisiko-Betrachtung
Für eine Gesamt-RM-Betrachtung ist es oft auch sinnvoll, die Risiken nach ihrer Höhe
unter Angabe ihrer Abhängigkeiten lediglich zu ordnen (s. Abschn. 2.8). Bei der Ordnung
der Risiken für eine Gesamt-RM-Betrachtung spielt die Aktualität der Erhebung eine
wichtige Rolle.

12.1.2 Subsidiäre RM-Prozesse

Ein wesentlicher Grund für die Einrichtung eines Risikomanagements, insbesondere eines
Informations-Risikomanagements, ist die Behandlung und die Bewältigung der Risiken
mit entsprechenden Massnahmen. Werden die Massnahmen bereits mit den subsidiären
Risikomanagement-Prozessen durch die dafür verantwortlichen Organisationseinheiten ergriffen und umgesetzt, dann verbleiben für den Gesamt-RM-Prozess lediglich die
„Restrisiken" zu konsolidieren und mit entsprechenden Strategien und Massnahmen zu
steuern.

Ganz allgemein gilt, dass Risiken dort behandelt werden müssen, wo sie entstehen oder wo sie primären Schaden anrichten können. Dabei orientieren sich die Risiken wie auch die Massnahmen an den Zielvorgaben des Unternehmens. Für das Zusammenspiel der Sub-Prozesse mit dem Gesamt-RM-Prozess müssen die Sub-Prozesse über kompatible Schnittstellen den Gesamt-RM-Prozess mit den notwendigen Risikomanagementinformationen alimentieren. Nur so kann die Unternehmensführung und Unternehmensaufsicht Einblick in die Restrisiken sowie die getroffenen und zu treffenden Massnahmen erhalten und ihrer Verantwortlichkeit bezüglich des Risikomanagements nachkommen. Auch ist es nur so möglich, die Risikokosten (z. B. in der Form von Eigenkapital) und die Massnahmenkosten in ausgewogener Weise den Risikobereichen (z. B. den einzelnen Geschäftsfeldern) zuzuordnen. Hier soll auch an die „Balanced Scorecard" erinnert werden, welche die Ausgewogenheit der strategischen Zielsetzungen unter den vier Unternehmensperspektiven „Lernen und Entwickeln", „Interne Geschäftsprozesse", „Kunden" und „Finanzen" anstrebt und alle Aktivitäten im Unternehmen auf die Strategie fokussiert.

Bottom-up-Vorgehen
Zu einem wirksamen Risikomanagement und einer optimalen Gesamtsicht über die Risiken gehört aber auch das Bottom-up-Vorgehen. In den einzelnen Geschäftseinheiten, Organisationseinheiten und Prozessen werden beispielsweise projektspezifische, systemspezifische und prozess-spezifische Risiko-Analysen durchgeführt. So dient die im Abschn. 10.1 gezeigte Erstellung von Sicherheitskonzepten, in der Struktur eines Risikomanagement-Prozesses, einem solchen Bottom-up-Vorgehen. Dabei gehen lediglich die nach der Umsetzung der Sicherheitskonzepte verbleibenden **grossen** Restrisiken in den übergeordneten Risikomanagement-Prozess ein.

Grosse Restrisiken in übergeordneten Risiko-Arten
Im übergeordneten Risikomanagement-Prozess werden die aus den untergeordneten Risikomanagement-Prozessen stammenden Risiken allenfalls noch in übergeordnete Risiko-Arten zusammengefasst. So werden beispielsweise verschiedene System-Ausfall-Risiken innerhalb eines wichtigen Geschäftsprozesses auf der übergeordneten Ebene zu einem einzigen Ausfall-Risiko des gesamten Geschäftsprozesses aggregiert. In der Terminologie der operationellen Risiken interessieren dann weniger die „erwarteten" kleinen Verluste, sondern vielmehr die „unerwarteten" oder das Konfidenz-Niveau übersteigenden „katastrophalen" grossen Verluste (s. Abschn. 2.8.1, Abb. 2.15).

Prinzip der *Wesentlichkeit*
Allgemein müssen im Unternehmen die Berichterstattung und die Behandlung der Risiken dem „Prinzip der Wesentlichkeit" gehorchen und stufengerecht erfolgen. So sollte die oberste Führungsstufe nur die grössten Risiken und nicht mehr als 20 hauptsächliche Risiken bewerten und behandeln (Twenty is plenty, vgl. [Brüh03], S. 110 ff.). Die kleineren

Risiken werden lokal bewertet und behandelt und mit ihren Restrisiken an die für den Bereich zuständigen Funktionsträger respektive Risiko-Owner berichtet.

12.1.3 Risiko-Ownership in der IT

Die Unterstützung fast aller Geschäftsprozesse durch die IT führt dazu, dass die Informations-Risiken fast in allen Bereichen anfallen. Im vorigen Abschnitt wurde bereits die lokale (subsidiäre) Behandlung der Risiken als notwendig hervorgehoben.

Bei der Frage, wie Risiko-Ownership den Informations-Risiken zugeordnet werden könnte, bietet sich beispielsweise die IT-System-Ownership an. Bei der IT-System-Ownership werden aus der Geschäftsperspektive die verschiedenen IT-Verantwortlichkeiten rund um ein IT-System aufgeteilt.

Im Falle eines kleinen Unternehmens wird für alle Risiko-Aspekte eines IT-System (komplette Anwendung mit Server-Plattform und zugehöriger Clients) ein sogenannter „Owner" bestimmt. Sind es mehrere IT-Systeme, dann kann deren „Ownership" verschiedenen Personen, aber auch einer einzigen Person zugeteilt werden.

Einem solchen Owner obliegen die Aufgaben, Verantwortlichkeiten und Kompetenzen zum Management der Risiken im Zusammenhang mit den durch „seine" IT-Systeme zu bearbeitenden Informationen und Prozesse. Diese Person sollte insbesondere in der Lage sein, die Risiken in seinem Verantwortungsbereich zu erkennen und einzustufen.

▶   **Praxistipp** Für ein funktionierendes Unternehmens-Risikomanagement sind die subsidiären Aufgaben und Verantwortlichkeiten von entscheidender Bedeutung. Es empfiehlt sich deshalb, den Funktionsträgern ihre Rollen und Verantwortlichkeiten hinsichtlich Risikomanagements in klarer und schriftlicher Form (z. B. mittels Weisungen und Funktionsbeschreibungen) aufzuerlegen.

12.2   Risikomanagement im Strategie-Prozess

In Kap. 5 wurde ausgeführt, dass das Risikomanagement Teil des Strategischen Management sein sollte. So ist es auch naheliegend, den Risikomanagement-Prozess auf Unternehmens-Ebene fest mit dem Strategie-Prozess zu koppeln oder, noch besser, in diesen zu integrieren. Analog zu den an die Gesamtstrategie ausgerichteten Unterstrategien werden auch Sub-Risikomanagement-Prozesse, wie der IT-Risikomanagement-Prozess, am Gesamt-Risikomanagement-Prozess ausgerichtet (s. Abb. 12.3). Auf diese Weise sind die Voraussetzungen vorhanden, dass u. a. die Risiken mit den Chancen besser abgewogen

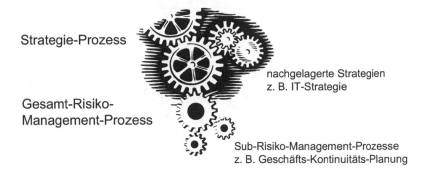

Abb. 12.3 Risikomanagement-Prozess im Strategie-Prozess

werden können. Auch kann auf diese Weise den Folgerisiken aus den Ressourcen-Strategien (z. B. IT-Strategie) auf der Ebene der Geschäftsstrategien besser Rechnung getragen werden.

12.2.1 Risikomanagement und IT-Strategie im Strategie-Prozess

In diesem Abschnitt wird gezeigt, wie das Informations-Risikomanagement in einen Gesamt-RM-Prozess und in die Unternehmens-Strategie einfliesst.

▶ **Praxistipp** Die Einrichtung eines Risikomanagement-Prozesses in einem Unternehmen bedarf oft tief greifender organisatorischer Veränderungen. Die Einführung sowie die regelmässige Fortführung des Prozesses müssen auf allen Ebenen des Unternehmens durch das Management getragen und in das Führungssystems integriert werden. Bei fehlenden internen Erfahrungen ist für die Einführung ein externes „Coaching" ratsam. Wichtig ist vor allem, dass das Risikomanagement mit seinen Zielen, Aktivitäten und Ergebnissen durch die Führungspersonen und die Mitarbeiter des Unternehmens getragen und gelebt wird.

In Abb. 12.4 ist das Beispiel eines in die Geschäftsstrategie integrierten Gesamt-Risikomanagement-Prozesses gezeigt. Die IT-Risiken werden dabei im Rahmen der IT-Ressourcen-Strategie berücksichtigt.

Die Durchführung dieses Strategie-Prozesses mit dem integrierten Gesamt-Risikomanagement-Prozess erfolgt im Ein-Jahres-Rhythmus mit einem Betrachtungs-Horizont von 3 Jahren. Die Abb. 12.4 wird in der darauffolgenden Legende näher erläutert.

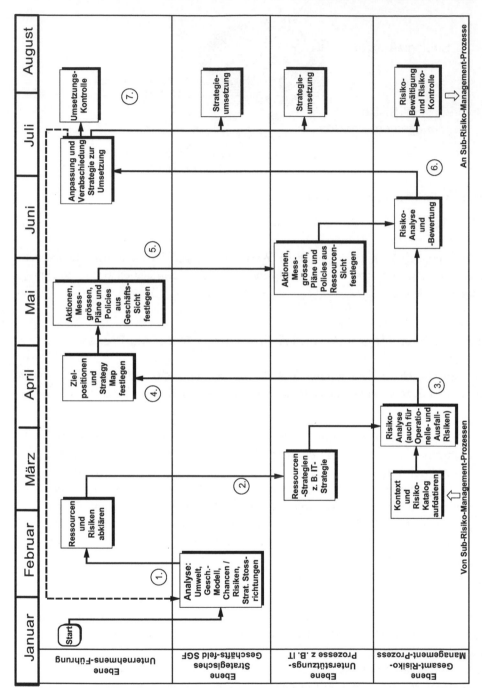

Abb. 12.4 In Geschäftsstrategie integrierter Gesamt-Risikomanagement-Prozess

Legende: Ablauf Strategie- und Gesamt-RM-Prozess

1. In den strategischen Geschäftsfeldern werden aufgrund einer Umwelt-Analyse für das Geschäftsfeld die Chancen und Risiken sowie die Stärken und Schwächen des Geschäftsmodells und entsprechende strategische Stossrichtungen entwickelt.

2. In weiteren Schritten werden nun die Ressourcen, u. a. die benötigten IT-Ressourcen abgeklärt.

3. Danach wird in den Gesamt-RM-Prozess verzweigt, wo die Risiken im Zusammenhang mit den strategischen Stossrichtungen untersucht werden. Der Risiko-Katalog muss dazu bereits in einer aktualisierten Version vorliegen. Im Gesamt-RM-Prozess werden die Risiken im Kontext des Gesamtunternehmens analysiert und zusätzliche Angaben bezüglich Stärken und Schwächen des Unternehmens für die zu betrachtenden strategischen Stossrichtungen gemacht.

Beispiel

Bedarf die strategische Stossrichtung einer hohen IT-Verfügbarkeit über die Kommunikationsschiene „Internet", dann sind an dieser Stelle die Bedrohungen und Risiken aus Unternehmenssicht (z. B. Denial of Service-Attacken) aufzuzeigen.

4. Zur Festlegung der konkreten strategischen Ziele und deren Wirkungszusammenhänge in der „Strategy-Map" liegen nun eine komplette und bereinigte SWOT-Analyse[1] sowie weitere Informationen über die mit strategischen Stossrichtungen zusammenhängenden Risiken vor.

5. Zur Umsetzung der strategischen Ziele werden die Messgrössen, strategischen Aktionen, Pläne und Policies auf der Ebene der Unternehmensführung und anschliessend auf der Ebene der Ressourcen (Unterstützungsprozesse) definiert.

6. Die gewählten strategischen Aktionen einschliesslich der Messgrössen und Pläne etc. werden noch einer Risiko-Betrachtung aus Gesamtsicht des Unternehmens (einschl. der Unterstützungsprozesse) unterzogen bevor sie im nächsten Schritt verabschiedet werden.

7. Die Umsetzung der Strategie wird vor allem im Rahmen des regulären Risiko-Reportings überwacht.

12.2.2 Periodisches Risiko-Reporting

Das Risiko-Reporting erfolgt im Rahmen der normalen Berichtssysteme und -prozesse. So werden der Geschäftsleitung, ähnlich dem Budget-Reporting, regelmässig die Risiko-Positionen unterbreitet. Zum Reporting eignet sich beispielsweise ein monatlich aktualisierte

---

[1] (S = Strengths, W = Weaknesses, O = Opportunities, T = Threats).

Risiko-Inventar (Risiko-Register). Dieses sollte sowohl in seiner detaillierten Form als auch für einen möglichst raschen Überblick auf die wichtigsten Positionen zusammengefasst werden. Ebenfalls im Risiko-Inventar enthalten sollten die Massnahmenentscheidungen sowie der Stand und die Wirksamkeit der Massnahmen veranschaulicht sein.

12.3   Kontrollfragen und Aufgaben

1. Welche Parameter müssen an den Schnittstellen der RM-Prozesse kompatibel sein?
2. Welchen Vorteil bringt die Integration des RM-Prozesses in den Strategie-Prozess eines Unternehmens?
3. Wie kann die Umsetzung der Strategie überwacht werden?
4. Bei der Zuordnung nachstehender Verantwortlichkeiten für eine IT-Anwendung wird welcher Owner die SLAs für den Betrieb einer Applikation bestimmen?
   - Owner für den Geschäftsprozess (oder Anwendung),
   - Owner für den Betrieb der Applikation oder
   - Owner für die Server-Plattform und Hardware.
5. In einem Unternehmen mit einem fortgeschrittenen Strategie-Prozess und einem vorhandenen Risikomanagement werden Sie welche Variante eines Risikomanagements antreffen?
   a) Explizites einfaches Risikomanagement, das wenigen Mitarbeitern und Führungspersonen bekannt ist.
   b) Explizites, in das Führungssystem und den Strategieprozess des Unternehmens integriertes Risikomanagement, das unternehmensweit kommuniziert ist.
6. Kann die Unternehmens-Strategie verabschiedet werden, ohne die Vorlage der strategischen Aktionen der Ressourcen-Strategien (z. B. IT-Strategie) und ohne ein entsprechendes Risiko-Assessment?

Literatur

[Brüh03]   Brühwiler, Bruno: Risk Management als Führungsaufgabe. Bern: Haupt, 2003.

Geschäftskontinuitäts-Management und IT-Notfall-Planung

13

Überblick

Plötzlich eingetrete Ereignisse können Schäden für einen Teil des Unternehmens aber auch für ein ganzes Unternehmen nach sich ziehen. Plötzlich erkennbare Gefahren und Schwachstellen können aber auch die Vorboten grosser Schäden sein, wenn sie nicht sofort und adäquat behandelt werden. Ausgehend von Erläuterungen über den Erhalt von Unternehmenszielen durch ein gutes Geschäfts-Kontinuitätsmanagement und eine IT-Notfallplanung, werden in diesem Kapitel einige wichtigen „Pläne" zum Erhalt dieser Ziele aufgezeigt. Die ganzheitliche Sicht auf die Behandlung von Schadensfolgen, nach eingetretenen Ereignissen, wird durch ein Geschäfts-Kontinuitätsmanagement, als wichtige Massnahme innerhalb eines übergeordneten Unternehmens-Risikomanagements, gezeigt. Im Rahmen dieses Buches gehört zu den in das Geschäfts-Kontinuitätsmanagement zu integrierenden Pläne vor allem der IT-Notfallplan, der zusammen mit einem für die Informationssicherheits-Ereignisse wichtigen Incident-Management und Vulnerability-Management in wesentlichen Zügen erläutert wird. Aus der Unterscheidung von „Events" und „Incidents" in der Informationssicherheit wird klar, dass gerade bei den heute für viele Unternehmen sehr gefährlichen Cyber-Bedrohungen umfangreiche Massnahmen der Prävention (z. B. im Rahmen eines Vulnerability Managements) erforderlich sind, um grosse Schadensereignisse und deren Eskalation abzuwenden oder einzudämmen. Als solche grossen Schadensereignisse gelten nicht alleine die Unterbrechungen von Geschäftsprozessen, sondern auch Beschädigungen von Geschäftsinformationen oder Abflüsse von vertraulichen Geschäftsinformationen. Der Rahmen eines Kontinuitäts-Management-Systems, der früher ausschliesslich den „Unterbrechungsereignissen" gewidmet war, wird heute meist sinnvollerweise auf die „plötzlich erkennbaren Ereignisse", die Schäden nach sich ziehen können, erweitert.

© Springer Fachmedien Wiesbaden GmbH 2017
H.-P. Königs, *IT-Risikomanagement mit System*, Edition <kes>,
DOI 10.1007/978-3-658-12004-7_13

13.1   Bedeutung des Geschäftskontinuitäts-Managements und der IT-Notfallplanung

Aus der ganzheitlichen Sicht der Unternehmens-Risiken, bei denen die Informations-Risiken eine wichtige Rolle spielen, kommt der Geschäftskontinuität (Business Continuity) eine hohe Bedeutung zu. Die Geschäftskontinuität (Business Continuity) bei der die Schlüssel-Geschäftsziele während und nach einer Betriebsstörung oder -unterbrechung weiterhin aufrechterhalten werden müssen, ist in vielen Unternehmen lebenswichtig.

Geschäftskontinuität mittels Risiko-Zielen formuliert
Somit ist es empfehlenswert, die hauptsächlichen Ziele der Geschäftskontinuität im Rahmen eines „Business Continuity Management Systems" (BCMS) in die strategischen Zielsetzungen eines Unternehmens einzubinden. Solche Ziele können beispielsweise lauten:

a) Ausfälle von Geschäftsfunktionen bei Notfall-Ereignissen (z. B. Stromausfall) dürfen nicht länger als 1 Std. andauern;
b) Ausfälle von Geschäftsfunktionen aufgrund katastrophaler Ereignisse (z. B. Erdbeben, Brände, Überschwemmungen, IT-Ausfälle, Lieferausfälle) dürfen nicht länger als 24 h andauern bis der Geschäftsbetrieb (mit allenfalls geringerer Leistung) fortgesetzt werden kann.

In vielen Unternehmen ist die Geschäftskontinuität in einem solchen Mass von den IT-Systemen und den Informations-Ressourcen abhängig, dass bei Ausfällen oder Fehlfunktionen der IT auch wichtige Geschäftsprozesse zum Erliegen kommen oder in ihrer Funktion beeinträchtigt werden. Deshalb ist auch die Verbindung von IT-Notfallplänen mit den Prozessen eines Geschäfts-Kontinuitäts-Management-Systems (BCMS) zu empfehlen.

Beim Eintreten grosser Unternehmens-Risiken kann es notwendig sein, ein mit der Zeit ansteigendes Schadensausmass möglichst weitgehend einzudämmen. So ist es sinnvoll, mittels der Prozesse eines „Geschäfts-Kontinuitäts-Management-Systems", nicht nur die Schäden von Betriebsunterbrechungen zu minimieren, sondern auch die Eskalation von beispielsweise eskalierenden Imageschäden einzudämmen, die u. a. infolge von Cyber-Angriffen auf die Vertraulichkeit oder die Integrität von Daten entstehen können. Gemäss der „2015 Ponemon Cost of Cybercrime Study" entstehen jährlich höhere Kosten durch nicht oder schlecht bewältigten Cyber-Attacken, von denen 39 % den Geschäftsunterbrechungen und 35 % dem Informations-Diebstahl zuzurechnen sind ([Pone15], S. 14–16). Demzufolge kann es aus Sicht des Unternehmens-Risikomanagements sinnvoll sein, das Geschäfts-Kontinuitäts-Management-System als wichtige Massnahme zur Behandlung von Ereignissen mit zeitabhängigem Schadensverlauf einzusetzen.

Unterschiedliche Pläne für unterschiedliche Einsatzzwecke und Ereignisse

Aus Sicht der Massnahmen sind vor allem unterschiedliche „Pläne" für unterschiedliche Einsatzzwecke und Ereignis-Ausprägungen zu unterscheiden. Solche Pläne können eigenständig eingesetzt ihren Zweck erfüllen oder auch im Rahmen eines „Business Continuity Management System" (BCMS), entsprechend der Ausprägung des Schadenereignisses, aufgerufen und ausgeführt werden.

Zu solchen Plänen gehört die IT-Notfallplanung, die sowohl eigenständig als auch im Rahmen eines Geschäfts-Kontinuitäts-Management-Systems dann zum Einsatz kommen, wenn durch Fehlfunktionen, Störungen oder Ausfällen von IT-Systemen die Mission oder die Geschäfte des Unternehmens beeinträchtigt werden. So kann ein IT-Notfall nicht nur das zeitweise Unterbrechen von Geschäftsprozessen, sondern auch „ein Zustand mit gravierenden oder sogar existenzbedrohenden Folgen für die Organisation" bedeuten ([Klet11, S. 15]). Zu den IT-Notfällen gehören demzufolge nicht nur Systemausfälle, sondern beispielsweise auch entdeckte schwere Datendiebstähle und Datenmanipulationen, die zu lang andauernden Imageschäden führen können. Gerade bei den heute oft vorkommenden Cyber-Attacken muss eine IT-Notfallplanung oder ein spezieller „Cyber-Incident-Response-Plan" auch solchen Ereignissen angemessen Rechnung tragen.

13.2 Pläne zur Unterstützung der Kontinuität und Widerstandsfähigkeit gegen eingetretene Risiken

Bevor das Geschäfts-Kontinuitäts-Management-System in Abschn. 13.4 und die IT-Notfallplanung in Abschn. 13.8 im Einzelnen behandelt werden, soll auf einzelne mit diesen Prozessen zusammenhängende Pläne eingegangen werden.

13.2.1 Einzelne Pläne für einzelne Planungsgebiete

Die verschiedenen Planungsgebiete des Notfall- und Kontinuitätsmanagements werden vor allem deshalb mit einzelnen Plänen behandelt, weil sie im Sinne einer möglichst kurzen, klaren und übersichtlichen Dokumentation optimal dem jeweiligen Anwendungszweck und den Umständen des Schadensereignisses angepasst sein sollten. Zudem bedürfen die Pläne für Erstellung, Unterhalt sowie deren Einsatz im Notfall unterschiedlicher Expertisen und Fertigkeiten (z. B. Geschäftskompetenzen, organisatorische und bauliche Expertisen sowie Kenntnisse und Fertigkeiten der IT). Die Pläne werden oft in der Form von „Handbüchern" und „Richtlinien-Dokumenten" für den Notfall-Einsatz, aber auch für die periodischen Übungs- und Testaktivitäten ausgearbeitet. In kleineren Unternehmen werden die verschiedenen Pläne auch gesamthaft in einem Dokument, z. B. in einem einzigen Handbuch, festgehalten.

Im Folgenden sind einige Pläne, die allenfalls im Zusammenhang mit der IT-Notfallplanung und dem Business Continuity Management eingesetzt werden, kurz erläutert (vgl. [Nisc02], [Nisc10]).

Geschäftskontinuitäts-Plan (Business Continuity Plan)
Der den anderen Plänen meist übergeordnete „Geschäftskontinuitäts-Plan" (BCP) ist auf eine nachhaltige Aufrechterhaltung der Geschäftsfunktionen eines Unternehmens fokussiert. Darin enthalten sind u.a. auch Massnahmen zur Aufrechterhaltung kritischer Geschäfts-Prozesse während einer Katastrophe, eines Notfalls oder einer Ausfallsituation. Für einzelne Geschäftsfunktionen können separate Geschäftskontinuitäts-Pläne aufgesetzt werden oder es kann für alle wichtigen Geschäftsprozesse (Key Business Processes) auch ein einziger gemeinsamer Geschäftskontinuitäts-Plan erstellt werden. Dies hängt von der Art des Unternehmens und seinen Geschäftsprozessen ab. Dieser Plan wird oft als Vorstufe für ein komplettes „Business Continuity Management System" entwickelt und kann als „aktions-orientiertes" Dokument zur Reaktion auf ein Geschäfts-Kontinuitäts-Ereignis eingesetzt werden. Die Inhalte des Plans stellen vor allem den „Reaktions-Teil" eines kompletten „Business Continuity Management Systems" dar (vgl. [Bcmg05], S. 48, 49, [Buco06], S. 33, 34, [Isog12], S. 31–33). Weitere Pläne, wie die nachfolgend angeführten, können dem Plan angefügt werden. Der prinzipielle Ablauf von Aktionen beim Eintritt eines Ausnahme-Ereignisses ist in Abb. 13.1 gezeigt.

Geschäftswiedererlangungs-Plan
Für den Fall, dass infolge einer Katastrophe das Geschäft an einem anderen Ort mit einer anderen Infrastruktur und anderen Ressourcen weitergeführt werden soll, wird manchmal

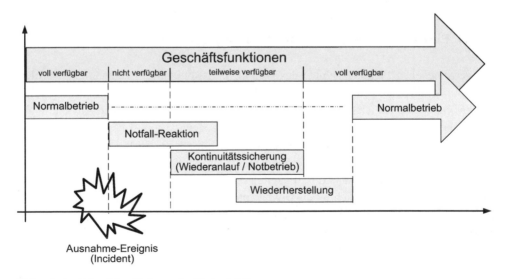

Abb. 13.1 Ablauf der Aktionen im Ereignisfall

neben dem Geschäftskontinuitäts-Plan ein separater sogenannter „Geschäftswiederer-langungs-Plan" (Business Recovery Plan) erstellt und unterhalten.

Betriebskontinuitäts-Plan (Continuity of Operations Plan)
Der Betriebskontinuitäts-Plan (COOP) beinhaltet die Vorkehrungen für die Wiedererlan-gung der wichtigsten Betriebsfunktionen[1] für eine begrenzte Zeit an einem anderen Stand-ort (z. B. bei einer Partnerfirma) bis zum Normalbetrieb zurückgekehrt werden kann. Darin enthalten sind organisatorische Regelungen, wie Verantwortlichkeitszuweisungen und Nachfolgeregelungen sowie die Vorkehrungen für die Auslagerung lebenswichtiger Informationen. Nicht notwendigerweise darin enthalten sind die IT-Prozesse, die in einem eigenen IT-Notfall-Plan behandelt werden.

Ausweichplan (Disaster Recovery Plan)
Dieser Plan kommt dann zur Ausführung, wenn durch ein katastrophales Ereignis, wie Brand im Hauptgebäude, die Geschäftsprozesse mit ihren Support- und Infrastruk-tureinrichtungen (z. B. IT-Systeme, Rechenzentrumsgebäude) über eine längere Zeitdauer ganz ausgefallen sind und/oder nicht in ihrer normalen Funktion betrieben werden kön-nen. Der Plan beschreibt beispielsweise, wie der Betrieb auf eine Ausweich-Infrastruktur ausgelagert und von dort betrieben werden kann. Ungleich dem Geschäftskontinuitäts-Plan enthält dieser Plan keine Massnahmen für die (allenfalls minimale) Aufrechterhaltung von kritischen Geschäftsprozessen während der Katastrophensituation. Deshalb sollte er in geeigneter Weise mit dem Geschäftskontinuitätsplan, der diesem Umstand Rechnung trägt, verknüpft sein. Der Ausweichplan ist oft auf katastrophale Ausfälle der IT-Systeme und -Prozesse fokussiert, kann aber auch die Betriebswiedererlangungs-Prozeduren für andere wichtige Produktionseinrichtungen (z. B. Notbetrieb für Produktionsmaschinen) beinhalten. Nicht enthalten im Ausweichplan sind kleinere Ausfälle oder präventive Akti-onen, wie sie im IT-Notfall-Plan (s. Abschn. 13.8) vorgesehen werden können.

13.2.2   Pläne mit Zuordnung zur IT oder Informationssicherheit

Zu den Bedrohungen, die sich auf Unternehmen mit grossen, lang andauernden und zum Teil anwachsenden Schäden auswirken können (z. B. Feuer, Wasser, Giftgas, Terroran-schläge) kommen immer mehr Bedrohungen mit langandauernden Schadensauswirkungen aus dem Cyberspace, oder haben ihren Ursprung in Missbräuchen oder in Fehlfunktionen der IT. Nachfolgend werden einige Pläne aufgeführt, die insbesondere den Schadensszena-rien aus den Bereichen der IT, der Informationssicherheit oder Cyber-Sicherheit zugeordnet werden können und auch im Rahmen eines BCMS zum Einsatz kommen.

---

[1] Im Unterschied zum zuvor erwähnten Plan für die Geschäftskontinuität werden mit diesem Plan lediglich die wichtigsten Betriebsfunktionen eines Unternehmens (z. B. eines Hauptsitzes) sicher-gestellt. Gemäss dem „Federal Preparedness Circular, FPC 65" muss jede Regierungsstelle in den USA einen solchen Plan eingerichtet haben.

IT-Notfall-Plan (IT Contingency Plan[2])
Der IT-Notfall-Plan adressiert in erster Linie Störungen und Ausfälle von solchen IT-Systemen, die sowohl der direkten als auch der indirekten Unterstützung der Geschäfts-prozesse dienen.[3] Die verschiedenen Supportprozesse und IT-Systeme sind entsprechend ihrem Einfluss auf die kritischen Geschäftsprozesse und deren Priorisierung in den IT-Notfall-Plan einzubeziehen. Der IT-Notfall-Plan ist deshalb stark mit dem Geschäfts-kontinuitäts-Plan verknüpft. Er enthält neben den Massnahmen zur Wiederherstellung der IT-Funktionen auch die allenfalls notwendigen IT-Support-Massnahmen zur Aufrechter-haltung der Geschäftsprozesse während einer Störung oder einem Ausfall. Im Gegensatz zu dem zuvor behandelten Ausweichplan werden im IT-Notfall-Plan auch die für die Geschäftskontinuität ohne Schadensfolge verlaufenden Problemsituationen sowie die Ereignisse mit (noch) geringen Schadensauswirkungen behandelt. Für „unerwartete" und „katastrophale" Ereignisse mit physischen Zerstörungen der IT-Infrastruktur wird der IT-Notfall-Plan mit dem Ausweichplan verknüpft.

Incident- und Vulnerability-Response-Plan
Neben den unbeabsichtigten Fehlfunktionen der IT-Prozesse sind vermehrt bösartige Angriffe (gezielt oder ungezielt) auf Software (Server, Datenbanken) zu grossen operatio-nellen Risiken der Unternehmen geworden. Die Angreifer benutzen meist Internet-Applika-tionen (z. B. Web oder Mail), um auf die zu schädigenden Systeme und deren Informationen zu gelangen. „Als Einschleusungs-Kanäle" von „bösartigem Code" dienen aber nicht nur Verbindungen ins Internet, sondern auch Datenträger, wie CDs und vor allem die immer handlicher werdenden USB-Speicher.

Der „Vulnerability- and Incident Response Plan" schliesst sowohl die Ereignisse auf-grund von bekannt gewordenen Schwachstellen (Vulnerabilities), als auch Fehlerfunktio-nen und „Attacken" (z. B. Hacking, Viren, Würmer, Trojanische Pferde, Denial of Service-Attacken) ein. Dieser Plan enthält beispielsweise Gegenmassnahmen, Eskalati-onskriterien, Vorgaben für Kommunikation und Dokumentation und operiert sowohl in der präventiven Phase, als auch in der akuten Phase eines Ausnahme-Ereignisses. Die Kombination des Vulnerability- und Incident-Managements in einem gemeinsamen Plan bietet sich aufgrund der vielfach überlappenden Fach-Expertis in diesen Gebieten an; sie ist zudem zweckmässig, da die präventiven Massnahmen zur Behebung der Vulnerabi-lities (z. B. mittels Patching) meist unvorhergesehen und sofort durchgeführt werden müs-sen. Die Kombination in einem Plan muss natürlich den unterschiedlichen Prozesszielen des Vulnerability-Managements und des Incident-Managements Rechnung tragen.

---

[2] Ausführliche Planungshilfen können dem NIST-Dokument „Contingency Planning Guide for Federal Information Technology Systems" entnommen werden [Nisc10].

[3] Die direkten Supportsysteme unterstützen in Form von Geschäftsapplikationen direkt einen Geschäftsprozess. Die indirekten Supportsysteme (z. B. Büro-Automation, Administration, Buch-haltung, Dokumentenarchivierung) unterstützen mit entsprechenden Applikationen alle Prozesse einschliesslich der direkten Support-Prozesse. Ebenfalls dient die IT-Infrastruktur (z. B. Server, Spei-chereinheiten, Informationennetze) sowohl den direkten als auch den indirekten Supportprozessen.

Cyber-Incident-Response-Plan
Mit dem „Cyber Incident Response Plan" werden Verfahren ausgelöst, die den Besonderheiten von Cyber-Attacken gegenüber den Informationen und den Systemen des Unternehmens Rechnung getragen wird. Das für Cyber-Vorfälle spezielle Vorgehen wird im
Rahmen des Geschäfts-Kontinuitäts-Plans und im Rahmen des Geschäfts-Kontinuitäts-
Management-Systems entsprechend behandelt. Auf die Besonderheiten der Cyber-Risiken,
bezüglich der Bedrohungsarten und der Schadensszenarien wird im separaten Kap. 17
dieses Buches näher eingegangen.

13.2.3 Abstimmung der Pläne untereinander

Koordinierung und Abstimmung der Pläne
Für ein möglichst wirksames Kontinuitäts- und Notfall-Management müssen die einzelnen Pläne koordiniert und aufeinander abgestimmt sein. Dabei ist nicht nur die Integration
der einzelnen Pläne untereinander, sondern auch die Integration mit anderen Management-
Systemen (z. B. dem Informationssicherheits-Management-Systems oder des Service-
managements) als vorteilhaft anzusehen.
   Die Aufteilung in einzelne Planungsgebiete ist weitgehend durch die Art des Unternehmens geprägt. Demzufolge ist die bisher vorgestellte Aufteilung in Einzelpläne nur
beispielhaft zu verstehen [Nisc02].

Präventive Vorkehrungen und Handlungen
Bemerkenswert ist, dass in einem integrierten „Business Continuity Management" insbesondere hinsichtlich der latent vorhandenen „Cyber-Bedrohungen" einige Pläne (z. B. Vul-
nerability- und Incident[4]-Management) bereits bei Ereignissen ohne Schadensfolgen (z. B.
bekanntgewordene Vulnerability) zum Einsatz gelangen und entsprechend eingeübte präventive Handlungen erfordern. Ein effektives Business Continuity Management muss deshalb auch der Prävention genügend Beachtung und Ressourcen einräumen.

13.3   Geschäfts-Kontinuitäts-Management-System(BCMS) im Unternehmens-Risikomanagement

Unter der englischen Bezeichnung „Business Continuity Management System" (BCMS)
wird heute ein Management-System verstanden, das ähnlich dem Qualitäts-Management-
System oder dem Informationssicherheits-Management-System die Geschäftskontinuität
in einem „PDCA-Zyklus" effektiv und nachhaltig steuert. Die ISO hat mit dem internationalen Standard ISO 22301:2012 ein solches Business Continuity Management System

---

[4] Der englische Business Continuity Standard BS 25999–2:2007 [Busp07] definiert ein „incident"
als „situation that might be, or could lead to, a business disruption, loss, emergency or crisis."

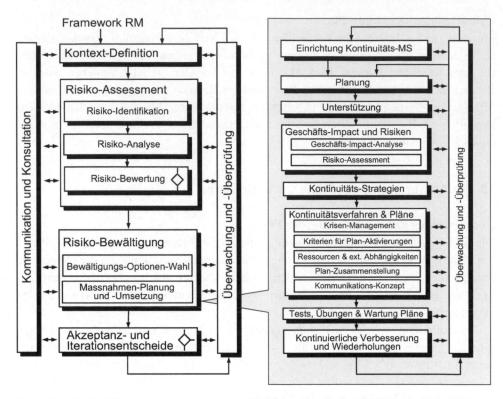

Abb. 13.2 BCMS-Prozess als untergeordneter RM-Prozess (vgl. [Anhb04], S. 6 und [Isob12])

standardisiert. Der Standard wurde als einer der ersten, in der im Abschn. 5.6.2 beschrieben „High-Level-Struktur", gemäss „Annex SL" abgefasst. In der Einleitung dieses Standards wird explizit darauf hingewiesen, dass bei diesem Standard das PDCA-Modell angewandt wird. Durch den PDCA-Zyklus wird insbesondere der Aktualität und der Nachhaltigkeit bei der Geschäftskontinuitäts-Vorsorge Rechnung getragen. So müssen beispielsweise die Vorkehrungen in geplanten Zeitintervallen überprüft, geübt und den aktuellen Umständen angepasst werden. Die den Unternehmenszielen, Risiken und möglichen Schadensentwicklungen angemessenen Massnahmen werden mittels einer in den BCM-Prozess integrierten „Business-Impact-Analyse" und einem auf die Kontinuitätsrisiken zugeschnittenen Risiko-Assessment bestimmt. Der Prozess des Geschäftskontinuitäts-Managements wird vorteilhaft als Sub-Prozess des Unternehmens-Risikomanagement-Prozesses betrieben (s. Abb. 13.2) und enthält vor allem die folgenden Eigenschaften:

• den unternehmensspezifischen Kontext, innerhalb welchem die Geschäftskontinuität sichergestellt werden muss;
• die massgeblichen Aspekte der Führung, der Planung und der Unterstützung durch Ressourcen, Fähigkeiten, Bewusstseinsförderung und Kommunikation;

- die Untersuchung der Kontinuitäts-Risiken und die Verletzlichkeit des Unternehmens sowie die möglichen Szenarien, die zu Kontinuitäts-Risiken führen;
- die Identifikation der vorhandenen Ressourcen und Infrastruktureinrichtungen, die im Normalbetrieb notwendig sind, um die kritischen Funktionen und Prozesse zu unterstützen;
- die Identifikation der Risikoobjekte (z. B. Business-Funktionen, Prozesse, Infrastrukturen, Informationen und Personen), die für die Kontinuität der Geschäftsprozesse im Sinne einer akzeptablen Betriebs-Fortführung geschützt werden müssen;
- die Kriterien für die Auslösung von Sofortmassnahmen, Kontinuitäts- und Wiedererlangungshandlungen; das Vorgehen sowohl bei den vorsorgenden Handlungen als auch im konkreten Not- und Krisenfall.
- ein geplantes Vorgehen, wie die Funktionstüchtigkeit der getroffenen Massnahmen überprüft und an den aktuellen Erfordernissen ausgerichtet werden kann;
- die Bestimmung der Kommunikations-Anforderungen, der Kommunikationsmethoden und -kanäle vor, während und nach einer Betriebsunterbrechung;
- die Mechanismen und Verfahren, um den aktuellen Veränderungen unmittelbar Rechnung zu tragen und um die allfälligen Schwächen und Lücken im Geschäftskontinuitäts-System zu erkennen und im Sinne einer ständigen Verbesserung behandeln zu können und zu korrigieren.

Im Folgenden wird der Prozess des BCMS behandelt, wie er sich grob aus dem Standard ISO 22301:2012 [Isob12] sowie in einigen Details[5] aus anderen Standards und den praktischen Erfahrungen des Autors im Wesentlichen ergibt.

Übersicht über den Prozess des BCMS
Die wichtigen Teilprozesse eines BCMS-Prozesses (s. Abb. 13.2) sowie generell eines Management-Systems (s. Abb. 5.12) sind:

1) Einrichtung Kontinuitäts-Management-System mit den übergeordneten Kapiteln „Kontext" und „Führung"
2) Planung
3) Unterstützung
4) BIA[6] und Risiko-Assessment
5) Kontinuitäts-Strategien

---

[5] Der Standard ISO 22301:2012 wird im Folgenden in wesentlichen Punkten weitgehend inhaltsgetreu wiedergegeben. Für eine Zertifizierung ist jedoch die Genauigkeit des Originalstandards massgebend. Zusätzlich zu den Erfordernissen des Standards werden nützliche anwendungsspezifische Details aus den Erfahrungen des Autors, der Standards BS 25999-x, ([Buco06] [Busp07]), dem Handbuch HB 221:2004 ([Anhb04]), sowie dem Standard ISO 22313:2012 (BCMS-Guidance [Isog12]) in die Ausführungen einbezogen.

[6] BIA = Business Impact Analyse.

6) Kontinuitätsverfahren und Pläne
7) Tests, Übungen und Unterhalt der Pläne
8) Ständige Überwachung und Überprüfung
9) Kontinuierliche Verbesserungen und Wiederholungen

Wie aus der Anlehnung an verschiedene Standards, vor allem an den Standard ISO 22301:2012 ersichtlich wird, ist für den gesamten Kontinuitäts-Prozess, die Führung, das Commitment des Managements, die sorgfältige Planung, die Verfügbarkeit der Ressourcen und das Risikobewusstsein der Mitarbeiter und der involvierten Stellen von entscheidender Bedeutung.

13.4   Einrichtung Kontinuitäts-Management-System

In dieser ersten vor allem für den Aufbau eines Kontinuitäts-Managements wichtigen Prozessphase werden der Rahmen und die wichtigen generellen Aspekte und Voraussetzungen für das Kontinuitäts-Management definiert und eingerichtet. In der High-Level-Struktur eines ISO-Management-System-Standards sind dies die Definitionen und Festlegungen des Kontextes sowie die Anforderungen und Voraussetzungen an die Führung des Management-Systems. Falls die Einrichtung eines Kontinuitäts-Management-Systems im Rahmen eines Projekts erfolgen soll, werden in dieser Initial-Phase auch die Rahmenbedingungen für das Projekt (Ziele, Aktivitäten, Projektorganisation, Termine, Kosten usw.) festgelegt.

13.4.1 Kontext des Unternehmens

In die Einrichtungsphase gehört der zu dokumentierende Kontext, der sich aus internen und externen für das BCMS relevanten Fragestellungen ergibt. Relevant sind vor allem Fragestellungen über Anforderungen an das BCMS und über Faktoren, welche die zu erwartenden Ergebnisse des BCMS beeinflussen können. Solche Fragestellungen sind beispielsweise:

* Aktivitäten, Funktionen, Produkte, Dienstleistungen Partnerschaften, Lieferketten, Zusammenhänge mit Anspruchsgruppen sowie der potenzielle „Impact" eines unterbrechenden Ereignisses;
* Angabe der Verknüpfungen mit Politiken und Zielen des Unternehmens sowie dessen Strategieprozess: z. B. Geschäftsziele, Kritische Erfolgsfaktoren, Schlüssel-Indikatoren sowie von den Geschäftszielen abgeleitete Ziele und Grundsätze für die Geschäftskontinuität;
* Definition der externen und internen Faktoren, die zu Kontinuitäts-Risiken führen können;
* Risiko-Kriterien bezogen auf den „Risiko-Appetit" des Unternehmens;
* Zweckbestimmung des BCMS im Unternehmen;
* Aufführen der für das BCMS massgeblichen Anspruchsgruppen und deren Anforderungen;

- Bestimmung und Einsatz von Verfahren, mittels derer die für die Kontinuität des Betriebs sowie der Produkte und Dienstleistungen massgeblichen legalen, regulatorischen Anforderungen und deren Veränderungen identifiziert und den massgeblichen Stellen kommuniziert werden.
- Definition des Einsatz- und Geltungsbereichs des BCMS in angemessenen, klaren Begriffen, die den Ausprägungen des Unternehmens sowie den Abgrenzungen, Restriktionen und Ausschlüssen des BCMS Rechnung tragen (z. B. einbezogene Organisationseinheiten, Lokalitäten, Geschäftsprozesse, Produkte, Dienstleistungen, Ausschluss bestimmter geografischer Regionen).

13.4.2 Führung

In der Einrichtungsphase des BCMS müssen auch die für die einzelnen Aktivitäten und Subprozesse des BCMS massgeblichen Führungsangelegenheiten bestimmt und kommuniziert werden. Beim Management der Geschäftskontinuität geht es ja zum einen um die Beherrschung grosser Unternehmens-Risiken, zum anderen müssen beträchtliche Kosten durch Aktivitäten und Vorkehrungen sowie die Mitwirkung der Belegschaft berücksichtigt werden. Der Erfolg der Umsetzung eines Management-Systems mit der Tragweite eines BCMS kann sich aber nur dann einstellen, wenn die Einführung und der Betrieb des Management-Systems zum Anliegen sämtlicher Führungskräfte gemacht werden und vor allem das Top-Management sich proaktiv dafür einsetzt und sein „Commitment[7]" demonstriert.

Aufgaben und Commitment des Top-Managements
So sorgt das Top-Management für:

- Kompatibilität mit der Unternehmensstrategie;
- Integration der BCMS-Anforderungen in die Geschäftsprozesse;
- Bereitstellung der Ressourcen für Aufbau und Unterhalt des BCMS;
- Kommunikation der Wichtigkeit und der Konformität bezüglich der Anforderungen;
- Erreichung der erwarteten Ergebnisse;
- Lenkung und Unterstützung der kontinuierlichen Verbesserung.

Sein Commitment stellt das Top-Management unter Beweis, u. a. durch:

- die Erstellung einer Geschäftskontinuitäts-Policy (z. B. Genehmigung und Erlass durch den Verwaltungsrat);
- die Vergewisserung, dass adäquate Ziele und Pläne eingesetzt sind;
- die Schaffung von Rollen, Verantwortlichkeiten und Kompetenzen sowie durch die Nomination einer oder mehrerer Personen mit den notwendigen Kompetenzen für Leitung, Aufbau und Betrieb des BCMS;

---

[7]Commitment: In den ISO-Standards häufig anzutreffender Begriff mit der Bedeutung „Selbstverpflichtung" oder „freiwillige Bindung".

Das Top Management gewährleistet dabei, dass die Verantwortlichkeiten und Kompetenzen für die relevanten Rollen eines BSMS zugeteilt und im Unternehmen kommuniziert sind und engagiert sich im BCM-Prozess durch:

- die Definition der Kriterien zur Akzeptanz der Risiken abhängig von ihrer Höhe;
- die aktive Teilnahme an Übungen und Tests;
- die Vergewisserung, dass interne Audits über das BCMS durchgeführt werden;
- die Vergewisserung, dass Überprüfungen durch das Management stattfinden;
- die Vergewisserung, dass „Non-Konformitäten" und Lücken behoben und die notwendigen Anpassungen und Korrekturen im Sinne von „Kontinuierliche Verbesserungen" gewährleistet sind.

Geschäftskontinuitäts-Policy
Eine **„Geschäftskontinuitäts-Policy"**, die das Top-Management erstellt, kommuniziert und dokumentiert:

- ist auf den Unternehmenszweck ausgelegt, und gibt Aufschluss über die organisatorische Einbettung (Governance);
- sie enthält die Festlegung der im Prozess wahrzunehmenden Hauptaufgaben, Verantwortlichkeiten und Kompetenzen;
- sie zeigt die einbezogenen geografische Standorte;
- sie bietet den Rahmen zur Festlegung von Geschäftskontinuitäts-Zielen;
- sie enthält ein Commitment, dass die vorliegenden Anforderungen erfüllt werden;
- sie enthält ein Commitment hinsichtlich kontinuierlicher Verbesserung des BCMS;
- sie ist zur Kommunikation an alle Personen gerichtet, die im Rahmen des definierten Einsatzbereiches für das Unternehmen arbeiten;
- sie enthält die Kriterien für die periodische sowie bei signifikanten Veränderungen notwendige Überprüfung und Überarbeitung;
- sie steht, soweit sinnvoll und durch das Management im Einzelnen bewilligt, auch interessierten Kreisen zur Verfügung.

Organisatorische Rollen, Verantwortlichkeiten und Kompetenzen
Das Top Management sorgt dafür,

- dass die im Rahmen des BCMS zugeteilten Rollen, Verantwortlichkeiten und Befugnisse im Unternehmen und bei den in das BCMS involvierten Anspruchsgruppen kommuniziert sind und
- dass es über die aktuelle Leistungsfähigkeit des BCMS (u. a. in den obligatorischen Berichterstattungen) auf dem Laufenden gehalten wird.

13.5 BCMS-Aktivitäten im PDCA-Zyklus

Nachdem mit der Kontext-Definition und der Festlegung und Ausarbeitung der Führungs-
bedingungen die wichtigsten generellen Voraussetzungen für das Kontinuitätsmanage-
ment-System geschaffen sind, können die weiteren Aktivitäten im Rahmen eines
PDCA-Zyklus abgewickelt werden.

13.5.1 Planung

Die für ein Management-System obligatorische Planung befasst sich beim Geschäftskontinuitäts-Management vor allem mit den strategischen „Risiken und Chancen" die dem
Management-System zugrunde liegen und den daraus abzuleitenden Zielen sowie den Plänen, um diese Ziele umzusetzen.

Massnahmen in Bezug auf Risiken und Chancen
Aus dem Verständnis des Unternehmens und der aus seinem Kontext resultierenden Problemstellungen und Anforderungen (s. Abschn. 13.4.1) sollen die Risiken und Chancen
eines BCMS aufgezeigt werden, um

- sicherzustellen, dass die durch das BCMS beabsichtigten Resultate erreicht werden,
- unerwünschte Effekte zu verhindern oder zu verringern und
- die fortlaufende Verbesserung zu erreichen.

Aus den Risiken und Chancen müssen die Notwendigkeiten zur Planung von Massnahmen erkannt und beurteilt werden, um in den weiteren BCMS-Prozess integriert werden
zu können. Zudem muss das Unternehmen planen, wie die Wirksamkeit solcher Massnahmen bewertet wird.

Geschäftskontinuitäts-Ziele und Pläne
Das Top-Management vergewissert sich, dass die Geschäftskontinuitäts-Ziele für die relevanten Funktionen und Ebenen im Unternehmen für alle Funktionen und auf allen Lei-
tungsebenen eingesetzt und kommuniziert werden und gibt die erforderlichen Hinweise,
wie die Ziele erreicht werden sollen.

Eigenschaften der Zieldefinitionen
Die Zieldefinitionen sind zu dokumentieren und sollen die folgenden Eigenschaften besitzen:

- Konsistenz mit der Geschäftskontinuitäts-Policy;
- Berücksichtigung des minimalen Masses, der für das Erreichen der Geschäftsziele not-
  wendigen Produkte und Dienstleistungen;
- Vorhandene Anforderungen berücksichtigen;

- Messbarkeit und Überwachbarkeit hinsichtlich der gestellten Anforderungen und der Gewährleistung ihrer Aktualität.

▶ **Praxistipp** Um die Kontinuitäts-Ziele umsetzen zu können, muss bestimmt sein: **Was** mit **welchen Ressourcen** bis **wann** getan werden muss und **wer** für die Umsetzung verantwortlich ist und **wie** die Resultate der Umsetzung beurteilt werden.

13.5.2 Unterstützung

Die Umsetzung des BCM-Prozesses bedarf der Unterstützung sämtlicher Management-Ebenen sowohl mit materiellen als auch mit strukturellen und personellen Ressourcen. Dazu gehören eine adäquate Bewusstseinsbildung (Awareness) sowie die angemessene Einrichtung von Kommunikations- und Dokumentationsverfahren.

Ressourcen, Fähigkeiten und **Bewusstseinsbildung** *(Awareness)*
Aus den Unterstützungsanforderungen resultieren im Einzelnen die folgenden Notwendigkeiten:

- Die Ressourcen für das BCMS müssen bestimmt und bereitgestellt werden;
- Die notwendigen Fähigkeiten der Personen, welche für das BSMS arbeiten, müssen bestimmt werden;
- Es muss sichergestellt sein, dass die Personen, die für das BCMS arbeiten, über eine adäquate Ausbildung, sowie über Erfahrung und angemessenes Training verfügen oder, wenn nötig, erhalten; die Nachweise über die Fähigkeiten oder die Massnahmen zu deren Erwerb sind zu dokumentieren;
- Die unter der Kontrolle des Unternehmens tätigen Personen müssen die Geschäfts-kontinuitäts-Policy, ihren Beitrag zur Wirksamkeit des BCMS, einschliesslich der Vor-teile einer verbesserten BCM-Leistung sowie die Auswirkungen bei Nichteinhaltung der Anforderungen kennen; insbesondere muss diesen Personen ihre im Ereignisfalle zukommende Rolle bekannt sein.

Kommunikation

- Alle interessierten Kreise (Kunden, Mitarbeiter, Aktionäre, Lieferanten, Medien), die in den BCM-Prozess involviert oder davon abhängig sind, müssen in die Kommunika-tion einbezogen werden.
- Die Notwendigkeiten und das Vorgehen für die interne und externe Kommunikation, sowohl im Normalbetrieb als auch im Ereignisfall, müssen in der Planung festgelegt werden.

▶   **Praxistipp** Sowohl im Normalbetrieb als auch im Ereignisfall müssen in der
Planung festgelegt sein:
- **Was,**
- **Wann,**
- **durch Wen,**
- **an Wen**

hinsichtlich BCM kommuniziert wird.

Geplante Verfahren zur Kommunikation

Die Organisation setzt geplante Verfahren ein für:

- die interne Kommunikation mit und unter interessierten Kreisen[8] sowie Mitarbeitern;
- die externe Kommunikation mit externen interessierten Kreisen einschliesslich der Medien;
- den Empfang, die Beantwortung und Dokumentation der Kommunikation mit interessierten Kreisen;
- den Einbezug geeigneter nationaler oder regionaler Beratungs- und Meldedienste bei Planung und Betrieb des BCMS;
- die Gewährleistung der Verfügbarkeit von Kommunikationseinrichtungen während dem Unterbrechungsereignis;
- die strukturierte Kommunikation mit den massgeblichen Behörden und die Gewährleistung der Interoperabilität mit den vielfältigen anzusprechenden Organisationen und Personen;
- das Betreiben und Testen der für den Ereignisfall vorgesehenen Kommunikationseinrichtungen und -fähigkeiten.

Dokumentierte Informationen

Das BCMS enthält sowohl die dokumentierten Informationen, die durch diesen Standard verlangt werden als auch solche, die für die Wirksamkeit des BCM durch die Organisation festzulegen sind (z. B. für Politik, Risiko-Analysen, Übungsaufgebote, Handbücher, Konfigurationspläne, Dokumentklassifikation)

Der vorgeschriebene Prozess für die Erstellung und Aktualisierung der Dokumente beinhaltet:

- die Identifikation und Beschreibung jedes einzelnen Dokuments (z. B. Titel, Name, Datum, Autor, Nummerierung);
- die Formatfestlegungen (z. B. Sprache, Software Version) und Medium (z. B. Papier, DVD);
- den sichtbaren Nachweis der Überprüfung und Genehmigung.

---

[8] Interessierte Kreise sind die Anspruchsgruppen des Unternehmens.

Sicherung/Kontrolle der dokumentierten Informationen
Die Sicherung und Kontrolle der für das BCMS **dokumentierten Informationen** erstreckt sich über:

- Verteilung;
- Zugriff;
- Speicherung und Aufbewahrung;
- Auffindbarkeit und Benutzung;
- Änderungen (z. B. Versions-Kontrolle);
- Lesbarkeit;
- Vermeidung der Benutzung ungültiger Informationen;
- Aufbewahrung, Löschung und Entsorgung.

Die von externen Quellen erhaltenen Informationen für Planung und Betrieb sind entsprechend zu bezeichnen und ebenfalls zu kontrollieren.

Bei der Verwendung und Aufbewahrung, aber auch bei der Sicherung und Kontrolle, sind die Dokumente adäquat zu schützen (z. B. Schutz gegen Missbrauch oder unberechtigte Veränderungen, Löschungen).

13.5.3 Operation

Zur Umsetzung des Management-Systems plant, implementiert und kontrolliert die Organisation die Prozesse, die notwendig sind, um die Risiken und Chancen hinsichtlich der Funktionstüchtigkeit und Wirksamkeit des BCMS zu erkennen und angemessen zu behandeln. Dabei sind die geplanten Veränderungen anhand definierter Kriterien zu kontrollieren und die unbeabsichtigten Veränderungen zu überprüfen, um die allenfalls negativen Auswirkungen zu reduzieren. In die Kontrollen sind die ausgelagerten Prozesse („contracted-out"- und „outsourced"-Prozesse) einzubeziehen.

Programm über Geschäftskontinuität
Die Funktionstüchtigkeit, Wirksamkeit und Angemessenheit der Vorkehrungen und Aktivitäten lassen sich am besten anhand eines für die Geschäftskontinuität etablierten „Programmes" überprüfen und sicherstellen.

13.5.3.1 Geschäfts-Impact-Analyse und Risiko-Assessment
Der BSMS-Standard ISO 22301:2012 verlangt im Kapitel „Operation" das Einrichten, Umsetzen und Unterhalten einer Geschäfts-Impact-Analyse und eines Risiko-Assessments bezüglich „unterbrechenden" Vorfällen. Die Geschäfts-Impact-Analyse und das Risiko-Assessment für das Kontinuitäts-Assessments sind demgemäss als formalisierte Prozesse zu definieren und zu dokumentieren; diese Prozesse beinhalten hauptsächlich:

- den Kontext mit den Kriterien zur Bewertung der unterbrechenden Incidents;
- die legalen und sonstigen internen und externen Anforderungen;
- die systematische Analyse der Kontinuitätsanforderungen und der Risiken im Hinblick auf eine priorisierte Behandlung unter Berücksichtigung der Kosten;
- einen definierten Output sowohl aus der Geschäfts-Impact-Analyse als auch dem Risiko-Assessment;
- Behandlungsvorschriften über die Informationen im Zusammenhang mit diesen Prozessen (z. B. hinsichtlich Aktualisierungen oder Vertraulichkeitswahrung).

13.5.3.2 Geschäfts-Impact-Analyse

Die Geschäfts-Impact-Analyse (Business Impact Analyse, BIA) widmet sich vor allem den folgenden Aufgaben:

- Identifikation der kritischen Geschäftsfunktionen, Prozesse und Aktivitäten, welche die wichtigen Geschäftsziele (Key Goals) zur Lieferung von Produkten und/oder Dienstleistungen unterstützen. Eine „Prozesskarte", welche die Verknüpfung der verschiedenen Prozesse (einschliesslich der Support-Prozesse) aufzeigt, ist dafür ein nützliches Hilfsmittel.
- Aufzeigen der Abhängigkeiten und unterstützenden Ressourcen für die kritischen Geschäftsfunktionen, Prozesse und Aktivitäten, z. B.:
  - Personal;
  - Informationen, Daten und IT-Infrastruktur;
  - Büro- und Spezialarbeitsgeräte;
  - Räume, Infrastruktur und Versorgungseinrichtungen;
  - Lagerbestände;
  - Interne Schnittstellen (z. B. Verbindungen zu anderen Geschäfts- oder Supporteinheiten);
  - Externe Schnittstellen zu relevanten Anspruchsgruppen (z. B. Lieferanten, Kunden, Vertragspartner, Outsourcing-Partner, Regulierer).
- Bestimmung von Art und Höhe der Geschäfts-Impacts (finanziell, operationell und strategisch) für den Ausfall einer jeden kritischen Geschäftsfunktion für verschiedene Unterbrechungszeiten (z. B. 4 h, 8 h, 12 h, 18 h, 24 h, 48 h). Dazu kommen Zeitaufwand, Kosten und Ressourcen für die Aufarbeitung der aufgestauten Aktivitäten (Backlogs).
- Bestimmung der maximal akzeptierbaren Ausfalldauer (MTPD = Maximum Tolerable Period of Disruption oder auch MAO = Maximum Acceptable Outage). Die Lebensfähigkeit des Unternehmens ist unwiderruflich bedroht, wenn innerhalb dieser Zeit die Produkte- oder Dienstleistungslieferung nicht wiedererlangt werden. Die maximal akzeptierbaren Schäden (Impacts) werden oft im Verhältnis zum Betriebserfolg vor Abschreibung (EBITDA) eines Unternehmens angegeben.
- Ausgehend von den ermittelten MTPD-Zeiten und der analysierten Impacts werden für jede kritische Geschäftsfunktion (resp. jeden kritischen Geschäftsprozess) die **maximalen Sollzeiten sowie die Prioritäten** für

- Wiederanlauf [9] und
- Wiederherstellung [10]

sowie die Zeiten der

- minimal notwendigen Notbetriebsdauer [11] und der
- maximal tolerierbaren Notbetriebsdauer [12]

definiert.

• Ein weiteres wichtiges Ziel einer jeden kritischen Geschäftsfunktion ist der minimale „Service Level" (MBCO = Minimum Business Continuity Objective), der erreicht werden muss. Dabei muss nicht nur die Aufrechterhaltung einer minimalen Produktivität und Verfügbarkeit, sondern auch der durch den Notbetrieb sich allenfalls ergebende Rückstand betrachtet werden.

Wiederanlaufzeit

Die **Wiederanlaufzeit** ist von entscheidender Bedeutung für die unmittelbare Sicherung der Kontinuität, wenn auch mit allenfalls reduzierter Leistung. Die Zeiten und Prioritäten des Wiederanlaufs ergeben sich sowohl aus externen Anforderungen und internen Abhängigkeiten als auch aus dem potenziellen Schadensausmass aufgrund der Betriebsunterbrechung (s. Abb. 13.3).

Wiederherstellungszeit

Aber auch die Zeit für die **Wiederherstellung** unterliegt oft kritischen Anforderungen. So können beispielsweise die Leistungseinschränkungen eines Notbetriebs oder dessen Kosten nicht über längere Zeit toleriert werden. Gerade in der IT sind oft während dem Notbetrieb die im Normalbetrieb vorhanden Redundanzen nicht mehr vorhanden und bedeuten somit eine neue Gefährdung, die möglichst rasch beseitigt werden muss. Auch müssen in der Zeit der Wiederherstellung oft Bereinigungen an den Systemen sowie Korrekturen und Erfassungen von inkonsistenten oder verlorenen Daten vorgenommen werden, ohne die nur eine begrenzte Leistungsfähigkeit bei den Geschäftsprozessen möglich ist.

Die Abb. 13.4 zeigt Beispiele wie die Prozesse eines Unternehmens auf ihre Kontinuitätsanforderungen hin analysiert werden können (vgl. [Röss05], S. 484–491).

---

[9] Nach dieser Zeit ist die Kontinuität in einem allfälligen Notbetrieb hergestellt. Diese Dauer muss unter der MTPD-Zeit liegen. Das Ziel wird auch als „RTO = Recovery Time Objective" bezeichnet. Diese Dauer muss unter der MTPD-Zeit liegen.

[10] Nach dieser Zeit wird aus dem Notbetrieb wieder in den Normalbetrieb zurückgekehrt.

[11] Die minimal notwendige Notbetriebsdauer muss so bemessen sein, dass der Wiederanlauf in der vorgesehenen Leistungsfähigkeit bis zur Wiederherstellung der Prozesse für den Normalbetrieb gewährleistet ist; (Beispiel: Kraftstoffvorrat für Notstromdiesel bis zur Wiederherstellung der normalen Stromversorgung).

[12] Die maximal tolerierbare Notbetriebsdauer gibt die Zeit an, nach der spätestens in den Normalbetrieb zurückgekehrt sein muss, z. B. aufgrund von negativen Nebeneffekten des Notbetriebs.

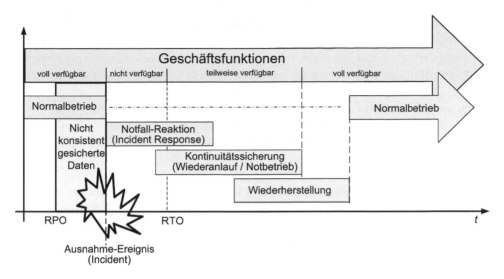

Abb. 13.3 Zeiten und Kontinuitätsziele im Ereignisablauf

Tabelle 1: Entwicklung Geschäfts-Impact

Prozess	Unter-brechungs-zeiten [h]	Geschäfts-Impact (BI) monetär [T €]	MOA
Produktion A	4	90	
	8	150	
	12	300	
	24	1'000	
	36	10'000	x
	48	30'000	
	72	> 50'000	
Produktion B	4	10	
	8	50	
	12	200	
	24	800	
	36	3'000	
	48	10'000	x
	72	> 30'000	
Call Center	4	30	
	8	50	
	12	100	
	18	300	
	24	600	
	48	1'000	
	72	> 3'000	x
...	...	...	

Tabelle 2: Zeiten und Prioritäten für Wiederanlauf

Prozess	Kategorie	Wieder-anlaufzeit [h]	MBCO [%]	MOA [h]	Wieder-anlauf-Priorität	Mindestdauer Notbetrieb [Tage]
Produktion A	Kerngeschäft	8	80	36	2	4
Produktion B	Kerngeschäft	8	70	48	3	4
Call Center	Unterstützung	8	60	72	4	4
Office-IT	Unterstützung	18	80	-	7	6
Prod.-IT	Infrastruktur	8	90	36	1	5
Entwicklung	Unterstützung	72	50	-	11	8
Geschäftsleitung	Unterstützung	48	90	-	8	8
Finanzwesen	Unterstützung	72	40	-	9	8
An- und Auslieferung	Unterstützung	8	80	72	5	6
Personalwesen	Unterstützung	72	40	-	12	8
Gebäudedienste	Infrastruktur	36	60	-	6	7
Fuhrpark	outsourced	48	80	-	10	30

Tabelle 3: Zeiten und Prioritäten für Wiederherstellung

Prozess	Kategorie	Wieder-herstellung [Tage]	Wieder-herstellungs-priorität
Produktion A	Kerngeschäft	4	3
Produktion B	Kerngeschäft	3	2
Call Center	Unterstützung	4	4
Office-IT	Unterstützung	4	6
Prod.-IT	Infrastruktur	2	1
Entwicklung	Unterstützung	7	11
Geschäftsleitung	Unterstützung	4	7
Finanzwesen	Unterstützung	5	9
An- und Auslieferung	Unterstützung	5	5
Personalwesen	Unterstützung	6	10
Gebäudedienste	Infrastruktur	6	8
Fuhrpark	outsourced	14	12

Abb. 13.4 Beispiel Geschäfts-Impact, Wiederanlauf und Wiederherstellung

Maximal tolerierbarer Datenverlust bei IT-Systemen
Bei IT-Systemen und Daten ist auch der maximal tolerierbare Datenverlust RPO (Recovery Point Objective) zu analysieren, für dessen Dauer zu beachten ist, dass Daten bereits vor dem Ausfallzeitpunkt inkonsistent (unbrauchbar) sein können ([Mose02], S. 40–41).

Zeiten und Prioritäten
Die Zeiten und Prioritäten des Wiederanlaufs und der Wiederherstellung resultieren vor allem aus den Risiken, Kosten und den allfälligen Leistungseinschränkungen des Notbetriebs.

13.5.3.3   Risiko-Assessment
Für eine Zertifizierung gemäss dem Standard ISO 22301:2012 ist die Organisation verpflichtet, einen formalen und dokumentierten Risiko-Assessment-Prozess durchzuführen. Mit dem Assessment-Prozess sollen die Risiken durch eine systematische Identifikation, Analyse und Bewertung, resultierend aus möglichen „Incidents", ermittelt und beurteilt werden.

Priorisierte Anforderungen und Ziele
In diesem Risiko-Assessment-Prozess werden, ausgehend von den priorisierten Anforderungen und Zielen, wie sie aus dem übergeordneten Unternehmens-Risikomanagement und der Geschäftsimpact-Analyse hervorgehen, die möglichen Incidents identifiziert und analysiert. Ein solches Risiko-Assessment erfordert vor allem die folgenden Aktivitäten:

* Spezifische Analysen des Unternehmens und seines Umfeldes bezüglich möglicher Bedrohungen der Kontinuität (z. B. Energie-Engpässe, Telekom-Unterbrechungen, Sabotagen, Seuchen, Feuer);
* Analyse der Aktivitäten, Prozesse, Systeme, Informationen, Personal, involvierte Anspruchsgruppen und andere Ressourcen und Akteure auf inhärente Verletzlichkeiten und Abhängigkeiten;
* Aufsuchen der Verletzlichkeiten, Schwachstellen und Abhängigkeiten in den kritischen Geschäftsprozessen;
* Untersuchung der Abhängigkeit der Geschäfts-Prozesse von den Support-Prozessen (z. B. IT-Prozesse, Liefer- und Transportprozesse) und deren Verletzlichkeiten;
* Untersuchung der bereits vorhandenen Umgehungsmassnahmen (Workarounds).

Risikoakzeptanz
Die Bewertung der Risiken gemäss den Anforderungen, dem Risikoappetit und den Geschäftskontinuitätszielen zeigt, welche Risiken einer Behandlung mit Massnahmen bedürfen und welche Risiken akzeptiert werden können.

So zeigt sich beispielsweise beim Vergleich von Soll- und Ist-Werten (s. Abb. 13.5), bei welchen Prozessen die Wiederanlauf- und Wiederherstellungsziele im Ereignisfalle erreicht werden können und bei welchen Prozessen eine Risiko-Behandlung mit Massnahmen notwendig wird.

Die detaillierten und priorisierten Bewertungsergebnisse über die Nichteinhaltung von Anforderungen, Zielverfehlungen, Impact-Entwicklungen und Schwachstellen bilden alsdann die Grundlagen für die im nächsten Schritt zu definierenden BCM-Strategien.

Prozess	Kategorie	Wiederanlauf-Ziel erreichbar	Wiederherstellungs-Ziel erreichbar
Produktion A	Kerngeschäft	ja	nein
Produktion B	Kerngeschäft	nein	bedingt
Call Center	Unterstützung	ja	ja
Office-IT	Unterstützung	ja	nein
Produktions-IT	Infrastruktur	nein	nein
Entwicklung	Unterstützung	ja	ja
Geschäftsleitung	Unterstützung	nein	nein
Finanzwesen	Unterstützung	ja	ja
An- und Auslieferung	Unterstützung	ja	ja
Personalwesen	Unterstützung	nein	bedingt
Gebäudedienste	Infrastruktur	ja	ja
Fuhrpark	outsourced	ja	ja

Abb. 13.5 Ziel-Erreichung Wiederanlauf und Wiederherstellung (vgl. [Röss05], S. 491–492)

13.5.3.4 Geschäftskontinuität-Strategien

Die Massnahmen für die Erfüllung der Anforderungen an die Geschäftskontinuität eines Unternehmens können aufwändig und einschneidend sein. Zur Erreichung der im Rahmen der Geschäfts-Impact-Analyse und dem Risiko-Assessment festgelegten Kontinuitätsziele bestehen jedoch meist mehrere Möglichkeiten, die sich bezüglich Aufwand und Eignung in einem Unternehmen stark unterscheiden können. Einer sorgfältigen Abwägung und Auswahl der geeigneten Massnahmen in der Form von Prozessen, Aktivitäten und Ressourcen kommt deshalb grosse Bedeutung zu. Diese grundlegenden Strategien für die Erhaltung, Wiedererlangung und -herstellung der Geschäftskontinuität müssen festgelegt werden, bevor die Pläne und Vorgehensweisen im Detail ausgearbeitet werden können.

Die Tab. 13.1 zeigt Beispiele von Themen innerhalb einzelner Ressourcen-Gruppen, die in eine geeignete Strategie einfliessen können.

Generell gelten beim Kontinuitäts-Management wie beim Risikomanagement für jede kritische Geschäftsfunktion (Kerngeschäft, Schlüssel-Produkt oder -Dienstleistung) die folgenden „Risiko-Behandlungs-Optionen":

- akzeptieren, d. h. das Ausfallrisiko bewusst tragen;
- transferieren (z. B. Versicherungen, Verträge);
- vermeiden;
- reduzieren.

Bei der Option „reduzieren" soll möglichst ein Optimum durch Reduktion

- der Häufigkeit,
- der Unterbrechungsdauer und/oder
- des Schadens

erreicht werden.

Tab. 13.1 Strategie-Themen von Ressourcen-Gruppen

Ressourcen-Gruppen	Themen-Beispiele für Ressourcen und strategische Optionen
Personal	• Zuordnung Kernkompetenzen auf unterschiedliche Personen zur Vermeidung von „Klumpenrisiken"; • Fähigkeiten und Ausbildung für den Normalbetrieb und den Ereignisfall; • Einsatz externer Kräfte im Ereignisfall. • Führung und Unterstützung der involvierten Personen während und nach dem Ereignisfall.
Informationen und Daten	• Angemessene Vertraulichkeit, Integrität und Verfügbarkeit von kritischen Prozessen und Aktivitäten; • Strategien für die Wiederherstellung von verlorenen oder verfälschten Informationen und Daten; • Alternative Informations- und Datenträger mit notwendigen Informationen während Ereignisfall
Gebäude/Lokationen	• Ausweichstandorte und Distanzen; • Ausweichstandorte bei anderen Unternehmen; • Personaleinsatz in Heimarbeit; • Personalbereitschaft an Ausweichstandort.
Geräte, Einrichtungen und Konsumgüter	• Kommunikationsgeräte, Klimageräte, Werkzeuge, Schutzbekleidung und -geräte; • Einrichtungen für Notaufenthalt (Betten, Tische Stühle, Regale etc.) • Proviant, Vorratshaltung und Verpflegungskanäle.
Technologie (ICT-Systeme)	• Unterhalt redundanter Technologie am Ausweichstandort („heisser" oder „kalter" Back-up); • Redundante Telecom-Verbindungen; • Prozesssteuerung via „Remote-Access"; • Automatisierte Back-up-Umschaltung;
Zulieferung, Transport und Versorgung	• Reserve-Lagerhaltung an mehreren Standorten; • Lieferung durch Ausweich-Lieferanten; • Verträge und SLAs mit Notfallklausel; • Alternative Versorgungskanäle.
Anspruchsgruppen	• Berücksichtigung der Interessen von wichtigen „Stakeholders" (z. B. Kunden); • Ärztliche/psychologische Betreuung.
Offizielle Krisen- und Notfallorganisationen	• Vertrautheit/Vorgehensplanung/Meldwesen mit externem Krisenmanagement, Feuerwehr, Polizei oder Ambulanz.

Bei der Entwicklung der Strategien ist es nützlich, an folgende Szenarien zu denken:

• Prioritäres Schutzbedürfnis der betroffenen und involvierten Menschen;
• Mangel an Personal und Fachkräften;
• Ausfall der Technik oder wichtiger Produktionsmittel;
• Ausfall wichtiger Lieferanten und Partner.

Die im konkreten Fall zu wählenden Strategien hängen vor allem von folgenden Faktoren ab:

- Anforderungen aus der Kontinuitäts-Analyse, z. B. maximal tolerierbare Unterbrechungsdauer (MTPD[13] = Maximum Tolerable Period of Disruption) sowie dem Wiederanlaufsziel (RTO = Recovery Time Objective), gegebenenfalls mit schrittweiser Leistungserhöhung während dem Notbetrieb;
- Aufwand und Kosten;
- betriebliche Konsequenzen für den Normalbetrieb und den Ereignisfall.

13.5.3.5 Geschäftskontinuitäts-Verfahren und Pläne

Nach der Festlegung der Kontinuitätsstrategien folgt nun im „BCM-Lebenszyklus" die Phase der Entwicklung geeigneter Reaktionen und Pläne für ein mögliches „Incident".

Die Definition eines „Incidents" im Zusammenhang mit dem Geschäftskontinuitäts-Management lautet ([Isob12], S. 4):

> Ein „Incident" ist eine Situation, welche eine Unterbrechung, ein Verlust, ein Notfall oder eine Krise sein oder dazu führen könnte.

Das schnelle und folgerichtige Handeln beim Eintritt eines Incidents ist nach Möglichkeit vorzubereiten. Wie bereits erwähnt, kann ein zu bewältigender Incident sowohl „schadensminimierende" als auch lediglich „präventive" Aktionen zur Verhinderung von Schadensfolgen erforderlich machen.

13.5.3.6 Krisenmanagement

Eskalationsstufen

Ist ein Incident eingetreten, dann gilt es, diesen für eine angemessene Behandlung zu kommunizieren. Die Geschwindigkeit, die Effizienz und Effektivität der zu ergreifenden Massnahmen hängt von einer groben Einschätzung des eingetretenen Schadensausmasses und der möglichen Schadensentwicklung ab. Da sich viele Ereignisse über die Zeit entwickeln und entsprechend der jeweiligen Situation einer angemessenen Behandlung bedürfen, wird der jeweilige Stand des Ereignisses als Eskalationsstufe bezeichnet. Das Unternehmen wird die einzelnen Stufen definieren und zu jeder Stufe eine Szenariobeschreibung mit entsprechenden Kriterien festlegen. In der Tab. 13.2 ist das Beispiel einer solchen Szenarioeinstufung gezeigt. Im Ereignisfall ist aufgrund des erreichten Eskalationsniveaus ein entsprechendes Gremium zur Behandlung der eingetretenen Situation einzuberufen.

---

[13] MTPD = MAO (Maximum Acceptable Outage).

Tab. 13.2 Beispiel einer Szenarieneinstufung

Stufe	Eskalations-Niveau	Beispielszenario
4	Katastrophe	Schäden erreichen eine für das Unternehmen lebensbedrohliche Höhe (z. B. Gebiet/Region grossflächig ausgefallen oder betriebswichtige Gebäude, samt Geschäftsinformationen, Personen und Geschäftsprozesse für unabsehbare Zeit nicht betriebsbereit und beschädigt).
3	Krise	Grössere, offensichtlich ausufernde Schäden, die das gesamte Unternehmen in seinen Arbeitsabläufen und Leistungen betreffen (z. B. Ausfälle von Schlüsselpersonen, grösseren Personengruppen, betriebswichtigen Gebäuden und Prozessen).
2	Notfall	Ereignis, das zu Schäden in einem Teilbereich des Unternehmens führt, wobei die Schäden in einem voraussehbar beschränkten Rahmen bleiben (z. B. Einzelpersonen oder Einzelsysteme ausgefallen).
1	Kritischer Zustand	Ereignis mit geringem Schaden oder Ereignis mit Anzeichen für notwendige präventive Massnahmen (z. B. kurzfristige Ausfälle für Reparaturen in kleinem Umfang oder geplante kurzzeitige Betriebsunterbrechungen für präventive Vorkehrungen).

Die Bezeichnungen „Notfall-Planung" oder „Notfall-Management" werden bei allen Eskalationsstufen verwendet

Führungs-Gremien

Häufig anzutreffende Bezeichnungen für Gremien, die sich mit der Bewältigung eines bestimmten Ausnahmezustands zu befassen haben, sind die Begriffe „Notfallstab", „Krisenstab" oder „Katastrophenstab".

Alarmierungsverfahren

Die Einberufung eines derartigen Gremiums erfolgt durch ein **Alarmierungsverfahren**, das nach vorgegebenen Regeln mit vorbestimmten Kommunikationseinrichtungen (z. B. Telefon, Handy, Pager, Lautsprecher-Durchsagen) verläuft und oft in einen „**Incident-Management-Prozess**" eingebettet ist. Beim Eintritt einer Ausnahmesituation gilt es, anhand der vorbereiteten Pläne und möglichen Massnahmen-Optionen, das für die Behandlung optimale Vorgehen zu entscheiden.

Führungsrhythmus und Protokollierung der Einzelschritte

Das Führen des für die Ausnahmesituation im Voraus nominierten Gremiums[14] (Notfallstab, Krisenstab oder Katastrophenstab) erfolgt nach einem für derart zeitkritische Führungssituationen definierten Prozess, dem sogenannten „**Führungsrhythmus**".

---

[14]Entsprechend der Organisationsstruktur des Unternehmens können für verschieden Problemkategorien verschiedene Gremien definiert sein, die hierarchisch aufeinander abgestimmt und geführt werden. Es können auch dieselben Gremien entsprechend der Führungsanforderungen personell modifiziert werden.

Das für alle Gremiumsmitglieder sichtbare Protokollieren der Einzelschritte (z. B. mit Flip-Chart, Beamer oder Hellraumprojektor) ist bei komplexen Entscheidungssituationen unverzichtbar. Bei allen Aktivitäten, die durch diesen Prozess ausgelöst werden, sind die Zeiten zu registrieren, budgetieren und zu kontrollieren.

Schritte des Führungsrhythmus:

1. Problemerfassung
2. Sofortmassnahmen
3. Beurteilung der Lage
4. Entschluss
5. Auftrag
6. Umsetzungssteuerung/Überwachung

Schritt 1: Problemerfassung

Um beim Auftritt eines Ausnahmezustands bestimmen zu können, welche Sofortmassnahmen und welche Pläne in welcher Form zum Einsatz gelangen sollen, sind durch das aufgebotene Gremium, wir bezeichnen es im Weiteren als Krisenstab, die Problemerfassung an allererster Stelle durchzuführen. Diese erste Aufgabe besteht darin, sich ein Bild über das eingetretene Ereignis zu verschaffen und eine erste Lagebeurteilung durchzuführen.

Checkliste für Problemerfassung und Lagebeurteilung

Die für die Problemerfassung zu beantwortenden Fragen sollten womöglich anhand einer Checkliste vorgängig eingeübt sein:

- Was ist geschehen und wer ist betroffen?
- Schäden an Leib und Leben?
- Betroffene Bereiche, Räumlichkeiten, Einrichtungen?
- Betroffene kritische Geschäftsprozesse und Auswirkung auf Markt und Kunden?
- Betroffene Support-Prozesse und IT-Systeme?
- Bestehen Informationsdefizite und wie können diese geschlossen werden?
- Haben sich Informationsverluste ergeben?
- Grobe Schätzung der Schadensauswirkung und Schadenshöhe?
- Wer wurde bereits informiert?
- Bereits getroffene Massnahmen?
- Ist bereits eine Eskalation an andere oder höhere Notfallinstanzen notwendig?
- Gibt es bereits wichtige Hinweise für die Ursachen im Sinne einer Schadensbegrenzung?
- Mit welcher Unterbrechungsdauer ist zu rechnen?
- Besteht das Potenzial für eine Ausweitung und weitere Schäden?

Schritt 2: Sofortmassnahmen

Aufgrund erster Informationen trifft der Krisenstab die Entscheide für die Beauftragung von Sofortmassnahmen. Solche Sofortmassnahmen sind beispielsweise:

- sofortige Hilfeleistungen;
- Alarmierung von Rettungskräften, falls noch nicht erfolgt;
- Evakuationsanordnung;
- weitere notwendige Alarmierungen;
- Massnahmen zur Verhinderung von Schadensausweitungen (z. B. Ordentliches Herunterfahren von Systemen einleiten);
- Anforderung wichtiger Spezialisten, Materialien, Werkzeuge und Transportmittel;
- Einholung wichtiger Informationen;
- Benachrichtigung wichtiger Stakeholder- und Behörden-Instanzen.

Bei den Sofortmassnahmen ist darauf zu achten, dass sie aufgrund des jeweiligen Informationsstands jederzeit möglich sein müssen und dass später zu treffende Entschlüsse nicht präjudiziert werden.

Schritt 3: Beurteilung der Lage

Die Lagebeurteilung soll die Grundlagen für die dem Ereignis angemessenen weiteren Entschlüsse liefern. Dafür sind die bereits eingetretenen und die noch zu erwartenden Schäden zu beurteilen. Wichtig sind dabei die Zeitverhältnisse und möglichen Massnahmen zur möglichst effektiven und effizienten Bewältigung sowie zur späteren Rückführung in den Normalzustand. Bereits dieser Schritt erfordert die Darlegung von alternativen Problemlösungen mit ihren Vor- und Nachteilen.

Schritt 4: Entschlüsse

Aufgrund der in der Lagebeurteilung dargestellten Schadensbeurteilungen und Problemlösungen fällt der Krisenstab die zu diesem Zeitpunkt möglichen Entscheide zur Bewältigung des Ausnahmezustands. Die Entschlüsse sollen zielorientiert unter Abwägung der Vor- und Nachteile der relevanten Alternative gefällt werden. Nach Möglichkeit werden dazu zusätzliche Informationsquellen (z. B. Helpdesk) und die Kommunikation mit internen und externen Instanzen und Anspruchsgruppen beigezogen.

Schritt 5: Aufträge

Die Aufträge an die verschiedenen Teams werden durch den Krisenstab mittels einer Aktivitätenliste verwaltet. Jede Aktivität erhält einen beauftragten „Owner", einen „Ausgabezeitpunkt", und ein „Zeitbudget" sowie einen „Berichterstattungszeitpunkt", an dem der Fortschritt der Aktivität kontrolliert und abgestimmt werden muss.

Schritt 6: Umsetzungssteuerung/-Überwachung

Die Berichterstattungszeitpunkte ermöglichen dem Krisenstab die Kontrolle über den Bewältigungs-Fortschritt und das Fällen weiterer Entschlüsse. Der Führungsrhythmus ist ein Kreislauf-Prozess, der entsprechend der Entwicklung der Situation iteriert durchlaufen wird. In der Regel liegt der wiederholte Einstieg in den Führungskreislauf bei der „Beurteilung der Lage".

13.5.3.7 Kriterien für Plan-Aktivierungen

Die Pläne, wie sie zum Teil bereits in den Abschn. 13.2 und 13.3 angesprochen wurden, enthalten für grundlegende Szenarien sozusagen die vorgefertigten Rezepte und Massnahmen-Konstellationen (Dispositive) für eine effektive und effiziente Problembewältigung.

Kriterien

Die Pläne werden nach einem Ereigniseintritt aufgrund bestimmter Kriterien aktiviert. Solche Kriterien sind im Voraus festzulegen (s. Checkliste) und sind beispielsweise:

- Ereignisart (z.B. Computerviren, Gebäudebrand, Stromausfall, Bombendrohung);
- Gefährdung von Menschen;
- Schadensausmass für Gebäude und Einrichtungen;
- Kritikalität für kritische Geschäftsprozesse;
- Voraussichtliche Dauer der Störung oder Unterbrechung.

Bei einem „Incident" sind generell die Phasen „Notfall-Reaktion", „Kontinuitäts-Erhalt" und „Wiederherstellung" zu unterscheiden (s. Abb. 13.3). Einige der in einer Notfallsituation[15] einzusetzenden Pläne sind im Abschn. 13.2 bereits kurz erläutert. Schon beim Eintritt eines Ereignisses, in dessen Folge ein Notfall entstehen könnte, sind Massnahmen zu ergreifen, die präventiv zur Schadensverhinderung oder -reduzierung führen.

Plan-Aktivierungen

Entsprechend der Ausnahmesituation und der Phase, in der sich der Ausnahmezustand befindet, wird der entsprechende Plan aktiviert:

Plan-Aktivierung

- Sind durch die Ausnahmesituation IT-Prozesse betroffen, dann kommt der „**IT-Notfall-Plan**" zum Einsatz.
- Sind bei einer Ausnahmesituation auch kritische Geschäftsprozesse betroffen, dann kommen die für die Ausnahmesituation massgeblichen „**Geschäfts-kontinuitäts-Pläne**" zum Einsatz. Die Aktivierung des Betriebskontinuitäts-plans, des Ausweichplans und/oder des IT-Notfall-Plans hängen vom Szenario ab; diese Pläne sind dem Geschäftskontinuitäts-Plan untergeordnet.

---

[15] Der Begriff „Notfall" wird oft auch für die Eskalationsstufen „Krise" und „Katastrophe" verwendet.

13.5.3.8   Ressourcen und externe Abhängigkeiten

Bei der Geschäfts-Impact-Analyse und dem Risiko-Assessment sowie den Kontinuitäts-Strategien wurden bereits wichtige Anforderungen und Ressourcen zur Kontinuitätssicherung festgelegt. In diesem Schritt des BCM-Prozesses werden nun die Ressourcen und externen Abhängigkeiten für den notfallbedingten Einsatz in der Form von Listen, Verzeichnissen, Checklisten und Einsatzplänen zusammengestellt.

Ressourcen für den Notfall

- Lebenswichtige Informationen und Informationenbestände (vital records);
- Kontaktlisten für Notfallorganisation und Mitarbeiter (Adressen, Telefonnummern usw.);
- Betriebs-Handbücher;
- IT-Notfall-Plan (einschliesslich Wiederanlaufverfahren);
- Lager- und Daten-Speichereinrichtungen an Ausweichstandorten mit entsprechenden Zugriffsprozeduren (Zweit- und ggf. Drittstandorte);
- Ausweichstandorte (falls erforderlich) für kritische Geschäftsprozesse einschliesslich kritischer Support-Prozesse (z. B. Zentral-Computer, vernetzte IT-Arbeitsplätze);
- Minimale Anzahl notwendiger Mitarbeiter zur Betreuung der notwendigen Prozesse und Funktionen (Auflistung der Mitarbeiter und deren Aufgaben und erforderlichen Fertigkeiten);
- Notarbeitsplätze;
- IT-Infrastruktur und Applikationen;
- Telekommunikations-Infrastruktur und -Support;
- Büro- und Spezialgeräte;
- Versorgungs-Infrastruktur (z. B. Wasser, Strom, Entsorgung).

Externe Abhängigkeiten:

- Kontaktlisten für Kontaktpersonen innerhalb und ausserhalb der Geschäftszeiten;
- Zu erfüllende Anforderungen der Anspruchsgruppen (z. B. minimaler Service-Level, Verpflichtungen);
- Alternative Fakten im Notfall (z. B. andere Postadressen, geänderte Lieferbedingungen);
- Alternative Möglichkeiten zur Vertragserfüllung.

13.5.3.9   Plan-Zusammenstellung

Nachdem in den vorangegangen Schritten wichtige Anforderungen und Ressourcen zur Kontinuitätssicherung sowie die Ressourcen rund um den notfallbedingten Einsatz ausgearbeitet wurden, erfolgt in diesem Schritt die Zusammenstellung der Pläne für den konkreten Einsatz.

Allen Plänen gemeinsam ist die Definition des Anwendungszwecks und des Einsatzbereichs. Ebenso gehören in die Pläne die mit dem Plan zu erfüllenden Ziele, die Planung der organisatorischen Umsetzung und Inkraftsetzung sowie die Kriterien und Verfahren zu deren Aktivierung.

Die Aktivitäten zur Plan-Zusammenstellung sind:

- Koordinierung, Konsolidierung und Dokumentation der Pläne über folgende Inhalte:
  - Geschäftsfunktionen, Organisationseinheiten und Standorte;
  - Zur Anwendung gelangende Geschäftskontinuitätsstrategien;
  - Definition von Zeitvorgaben einzelner Aktivitäten während der Notfallsituation und „vorbehaltener Entscheide"[16] für bestimmte Konstellationen und Massnahmen-Varianten.
- Festlegung der Notfallorganisation:
  - Definition der Katastrophen-, Notfall- und Krisenstäbe, welche im Ereignisfall für die Abwicklung der Kontinuitätspläne resp. deren Teilpläne verantwortlich sind;
  - Festlegung der Funktionen und Rollen einschliesslich der Verantwortlichkeiten und Kompetenzen für das Notfall- und Geschäftskontinuitäts-Management. Besetzung der Funktionen durch Personen und Stellvertreter;
  - Festlegung der Eskalations-Kriterien für die Übergabe der Führungsverantwortlichkeiten und Kompetenzen des Normalbetriebs in die Führungsverantwortlichkeiten und Kompetenzen der Notfall- und Krisenstäbe.
- Festlegung von Krisensitzungs-Räumen mit entsprechenden Sitzungs-Ressourcen (z. B. Konferenz-Telefon, Projektor, Situationspläne);
- Festlegung der im Ereignisfall relevanten internen und externen Abhängigkeiten und Interaktionen;
- Verzeichnis der Checklisten, diverser Kontaktlisten (Kunden, Lieferanten und Mitarbeiter);
- Festlegung der Informations- und Aufgebots-Hierarchie;
- Festlegung der Anlaufstellen für öffentliche Notfallorganisationen (z. B. Polizei, Feuerwehr, Spitäler);
- Erstellung der Kontinuitäts- und Notfalldokumentation in mobiler Form und an den diversen Standorten verfügbar. Der Zugriff auf diese Dokumentationen darf nur durch dafür autorisiertes Personal möglich sein. (Die Dokumentation kann in chiffrierter Form auf eine CD gebrannt werden. Die autorisierten Personen erhalten einen Dechiffrier-Schlüssel, sodass sie die Dokumentation mit einem herkömmlichen Notebook dechiffrieren und lesen können);
- Dokumentationen, Informationsfluss sowie spezielle Kommunikationsanforderungen und Hinweise auf das generelle Kommunikationskonzept im Ereignisfall.

---

[16] „Vorbehaltene Entscheide" gelangen zur Ausführung, sobald die im Notfallplan vorgesehenen Bedingungen erfüllt sind. Ein vorbehaltener Entscheid kann beispielsweise lauten, dass nach vergeblichen Reparatur- und Restart-Versuchen von x Stunden ohne weitere Rückfragen die Umschaltung auf ein kaltes Backup-System vorgenommen wird.

13.5.3.10   Kommunikationskonzept für den Ereignisfall

* Festlegung der im Notfall (resp. Katastrophen- oder Störfall) zu erreichenden Informationsempfänger:
    – Mitarbeiter und allenfalls ihre Familien-Mitglieder;
    – Aktionäre;
    – Verwaltungsratsmitglieder;
    – Medien (z. B. Presse, Radio und Fernsehen);
    – Behörden, kommunale und staatliche Stellen;
    – Regulatoren;
    – Kunden, Lieferanten und Vertragspartner;
    – usw.
* Festlegung wie und durch wen informiert wird (z. B. CEO, Public-Relation-Stelle, Personalverantwortliche, Vorgesetzte);
* Einschränkungen bezüglich Information (z. B. Bankgeheimnis, Informationenschutz, vertragliche Geheimhaltungsvereinbarungen);
* Festlegung, durch welche Stellen die Abgabe von Informationen autorisiert sein muss;
* Festlegung der Informationsart an die verschiedenen Empfänger und Vorbereitung von Muster-Texten an die verschiedenen Informations-Empfänger unter Annahme verschiedener Szenarien;
* Festlegung und Vorbereitung der Informationskanäle (z. B. Telefon, Anlaufstellen bei Medien, Fax, Hotline, Homepage) und der Kommunikations-Intervalle für die verschiedenen Empfänger.

13.5.3.11   Tests, Übungen und Plan-Unterhalt

Die Ergebnisse der Tests, Übungen und die Ausrichtung der Kontinuitätsvorkehrungen an den aktuellen Geschäftsanforderungen sind Bestandteil der Kontrollverantwortung der Leitungsorgane (Verwaltungsrat, Geschäftsleitung) eines Unternehmens.

Nachweispflicht

Die Nachweispflicht über die Funktionstüchtigkeit des Kontinuitätsmanagements erstreckt sich jedoch meist noch weiter, indem Auftraggeber, Regulierer und weitere Anspruchsgruppen periodisch Bericht über die Ergebnisse von realistisch durchgeführten Tests und Übungen verlangen. Viele Unzulänglichkeiten und Fehler treten bei Tests und Übungen, aber auch bei tatsächlich aufgetretenen Ereignissen und Notfällen zutage.

BCM-Kultur

Im Sinne eines kontinuierlichen Verbesserungsprozesses (PDCA-Zyklus) verlangen heutige BCM Standards (z. B. [Isob12]) die Pflege einer auf die Kontinuitätsziele ausgerichteten Unternehmens-Kultur.

▶   **Praxistipp** Zu einer Kultur der kontinuierlichen Verbesserung gehört unter anderem, dass Fehler und Mängel zur Ableitung von Lehren (lessons learned) und korrektiven Massnahmen kommuniziert werden.

13.5.3.12   Aufgaben der Tests

Die Pläne müssen mit ihren zugrunde liegenden Prozessen, Systemen und Personen möglichst wirklichkeitsnah getestet werden. Beim Testen wird in erster Linie die Logik des Plans sowie die Funktionstüchtigkeit und Angemessenheit der für den Notfall zur Verfügung stehenden Ressourcen (z. B. Systeme, Einrichtungen, Umschalt- und Ausweichprozesse) überprüft.

Die Tests dienen dem Auffinden von allfälligen Mängeln und Fehlern in der Logik, den Kapazitäten und den Leistungsfähigkeiten der zur Verfügung stehenden Ressourcen. Dabei sollen die Tests den aus einzelnen Risiko-Szenarien resultierenden Anforderungen unterworfen werden. Aus den gewonnenen Testresultaten können Schlüsse für die Festlegung von wichtigen Parametern (z. B. Auslegung von Noteinrichtungen, Zeitpunkte der Informationensicherungen) sowie der notwendigen Verbesserungen gezogen werden.

13.5.3.13   Übungsvorbereitungen und -Durchführungen

Bei den Übungen geht es in erster Linie um die Vorbereitung der Mitarbeiter, des Managements und vor allem der Mitglieder der am Krisenmanagement beteiligten Gremien und Organisationseinheiten auf ein allfälliges Ereignis.

Lernen und Überprüfen

Sie dienen dem Lernen und der Überprüfung der notwendigen Kenntnisse und Fertigkeiten zur Bewältigung der Notfälle. Aufgrund realistischer Szenarien wird der Ablauf eines Notfalls vom Zeitpunkt des Ereignis-Eintritts, über die geänderte Geschäftsweiterführung bis hin zur Wiederherstellung des Normalbetriebs durchgespielt.

Fiktive Situationsbeschreibungen

Für nicht real durchführbare Situationen werden entsprechende Situationen durch Meldungen mit fiktiven Situationsbeschreibungen kommuniziert, worauf von den Übungsteilnehmern entsprechende Entscheide, Anordnungen und Aktionen durchgeführt werden müssen (z. B. Evakuations-Übung aufgrund einer fiktiven Katastrophe).

Übungen erfordern eine umfangreiche Vorbereitung:

- Ein entsprechendes Notfallszenario wird mittels eines Drehbuches in eine Übungsabfolge umgesetzt;
- Die Steuerung der Abfolge kann durch „Marquere" erfolgen, die zu gegebenen Zeitpunkten fiktive Lagebeschreibungen und Zusatzinformationen an die Übungsteilnehmer abgeben;
- Die Aktionen der „Beübten", aufgrund vorgegebener Lagebeschreibungen, wird durch die Übungsleitung beurteilt und bei den auf die einzelnen Übungssequenzen folgenden Übungsbesprechungen im Sinne von Verbesserungshinweisen mit den Übungsteilnehmern besprochen.

Wichtige Übungsziele sind beispielsweise:

- Überprüfung und Verbesserung des Führungsverhaltens in Notfall- und Krisensituationen mit zeit- und sachgerechten Entscheidungen;
- Stufengerechte Informations- und Verantwortungsübertragung;
- Krisenkommunikation gegenüber Anspruchsgruppen und Medien (einschl. Üben von Fernsehauftritten);
- Zeitgerechte und angemessene Alarmierungen sowie rechtzeitige Einfindung am vorgegebenen Treffpunkt (z. B. Krisenraum);
- Schnelle und reibungslose Evakuationen;
- Überprüfung des organisatorischen Ablaufes bei der Notfall- und Krisenbewältigung;
- Schaffung eines angemessenen Risiko- und Sicherheitsbewusstseins unter Führungspersonen und Mitarbeitern;
- Vertrauensbildung für Anspruchsgruppen, Führungspersonen und Mitarbeiter (Anspruchsgruppen sollen, wo sinnvoll und möglich, auch in die Plan-Überprüfungen einbezogen werden).

13.5.3.14   Wartung und Überprüfung der Pläne

Die Pläne müssen periodisch (z. B. jährlich) überprüft und angepasst werden. Bei signifikanten Veränderungen (z. B. Umzügen, Reorganisationen, Veränderung bei den Geschäfts- oder Supportprozessen) müssen die Pläne entsprechend der Veränderungen der Risiken und Massnahmen-Situationen angepasst werden. Wichtig ist, dass die Änderungen der Pläne, Checklisten und sonstigen Utensilien in geeigneter Form an die massgeblichen Stellen kommuniziert werden.

Jahresprogramm

Die Entwicklung und Wartung sämtlicher Pläne, Aktivitäten, Massnahmen, Tests, Übungen usw. werden vorteilhaft in einem entsprechenden „Jahresprogramm" geplant und festgehalten. Für den Unterhalt des fortlaufenden Kontinuitäts-Programms empfiehlt es sich, eine Person oder Organisationseinheit zu beauftragen.

▶ **Praxistipp** Zur Nachführung der Pläne müssen dazu verantwortliche Personen nominiert werden. Für einfache Geschäfts- oder Supportfunktionen kann das Nachführen durch eine Person nebenamtlich durchgeführt werden. Für komplexe Funktionen bedarf es hauptamtlicher Stellen oder Teams, die für das Nachführen verantwortlich zeichnen. Die Richtigkeit und Aktualität ist nach dem „Vieraugenprinzip", wenn nicht sogar durch eine fachliche Kontrollstelle, regelmässig zu überprüfen.

   Bei den periodisch durchzuführenden Übungen soll unter anderem die Aktualität der Pläne ein Kriterium der Übungsbeurteilung sein. Die Pläne sind vor allem übersichtlich und nur mit wichtigen und für den Ereignisfall absolut notwendigen Informationen aufzubauen. Ansonsten können sie kaum aktuell gehalten werden und können im Ereignisfalle zu Fehlentscheiden und unnötigen Verzögerungen führen.

13.6   Leistungsbewertung

13.6.1 Überwachung und Überprüfung

Überwachung

Durch die ständige Überwachung wird sichergestellt, dass Ereignisse, die auf die Kontinuität einen Einfluss haben können, kurzfristig hinsichtlich korrektiver Eingriffe erkannt werden.

Überprüfung

Die Überprüfungen, welche periodisch oder aufgrund besonderer Anlässe (z. B. infolge signifikanter Veränderungen der Gefahrenlage oder der Geschäftsprozesse) erfolgen, dienen mehrheitlich der Erkennung von grossen Abweichungen von den beabsichtigten Ergebnissen.

Für eine sinnvolle Überwachung und Überprüfung der Leistung des BCM-Systems sind einige grundsätzliche Voraussetzungen zu erfüllen, die vorteilhaft in einem Überwachungs- und Prüfkonzept festgehalten werden.

Ein solches Überwachungs- und Prüfkonzept gibt beispielsweise die Antwort auf folgende Fragen:

- Was kann mit welchen Metriken wie geprüft und gemessen werden, um die Wirksamkeit des Kontinuitätsprogramms mit allenfalls korrektiven Massnahmen sicher zu stellen?
- Zu welchen Zeitpunkten oder Anlässen sollen die Messungen, Überprüfungen und Auswertungen durchgeführt werden?
- Wer ist für die Durchführung verantwortlich und an wen geht die Berichterstattung?
- Was wird in welcher Weise dokumentiert?
- Werden die Erreichung von Policy-Vorgaben, der Anforderungs-Ziele sowie der Konformität der zugrunde liegenden BCM-Prozesse adäquat gemessen und überprüft?

Selbstüberprüfung

Die Überprüfung des im vorigen Abschnitt erwähnte „BCM-Jahresprogramms" könnte als Selbstüberprüfung (Selfassessment) anhand einer Prüfliste erfolgen, welche die Prüfpunkte des gesamten BCM-Prozess enthält.

In geplanten Intervallen sind auch Überprüfungen durch die „Interne Kontrolle" oder durch „Externe Reviews" (Audits) durchzuführen, wodurch gegenüber der Selbstüberprüfung eine grössere Unabhängigkeit in den Bewertungen gewährleistet wird.

13.6.2 Internes und externes Audit

Interne Audits

Der internationale Standard ISO 22301:2012 verlangt, in geplanten Intervallen sogenannte „Interne Audits" durchzuführen. Diese Audits sollen zur Überprüfung beitragen,

- ob das BCM-System zu den Anforderungen des Unternehmens und
- zu den Anforderungen des obengenannten Standards konform und wirksam umgesetzt und betrieben wird.

Im deutschen Sprachgebrauch fällt diese Aufgabe der Internen Revision zu und wird meist im Rahmen der gesetzlich verlangten „Internen Kontrolle (IKS)" des Unternehmens abgewickelt. Diese Aufgabe kann durch eine interne Abteilung aber auch im „Outsourcing" durch eine externe Firma ausgeübt werden.

Externe Audits

Die Externe Revision (external audit) ist ein unternehmensexternes Prüfungsorgan, das zum einen den gesetzlich vorgeschriebenen Geschäftsabschluss prüft, zum anderen vermehrt aber auch Interne Prozesse wie das Geschäftskontinuitäts-Management in ihre Prüfergebnisse einbezieht. Auch besitzen einige externe Revisionsgesellschaften die „Akkreditierung", die „Zertifizierung" des eingesetzten BCM-Systems nach ISO 22301:2012 durchzuführen.

Behebung von Nichtkonformitäten

Es ist jedoch Aufgabe und Verantwortung des für den auditierten Bereich zuständigen Managements, dafür zu sorgen, dass die durch die Audits aufgezeigten „Nichtkonformitäten" sowie deren Ursachen in nützlicher Zeit behoben werden. Es entspricht der praktischen Logik, dass anhand von Folgeüberprüfungen die Korrekturen überprüft und die Resultate in die Berichterstattung aufgenommen werden müssen.

13.6.3 Überprüfung durch Management

In den vorhergehenden Schritten des Kontinuitätsmanagement-Prozesses waren die Übungen und Tests wie auch die Wartung des aufgebauten „Kontinuitätsprogramms" sowie der gesamte Prozess durch die jeweils in ihrem Bereich zuständigen Stellen zu überwachen und zu überprüfen.

Überprüfungen durch oberste Leitungsgremien

Aus der Sicht der obersten Leitung des Unternehmens (Verwaltungsrat und Geschäftsleitung) ist es wichtig, die Angemessenheit des vorhandenen Kontinuitätsmanagement-Prozesses zu überwachen und auf Effektivität und Effizienz zu überprüfen. Dabei geht es beispielsweise um folgende Fragen:

- Ist die definierte Kontinuitätspolitik den aktuellen externen und internen Geschäftsanforderungen angemessen?
- Ist ein wirksames Kontinuitätsprogramm erstellt und wird es umgesetzt?
- Welche Übungen und Tests wurden durchgeführt und was sind die Ergebnisse?

Regelmässige Berichterstattungen

Solche Informationen erhalten die Leitungsgremien eines Unternehmens zum einen aus geplanten regelmässigen Berichterstattungen und zum anderen aus aktiven Mitwirkungen im Prozess. Für die Leitungs-Instanzen prädestinierte Mitwirkungsaktivitäten sind die Festlegung von Meilensteinen, die Impact-Bewertungen, die Abnahme von Zwischenergebnissen und das Fällen von wichtigen Entscheidungen bei der Planung und der Umsetzung des Kontinuitätsmanagements.

Überwachung Konformität

Dabei achten die Leistungs-Instanzen darauf, dass, beispielweise durch Audit-Aufträge, die Konformität zum beabsichtigten Prozess vorhanden ist und die gesetzten Ziele erreicht werden.

Zur Nachweissicherung[17] für alle möglichen Situationen sind die Ergebnisse der Überwachungen und Prüfungen auch zu dokumentieren.

Einbezug Leitungsgremien

Als konkrete Beispiele für den Einbezug der Leitungsgremien in den BCM-Prozess können genannt werden:

- Genehmigung von Policy-Dokumenten sowie der Pläne und Projekte zur Kontinuitäts-Verbesserung;
- Bestimmung periodischer Meilensteine zur Überwachung und Überprüfung und Berichterstattung (z. B. Festlegung von Übungs- und Prüfaktivitäten sowie Berichterstattungsterminen);
- Anordnung von Überprüfungen, Bewertungen und Berichterstattung bei signifikanten Veränderungen (z. B. Neue Geschäftsprozesse, Organisations-Restrukturierung)
- Akzeptanz grosser Risiken aus Unternehmenssicht;
- Lehren resultierend aus aufgetretenen Fällen;
- Überprüfung der Compliance zu gesetzlichen, regulatorischen und vertraglichen Anforderungen.

Berichterstattung mit Aussagekräftigen Indikatoren

Zur Berichterstattung an die Leitungsgremien sind, unter anderem, aussagekräftige Indikatoren einzusetzen, die auf möglichst vergleich- und reproduzierbaren Fakten beruhen. Dabei ist dem Umstand Rechnung zu tragen, dass im Unternehmen schwere Ausfälle womöglich nicht oder nur sehr selten vorkommen und somit wenig Erfahrungsmaterial liefern.

---

[17] Unter anderem gilt es für das zuständige Management zu bedenken, dass es für Unterlassungen mit allfälligen Konsequenzen verantwortlich gemacht werden kann.

Indikatoren über Zustand vor Ereigniseintritt

Die Leistungskennzahlen müssen so definiert werden, dass sie über Effektivität und Effizienz Auskunft geben können, ohne dass entsprechend schwere Ereignisse eingetreten sind. Solche Indikatoren beruhen beispielsweise auf erfolgreich abgewehrten oder häufig eingetretenen Ausnahmeereignissen mit geringen Schäden aber hohem Schadenspotenzial. Aussagekräftige Indikatoren können auch durch unangemeldete Tests (z. B. Reaktionszeiten nach Probealarmierungen) aufdatiert werden. Aussagekräftige Indikatoren ergeben sich auch aus dem wiederholten Auftreten gleichartiger Fälle.

Aussagen anhand von hypothetischen Ereignisszenarien

Wichtig sind auch regelmässige Aussagen über mögliche Massnahmen in rein hypothetische Ereignis-Szenarien, die unter gewissen Bedingungen eintreten könnten (z. B. „Blended Threats", Insider-Angriffe).

13.7   Kontinuierliche Verbesserungen und Wiederholungen

Das BCM-System wird, wie der Abschn. 13.6 zeigt, in allen Aspekten überwacht und überprüft und die Resultate für die allfälligen Entscheide aufbereitet. Dabei sollen alle wesentlichen Schritte dokumentiert werden. Jedoch zeigen sich sowohl in der Qualität und Angemessenheit der Aktivitäten einzelner Prozessschritte als auch in der Erfüllung von Anforderungen und der Zielerreichung immer wieder Lücken mit entsprechendem Handlungsbedarf.

Schliessen der Lücken mit Handlungsbedarf durch Prozesswiederholung

Zum Schliessen der Lücken sowie zur Anpassung an neue Gegebenheiten ist es oft notwendig, einzelne Schritte oder sogar den gesamten BCM-Prozess im Sinne einer Verbesserung oder mit neuem „Input" wiederholt durchzuführen. Der gesamte BCM-Prozess wird bei besonderem Bedarf (z. B. Veränderung der Geschäftsanforderungen oder neu auftretender Risiken) wiederholt. Eine Wiederholung soll auch in geplanten Intervallen (z. B. jährlich) erfolgen.

Dort wo die beabsichtigte Funktionstüchtigkeit des Prozesses, z. B. in Anlehnung an den Standard ISO 22301, Lücken oder „Nicht-Konformitäten" aufweist, sind entsprechende Aktionen zu definieren und durchzuführen, um die Lücken zu beseitigen.

Kontinuierliche Verbesserungen

Die Eignung, Angemessenheit und Wirksamkeit des BCMS soll im Sinne eines PDCA-Zyklus kontinuierlich verbessert werden. Die Verbesserung kann vor allem über die Teilprozesse, Führung, Planung und Leistungsbewertung des BCMS erreicht werden.

13.8 IT-Notfallplan und Incident- und Vulnerability-Management

Der IT-Notfallplan[18] wurde im Abschn. 13.2.2 grob vorgestellt; Er ist ein aktionsorientiertes Dokument, das die notwendigen Informationen und Handlungsanweisungen für ein möglichst rasches Überbrücken einer Notsituation (z. B. eines Systemausfalls) und ein Wiederherstellen des uneingeschränkten Normalbetriebs verhelfen soll. Der Plan ist oft einem Geschäftskontinuitäts-Plan oder vorteilhaft einem Management-System wie dem BCMS unterstellt und darauf angepasst. Viele wichtige äussere Rahmenbedingungen an einen IT-Notfallplan (z. B. Einbettung in den Unternehmenskontext, risikobasierte Zielvereinbarungen, strategische Optionen, Führung, Unterstützung mit Ressourcenbereitstellung, Überwachung und Leistungsmessung) werden sodann im übergeordneten Management-System geregelt und durchgeführt; im BCMS werden beispielsweise die notwendigen Prozesse für die Geschäfts-Impact-Analyse und das Risiko-Assessment durchgeführt und der angemessene Ressourceneinsatz geregelt. In der Praxis werden auch detailliertere Inhalte und Anweisungen des Notfallplans in untergeordnete Dokumente ausgelagert. Damit soll der IT-Notfallplan ein auf die wesentlichen Handlungen im IT-Notfall beschränktes, schlankes Dokument sein. In Anlehnung an ([Nisc10],[19] S. E-2) und ([Klet11],[20] S. 171,172) sind in Abb. 13.6 wichtige Inhalte eines IT-Notfallplans aufgeführt. In den meisten Fällen werden auch mehrere IT-Notfalldokumente erstellt, die jeweils ein bestimmtes System, einen ganzen Prozess, die Systeme einzelner Organisationseinheiten oder ein bestimmtes Notfallereignis behandeln. Grundbedingung ist, dass die einzelnen Dokumente konsistent aufeinander abgestimmt sind. In jedem Fall sollten die Notfalldokumente einem vorgegebenen einheitlichen Formatstandard entsprechen, sowohl was das Kommunikationsmedium (z. B. Papier, elektronische Fileformate) als auch die Inhaltsstruktur betrifft. In Form und Struktur der Dokumente sollen auch wichtige Informationen enthalten sein wie Anwendungsbereich, Klassifizierung, Ausgabe-Datum, Versions-Informationen, Freigabevermerk, Auskunftsstelle und Verteiler. Selbstverständlich müssen die Notfalldokumente regelmässig der aktuellen Situation angepasst und an die in die Notfallbehandlung involvierten Personen kommuniziert werden. (s. auch Abb. 13.6)

Integration des IT-Notfallplans in das Geschäftskontinuitäts-System
Die Vernetzung des IT-Notfall-Plans mit dem Geschäftskontinuitäts-Plan oder Geschäftskontinuität-System ist jedoch von Unternehmen zu Unternehmen stark verschieden. In Unternehmen mit überwiegend IT-Dienstleistungen können die Geschäftskontinuitäts-Pläne

---

[18] Die deutsche Bezeichnung „IT-Notfallplan" anstelle der englischen Bezeichnung „IT Contingency Plan" wird unabhängig davon verwendet, ob es sich um die Bewältigung eines Notfalls, einer Krise oder einer Katastrophe handelt.

[19] [Nisc10]: Contingency Planning Guide for Federal Information Technology Systems, NIST Special Publication 800–34 Rev. 1.

[20] [Klet11]: IT-Notfallmanagement mit System. Wiesbaden: Springer Vieweg.

a) Dokument Management

- Eindeutige Kennzeichnung und Beschreibung des Plans (z. B. Titel, Datum, Referenznummer) in Übereinstimmung mit übergeordneten Dokumenten (z. B. Geschäftskontinuitätsplan) und untergeordneten Detailplänen;
- Ansprechstellen für den Plan (z. B. hinsichtlich Verständnisfragen, Unstimmigkeiten oder Veränderungen);
- Kriterien, nach denen der Plan überarbeitet wird (z. B. infolge Veränderungen bei den zugrundeliegenden IT-Systemen oder deren Umgebungsbedingungen), Regelung der Plan-Aktualisierung;
- Prüfungs-, Genehmigungs- und Freigabe-Nachweise;
- Schlüsselpersonen und andere in die Notfallplanung einbezogenen Personen und Stellen, welche jeweils Empfänger des Dokuments und dessen Aktualisierungen sind, aufgeführt mit Namen und Rolle.

b) Anwendungsbereich und generelle Anforderungen bezüglich Kontinuität und Sicherheit

- Unternehmens- und Geschäftsprozesse und deren Notfall-Anforderungen (MTPD, RTO und RPO);
- Unternehmens- und Geschäftsprozesse, die trotz einer Unterbrechung, Beeinträchtigung oder Fehlersituation der IT weitergeführt werden müssen;
- Wiederherstellungs-Prioritäten und -Metriken;
- Anforderung an volle Wiederherstellung ohne Verschlechterung der ursprünglich geplanten Sicherheitsmassnahmen;
- Grobbeschreibung der Systemzusammenhänge und Referenzierungen der Detailbeschreibungen von Einzelkonzepten (z. B. Backup-Konzepte) und Notfall-Lösungsvarianten;
- „Vorbehaltene Entscheide" für bestimmte Konstellationen und Massnahmen-Varianten);
- Schnittstellen zu den Aktivitäten des „Incident-Handlings" und dem „Vulnerability-Management";
- Schnittstellen zu relevanten Systemen und Objekten ausserhalb des Anwendungsbereichs.

c) Aktivitäten beim Notfalleintritt

- Problemerfassung und Alarmierung (Ansprechstellen für die erste Situationsanalyse, für das „Incident-Management" und das „Service Desk");
- Sofortmassnahmen (z. B. Mögliche Sofortmassnahmen, Entscheidungshilfen und Entscheidungsträger);
- Beurteilung der Lage und möglichen Lösungsvarianten (Verweis auf Problemkatalog mit Problemlösungen aufgrund von Ursachen oder Indikatoren (Neuinstallation, Reparatur, Austausch, Daten-Restore etc.);
- Aspekte und notwendige Schritte vor der Notfallbehebung (z. B. Prüfen der Ressourcenverfügbarkeit, Vorabinformationen an die Anspruchsgruppen (z. B. Kunden), einzuholende Entscheide bei Entscheidungsträgern, Bedingungen für „Ausserbetriebnahmen" und „Herunterfahren" von Systemen);
- Vorgaben für einen Führungsrhythmus unter Berücksichtigung von Lösungs- und Zeitzielen sowie Meldevorgaben und Kriterien für die Übergabe der Führungsaufgaben an ein höheres Gremium bei Eskalation;
- Umsetzungsschritte für Überbrückungsmassnahmen, Problembehebung, Wiederanlauf, Rückführungen etc. (Verweis auf separate Pläne und Anleitungen).

d) Rollen, Verantwortlichkeiten und Kompetenzen im Notfall

- Gremien, Organisationseinheiten und Funktionsträger im Notfall;
- Zuordnung der Verantwortlichkeiten und Kompetenzen, bezogen auf bestimmte Handlungen (z. B. Abschaltung von Produktions-Systemen).

e) Notfall-Kommunikationskonzept

- An wen ist aufgrund welcher Ereignisse und mit welcher Periodizität zu berichten?
- Wer berichtet an welche internen und wer an welche externen Stellen?
- Einzusetzende Kommunikationsmittel und Kommunikationskanäle;
- Vorgaben zur Protokollierung der Aktivitäten, eingeschlagenen Umsetzungsschritte und Ergebnisse an bestimmten Kontrollpunkten des Lösungsprozesses (Milestones);
- Verweis auf allgemeine Kommunikations-Regelungen (z. B. in übergeordnetem Kommunikationskonzept).

f) Anforderungen an Überwachung und Überprüfung

- Prüfungsarten und Überprüfungsinstanzen (z. B. Internes / externes Audit, IT-Board, Management-Review);
- Prüfungsanlässe (z. B. nach der Umsetzung von Massnahmen infolge „Learned Lessons").

Abb. 13.6 Inhalte eines IT-Notfallplans

und IT-Notfallpläne in vielen Punkten miteinander verschmolzen werden. Wichtig für den IT-Notfallplan ist die Schnittstelle zum Incident-Management und zum Vulnerability-Management.

Integration Incident-, Vulnerability- und Cyber-Incident-Response-Management
Die ISO-Standards der 270xx-Reihe über Informationssicherheit unterscheiden zwischen
den Begriffen „Event" und „Incident" wie folgt [Isoo16]:

Information Security Event
Erkannter, eingetretener System-, Service-, oder Netzwerkzustand, bei dem eine
mögliche Verletzung der Sicherheits-Policy, das Versagen einer Massnahme oder
eine bisher unbekannte, möglicherweise sicherheitsrelevante Situation vorliegt.

Information Security Incident
Eines oder mehrere unerwünschte oder unerwartete Information Security Events,
die mit einer signifikanten Wahrscheinlichkeit den Geschäftsbetrieb beeinträchtigen
und die Informationssicherheit gefährden.

Die Abb. 13.7 zeigt, wie das Incident-Management von den Bedrohungen und Schwachstellen abhängt und vor allem wie die Incidents aus den Events hervorgehen.

Für den IT-Notfall-Plan sind die Integration der auf die Informationssicherheit abgestimmten Pläne des Incident-Managements, Vulnerability-Managements sowie des „Cyber-Inci-
dent-Response-Managements"[21] von grosser Bedeutung. So erfordert die IT-Notfallplanung
vom Incident- und Vulnerability-Management meist eine schnelle, oft sofortige Reaktion

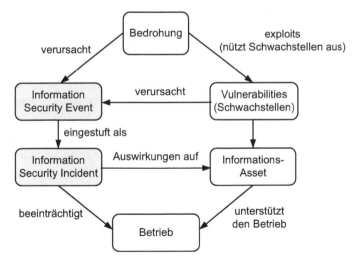

Abb. 13.7   Events und Incidents in der Informationssicherheit ([Isok16], S. 3)

---

[21] Die NIST-Empfehlung „Contingency Planning Guide for Information Technology Systems"
bezeichnet einen solchen Plan als „Cyber Incident Response Plan" ([Nisc02], S. 9).

Incident Management	
Zu den Vorbereitungen für das „Incident Handling" gehört die Planerstellung sowie das Austesten des Plans und die fortlaufende Verbesserung	1. Planen und vorbereiten
„Incident Handling" im Einzelfall	2. Erkennen und berichten 3. Beurteilen und Entscheiden 4. Reagieren und behandeln 5. Lernen zur fortlaufenden Verbesserung

Abb. 13.8 Phasen im Incident-Management-Prozess (vgl. [Isok16], S. 6,7)

gegenüber bösartigen Attacken, die heute zum grossen Teil über das Internet erfolgen. Zum anderen können die Ereignisse auch aus unbeabsichtigtem Fehlverhalten von Personen oder von Fehlern und Ausfällen technischer Einrichtungen herrühren. Dabei kümmert sich das Incident-Management jeweils in erster Linie um die schnellstmögliche Kontinuitätssicherung des Geschäftsbetriebs, aber auch um das Ziel, den uneingeschränkten „Normalbetrieb" in nützlicher Frist wieder herzustellen. Zur Erfüllung dieser Ziele gehören die unmittelbare Mitteilung des eingetretenen Ereignisses an die für die Behandlung des Ereignisses zuständigen Stellen sowie die Bewertung und Aufzeichnung des Ereignisses hinsichtlich des allenfalls nötigen Nachvollzugs und des Lernens bezüglich einer kontinuierlichen Verbesserung der Sicherheitslage. Das Management der „Information Security Incidents" kann grob in die gemäss Abb. 13.8 gezeigten Phasen eingeteilt werden.

**Einbezug von internen und externen Ursachen in das Incident-
und Vulnerability- Management**
Wie bereits unter Abschn. 13.5.3.5 aufgeführt, ist ein Incident allgemein „eine Situation, welche eine Unterbrechung, ein Verlust, ein Notfall oder eine Krise sein oder dazu führen könnte" ([Isob12], S. 4). Somit ist es sinnvoll, alle extern und auch intern anfallenden Informationssicherheits-Ereignisse, auch solche ohne unmittelbaren Schaden, die aber zu grossen Schadensereignissen eskalieren können,[22] in diesen Management-Prozess einzubeziehen. Die organisatorische Verknüpfung des Vulnerability-Managements mit dem Incident-Management ist zweckmässig, da die Behebung von Vulnerabilities (z. B. mittels Patching) meist in unvorhergesehener Weise notwendig wird und oft unverzüglich durchgeführt werden muss. Zu solchen Incidents gehören plötzlich bekannt werdende „Vulnerabilities" und „Exploits", die mit entsprechenden Massnahmen (u. a. Software Patches) behoben werden sollen, um gegen potenzielle Cyber-Attacken wie Hackings, Viren, Würmer, Trojanische Pferde vorzubeugen.

---

[22] Sowohl der Standard ISO/IEC 27002:2013 ([Isoc13], S. 67–71)] als auch das COBIT Framework ([Cobi12], S. 145–146) schlagen ein „Security Incident Management" für die Behandlung sämtlicher Ereignisse und Schwachstellen vor.

Organisatorische Vorkehrungen zur Bewältigung von IT-Notfällen
In der Tab. 13.2 wurde an einem Beispiel gezeigt, wie Ereignisse nach ihrer Tragweite hinsichtlich einer angemessenen Behandlung in die vier Stufen **„Kritischer Zustand"**, **„Notfall"**, **„Krise"** und **„Katastrophe"** eingestuft werden können. Gemäss dieser Einstufung werden Ereignisse, solange lediglich Einzelsysteme ausfallen oder beeinträchtigt sind oder die für das Unternehmen anfallenden Schäden in einem beschränkten Rahmen bleiben, als **„Kritischer Zustand"** oder als **„IT-Notfall"** bezeichnet.

Der Zustand, bei dem grössere Schäden bezogen auf die Geschäftsprozesse entstehen können oder bereits erfolgt sind, wird als **„Krise"** bezeichnet. Zur Problembehandlung bei Krisen werden die für die Geschäftsprozesse zuständigen **„Krisenstäbe"** einberufen. Sobald die Ereignisse Auswirkungen in lebensbedrohlicher Höhe für das Unternehmen annehmen, indem beispielsweise die Geschäftsprozesse unternehmensweit ausfallen oder ausgefallen sind, wird eine solche Eskalationsstufe als **„Katastrophe"** bezeichnet.[23] Zum Management einer Katastrophe wird der **„Katastrophenstab"** einberufen. Zur integrierten Bewältigung aller **„IT-Incidents"** über alle Eskalations-Stufen dient der sogenannte **„IT-Notfall-Plan"**.

Führungsgremium gemäss der jeweiligen Eskalationsstufe
Die Gremien, wie sie beim Eintreten und bei der Eskalation eines Ereignisses in Aktion treten ist in der Abb. 13.9 veranschaulicht. Im IT-Notfall-Plan ist somit auch festgelegt, wie bei der Eskalation zu einem bestimmten Eskalations-Niveau die Führung durch das jeweils übergeordnete Gremium übernommen wird.

Die unterste Ebene des „IT-Notfall-Plans" (s. Abb. 13.6), die sich u. a. mit der wichtigen Funktion des Vulnerability- und „Incident-Management" befasst, wird im Abschn. 13.8.1 mit Aufgaben, Funktionsstellen und Kommunikations-System näher behandelt.

13.8.1   Organisation eines Incident- und Vulnerability-Managements

Nachfolgend wird an einem Beispiel gezeigt, wie ein Incident-Management, zusammen mit einem Vulnerability-Management[24], organisatorisch aufgebaut werden kann. Aufgrund der IT-Organisation und der in Teilbereichen notwendigen Kenntnissen und Fähigkeiten der Mitarbeiter sowie der unterschiedlichen Bedrohungsarten und deren Auswirkungen

---

[23] Die Begriffe für die einzelnen Eskalationsstufen werden von Unternehmen zu Unternehmen unterschiedlich verwendet; so ist beispielsweise auch die Verwendung des Begriffs „Notfall" für eine der „Krise" übergeordnete Eskalationsstufe anzutreffen. Wichtig ist die einheitliche Verwendung der Begriffe in einem Unternehmen.

[24] In einem IT-Notfall-Plan ist die Verknüpfung des „technischen" Vulnerabiltiy-Managements mit dem Informationssicherheits-Incident-Management eine naheliegende Lösungsvariante, um möglichst zeitnahe Aktionen zu ermöglichen. Das Informationssicherheits-Incident-Management sollte natürlich auch in geeigneter Weise mit einem Incident-Management für die „Geschäftskontinuität" verknüpft werden.

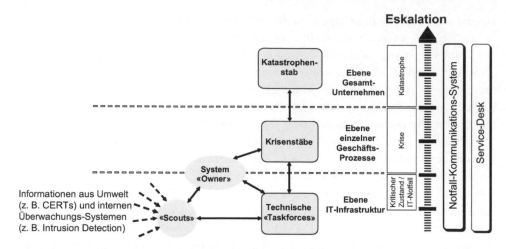

Abb. 13.9 Beispiel von Rollen und Gremien in einer IT-Notfall-Planung

sollen entsprechende System-Bereiche unterschieden werden. Ein solcher Bereich könnte beispielsweise der Bereich der „Office-Systeme" sein. Ein anderer Bereich wäre beispielsweise der „Netzwerk-Bereich".

Organisatorische Funktionen
Für jeden solcher definierten Bereiche werden Mitarbeiter bestimmt, denen die Aufgaben des Incident-Managements und des Vulnerability Managements obliegen. Dazu werden die Mitarbeiter in zwei Funktionskategorien unterschieden. Die eine Kategorie enthält die sogenannten „Scouts", welche jeweils die Aufgaben von sogenannten unternehmensinternen Incident Response Teams (IRT) ausführen und die andere Kategorie enthält die sogenannten „Taskforce-Mitglieder", die sich der näheren Beurteilung und womöglich einer zeitnahen Problemlösung (z. B. Patching oder Malwarebeseitigung) annehmen. Die Tätigkeiten in diesen Funktionen sollten möglichst als Nebenaufgabe durch solche Personen ausgeübt werden, die in den zugeordneten Bereichen bereits mit Hauptaufgaben operativ betraut sind.

Funktion „Scout" im Rahmen eines Incident Response Teams (IRT)
Die Aufgabe der Scouts besteht darin, im zugeteilten Aufgabengebiet (z. B. Windows Clients, Firewalls/Loadbalancing, Server-Betriebssysteme, Oracle Datenbank) die aktuellen für das Unternehmen relevanten „Events" und „Incidents" zu überwachen und die möglichen Gefahren und Schwachstellen zu erkunden, z. B. Überwachung mit den zugeteilten Monitoring-Systemen und tägliche Sichtung von bestimmten Quellen mit entsprechenden Sicherheits-Informationen, z. B. von externen CERTs.[25]

---

[25] CERT® = Computer Emergency Response Team.

Problembehandlung

Relevante Informationen für Incidents werden durch die „Scouts" sofort an die für die Problembehandlung zuständigen Stellen weiter geleitet (u. a. an die zuständigen Taskforce-Leiter). Im Rahmen ihrer eigenen stellenbedingten Fachaufgaben werden sie allenfalls die in ihren Kompetenzbereich fallenden Problemlösungen auch direkt einleiten.

Incident-Informations-System

Jedes für das Unternehmen als relevant identifiziertes Ereignis wird sofort mit einer Risiko-Einschätzung in einem „Incident-Informations-System" dokumentiert. In diesem System werden auch die einzelnen Problemlösungsschritte sowie Veränderungen der Situation (ggf. des Risikos) mit automatischem Zeitstempel und Bearbeiternamen nachgetragen.

Notfall-Kommunikations-System und Service Desk

Jedes Incident wird zusätzlich mit einem Ticket im „Notfall-Kommunikations-System" versehen. Ereignis-Meldungen aus dem Unternehmen werden an einem „Service Desk" in einem „System Control Center" rund um die Uhr entgegengenommen und bearbeitet (Pikettdienst).

Funktion „Taskforce"

Die interne Taskforce ist eine aus den Scouts im betreffenden Fachgebiet zusammengestellte Gruppe von Personen, welche sich ab einer bestimmten Risiko-Stufe der Problemsituationen annimmt und für die rasche und fachgerechte Lösung sorgt oder diese initialisiert. Eine Schlüsselrolle kommt dem ebenfalls nominierten permanenten Leiter einer Taskforce zu. Dieser Taskforce-Leiter beruft bei gegebener Risikosituation seine Taskforce ein und ist Ansprechstelle für Fragen, welche die Taskforce und die aktuelle Problemlösung betreffen. Die beispielhaft genannte Taskforce „**Office-Taskforce**" behandelt beispielsweise die Incidents, Bedrohungen und Schwachstellen im Office-Bereich, einschliesslich der Probleme (z. B. Malware) im Desktop- und Mobil-Computing-Bereich.

Eskalation an Owner und Krisenstab

Falls ein eingetretenes Problem droht, bestimmte Geschäftsprozesse zu beeinflussen, leitet die behandelnde Taskforce das Problem in einer nächsten Eskalationsstufe an die für Prozesse zuständigen „Owner" sowie für die Probleme zuständigen Krisenstäbe.

Service Desk

Das „Service Desk" als Kommunikationsplattform nimmt als Anlaufstelle u. a. wichtige kommunikative Aktivitäten des Incident-Managements wahr. Solche Aktivitäten sind die Aufnahme von Events und Incidents von den Anwendern sowie das Alarmieren und Aufbieten der zur Behandlung der Ereignisse prädestinierten Management- und Fachpersonen. Zur Auskunftserteilung bei Problemen, die den Betrieb/Service akut beeinflussen, steht das „Service Desk" mit einer permanent besetzten „Hotline" zur Verfügung. Ebenfalls übernimmt das Service Desk Aktivitäten für die Prävention im Sinne eines ständigen Verbesserungsprozesses wie die Kategorisierung und Priorisierung aller Incidents oder die Durchführung von Anwenderbefragungen.

Notfall-Information-System
Die rasche und zweckdienliche Kommunikation und Dokumentation in den einzelnen Problemlösungs-Phasen und Eskalations-Stufen erfolgt mittels eines dafür speziell eingerichteten Systems. In einer systemischen Benutzerführung dient es der interdisziplinären Kommunikation über den Fortgang der Problemlösung der in den Prozess eingeschalteten Fachpersonen (Scouts, Taskforce-Leiter, Owner). Ebenfalls zeigt es ein sukzessives Reporting der Problembehandlung. Die zuständigen Führungspersonen werden in der Form von aufbereiteten „Dashboards" über dieses System informiert und haben für bestimmte Aktionen (z. B. Eingabe von Kommentaren) Zugriff auf dieses System.

Tickets
Abgeleitet vom Stand der Problemlösung werden entsprechende „Tickets" ausgefüllt und kommuniziert, aus denen eine allfällige Problembehebung oder Problemeskalation ersichtlich ist. Das Notfall-Information-System beinhaltet ein „Incident-Information-System", das im Abschn. 13.8.2 näher beschrieben ist.

13.8.2 Behandlung von plötzlichen Ereignissen als spezieller RM-Prozess

Wie aus dem vorangegangenen Abschnitt hervorgeht, liegt dem Vulnerability- und Incident-Management das Gerüst eines speziellen Risikomanagement-Prozesses zu Grunde. Die Initialisierung des Risikomanagement-Prozesses erfolgt aufgrund einer als relevant erkannten Störung, Attacke oder Vulnerability oder eines sich anbahnenden Schadensereignisses.

Problemerkennung und -lösung
Die Eingabe-Maske des Incident-Informations-Systems verlangt zur Problemerkennung und -lösung der Reihe nach folgende Informations-Eingaben:

- Problemerfassung und Kontext
- Assessment und Entscheidung
  - Identifikation des Risikos;
  - Einschätzung des Risikos;
  - Bewertung des Risikos für das Unternehmen;

- Reagieren und behandeln
  - Problemlösungs-Strategie (z. B. Selbst lösen, Taskforce einberufen, oder Problem eskalieren);
  - Problem bewältigen (z. B. Patch einspielen, Schaden einschränken durch Stoppen von Prozessen, Schaden beheben, Normalbetrieb herstellen);
- Lernen zur fortlaufenden Verbesserung
  - Problemlösung sowohl hinsichtlich zukünftiger Verbesserungen als auch zur Prävention retrospektiv aufarbeiten.

  Das System ist gleichzeitig Kommunikations-Werkzeug und hinterlässt die „Spur zum Nachvollzug" des Problemlösungs-Prozesses und der aus dem Fall gezogenen Konsequenzen.

Eskalation an übergeordneten Kontinuitäts-Management Prozess

Wird das Problem an die nächsthöhere Notfall-Instanz eskaliert, dann bedeutet dies eine Verzweigung an das Incident-Management des übergeordneten Kontinuitätsmanagement-Prozesses. Der Unterschied zu einem planerischen Risikomanagement-Prozess (z. B. IT-Sicherheitskonzept) besteht darin, dass im Ereignisfalle die einzelnen Schritte, vorzugsweise gemäss einem vorgefertigten Template, möglichst rasch durchgeführt werden müssen.

13.9 Kontrollfragen und Aufgaben

1. Erklären Sie den Zweck des Geschäftskontinuitäts-Plans.
2. Erklären Sie den Zweck des Geschäfts-Wiedererlangungs-Plans und seine Abgrenzung zum Geschäftskontinuitäts-Plan.
3. Was sind die Unterschiede zwischen dem Ausweich-Plan und dem IT-Notfall-Plan?
4. Nennen Sie fünf Aktivitäten, mit denen das Top-Management eines Unternehmens sein Commitment zu einem BCMS unter Beweis stellen kann.
5. Nennen Sie fünf Aktivitäten bei der Geschäfts-Impact-Analyse.
6. Nennen Sie fünf Aktivitäten beim Risikomanagement im Geschäftskontinuitäts-Prozess.
7. Nennen Sie fünf Aktivitäten für das Kommunikationskonzept im Geschäftskontinuitäts-Prozess.
8. Was wird beim Testen der Geschäftskontinuitäts-Planungen vor allem überprüft?
9. Nehmen Sie eine Unterscheidung und Charakterisierung der verschiedenen Arten und Möglichkeiten von Tests und Übungen im Rahmen eines BCM-Systems vor, wie sie für ein Unternehmen mittlerer Grösse mit hoher IT-Abhängigkeit und integriertem IT-Notfall-Plan in Frage kommen könnten.
10. Welchen Zweck hat das Üben der Geschäftskontinuitäts-Planungen und Aktivitäten?

11. Welche Situationen deckt der im Beispiel gezeigte „Vulnerability- und Incident-Management-Plan" ab?
12. Erläutern Sie die Funktionen Scout und Taskforce im beispielhaft gezeigten Ansatz eines „Vulnerability- und Incident-Management-Systems".
13. Welche Aufgaben und Aktivitäten können Sie aus der Sicht eines IT-Notfall-Plans dem „Service Desk" zuordnen?

Literatur

[Anhb04]   Standards Australia/New Zealand: HB 221:2004, Handbook Business Continuity Management. Sydney: Standards Australia International, 2004.
[Bcmg05]   BCI: Good practice guidelines – A Framework for Business Continuity Management. The Business Continuity Institute, 2005.
[Buco06]   BS 25999-1:2006: Business continuity management – Part 1: Code of practice. British Standards Institution, 2006.
[Busp07]   BS 25999–2:2007: Business continuity management – Part 2: Specification. British Standards Institution, 2007.
[Cobi12]   ISACA: COBIT® 5 for Information Security. Rolling Meadows: Information Systems Audit and Control Association, 2012.
[Isob12]   ISO 22301:2012: Societal security – Business continuity management systems – Requirements. International Organization for Standardization, 2012.
[Isoc13]   ISO/IEC 27002:2013: Code of practice for information security controls. International Organization for Standardization, 2013.
[Isog12]   ISO DIS 22313: 2012: Societal security – Business continuity management systems – Guidance. International Organization for Standardization, 2012.
[Isok16]   ISO/IEC FDIS 27035-1:2016: Information security management systems – Information security incident management. International Organization for Standardization, 2016.
[Isoo16]   ISO/IEC 27000:2016: Information security management systems – Overview and vocabulary. International Organization for Standardization, 2016.
[Klet11]   Klett, Gerhard, Klaus-Werner Schröder und Heinrich Kersten: IT-Notfallmanagement mit System. Wiesbaden: Springer Vieweg, 2011.
[Mose02]   Moser, Ulrich: Der IT-Ernstfall - Katastrophenvorsorge. Rheinfelden/Schweiz: BPX, 2002.
[Nisc02]   NIST: Contingency Planning Guide for Information Technology Systems. Washington DC: U.S. Department of Commerce, 2002.
[Nisc10]   NIST: Contingency Planning Guide for Federal Information Technology Systems, NIST Special Publication 800–34 Rev. 1. Washington DC: U.S. Department of Commerce, 2010.
[Pone15]   Ponemon Institute: 2015 Cost of Cyber Crime Study: Global, 2015. URL: ssl.www8.hp.com/ww/en/secure/pdf/4aa5-5207enw.pdf, abgerufen 11.9.2016.
[Röss05]   Rössing Von, Rolf: Betriebliches Kontinuitätsmanagement. Bonn: mitp-Verlag, 2005.

Risikomanagement im Lifecycle von Informationen, Systemen und Applikationen

14

Überblick

Die mit der Informationssicherheit und IT-RM-Prozessen zu schützenden Güter sind die Informationen und ihre „Gefässe", namentlich die Systeme. Zu solchen Systemen und ihren Subsystemen gehören Prozesse, Services, Applikationen, Software, Hardware, technische Infrastruktur und Kommunikations-Einrichtungen und nicht zuletzt Menschen. Die Informationen wie auch die Systeme mit ihren Subsystemen gilt es während ihres gesamten Lebenszyklus angemessen zu schützen.

In diesem Kapitel wird gezeigt, wie beim Umgang mit Informationen (z. B. in Arbeitsgeräten) die Informationen in Schutzphasen und Schutzanforderungen eingeteilt und entsprechend der Schutzanforderungen geschützt werden können. Die Risiken und der Schutz von Informationen hängen auch von Situationen, Prozessen, Aktivitäten und Entscheiden im Lebenszyklus ihrer Systeme ab. Das Konzept von Lebenszyklen wird zum einen auf Vorgehens- und Management-Methoden in IT-Projekten und zum anderen auf IT-Services und IT-Applikationen angewandt. Wie das Risikomanagement und die Informationssicherheit beim Projektmanagement berücksichtigt werden kann, wird zunächst an einem pragmatischen Verfahren mittels „First Cut" und „IT-Sicherheitskonzept" und sodann anhand der Methoden „V-Modell XT" und „HERMES 5.1" gezeigt. Die Berücksichtigung vor allem der Informationen in den Lebenszyklen von Services und Applikationen wird anhand des „ITIL-Applikations-Lifecycle" sowie dem ISO-Standard ISO/IEC 27034-x für Applikationssicherheit behandelt.

© Springer Fachmedien Wiesbaden GmbH 2017
H.-P. Königs, *IT-Risikomanagement mit System*, Edition <kes>,
DOI 10.1007/978-3-658-12004-7_14

14.1   Schutz der Informationen im Informations-Lifecycle

Der Lebenszyklus (Lifecycle) von Informationen kann grob in die folgenden Schutz-Phasen unterteilt werden:

- Entstehung,
- Bearbeitung,
- Übertragung (Übermittlung),
- Speicherung (Archivierung) und
- Entsorgung (Löschung)

Die Informationen haben von sich aus einen bestimmten Schutzbedarf, der sich aus der Art und Sensibilität bezüglich „Vertraulichkeit", „Integrität" und „Verfügbarkeit" ergibt. Dieser Schutzbedarf kann sich im Verlaufe des Lebenszyklus verändern. Vor allem werden sich aber die Massnahmen zum Schutz der Informationen in den einzelnen Phasen verändern, da in den einzelnen Schutz-Phasen nicht nur mit einem unterschiedlichem Schutzbedarf sondern auch mit unterschiedlichen Bedrohungen zu rechnen ist.

14.1.1 Einstufung der Informations-Risiken aufgrund ihrer Anforderungen

Für einen praktikablen Umgang mit Informationen wird für den Schutzbedarf anstelle einer umfassenden Risiko-Einschätzung, welche auch die tatsächlichen Bedrohungen einbezieht, meist lediglich eine „Impact"-Einschätzung vorgenommen. Eine solche Impact-Einschätzung, (d. h. Einschätzung der möglichen Schadenshöhe bei Verletzung der Informationssicherheitsziele, Vertraulichkeit, Integrität oder Verfügbarkeit), wird meist pragmatisch anhand einiger Kriterien in drei bis vier unterschiedlichen Impact-Stufen durchgeführt.

Informations-Klassifizierung
Der Prozess der Impact-Einstufung wird oft auch als Schutzbedarfs-Analyse bezeichnet und zur sogenannten „Informations-Klassifizierung" eingesetzt. So werden beispielsweise für das Informationssicherheitsziel „Vertraulichkeit" schützenswerter Informationen oft die drei Impact-Stufen „INTERN", „VERTRAULICH" und „STRENG VERTRAULICH" verwendet. Für eine solche Informations-Einstufung ist es nicht praktikabel, bereits die Wahrscheinlichkeit eines möglichen Schadensereignisses in die Einstufung einzubeziehen, da das Bedrohungs-Umfeld und die massgebliche Bedrohungs-Intensität zum Zeitpunkt der Informations-Einstufung meist gar nicht bekannt ist.

Einstufung nach äusseren Anforderungen oder möglicher Schadenshöhe
Die Einstufung des Impacts zur Informations-Klassifizierung erfolgt oft nach externen Anforderungen an die Informationen (gesetzlich, regulativ oder vertraglich) oder nach voraussichtlich möglicher unternehmensinterner Schadenshöhe.

Im Anhang diese Buches (Anhang A.3) ist beispielhaft gezeigt, wie für ein Unternehmen die Einstufungskriterien für die Sicherheitsziele „Vertraulichkeit" und „Integrität" zusammengestellt werden können.

14.1.2 Massnahmen gemäss der Einstufungen in den einzelnen Schutzphasen

Für jede der oben genannten Schutz-Phasen können auch typische Bedrohungen definiert werden. Anhand dieser Bedrohungen können pro Schutzphase für jede Einstufung spezifische Massnahmen im Sinne von „Sicherheits-Mechanismen" zugeordnet werden.

Beispiel

Während der Schutzphase „Übertragung (Übermittlung)" besteht die Bedrohung „Abhören von Informationen". Haben die Informationen die Einstufung „vertraulich", dann könnte beispielsweise die anzuwendende Massnahme „Übertragungs-Chiffrierung" lauten.

Ein solcher pragmatischer Ansatz der Informations-Einstufung und Zuordnung von Massnahmen könnte beispielsweise dazu verwendet werden, dass jeder Mitarbeiter die in seinem Arbeitsumfeld anfallenden Informationen selbst einstufen und mit einem als Policy ausgearbeiteten „Massnahmen-Rezept" „bedarfsgerecht" schützen kann. Die dazu notwendigen technischen Sicherheitsmassnahmen können den Mitarbeiter, mit entsprechenden „Werkzeugen", ggf. als Softwarefunktionen in ihren zugeteilten Arbeitsgeräten, zur Verfügung gestellt werden. Das Beispiel eines solchen Massnahmen-Rezepts ist im Anhang (Anhang A.3) gezeigt.

14.2 Lifecycle von IT-Systemen

Die Systeme[1] in einem Unternehmen, zu denen in diesem Zusammenhang auch die Prozesse, Applikationen, Software usw. gezählt werden, durchlaufen einen Lebenszyklus (Lifecycle), angefangen von der Feststellung der Notwendigkeit bis hin zur Entsorgung [Ison15]. Solche Lifecycle-Modelle werden in der IT besonders bei der Projektabwicklung, beispielsweise bei der Entwicklung von IT-Applikationen angewendet.

Die IT-Systeme eines Unternehmens oder deren Sub-Systeme, u. a. die IT-Applikationen, durchlaufen einen Lebenszyklus, der grob in die folgenden Phasen unterteilt werden kann:

---

[1] Ein System kann in diesem Zusammenhang Prozesse, Services, Software, Hardware, Menschen usw. enthalten, die zum Teil selber wieder als Systeme betrachtet werden können ([Ison15], S. 9, 11–12).

1) Anforderungs-Analyse
2) Anforderungsdefinition und Entwurf
3) Entwicklung oder Beschaffung
4) Integration und Test
5) Einführung und Ausbreitung
6) Systembetrieb
7) Systemoptimierung
8) Systemabbau, −archivierung und Entsorgung

Die Phasen in einem solchen Lebenszyklus beinhalten auch jeweils Anforderungen, Aufgaben und Massnahmen hinsichtlich Risiken und Informationssicherheit.

Eine lineare Abfolge der einzelnen Phasen in einem solchen Lebenszyklus wird oft als Wasserfall-Modell bezeichnet, dessen Vorgehensstrategie bei der Software-Entwicklung mit „Einmal-durch" bezeichnet wird (vgl. [Isot10], S. 54–56). Heute werden jedoch in der Software-Entwicklung die ersten fünf Phasen des oben gezeigten Lebenszyklus infolge eines verstärkten „Time-to-Market"-Drucks sowie den Fortschritten in den Entwicklungs-Methoden und -Werkzeugen, seltener nach dem Wasserfall-Modell, sondern nach anderen Prozess-Modellen erarbeitet. Bei solchen neueren Methoden werden die Entwicklungsergebnisse (Builds) „inkremental", „iterativ" oder „evolutionär" (z. B. Spiral, Rapid Application Development, Rational Unified Process) oder in jüngerer Zeit „agil" (adaptiv), z. B. mittels „Scrum" erzeugt. Für das Risikomanagement und die Informationssicherheit derart entwickelter Systeme gilt es, die angewandten Prozesse im System-Lifecycle entsprechend zu berücksichtigen, da für das angestrebte Endprodukt jedenfalls ein anforderungsgerechter Datenschutz und eine den Risiken angemessene Informationssicherheit zu gewähren ist.

Vorgehensmodelle und Projektmanagement-Methoden
Dem Lebenszyklus eines Systems werden Vorgehensmodelle oder Management-Methoden unterlegt, um das System entsprechend den Anforderungen systematisch aufbauen, betreiben und letztlich entsorgen zu können. Solche Modelle oder Methoden können unterschiedlichen Anwendungszwecken dienen (z. B. dem Projektmanagement aus der Auftraggebersicht) und können auf diese Anwendungszwecke entsprechend eingerichtet werden. So kann beispielsweise das in Abschn. 14.4 behandelte Projektmanagement-System „HERMES" sowohl für die Software-Entwicklung als auch allgemein für Nicht-IT-Projekte zugeschnitten und angewandt werden. Je nachdem, ob ein System „inhouse" entwickelt oder extern beschafft werden soll, ergeben sich Unterschiede bei den einzelnen Aktivitäten und Prozessen in den Phasen des Lifecycles.

Beispiele von Projekt-Vorgehensmethoden
Beispiele von Projekt-Vorgehensmethoden sind das für deutsche Bundes-IT-Projekte gebräuchliche „V-Modell" oder die bei Schweizer Bundesstellen gebräuchliche „Hermes"-Methode. Die Hermes-Methode berücksichtigt neuerdings für die Software-Entwicklung auch die nicht auf einem „Wasserfall"-Modell basierende „agile Scrum-Methode", bei der die Software in maximal 30- tägigen Arbeits-Inkrements sog. „Sprints" erstellt wird.

Im Rahmen dieses Buches stehen für alle Modelle und Methoden die Fragen im Vordergrund, wie die IT-Sicherheit im Vorgehen und schliesslich im Lebenszyklus des Systems, in seinem Umfang und seiner Abgrenzung, berücksichtigt werden kann.

14.3   Informations-Risikomanagement im IT-System-Lifecycle

Das Einbringen von Sicherheitsanforderungen und anderen Anforderungen in die IT-Systeme ist bereits bei der Strategiefindung und in den Phasen „Anforderungs-Analyse" und „Anforderungsdefinition und Entwurf" sehr wichtig. Zu spät erkannte Anforderungen können oft nicht mehr berücksichtigt werden oder führen zu Unverträglichkeiten oder zu impraktikablen und teuren Lösungen. Die Sicherheitsanforderungen an die IT-Systeme resultieren dabei vor allem aus den Geschäftsanforderungen sowie dem technischen und organisatorischen Umfeld (Kontext), in welchem das System später betrieben werden soll. Für die den Anforderungen angemessenen Massnahmen bedarf es eines Risikomanagement-Prozesses, der den sich im Verlaufe des Lebenszyklus konkretisierenden Anforderungen Rechnung trägt.

14.3.1 Vorgehen in den Aufbauphasen des System-Lifecycles

Der im Folgenden gezeigte pragmatische Lösungsansatz synchronisiert den Informationssicherheits-Risikomanagement-Prozess mit dem Projektvorgehen in einem IT-System-Lifecycle. Der Risikomanagement-Prozess zielt dabei auf die zukünftigen Risiken und angemessenen Massnahmen während der Phase „Systembetrieb" (Operate) ab.

1. *Abnahme eines „First Cut" nach der „Anforderungs-Analyse"*
   Bereits bei der „Anforderungs-Analyse" werden der „Kontext" analysiert und die daraus hervorgehenden Anforderungen bezüglich der IT-Risiken und der Informationssicherheit definiert und ein grobes „Risiko-Assessment" über das neue System in seinem späteren betrieblichen Umfeld erstellt.
   First Cut: Das mit „First Cut" bezeichnete Risiko-Assessment liefert Anhaltspunkte darüber, ob höhere Risiken vorhanden oder ob die Risiken weitgehend durch bestehende Grundschutzmassnahmen oder anderweitig vorhandene Massnahmen abgedeckt sind. Werden für die zukünftige Betriebsphase grössere Risiken sichtbar, dann wird bereits zu diesem Zeitpunkt ein detailliertes Risiko-Assessment mit einer möglichst gründlichen „Risiko-Identifikation" vorgenommen, dessen Ergebnisse als Input für die nachfolgende Phase „Anforderungsdefinitionen und Entwurf" dient.
   Das ausgefüllte Formular (s. Anhang[2] A.4), mit dem das Ergebnis des „First Cut" zu dokumentieren ist, wird vom zuständigen „Owner" des Systems und weiteren für das

---

[2]Im Anhang A.4 dieses Buches befinden sich entsprechende Formulare, mit denen ein „First Cut"-Risiko-Assessment durchgeführt werden kann.

Projekt verantwortlichen Personen (z. B. Projektleiter) unterzeichnet. Das unterzeichnete „First Cut"-Dokument gehört zu den Abnahme-Lieferobjekten der Phase „Anforderungs-Analyse".

2. *Abnahme „Grobes Sicherheitskonzept" vor der „Entwicklung oder Beschaffung"*
Vor der Phase „Entwicklung oder Beschaffung" wird in der Regel der Beschluss zur Realisierung des Systems gefasst, dabei ist es wichtig, die Sicherheits-Massnahmen sowie deren Kosten und Realisierbarkeit im Wesentlichen zu kennen. Wird das System beschafft, dann werden zu diesem Zeitpunkt die Verträge unterzeichnet.

Grobes IT-Sicherheitskonzept: Zur Abnahme der Phase „Anforderungsdefinitionen und Entwurf" ist demzufolge u. a. ein mit allen sechs Kapiteln grob ausgearbeitetes Sicherheitskonzept als Lieferobjekt vorzulegen (s. Abschn. 10.1). Das Risiko-Assessment muss dafür die voraussichtlichen IT-Sicherheits-Risiken aufzeigen. Ebenso sind die für ein akzeptables Restrisiko notwendigen Massnahmen mit dem Realisierungsvorgehen vorzuschlagen.

3. *Abnahme „Detailliertes IT-Sicherheitskonzept" vor der „Einführung und Ausbreitung"*
Vor dem Beginn der Phase „Einführung und Ausbreitung" muss sodann das definitive, im Detail ausgearbeitete IT-Sicherheitskonzept als Lieferobjekt zur Abnahme der „Build-Phase" (Integration und Test) vorgelegt werden.

Detailliertes IT-Sicherheitskonzept: Das detaillierte Sicherheitskonzept dokumentiert zu diesem Zeitpunkt die Risiken, Massnahmen, Restrisiken und Umsetzungs-Aktivitäten für den späteren einwandfreien Systembetrieb. Systeme, bei denen ein solches Dokument nicht abgenommen ist oder bei denen das Dokument nicht der Realität entspricht, dürfen nicht in Betrieb genommen werden. Bei sicherheitskritischen Systemen ist eine solche letzte Abnahmehürde durch eine unabhängige Prüfinstanz unerlässlich. Die Praxis lehrt auch, dass Sicherheitskonzepte, welche eine solche strenge Abnahmehürde nicht bestehen müssen, selten ordnungsgemäss fertiggestellt, umgesetzt und eingeführt werden. Die Abb. 14.1 veranschaulicht die Abnahmezeitpunkte im Rahmen eines Projekt-Vorgehens, mit Phasen, wie sie oben geschildert wurden.

14.3.2 Vorgehen in den Phasen „Betrieb", „Optimierung" und „Systemabbau"

Nach dem Aufbau und der Überführung eines Systems in die Phasen, „Systembetrieb" und „System-Optimierung" erfordern die allenfalls auftretenden „signifikanten" Veränderungen der Risikolage ein „Nachziehen" oder eine „Neuauflage" des Sicherheitskonzepts mit einem abermaligen Risiko-Assessment und mit entsprechend angepassten Sicherheits-Massnahmen. Dies gilt auch für „System-Migrationen" sowie dem allenfalls notwendigen späteren Systemabbau. Gerade beim Systemabbau können grosse Informationssicherheits-Risiken, z. B. bei der Entsorgung oder der Übernahme der Informationen auf andere Datenträger, einhergehen. Um die Effizienz im Vorgehen und die Ordnungsmässigkeit und die Angemessenheit der

Abb. 14.1 Abnahme-
Zeitpunkte von Sicher-
heits-Dokumentationen

1)	Anforderungs-Analyse
	↘ Abnahme „First Cut"
2)	Anforderungsdefinition und Entwurf
	↘ Abnahme Sicherheitskonzept „Grobfassung"
3)	Entwicklung oder Beschaffung
4)	Integration und Test
	↘ Abnahme Sicherheitskonzept „Betriebsfassung"
5)	Einführung und Ausbreitung
6)	Systembetrieb
7)	Systemoptimierung
8)	Systemabbau – Archivierung und Entsorgung

Massnahmen sicherzustellen, empfiehlt es sich, die „System-Optimierungen" und auch den späteren „System-Abbau" jeweils projektmässig und mit entsprechenden IT-Sicherheitskonzepten abzuwickeln.

14.4 Risikomanagement in standardisierten Vorgehens-Methoden

Bei den meisten Modellen oder Methoden sind im Verlauf des Lebenszyklus die Aktivitäten, Rollen und Lieferobjekten bezüglich Risikomanagement und Informationssicherheit vorgeschrieben. Die zu erarbeitenden Lieferobjekte (u. a. der Sicherheitskonzepte oder Risikolisten) werden an bestimmten Meilensteinen oder Entscheidungspunkten in einem Projektablauf als „Abnahmeobjekte" herangezogen. Nachfolgend werden für das Vorgehen bei Software-Entwicklungen das V-Modell XT (s. Abb. 14.2) und die HERMES-Methode (s. Abb. 14.3) aus Sicht des Risikomanagements und der Informationssicherheit behandelt.

14.4.1 Datenschutz, Informationssicherheit und RM mit dem V-Modell XT

Das V-Modell XT ist als Nachfolgemodell des V-Modells, als „Vorgehensmodell für Entwicklungsprojekte" verpflichtend bei deutschen Bundesstellen einzusetzen. Häufig wird dieses Vorgehensmodell auch in der Privatwirtschaft angewendet. Der Zusatz XT bedeutet „extreme tailoring", da das Modell flexibel auf den vorliegenden Anwendungsfall zugeschnitten werden kann. Neben den vier obligatorischen Vorgehensbausteinen „Projektmanagement", „Qualitätssicherung", „Konfigurationsmanagement" und „Problem- und Änderungsmanagement",

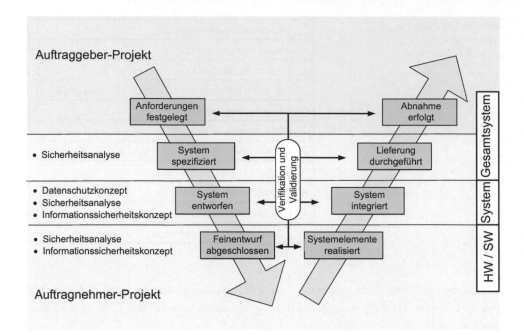

Abb. 14.2 V-Modell für Entwicklungsprozess mit Produkten für Sicherheit und Datenschutz (vgl. [V-Mo06], S. 30, 46)

können, abhängig vom Anwendungsprofil, weitere „Vorgehensbausteine" eingesetzt werden. So sind auch verschiedene Projekttypen möglich, je nachdem, ob es sich um das Projektvorgehen für einen Auftragnehmer (AN), einen Auftraggeber (AG) oder für beide Anwenderkategorien (AG/AN) handelt. Die Ergebnisse, die an den einzelnen Entscheidungspunkten im Ablauf vorliegen müssen, werden als „Produkte" bezeichnet. Das Modell zeigt im Wesentlichen, welche „Produkte" mit welchen Inhalten und Aktivitäten an welchen Entscheidungspunkten im Lebenszyklus vorzulegen und welche „Rollen" für diese Produkte verantwortlich sind. Für den Datenschutz und die Informationssicherheit sind dies die Produkte „Sicherheitsanalyse", „Datenschutzkonzept" und „Informationssicherheitskonzept". Abb. 14.2 zeigt im V-Modell die Zuordnung der Produkte für „Datenschutz" und „Sicherheit" an den Entscheidungspunkten eines System-Entwicklungsprozesses.

Im Folgenden sind die Aktivitäten und Konzepte für den Datenschutz und die Sicherheit gemäss dem V-Modell aufgeführt:

Das Datenschutzkonzept soll die folgenden Themen behandeln ([V-Mo06], S. 131–132):

- Rechtsgrundlagen und ihre Umsetzung
- Zweck der Verarbeitung personenbezogener Daten
- Herkunft personenbezogener Daten
- Systemüberblick und Schutzbedarf

- Risiken
- Anforderungen und Massnahmen

Das Informationssicherheitskonzept soll die folgenden Themen behandeln ([V-Mo06], S. 132–133):

- Einsatzumgebung
- Schutzbedarf
- Vorgaben/Anforderungen aus anderen Projekten
- Informationssicherheitsanforderungen
- Informationssicherheitsmassnahmen
- Verbleibende Risiken
- Notfallplanung
- Vorgaben für andere Projekte/Dienststelle

Die Sicherheitsanalyse soll die folgenden Themen behandeln ([V-Mo06], S. 134):

- Gefährdungsidentifikation und Schadensklassifikation
- Folgenanalyse und Relevanzeinstufung
- Sicherheitsmaßnahmen

Für das allgemeine Risikomanagement im Projekt (z. B. hinsichtlich Personalausfällen, Gesetzesänderungen, vergessene Anforderungen, Lizenzfragen, technischen Problemen etc.) dient eine vom Projektleiter geführte und fortzuschreibende „Risikoliste" als zentrales „Produkt". Die Risikoliste soll die folgenden Themen behandeln ([V-Mo06], S. 80–81):

- Identifizierte Risiken;
- Massnahmenplan.

14.4.2 Datenschutz, Informationssicherheit und RM mit der HERMES Methode

HERMES[3] ist eine Projektmanagement-Methode, die von der Schweizerischen Bundesverwaltung entwickelt wurde und als offener Standard zum Download aus dem Internet frei zur Verfügung steht. Hermes wird bei allen IT-Projekten des Schweizerischen Bundes verbindlich eingesetzt und findet auch bei zahlreichen Kantonen, Städten, Bildungsinstitutionen und Unternehmen der Privatwirtschaft Anwendung. Die Methode ist auch bei „Nicht-IT-Projekten", z.B. bei Dienstleistungsprojekten, einsetzbar. Die Aufgaben,

---

[3] HERMES [Herm15]: **H**andbuch der **E**lektronischen **R**echenzentren des Bundes, eine **Me**thode zur **E**ntwicklung von **S**ystemen.

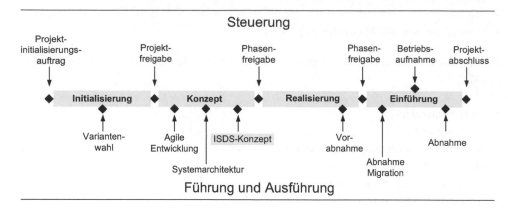

Abb. 14.3 Phasen und Meilensteine in HERMES 5.1 für Projekte mit Softwareentwicklung ([Herm15] S. 12)

Ergebnisse und beteiligten Rollen werden bei Hermes in „Modulen" festgelegt. Beim Einsatz von IT-Projekten berücksichtigt die gegenwärtige Version 5.1 auch die „agile" Softwareentwicklung mittels Scrum. Agile Entwicklungen in einzelnen „Sprints" erfolgen nicht in den herkömmlichen Projektphasen. So beginnt die agile Entwicklung gemäss HERMES 5.1 bereits in der Konzeptphase (s. Abb. 14.3) und erstreckt sich bis in die Einführungsphase. Beim Start der eigentlichen Entwicklung muss der Entscheid über die zu verwendende Systemarchitektur getroffen sein. Der Einsatz von SCRUM erfolgt zielorientiert ([Herm15] S. 114, 163–170). Im Rahmen dieses Buches sind die Berücksichtigung des Risikomanagements und vor allem des Datenschutzes und die Informationssicherheit von Interesse. Somit ist klar, dass die Anforderungen an die Sicherheit und den Datenschutz auch in die agilen Entwicklungen (z. B. in das Product Backlog) einfliessen müssen. Die Phasen und Meilensteine eines Projekts, das in diesem Beispiel die Entwicklung von Software beinhaltet, sind in Abb. 14.3 gezeigt.

Phasen und Meilensteine in HERMES

Bereits in der Initialisierungsphase, bevor das Projekt freigegeben wird, muss eine „Schutzbedarfsanalyse" erarbeitet werden. „Mit der Schutzbedarfsanalyse werden die Anforderungen an die Informationssicherheit und den Datenschutz erhoben. Zeigt die Schutzbedarfsanalyse, dass ein erhöhter Schutz nötig ist, muss eine vertiefte Risiko-Analyse durchgeführt und ein Konzept für Informationssicherheit und Datenschutz (ISDS-Konzept) verfasst werden. Dies erfolgt mit dem Modul Informationssicherheit und Datenschutz. Die „Schutzbedarfsanalyse" wird durch den Auftraggeber genehmigt (s. [Herm15], S. 114). Die Schutzbedarfsanalyse ist mit den Controlling- und Vorgabestellen abzustimmen. Zur Entscheidung über die Variantenwahl und die Projektfreigabe werden in der Initialisierungsphase, neben der Schutzbedarfsanalyse, unter anderem auch die Projekt- und Betriebsrisiken ermittelt und die Rechtsgrundlagen-Analyse erarbeitet. Im Modul „Informationssicherheit und Datenschutz" geht es darum, die

Anforderungen der Sicherheit und des Datenschutzes zu ermitteln, Risiken zu bewerten und Massnahmen zur Erfüllung der Anforderungen zu konzipieren und umzusetzen sowie das ISDS-Konzept zu erstellen und die Ergebnisse laufend zu dokumentieren (vgl. [Herm15] S. 26).

ISDS-Konzept

In der Konzeptphase wird das ISDS-Konzept erstellt ([Herm15] S. 98, 99), dessen Abnahme eine Voraussetzung für die Freigabe der nächsten Phase „Realisierung" ist. Das ISDS-Konzept enthält unter anderem eine Systembeschreibung, ein detailliertes Risiko-Assessment und entsprechend definierte Schutzmassnahmen sowie die Restrisiken und die Risikoabdeckung mit den übergeordneten Konzepten. Im Weiteren muss das Notfallkonzept und das Bearbeitungsreglement als Anforderung des Datenschutzes im ISDS-Konzept festgehalten werden. Allenfalls vorkommende Veränderungen in den Anforderungen werden im weiteren Projektverlauf ständig angepasst und vervollständigt. Ebenso ist das ISDS-Konzept in den weiteren Phasen „Realisierung" und „Einführung" entsprechend umzusetzen und der Stand der Umsetzung im ISDN-Konzept nachzuführen. Mit der „Controlling- und Vorgabestelle" des Projekts wird das ISDS-Konzept abgestimmt und durch diese als Voraussetzung für den Entscheid der Betriebsaufnahme überprüft. Die Umsetzung der im ISDS-Konzept definierten Schutzmassnahmen erfolgt in den entsprechenden Modulen, beispielsweise „Geschäftsorganisation" und „IT-System". Im Modul „Einführungsorganisation" wird die Umsetzung der technischen Schutzmassnahmen vor der Freigabe der Phase „Einführung" durch eine Vorabnahme verifiziert. Mit dem Entscheid zur Betriebsaufnahme übernimmt der Auftraggeber die Verantwortung für die Risiken des Betriebs. Letztlich wird das ISDS-Konzept mit den Restrisiken durch den Auftraggeber des Projekts und die Leitung der Stammorganisation genehmigt und beim Projektabschluss in die Stammorganisation überführt.

Projekt- und Betriebsrisiken beim HERMES-Projektmanagement

Neben den Informationssicherheits-Risiken, die in HERMES mit dem ISDS-Konzept berücksichtigt werden, sind im Projektverlauf die „Projektrisiken" und die für die Nutzung der Projektergebnisse massgeblichen „Geschäfts- und Betriebsrisiken" zu berücksichtigen und angemessen zu behandeln ([Herm15] S. 113): „Abhängig von der Bedeutung eines Risikos werden die Strategie und die Massnahmen zum Umgang mit dem Risiko festgelegt. (…) Jeweils am Ende der Phase findet eine vertiefte Risikoüberprüfung statt, damit die Entscheidung zur Freigabe der nächsten Phase getroffen werden kann. Die Risikobeurteilung wird im Phasenbericht festgehalten. Das Risikomanagement wird in zwei Ergebnissen dokumentiert: Der Projektmanagementplan beschreibt, wie das Risikomanagement durchgeführt wird, und der Projektstatusbericht enthält die effektiven Risiken. Der Auftraggeber kann ein übergeordnetes Risikomanagement des Projekts beauftragen. Dafür benennt er eine unabhängige Stelle, die direkt an ihn rapportiert. Diese Massnahme erfolgt über das Modul Projektsteuerung mit der Aufgabe Projekt steuern." Das Risikomanagement erfolgt in einer an den Prozess in ISO 31000 angelehnten Weise ([Herm15] S. 113).

Aktivitäten:

- Informationen über das Projekt und sein Umfeld beschaffen;
- Prozess des Risikomanagements und Metriken zur Bewertung der Risiken im Projektmanagementplan festlegen;
- Risiken identifizieren und in Risikobereiche gruppieren. Risiken analysieren und Eintrittswahrscheinlichkeit sowie Schadensausmass der Risiken beurteilen und im „Projektstatusbericht" dokumentieren;
- Im Projektstatusbericht für jedes Risiko die Strategie (z. B. Vermeidung, Verminderung, Auslagerung, Akzeptieren des Risikos) definieren und die Massnahmen festlegen, beauftragen und überwachen;
- „Beurteilung der Risikosituation periodisch mit dem Projektstatusbericht an die relevanten Stellen und Personen kommunizieren".

Die Qualität und die Risikosituation im Projekt werden mittels eines sog. „QS- und Risikobericht" aus unabhängiger Sicht berichtet, dabei ist der Inhalt dieses Berichts abhängig vom Auftrag und der Abgrenzung sowie von den eingesetzten Methoden.

Bereits im Projektmanagementplan, vor der Freigabe der Projektinitialisierung, werden unter anderem die massgeblichen Aspekte der Qualitätssicherung und des Risikomanagements kommuniziert. Für den angemessenen Umgang mit Risiken ist zur Unterstützung der Rolle des Auftraggebers, auf der Ebene der „Projektsteuerung", eine Rolle „Qualitäts- und Risikomanager" vorgesehen, welche unabhängige Beurteilungen der Projektdurchführung vornimmt und entsprechende Empfehlungen abgibt. Werden am Ende einer Phase die Risiken als nicht tragbar beurteilt, dann wird die nächste Phase durch den Auftraggeber nicht freigegeben.

14.4.3 Service-Management (ITIL®) und Applikations-Management (ASL®)

In Ergänzung zum Service-Management-Framework ITIL®[4] ist inzwischen auch ein Applikations-Management-Framework ASL®)[5] formuliert. Die Phasen des Applikations-Management-Lebenszyklus lassen sich den in Abschn. 14.2 behandelten Phasen eines System-Lebenszyklus gemäss Abb. 14.4 zuordnen.

Viele Prozesse im Lebenszyklus einer Applikation sind bereits in Prozessen des Service-Managements enthalten. Der grosse Vorteil des Applications-Managements gemäss ASL® für das IT-Risikomanagement besteht darin, dass im korrespondierenden ITIL-Lebenzyklus viele Management-Prozesse, angefangen vom Geschäftsbedürfnis, über den Design bis hin zur betrieblichen Lieferung der IT-Dienstleistung, bereits durchgängig definiert sind (s. Abb. 14.4 und 14.5).

---

[4] ITIL® = Information Technology Infrastructure Library.

[5] ASL® = Application Services Library.

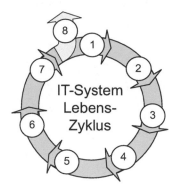

System-Lebenszyklus-Phasen		Application Management Lifecycle
1)	Anforderungs-Analyse	Requirements
2)	Anforderungsdefinition und Entwurf	Design
3)	Entwicklung oder Beschaffung	Build
4)	Integration und Test	
5)	Einführung und Ausbreitung	Deploy
6)	Systembetrieb	Operate
7)	Systemoptimierung	Optimise
8)	Systemabbau, Archivierung und Entsorgung	

Abb. 14.4 Für Risiken wichtige System-Lebenszyklus-Phasen

		Service Management Lifecycle				
		Service Strategy	Service Design	Service Transition	Service Operation	Continual Service Improvement
Application Management Lifecycle	Requirements	x	x			
	Design		x			
	Build					
	Deploy			x		
	Operate		x	x	x	
	Optimise		x	x		x

Abb. 14.5 Ähnlichkeiten einzelner Prozesse in ITIL® Edition 2011 und ASL® 2 (vgl. [Itss16], S. 11–13)

Für die Abwicklung von Prozessen im Service-Management und im Applikations-Mangement ist es sicherlich von Vorteil, wenn einige Prozesse nach ähnlichen oder gleichen Gesichtspunkten durchgeführt werden können. Dies ist vor allem für die horizontalen Führungsdisziplinen „Informationssicherheit" und „Informations-Risikomanagement" von grossem Vorteil. Unter diesem Aspekt können aus Sicht der Informationssicherheit und des Informations-Risikomanagements einige besonders wichtige Prozesse des Service-Managements auf die Prozesse des „Applications-Managements" ausgedehnt werden; in den Phasen „Deploy" und „Operate" des „Applikations-Lifecycle" sind dies vor allem die folgenden ITIL®-Service-Management-Prozesse.

Phase „Deploy":

- Service-Assets and Configuration Management;
- Service Validation and Testing.

Phase „Operate":

- Event Management;
- Incident Management;
- Availability Management;
- IT Service Continuity Management (ITSCM);
- Information Security Management (z. B. ISO/IEC 27001);
- Problem Management;
- Access Management;
- Service-Assets and Configuration Management.

Selbstverständlich tragen auch andere ITIL®-Prozesse im Applikation-Lifecycle in nicht zu vernachlässigendem Masse zur Informationssicherheit bei.

14.4.4   Applikationssicherheit und Risikomanagement gemäss ISO/IEC 27034-x

Für eine auf den jeweiligen Anforderungen basierende Sicherheit von Applikationen schlägt die ISO eine umfangreiche Standard-Suite vor. Diese Standard-Suite beinhaltet derzeit acht Teil-Dokumente, von denen sich einige noch im Entwurfsstadium befinden. Die Standards über Applikationssicherheit beinhalten unter anderem auch den Software-Entwicklungs-Lifecycle. Im Teil 1 des Standards werden die Prinzipien und Zusammenhänge und ein für das Verständnis des Standards wichtiger Überblick über die gesamte Standard-Suite geboten [ISO15]. Zur konkreten Anwendung des Standards sind Vorgaben aus mehreren Standard-Teilen zwingend notwendig.

Applikationssicherheit-Management-Prozess
Der dem Standard zugrunde liegende Applikationssicherheits-Management-Prozess (ASM) beinhaltet die in Tab. 14.1 aufgeführten Prozessschritte, die den Prozessschritten im Risikomanagement-Prozess ISO/IEC 27005:2011 zugeordnet werden können.

Unternehmensspezifische „Application Security Controls"
Im Zentrum des Standards stehen die als „Application Security Controls" (ASC) bezeichneten Sicherheits-Massnahmen; diese beinhalten unter anderem eine „Sicherheits-Aktivität" mit einem dazugehörigem „Verifikations-Mass". Die Sicherheits-Aktivität ergibt sich aus den im „Application Security Management Prozess" (ASM-Prozess) beurteilten Risiken. Mittels eines „Pointers" wird auf diejenige Stelle im „Application life cycle"

Tab. 14.1 ASM-Prozessschritte und deren Zuordnung zu ISO/IEC 27005:2011

	ASM-Prozess gemäss ONF	RM-Prozess (ISO/IEC 27005)
a)	Anforderungen der Applikationen und ihrer Umgebung spezifizieren	Kontext
b)	Applikationssicherheits-Risiken beurteilen	Risiko-Assessment und Risiko-Behandlungs-Optionen
c)	Applikations-Normatives-Framework (ANF) aufbauen und unterhalten	Risiko-Behandlungspläne erstellen
d)	Applikationen bereitstellen und betreiben	Risiko-Behandlungspläne umsetzen
e)	Applikationen hinsichtlich Sicherheit auditieren	Überwachen und überprüfen

gezeigt, wo die Aktivität der Sicherheitsmassnahme (ASC) zum Einsatz gelangen soll. Solche „Security Controls" (ASCs) können in einer entsprechend aufgebauten und gepflegten „Library" vorgehalten und für den konkreten Einsatz abgerufen werden. Die detaillierte Beschreibung der Sicherheits-Aktivität und des Verifikations-Masses sowie eine Reihe anderer Datenelemente sind in einer standardisierten Datenstruktur untergebracht ([Isom16], S. 2–8).

Aufbau der Frameworks ONF und ANF

Die „Library" ist ein Bestandteil eines „untenehmensspezifischen normativen Frameworks" ONF (Organization Normative Framework), das zudem die notwendigen Prozesse und sonstigen Komponenten für das Sicherheitsmanagement enthält. Für eine bestimmte Applikation wird aus dem „unternehmensspezifischen Framework" ONF ein „applikationsspezifisches Framework" ANF (Application Normative Framework) erzeugt, das die für die Applikation spezifischen Komponenten enthält (s. Abb. 14.6).

Der für die Sicherheit der Applikation massgebliche Lifecycle, in den auch die Sicherheitsmassnahmen (ACS) eingefügt werden, wird aus einem generischen Lifecycle-Referenzmodell (Application Security Lifecycle Reference Model) abgeleitet. Der für eine Softwareentwicklung abgeleitete Lifecycle ist in der Abb. 14.7 gezeigt.

Zusammenhänge der Frameworks Rollen und Verantwortlichkeiten in einem typischen Applikationsprojekt

Die Abb. 14.8 zeigt wichtige Komponenten, Rollen und Verantwortlichkeiten in einem Applikations-Projekt. Wie die Abbildung zeigt, gehört zu den einzelnen Rollen auch ein „Verification Team", das sowohl die eingesetzten ASC als auch das Vorgehen, das Projekt und das Produkt entsprechend den Anforderungen verifiziert und validiert.

Fazit zum Applikationssicherheitsstandard ISO/IEC 27034-x

Der Standard verhilft sicherlich in grossen Entwicklungsumgebungen zu einem standardisierten Vorgehen beim „Application Security Management". Dabei soll er das Informationssicherheits-Risikomanagement (gemäss ISO/IEC 27005) über den gesamten Lebenszyklus einer Applikation erfüllen können. Wie aus den stark zusammengefassten Ausführungen in diesem Buchabschnitt ersichtlich wird, ist der Aufbau wie auch die

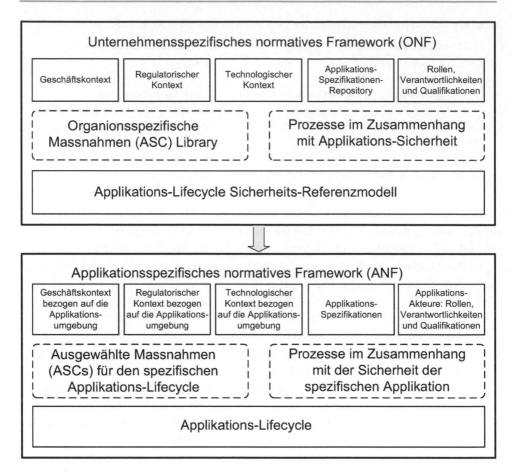

Abb. 14.6 Normative Frameworks ONF und ANF in ISO/IEC 27034-x (vgl. [Isol15], S. 15, 32)

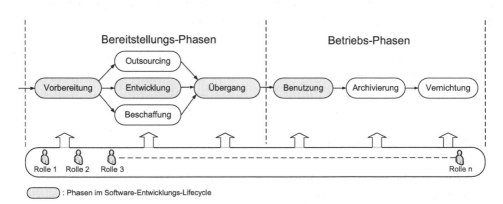

Abb. 14.7 Softwareentwicklung im Application Security Life Cycle gemäss ISO/IEC 27034 (vgl. [Isol15], S. 53)

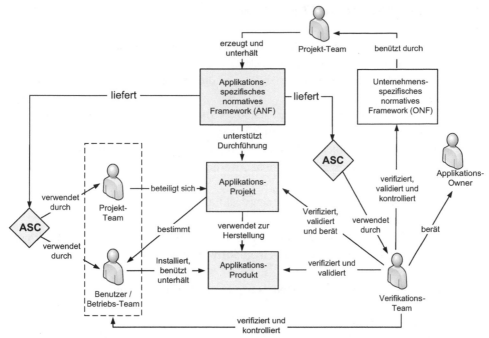

ASC: Datenstruktur, welche die exakte Identifikation und detaillierte Beschreibung einer Sicherheits-Aktivität mit der dazugehörigen Verifizierungs-Aktivität enthält, die an einer bestimmten Stelle des Applikations-Lifecycle auszuführen sind.

Abb. 14.8 Zusammenhänge in einem typischen Applikationsprojekt ([Isol15], S. 35–37)

Anwendung und Wartung der Methode als aufwändig zu bezeichnen, wobei entsprechend der vorliegenden Standard-Entwürfe Massnahmen mit ASC-Namen wie „Automatic Code Review" oder „Penetration testing" vorkommen sollen. Inwiefern jedoch „Application Security Controls" (ASC) in der standardisierten Struktur in der Praxis zu praktikablen und zielführenden Massnahmen führen, wird sich erst in der praktischen Anwendung zeigen können.

▶   **Praxistipp** Sicherheitsdokumentationen und Sicherheitskonzepte sollten wo möglich projektbegleitend durch aktiv im Projekt mitwirkende Personen erstellt werden. Die Beurteilung dieser Dokumente hinsichtlich Abnahme und Phasenfreigabe sind hingegen in Funktionentrennung zur Erstellung vorzunehmen und bedürfen zudem umfassender sicherheits- und projektspezifischer Kenntnisse. Das für diese Tätigkeiten notwendige sicherheitsspezifische Know-how kann allenfalls mittels entsprechendem „Coaching" durch im Umfeld erfahrene Sicherheits-Experten eingebracht werden.

14.5   Kontrollfragen und Aufgaben

1. Welches sind die Schutzphasen der Informationen, während denen sie generell unterschiedlichen Bedrohungen unterliegen?
2. Aufgrund welcher generellen Kriterien können die Informationen eingestuft (klassifiziert) werden?
3. Mit welcher Massnahme (Werkzeug) schützen Sie vertrauliche Informationen bei der elektronischen Übertragung (Übermittlung) gegen unberechtigte Kenntnisnahme?
4. Nennen Sie drei Lieferobjekte, die im Projektablauf abgenommen sein müssen, bevor jeweils die nächste Projektphase begonnen werden darf. Wie heissen die entsprechenden Projektphasen?
5. Nennen Sie die Phasen einer Softwareentwicklung im Application Security Lifecycle gemäss ISO/IEC 27034.
6. Welche der Sicherheit und dem Datenschutz dienlichen Produkte kennt das V-Model. An welchen Stellen des Vorgehens einer Softwareentwicklung sind diese Produkte wem vorzulegen?
7. In welcher Phase des HERMES-Models beginnt agile Entwicklung?

Literatur

[Herm15] Sshweizerische Eidgenossenschaft, Informatiksteuerungsorgan des Bundes ISB: HERMES 5.1 — Projektmanagementmethode für alle Projekte — Referenzhandbuch. Eidgenössisches Finanzdepartment, Informatiksteuerungsorgan des Bundes ISB, 2015. URL: https://www.bundespublikationen.admin.ch/cshop_mimes_bbl/2C/2C59E545D7371E-E585B134AB5AD03DDA.pdf, abgerufen am 12.10.2016.

[Isol15] ISO/IEC 27034-1:2015: Application security – Part 1: Overview and concepts. International Organization for Standardization, 2015.

[Isom16] ISO/IEC DIS 27034-5: Application security – Part 5: Protocols and application security control data structure (DIS). International Organization for Standardization, 2016.

[Ison15] ISO/IEC/IEEE 15288:2015: Systems Software Engineering – System life cycle processes. International Organization for Standardization, 2015.

[Isot10] ISO/IEC TR 24748-1:2010: Life cycle management – Part 1: Guidelines for life cycle management. International Organization for Standardization, 2010.

[Itss16] Meijer, Machteld, Mark Smalley and Sharon Taylor: ITIL® 2011 and ASL® 2, Sound Guidance for Application Management and Application Development. UK: AXELOS Ltd., 2016.

[V-Mo06] Weit-Verein: V-Modell XT — Das deutsche Referenzmodell für Systementwicklungsprojekte, Version: 2.0. München: Verein zur Weiterentwicklung des V-Modell XT e.V., 2006.

Risikomanagement in Outsourcing-Prozessen

15

Überblick

Viele Unternehmen prüfen die Möglichkeiten, einige ihrer aufwändigen Prozesse zu „outsourcen". Das „Outsourcing" kann für ein Unternehmen eine Reihe von Vorteilen haben, wie Komplexitätsreduktion, Variabilisierung von Fixkosten; vor allem aber die Reduktion der Kosten in der Grössenordnung von 20 %. Bei aller Attraktivität eines Outsourcing, insbesondere der Kosteneinsparungsmöglichkeiten, müssen die neuen Kosten und sonstigen Nachteile, vor allem die der Sicherheit und der Risiken, frühzeitig in die Betrachtungen einbezogen werden. Bezogen auf die Phasen des Gartner-Sourcing-Lifecycles wird in diesem Kapitel ein Vorgehen gezeigt, bei dem sowohl Auftraggeber als auch Dienstleister das Informations-Risikomanagement mittels eines entsprechend strukturierten IT-Sicherheitskonzepts vornehmen. In der gemeinsamen Vertragsausarbeitung wird sodann, als integrierender Bestandteil des Sourcing-Vertrags, ein gemeinsames Sicherheitskonzept erstellt, das von beiden Vertragspartnern akzeptiert und eingehalten wird.

15.1 Licht und Schatten beim Outsourcing

Einige Argumente, die für ein Outsourcing, insbesondere der IT-Prozesse, sprechen sind (vgl. [Buch04], S. 185 ff.):

- Kostenreduktion (massive Kosteneinsparungen sind oft durch Verlagerung von IT-Dienstleistungen in Billiglohnländer möglich);
- Komplexitätsreduktion durch Outsourcen von IT-Prozessen, welche die Kernkompetenzen nicht direkt unterstützen;
- Konsolidierung von historisch gewachsenen IT-Landschaften im Unternehmen;

© Springer Fachmedien Wiesbaden GmbH 2017
H.-P. Königs, *IT-Risikomanagement mit System*, Edition <kes>,
DOI 10.1007/978-3-658-12004-7_15

- Variabilisierung der Fixkosten durch Ausnutzung der Synergien des Outsourcers mit anderen Kunden und dadurch Möglichkeit eines mengenabhängigen Pricings;
- Verbesserung der Zuverlässigkeit und Innovation durch „kritische Masse" des Outsourcers für neue technologische Trends und für Massnahmen zur Einhaltung aktueller Sicherheitsstandards;
- Reduktion von Mitarbeitern und Erzielen von Cash-Effekten und Umlage von Anlagevermögen in Umlaufvermögen.

Kostenerhöhung in Übergangsphase
Die typische Ergebniskurve von IT-Outsourcing zeigt eine Kostenerhöhung für die Übergangsphase durch

- Aufbau eines „Demand Managements" (z. B. durch Aufbau notwendiger Ansprechpartner auf der Auftraggeber-Seite);
- Transferkosten für die Eingliederung von IT-Technik und IT-Personal beim IT-Outsourcer;
- Sichtbarmachung versteckter IT-Kosten, die zuvor erbracht, aber nicht abgerechnet wurden.

Nach einer Übergangsphase von ca. 4 Jahren sollten Kosten-Einsparungen von > 20 % möglich sein.

Höhere Risiko-Kosten
Einige der auf den ersten Blick einzusparenden Kosten werden durch neue Kosten bezüglich nachträglicher Erfüllung der IT-Sicherheits-Anforderungen und der neuen „Risiko-Kosten" neutralisiert. Insbesondere bei der Auslagerung in Billiglohnländer können neue und grosse Risiken entstehen, z. B.:

- Schwierigkeiten bei der Kommunikation der Anforderungen und Überwachung im gesamten Lifecycle der ausgelagerten Dienstleistung;
- Schwierigkeiten bei der Befolgung von Gesetzen (z. B. Datenschutz), Regulierungen, Vertragsvereinbarungen;
- Abhängigkeiten von anderen Unternehmen;
- Verlust von eigenem Know-how;
- Mögliche Qualitätsprobleme (ggf. durch negative infrastrukturelle Rahmenbedingungen).

Generell bedarf es einer sorgfältigen Untersuchung und Abwägung, inwiefern und für welche IT-Bereiche, Geschäftsprozesse und Dienstleistungskonstellationen ein Outsourcing durchaus sinnvoll und wirtschaftlich sein kann. Die Notwendigkeit von Untersuchungen und Abwägungen gilt nicht nur für den Dienstleistungsempfänger, sondern auch für den Dienstleister, da auch in seinem Interesse ein konfliktfreies und nachhaltiges Geschäft anzustreben ist.

Risikomanagement beim Outsourcing
In jedem Falle muss dem Outsourcing von Prozessen mit Informationsabhängigkeiten ein gründlicher IT-Risikomanagement-Prozess zu Grunde gelegt werden.

▶   **Praxistipp** Für beide Outsourcing-Partner gilt von Anfang an zu bedenken, dass die Sicherheitsmassnahmen vorab vereinbart werden müssen und einen Preis haben.

15.2   IT-Risikomanagement im Outsourcing-Vertrag

Als Grundvoraussetzung für das Eingehen eines Outsourcing-Vertrags ist die Klärung der Sicherheitsanliegen, insbesondere der für den Auslagerungsgegenstand vorhandenen gesetzlichen Anforderungen. Als Beispiel sei das für Banken in der Schweiz bindende Rundschreiben der FINMA zu erwähnen.

Sicherheitsanforderungen gemäss Rundschreiben der FINMA
Für nach schweizerischem Recht organisierte Banken und Effektenhändler sowie für schweizerische Zweigniederlassungen ausländischer Banken und Effektenhändler besteht eine Auflage der FINMA[1] in Form eines Rundschreibens (mit letzter Änderung ab 1. Januar 2009 gültig).

Darin wird unter anderem verlangt, dass das auslagernde Unternehmen und der Dienstleister die Sicherheitsanforderung vertraglich festhalten müssen und dass das auslagernde Unternehmen diese überwachen muss.

Sicherheitsdispositiv
Weiter müssen das auslagernde Unternehmen und der Dienstleister ein Sicherheitsdispositiv ausarbeiten, dass die Weiterführung des ausgelagerten Geschäftsbereichs erlaubt, falls der Dienstleister aus irgendwelchen Gründen verhindert ist, seine Leistung zu erbringen. Das Sicherheitsdispositiv hat sämtliche Notfälle abzudecken. Die ordnungsgemässe Geschäftsführung muss jederzeit aufrechterhalten werden können.

Kundeninformationen und Auslagerungen ins Ausland
Unter anderem müssen Kundeninformationen durch angemessene technische- und organisatorische Massnahmen gegen unbefugte Einsichtnahme und Bearbeitung geschützt werden. Weiter besteht der Grundsatz, dass Auslagerungen ins Ausland vom ausdrücklichen Nachweis der Prüfmöglichkeiten[2] abhängig gemacht sind.

---

[1] Durch Eidgenössischen Bankenkommission (EBK) 1999 herausgegebenes Rundschreiben für das seit 1.1.2009 die „FINMA" (Eidgenössische Finanzmarktaufsicht) zuständig ist.
[2] Prüfmöglichkeiten durch das Unternehmen als auch durch seine banken- und börsengesetzliche Revisionsstelle sowie die Bankenkommission.

Empfehlungen „Gartner Group"

Für das häufig erwogene „Offshore Outsourcing" wird von der Gartner Group [Iyen04] äusserste Vorsicht angeraten: „Service providers are unable to provide standard security solutions because regulations, legislation and consequently risk vary vastly between industries and geographies." Gemäss Gartner sollte das Unternehmen die Sicherheit früh adressieren und „Due Diligence" während dem gesamten „Lifecycle" der Auslagerung durchführen.

Sicherheitskosten im „Off-shore Exposure"

Gartner macht darauf aufmerksam, dass erhebliche Sicherheitskosten anfallen und es nicht kosteneffektiv sei, für jeden Aspekt dasselbe Sicherheits-Niveau im „Offshore Exposure" bereitzustellen. Deshalb sollten die Unternehmen wissen, welche Aufzeichnungen und Informationen geschützt werden müssen und warum und wie viel sie für die Sicherheit bezahlen wollen.

Die **Gartner-Empfehlung** kann wie folgt zusammengefasst werden (vgl. [Iyen04]):

> Die Sicherheitsanliegen müssen möglichst früh in der Sourcing-Strategie und bei der Entwicklung des Vorhabens angegangen werden. Es muss ein detaillierter Dialog mit dem Dienstleister erfolgen, um den Lösungsansatz des Dienstleisters bezüglich Sicherheit zu verstehen. Dabei ist wichtig, die wesentlichen Aspekte des Sicherheits-Managements und der -Kontrolle sowie einige Audit-Mechanismen im eigenen Hause zu behalten. Zusammen mit dem Dienstleister müssen in einem „Framework" sämtliche Sicherheitsanliegen identifiziert und behandelt werden. Dabei muss die Gültigkeit der Risiken vereinbart und die Höhe der Kosten zur Reduktion der Risiken in die Entscheide einbezogen werden.

15.2.1 Sicherheitskonzept im Sourcing-Lifecycle

Ein Instrument, um die Risiken, Sicherheitsanforderungen und Massnahmen zugrunde legen zu können, ist das in Abschn. 10.1 gezeigte Sicherheitskonzept. Sowohl am Beispiel der Forderungen der FINMA als auch gemäss der Empfehlungen der Gartner Group erlaubt ein rechtzeitig und durch die Partner gemeinsam erarbeitetes Sicherheitskonzept, die Sicherheits-Untersuchungen und -Abwägungen schrittweise aufzubauen und gegenseitig abzustimmen.

Sicherheitskonzept im Sourcing-Vertrag

Das Sicherheitskonzept sollte in seiner abgestimmten Fassung zum integrierenden Bestandteil des Sourcing-Vertrages gemacht werden. Im Lifecycle des Sourcing-Vorhabens (s. Abb. 15.1) wird eine erste verbindliche Fassung zum Zeitpunkt der Vertragsunterzeichnung fertig gestellt sein.

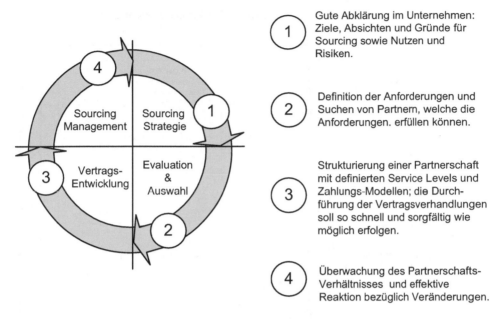

Abb. 15.1   „Sourcing-Lifecycle" gemäss Gartner Research [Matl04]

Das Sicherheitskonzept (s. Abb. 15.2) wird wie folgt erstellt:

Phase 1: Outsourcing-Strategie
Bereits während der Phase der Outsourcing-Strategie wird ein **Sicherheitskonzept über den auszulagernden Prozess** erstellt. Das Konzept dient der Analyse und Dokumentation des bestehenden Prozesses (ein allenfalls bereits vorhandenes Sicherheitskonzept wird auf seine Aktualität und Zweckmässigkeit hin untersucht). Das Sicherheitskonzept soll **Anforderungen, Risiken, bestehende Massnahmen und Anhaltspunkte über die aktuellen Massnahmen-Kosten** aufzeigen. Die Erstellung des letzten Kapitels über Massnahmen-Umsetzung kann in dieser frühen Phase entfallen.

Phase 2: Evaluation und Auswahl
In der Phase der Suche eines geeigneten Dienstleisters sollen die für diese Phase wichtigen Teile aus Kapitel 1 bis 4 des Sicherheitskonzepts in den **„Request for Proposal" (RFP)** aufgenommen werden:

• Kapitel 1: Kontext, einschliesslich System- respektive Prozessbeschreibung;
• Kapitel 2: Risiko-Identifikation;
• Kapitel 3: Nicht die volle Risiko-Analyse, sondern lediglich die Impact-Analyse;
• Kapitel 4: Anforderungen an die Sicherheits-Massnahmen.

Die aus der Sicht des auslagernden Unternehmens erstellte volle Risiko-Analyse (Kapitel 3) ist für den RFP nicht relevant und wird deshalb nicht herausgegeben.

Aufbau IT-Sicherheitskonzept

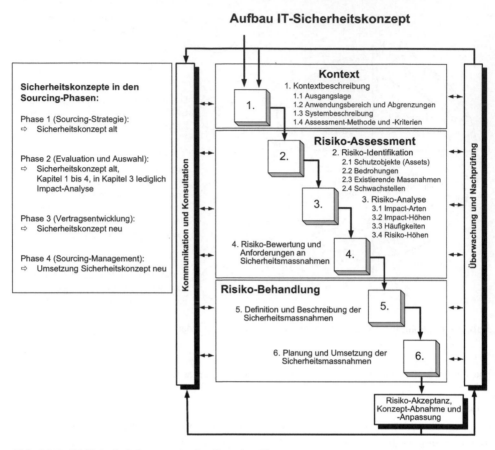

Abb. 15.2   IT-Sicherheitskonzept in den Sourcing-Phasen

Phase 3: Vertragsentwicklung

In dieser Phase werden mit dem Dienstleister zusammen alle Kapitel 1 bis 6 des Sicherheitskonzepts unter **Berücksichtigung des neuen Umfelds** gemeinsam überarbeitet.

Bei der Risiko-Analyse steuert das auslagernde Unternehmen vor allem die Impact-Analyse, der Dienstleister hingegen vor allem die Analyse der Bedrohungen und Schwachstellen zur Risiko-Analyse bei.

Nach **gemeinsamer Risiko-Bewertung** werden die neuen Anforderungen an die Sicherheitsmassnahmen gemeinsam definiert. Grosse Aufmerksamkeit und Sorgfalt ist auch bei der Massnahmen-Beschreibung (Kapitel 5), beim Umsetzungs-Plan (Kapitel 6) sowie der anschliessenden Restrisiko-Betrachtung notwendig.

Im Kapitel 6 über die Umsetzung der Sicherheitsmassnahmen sind die Bedingungen zur späteren Überarbeitung des Sicherheitskonzepts aufzunehmen. Solche Bedingungen sind beispielsweise signifikante Veränderungen des Auslagerungs-Gegenstands und der Risiko-Lage. Die Überarbeitung kann auch auf Grund einer Überprüfung (Revision) durch den Auftraggeber notwendig sein. Das Vorgehen und die Periodizität von solchen Überprüfungen (z. B. jährlicher Review) gehört auch im Umsetzungsplan beschrieben. Ein solches gemeinsam erarbeitetes Sicherheitskonzept kann nur dann seinen Zweck erfüllen, wenn es als integrierender Bestandteil des Vertrags deklariert wird.

Phase 4: Sourcing-Management
Während dieser Betriebsphase können alle Überwachungen und Weisungs-Möglichkeiten ausgeschöpft werden, die im Vertrag und dem Sicherheitskonzept vereinbart wurden. Kontrollmöglichkeiten durch den Chief Information Security Officer sowie interne oder externe Revisions-Stellen sind nützlich und aufgrund regulativer Auflagen (z. B. FINMA, Sarbanes-Oxley Act) sogar unumgänglich.

Auf der Auftraggeber-Seite sollte wenigstens eine Person für die **Koordination und Überwachung mit entsprechendem Einsichtsrecht** definiert und eingerichtet sein. Auch eine zusätzliche Person eines unabhängigen Beratungs-Unternehmens mit einschlägigen Erfahrungen mit Einblick in die Geschehnisse ist zu empfehlen.

15.2.2 Sicherheitskonzept beim Dienstleister

Der Ablauf bezüglich Festlegung der Sicherheitsanforderungen auf der Seite des Dienstleisters wird weitgehend durch den Auftraggeber bestimmt. Doch hat der Dienstleister zum einen eigene Sicherheits-Interessen bezüglich seiner IT-Umgebung und zum anderen das Interesse, die Massnahmen kostengünstig zu gestalten. Niedrige Kosten steigern die Konkurrenzfähigkeit des Dienstleisters. Strebt der Dienstleister hingegen eine dem Dienstleistungs-Objekt nicht angemessene zu niedrige Sicherheit an, kann dies seinem Ruf und damit seiner Konkurrenzfähigkeit schaden.

1) **Sicherheits-Strategie des Dienstleisters (Phase 1)**
   Der Dienstleister wird an einer möglichst effektiven und angemessenen Lösung der Sicherheits-Anforderungen interessiert sein. Werden die Sicherheits-Anforderungen erst spät oder gar nach dem Betrieb des Outsourcings erkannt und definiert, dann können Konflikte über Vertragsinhalte unvorhergesehene Kosten hervorrufen und eine gute Partnerschaft in Frage stellen.
   Zu diesem Zwecke wird der Dienstleister **möglichst früh die Sicherheitsanforderungen einholen**. Für Sicherheitsdienste wie Benutzer-Authentisierung, Übertragungs-Chiffrierung oder Zugriffskontrolle wird er aus Risiko- und Kostensicht unterschiedlich starke Dienste mit unterschiedlichen Preisen anbieten können.
2) **Angebot des Dienstleisters (Phase 2)**
   Um ein günstiges Angebot mit entsprechend günstigen Sicherheits-Massnahmen unterbreiten zu können, wird der Dienstleister versuchen, die Sicherheitsanforderungen auf der Basis der wirklichen IT-Risiken zu verifizieren.
   Stellt ihm der Kunde die im vorigen Kapitel erwähnten Inhalte eines Sicherheitskonzepts nicht zur Verfügung, dann sollte der Dienstleister (ggf. in Interviews) mit

dem Kunden zusammen die Informationen für ein solches Sicherheitskonzept zusammenstellen. Vom Kunden benötigt er dazu weitgehende Informationen über:

- Kontext des Outsourcing-Gegenstandes;
- Prozess- respektive Systembeschreibung;
- Angaben über die Risikoobjekte und möglichen Schäden (Impacts);
- Anforderungen an die Sicherheitsmassnahmen.

Zur Ausarbeitung eines Angebots stellt sich der Dienstleister ein Sicherheitskonzept mit sämtlichen Kapiteln zusammen, wobei die Ausarbeitung gemäss dem zu diesem Zeitpunkt vorhandenen Informationsstand nur grob sein kann.

Bei der Angebotsausarbeitung muss der Dienstleister bedenken, dass es zu seiner Sorgfaltspflicht gehört, die mit dem Outsourcing notwendigen gesetzlichen und regulatorischen Auflagen an das outsourcende Unternehmen (z. B. Sarbanes-Oxley) einzuhalten. Bei den Risiken werden auch die durch das Projekt eingeführten neuen IT-Risiken des Dienstleisters aufgeführt sein (z. B. Zugriffe über das Internet, Abschottung verschiedener Kundensysteme gegeneinander). Auch diese neuen Risiken bedürfen zusätzlicher Massnahmen. Die wesentlichen Massnahmen und Umsetzungen müssen im Sicherheitskonzept des Dienstleisters formuliert sein. Nur dann können die groben Kosten und folglich die Preise im Angebot angegeben werden.

3) **Vertragsentwicklung (Phase 3)**
   Der Dienstleister und der potenzielle Vertragspartner erarbeiten gemeinsam ein Sicherheitskonzept, das die detaillierten Anforderungen des Sourcing-Projekts erfüllt. Eine solche Version des Sicherheitskonzepts wird zum integrierenden Bestandteil des Sourcing-Vertrags und muss von beiden Vertragspartnern akzeptiert und eingehalten werden.

4) **Sourcing Management (Phase 4)**
   Der Dienstleister hält sich an die im Sicherheitskonzept enthaltenen Massnahmen und an den Umsetzungsplan. Das Sicherheitskonzept bildet somit die gemeinsame und überprüfbare Basis für die Sicherheit des ausgelagerten Prozesses oder Systems.

15.3   Kontrollfragen und Aufgaben

1. Nennen Sie drei Argumente aus Unternehmenssicht für das Outsourcen und drei Gründe für neue Kosten.
2. Zu welchem Zeitpunkt vereinbaren Sie die Sicherheitsmassnahmen mit Ihrem Partner?
3. Nennen und beschreiben Sie die vier Phasen des „Gartner Lifecycle" für Sourcing-Vorhaben.
4. Nennen Sie mindestens ein Instrument, mit dem Sie Risiken und Massnahmen für Sourcing-Vorhaben systematisch analysieren und die Konsequenzen für Massnahmen und neue Kosten absehen können.

5. Welchen Teilaspekt der Risiken sollte das auslagernde Unternehmen auf jeden Fall analysieren, bevor der Request for Proposal (RFP) ausgegeben wird?
6. Welche Vertragsinhalte werden Sie sowohl als auslagerndes Unternehmen als auch als Dienstleister dringend in die Vertragsausarbeitung einbeziehen?
7. Wie können Sie die Risiken während des Outsourcing-Betriebs unter Kontrolle halten?
8. Wie kann beim Outsourcing die Aktualität der Sicherheitsmassnahmen im Hinblick auf den möglichen Wandel in der Risikolage sichergestellt werden?
9. Aus welchen Gründen, empfehlen Sie dem Dienstleister bereits zum Zeitpunkt der Angebotsstellung, ein grobes Sicherheitskonzept zu erstellen?

Literatur

[Buch04] Buchta, Dirk, Marcus Eul und Helmut Schulte-Croonenberg: Strategisches IT-Management. Wiesbaden: Gabler, 2004.

[Iyen04] Iyengar, Partha: Security becomes key concern in global sourcing. Stamford: Gartner Inc., Gartner Press Release Egham, UK, September 21, 2004. URL: http://www.continuitycentral.com/globalsourcing.pdf, abgerufen 26.9.2016.

[Matl04] Matlus, Richard T.: Evaluating Risks in a Sourcing Environment. Stamford: Gartner Research, August 2004. URL: https://www.gartner.com/doc/454101/evaluating-risks-sourcing-environment#1208130063, abgerufen 6.9.2016.

Risikomanagement bei Nutzung und Angebot von Cloud-Computing

16

Überblick

Dieses Kapitel kommt in logischer Folge nach dem Kapitel über Outsourcing, da viele Aspekte des „Outsourcing" sowohl aus der Sicht des Anbieters als auch aus Sicht des Kunden respektive des Konsumenten beim Cloud-Computing ebenfalls zutreffen. Auch können die Prozesse für das Risikomanagement und das Sicherheitsmanagement, soweit diese generisch sind, beim Cloud-Computing angewandt werden.

Hingegen erfordert die Virtualisierung von IT-Komponenten und die Inanspruchnahme von IT-Leistungen in der Form von „Services aus der Steckdose" eine neue Art der Risiko-Ermittlung und Massnahmenbestimmung, um sowohl auf der Anbieterseite als auch auf der Kundenseite akzeptable Restrisiken erreichen zu können.

Um in diesem Buch die Möglichkeiten des Risikomanagements und der Informationssicherheit erfassen zu können, muss vorab das Wesen, die Möglichkeiten und die Varianten des Cloud-Computings in den wesentlichen Charakterzügen und Modellen behandelt werden. Für eine allgemein anerkannte Terminologie werden die Definitionen der US-amerikanischen für Standardisierungen zuständigen Bundesbehörde NIST (NIST=National Institute of Standards and Technology) verwendet [Nide11]. Diese Definitionen der NIST werden mehrheitlich auch in den internationalen Standardisierungsanstrengungen der ISO angewandt (s. ISO/IEC 27017:2015, [Isoc15]). In den Ausführungen dieses Kapitels wird festgestellt, dass ein Cloud-Computing-Angebot ohne festgeschriebene Leistungsvereinbarungen für kritische oder sensible Serviceanforderungen nicht in Frage kommen kann. Demzufolge wird gezeigt, wie in den Phasen eines „Gartner Sourcing Lifecycle" und mit Prozessen des Servicemanagements sowohl auf der Seite des Providers als auch auf der Seite des Kunden den Anforderungen angemessene, leistungsfähige und sichere Lösungen erarbeitet und umgesetzt werden können. Die Risiken und einzuhaltenden Massnahmen können dabei mit einem in den

© Springer Fachmedien Wiesbaden GmbH 2017
H.-P. Königs, *IT-Risikomanagement mit System*, Edition <kes>,
DOI 10.1007/978-3-658-12004-7_16

Phasen des Lifecycles erstellten und umgesetzten Sicherheitskonzepts gesteuert und kontrolliert werden. Die spezielle Art der Risiko-Identifikation und der Risiko-Analyse beim Cloud-Computing wird mit entsprechen Beispielen und einem erstellten Risiko-Assessment-Register dargelegt.

16.1   Prinzip und Definitionen Cloud-Computing

Generell nimmt beim Cloud-Computing ein Konsument bzw. Abonnent (engl. Consumer oder Subscriber) mit als „Clients" bezeichneten Zugriffseinrichtungen (z.B. Desktop-PC's, Laptops, Smartphones oder Server) über ein Netzwerk (häufig Internet) und entsprechende Interfaces die Computer-Dienstleistung eines Anbieters (Provider) in Anspruch. Dabei bleibt dem Konsumenten verborgen, welche physikalischen Ressourcen des Cloud-Anbieters zum Einsatz gelangen und wo sich diese im Einzelnen befinden.

Pool konfigurierbarer Computer-Ressourcen
Indes kann die Benutzung eines vom Provider betriebenen „Pool" von konfigurierbaren Computer-Ressourcen (z.B. Netze, Server, Datenspeicher, Applikationen und Dienstleistungen) schnell mit minimalem Management-Aufwand bereitgestellt werden. Die Systeme, auf die zugegriffen wird, sind aus Flexibilitäts- und Wirtschaftlichkeitsgründen mit „virtualisierten" Ressourcen (z.B. Serverplattformen, Speicher) aufgebaut (s. Abb. 16.1).

Im Gegensatz zum organisatorischen Konzept des „Outsourcing", wo die IT-Infrastruktur eines Dienstleisters, oder Teile davon, exklusiv durch einen Kunden benutzt

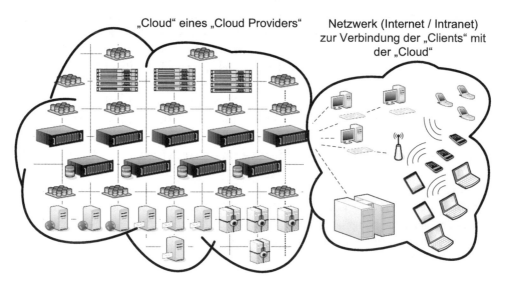

Abb. 16.1 Prinzipieller technischer Aufbau einer Cloud

werden, ist „Cloud-Computing" vor allem ein technisches Konzept, bei dem technische IT-Ressourcen, oder Teile davon, von mehreren Benutzern gleichzeitig benutzt werden können.

Dynamische Zuteilung der Ressourcen

Die durch Virtualisierung der IT-Ressourcen mögliche dynamische Zuteilung der Ressourcen erlaubt für den Anbieter (Provider) die Ausnutzung von Skaleneffekten, die dem Konsumenten (Subscriber) in der Form niederer Preise wiedergegeben werden können, wobei der Konsument zusätzlich von einer höheren Flexibilität hinsichtlich seiner Leistungsanforderungen profitieren kann.

Entgegen dem Outsourcing, bei dem der Provider immer externer Dienstleister ist und damit vertraglich für die Dienstleistung verantwortlich gemacht wird, kann beim Einsatzmodell einer „privaten Cloud" durchaus ein und dasselbe Unternehmen sowohl in der Rolle des Anbieters (Providers) als auch in der Rolle des Konsumenten (Subscriber) agieren.

Rollen „Provider" und „Kunde"

Dennoch macht es Sinn, für die organisatorische Behandlung des Cloud-Computing die Akteure analog dem „IT-Servicemanagement" in die beiden Rollen „Provider" auf der einen Seite und „Kunde" auf der anderen Seite einzuteilen. Der Kunde kann wiederum einen oder mehrere „Benutzer" als Akteure[1] enthalten, welche dann oft auch als „Konsumenten" bezeichnet werden.

Für die Risiken beim Cloud-Computing bestehen somit, ähnlich dem Outsourcing, die zwei unterschiedlichen Sichten und zwar die Sicht des „Providers" einerseits und die Sicht des „Kunden" andererseits.

„Ex-ante-Betrachtung" der Risiken

Bevor ein Cloud-Provider ein Engagement eingeht oder ein Kunde ein Abonnement oder einen Vertrag mit einem Cloud-Provider abschliesst, ist es im Sinne eines proaktiven Risikomanagements unabdingbar, die Risiken in einer „Ex-ante-Betrachtung" abzuklären und diese, sowie die allenfalls notwendigen Massnahmen, in den Entscheid über den Vertragsabschluss einzubeziehen.

Schützenswerte Informationen des Kunden beim Provider

Dem Kunden muss bewusst sein, dass er neben konkreten Leistungserwartungen vor allem seine schützenswerten Informationen mit all ihren Sicherheitsanforderungen einem Provider anvertraut. Der Cloud-Provider, auf der anderen Seite, trägt die Verantwortung für die Sicherheit dieser Informationen sowie für die Erfüllung der Leistungserwartungen und kann gegebenenfalls zur Haftung herangezogen werden sowie die Beschädigung seiner Ressourcen oder seiner Reputation riskieren.

---

[1] Die Begriffe für die Akteure des Cloud-Computing auf der Kundenseite sind derzeit durch die Standardisierung noch nicht gefestigt.

„Charakteristik", „Service-Modell" und „Deployment-Modell"

Da die Risiken und damit das Sicherheitskonzept nicht alleine von den Akteuren (Cloud-Provider oder Kunden), sondern insbesondere auch von der eingesetzten **„Charakteristik"** sowie dem **„Service-Modell"** und dem verwendeten **„Deployment-Modell"** abhängen, werden diese Gesichtszüge im Folgenden gemäss dem NIST-Standard 800–145 näher behandelt [Nide11].

16.1.1 Wesentliche Charakteristiken

- **On-demand self-service:** Ein Konsument kann einseitig, ohne Hilfe des Providers, die Computer-Leistungseinheiten zusammen- und bereitstellen.
- **Broad network access:** Auf die Leistungseinheiten des Providers kann über das Netzwerk (z. B. Internet) mittels standardisierter Mechanismen zugegriffen werden, welche die Benutzung eines heterogenen Spektrums von Zugriffs-Geräten (Client Platforms) fördern (z. B. Smartphones, Laptops, Workstations).
- **Resource pooling:** Die Computer-Ressourcen sind zusammengelegt (pooled) und die verschiedenen physikalischen und virtuellen Ressourcen können dynamisch zu- oder weggeschaltet werden, um die verschiedenen Konsumenten entsprechend ihrer Anforderungen zu bedienen. Dadurch entsteht eine Ortsunabhängigkeit, bei welcher der Konsument im Allgemeinen keine Kenntnis oder Kontrolle über die Lokation der verwendeten Ressourcen hat.
- **Rapid elasticity:** Die Leistungseinheiten können elastisch bereitgestellt und freigeschaltet werden, dies manchmal auch automatisch, um den Anforderungen entsprechend schnell zu skalieren.
- **Measured service:** Cloud-Systeme steuern und optimieren die Ressourcen-Nutzung mit entsprechenden Messfähigkeiten, womit die Transparenz sowohl für den Provider als auch für den Kunden über die benutzten Dienstleistungen erreicht werden kann.

16.1.2 Service-Modelle

- **Software as a Service (SaaS):** Dem Konsumenten werden in einer Cloud-Infrastruktur die Applikationen des Providers zur Benutzung bereitgestellt. Der Konsument kann die den Applikationen unterliegende Cloud-Infrastruktur (Netzwerke, Server, Betriebssysteme, Speicher etc.), abgesehen von begrenzten benutzerspezifischen Konfigurationseinstellungen, weder steuern noch kontrollieren.
- **Platform as a Service (PaaS):** Dem Konsumenten werden Plattformen für seine Applikationen (selbst- oder fremdentwickelte) zur Benutzung bereitgestellt. Dabei werden durch den Provider bestimmte Programmiersprachen, Libraries, Services und Tools unterstützt. Der Konsument kann die den Applikationen unterliegende Cloud-Infrastruktur (Netzwerke, Server, Betriebssysteme, Speicher etc.) weder steuern noch

kontrollieren, hat aber die Kontrolle über seine bereitgestellten Applikationen sowie allenfalls über die Konfigurationseinstellungen der Applikations-Umgebung.

- **Infrastructure as a Service (IaaS):** Dem Konsumenten werden in einer Cloud-Infrastruktur des Providers grundlegende Computer-Ressourcen wie Prozessorkapazität, Speicher, Netzwerke usw. zur Benutzung bereitgestellt. Der Konsument kann auf dieser Infrastruktur beliebige Software mit entsprechenden Betriebssystemen und Applikationen einsetzen, wobei er die unterliegende Cloud-Infrastruktur weder steuern noch kontrollieren kann. Jedoch kontrolliert der Konsument seine bereitgestellten Betriebssysteme, Speicher und eingesetzten Applikationen sowie, in allenfalls begrenztem Umfang, bestimmte Netzwerk-Komponenten (z. B. Host Firewalls).

16.1.3 Deployment-Modelle

Für den Einsatz der Cloud-Services aus Benutzersicht sind hauptsächlich die folgenden sogenannten „Deployment-Modelle" zu unterscheiden:

- **Private cloud:** Die Cloud-Infrastruktur ist für eine einzige Organisation[2] mit allenfalls mehreren Konsumenten (z. B. Geschäftseinheiten) bereitgestellt. Die Cloud-Infrastruktur kann entweder durch die Organisation selber oder durch eine Drittpartei oder einer Kombination dieser besessen, verwaltet und/oder betrieben werden. Auch kann sich die Cloud-Infrastruktur innerhalb oder ausserhalb der Organisations-Gebäude befinden.
- **Community cloud:** Die Cloud-Infrastruktur ist für eine spezifische Gemeinschaft von Konsumenten verschiedener Organisationen bereitgestellt, welche gemeinsame Interessen verfolgen (z. B. hinsichtlich Mission, Sicherheitsanforderungen, Policy und Compliance). Diese Cloud kann durch eine oder mehrere Organisationen der Community, durch eine Drittpartei oder durch eine Kombination dieser besessen, verwaltet und betrieben werden. Sie kann sich innerhalb oder auch ausserhalb der Gebäude der Gemeinschaft befinden.
- **Public cloud:** Die Cloud-Infrastruktur ist für die offene Benutzung durch die Öffentlichkeit bereitgestellt. Diese Cloud kann durch eine geschäftliche, akademische oder eine Regierungs-Organisation oder einer Kombination dieser besessen, verwaltet und betrieben werden. Sie befindet sich innerhalb der Gebäude des Providers.
- **Hybrid cloud:** Diese Cloud-Infrastruktur ist eine Zusammenführung von zwei oder mehreren Cloud-Infrastrukturen (Private, Community oder Public) die zwar einzigartige Einheiten bleiben, aber mittels standardisierten oder hauseigenen Technologien verbunden sind, welche die Portabilität von Daten und Applikationen ermöglichen (z. B. cloud bursting).

---

[2] Organisation im Sinne einer juristischen Person.

16.2 Informationssicherheits-Risiken beim Cloud-Computing

Bei den Ausführungen über das Risikomanagement beim Cloud-Computing beschränkt sich dieses Buch auf die wichtigen und viel diskutierten Informationssicherheits-Risiken (Verlust von Vertraulichkeit, Integrität oder Verfügbarkeit). Andere IT-Risken, wie z. B. Compliance-Risiken des Providers oder Leistungseinschränkungen beim Kunden (Konsumenten), werden nicht speziell betrachtet, können aber nach ähnlichen Gesichtspunkten behandelt werden.

Aus den im Abschn. 16.1 aufgeführten Definitionen und Funktionsweisen des Cloud-Computing wurde offensichtlich, dass die eingesetzte Charakteristik sowie die unterschiedlichen Modelle für Service und Deployment auch zu unterschiedlichen Risiken führen. Selbstverständlich tragen die Massnahmen des Cloud-Providers sowie die Befolgung der Benutzungspolicy auf der Konsumentenseite zu einem „Mehr oder Weniger" hinsichtlich der Informationssicherheits-Risiken bei.

16.3 Cloud-Sourcing als Service aus der Kundenperspektive

Vor der Behandlung des Risikomanagements beim Cloud-Computing im Einzelnen gilt es zu erwähnen, dass die Service-Orientierung des Cloud-Computing ein IT-Servicemanagement nach ITIL® Edition 2011 oder ISO/IEC 20000 nahelegt.

Ganzheitliche Betrachtung mittels IT-Servicemanagement
Ein solches IT-Servicemanagement erlaubt eine von den Geschäftsanforderungen ausgehende ganzheitliche Betrachtung der Leistungserbringung, unter anderem auch für das Risikomanagement und die Informationssicherheit.

Die für die Geschäfts- und Kundenanforderungen massgeblichen „Service Level Agreements" (SLA) enthalten die vom Provider zu erbringenden Leistungen, welche wo möglich mit KPIs[3] messbar sein sollten.

▶   **Praxistipp** Ohne ein strukturiertes, festgeschriebenes Serviceabkommen ist in der Regel für ein Unternehmen kein nachhaltiges Niveau der Serviceleistungen erzielbar, d. h. ein Cloud-Computing-Angebot ohne festgeschriebene Leistungsvereinbarungen kann für kritische oder sensible Serviceanforderungen nicht in Frage kommen.

Verträge für interne und externe Serviceleistungen
Die Kunden des „Cloud-Service-Provider" sind entweder direkt die Konsumenten oder ein für die Konsumenten zuständiger „IT-Service-Provider" (z. B. die interne IT-Abteilung eines Unternehmens). Die Verträge, die ein solcher interner IT-Service-Provider mit einem externen Cloud-Service-Provider abschliesst, werden in der ITIL®-Terminologie als

---

[3] KPI = Key Performance Indicator.

„Underpinning contracts" bezeichnet. Für die intern auf der Kundenseite zu erbringenden
Serviceleistungen, welche ebenfalls Cloud-Services sein können, dienen die sogenannten
„Operational Level Agreements" (OLA). Verpackt in diese Abkommen werden unter
anderem die bereits erwähnten, für die Kommunikation und Nachprüfung der Geschäfts-
und Kundenanforderungen wichtigen „Service Level Agreements".

Für ein funktionstüchtiges und für den Kunden nützliches Servicemanagement und
Sicherheitsmanagement genügt es nicht, wenn sich der Provider alleine einem Servicema-
nagement-System unterworfen hat.

End-to-end-Paradigma

Das End-to-end-Paradigma heutiger Management-Systeme macht es erforderlich, dass auch
auf der Kundenseite die mit dem Provider und seinen Unterlieferanten abgestimmten Prozesse und Massnahmen umgesetzt werden müssen. So gilt es beispielsweise auf der Kundenseite, die Zugriffsrechte für die Benutzer festzulegen und die Zugriffs-Policies zu befolgen.

Die organisatorischen Beziehungen zwischen den Akteuren in einem in ein IT-Servicemanagement integriertes „Cloud-Sourcing" sind in der Abb. 16.2 veranschaulicht.

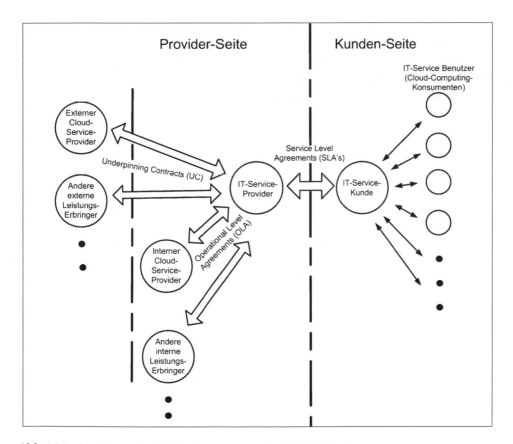

Abb. 16.2   Beziehungen im IT-Servicemanagement mit Cloud-Services

Cloud-Sourcing-Vertrag
Das Sourcing-Abkommen, egal ob ein externes Sourcing, d. h. ein „Outsourcing", oder ein „Internes Sourcing" angewandt werden soll, wird in beiden Fällen der Einfachheit halber als „Cloud-Sourcing-Vertrag" bezeichnet.

Cloud-Sourcing-Lifecycle
Die Aktivitäten des Cloud-Sourcings werden am Cloud-Sourcing-Lifecycle orientiert, der in Abschn. 15.1.1 bereits als Sourcing-Lifecycle gezeigt wurde. Dieser Cloud-Sourcing-Lifecycle hat die Phasen

- „Cloud-Sourcing-Strategie",
- „Evaluation und Auswahl",
- „Vertragsentwicklung" und
- „Cloud-Sourcing Management",

und wird idealerweise, wie Abb. 16.3 zeigt, in den IT-Service-Lifcycle nach ITIL® Edition 2011 eingebettet.

Auf Risikomanagement-Prozess abgestimmtes IT-Sicherheitskonzept
Der in allen Phasen des Cloud-Sourcing notwendige Risikomanagement-Prozess wird anhand eines auf den standardisierten Risikomanagement-Prozess abgestimmten IT-Sicherheitskonzepts vorgenommen. Ein solches Sicherheitskonzept bezieht sich auf die mit dem Cloud-Computing realisierten Services.

			ITIL Service Lifecycle				
			Service Strategie	Service Design	Service Transition	Service Operation	Continual Service Improvement
Cloud Sourcing Lifecycle	1	Cloud-Sourcing-Strategie	x				x
	2	Evaluation und Auswahl		x			x
	3	Vertragsentwicklung		x			x
	4	Cloud Sourcing Management		x	x	x	x

Abb. 16.3 Einbettung Cloud-Sourcing-Lifecycle in ITIL Service Lifecycle

Es enthält in einer groben für die Evaluation massgeblichen Fassung ein Risiko-Assessment, das vor allem die Sicherheits-Anforderungen an die Evaluation aufzeigt. In einer zweiten, für den Betrieb der Services massgeblichen Fassung des Sicherheitskonzepts werden sodann die Risiken, Massnahmen, sowie der Massnahmen-Umsetzungsplan und die Restrisiken der Realisierung mit dem ausgewählten Provider dokumentiert. Aufgrund der Dokumentation der Aktionen mit ihren Ergebnissen eignet sich das IT-Sicherheitskonzept nicht nur für die Abstimmung der SLA's mit dem Cloud-Provider, sondern auch als „Prüfspur" und als Kontrollwerkzeug zur Überwachung und für die fallweisen Sicherheits-Audits der mit Cloud-Computing realisierten Services.

16.3.1 Phase 1: Cloud-Sourcing-Strategie

Am Anfang und im Zentrum des Cloud-Sourcing-Lifecycle steht die Cloud-Sourcing-Strategie, die im Rahmen eines IT-Servicemanagements Teil der Service-Strategie ist. Folgende Fragestellungen sind zu klären:

- Passen Cloud-Services in die Servicestrategie, Architekturplanung und in die Sourcing-Strategie?
- Für welche Geschäftsprozesse soll Cloud-Computing angewandt werden?
- Welche hauptsächlichen Ziele verfolgen die Geschäftsprozesse, die für Cloud-Computing in Frage kommen?
- Welche hauptsächlichen Governance-, Compliance, Leistungs- und Sicherheitsanforderungen haben die Geschäftsprozesse, die für Cloud-Computing in Frage kommen?
- Welche Kombination von „Charakteristik", „Service-Modell" und „Deployment-Modell" soll angewandt werden?
- Welche Kombinationen von „Charakteristik", „Service-Modell" und „Deployment-Modell" könnten, abhängig von den verfügbaren Angeboten, ebenfalls in Frage kommen?
- Welche Vorteile werden erwartet oder in Betracht gezogen (z. B. Fixkostenabbau, Kostenreduktion, Kapazitäts- und Leistungsagilität, Freisetzung eigener Kapazitäten, kurze Realisierungsdauer etc.)?
- Welche Nachteile können in Kauf genommen werden (z. B. Kontrollverlust beim Servicemanagement, Anbieter-Lock-in, Einschränkungen in der Anwendungsflexibilität etc.)?
- Welche Nachteile verhindern Inanspruchnahme eines Angebots (z. B. Deployment in geografische Zonen mit inkompatiblen Rechtsvorschriften, unverbindliche Leistungs- oder Sicherheitszusagen)?
- Besteht für die auszulagernden Prozesse bereits ein Sicherheitskonzept mit den wichtigsten zum Zeitpunkt bekannten Sicherheitsanforderungen und Business-Impacts?
- …

Cloud-Computing kann sowohl für die Übertragung von IT-Prozessen eines bestehenden Geschäftsmodells zum Einsatz gelangen als auch für die Übertragung von IT-Prozessen eines neuen Geschäftsmodells in die Cloud.

Bestehende IT-Prozesse eines Geschäftsmodells
Falls die IT-Prozesse in einem Geschäftsmodell bereits ohne Cloud-Computing bestehen, dann können aus einem allenfalls bestehenden Sicherheitskonzept die „Business-Impacts" und die Anforderungen an die Sicherheitsmassnahmen sowie die bereits bestehenden Massnahmen abgeleitet werden.

Anhaltspunkte für Vergleiche und strategische Bewertungen
Aus einem bestehenden Sicherheitskonzept ergeben sich auch Anhaltspunkte für Vergleiche einer Cloud-Lösung mit einer herkömmlichen Realisierung. Bestehen die IT-Prozesse noch nicht, dann kann ein grobes Sicherheitskonzept mit den bis dahin bekannten Fakten (z. B. Compliance-Anforderungen und Business-Impacts) die Anhaltspunkte für die strategischen Bewertungen und Festlegungen hinsichtlich der Informations- und IT-Sicherheit liefern.

16.3.2 Phase 2: Evaluation und Auswahl

Das Spektrum von möglichen „Subscriber-Provider-Beziehungen" reicht vom einfachen Anlegen eines Benutzer-Accounts in einer „Public-Cloud" (z. B. Dropbox) bis hin zum Aufbau einer „Private-Cloud", bei der beispielsweise der Betrieb an einen externen Provider ausgelagert ist (z. B. HP, IBM). Für die Bereitstellung von geringen Cloud-Kapazitäten oder Stückzahlen (z. B. Anzahl Server) an einen Kunden bestehen die Leistungs- und Sicherheitszusagen des Cloud-Anbieters meist lediglich in einseitig vom Provider ausgegebenen Leistungsangeboten, Nutzungsbedingungen und Richtlinien (Policies). Bei der Nutzung solcher „einfachen" Angebote werden die einseitigen Nutzungsbedingungen und Sicherheitsrichtlinien automatisch akzeptiert.

Ablehnung von Verantwortlichkeiten durch den Provider
In den Nutzungsbedingungen einiger öffentlicher Cloud-Angebote (z. B. Dropbox) werden gar die Verantwortlichkeiten und Haftungsgründe des Providers rigoros abgelehnt; dazu kommt, dass der Anbieter in seinen Nutzungsbedingungen darauf hinweist, dass die Nutzung der Services vom Provider jederzeit eingestellt oder die Services ohne Benachrichtigung zeitweilig oder endgültig beendet werden können. Es ist offensichtlich, dass ein solches Angebot nur für wenige Geschäftsprozesse überhaupt in Frage kommen kann, da beispielsweise eine anderweitig notwendige zusätzliche Absicherung gegen Datenverluste oder Betriebsunterbrechungen die vermeintlichen Vorteile des Angebots (z. B. niedere Kosten) zunichte macht.

Fragestellung hinsichtlich Anforderungen bei der Evaluation
Für die IT-Abwicklung von Geschäftsprozessen müssen demzufolge solche Angebote erwogen werden, die ein auf die Strategie-Anforderungen abgestimmtes Evaluationsver-

fahren möglich machen. Einige der Fragestellungen einer solchen Evaluation werden im Folgenden kurz beleuchtet:

- Sind die wichtigsten Sicherheitsanforderungen und Business-Impacts resultierend aus dem IT-Sicherheitskonzept in den „Request for Proposal" (RFP) aufgenommen?
- Sind die Sicherheitsanforderungen und Business-Impacts im Rahmen eines IT-Sicherheitskonzepts mit den internen Business-Ownern abgestimmt (s. Abschn. 16.4)?
- Gehen die Sicherheitsanforderungen nicht nur des Kunden, sondern auch des Endbenutzers (z. B. geheime Personendaten) aus dem IT-Sicherheitskonzept hervor?
- Sind die Anforderungen an den Provider womöglich in klaren unmissverständlichen SLAs aus Sicht der Geschäftsprozesse formuliert und quantifiziert?
- Sind die Anforderungen des Kunden an das „Change Management", „Service Asset Management" und „Configuration Management" abgedeckt?
- Entsprechen die vom Provider offerierten Serviceleistungen den Anforderungen des RFP?
- Ist der Provider für das Informationssicherheits-Management seines Angebots zertifiziert?
- Ist der Anbieter bereit, sich vertraglich auf seine Zusagen festzulegen?
- Fallen Anbieter aus der „Shortlist" der Anbieter-Evaluation heraus, weil sie vorab definierte „Killerkriterien" (z. B. wichtige Compliance-Anforderungen zum Datenschutz) nicht erfüllen?
- Kann die Provider-Auswahl aufgrund einer Nutzwert-Analyse getroffen werden?
- …

16.3.3   Phase 3: Vertragsentwicklung

Bei der Vertragsentwicklung mit dem ausgewählten Provider sollten möglichst viele Prozesse, womöglich in Anlehnung an ein Servicemanagement (ITIL® oder ISO/IEC 2000) festgelegt werden. Das Servicemanagement soll durchgängig sein und betrifft auch Prozesse auf der Kundenseite. So sind beispielsweise die wichtigen Festlegungen für die Prozesse „Incident Management", „Change Management", „Availability Management", „IT Service Continuity Management", „Information Security Management" und „Service Desk" zu treffen. Resultierend aus den abgestimmten Festlegungen kann ein definitives, für den zukünftigen Betrieb massgebliches IT-Sicherheitskonzept auf der Kundenseite erstellt werden. Anhand der Service-Orientierung sowie dem mit dem ausgewählten Provider abgestimmten IT-Sicherheitskonzept auf der Kundenseite sind allenfalls sogar auf den „Scope" des Kundenservices zugeschnittene Zertifizierungen für das Servicemanagement nach ISO/IEC 20000 sowie für das Informationssicherheits-Management nach ISO/IEC 27001 möglich.

IT-Sicherheitskonzept als Massstab für Compliance

Die Compliance zu ISO/IEC 27001 kann über das IT-Sicherheitskonzept hergestellt werden. Das IT-Sicherheitskonzept kann dabei die Resultate sämtlicher Schritte eines durch das Management getragenen Informations-Risikomanagements, vom Sicherheits-Assessment bis hin zur pragmatischen Massnahmenplanung und -umsetzung enthalten. Letztlich kann es auch als Prüfspur für die Überwachung der Aktivitäten und der fallweisen notwendigen Überprüfungen dienen.

Fragestellungen bei Vertragsausarbeitung

Die folgenden Fragestellungen fliessen in geeigneter Form in den Vertrag ein:

- Sind die Servicemanagement-Prozesse und die Sicherheits-Management-Prozesse auf beiden Seiten Provider sowie Kunde definiert und aufeinander abgestimmt?
- Sind die einzuhaltenden Protokolle und Interfaces bestimmt?
- Sind die zusätzlich notwendigen Systemkomponenten und -funktionen (z. B. Client-Funktionen) vereinbart und konzipiert?
- Sind die Leistungen und das Leistungsniveau (z. B. SLA's) entsprechend den Erwartungen ausgewiesen?
- Sind die Kosten und der Zeitplan abgestimmt und festgehalten?
- Sind die Anforderungen aus dem IT-Sicherheitskonzept mit den gegenseitigen Pflichten abgestimmt und festgelegt?
- Sind den zukünftigen Anforderungen, neuen Risiken, sowie der kontinuierlichen Verbesserung in abgestimmter Weise auf beiden Seiten Rechnung getragen?
- …

16.3.4 Phase 4: Cloud-Sourcing-Management

In dieser Phase kann das auf einem soliden Vertrag aufgebaute Servicemanagement[4] und das Informationssicherheits-Management betrieben werden. Dazu gehört eine IT-Service-Organisation, die sich mit dem Aufbau, Unterhalt und allenfalls auch dem Abbau der IT-Prozesse im Zusammenspiel mit der Service-Organisation des Cloud-Service-Providers befasst.

Operational Service Lifecycle

In der ITIL®-Terminologie enthält diese Phase den „Operational Service Lifecycle" mit wichtigen Sub-Prozessen wie:

- Service Catalogue Management,
- Service Level Management,
- Availability Management
- Capacity Management,

---

[4] ITIL® oder ISO/IEC 20000.

- Change Management
- IT Service Continuity Management,
- Information Security Management,
- Access Management und
- Incident Management.

Für die Prozesse „Availability Management", „IT Service Continuity Management", „Access Management" und das „Information Security Management" dient sicherlich das IT-Sicherheitskonzept als Ausgangspunkt und Grundlage.

Anlaufstelle/Service Desk
Wie beim Outsourcing muss es sowohl auf Seiten des Providers als auch auf Seiten des Kunden eine Anlaufstelle geben. Über die Anlaufstelle (Service Desk) des Kunden werden die Störungen, Sicherheitsereignisse, Wünsche, Anforderungen und Fragen der Konsumenten gemeldet und verwaltet und mit der Anlaufstelle des Providers ausgetauscht.

Prozesse für den Service-Betrieb auf Kundenseite
Für den eigentlichen Service-Betrieb auf der Kundenseite sollten zudem die Prozesse

- Event Management
- Incident Management,
- Request Fulfillment
- Problem Management und
- Access Management (Zugriffverwaltung)

etabliert sein und Schnittstellen zu den analogen Prozessen beim Provider besitzen.

16.4   Risikomanagement für Cloud-Computing aus Kundensicht

Nachdem der grosse Vorgehensrahmen durch den Cloud-Service-Lifecycle vorgegeben ist, kann nun das eigentliche IT-Risikomanagement für Cloud-Computing behandelt werden. Der Risikomanagement-Prozess kann auf verschiedene Arten abgewickelt werden. In diesem Buch wurde eine pragmatische Lösung mittels eines IT-Sicherheitskonzepts gewählt (s. Abb. 16.4). Ein solches Sicherheitskonzept kann angepasst an den Fortschritt im Cloud-Sourcing-Prozess sukzessive erstellt und in Auszügen mit den Partnern des Sourcing- und Servicemanagements abgestimmt werden.

Abnahme-Versionen des IT-Sicherheitskonzepts
Entsprechend dem Fortschritt im Sourcing-Lifecycle ist es empfehlenswert, das Sicherheitskonzept in zwei Abnahme-Versionen zu erstellen:

1. **Grobfassung** mit Anforderungen an die Provider-Evaluation;
2. Fein **detaillierte Betriebsfassung** entsprechend der Implementierung mit dem ausgewählten Provider.

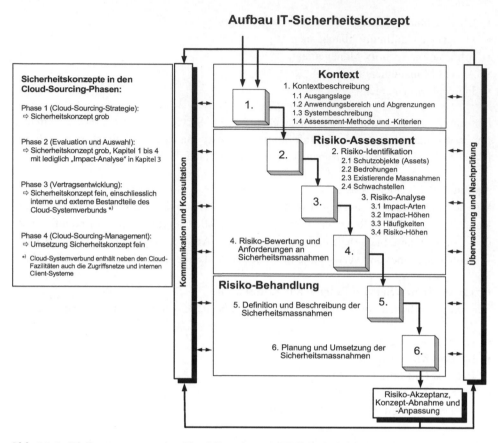

Abb. 16.4 Risikomanagement im Cloud-Sourcing mit IT-Sicherheitskonzept

16.4.1 Kontext im Sicherheitskonzept für Cloud-Computing-Einsatz

Beschreibung der Ausgangslage

In der **Ausgangslage** des Sicherheitskonzepts werden vor allem die strategischen Festlegungen aus dem Sourcing-Lifecycle aufgeführt, welche für die Sicherheit massgeblich sind: z. B. Angaben über das Geschäftsmodell und die involvierten Geschäftsprozesse sowie deren Ziele, Governance-, Compliance-, Performance- und Security-Anforderungen.

Definition und Beschreibung des Anwendungsbereich und der Abgrenzungen

In der Beschreibung des **Anwendungsbereichs und der Abgrenzungen** werden vor allem die durch das Sicherheitskonzept behandelten Geschäftsprozesse und Risiko-Arten festgelegt sowie die Einschränkungen für deren Behandlung vorgenommen (z. B. Nichtbehandlung der Client-Sicherheit und Beschränkung der Sicherheitsziele auf Vertraulichkeit,

Integrität und Verfügbarkeit). Werden in der Grobversion des IT-Sicherheitskonzepts beim Risiko-Assessment lediglich die Höhe der Impacts für den „worst case" analysiert und nur die Anforderungen zur Behebung der Schwachstellen als Input für den Evaluationsprozess spezifiziert, dann wird dies ebenfalls im Abschnitt „Abgrenzungen" ersichtlich.

Systembeschreibung
Der Abschnitt **Systembeschreibung** zeigt sodann die vom Kunden vorgesehenen Service-Prozesse und die angestrebte Cloud-Computing-Variante. Weiter werden die technischen und organisatorischen Systemkomponenten in ihrem Verbund sowie die allenfalls auf der Kundenseite bereits vorhandenen Sicherheitsmassnahmen (z. B. Firewalls, Zugriffskontrollsysteme) beschrieben.

Assessment-Methoden und -Kriterien
Im Abschnitt des Sicherheitskonzepts über die **Assessment-Methoden und -Kriterien** werden, neben Angaben über die Risiko-Ermittlung für das nachfolgende Risiko-Assessment, eine Risiko-Matrix[5] festgelegt, die sowohl die ordinalen Bewertungsstufen als auch die Kriterien für die Risiko-Akzeptanz vorgibt (s. Abb. 16.5).

Impact / Häufigkeit		sehr klein 0	klein 1	mittel 2	gross 3	sehr gross 4
sehr oft (mehrmals pro Jahr)	4	4 mittel	5 mittel	6 gross	7 gross	8 gross
oft (1 mal in 1 – 3 Jahren)	3	3 mittel	4 mittel	5 mittel	6 gross	7 gross
selten (1 mal in 3 – 10 Jahren)	2	2 klein	3 mittel	4 mittel	5 gross	6 gross
sehr selten (1 mal in 10 – 30 Jahren)	1	1 klein	2 klein	3 mittel	4 mittel	5 gross
unwahrscheinlich (1 mal in mehr als 30 Jahren)	0	0 klein	1 klein	2 mittel	3 mittel	4 mittel

Risikoeinstufung gemäss Risikoakzeptanz:
- akzeptiertes „kleines Risiko": 0-2
- nicht akzeptiertes „mittleres Risiko": 3-5
- nicht akzeptiertes „grosses Risiko": 6-8

Akzeptanzlinie

Abb. 16.5 Beispiel Risiko-Matrix mit Akzeptanzkriterien

---

[5] Risiko-Matrix an ISO/IEC 27005:2011, Anhang E.2.1 angelehnt.

16.4.2 Risiko-Assessment

Gartner nennt sieben die Sicherheit betreffende Fragestellungen, die im Rahmen eines Sicherheits-Assessments geklärt werden sollten, bevor mit einem Cloud-Provider ein Vertrag abgeschlossen werden kann [Brod08]:

1. **Privilegierte Zugriffsrechte:** Ein potenzieller Provider sollte Auskunft darüber geben, wie privilegierte Administratoren bei ihrer Einstellung überprüft, bei ihren Aktivitäten kontrolliert und vor allem wie ihre Zugriffe überwacht werden.
2. **Gesetzliche und regulatorische Compliance:** Cloud-Computing-Provider, die eine eingehende Überprüfung von Compliance-Anforderungen verweigern, kommen lediglich für triviale Services in Frage.
3. **Daten-Lokalisierung:** Der Provider sollte sich auf das Verarbeiten und Speichern der Daten innerhalb bestimmter Jurisdiktionen und auf die Nennung und die Beachtung der lokalen Datenschutz-Anforderungen verpflichten.
4. **Daten-Segregation:** Die Abschottung der Daten von anderen Kunden (Konsumenten) kann zwar mit Chiffrierung wirksam durchgeführt werden. Diese muss einerseits konsequent durchgeführt sein und darf andererseits die Verfügbarkeit (z. B. im Fehlerfalle) nicht beeinträchtigen. Der Provider sollte deshalb beweisen, dass die angewandten Chiffrier-Schemata funktionstüchtig entworfen und getestet sind.
5. **Recovery:** Die Frage ist zu klären, wie mit Desaster umgegangen wird, u. a. die Fähigkeit einer kompletten Restaurierung innerhalb konkreter Zeiterfordernisse.
6. **Unterstützung bei Nachforschungen:** Falls der Cloud-Computing-Provider sich nicht vertraglich verpflichten kann, die Nachforschungen mit entsprechenden Nachvollzugsmethoden (z. B. Logging) zu unterstützen und/oder keine Beweise dafür erbringen kann, muss davon ausgegangen werden, dass im Bedarfsfalle keine Nachforschungen möglich sein werden.
7. **Langfristige Überlebensfähigkeit:** Der potenzielle Provider muss die Frage beantworten, was mit den Daten im Falle einer Unternehmensaufgabe oder -fusion passiert. Ob beispielsweise in solchen Fällen die Daten vollständig in einem derartigen Format und in einer Weise ausgegeben werden, dass sie in einem alternativen Serviceangebot wieder importiert werden können.

Durchführung Risiko-Assessment
Angelehnt an das Risiko-Assessment einer Studie von ENISA [Encr09] werden im Folgenden beispielhafte Ansätze gezeigt, wie anhand des Risikomanagement-Prozesses, im Rahmen eines Sicherheitskonzepts, die Details für das Risiko-Assessment ermittelt werden können. Natürlich können für eine konkrete Anwendung in einem Unternehmen, unter Berücksichtigung der gewählten Cloud-Architektur und der spezifischen Gegebenheiten, gänzlich andere Assessment-Aussagen und -Werte resultieren.

Risikoobjekte (Assets) beim Cloud Computing
Für den Cloud-Service-Kunden fallen allfällige Schäden in erster Linie an den „Primären Assets" und zwar den „Informationen" und „Prozessen" an, die bezüglich Verfügbarkeit,

	Risikoobjekt (Asset-Bezeichnung)	Owner
	Primäre Assets	
1	Endbenutzer-Services	
1.1	Kursverwaltung (als PaaS)	Hans Holbein
1.2	Vertrags- und Berechtigungs-Mgmt. (als PaaS)	Fritz Sauber
1.3	...	
2	Informations- oder Datenobjekte	
2.1	Börsenkursdaten	Hans- Holbein
2.2	Vertragsdaten	Fritz Sauber
2.3	Zugriffsberechtigungsdaten (Passwörter, Berechtigungsprofile etc.)	Fritz Sauber
2.3	...	
3	...	
...	...	

Abb. 16.6 Beispiel Asset-Register

Vertraulichkeit und Integrität beeinträchtigt werden könnten (s. Abb. 16.6). Selbstverständlich können bei PaaS und IaaS für Cloud-Service-Kunden noch zusätzliche Schadensauswirkungen an den „Unterstützenden Assets" (z. B. Software oder Plattformen) anfallen.

Risiken der „Endbenutzer-Services"
Dienen die mit Cloud-Computing abzuwickelnden IT-Prozesse[6] mehreren Geschäftsprozessen mit unterschiedlichen Sicherheitsanforderungen, dann sind diese IT-Prozesse als separate Assets zu analysieren. In diesem Beispiel gehen wir davon aus, dass die Risiken sämtlicher Risikoobjekt-Arten (z. B. Client-Software und -Hardware, Netzwerk) sich im Endeffekt auf die „Primären Assets", d. h. die „Endbenutzer-Services" und die „Informationen" vererben. Deshalb sollen in diesem Beispiel lediglich die Risiken der Endbenutzer-Services, in denen auch die Informations-Risiken enthalten sind, untersucht werden.

Schwachstellen-Identifikation in der Evaluationsphase(Phase 2)
Die Risiko-Identifikation bezüglich der Informationssicherheit im Rahmen eines IT-Sicherheitskonzepts ist vor allem in der Phase der Evaluation und Auswahl eines Cloud-Providers (Cloud-Sourcing-Phase 2) zur Spezifikation der Sicherheitsanforderungen wichtig. Geht es doch in dieser Sourcing-Phase unter anderem darum, die Risiken der verschiedenen Anbieter zu vergleichen, um eine entsprechend den Sicherheitsanforderungen gute Auswahl zu treffen.

---

[6] Als „IT-Prozesse" gelten in diesem Zusammenhang nicht die generischen Management-Prozesse (z. B. wie bei COBIT®), sondern Unterstützungsprozesse, die mittels der IT einen „Endbenutzer-Service" liefern.

Schwachstellenliste

Zur Risiko-Identifikation dient eine Schwachstellenliste, anhand derer die verschiedenen Cloud-Angebote bezüglich Schwachstellen bewertet und verglichen werden können. Die Abb. 16.7 zeigt das Beispiel einer solchen Liste von möglichen Schwachstellen, die in der Praxis den aktuellen Gegebenheiten angepasst werden soll. Die Ergebnisse beim ausgewählten Provider werden in der späteren endgültigen Fassung des Sicherheitskonzepts berücksichtigt.

Schwachstellen-Bewertung

Bei der Bewertung der Schwachstelle wird davon ausgegangen, dass diese durch eine relevante Bedrohung in entsprechendem Masse ausgenutzt werden kann.

Nr.	Schwachstelle	Bewertung *) entsprechend möglicher Ausnutzung: 0 - 4; 0 = unwahrscheinlich
		Bemerkung *)
1	Intransparente Rechtsituation	
2	Unvorhersehbare gesetzliche Rahmenbedingungen und Rechtdurchsetzung	
3	Mangelnde Daten- und Service Portabilität	
4	Mangelnde Transparenz in Benutzungsbestimmungen	
5	Mangel an standardisierten Technologien und Lösungen	
6	Mangelhafte Zuteilung und Überwachung von Rollen und Verantwortlichkeiten	
7	Ungenügende Mitarbeiterkompetenz	
8	Ungenügendes Mitarbeiter-Screening	
9	„Vieraugen-" und „Need-to-know-Prinzip" bei Unterstützungs- und Administrations-Aktivitäten nicht umgesetzt	
10	Keine oder schwache Datenchiffrierungsverfahren	
11	Schwachstellen in Komponenten und OS (z. B. kein Hardening)	
12	Schwaches Authentisierungs-, Autorisierungs- und/oder Account-System	
13	Schwächen im Benutzer-Bereitstellungsprozess (Provisioning)	
14	Schwächen im Benutzer-De-Provisioning	
15	Remote Access zum Management Interface	
16	Hypervisor-Exploit	
17	Mangelnde Ressourcen-Isolation	
18	Mangelnde Reputation-Isolation von anderen Kunden	
19	Schwächen in der Kommunikations-Chiffrierung	
20	Mängel bei Chiffrierung von Daten in Datenbanken, Archiven und Transfers	
21	Unmöglichkeit der Verarbeitung von Daten in chiffrierter Form	
22	Mängel in den Key-Management-Verfahren	
...	...	

*) Bewertung und Bemerkung erfolgen aufgrund des Proposals oder der Auskunft des Providers.

Abb. 16.7 Beispiel einer Cloud-Computing-Schwachstellenliste (vgl. [Encr09], S. 53–61)

Impact-Analyse in der Evaluationsphase (Phase 2)
Zur Spezifikation der Sicherheitsanforderungen in der Evaluationsphase interessieren vor
allem die Impacts. Da die aktuellen Bedrohungen und Schwachstellen, die ja noch der
Evaluation unterliegen, noch nicht vorliegen, ist es sinnvoll, zur Anforderungsspezifika-
tion die Geschäfts-Impacts in einer Worst-case-Betrachtung zu definieren.

Worst-case-Betrachtung bei Impact-Einschätzung
Dabei ist mit „Worst case" der maximale Schaden für die Geschäftstätigkeit aus Ver-
traulichkeits-, Integritäts- oder Verfügbarkeitsverletzungen zu verstehen. Die Abb. 16.8
gibt das Beispiel einer solchen Impact-Einschätzung in den vorgegebenen ordinalen
Impact-Stufen wieder.

Risikoobjekt (Asset)	Impact-Art	Einstufung *) Geschäfts-Impact: 0-4 0: kein Impact			
		Verfügbarkeit	Vertraulichkeit	Integrität	Bemerkung
Kursverwaltung	Firmenreputations- und Goodwill-Schaden	4	0	2	Die Kursdaten besitzen keinen Vertraulich-keitswert, müssen aber integer und „realtime-verfügbar" sein.
	Kundenvertrauensverlust	3	0	2	
	Missbrauch geheime Daten (z. B. Passwörter und Berechtigungsprofile)	0	0	0	
	Lieferkontinuitätsverluste von Services	3	0	0	
	Verletzung regulatorische und legale Verpflichtungen	3	0	2	
	Migrations-Hindernis für Provider-Wechsel	0	0	0	
	Klagen und Schadensersatz	3	0	2	
	Majoritäts-Einstufung	4	0	2	
Vertrags- und Berechtigungs-Mgmt.	Firmenreputations- und Goodwill-Schaden	3	4	4	Die Vertrags- und Berechtigungsdaten müssen „integer" sein; die Berechtigungs-daten sind zudem „streng vertraulich".
	Kundenvertrauensverlust	3	4	4	
	Missbrauch geheime Daten (z. B. Passwörter und Berechtigungsprofile)	3	4	4	
	Lieferkontinuitätsverluste von Services	3	0	0	
	Verletzung regulatorische und legale Verpflichtungen	3	4	4	Möglicher Lizenzentzug
	Migrations-Hindernis für Provider-Wechsel	3	0	0	
	Klagen und Schadensersatz	3	3	3	
	Majoritäts-Einstufung	3	4	4	

*) Maximale im Worst-Case-Szenario auftretende Geschäfts-Impacts.

Abb. 16.8 Beispiel der Geschäfts-Impact-Einstufung

Massgebliche Höchste Impact-Stufe
Bei verschiedenen Impact-Arten wird nach dem Majoritätsprinzip jeweils die höchste Impact-Stufe als Geschäfts-Impact registriert.

Risiko-Bewertung in der Evaluationsphase (Phase 2)
In der Evaluationsphase muss bereits darauf geachtet werden, dass in einer ausgewählten Realisierung die *Akzeptanzkriterien* (s. Akzeptanzlinie in Abb. 16.5) erfüllt werden können.

Risiko-Analyseim Sicherheitskonzept mit ausgewähltem Provider (Phase 3)
Mit den aus der Evaluationsphase resultierenden Ergebnissen beim ausgewählten Provider für die Bewertung der Schwachstellen, die durch Bedrohungen ausgenutzt werden können, ist es nun möglich, die Risiko-Analyse und die Risiko-Bewertung für das **definitive Sicherheitskonzept in seiner Betriebsfassung** durchzuführen.

Die Abb. 16.9 zeigt beispielhaft, wie die in der Evaluationsphase ermittelten Werte für das Risiko-Assessment in die Betriebsfassung des Sicherheitskonzepts einfliessen.

End-to-end-Risikobetrachtung
An dieser Stelle gilt zu erwähnen, dass die Betriebsfassung des Sicherheitskonzepts nicht nur die Risiken auf der Provider-Seite, sondern im Sinne einer End-to-end-Risikobetrachtung auch die Risiken auf der Kundenseite enthalten muss. So kommen die Risiko-Ursachen infolge der Bedrohungen und Schwachstellen auf der Kundenseite und der Kommunikationsverbindungen bis zum Cloud-Provider dazu. Auch können bezüglich der Risiko-Auswirkungen für den Kunden weitere Risikoobjekte (Assets) auf der Kundenseite dazukommen, wie beispielsweise die über Schnittstellen verbundenen Datenbanken oder andere verknüpfte Endbenutzer-Services.

Risiko-Bewertung im Sicherheitskonzept mit ausgewähltem Provider (Phase 3)
Bei der Risiko-Bewertung in der Vertragsphase (Phase 3) mit dem ausgewählten Provider muss das Gesamtrisiko sowohl auf der Provider-Seite als auch auf der Kundenseite mit den Akzeptanzanforderungen in Einklang gebracht werden.

Anforderungen für Massnahmen im Vertrag
Daraus ergeben sich Anforderungen bezüglich der vertraglich zu vereinbarenden Massnahmen auf der Providerseite sowie auf der Kundenseite. Beispielsweise könnten die Anforderungen und Risiken bezüglich Verfügbarkeit des Endbenutzer-Services dringende Massnahmen für Back-up erforderlich machen, um die Risikoakzeptanzkriterien erfüllen zu können.

Risiko-Behandlung im Sicherheitskonzept mit dem ausgewählten Provider (Phase 3)
Die **Massnahmen,** die sowohl auf der Kundenseite als auch der Provider-Seite zur Behandlung der Risiken zu ergreifen sind, müssen in dieser Phase konkret ausgearbeitet,

Risiko-Assessment														
Identifikation			Impact-Arten für Cloud-Kunde (Schadensauswirkungen)							Analyse				Bewertung
Schutzobjekt (Asset)	Risikobezeichnung	Bedrohungen und Schwachstellen, die von Bedrohungen ausgenutzt werden (Ursachen)	Firmenreputations- und Goodwill-Schaden	Kundenvertrauensverlust	Missbrauch geheimer Daten	Lieferkontinuitätsverluste von Services	Verletzung regulatorische und legale Verpflichtungen	Migrations-Hindernis für Provider-Wechsel	Klagen und Schadensersatz	Verfügbarkeitsverlust	Vertraulichkeitsverlust	Integritätsverlust	Häufigkeit	Akzeptanz (s. Abb. 16.5): 6,7,8: grosses Risiko, nicht akzeptabel; 3,4,5: mittleres Risiko, nicht akzeptabel; 2,1,0: unter Beobachtung tragbar. / Bemerkungen
Kursverwaltung in PaaS	Daten-Lokalisierung	• Dislokation und Speicherung von Daten in Regionen mit nicht den Anforderungen entsprechender Jurisdiktion; • Intransparente Rechtsituation;	x	x		x	x		x	4	0	2	3	7 Gegenmassnahmen vertraglich absichern
Vertrags- und Berechtigungs-Mgmt. in PaaS	Daten-Lokalisierung	• Unvorhersehbare gesetzliche Rahmenbedingungen und Rechtdurchsetzung.	x	x	x	x	x		x	3	4	4	4	8 Gegenmassnahmen vertraglich absichern
Kursverwaltung in PaaS	Langfristige Überlebensfähigkeit (Lock-in)	• Mangelnde Daten- und Service-Portabilität (z. B. infolge unterschiedlicher „APIs"); • Mangelnde Transparenz in Benutzungsbestimmungen; • Mangel an standardisierten Technologien und Lösungen.	x	x		x	x	x	x	4	0	2	3	7
Vertrags- und Berechtigungs-Mgmt. In PaaS	Langfristige Überlebensfähigkeit (Lock-in)		x	x	x	x	x		x	3	4	4	3	7
Kursverwaltung in PaaS	Privilegierte Zugriffsrechte Provider	• Unautorisierte Zugriffe durch Mitarbeiter und Dritte; • Mangelhafte Zuteilung und Überwachung von Rollen und Verantwortlichkeiten; • Ungenügende Mitarbeiterkompetenz; • Ungenügendes Mitarbeiter-Screening; • „Vieraugen-" und „Need-to-know-Prinzip" nicht umgesetzt; • Keine oder schwache Datenchiffrierungsverfahren; • Schwachstellen in Komponenten und OS (z. B. kein Hardening).	x	x		x	x		x	4	0	2	2	6
Vertrags- und Berechtigungs-Mgmt. in PaaS	Privilegierte Zugriffsrechte Provider		x	x	x	x	x		x	3	4	4	2	6

Legende Impact-Höhe: sehr gross: 4, gross: 3, mittel: 2, klein: 1, sehr klein: 0. Häufigkeit: mehrmals pro Jahr: 4, 1-3 Jahre: 3, 3-10 Jahre: 2, 10-30 Jahre: 1, >30 Jahre: 0.

Abb. 16.9 Risiko-Assessment-Beispiel von Cloud-Computing-Risiken

vertraglich abgesichert und im Sicherheitskonzept für die spätere Betriebsphase festgehalten werden. Auf der Providerseite könnte eine solche Massnahme eine zu vereinbarende Back-up-Policy sein (z. B. Back-up-Methoden und -Formate, Versions-Kontrollen, Integritäts-Verifikation, Restore-Verfahren). Auf der Kundenseite besteht die Massnahme darin, eine Back-up-Policy aus Anwendersicht zu erstellen, welche die Anleitung und die Parameter für das Back-up und Restore-Verfahren enthält.

Risiko-Behandlung,-überwachung und Optimierung während der Betriebsphase (Phase 4)

Sowohl das Servicemanagement als auch das Risikomanagement im Cloud-Computing sollte im Sinne eines PDCA-Zyklus die Überwachung und Kontrolle der Risiken und Prozesse sowie die daraus resultierende ständige Optimierung der Prozesse erlauben.

Abgestimmtes Incident-Management und Access-Management

Die dafür notwendigen Massnahmen und Aktivitäten waren bei der Vertragsgestaltung in der Cloud-Sourcing-Phase 3 bereits entsprechend vorzukehren und sind nun auch im Sicherheitskonzept für die Betriebsphase (Phase 4) entsprechend zu berücksichtigen. So erfordert beispielsweise das Service-Management ein zwischen Provider und Kunde abgestimmtes Incident-Management sowie ein abgestimmtes Access-Management. Auch ist die Funktion eines Service-Desk aufeinander abzustimmen.

Koordination der Anforderungen auf Kundenseite

Die Funktion des Betriebs erfordert insbesondere auch auf der Kundenseite Rollen und Verantwortlichkeiten zur Überwachung und zur Koordination der Anforderungen im Sinne eines Change-Managements.

16.5   Cloud-Sourcing-Lifecycle auf der Provider-Seite

Aus den Ausführungen über den „Cloud-Sourcing-Lifecycle" auf Konsumentenseite werden die komplementären Anforderungen auf der Provider-Seite offensichtlich.

Provider-Strategie

Selbstverständlich verfolgt der Provider eine seinem Geschäftsmodell angemessene Strategie. Die für jeden Kunden verschiedenen individuellen Anforderungen, wird der Provider mit möglichst allgemeinen Lösungen abzudecken versuchen, um den Skaleneffekt des Cloud-Computings und das Serviceangebot als „Commodity", ohne grossen Administrationsaufwand, beibehalten zu können. Den von den Kunden bezüglich Compliance, Informationssicherheit, Datenschutz und Geschäftskontinuität individuellen Anforderungen (s. Abschn. 16.3) wird der Provider gleichwohl in geeigneter Form Rechnung tragen müssen.

Individuelle Kunden-Anforderungen

Inwiefern sogenannte „Elastic Compute Clouds" gerade die unabdingbaren „Compliance-Anforderungen" hinsichtlich Datenschutz (EU-Richtlinie) oder Bankenvorschriften (z. B. FINMA-Outsourcing-Vorschriften) erfüllen kann, bleibt abzuwarten. Die diesbezüglichen Lösungen müssen weniger von den Gesetzgebern und Regulatoren als von den Providern selber erwartet werden. Für den Provider kann es, wie für den Kunden, nützlich sein, seine Sicherheitsanforderungen und -massnahmen anhand eines eigenen, gegebenenfalls auf bestimmte Kundenanforderungen abgestimmten, IT-Sicherheitskonzepts auszuarbeiten und zu dokumentieren.

Zertifizierungen ISO/IEC 27001 in Verbindung mit ISO/IEC 27017
Sicherlich können auf bestimmte Kundenanforderungen fallweise notwendige Einschränkungen (z. B. Einschränkungen bei geografischen Dislokationen) sowie Zertifizierungen, basierend auf aktuellen Standards (z. B. ISO/IEC 27001 in Verbindung mit dem Standard ISO/IEC 27017:2015 [Isoc15]) helfen, angemessen sichere Lösungen für gehobene Kundenanforderungen herbeizuführen.

16.6 Kontrollfragen und Aufgaben

1. Der NIST-Standard 800–145 beschreibt u. a. drei Service-Modelle für Cloud-Computing.
   Benennen Sie diese mit ihren Abkürzungen und beschreiben Sie kurz, was unter den einzelnen Service-Modellen zu verstehen ist.
2. Das Risikomanagement beim Cloud-Computing enthält ein Risiko-Assessment, das in den einzelnen Cloud-Sourcing-Phasen sukzessive verfeinert wird.
   Nennen Sie sieben der für Cloud-Computing aus Kundensicht typischen Sicherheitsprobleme, die im Rahmen des Risiko-Assessments näher untersucht werden müssen.
3. Warum ist eine der Auswahl eines Anbieters vorgezogene Schwachstellen-Analyse so wichtig?
   Wie und mit welchen Hilfsmitteln kann diese vorgenommen werden?
4. In der Evaluations-Phase (Phase 2) eines Cloud-Computing-Angebots wollen Sie eine Impact-Analyse für ein IT-Sicherheitskonzept durchführen. Als Informations-Quellen können Sie folgende Stellen beanspruchen:

   a) Aussichtsreichster Anbieter;
   b) Chef interne IT-Abteilung;
   c) Interner Administrator für Zugriffsberechtigungen;
   d) Owner des Geschäftsprozesses, den es mit Cloud-Computing zu unterstützen gilt.

   Welche Stelle konsultieren Sie für die Ermittlung der Impacts?
   Begründen Sie.
5. In der Evaluations-Phase (Phase 2) wird die Grobfassung eines Sicherheitskonzepts erstellt.
   Enthält dieses Sicherheitskonzept nebst der Impact-Analyse auch bereits Massnahmen?
   Wenn ja, welche Kategorie von Massnahmen?

6. Bei der Vertragsentwicklung (Phase 3) sollten mit dem ausgewählten Provider wichtige Prozesse in Anlehnung an ein Servicemanagement gemäss ITIL® Edition 2011 festgelegt werden.

   Benennen Sie fünf solcher Servicemanagement-Prozesse auf der Kundenseite und deren wesentlichen Aktivitäten.

7. Eine in einer Cloud durch mehrere Benutzer eines Kunden benutzte Applikation mit individuellen Zugriffsberechtigungen bedarf der Verwaltung und Zuteilung der verschiedenen Zugriffsberechtigungen auf die Benutzer.

   Auf welcher Seite (Provider oder Kunde) und unter welchen Bedingungen soll die Verwaltung und Zuteilung der Zugriffsberechtigungen vorgenommen werden?

Literatur

[Brod08]   Brodkin, Jon: „Gartner: Seven cloud-computing security risks", in Infoworld. Publiziert durch Network World, Juli 2, 2008. URL: http://www.infoworld.com/article/2652198/security/gartner--seven-cloud-computing-security-risks.html, abgerufen 26.9.2016.

[Encr09]   ENISA: Cloud Computing - Benefits, risks and recommendations for information Security. European Network and Information Security Agency (ENISA), 2009.

[Isoc15]   ISO/IEC 27017:2015: Guidelines on Information security controls fort he use of cloud computing services based on ISO/IEC 27002. International Organization for Standardization, 2015.

[Nide11]   NIST: The NIST Definition of Cloud Computing. Washington DC: U.S. Department of Commerce, 2011.

Cyber-Risikomanagement

17

Überblick

Was sind die Gründe für die tagtäglichen Nachrichten über Cyber-Risiken und deren Abwehr? Was ist bei Cyber-Risiken anders, als bei den herkömmlichen Informationssicherheits-Risiken. Inwiefern gilt das für Informationssicherheits-Risiken in diesem Buch dargestellte Risikomanagement auch für die Cyber-Risiken? Diese Fragen und die möglichen Lösungsansätze, die dem Umgang mit Cyber-Risiken gerecht werden können, werden in diesem Kapitel von aktuellen Fällen abgeleitet, untersucht und gemäss dem heutigen Stand und der für den Praxiseinsatz geeigneten Konzepte und Methoden behandelt. Nachdem in einigen Kapiteln dieses Buches die Grundlagen, Anforderungen, Methoden und Werkzeuge des Informationssicherheits- und des IT-Risikomanagement im Unternehmen behandelt wurden, stellt sich zunächst die Frage, was die Cyber-Risiken beispielsweise von den Informationssicherheits-Risiken unterscheidet. Zur Beantwortung dieser Frage werden am Anfang des Kapitels einige Definitionen vorgenommen, die verschiedenen Quellen entnommen wurden. So sind die „Cyber-Risiken" genau diejenigen Risiken, die durch „Cyber-Bedrohungen" verursacht werden. Für diese Definition ist natürlich wiederum eine Definition notwendig, was als „Cyber-Bedrohungen" gelten soll. Das Assessment solcher Cyber-Risiken wird sodann anhand eines Risikomodells vorgenommen, welches sich vor allem für die „absichtlich" verursachten Cyber-Risiken eignet. Dieses Risikomodell wird in etwas vereinfachter Form in diesem Buch auch bereits für die herkömmlichen Informationssicherheits-Risiken verwendet. Gerade bei den Cyber-Risiken treten die schützenswerten Objekte (z. B. Identitätsmerkmale, kritische Infrastrukturen) mit den von den Cyber-Bedrohungen ausnutzbaren Schwachstellen in den Vordergrund. Die teilweise sehr komplizierten durch die „Bedrohungsquellen" ausgeführten Angriffe werden in den wesentlichen Vorkommensweisen charakterisiert, worunter auch die sogenannten „Advanced Persistent Threat" (APT) fallen. Hilfen beim Assessment der IT-Risiken

© Springer Fachmedien Wiesbaden GmbH 2017   405
H.-P. Königs, *IT-Risikomanagement mit System*, Edition <kes>,
DOI 10.1007/978-3-658-12004-7_17

bieten einige frei verfügbaren „Schwachstellen Standards", die kurz beschrieben werden. Auf ein durchgeführtes Risiko-Assessment folgt die Risiko-Behandlung. Wie sich
aus dem Ergebnis einer Risiko-Identifikation wahrscheinlich herausstellt, besteht bei
den möglichen Cyber-Risiken ein hohes Mass an „Ungewissheit". Entsprechend können die notwendigen Massnahmen auch komplex und aufwändig sein. Viele Massnahmen sollten aufgrund einer entsprechenden „Risiko-Exponierung" eines Unternehmens
auch quasi als „Grundschutz" eingerichtet werden. Natürlich erfordert ein solcher
Grundschutz eine ständige Betreuung und Umsetzung anhand von Policies und Prozessen. Darunter fallen auch die Schulung und die Förderung des Risikobewusstseins
sowie Tests und Übungen für die involvierten Mitarbeiter. Für spezifisch grosse
Cyber-Risiken eines Unternehmens (z.B. Exponierung gegenüber Datendiebstahl),
sollte die Auswahl der zum Teil aufwändigen Massnahmen aufgrund eines entsprechend sogfältig durchgeführten Risiko-Assessments erfolgen. Kann beispielsweise ein
aus dem Assessment hervorgehendes grosses Betriebs-Ausfallrisiko infolge einer
„Denial of Service"-Attacke nicht gänzlich bewältigt werden, so sind am Ende des
Kapitels Vorkehrungen und Massnahmen gezeigt, mit denen auch solche Risiken
erheblich gemildert werden können.

17.1   Gründe für die Bedeutung der Cyber-Risiken

Zunächst stellt sich die Frage, warum die Cyber-Risiken diese Bedeutung haben und was
daran so grundsätzlich anders als bei anderen Risiken ist. Einer der Gründe für die Bedeutung ist sicherlich die infolge von Cyber-Risiken ständig anwachsende Höhe der Schadenssumme, die Organisationen (Firmen, Institutionen, öffentliche Verwaltungen usw.),
aber auch einzelne Personen treffen kann.

Gemäss einer 2014 von McAfee herausgegebenen Studie betrugen die globalen Kos-
ten von „Cyber Crime" und „Cyber Spionage" 445 Milliarden US $ pro Jahr, wovon 200
Milliarden US $ auf die Vereinigten Staaten, China Japan und Deutschland entfielen.[1] In
einer anderen Studie von Symantec (ISTR[2]-Studie 2014) betrug die Schadenssumme im
Jahr 2014 alleine für Konsumenten in den USA 37 Milliarden US $ und in Europa 13
Milliarden US $.

Aufgrund der hohen und ständig steigenden Abhängigkeiten von Informationen und
deren Vernetzungen herrschen zudem berechtigte Ängste bei Regierungen, bei Unternehmensleitungen und bei der Bevölkerung hinsichtlich Fehlfunktionen oder Ausfällen
von kritischen Infrastrukturen. Zum einen entstehen solche Cyber-Bedrohungen aus
bösartigen Absichten, die von Betrug bis hin zu kampagneartigen Sabotagen und Terror-
anschlägen reichen. Zum anderen bringen die steigenden digitalen Vernetzungen von

---

[1] McAfee: Net Losses: Estimating the Global Cost of Cybercrime [Mcaf14].
[2] Symantec: Internet Security Threat Report (ISTR) 2014 [Syma16].

Geräten und Systemen und den vielfältigen Abhängigkeiten von lebenswichtigen und meist vernetzten Systemen eine ständig steigende Exponierung sämtlicher Güter nicht nur gegenüber absichtlichen, sondern auch gegenüber unabsichtlich verursachten Cyber-Bedrohungen mit sich.

17.2 Definitionen im Zusammenhang mit Cyber-Risiken

Was heute oft als Cyberrisks verstanden wird, sind solche Risiken, die im Zusammenhang mit dem Internet auftreten [Isof12]. Eine solche enge Definition wird aber der Bedeutung der Cyber-Risiken im Zuge der fortschreitenden Digitalisierung und der Vielfalt Netze sowie der gefährdeten Objekte und der gefürchteten Schäden nicht gerecht. In der Fachliteratur und einigen Standards sind deshalb weiter gefasste Definitionen zu finden.

Definitionen für Cyberrisks, Cyberthreats und Cyberspace
Im Gegensatz zu den Informationssicherheits-Risiken, die nicht nur bei der Nutzung des Cyberspace in Erscheinung treten, sondern beispielsweise auch in der physischen Repräsentation von Informationen (z. B. auf Papier) vorkommen, entstehen die Cyber-Risiken definitionsgemäss immer im Zusammenhang mit dem sogenannten Cyberspace. Dazu die folgende Definition (vgl. [Refs15], S. 29, 33):

Ein Cyber-Risiko ist ein Risiko, das durch eine Cyber-Bedrohung verursacht wird. Dabei nutzen die Cyber-Bedrohungen den Cyberspace aus.

Aus den vielzählig anzutreffenden Definitionen für „Cyberspace" wird nachfolgend nicht die enge Definition des ISO Standards ISO/IEC 27032:2012, „Guidelines for Cybersecurity",[3] die sich lediglich auf die Interaktionen mit dem Internet bezieht, sondern die folgende in den NIST-Standards breiter gefasste Definition verwendet ([Niir11, S. B-3)]:

Cyberspace ist ein globaler Bereich in der Umgebung von Informationen; dieser besteht aus einem ineinandergreifenden Netzwerk von Informationssystem-Infrastrukturen, einschliesslich dem Internet, den Telekommunikationsnetzwerken, den Computer-Systemen und den eingebetteten Prozessoren und Kontrollern.

---

[3] Der Standard ISO/IEC 27032:2012: Guidelines for Cybersecurity ([Isof12], S. 4, 10) fokussiert den Begriff Cyberspace auf das Internet, wobei das Internet als globales System von miteinander verbundener Systeme im öffentlichen Bereich bezeichnet wird.

Definitionen für Cybersystem und Cybersecurity

Unter dem Begriff Cybersecurity werden aus der Sicht des Risikomanagements sodann vor allem die Massnahmen verstanden, mit denen die Cyber-Risiken minimiert werden und mit denen die vom Cyberspace abhängigen Risikoobjekte, wie die Informationen und die Systeme, vor Cyber-Bedrohungen geschützt werden. Die zu schützenden Cyber-Risikoobjekte, oft auch als Cyber-Systeme bezeichnet, sind die mit dem Cyberspace in Verbindung stehenden Risikoobjekte wie Informations-Infrastrukturen, Menschen, Geschäftsprozesse, kritische Infrastrukturen (z. B. Telekommunikationsnetze, Strom- oder Wasserversorgungs-Systeme), von denen unter anderem auch die Sicherheit von Personen und allgemein die Anspruchsgruppen des Cyberspace abhängen.

Der häufig anzutreffenden Begriff „Cyber-Sicherheit" kann somit wie folgt definiert werden ([Refs15], S. 29):

> *Cyber-Sicherheit bedeutet Schutz der Cyber-Systeme gegenüber den Cyber-Bedrohungen.*

Wird Sicherheit in die verschiedenen Sicherheitsgebiete wie Informationssicherheit, Applikationssicherheit, Netzwerksicherheit, Internetsicherheit, „Critical Infrastructure Protection" (CIP) und Safety unterteilt, dann hat Cyber-Sicherheit mit allen diesen Sicherheitsgebieten Überschneidungen. Die Überschneidungen mit den in diesem Buch hauptsächlich thematisierten Informationssicherheits- und IT-Risiken ist in der Abb. 17.1 veranschaulicht.

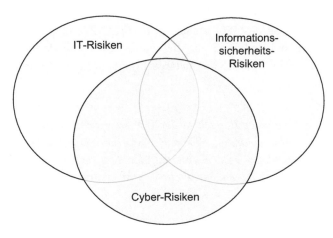

Abb. 17.1 Überlappende Risikobereiche

17.3 Cyber-Risiken im Risikomodell

In der Abb. 17.2 ist ein Risikomodell gezeigt, das sich für die Cyber-Risiken eignet und vermehrt auch für die Informationssicherheit und für andere Sicherheitsgebiete eingesetzt wird. Die Aufteilung der „Bedrohung" in die beiden Risikofaktoren „Bedrohungsquelle" und „Bedrohungsereignis", lässt eine differenzierte Risiko-Identifikation und Risiko-Analyse

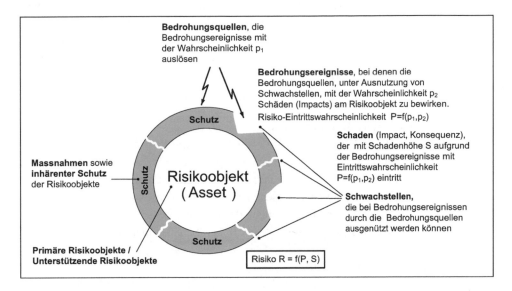

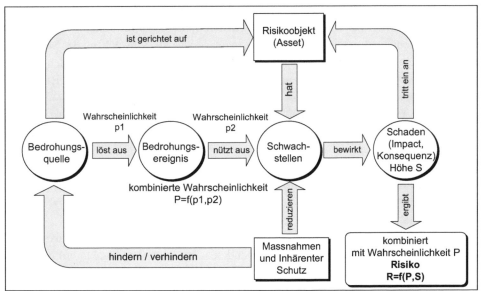

Abb. 17.2 Risiko-Variablen am Risikomodell (vgl. ([Nias12], S. 8–12)

zu, die der hohen Komplexität und Veränderungsdynamik, insbesondere bei den absichtlich verursachten Cyber-Risiken, Rechnung trägt. Ein Risikomodell mit diesen Risiko-Variablen (Risikofaktoren) ist auch dem US-amerikanischen NIST-Standard SP 800–30, „Guide for Conducting Risik Assessment" zugrunde gelegt ([Nias12], S. 8–12, 29–36). Die von den Bedrohungsquellen ausgehenden Risikobetrachtungen werden in diesem Standard in die beiden Bedrohungsarten (Threats) „Adversarial" und „Non-Adversarial" unterschieden, wofür in diesem Buch die Begriffe „absichtliche" und „unabsichtliche" Bedrohungen verwendet werden. Dabei werden beispielsweise den „absichtlichen" Bedrohungsquellen (Threat Sources) entsprechenden Motivationen und Fähigkeiten zugeordnet, mit denen mittels „Taktiken", „Techniken" und „Verfahren" Bedrohungsereignisse (Threat Events) herbeigeführt werden. So zielt beispielsweise das von einer Bedrohungsquelle ausgehende Bedrohungsereignis „Denial of Service Attacke" mittels Botnet auf das Risikoereignis „Blockieren eines Geschäftsprozesses im Verkehr mit dem Internet" ab.

Für den Begriff „Bedrohungsquelle wird oftmals auch die Bezeichnung „Bedrohungs-Agent" (Threat Agent) verwendet. Die Bedrohungsquellen als Ausgangspunkt für die absichtlich initialisierten Risiken gilt es gründlich zu identifizieren und zu analysieren, um schliesslich die Risiken auch mit angemessenen Massnahmen behandeln zu können. Doch dürfen auch die „unabsichtlichen" Bedrohungen des Cyberspace keinesfalls vernachlässigt werden, da solche Risiken sich ebenfalls mit sehr hohen Schäden materialisieren können.

Erläuterungen zum Risikomodell

Das in der Abb. 17.2 veranschaulichte Modell geht von „Risikoobjekten" (Assets) aus, die sowohl inhärent als auch mittels äusserer „Massnahmen" vor „Bedrohungen" geschützt werden sollen. In der realen Welt sind solche Risikoobjekte (z. B. Informationen oder Systeme) oft ungenügend geschützt respektive gesichert, was als Schwächen oder Schwachstellen bezeichnet wird. Die Schwachstellen können von den Bedrohungsquellen mittels entsprechend ausgelösten Bedrohungsereignissen ausgenutzt werden, um am Risikoobjekt Schaden zu bewirken. Die absichtlich herbeigeführten Bedrohungsereignisse werden anhand von „Taktiken", „Techniken" und „Verfahren" charakterisiert; die unabsichtlich ereigneten Bedrohungsereignisse hingegen sind aufgrund ihres potenziellen Wirkungsbereichs zu charakterisieren.

Unterschiedliche Bedrohungsquellen können auch mit unterschiedlicher Wahrscheinlichkeit zu einem gleichartigen Bedrohungsereignis führen (z. B.: Das „Bedrohungsereignis" eines Server-Ausfalls kann sowohl durch eine absichtliche „Malware-Attacke" auf den Server, als auch durch einen unabsichtlichen Stromausfall bedingt sein.)

Die für die Risikobeurteilung notwendige schrittweise Identifikation und Analyse eines Risikos mit Hilfe der im Risikomodell verwendeten Variablen (Risikofaktoren) ist in der Abb. 17.3 gezeigt (vgl. [Nias12], S. 8–12). Bei der Identifikation und Analyse der einzelnen Variablen (z. B. Bedrohungen, Schwachstellen, Einschätzungen der Eintrittswahrscheinlichkeiten und der Schäden) kann auf die in den Abschn. 3.4 und 3.5 dieses Buches behandelten Assessment-Methoden (Techniken) zurückgegriffen werden.

Schritt	Schrittweise Aufgaben bei der Identifikation und der Analyse von Risiken
Identifikation 1.	Risiko benennen und nummerieren.
2.	Risikoobjekt (asset) identifizieren: System, Prozess, Organisations-Ebene etc.
3.	Bedrohungsereignis (threat event) identifizieren.
4.	Bedrohungsquellen (threat sources) identifizieren, welche das Bedrohungsereignis auslösen können.
5.	Charakterisierung der Bedrohungsquellen für: • **Absichtlich** herbeigeführte Risiken (z. B. durch Hacker oder Datendiebe): Charakterisierung durch Einstufung deren Fähigkeiten, Absichten und Angriffsziele; • **Unabsichtlich** herbeigeführte Risiken (z. B. Unfall oder Unwetter): Charakterisierung durch Einstufung deren potentiellen Wirkungsbereiche.
6.	Relevanz des Bedrohungsereignisses einstufen.
7.	Schwachstellen[1] (vulnerabilities) identifizieren, welche von den Bedrohungsquellen durch das Auslösen entsprechender Bedrohungsereignisse ausgenützt werden, um das Eintreten von Schäden zu ermöglichen.
8.	Ernsthaftigkeit der Schwachstellen einstufen.
Analyse 9.	Wahrscheinlichkeit [2] p_1 einstufen, dass ein Bedrohungsereignis durch eine oder mehrere der Bedrohungsquellen, unter Beachtung deren Charakteristiken (s. Schritt 5), ausgelöst wird.
10.	Wahrscheinlichkeit [3] p_2 einstufen, dass ein durch die Bedrohungsquellen ausgelöstes Bedrohungsereignis, unter Berücksichtigung der Charakteristiken der Bedrohungsquellen sowie der Schwachstellen, zu einem Schaden (Impact) führt.
11.	Wahrscheinlichkeit (Eintrittswahrscheinlichkeit) $P = f(p_1, p_2)$ [2] ermitteln, dass ein ausgelöstes Bedrohungsereignis auch zu einem Schaden führt (Kombination von p_1 und p_2).
12.	Höhe des Schadens (Impact) **S** am Risikoobjekt aufgrund des Bedrohungsereignisses einstufen.
13.	Höhe des Risikos **R = f(P,S)** aufgrund der Kombination der Eintrittswahrscheinlichkeit P und der Höhe des Schadens S bestimmen.

[1] Zu den Schwachstellen werden auch risikoanfällige Bedingungen und schwache oder fehlende Massnahmen gezählt;

[2] Die Wahrscheinlichkeits-Variablen p_1, p_2 und P werden in der praktischen Anwendung durch Variable (h_1, h_2 und H) mit semi-quantitativen Häufigkeitswerten ersetzt;

[3] Durch p_1 „bedingte Wahrscheinlichkeit".

Abb. 17.3 Schrittweise Identifikation und Analyse am Risikomodell

Wirkungsbezogenes und ursachenbezogenes Vorgehen

An dieser Stelle sollte erwähnt werden, dass der in der Abb. 17.3 gezeigte ursachenbezogene Ablauf des Risikoassessments auch wirkungsbezogen, ausgehend von einem angenommenen Schaden rückwärts, vorgenommen werden kann. Zur Verbesserung der Assessment-Ergebnisse kann auch zwischen ursachenbezogenem und wirkungsbezogenem Assessment hin und her gewechselt werden. Auch können einzelne Schrittfolgen zur Verbesserung der Ergebnisse wiederholt durchgeführt werden.

Die qualitative Bestimmung des Risikos nach diesem Modell kann anhand der Tab. 17.1 und 17.2 durchgeführt werden (vgl. [Nias12], S. G-2, I-1).

Tab. 17.1 Bestimmung der Eintrittshäufigkeit[1]

Häufigkeit[1] h_1 für Auslösung Bedrohungsereignis	Häufigkeit[1] h_2, dass ausgelöstes Bedrohungsereignis Schaden bewirkt				
	sehr tief	tief	mittel	hoch	sehr hoch
sehr hoch (mehrmals in 1 Jahr)	tief	mittel	hoch	sehr hoch	sehr hoch
hoch (1 mal in 1–3 Jahren)	tief	mittel	mittel	hoch	sehr hoch
mittel (1 mal in 3–10 Jahren)	tief	tief	mittel	mittel	hoch
tief (1 mal in 10–30 Jahren)	sehr tief	tief	tief	mittel	mittel
sehr tief (1 mal in 30 oder mehr Jahren)	sehr tief	sehr tief	tief	tief	tief

[1]Anstelle von quantitativen Wahrscheinlichkeitsberechnungen gelangen semi-quantitative Häufigkeitseinstufungen zum Einsatz

Tab. 17.2 Bestimmung des Risikos

Eintrittshäufigkeit $H = f(h_1, h_2)$	Schadenshöhe S				
	sehr tief	tief	mittel	hoch	sehr hoch
sehr hoch (mehrmals in 1 Jahr)	sehr tief	tief	mittel	hoch	sehr hoch
hoch (1 mal in 1–3 Jahren)	sehr tief	tief	mittel	hoch	sehr hoch
mittel (1 mal in 3–10 Jahren)	sehr tief	tief	mittel	mittel	hoch
tief (1 mal in 10–30 Jahren)	sehr tief	tief	tief	tief	mittel
sehr tief (1 mal in 30 oder mehr Jahren)	sehr tief	sehr tief	sehr tief	tief	tief

17.3.1 Risikofaktoren gemäss Risikomodell

Die Besonderheiten der Cyber-Risiken werden nachfolgend für jeden einzelnen Risikofaktor am Risikomodell (s. Abb. 17.2) und dem schrittweisen Assessmentvorgehen gemäss Abb. 17.3 grob untersucht und aufgezeigt.

Die massgeblichen Risikofaktoren in Bezug auf das Risikomodell sind (vgl. ([Nias12]):

1. Risikoobjekte (assets)
2. Bedrohungsquellen zurückzuführen auf:
   a. absichtliche Ursachen (adversarial): charakterisiert durch Fähigkeiten, Absichten und Angriffsziele
   b. unabsichtliche Ursachen (non-adversarial): charakterisiert durch potenziellen Wirkungsbereich

3. Bedrohungsereignisse:
   a. charakterisiert durch Taktiken, Techniken und Verfahren, absichtlich (adversarial) ausgelöst durch Bedrohungsquellen in der Form von Angreifern respektive Gegnern;
   b. durch entsprechende Bedrohungsquellen unabsichtlich (non-adversarial) ausgelöst.
4. Schwachstellen
5. Schäden
6. Massnahmen

17.3.2 Risikoobjekte und deren Anforderungen

Bevor ein Unternehmen in die detaillierten Aufgaben eines Cyber-Risikoassessments einsteigen kann, muss geklärt werden, was die schützenswerten Objekte bzw. Assets sind und welche Anforderungen sie erfüllen müssen. Dabei sind Fragen wie die Folgenden zu beantworten:

- Was und welche Objekte oder Gegebenheiten gehören zum Anwendungsbereich des Risikomanagements und sollen im Weiteren als Risikoobjekte bezeichnet werden?
- An welchen Risikoobjekten (Informationen, Systemen, Einrichtungen) können durch die Cyber-Bedrohungen Schäden entstehen?
- Wie sind die einzelnen Risikoobjekte voneinander abhängig?
  - Welches sind primäre und welches unterstützende Risikoobjekte?
  - An welchen Risikoobjekten können durch Cyber-Bedrohungen hauptsächlich Schäden anfallen und wie werden diese Risikoobjekte durch Vorfälle im Cyberspace beeinträchtigt?
  - Inwiefern ist es sinnvoll, einzelne Risikoobjekte zu grösseren Risikoobjekten zusammenzufassen (z.B. Zusammenfassung der Daten einzelner Personen in einer Datenbank zu einem Risikoobjekt „Personendaten in der Personaldatenbank")?
- Welche Schutzziele des Unternehmens sind zu berücksichtigen? z.B.:
  - Gilt es die Geheimhaltung bestimmter Daten zu gewährleisten?
  - Gilt es die einwandfreie und unterbrechungsfreie Funktion bestimmter Einrichtungen (z.B. von „Kritischen Infrastrukturen") vor Cyber-Bedrohungen zu gewährleisten?
- Können Menschen aufgrund von Cyber-Vorfällen Schaden an Leib und Leben erleiden?

Solche und ähnliche für das Risiko-Assessment wichtige Fragestellungen sollten bereits bei der Festlegung des Risikomanagement-Kontextes herausgearbeitet werden.

Schon bei der Zusammenstellung der für das Risikomanagement relevanten Risikoobjekte (Assets) ist zu untersuchen, inwiefern einzelne Risikoobjekte für Angreifer interessant sein könnten und welche Ziele wie „Vertraulichkeit von Informationen" bei möglichen Vorfällen beeinträchtigt werden könnten. Auch sollte schon vor der Durchführung von detaillierten Assessmentschritten geklärt werden, wie und welche „unabsichtlichen" Bedrohungen zu (grossen) Schäden führen und welche Risikoobjekte dabei betroffen sind.

17.4   Bedrohungen, Schwachstellen und Schäden bei „absichtlichen" Ursachen

17.4.1 Bedrohungsquellen

Bei den absichtlichen Risiko-Ursachen können die Bedrohungsquellen Einzelpersonen, Gruppen, Organisationen bis hin zu Staaten und deren Regierungen Bedrohungsereignisse auslösen.

Gründe und Ziele von Angriffen
Einer der Gründe für den Anstieg der absichtlichen Cyber-Risiken liegt wohl darin, dass mittels Cyber-Attacken viel Geld verdient werden kann, sei es durch Diebstahl vertraulicher Informationen, durch Manipulation von geldwerten Daten oder durch verschiedene Formen der Erpressung von Lösegeldern. So bietet sich die Möglichkeit, Personen, Organisationen oder Staaten über den Cyberspace gezielt zu schädigen, ohne dabei erkannt zu werden. Die Attacken reichen dabei von Mobbing, Verleumdung, Einschüchterungen und Betrug einzelner Personen über Schädigung von Unternehmen bis hin zu kriegerischen Cyber-Angriffen auf Organisationen und Staaten. Zu den angegriffenen Risikoobjekten gehören persönliche Informationen, Werte und Systeme von Unternehmen, kritische Infrastrukturen (z. B. Elektrizitätswerke) sowie der Mensch mit seinen persönlichen Besitztümern und in seiner geistigen und körperlichen Verletzlichkeit.

Charakterisierung von Bedrohungsquellen
Um die Bedrohungsquellen in ihrer Gefährlichkeit einschätzen und einordnen zu können, müssen diese gemäss ihrer Fähigkeiten, Absichten und Angriffsziele, einschliesslich der zum Angriff führenden Motivationen, charakterisiert werden. Von solchen Eigenschaften hängt es ab, inwiefern ein Angriff ausgelöst und allenfalls über längere Zeit unbemerkt durchgeführt werden kann und dabei die Ziele des Angreifers erfüllt.

17.4.2 Bedrohungsereignisse und Angriffs-Mechanismen

Die Bedrohungsquelle, respektive der Angreifer, wird mit „Taktiken", „Techniken" und „Verfahren" versuchen, die „Schwachstellen" seines Opfers auszunützen, um die Attacke gemäss seinen Interessen durchzuführen. Ein Bedrohungsereignis wird deshalb charakterisiert durch beim Angriff benutzte Taktiken, Techniken und Verfahren, die auch als „Angriff-Vektor" bezeichnet werden. Mehrere Bedrohungsquellen können ein einzelnes Bedrohungsereignis auslösen. Auch kann eine einzelne Bedrohungsquelle wiederum mehrere Bedrohungsereignisse auslösen.

Beispiele solcher bei den Bedrohungsereignissen verwendeten „Taktiken", „Techniken" und „Verfahren" sind:

- Ausspähung und Überwachung eines Unternehmens unter Benutzung des Scannings, um dabei zu kompromittierende Güter und dem Angriff dienliche Schwachstellen ausfindig zu machen.
- Benutzung vorab installierter Malware in den Systemen des Opfers, um die Systeme für lohnende Angriffsziele auszuspähen.
- Eindringen in die Systeme des Opfers mittels Hacking-Verfahren, mit denen die Sicherheits-Mechanismen des Opfers unterlaufen werden, um entsprechend schädigende Aktivitäten (Spionage, Datendiebstahl, Manipulationen, Betrug, Zerstörungen usw.) auszuführen.
- Durchführung von „Distributed Denial of Service Attacken" (DDoS), um die infizierten Opfer als Täter für das Auslösen von Denial of Service Attacken auf das Ziel-Opfer zu missbrauchen, um damit den Internet-Daten-Verkehr des Ziel-Opfers zu blockieren.

Viele Attacken werden mit sogenannter Malware, bestehend aus Trojanischen Pferden, Spyware, Würmer und Viren, durchgeführt. Andere Attacken missbrauchen die Naivität und Gutgläubigkeit von Benutzern und entwenden beispielsweise mit einer sogenannten „Phishing Attacke" die geheimen Zugriffsinformationen eines Benutzers. Im Anhang A.2 sind einige aktuelle Angriffs-Mechanismen erläutert. Eine Zusammenstellung von Bedrohungsereignissen, wie sie im vorliegenden Risikomodell verwendet werden, können dem NIST-Standard SP 800–30 entnommen werden ([Nias12], S. E2-E6).

Advanced Persistent Threats (APT)
Besonders schwer abzuwehrende Bedrohungsereignisse sind die sogenannten „Advanced Persistent Threats" (APT); diese bestehen aus mehreren kombinierten und teilweise auf die Verteidigungsstrategie des Opfers angepassten Angriffsmechanismen. Der Einsatz eines solchen Angriffs bedarf sowohl herausragender Expertise der Bedrohungsquelle als auch den Einsatz von ausserordentlichen Taktiken, Techniken und Verfahren, mit denen das Bedrohungsereignis durchgeführt werden kann. Aus den vielen existierenden Definitionen wird nachstehend eine Definition von „Advanced Persistent Threat" (APT) vorgenommen, die sich weitgehend an die in den verschiedenen NIST-Standards (z. B. SP 800–30) angewandte Definition anlehnt:

Unter APT wird eine hoch entwickelte Bedrohung verstanden, bei der die Bedrohungsquelle sowohl über eine hohe Expertise als auch über signifikante Ressourcen verfügt, um mittels mehreren geeigneten Taktiken, Techniken und Verfahren die angestrebten Angriffsziele zu erfüllen. Solche Angriffsziele lassen sich typischerweise durch Vordringen in die Informationsinfrastruktur (Server, Datenbanken etc.) einer Organisation zum Zwecke des Ausspähens sensibler Daten oder zu anderweitigen Schädigungen des Opfers erfüllen. Dabei setzt der Angreifer seine Angriffsziele unbemerkt und über eine grössere Zeitspanne um und widersetzt sich dabei in geeigneter Weise den Verteidigungsbemühungen der angegriffenen Organisation. Der fortgesetzte Angriff wird meist durch die Installation eines Backdoors beim erstmaligen Eindringen und mit nachfolgenden lateralen Verschiebungen im Netzwerk mit weiteren Backdoor-Installationen erreicht. Die dabei verwendeten Angriffscodes werden meist fortlaufend auf die aktuelle Situation angepasst, um Angriffsziele und Opportunitäten umzusetzen und dabei nicht entdeckt zu werden. Für Angriffskampagnen entwickeln die Angreifer oft spezielle noch unbekannte Malware (Exploits), um bisher unbekannte Schwachstellen auszunutzen. Solche Malware wird bei ihrem Auftreten als „Zero-day-exploit" bezeichnet.

Typischerweise erfolgt ein APT in folgenden Schritten (vgl. [Cobt13], S. 15):

1. Ausspähung und Erkundung des Zielobjekts;
2. Planung;
3. Ausnutzung von Schwachstellen, Infiltration und Vordringen in das Zielobjekt;
4. Übernahme der Steuerung des Zielobjekts;
5. Erhöhung der Privilegien und Zugriffsrechte und sukzessive Übernahme der Kontrolle über das Zielobjekt;
6. Seitenbewegungen und Einbezug zufälliger Ziele;
7. Umsetzung des gesetzten Ziels und Einrichtung einer beständigen Kontrolle über Funktionen des Zielobjekts;
8. Verwischen der Spuren.

Viele mit „Taktiken", „Techniken" und „Verfahren" charakterisierten „Bedrohungsereignisse", fallen unter den Begriff „Malware".

Zu Malware zählen unter anderem:

- Viren
- Würmer
- Adware
- Backdoor
- Spyware
- Rootkits
- Trojaner
- Ransomware

(Weitergehende Erklärungen zu solcher Malware sind im Anhang A.2 zu finden)

Malware nutzt die technischen Schwachstellen von IT-Systemen aus und tritt vorwiegend plattformspezifisch in Erscheinung. So ist ein grosser Teil von Malware spezifisch auf Windows-Plattformen ausgerichtet. Für das Jahr 2015 wurden etwa 140 Millionen neue auf Windows-Plattformen ausgerichtete Angriffsmuster festgestellt ([Hpes16], S. 34). Vermehrt sind aber auch LINUX und OSX sowie mobile Plattformen wie Android oder iOS als beliebte Angriffsziele festzustellen (vgl. [Hpes16], S. 24–39). Auch wird die für Software-Entwicklungen eingesetzte .NET-Plattform mittels verschiedener Malware angegriffen. Solche Attacken konnten beispielsweise 2014 bei den Geldausgabe-Automaten (ATM) festgestellt werden, wo mittels Malware die Tastatureingaben zum nachträglichen Missbrauch aufgezeichnet wurden (vgl. [Hpes16], S. 31). Als eine derzeit häufig auftretende und extrem schädliche Malware ist „Ransomware" zu nennen. Diese Malware chiffriert mittels Trojaner wichtige Files eines Opfer-Systems (z. B. eines Servers oder eines Notebook-Computers). Gegen eine von den Angreifern geforderte Zahlung eines hohen Lösegelds versprechen sodann die Angreifer den kryptographischen Schlüssel zu liefern, um die Files wieder entschlüsseln zu können. Es versteht sich von selbst, dass diese Versprechen oft nicht eingehalten werden.

Assessment und Relevanz von Bedrohungsereignissen
Bereits bei der Identifikation der Bedrohungen gilt es, ihre Relevanz zum Unternehmen, mit seinen Risikoobjekten, festzustellen. Sicherlich wird ein Unternehmen, das sensible (streng vertrauliche) Daten bearbeitet und verfügbar hält, den auf „Datendiebstahl" abzielenden Bedrohungsereignissen eine hohe Relevanz zumessen. Die zum Einsatz gelangten Taktiken, Techniken und Verfahren können oft nach einem Angriff durch das Opfer eruiert werden. Hingegen bleibt die Bedrohungsquelle mit ihrer Charakterisierung dem Opfer meist verborgen. Nachweise einer bestimmten Täterschaft sind, insbesondere bei APT-Attacken, meist nicht möglich. Bei der Bedrohungs-Identifikation wird deshalb vorteilhaft von einem möglichen Bedrohungsereignis (Angriffsvektor) rückwärts auf die möglichen Bedrohungsquellen geschlossen. Wenn die Täterschaft auch meist nur vermutet werden kann, so ist es für das Risiko-Assessment und die daraus resultierenden Massnahmen oft nützlich, Anhaltspunkte über die Charakterisierung des Angriffs und der Bedrohungsquellen zu erhalten.

17.4.3 Schwachstellen (Vulnerabilities)

Die von den Bedrohungen für Cyber-Angriffe ausnutzbaren Schwachstellen können auf verschiedenen Ebenen eines Unternehmens in Erscheinung treten. Fehlt beispielsweise das Commitment der Unternehmensleitung oder mangelt es am Risikobewusstsein der Belegschaft und fehlt es zudem an Ressourcen zur Behandlung von Cyber-Risiken, dann sind solche Schwachstellen zuallererst auf der Ebene der „Unternehmens-Governance" festzustellen. Fehlen Policies und Prozesse zur Absicherung gegen Cyber-Risiken, dann lässt dies auf organisatorische Schwachstellen beim verantwortlichen Management schliessen. Viele der Schwachstellen, die in der Regel von den Angreifern ausgenutzt werden, befinden sich oft in der Technik oder der Organisation der eingesetzten IT-Systeme.

Systemische Verbindung der Schwachstellen untereinander

Die Schwachstellen auf den verschiedenen Ebenen eines Unternehmens und in seinen verschiedenen Bereichen, u. a. auch in der Technik, sind meist „systemisch" miteinander verbunden. So werden APT-Angriffe oft durch Ausnutzung von Schwachstellen im menschlichen Bereich durch sogenanntes „Social Engineering" (z. B. mittels Phishing über E-Mail oder soziale Netzwerke) begonnen, um danach die Angriffe im technischen Bereich (z. B. in der Software) weiterführen zu können.

Auffinden der Schwachstellen

Wie aus den Ausführungen über die Advanced Persistent Threats gefolgert werden kann, führen ja meist mehrere Schwachstellen, sowohl organisatorischer als auch technischer Art, auf den verschiedenen Ebenen und in verschiedenen Organisationsbereichen eines Unternehmens, zum Erfolg der Angreifer. Für das Suchen und Identifizieren von relevanten Schwachstellen im Rahmen eines Cyberrisk-Assessments helfen zum einen „Szenario-Analysen" und „Suchmethoden", wie sie in Abschn. 3.5 dieses Buches beschrieben wurden. Zum anderen können Schwachstellen auf der technischen IT-Ebene mittels Schwachstellen-Scanning-Systemen, Penetration Tests und Teilfunktionen von SIEM-Systemen ausfindig gemacht werden.

Standardisierungen für das Schwachstellen-Management

Die automatisierte Suche von Schwachstellen im technischen Bereich (z. B. in Netzwerken) wird durch einige Standardisierungen erleichtert. So werden in der „National Vulnerability Database" (NVD) der U.S. Regierung (betreut durch NIST) die als sogenannte „Common Vulnerability Exposures" (CVE) bekannt gewordenen Schwachstellen nummeriert, beschrieben, bewertet und verwaltet [Nisv16] [Mitre16]. Die Bewertung von registrierten Schwachstellen erfolgt gemäss dem Standard „Common Vulnerability Scoring System" (CVSS) [Firs16]. Die öffentlich benutzbare CVE-Datenbank ist weltweit für das Schwachstellenmanagement von grosser Bedeutung. So können der öffentlich zugänglichen Datenbank wertvolle Informationen und Hinweise beispielsweise für

- „Patchmanagement",
- Schwachstellen-Alarmierung,
- „Intrusion Detection"

entnommen werden.

Die Komponenten und Systeme (z. B. Applikationen, Betriebssysteme, Geräte), bei denen die registrierten Schwachstellen (CVE) vorkommen, unterliegen einer einheitlichen Bezeichnung und Nummerierung gemäss der sogenannten „Official Common Platform Enumeration (CPE) Dictionary". Diese Nummerierungsplattform wird ebenfalls durch NIST verwaltet [Nisn16].

Schwierigkeiten für die Einstufung der Ernsthaftigkeit der Schwachstellen
Für ein systematisches Risiko-Assessment von Cyber-Risiken ist es notwendig, die Schwachstellen einzustufen. Dabei besteht für die durch Cyber-Bedrohungen ausnutzbaren Schwachstellen die Schwierigkeit, dass sich die Konstellationen, in denen sich die Schwachstellen befinden, meist zeitlich verändern, oder gar erst dann relevant werden, wenn ein Angreifer einen passenden Angriffscode (Exploit) entwickelt hat. Die Schwierigkeit bei der Schwachstelleneinstufung liegt vor allem darin, die Bedrohungsabsicht sowie die vom Angreifer dynamisch eingesetzten Taktiken, Techniken und Verfahren, aber auch die Ernsthaftigkeit im Hinblick auf einen möglichen Schaden abschätzen zu können. Dabei wäre beispielsweise die folgende Frage zu beantworten: Welche Schwachstellen ermöglichen einem Angreifer mittels Phishing-Attacke an die Authentisierungs-Daten (Credentials) eines Systems zu gelangen, um grosse Geldbeträge abzuzweigen? Die Szenario-Analyse einer solchen verhältnismässig einfach zu beschreibenden Attacke zeigt dann wahrscheinlich, dass es Schwachstellen auf mehreren Ebenen eines attackierten Unternehmens zu eruieren gilt (z. B. sorgloser Umgang mit Authentisierungsmitteln, fehlende Plausibilitätsüberwachung von Überweisungsdaten). Da die Schäden, wie sie im nächsten Abschnitt eingehender behandelt werden, sich letztendlich an den Informationen nachgelagerten Risikoobjekten auswirken, die beispielsweise physischer oder geldwerter Natur sein können, sind Schwachstellen und Massnahmen zusätzlich in anderen Bereichen als der Informationstechnologie zu suchen und zu finden.

Schwachstellen-Einstufung am Beispiel des „Open Web Application Security Projekt"
Eine anschauliche Darstellung, wie sich Schwachstellen einstufen lassen, liegt dem „Open Web Application Security Projekt" (OWASP) zugrunde. Das Beispiel der Einstufung der drei häufigsten Sicherheits-Risiken für Webanwendungen ist in der Abb. 17.4 gezeigt.[4]

17.4.4 Schäden (Impacts) bei Cyber-Risiken

Bereits bei der Bestimmung des Kontextes und noch mal verfeinert bei der Risiko-Identifikation sind die Risikoobjekte (Assets) zu eruieren und festzulegen. Wie dies die nachfolgend angeführten beiden Fälle zeigen, können die Risikoobjekte Informationen sein, die für bestimmte Zwecke auf Datenbanken erfasst und zugreifbar sind. Aus der Art und dem Wert (materiell oder immateriell) dieser Risikoobjekte kann sodann der Schaden, der sich bei einem Angriff ergeben kann, abgeschätzt werden.

---

[4] Copyright© 2003–2014 The OWASP Foundation, Creative Commons Attribution ShareAlike 3.0 Lizenz.

Open Web Application Security Project (OWASP)					
Schwachstellen 2013 für Web-anwendungen	Ausnutzbarkeit	Verbreitung	Auffindbarkeit	Techn. Auswirkung	Erklärung
1 Injection	einfach	häufig	durch-schnittlich	schwer-wiegend	Injection-Schwachstellen (z. B. bei SQL-, OS-oder LDAP) treten auf, wenn nicht vertrauenswürdige Daten als Teil eines Kommandos oder einer Abfrage von einem Interpreter verarbeitet werden. Ein Angreifer kann Eingabedaten dann so manipulieren, dass er nicht vorgesehene Kommandos ausführen oder unautorisiert auf Daten zugreifen kann.
2 Broken Authentication and Session-Management	durch-schnittlich	sehr häufig	durch-schnittlich	schwer-wiegend	Schlecht implementierte Funktionen für Authentifizierung und Session erlauben den Angreifern, Passwörter oder Sessiontoken zu kompromitieren oder die Schwachstellen auszunutzen, um die Identität von Benutzern zu übernehmen.
3 Cross-Site Scripting (XSS)	durch-schnittlich	ausser-gewöhnlich häufig	einfach	mittel	Durch Annahme und senden an einen Webbrowser von nicht vertrauenswürdigen Daten ohne entsprechende Validierung und Kodierung kann der Angreifer Scriptcode im Browser des Opfers ausführen und somit Benutzersitzungen übernehmen.

Abb. 17.4 Drei häufigste Schwachstellen für Webanwendungen gemäss OWASP (vgl. [Owas14])

Risikoobjekte, an denen die hauptsächlichen Schäden anfallen

Wenn auch die Cyber-Risiken durch Verletzung der Sicherheitsziele „Vertraulichkeit", „Integrität" und „Verfügbarkeit" von Informationen, initialisiert werden, so fallen die Schäden doch meist an anderen, jedoch von Informationen abhängigen Risikoobjekten an. Solche Risikoobjekte können beispielsweise die finanziellen Mittel eines Unternehmens, Systeme, Maschinen oder auch Menschen sein. Bei der Identifikation und Analyse des Schadens ist deshalb die Kausalitätskette, beginnend mit der Verletzung von Informations-sicherheitszielen bis hin zur Schädigung des Risikoobjekts zu berücksichtigen. Ein sol-cher Schaden kann beispielsweise die Zerstörung einer Produktionsanlage, ein erpresster Geldbetrag oder die Konsequenz infolge eines Datenlecks sein.

17.5 Risiko-Assessment von „absichtlichen" Risiken anhand von Beispielen

Die Szenarien für die Durchführung eines Risiko-Assessments werden vorteilhaft unter Zuhilfenahme von Beispielen entwickelt. Die Identifikation des Schadens bei absichtlich herbeigeführten Risiken, sowie die Identifikation und Bestimmung weiterer Risikofakto-ren wie Bedrohungen und Schwachstellen werden deshalb anhand der folgenden zwei real vorgekommenen Fälle diskutiert. Die beiden Fälle wurden deshalb als Beispiele ausge-wählt, weil sie zum einen einander ähnlich sind und sich in der Faktenlage ergänzen und zum anderen die für das Risiko-Assessment von Datendiebstählen vorherrschende Schwie-rigkeit der Schadensbestimmung aufzeigen.

Fall 1:

Im Februar 2015 meldete und publizierte Anthem Inc., der zweitgrösste Healthcare-Versicherer in den USA, einen Cyber-Angriff auf ihre Computer-Systeme, bei dem persönliche Daten von 78 Millionen Konsumenten (frühere und jetzige Versicherungsmitglieder) gestohlen wurden. Bei dem erfolgten Datendiebstahl waren sämtliche Produktelinien von Anthem betroffen. Die gestohlenen Datenelemente waren: Namen, Geburtstag, Social Security Number,[5] Mitglieds-Nummer, Wohnadresse, E-Mail-Adressen und Informationen über Anstellung und Einkommen. Gemäss den Aussagen von Anthem waren keine medizinischen Informationen wie Test-Resultate oder Diagnoseinformationen und auch keine Finanzdaten (Kreditkartendaten) unter den gestohlenen Daten. Die Hacking-Aktivitäten konnten bis Dezember 2014 zurückverfolgt werden. Gemäss den Recherchen von Symantec führen die Spuren des Angriffs zu „Black Vine", einer gut finanzierten Gruppe von Angreifern mit Verbindungen zu einer IT-Sicherheitsorganisation namens Topsec in China ([Syma16], S. 37). Es wird vermutet, dass die Daten für das Ausspionieren des amerikanischen Gesundheitssystems, aber auch für den Verkauf von Identitätsdaten auf dem Schwarzmarkt verwendet werden könnten. Die vom Datendiebstahl betroffenen Personen müssen infolge der gestohlenen Identitätsdaten (z. B. Social Security Number") lebenslang mit Missbrauch rechnen [Ruda15] [Jurg16].

Fall 2:

Im Juni 2015 berichtet das „United States Office of Personnel Management" (OPM), dass durch ein Hacking-Angriff Personaldaten von ca. 4.2 Millionen Mitarbeitern gestohlen worden seien [Npra16]. Die Attacke begann im März 2014 oder allenfalls schon früher. Entdeckt wurde der Einbruch im April 2015. Die Anzahl der betroffenen Personen wurde in einer späteren Mitteilung im Juli 2015 noch auf 21.5 Millionen erhöht. Die gestohlenen Daten enthielten nicht nur die normalen Personaldaten wie Social Security Numbers (SSN), Geburtstage und Adressen, sondern auch die Daten der sogenannten „Background Checks" (Formular mit 127 Seiten), denen sich 19.7 Millionen Bewerber für sicherheitskritische Positionen (National Security Positions) in US-bundesstaatlichen Diensten unterziehen mussten. In diesen Daten sind u. a. auch finanzielle Informationen sowie Daten über frühere Anstellungen, psychologische Aufzeichnungen und Kontakte zu ausländischen Personen enthalten. Ebenfalls enthalten sind die Fingerabdrücke von 1.1 Millionen Personen sowie persönliche Angaben über Nachbarn, Familienmitglieder, Freunde und Partner, mit denen, hinsichtlich der bewerbenden Person, Interviews durchgeführt wurden [Wire15]. Die Urheber des Datendiebstahls werden in China, allenfalls auf Regierungsebene, vermutet. Die chinesische Regierung könnte Interesse an den Daten der Job-Bewerber und der mit den Bewerbungen in Zusammenhang stehenden Abklärungen haben [Reut15]. Gemäss den durchgeführten

---

[5] Die „Social Security Number" (SSN) ist in den USA ein wichtiges persönliches, allgemein vertraulich zu behandelndes Identitäts-Merkmal. Die Nummer wird zur der Identifikation der Person für die Sozialsysteme, beispielsweise auch zur Identifikation bei der Eröffnung von Bankkonten, bei Kreditanträgen oder für Steuervergütungen verwendet.

Untersuchungen wurde der Angriff mittels eines Phishing-Mails an einen OPM-Mitarbeiter eingeleitet. Durch Anklicken eines Links in einem Phishing-Mail wurde von einer gefälschten OPM-Homepage eine „Malware" auf den PC eines Mitarbeiters heruntergeladen. Die von den Angreifern speziell für den Angriff entwickelte Malware konnte durch die in den OPM-Systemen vorhandenen Viren-Scanner und Intrusion-Detection-Systeme nicht erkannt werden. Mittels dieser Malware war es den Angreifern sodann möglich, die Kontrolle über die OPM-Systeme zu übernehmen, um die Daten auf ihre Server herunter zu kopieren [Gree15].

17.5.1 Identifikation des Schadens in beiden Fällen

Die Opfer in beiden Fällen sind in erster Linie die auf den Datenbanken mit ihren Identitätsdaten erfassten Personen. Die missbräuchliche Verwendung der Daten hängt von den Absichten und Zielen der Angreifer ab. Dabei stellt sich beispielsweise die Frage: Sollen die Daten auf dem Schwarzmarkt verkauft werden oder sollen sie der gezielten Spionage oder Erpressung von einzelnen Personen dienen? In beiden aufgetretenen Fällen wurden den vom Datenleck betroffenen Personen eine kostenfreie Kredit-Überwachung sowie eine kostenfreie Identity-Diebstahl-Versicherung angeboten (bei Anthem für 2 Jahre und bei OPM für 3 Jahre). Andere Schadenregulierungen durch die beroffenen Organisationen (Unternehmen) sind schlecht möglich, da die bei den betroffenen Personen tatsächlichen Schäden schwierig zu identifizieren sind.

Neben den vom Datenleck betroffenen, leidtragenden Personen, sind in zweiter Linie, die für die Systeme und das Daten-Handling verantwortlichen Organisationen geschädigt, da mit den Daten bestimmte Strategien und Vorgehensweisen der Organisation unterlaufen werden können. Auch sind die betroffenen Organisationen, mit allfälligen Einschränkungen, für Schäden haftbar und zudem in ihrer Reputation beschädigt.

Im Fall des Angriffs auf Anthem Inc. sind ein Jahr später die finanziellen Schäden für Anthem Inc., zumindest nach aussen hin, nicht als auffallend hoch zu bezeichnen. Zum anderen scheinen die Ziele der Angreifer und damit der effektive Schaden auch ein Jahr danach noch nicht endgültig erkennbar zu sein. Auch ist es schwierig, die nachträglich von Kunden gemeldeten Betrugsvorfälle dem Datendiebstahl zuzuordnen [Jurg16].

Schadenspotenziale Fall 1 (Anthem Inc.):

- Betrug auf Kosten des Versicherungsnehmers mittels der gestohlenen Identität (Name Geburtsort, Adresse, E-Mail-Adresse, Social Security Number);
- Die betroffenen Personen müssen infolge der gestohlenen Identitätsdaten (z. B. Social Security Number) lebenslang mit Missbrauch rechnen;
- Erpressung und Mobbing mittels der geheimer persönlichen Daten;

- Missbräuchliche Verwendung geheimgehaltener Gesundheitszustände (z. B. Testergebnisse, Diagnosen etc.);
- Missbrauch von aktuellen und früheren Daten über Beschäftigung und Einkommen;
- Missbrauch von strategische Daten von Anthem Inc. über Geschäftsmodell, Kunden-Struktur und Daten zur Abwerbung von Kunden;
- Reputations- und Haftungsschäden;
- usw.

Schadenspotenziale Fall 2 (OPM):

- Betrügereien mit den gestohlenen Identitätsdaten;
- Erpressung und Mobbing mit vertraulichen Daten;
- Daten, die beispielsweise bei Wohnungssuche, Kreditanträgen oder bei Job-Bewerbungen „No-go"-Kriterien darstellen können;
- Missbrauch von Daten über Umfeld, Kontakte, Lebenswandel des Bundes-Personals, z. B. auch hinsichtlich Erpressung oder Verrat von geheimen Informationen;
- Missbrauch der persönlichen Daten und Interviewinformationen der für die „Background checks" ebenfalls erfassten Personen aus dem persönlichen Umfeld der Job-Bewerber;
- Missbrauch von strategischen Bundes-Personal-Daten über Mitarbeiterqualitäten wie Fähigkeiten, Ausbildung, Entlohnung, Vertrauenswürdigkeit;
- usw.

17.5.2 Identifikation der Risikofaktoren rückwärts bis hin zu den Bedrohungsquellen

Bei einem Angriff gelingt es der Bedrohungsquelle mit einer gewissen Wahrscheinlichkeit über die entsprechend ausgelösten Bedrohungsereignisse (Angriffsvektoren), die Schwachstellen des Angriffsobjekts (Risikoobjekt) auszunutzen und damit Schäden herbeizuführen. Für das Assessment der Risikofaktoren eines solche Angriffs und letztlich des Risikos werden einzelne Assessmentschritte (s. Abb. 17.3) wiederholt durchlaufen bis ein zufriedenstellendes Assessment-Ergebnis gefunden werden kann.

Top-down- und Rückwärts-Suche

Zum Auffinden und Abschätzen der Risikofaktoren (Bedrohungen, Schwachstellen, Schäden) wird die Schadensentstehung nicht nur Bottom-up, d. h. von den Ursachen zu den Auswirkungen, sondern auch Top-down, von den Auswirkungen, d. h. vom Schaden zu den Ursachen hin untersucht. Ähnlich wird das Zustandekommen von Schadensereignissen aufgrund mehrerer Ereignisse nicht nur vorwärts über die einzelnen Stationen eines Szenarios, sondern auch rückwärts bis zum auslösenden Ereignis hin untersucht. Mit der „Rückwärts-Suche" können vor allem die gerade für die „Advanced Persistent

Threats" massgeblichen zeitlich zurückliegende Ereignisse gesucht und untersucht werden. Diese Suchmethoden, wie sie in Abschn. 3.5.3.1 dieses Buches näher beschrieben sind, kommen auch bei den Cyber-Bedrohungen zum Einsatz. Dabei ist es manchmal notwendig, aus einem Ereignis rückwärts die Bedrohungsquellen zu ermitteln über die wiederum Anhaltspunkte für mögliche Angriffsziele und resultierende Schäden geschlossen werden kann.

Nachdem für die Fälle Anthem und OPM in Abschn. 17.5.1 bereits einige potenzielle Schäden identifiziert wurden, werden nachfolgend einige Fakten über die Risikofaktoren in der Top-down-Reihenfolge

a) Schwachstellen,
b) Bedrohungsereignisse (Angriffsvektoren),
c) Bedrohungsquellen

festgehalten.

Die Identifikation dieser Risikofaktoren wird in dem später gezeigten beispielhaften Risikoassessment verwendet und in ein Risiko-Register analog zum Prozess in Abb. 17.4 eingetragen.

a) *Identifikation von Schwachstellen*
   Weder OPM noch Anthem Inc. legen aus verständlichen Gründen die Schwachstellen offen, doch können aus den verschiedenen Presseberichten einige Mängel und aufgrund der versprochenen Massnahmen und den Beschuldigungen in den laufenden Gerichtsverfahren zumindest folgende Schwachstellen angenommen werden [Npra16], [Jurg16]:
   – Keine Zwei-Faktor-Authentisierung für das Log-in auf die Systeme
   – Verwendung schwacher Usernames und Passwörter
   – Kein besonderer Schutz (z. B. Kryptografie) für streng vertrauliche Datenelemente
   – Mitarbeiter betreiben individuelle „Gmail-Accounts" auf ihren Office-Computers
   – Veraltete, unangemessene Computer-Systeme ohne „Security Design"
   – Veraltete und ungenügende Werkzeuge für Malware-Detektion
   – Fehlende Identifikation der mit dem Netzwerk verbundenen Geräte und fehlendes Monitoring des Datentransfers (in/out)
   – Fehlende Multi-Verteidigungslinien
   – Verbindung mit einer unsicheren Website eines Outsourcing-Partners
   – Keine Cybersecurity-Sensors und -Technologien
   – usw.

b) *Bedrohungsereignisse (Angriffsvektoren) und Bedrohungsquellen:*
   Weder die angewandten Bedrohungsereignisse (Angriffsvektoren in der Form von Taktiken, Techniken und Verfahren) noch die hinter dem Angriff stehenden Bedrohungsquellen in den beiden Fällen (Anthem und OPM) konnten bisher konkret ermit-

telt werden. Wichtige „Sicherheitsberichte wie beispielsweise der „Internet Security Threat Report" von Symantec ([Syma16], S. 37–45) oder der HPE Security Research Cyber Risk Report 2016 ([Hpes16], S. 20–21) ordnen die Attacken zwar chinesischen Hackern zu, können aber die Bedrohungsquellen oder das allfällige „Sponsoring" des Angriffs nicht konkret bestimmen. Im OPM-Fall begann die APT-Attacke angeblich anhand eines „Credential-Diebstahl" bei einem OPM-Vertragspartner (KeyPoint Governance Solutions) im Mai 2014. Diesem Initial-Ereignis folgte sodann das Einpflanzen von Malware und Backdoors für die unbemerkte Exfiltrierung der Daten am 15. Dezember 2014. Bis zur Entdeckung und Vertreibung der Hacker im April 2015 waren die Hacker für 10 Monate in den OPM-Systemen [Fcwt16]. Einige beim Angriff verwendete Methoden sind „noch" nicht bekannt oder auch nicht veröffentlicht; doch wird dem Angriff eine hohe Professionalität bescheinigt. Der Angriff auf Anthem Inc. zeigt einige Ähnlichkeiten zum OPM-Fall und könnte somit von derselben Bedrohungsquelle ausgeführt worden sein.

17.5.3 Aus den Beispielsfällen Anthem Inc. und OPM abgeleitete Assessment-Ergebnisse

In Abschn. 17.3 wurde das Risikomodell erläutert, das sich für das Assessment der Cyber-Risiken besonders eignet. Vermehrt findet dieses Risikomodell auch bei herkömmlichen Informationssicherheits- und IT-Risiken Verwendung. In der Abb. 17.5 wird gezeigt, wie in einem nach diesem Risikomodell aufgebauten Risiko-Register die Assessment-Ergebnisse erfasst und dokumentiert werden können. Die gezeigten beispielhaften Assessmentergebnisse eines „absichtlichen Risikos" basieren auf den beiden Fällen „Anthem Inc." und „OPM". Die qualitativen Einstufungen für die Risiko-Analyse sind dabei anhand der in Abschn. 17.3 gezeigten Einstufungstabellen (Tab. 17.1 und 17.2) vorgenommen worden (vgl. [Nias12], S. G-2, I-1). Aus der Höhe des qualitativ ermittelten Risikos soll in erster Linie geschlossen werden können, mit welcher Priorität die Massnahmen vorangetrieben werden sollen. Beim Risiko-Assessment in einem realen Kontext sind selbstverständlich erheblich mehr Details zu identifizieren und analysieren als es mit den Fakten dieses Anschauungsbeispiels möglich war.

17.6 Assessment von unabsichtlichen Cyber-Risiken

Im Unterschied zu den „absichtlich" verursachten Cyber-Risiken sind die Risikofaktoren der „unabsichtlich" verursachten Cyber-Risiken weniger kompliziert zu identifizieren und zu analysieren, da sie nicht primär von menschlichen Motivationen, Zielen und Taktiken her gesteuert sind. Dennoch können diese Risiken hoch sein und sind tendenziell ansteigend, sowohl was ihre Eintrittshäufigkeit als auch ihre Schadenshöhe betrifft. Der Grund dafür liegt sicherlich in den immer dichter werdenden Netzwerken und dem Einzug von digital

		Assessment-Schritte		Assessment-Ergebnisse	
Identifikation	1	Risikobezeichnung		Cyber-Risiko 1.1: Diebstahl vertraulicher Personendaten	Weiteres Risiko
	2	Risikoobjekt(e)		Streng vertrauliche Personendaten auf Datenbank.	Weiteres Risikoobjekt
	3	Bedrohungsereignis		Die Bedrohungsquellen verwenden verschiedene anspruchsvolle Angriffsvektoren (APT): z. B. Einschleusen von eigens entwickelter nicht detektierbarer Malware, mit der die Daten unentdeckt gesucht und exfiltriert werden können. Einsatz von "Spear-phishing", „Watering-hole" und "Zero-day-exploits".	...
	4	Bedrohungsquellen		Externe Gruppe(n) von Angreifern (z. B. in China oder Russland).	...
	5	Bedrohungsquellen -Charakteristiken	Fähigkeiten	Hochentwickeltes Know-how und gut finanziert.	
			Absichten	Industriespionage; Verkauf gestohlener Daten auf Schwarzmarkt; Auskundschaften nationales Gesundheitssystem; Aufdecken von internationalen Verflechtungen.	
			Angriffsziele	Personendaten im Umfeld grosser Firmen und Öffentliche-Verwaltungen.	
	6	Relevanz Bedrohungsereignis		**Hoch**, da ähnliche Angriffe auch bei anderen Organisationen stattfinden und nachweislich exfiltrierte Personendaten missbraucht und auf dem Schwarzmarkt gehandelt werden.	
	7	Schwachstellen		Veraltete IT-Systeme mit Schwächen in der Websoftware; Schwache Kontrollen über Malware, verdächtige Zugriffs- und Netzaktivitäten sowie über vernetzte ausgelagerte Systeme; Schwache und uneinheitliche Benutzer-Authentisierung; „Vertrauliche" Daten nicht angemessen geschützt (z. B. mittels Kryptographie). Fehlendes durchgängiges Cyber-Sicherheitskonzept.	
	8	Ernsthaftigkeit der Schwachstellen		**Sehr hoch**, da die vorhandenen Schwachstellen von den Bedrohungsquellen leicht eruierbar und insbesondere durch APTs [1] mit hohen Schadensfolgen ausnützbar sind.	
Analyse	9	h_1: Häufigkeit, mit der die Bedrohungsquelle das Bedrohungsereignis auslöst		**Hoch**	
	10	h_2: Häufigkeit, mit der das ausgelöste Bedrohungs-ereignis zum Schaden führt		**Hoch**	
	11	$H = f(h_1,h_2)$: Häufigkeit, mit der das Bedrohungsereignis eintritt und zum Schaden führt		**Hoch**	
	12	S: Höhe des Schadens		**Sehr hoch**, da eine Vielzahl „Vertraulicher" Personendaten missbraucht werden können.	
	13	R = f(H,S): Höhe des Risikos		**Sehr hoch**. Das Risiko ist weitaus zu hoch, um akzeptiert werden zu können und muss mit höchster Priorität behandelt werden.	

[1] APT: Advanced Persistent Threats

Abb. 17.5 Beispiel Risiko-Register für ein absichtliches Cyber-Risiko

vernetzten Gegenständen in sämtlichen Lebensbereichen, wie es beispielsweise auch unter dem Begriff „Internet of Things" (IoT) propagiert wird. Mit der steigenden Vernetzungs-dichte steigt auch die Komplexität, die sich bei den Bedrohungsereignissen entsprechend auswirkt. Bei den unabsichtlichen Cyber-Risiken geht es meist um den Verlust an Verfügbar-keit oder Integrität von Informationen bei den vom Cyberspace abhängigen Systemen.

Bedrohungsquellen bei unabsichtlichen Cyber-Risiken

Die Bedrohungsquellen unabsichtlicher Cyber-Risiken sind häufig das Versagen von Netzwerkkomponenten wie Switches, Routers oder Fehler bei den oft aufwändigen Konfigurationen und Verwaltungen von Firewalls, Routers, Switches, Loadbalancers usw.

So können einige wichtige Bedrohungsquellen respektive Ursachen für unabsichtliche Bedrohungsereignisse wie folgt grob zusammengefasst werden:

- Menschliches Versagen (z. B. Konfigurationsfehler, Benutzerfehler);
- Technisches Versagen, (z. B. Stromausfall, Versagen von Netzwerkkomponenten, Versagen von Computerkomponenten);
- Höhere Gewalt (z. B. Feuer, Hochwasser, Stürme, Erdbeben);
- Unfälle, die sich aus dem Zusammentreffen von unglücklichen Umständen ergeben können (z. B. Ausfall von wichtigem Personal, Gasleck).

Solche Bedrohungsquellen können auf ihre Umgebung einen mehr oder weniger grossen Einfluss haben. Dieser Einfluss mit seinem „Wirkungsbereich" ist bei der Identifizierung unabsichtlicher Risiken zu charakterisieren. Der Wirkungsbereich zeigt vor allem welche und inwieweit Risikoobjekte durch die Bedrohungsquelle geschädigt werden können.

Bedrohungsereignisse bei unabsichtlichen Cyber-Risiken

Die Anwendung des Risikomodells und das Vorgehen für das Risiko-Assessment für unbeabsichtigtes Cyber-Risiko gemäss der Abb. 17.3 sind nachfolgend anhand eines fiktiven Beispiels demonstriert.

Beispiel

Das Unternehmen xy ist mit seinen Geschäftsprozessen von den Verbindungen mit dem Internet abhängig (Verbindung zu Kunden, Lieferanten usw.). Ist die Verbindung zum Internet unterbrochen, dann kommen alle Geschäftsprozesse zum Erliegen. Die Kommunikationsgeräte und -systeme für die Verbindung mit dem Internet (Switches, Router, Loadbalancer usw.) sind in einem Technikraum platziert. Für den Technikraum hat sich herausgestellt, dass er bei starkem Unwetter von eindringendem Hochwasser betroffen ist. Ein solches Hochwasser ereignet sich einmal in einem Zeitraum von 3 bis 10 Jahren. Es bestehen weder bauliche Massnahmen zur Verhinderung eines Wassereinbruchs noch sind die Kommunikationseinrichtungen an einem zweiten Standort redundant ausgelegt. Nach einem Wassereinbruch müssen die im Raum befindlichen Kommunikationsgeräte und Kommunikationssysteme vollständig ersetzt werden, was eine Unterbrechung der Geschäftsprozesse für ca. eine Woche zur Folge hat. Das Risiko-Register in unten stehender Abbildung zeigt eine Zusammenfassung der wesentlichen Fakten dieses unabsichtlichen Cyber-Risikos. Die „Kombinationen" der qualitativ eingeschätzten Risikofaktoren zur Bestimmung des Risikos werden dabei anhand der Tab. 17.1 und 17.2 vorgenommen (Abb. 17.6).

		Assessment-Schritte	Assessment-Ergebnisse	
Identifikation	1	Risikobezeichnung	Cyber-Risiko 2.1: Betriebsunter-brechung infolge Wassereinbruch	Weiteres Risiko
	2	Risikoobjekt(e)	Geschäftsprozesse des Unternehmens	Weitere Risikoobjekte
	3	Bedrohungsereignis	Wassereinbruch im Technikraum, in dem sich die Übertragungseinrich-tungen des Unternehmens befinden. Dadurch werden die Verbindungen mit dem Internet unterbrochen.	...
	4	Bedrohungsquellen	Hochwasser	...
	5	Wirkungsbereich	Sämtliche Verbindungen mit dem Internet und folglich sämtliche Kernprozesse des Unternehmens werden unterbrochen.	
	6	Relevanz Bedrohungsereignis	Ein kürzlich erfolgter Sicherheits-Review hat auf die Gefahrenlage und auf die Relevanz hinsichtlich der Geschäftstätigkeit hingewiesen.	
	7	Schwachstellen	Technikraum befindet sich an einem hochwassergefährdetem Ort; es be-stehen keine bauliche Massnahmen zur Verhinderung eines Wasserein-bruchs sowie auch keine redundante Auslegung der Kommunikationsein-richtungen an Ausweich-Standort.	
	8	Ernsthaftigkeit der Schwachstellen	Die Schwachstellen sind der Bedrohungsquelle ausgesetzt und werden durch das Hochwasser vollumfänglich ausgenutzt. Infolge der Schwachstellen können sämtliche Geschäftsprozesse für ca. 1 Woche lahmgelegt werden.	
Analyse	9	h_1: Häufigkeit, mit der die Bedrohungsquelle das Bedrohungsereignis auslöst	**Mittel** (1 mal in 3 bis 10 Jahren)	
	10	h_2: Häufigkeit, mit der das ausgelöste Bedrohungsereignis zum Schaden führt	**Sehr hoch**	
	11	$H = f(h_1, h_2)$: Häufigkeit, mit der das Bedrohungsereignis eintritt und zum Schaden führt	**Hoch**	
	12	S: Höhe des Schadens	**Hoch**, da die Betriebsunterbrechung bei gegebenen Schwachstellen ca. 1 Woche andauert.	
	13	$R = f(H,S)$: Höhe des Risikos	**Hoch** Das Risiko ist zu hoch, um akzeptiert werden zu können und muss mit hoher Priorität behandelt werden.	

Abb. 17.6 Beispiel Risiko-Register für ein unabsichtliches Cyber-Risiko

17.7 Risiko-Behandlung von Cyber-Risiken

Nachdem in den vorangegangenen Abschnitten auf die Besonderheiten und die mögliche Identifikation und Analyse der Cyber-Risiken eingegangen wurde, stellt sich nun die Frage, wie die Cyber-Risiken in einer Organisation behandelt werden können. Aus dem Assessment für Cyber-Risikoobjekte der oben angeführten Fälle hat sich eine hohe Behandlungspriorität herausgestellt. Nun stellt sich aber die Frage, mit welchen Massnahmen Die Cyber-Risiken wirksam und nachhaltig behandelt werden können?

Aus den Behandlungs-Optionen

- vermeiden durch Aufgabe risikoreicher Aktivitäten,
- reduzieren, mittels geeigneter Massnahmen,
- transferieren, z. B. an Versicherungen,
- bewusst eingehen und tragen,

bleiben bei den Cyber-Risiken oft lediglich die Optionen „reduzieren" und „transferieren" offen, da die Vermeidung den möglichen Chancen bei den Cyber-Aktivitäten entgegensteht und die beurteilten Risiken meist zu hoch sind, um sie bewusst eingehen zu können.

Die Fallbeispiele zeigen auch, dass der Eintritt von Cyber-Risiken in erster Linie mit vorbeugenden Massnahmen weitgehend verhindert werden sollte; doch lässt sich gerade bei den schwierig zu identifizierenden Cyber-Risiken das Eintreten von Ereignissen mit Massnahmen meist nicht vollständig verhindern. Deshalb ist zum einen die Risiko-Exponierung mit entsprechenden vorbeugenden Massnahmen möglichst gering zu halten und zum anderen bei dennoch eingetretenen Ereignissen mit eingespielten reaktiven Massnahmen, im Sinne von „Erkennen", „Beurteilen" und „Reagieren" – möglichst unter Verwendung eines Notfallplans – zu handeln.

17.7.1 Vielfalt und Dynamik der Cyber-Risiken und Massnahmen

Hinsichtlich der gegen die Cyber-Risiken einzusetzenden Massnahmen zeigen die oben angeführten Beispielfälle, insbesondere bei den absichtlichen Risiken, dass die Risiken oft aus mehreren Einzelrisiken bestehen, und dass oft mit spezifischen auf einzelne Bedrohungen oder einzelne Schwachstellen abgestimmten Massnahmen das Risiko nicht behoben werden kann. Dies rührt u. a. auch daher, dass über die möglichen Bedrohungsquellen und ihre Absichten, Motivationen und Fähigkeiten meist wenig bekannt ist. Auch weisen die auf bestimmte Organisationen oder Risikoobjekte abzielenden Cyber-Risiken bezüglich der beabsichtigten Bedrohungsereignisse eine hohe Variabilität auf, denen mit einer entsprechend breit und dynamisch wirkenden Massnahmen-Palette begegnet werden muss.

**Cyber-Sicherheits-Grundschutz und organisations-spezifische
Cyber-Sicherheits-Massnahmen**

Die von einer Organisation einzusetzende Palette von Massnahmen muss demzufolge entsprechend breit sein, um der Vielfalt möglicher Angriffe und deren Dynamik Rechnung tragen zu können. Somit wird sich bei Organisationen, die sich gegen Cyber-Risiken widerstandsfähig machen wollen, eine Art Grundschutz (Baseline Security) gegen Cyber-Risiken aufdrängen, wobei dieser Grundschutz der Dynamik und der Innovation möglicher Cyber-Angriffe gewachsen sein muss. Selbstverständlich bedarf es zusätzlich zum Cyber-Sicherheits-Grundschutz noch spezifische Massnahmen, welche die Eigenheiten der Organisation bezüglich ihrer speziellen Exponierung (z. B. hinsichtlich Datenlecks oder kritischer Infrastrukturen) berücksichtigen muss.

Cyber-Sicherheits-Massnahmen analog zu herkömmlicher Informationssicherheit?

Die Cyber-Risiken unterscheiden sich von den herkömmlichen Informationssicherheits-Risiken u. a. durch ihre höhere Komplexität und hohe Ungewissheit, vor allem bezüglich der Bedrohungsquellen mit ihren Zielen und Absichten für mögliche Angriffe. Die ansonsten für Unternehmen gültigen Sicherheitsprozesse und Massnahmen gelten, unter Berücksichtigung dieser Besonderheiten, auch für die Cyber-Risiken. So werden in diesem Buch beispielsweise folgende Vorgehensweisen und Massnahmen für Informationssicherheit behandelt, die auch für die Widerstandfähigkeit gegenüber Cyber-Risiken sinnvoll sein können:

- Herausgabe von Policies und Anleitungen;
- Betrieb eines ISMS (z. B. ISO/IEC 27001) für ein risikoorientiertes Informationssicherheits-Management;
- „Code of practice" für Informationssicherheitsmassnahmen (z. B. ISO/IEC 27002);
- Informationssicherheits-Architektur (z. B. mit Sicherheitssystemen für Zugriffs-Kontrolle, Credential- und Identity Management, Schutz gegen Intrusion und Malware, Vulnerability-Scanning, Krypto-Dienste, Netz-Partitionierung, Back up und Archivierung usw.);
- Einbezug der Informationssicherheit mit risikobasierten Massnahmen beim Projektmanagement und bei der Softwareentwicklung;
- IT-Sicherheitskonzepte zur pragmatischen Durchführung und Dokumentation eines Risikomanagement-Prozesses einschliesslich der resultierenden Massnahmen;
- „Common Criteria" zur Sicherstellung und zum Nachweis eines bestimmten Sicherheitsniveaus von Produkten;
- Geschäftskontinuitäts- und Notfallplanung (z. B. ISO/IEC 22301) zur möglichst raschen Überbrückung und Wiederherstellung der Geschäftsprozesse;
- Incident Management mit der Spezialität für Cyber-Incident-Response-Management zur möglichst effektiven und raschen Behandlung von Vorfällen;
- Vulnerability Management und Penetration-Testing zur möglichst raschen und der Ernsthaftigkeit der Schwachstellen angemessenen Schwachstellenerkennung und – behebung (einschl. Patch-Management);
- Incident Response Team (IRT) (Team, das sich um eine möglichst rasche und angemessene Behandlung der Sicherheits-Vorfälle kümmert);

- Externe CERT's, Inanspruchnahme der Expertise und Hilfe externer „Computer Emergency Response" Teams;
- Sicheres Cloud-Computing und Sicherheit beim Outsourcing und dabei Berücksichtigung der im Cloud-Computing oder Outsourcing speziell anfallenden Risiken mit entsprechenden Massnahmen;
- usw.

17.7.2 Policies und Anleitungen für Cyber-Sicherheit

Zu den allgemeinen Massnahmen gehören Policies und Anleitungen, die im Sinne eines Grundschutzes zu befolgen sind.

Diese Policies und Anleitungen thematisieren die Vorschriften, das Handling und die Funktionen bei der Benutzung oder der Bereitstellung von Funktionen im Cyberspace für folgende Gruppen:

- Konsumenten (Benutzer) von Funktionen und Angeboten im Cyberspace;
- Organisationen, die Systeme und Geschäfte im Cyberspace betreiben;
- Dienstleister (Provider), die Funktionen an Konsumenten und Organisationen anbieten [Isof12].

Policies und Anleitungen für Konsumenten

Die Konsumenten respektive Benutzer von Cyberspace-Funktionen bedürfen der Anleitung und auch der Vorschriften, wie sie die Funktionen des Cyberspace sicher benutzen sollen, aber auch wie sie die Ressourcen oder andere Konsumenten (Benutzer) nicht gefährden. Die Erstellung und Herausgabe der „Policies und Anleitungen" an die Konsumenten und Benutzer erfolgt meist im Verantwortlichkeitsbereich der Organisation, die ein bestimmtes Cyber-System betreibt oder in der Verantwortung des Dienstleisters (Providers), der eine Funktion im Cyberspace anbietet. (Eine E-Banking-Anbieterin wird beispielsweise ihre Kunden auf die notwendigen Sicherheitsvorkehrungen, wie Virenschutz und Firewall, auf dem Endgerät aufmerksam machen). In den oben beschrieben Fällen Anthem Inc. und OPM liegt es beispielsweise in der Verantwortlichkeit dieser beiden Organisationen, die an die Benutzer gerichteten notwendigen Policies und Anleitungen herauszugeben. Eine solche Policy enthält nicht nur die Sicherheits- und Vertraulichkeitspolitik des Unternehmens im Umgang mit persönlichen Daten der Benutzer, sondern an den Benutzer gerichtete Anweisungen beispielsweise hinsichtlich der Vermeidung von Phishing-Attacken oder hinsichtlich des sicheren Einsatzes der persönlichen Identifikations-Merkmale.

Policies und Anleitungen für Organisationen und Dienstleister (Provider)

Für die Sicherheit der organisationseigenen Werte und Risikoobjekte wird die Organisation (Unternehmen) beispielsweise im Rahmen eines betriebenen ISMS, eines Security Incident Managements und eines verwendeten CERT® (Computer Emergency Response Team) die notwendigen Policies und Anleitungen an die Adresse ihrer Partner erlassen.

Das Unternehmen wird auch hinsichtlich der Verwendung ihrer Cyber-Systeme oder als Anbieter (Provider) von Dienstleistungen im Cyberspace die notwendigen Policies und Anleitungen erlassen, die dem sicheren Betrieb der Systeme in ihrem eigenen Interesse, aber auch im Interesse von Konsumenten oder anderen Anspruchsgruppen dienen. Solche Policies und Anleitungen regeln beispielsweise die sichere Verwendung der angebotenen IT-Produkte, die sichere Entwicklung von Projekten und Software, das „Hardening" der verwendeten Systemplattformen oder den Einsatz leistungsfähiger Produkte gegen Malware und Spyware.

17.7.3 Management der Cyber-Risiken mittels ISMS oder Sicherheitskonzept(en)

Im Sinne einer stetigen Anpassung auf die Verhältnisse und die Risikosituation eines Unternehmens empfiehlt es sich, die Cyber-Risiken in gleicher Weise wie die Informationssicherheits-Risiken mittels eines Informationssicherheits-Management-Systems zu managen. Im Abschn. 9.3.1 sind die Grundzüge eines Informationssicherheits-Management-Systems (ISMS) beschrieben. Ein ISMS verlangt neben der Berücksichtigung der inneren und äusseren Anforderungen u. a. auch das Commitment der Führungspersonen sowie die Bereitstellung der für das Managen der Risiken notwendigen Ressourcen. Wurden im Risikoassessment die Risiken in Art, Häufigkeit und Tragweite erkannt, gilt es auch die den Risiken angemessenen Massnahmen zu bestimmen, umzusetzen und zu überwachen.

Als pragmatische Lösung können auch ein oder mehrere Sicherheitskonzepte (gemäss Abschn. 10.1) die Anforderungen erfüllen. Die Anforderungen an die Cyber-Risiken kann jedoch ein Sicherheitskonzept nur dann erfüllen, wenn die Erstellung, Umsetzung, Überwachung und Anpassung gemäss einem PDCA-Zyklus regelmässig durchgeführt wird, und dabei für die Berücksichtigung der aktuellen inneren und äusseren Gegebenheiten der Organisation gesorgt wird.

17.7.4 Bewusstseinsförderung (Awareness), Tests und Übungen

Bei allen technischen Methoden und Konzepten der Informationssicherheit tritt auch immer der Mensch innerhalb Organisation, Führung und im Rahmen der Anspruchsgruppen als wichtiger Faktor für eine gute Informationssicherheit hervor. Viele der Cyber-Risiken können gerade durch das Fehlverhalten von Menschen überhaupt initialisiert werden. Beispiele dafür sind das Unterlaufen der vorhandenen Sicherheits-Massnahmen (z. B. der Zugriffskontrolle oder der Firewalls) durch Attacken auf unachtsame Mitarbeiter mittels „Social Engineering", z. B. mittels Phishing Attacken zum unabsichtlichen Verrat von Zugriffs-Credentials oder durch Einschleusen von Malware mittels eines nicht überprüften Datenträgers (z. B. Memorystick) in firmeninterne Systeme (z. B. Laptops). Trotz technischer Verhinderungen solcher Attackenmöglichkeiten, finden Angreifer immer wieder Wege, den Mensch als Sicherheitslücke auszunutzen. Neben der Rolle als unmittelbare

Schwachstelle sind die Fähigkeiten und das Bewusstsein des Menschen im sicheren Umgang mit Informationen und Cybersystemen sowie in den verschiedenen Rollen für das Umsetzen von Sicherheitsmassnahmen, den ständigen und wachsenden Anforderungen der Cyber-Sicherheit ausgesetzt.

Bereits bei der Behandlung der Geschäftskontinuität und den Notfall-Verfahren in diesem Buch wurde auf die Notwendigkeit von Test und Übungen hingewiesen. In Ergänzung zur Bewusstseinsbildung sind für die Mitarbeiter und insbesondere für Funktionsträger, die mit Aufgaben der Cyber-Sicherheit betraut sind, die Teilnahme an praktischen Übungen und Tests notwendig:

- Zur Verhinderung und fallweisen Bewältigung von absichtlich als auch unabsichtlich verursachten Cyber-Vorfällen sind Übungen angezeigt, die sowohl am Schreibtisch einzeln als auch zusammen mit anderen Mitgliedern entsprechender Teams (z. B. Mitgliedern des Krisenmanagements oder Incident Response Team) durchgeführt werden. Dabei sollten in für das Unternehmen realistischen Szenarien die Aktivitäten der Funktionsträger bei Cyber-Risiko-Vorfällen eingeübt werden. Als Cyberrisk-Vorfälle sind nicht nur technisch durchgeführte Cyber-Attacken oder deren Anzeichen zu verstehen, sondern beispielsweise auch Image-Kampagnen in sozialen Netzwerken, deren erfolgreiche Abwehr mit entsprechend eingerichteten Teams eingeübt werden kann.
- Die für die Cyber-Sicherheit notwendigen Fähigkeiten von Personen sowie die Funktionstüchtigkeit von Prozessen, Verfahren und Werkzeugen sollten in entsprechend vorbereiteten und anschliessend ausgewerteten Tests überprüft werden.

▶ **Praxistipp** Zur Förderung der Kenntnisse und des Bewusstseins für den Umgang mit den im Unternehmen vorhandenen Cyber-Risiken, bedarf es, beginnend mit dem Eintritt in ein Unternehmen, einer regelmässigen Unterrichtung über den Status der Cyber-Risiken in Bezug auf das Unternehmen sowie einer hinsichtlich der Einhaltung der Sicherheitspolicies und der Umsetzung der Sicherheitsanforderungen notwendigen Schulung. Es empfiehlt sich im Rahmen der Schulungen auch entsprechende Tests und Übungen durchzuführen.

17.7.5 Technische Massnahmen zur Behandlung von Cyber-Risiken

Ein Grossteil der heutigen Cyber-Angriffe können erfolgreich durch die verschiedenen technischen Massnahmen bewältigt werden. Die Massnahmen können gemäss ihrem Einsatzbereich unterschieden werden(vgl. [Isof12], S. 28–30):

- Applikation
- Server
- Enduser-Umgebung

Massnahmen auf der Applikations-Ebene

- Sicheres Session-Handling;
- Sichere Input-Validierung zur Verhinderung beispielsweise einer SQL-Injection;
- Sicheres Web Page Scripting zur Verhinderung von Attacken wie Cross-site Scripting;
- Code Review und testen der Programme hinsichtlich Sicherheitsschwachstellen;
- Sicherstellung, dass der Konsument (Benutzer) die verwendete Dienstleistung authentisieren kann und somit eindeutig sieht, mit welchem Anbieter er verkehrt.

Massnahmen im Server-Umfeld

- Konfiguration des Servers einschliesslich des verwendeten Betriebssystems gemäss einer „Baseline Security Policy". In dieser Policy sind beispielsweise mittels einer erzwungenen Zugriffskontrolle die Rechte von Administratoren und Benutzern bezüglich Zugriffen auf Programme, Systemverzeichnisse und Files klar unterschieden und Prüfspuren (Audit Trails) aktiviert;
- Durchführung von System Tests;
- Sicherstellung, dass das Betriebssystem und die Applikationen exakt den aktuellen Sicherheits-Updates (Patches) entsprechen. Überwachung der Leistung von Sicherheitsvorkehrungen durch periodische Überprüfungen der Audit Trails;
- Überprüfung der Sicherheits-Konfiguration;
- Malware-Massnahmen (u. a. Viren- und Spywareschutz) auf dem Server;
- Periodische Untersuchung aller gehosteten und hochgeladene Daten mittels Malware-Scanning;
- Durchführung von regelmässigen Schwachstellen-Beurteilungen und Sicherheitstests der online verfügbaren Systeme und Applikationen;
- Regulär durchzuführende Scans hinsichtlich Entdeckung von Gefährdungen.

Massnahmen auf der Endbenutzer-Geräte-Ebene

- Sicherstellung, dass die eingesetzten Betriebssysteme vom Hersteller unterstützt werden und den aktuellen Patch-Level aufweisen;
- Einsatz von unterstützten Software-Anwendungen mit aktuellen Patches;
- Nutzung von Anti-Virus und Anti-Spyware-Werkzeugen mit aktuellen Patches und Signatur-Datenbanken;
- Anti-Virus- und Anti-Spyware-Werkzeuge mittels Policy geregelt und entsprechend eingesetzt und benutzt;
- Einsatz von Script Blockers zur Blockierung von Scripts, die nicht von vertrauten Quellen kommen;

- Vorgeschriebene Phising Filter zur Warnung, wenn Phising-Websites aufgerufen werden.
- Benutzung von Web-Browser Sicherheitsfunktionen, mittels Policy geregelt;
- Persönliche Firewalls und hostbasierte Intrusion Detection Systeme (HIDS) mittels Policy vorgeschrieben;
- Automatische Updates für die Software-Produkte, einschliesslich der Sicherheitssoftware.

Netzwerk-Überwachung

- Ständige Messung des Netzwerkverkehrs und Alarmierung, wenn eine Schwelle für den Normalverkehr überschritten wird oder ungewöhnliche Spitzenbelastungen auftreten; dies könnte beispielsweise ein Indiz für ein unerlaubtes Herunterladen von Daten sein;
- Überwachung der Benutzeraktivität für ein plötzlich ansteigendes Volumen und Unterbrechung des Verkehrs zu einem bestimmten Gerät, um einerseits eine weitere Ausbreitung von Malware zu stoppen und andererseits eine Reaktion des Benutzers des Geräts zu erhalten;
- Aufzeichnung der DNS-Aktivitäten hinsichtlich Übermittlung von Malware an eine bestimmte Adresse, die anderweitig nicht erkannt wird.

17.7.6 Einsatz eines SIEM und anderer Werkzeuge zur Entdeckung von APT-Angriffen

Ein „Security Information and Event Management" (SIEM) kann als Produkt oder als Dienstleistung betrieben werden und soll eine ganzheitliche Sicht über die IT-Sicherheit eines Unternehmens erlauben. Ein herkömmliches SIEM sammelt dazu Sicherheitsinformationen von verschiedenen Teilen der IT-Umgebung eines Unternehmens, vor allem von den vielfältig in einer IT-Umgebung vorhandenen Logs. Die Informationen solcher Logs werden durch das SIEM korreliert, um abnormale Verhaltensmuster der IT-Umgebung anzuzeigen. Die gesammelten „Events" stammen somit vor allem von Endbenutzer-Geräten, Servern, Netzwerk-Einrichtungen sowie von spezialisierten Sicherheits-Einrichtungen wie Firewalls, Intrusion Prevention Systemen und Zugriffskontroll- und Identity-Management-Systemen. Das Sammeln der Information erfolgt meist mittels Agenten, die in den Systemen platziert werden. Neben der raschen Identifikation und Analyse und Recovery von Sicherheits-Ereignissen, dient das SIEM oft auch zur Bestätigung der Erfüllung der gesetzesmässigen Compliance. Viele Unternehmen setzen diese Sicherheitstechnologie u. a. zur Erkennung von APT-Angriffen ein. Wie ein Gartner-Forschungsbericht zeigt [Buss16], nehmen viele Unternehmen an, dass die SIEM-Technologie in „automatischer" Weise, auch fortschrittliche Cyber-Attacken (APTs) erkennt. Diese Annahme wird durch die vielen intern nicht entdeckten Systemeinbrüche widerlegt. Vielmehr bedarf ein SIEM einerseits der aktiven Administration und des

Tunings und andererseits einiger zusätzlich ergänzenden Technologien, um eine wirkungs-
volle Massnahme gegen APTs sein zu können.

Aus dem Gartner-Bericht gehen deshalb u. a. folgende Empfehlungen hervor (vgl. [Buss16]):

- Einsatz von IT-Experten sowohl während der Planung als auch dem Betrieb eines auf
  einem SIEM basierenden Überwachungsprogramms;
- Investition in die notwendige Expertise der Mitarbeiter, die für ein kontinuierliches
  Tuning und den Betrieb des SIEMS sowie zusätzlicher Analyse-Werkzeuge notwendig
  ist. Zur proaktiven Identifikation der Bedrohungen bedarf es sog. „hunter investigators";
- Erweiterung der Funktionalität eines SIEM mit weiteren fortschrittlichen Werkzeugen, z. B.:
  - User and Entity Analysis (UEBA), mit welcher in real-time automatisch anormales
    Verhalten von Benutzern und Entitäten gemeldet wird;
  - Endpoint Detection and Respond (EDR), zur Überwachung der Endpunkte hinsichtlich
    Sicherheitsvorfälle und Aktivitäten für Anzeichen von Sicherheitsbeeinträchtigungen;
  - Network Traffic Analysis (NTA) basierend beispielsweise auf der Analyse von
    „Netflow"-Aufzeichnungen, DNS-Aktivitäten und anderen Verkehrsinformationen,
    um beispielsweise Malware-„Command and Control"-Strukturen aufzuspüren.
    (NTA-Fähigkeiten sind in einigen SIEM bereits enthalten.)

Neben vielen weiteren ein SIEM ergänzenden Massnahmen zur verbesserten Erkennung
von fortgeschrittenen Angriffen, sind Massnahmen wichtig, welche die Benutzer und die
Rollen des Zugriffkontrollsystems und des Identitätsmanagements überwachen. Überwacht werden sollen auch die Updates in den Zugriffs-Policies sowie die Aktivitäten der
Benutzer und insbesondere die Berechtigungen und Aktivitäten von „privilegierten Benutzern" (z. B. Administratoren). Dazu helfen beispielsweise die Logs der Verzeichnisse von
Benutzer-Identitäten und Zugriffberechtigungen, wie beispielsweise das „Active Direc-
tory". In ein SIEM einzubeziehen sind auch die Logs der Web-, Datenbank- und Applikations-Server sowie der Sicherheitssysteme wie den Web-Applikation-Firewalls.

17.7.7 Massnahmen gegen „Distributeted-Denial-of-Service-Angriffe"

Ein durchgeführtes Cyber-Risiko-Assessment kann anzeigen, inwiefern bestimmte Risikoobjekte eines Unternehmens oder ein Unternehmen als Ganzes für „Distributed-
Denial-of-Service-Angriffe" (DDOS)[6] attraktiv sein könnten und wie hoch der Schaden
einer Betriebsunterbrechung infolge einer DDOS-Attacke sein kann. Die Motivationen
hinter solchen Angriffen sind meist politischer Aktivismus, Erpressung oder Schädigung

---

[6] S. Kurzbeschreibung eines DDOS-Angriffs im Anhang A.2.

eines Konkurrenten [Mela15]. Nach den Erkenntnissen von Kaspersky Lab kostet eine
DDOS-Attacke in einem mittelständischen Unternehmen durchschnittlich 50.000. US $
und in einem Grossunternehmen 417.000. US $ [Suhl15].

Die mit Massnahmen schwierig zu behandelnden Risiken aufgrund von DDOS-
Angriffen können mit einer Reihe von Massnahmen gemildert werden, von denen nachfolgend einige aufgeführt sind (vgl. [Mela15]).

Vorsorgliche Massnahmen zur Milderung von DDOS-Angriffen

- Mittels Intrusion Detection Systeme IDS und SIEM Erkennen von Anomalien in den
  Netzen und Systemen, sodass der Beginn einer DDOS-Attacke frühzeitig bemerkt
  werden kann;
- Regelmässiges Testen des Zugriffs auf die Internet-Anwendung von der Kunden-
  seite her;
- Einsatz gehärteter Systemplattformen (z. B. keine unnötigen Dienste, strikte restriktive
  Zugriffsberechtigungen und aktueller Patching-Level);
- Vorgelagerte Firewall, dieser verfügt für den Fall eines DDOS-Angriffs über genügend
  System-Ressourcen und lässt die vom System benötigten Protokolle durch;
- Einsatz eines Web-Application Firewall, der vor Angriffen auf die Applikation schützt;
- Vorbereitung geeigneter Profile mit GeoIP-Blocking, welche im Angriffsfalle akti-
  viert werden können, um Source-IP-Adressen aus bestimmten geografischen Räu-
  men zu sperren;
- Systeme mit potenziellen Gefährdungen an separatem „Uplink", sodass die Systeme
  bei einem Angriff rasch unter den Schutz eines DDOS-Mitigations-Providers gestellt
  werden können;
- Strategien, Ressourcen, Dokumentationen und Übungen im Sinne eines Notfallplans,
  um bei einem DDOS-Angriff möglichst schnell die notwendigen organisatorischen und
  technischen Vorkehrungen durchführen zu können; dabei sind auch die Schnittstellen-
  funktionen zu Dienstleistern (z. B. Internet-Provider, Mitigation-Provider, nationales
  CERT®) einzubeziehen.

Massnahmen bei einem erfolgten Angriff
Viele Aktivitäten sind durch den betroffenen Anwender selbst durchzuführen, z. B.

- Protokollieren des Angriffs (z. B. Netflows, der Server-Logs und allenfalls die Kommu-
  nikation mit Erpressern);
- Zur Verfügung stellen von Informationskanälen zu Kunden und anderen wichtigen
  Anspruchsgruppen (z. B. Hotline, separater statischer Webauftritt, Fax, E-Mail etc.);
- Filtern der Adressen mittels entsprechender Firewalls bei wenigen Angreifer-Adressen
  oder bei Angriffen auf die Applikationen mittels Web-Application Firewall;

Aktivitäten, die vorteilhaft zusammen mit dem Internet-Provider durchgeführt werden können:

- Filtern der Angreifer-Adressen bei hohem Datenvolumen durch eine Appliance beim Internet-Provider;
- Bei gefälschten Source-IP-Adressen: Umlenken und ausfiltern des Verkehrs;

Aktivitäten, die oft zusammen mit dem Internet-Provider oder mit einem DDOS-Mitigation-Provider durchgeführt werden können:

- Verschieben des angegriffenen Systems in ein anderes Subnetz;
- Umleiten der Verbindung und Weiterreichen einer gefilterten Verbindung.

17.8 Kontrollfragen und Aufgaben

1. Definieren Sie den Begriff „Cyber-Risiko".
2. Mit welchen Attributen werden im für Cyber-Risiken verwendeten Risikomodell die Bedrohungsquellen „absichtlich" verursachter Risiken charakterisiert und mit welchen Attributen die absichtlich verursachten Bedrohungsereignisse (vgl. NIST-Standard SP 800–30, „Guide for Conducting Risk Assessment"[Nias12])[7]?
3. Nennen Sie fünf verschiedene „Bedrohungsquellen".
4. Beschreiben das Beispiel eines „Bedrohungsereignisses".
5. Beschreiben Sie das schrittweise Vorgehen bei der Identifikation und der Analyse von Cyberrisks. Wie gehen Sie mit fehlenden Fakten um, z. B. bei fehlender Kenntnis der möglichen Bedrohungsquellen?
6. Beschreiben Sie die Advanced Persistent Threats (APT) generell und in der oft durch die APT gewählten Vorgehensweise.
7. Äussern Sie Ihre Meinung zum Thema Grundschutz gegen Cyber-Risiken.
8. Nennen Sie Gründe, die risikobasierende Massnahmen nahelegen.
9. Inwieweit hilft ein Informationssicherheits-Management-System (ISMS) die Cyber-Risiken zu mildern?
10. Beschreiben Sie ein Incident Response Team (IRT).

Literatur

[Buss16] Bussa, Toby, Kelly M. Kavanagh and Oliver Rochford: Use SIEM for Targeted Attack Detection. Gartner Research, June 2016. URL: https://www.gartner.com/technology/media-products/newsletters/AccelOps/1-322HWS1/gartner.html. Zugegriffen am 03.09.2016.
[Cobt13] ISACA: Transforming Cybersecurity: Using COBIT 5. Rolling Meadows: Information Systems Audit and Control Association, 2013.

---

[7] Der Standard kann im Internet kostenfrei heruntergeladen werden.

[Fcwt16]   FCW: Exclusive: The OPM breach details you haven't seen. FCW magazine, April 21,
            2015. URL: https://fcw.com/articles/2015/08/21/opm-breach-timeline.aspx. Zugegriffen
            am 15.08.2016.

[Firs16]   FIRST: Common Vulnerability Scoring System v3.0: Specification Document. FIRST.
            org, Inc., 2016. https://www.first.org/cvss/specification-document#i9. Zugegriffen am
            17.08.2016.

[Gree15]   Green, Andy: Lessons from OPM: Turning Security Inside Out With User Behavior Ana-
            lytics. Varonis, 2015. URL: https://blog.varonis.com/lessons-from-opm-turning-security-
            inside-out-with-user-behavior-analytics/. Zugegriffen am 18.08.2016.

[Hpes16]   Hewlett Packard Enterprise: HPE Security Research — Cyber Risk Report 2016, 2016.
            URL: http://techbeacon.com/sites/default/files/gated_asset/hpe-cyber-risk-report-2016.
            pdf. Zugegriffen am 12.08.2016.

[Isof12]   ISO/IEC 27032:2012: Guidelines for cybersecurity. International Organization for Stan-
            dardization, 2012.

[Jurg16]   Jurgens, Rick: A Year Later, Impact of Anthem Data Breach Still Debated. Valley News,
            February 24, 2016. Url: http://www.vnews.com/Archives/2016/02/a1-anthembre-
            ach-rj-vn-022116. Zugegriffen am 12.08.2016.

[Mcaf14]   McAfee: Net Losses: Estimating the Global Cost of Cybercrime. McAfee, Inc., 2014.
            URL: http://www.mcafee.com/us/resources/reports/rp-economic-impact-cybercrime2.pdf,
            http://www.mcafee.com/us/resources/reports/rp-economic-impact-cybercrime2-summary.
            pdf. Zugegriffen am 30.09.2016.

[Mela15]   Melde-und Analysestelle Informationssicherung MELANI: Massnahmen gegen DDoS-
            Attacken. MELANI/GovCERT.ch, Mai 2015. URL: https://www.melani.admin.ch/
            melani/de/home/dokumentation/checklisten-und-anleitungen/massnahmen-ge-
            gen-ddos-attacken.html. Zugegriffen am 06.09.2016.

[Mitre16]   Mitre: Common Vulnerabilities and Exposures — The Standard for Information Secu-
            rity Vulnerability Names, August 02, 2016. URL: https://cve.mitre.org/. Zugegriffen am
            16.08.2016.

[Nias12]   NIST: Guide for Conducting Risk Assessment, NIST Special Publication 800–30, Revision
            1. Washington DC: U.S. Department of Commerce, 2012.

[Niir11]   NIST: Managing Information Security, SP 800–39. Washington DC: U.S. Department of
            Commerce, 2011.

[Nisn16]   NIST: Official Common Platform Enumeration (CPE) Dictionary, 8/16/2016. URL:
            https://nvd.nist.gov/cpe.cfm. Zugegriffen am 16.08.2016.

[Nisv16]   NIST: National Vulnerability Database, 8/16/2016. URL: https://nvd.nist.gov/. Zugegriffen
            am 16.08.2016.

[Npra16]   National Public Radio: One Year After OPM Data Breach, What Has The Government
            Learned?, NPR, June 6, 2016. URL: http://www.npr.org/sections/alltechconside-
            red/2016/06/06/480968999/one-year-after-opm-data-breach-what-has-the-govern-
            ment-learned. Zugegriffen am 12.08.2016.

[Owas14]   OWASP: Die 10 häufigsten Sicherheitsrisiken für Webanwendungen. Creative Commons
            Attribution ShareAlike 3.0, OWASP German Chapter, 2014.

[Refs15]   Refdal, Atle et al: Cyber-Risk Management. Heidelberg: Vieweg, 2015.

[Reut15]   Reuters: China's Xinhua says U.S. OPM hack was not state-sponsored. Technolgy News:
            December 2, 2015. URL: http://www.reuters.com/article/us-china-usa-cybersecurity-idUS-
            KBN0TL0F120151202#dZk1fXJZmkx22AXh.97. Zugegriffen am 15.08.2016.

[Ruda15]   Rudavsky, Shari: Anthem data breach could be ‚lifelong battle' for customers. Indi-
            anapolis Star, February 7, 2015. URL: http://www.indystar.com/story/news/2015/02/05/
            anthem-data-breach-lifelong-battle-customers/22953623/. Zugegriffen am 04.08.2016.

[Suhl15]   Suhl, Holger: DDoS-Attacken: Folgen, Trends und Schutzmassnahmen. iT-dayly.net, Dezember 2015. URL: https://www.it-daily.net/it-sicherheit/cyber-defence/11817-ddos-attacken-folgen-trends-und-schutzmassnahmen-3. Zugegriffen am 06.09.2016.
[Syma16]   Symantec: 2016 Internet Security Threat Report, Volume 21, April 2016. URL: https://www.symantec.com/content/dam/symantec/docs/reports/istr-21-2016-en.pdf. Zugegriffen am 12.08.2016.
[Wire15]   Wired: The Massive OPM Hack Actually Hit 21 Million People, Wired, 7.9.2015. URL: https://www.wired.com/2015/07/massive-opm-hack-actually-affected-25-million/. Zugegriffen am 12.08.2016.

Anhang

A.1 Beispiele von Risiko-Arten

Marktrisiken

Abweichungen von System-Zielen	Bedrohungsliste
• Verlust von Abnehmern • Verlust der Marktposition • Probleme mit Partnern • Probleme mit Lieferanten • Schädigung des Unternehmensimage	• Wettbewerber im gleichen Markt • Abhängigkeit von Lieferanten • Schwierige Kunden und Kundenansprüche • Substitutions- und Ersatzprodukte • Veränderungen der Markt- und Branchenkonstellation • Währungsschwankungen

Finanzrisiken

Abweichungen von System-Zielen	Bedrohungslisten
• Gewinneinbussen/Verluste • Schwacher Cash Flow • Geringer Deckungsbeitrag • Schwierigkeiten bei der Finanzmittelaufnahme	• Zinsänderung • Bonitätsverschlechterung einer Gegenpartei • Eigene Bonitätseinbusse • Kursrisiken

Rechtliche Risiken

Abweichungen von System-Zielen	Bedrohungslisten
• Abgeschlossene Geschäfte nicht durchsetzbar • Verlust von Lizenzen • Haftung • Entschädigung • Strafe	• Rechte, Pflichten und Konditionen nicht klar und vollständig dokumentiert • Ungenügende Haftungsausschlüsse • Neue gesetzliche Auflagen • Gesetzesverletzung

© Springer Fachmedien Wiesbaden GmbH 2017
H.-P. Königs, *IT-Risikomanagement mit System*, Edition <kes>,
DOI 10.1007/978-3-658-12004-7

Sachrisiken

Abweichungen von System-Zielen	Bedrohungslisten
• Betriebsbehinderungen • Produktionsausfälle • Sachbeschädigungen • Ressourcenschwund	• Brand • Terror • Betrug • Unterschlagung • Sabotage • Vandalismus • Technische Fehler • Wassereinbruch • Versorgungsengpässe (Wasser, Strom, Energie)

Projektrisiken

Abweichungen von System-Zielen	Bedrohungslisten
• Kostenabweichungen • Terminabweichungen • Funktionalitätsabweichungen • Qualitätsabweichungen	• Personalrisiken • Managementschwächen • Kommunikationsprobleme • Planungsdefizite • Lieferverzögerungen • Mängel bei Entwicklungs- und Einführungswerkzeugen

Informations- und IT-Risiken

Abweichungen von System-Zielen	Bedrohungslisten
• Verlust Integrität (Authentizität) • Verlust Verfügbarkeit • Verlust Vertraulichkeit	• Terroristische Attacken • Mangel notwendiger Fachkräfte • Manipulation/Betrug • Maskerade einer Benutzer- oder System-Identität • Infiltrierung Kommunikation • Abhörung Kommunikation • Einschleusen schädlicher „Codes" • Missbrauch/Lahmlegen von Systemressourcen • Diebstahl von Informationen/Spionage • Absichtliche Beschädigung • Benutzerfehler • Betriebsfehler • Fehlfunktionen Hardware • Fehlfunktionen Software • Naturkatastrophen/Höhere Gewalt

Organisations-/Betriebsrisiken

Abweichungen von System-Zielen	Bedrohungslisten
• Qualitätsmängel • Fehlverarbeitungen/Ausschuss • Abweichungen von Produktspezifikationen • Ineffiziente Prozesse/Abläufe • Mittelabflüsse durch Diebstahl • Unterbrechungen der Leistungserstellung • Kostenexplosion	• Inkompetentes Personal • Schlechte Führung • Schlechte Arbeitsanweisungen und Kompetenzregelungen • Schlechte oder fehlende Kontrollen • Ausfall von Produktionseinrichtungen und IT-Systemen

Personalrisiken

Abweichungen von System-Zielen	Bedrohungslisten
• Personalengpässe • Fachpersonalmangel • Ausbildungsdefizite • Personalmangel	• Krankheit/Verletzung • Abwerbung • Ausgetrockneter Arbeitsmarkt • Abwanderung von Führungskräften • Fehlende Ausbildungsmöglichkeiten

A.2   Beispiele von „Cyber Threats"

Als „Cyber Threats" werden die Bedrohungen rund um das Internet mit seinen Kommunikationsmöglichkeiten und seinen umgebenden Funktionen und Einrichtungen (Homepages, E-Mail, Soziale Netzwerke, Systemplattformen usw.) bezeichnet. Aufgrund der globalen Vernetzung, Virtualität der Gegenstände, Geschwindigkeit und Anonymität der Aktionen im Cyberspace sowie der meist hohen betrieblichen Abhängigkeiten führen diese Bedrohungen mittlerweile zu einem hohen Risikopotential.

Bedrohungsereignis (Taktiken, Techniken und Verfahren)	Bedrohungsabsicht	Angriffsziele und Schadensausprägung
Soziale Netzwerke (Social Media) • Kampagnen • Cyber-Mobbing	• Imageschädigende Kampagnen • Vandalismus	Rufschädigung eines Unternehmens aufgrund der hohen Vernetzungsdichte bei Millionen von potentiellen Kunden innert weniger Stunden. „Bestrafende" wie „werbende" Aktionen sind für das Publikum gut sichtbar und medienwirksam.
Hacking	• Kriminalität (Betrug) • Spionage • Sabotage	Der Angreifer dringt über bekannte oder zum Zweck des Angriffs ausspionierte Schwachstellen in ein System ein, um geheime Informationen ausspionieren, zu sabotieren oder anderweitige kriminelle Handlungen vorzunehmen. Er bedient sich dabei Angriffsmittel wie Trojanische Pferde, Spyware, Botnetze, Phishing und „Social Engineering". Neben dem Ausnutzen der typisch an Systemen vorkommenden Schwachstellen gegenüber beispielsweise „Cross-Site-Scripting" oder „Buffer overflow" bedient sich ein Angreifer auch aus dem Arsenal einer Vielzahl von neuen und teilweise unveröffentlichten Schwachstellen und Angriffsmethoden.

(Fortsetzung)

Bedrohungsereignis (Taktiken, Techniken und Verfahren)	Bedrohungsabsicht	Angriffsziele und Schadensausprägung
Malware dazu gehören: • Trojanische Pferde • Viren • Würmer • Spyware • (mit Einschränkungen auch Adware und Cookies)	• Vandalismus • Kriminalität • Spionage • Sabotage	Mit den **Trojanischen Pferden** wird durch den Angreifer meist die Kontrolle über Funktionen des Zielsystems übernommen, was sämtlichen Bedrohungsabsichten dienen kann. **Viren und Würmer** nehmen bestimmte ungezielte Aktionen vor, z. B. Vandalismus und Sabotage. Mit **Spyware** (z. B. sog. Keylogger) werden vertrauliche Informationen gesammelt und missbräuchlich an den Angreifer abgeführt. Mit **Adware** wird unerwünschte Werbung betrieben. Die **Cookies** werden oft zur unerlaubten Erstellung von Benutzerprofilen zu Werbezwecken missbraucht.
Denial-of-Service-Angriffe (DOS)	• Vandalismus • Sabotage	Überlastung und Lahmlegung Internet-Portal durch Bombardierung der Internet-Eingänge mit Datenverkehr. Der massive Datenverkehr wird meist mittels sog. Botnetze generiert.
Botnetze und Distributed-Denial-of- Service-Angriffe (DDOS)	• Vandalismus • Kriminalität (Erpressung) • Spionage • Sabotage	Der Angreifer sendet beispielsweise mittels Wurm ein spezielles Trojanisches Pferd an für diese Attacke ungeschützte Rechner (PC oder Server). Die solchermassen in hoher Anzahl infizierten Rechner werden nun, gesteuert durch das Trojanische Pferd, von Opfern zu Tätern gemacht und schicken an eine ausgewählte Portal-Adresse gleichzeitig Anfragen und verursachen somit eine „Denial of Service"-Attacke. Eine weitere Verwendung solcher Botnetze dient dem Abführen von gestohlenen Daten der Zielsysteme an den Angreifer.
Phishing	• Kriminalität (Betrug) • Spionage • Sabotage	Durch Überlistung von Benutzern durch gefälschte Aufrufe (z. B. mittels E-Mail) zur Preisgabe ihrer geheimen Benutzerdaten erbeutet der Angreifer vorwiegend Passwörter, PINs oder anderweitige geheime Zugriffdaten. Solche Zugriffsdaten werden manchmal verkauft oder benutzt, um mittels unberechtigter Zugriffe zu sabotieren, Informationen auszuspionieren oder anderweitige Aktionen wie betrügerische E-Commerce-Transaktionen oder den Weiterverkauf von Kreditkartennummern vorzunehmen.

Bedrohungsereignis (Taktiken, Techniken und Verfahren)	Bedrohungsabsicht	Angriffsziele und Schadensausprägung
Spear Phishing	• Kriminalität (Betrug) • Spionage • Sabotage	Mit dieser Variante des Phishing werden gefälschte E-Mails, die schlecht als Fälschungen zu erkennen sind, gezielt an bestimmte ausgewählte Personenkreise oder auch an eine einzige Person einer Organisation versandt. Das Mail fordert den Empfänger in glaubhafter Weise zu Handlungen auf, bei denen beispielsweise ein Attachment anzuklicken ist. Wobei durch das Anklicken eine Malware zur Ausführung gelangt, die beispielsweise ein trojanisches Pferd einschleust, mit dem wichtige Informationen wie geheime Zugriffs-Schlüssel des Empfängers verraten werden. Die Empfänger (z. B. Systemadministratoren) solcher Mails werden in den Kampagnen meist aufgrund ihrer privilegierten Zugriffsrechte ausgesucht. Für APT-Angriffe sind diese Angriffe oft der erste Schritt.
„Watering Hole"-Angriff	• Kriminalität (Betrug, Erpressung etc.) • Spionage • Sabotage	Bei dieser Attacke werden gefälschte Websites verwendet, um ausgesuchte Personen zur Preisgabe geheimer Informationen wie Zugriffsschlüssel zu bewegen. Die Aufforderung der Website tritt lediglich in Aktion beim Besuch der Website durch den zur Preisgabe ausgesuchten Besucher aufgrund seiner IP-Adresse.
Ransomware	• Kriminalität (Erpressung) • Sabotage	Bei dieser Attacke werden E-Mail-Attachement angehängt, die beim Anklicken bestimmte wichtige Systemfiles chiffriert und somit bestimmte Daten und Funktionen des Systems unleserlich und funktionsuntüchtig machen. gegen Zahlung eines Lösegeldes, z. B. in Form von Bitcoins, kann die Verschlüsselung allenfalls wieder rückgängig gemacht werden.

A.3   Muster Ausführungsbestimmung für Informationsschutz

Informations-Einstufungskriterien

Die Stufe der Vertraulichkeit wird umso höher gewählt, je höher der mögliche Schaden eines Missbrauchs ist	
Stufe 1	**Schutzwürdige Informationen mit *internem* Charakter; Beispiele:** • Interne Notizen und Mitteilungen, Konzepte, neutrale Kunden-Informationen (ohne weiteren Aufschluss über die Beziehungen des Kunden oder seine Transaktionen) • Personen-Informationen ohne besonderen Schutzbedarf (z. B. Adressangaben, sofern sie neutral sind und nicht in einem sensiblen Zusammenhang stehen)
Stufe 2	**Nur einem bestimmtem Personenkreis anvertraute Informationen mit *vertraulichem* Charakter; Beispiele:** • Konzepte oder Computer-Programme mit strategischem Charakter • Informationen von Kunden, welche die Beziehungen oder Transaktionen der Kunden wiedergeben • Besonders schützenswerte Personen-Informationen und Persönlichkeitsprofile
Stufe 3	**Nur den namentlich bezeichneten Personen anvertraute Informationen mit *streng vertraulichem* Charakter; Beispiele:** • Kryptographische Schlüssel oder Passwörter • Personen-Informationen, welche den Betroffenen schwerwiegend gefährden oder schädigen könnten
Die Stufe der Integrität wird umso höher gewählt, je höher der mögliche Schaden einer Integritätsverletzung ist	
Stufe 1	**Informationen mit *niedrigen* Verfälschungs-/Verlustauswirkungen; Beispiele:** • Informationen, die bei Integritätsverletzungen ohne grossen Aufwand berichtigt, rekonstruiert oder wiederholt werden können • Informationen, die bei Integritätsverletzungen zu *Verlusten unter € 10'000* führen
Stufe 2	**Informationen mit *mittleren* Verfälschungs-/Verlustauswirkungen; Beispiele:** • Informationen, die im Schadensfalle zu *bedeutenden Vertrauensverlusten* führen • Informationen, die im Schadensfalle zu *Verlusten von € 10'000 bis € 100'000* führen
Stufe 3	**Informationen mit *hohen* Verfälschungs-/Verlustauswirkungen; Beispiele:** • Informationen, die im Schadensfalle zu *sehr grossen Verlusten* führen • Informationen, die im Schadensfalle zu *Verlusten von über € 100'000* führen

Allgemeiner Grundschutz für Informationen im Arbeitsumfeld

Für alle Stufen (1, 2 und 3) gültige Grundschutz-Massnahmen
☐ Arbeitsplatzeinrichtungen und mobile Geräte vor unberechtigtem Zugriff schützen;
☐ Arbeitsplatz nach Arbeitsschluss aufräumen, Informationen einschliessen und die persönlichen Arbeitsplatzeinrichtungen kontrolliert abschalten;
☐ Informationen vor unberechtigter Einsichtnahme, Diebstahl oder Manipulation schützen;
☐ Originalinformation sicherstellen (Informationen-Backup);
☐ Für jede Anwendung separates Passwort mit genügender Länge und Komplexität verwenden;
☐ Passwörter (Chiffrierschlüssel) getrennt von den chiffrierten Informationen aufbewahren und versenden;
☐ Systeme, Arbeitsstationen, Geräte, Datenträger und Applikationen stets vor Malware (Trojaner, Viren etc.) schützen (z. B. Firewall, Internet-Sicherheit, Virenschutz aktualisieren und keine fremden oder ungeprüften Datenträger einsetzen);
☐ Informationen und Datenträger geordnet sowie gemäss Aufbewahrungsfristen ablegen, archivieren und sicherstellen;
☐ Mobile Systeme und Datenträger zur eindeutigen Identifikation beschriften und gegen Diebstahl sichern (z. B. einschliessen);
☐ Informationen auf Informations- und Datenträger kontrolliert vernichten;
☐ Keine Systeme und Datenträger mit unvernichteten Informationen an unberechtigte Personen abgeben;
☐ Datenträger gegen Verluste und äussere Einwirkungen schützen (z. B. Liegenlassen, Schmutz, Kratzer, Knicken, Brechen, Wärme, Feuchtigkeit, magnetische Felder).
☐ Abhandengekommene Geräte, Informationsträger und Dokumente unverzüglich an Vorgesetzten, Informations-Owner und CISO melden;

Massnahmen für Informationen der Stufen 2 und 3 in den einzelnen Schutzphasen

Phase	Besondere Massnahmen für Stufe 2	
	Vertraulichkeit	Integrität
Erstellung (Entwerfen, Schreiben, Erfassen oder Bearbeiten)	(1) **Berechtigte** festlegen; (2) **Meldepflicht Datenschutzgesetz** für Personendaten prüfen und befolgen; (3) **Klassifikationsvermerk** für Dokumente 'VERTRAULICH'.	(1) **Berechtigte** festlegen; (4) **Sicherstellung.**
Elektronische Übermittlung (z. B. File Transfer und E-Mail)	(7) **Daten-Chiffrierung mit Chiffrier-Werkzeug in der Verantwortlichkeit des Absenders.**	(8) **Digitale Unterschrift.**
Transport (Versand oder Mitnahme)	(9) **Versand geschützt** oder (11) **Transport, begleitet und geschützt.**	(9) **Versand geschützt** oder (11) **Transport, begleitet und geschützt.**
Aufbewahrung (Speicherung und Ablage)	(5) **Zugriff geschützt.**	(5) **Zugriff geschützt;** (12) **Ablage geschützt.**
Löschung / Entsorgung	(14) **Daten-Löschung;** (16) **Informationsträger-Entsorgung**	-

Phase	Besondere Massnahmen für Stufe 3	
	Vertraulichkeit	Integrität
Erstellung (Entwerfen, Schreiben, Erfassen oder Bearbeiten)	(1) **Berechtigte** namentlich festlegen; (2) **Meldepflicht Datenschutzgesetz** für Personendaten prüfen und befolgen; (3) **Klassifikationsvermerk** für Dokumente 'STRENG VERTRAULICH'.	(1) **Berechtigte** namentlich festlegen; (6) **Zugriff streng geschützt;** (4) **Sicherstellung** am selben Tag vornehmen.
Elektronische Übermittlung (z. B. File Transfer und E-Mail)	(7) **Daten-Chiffrierung mit Chiffrier-Werkzeug in der Verantwortlichkeit des Absenders.**	(8) **Digitale Unterschrift.**
Transport (Versand oder Mitnahme)	(10) **Versand streng geschützt** oder (11) **Transport, begleitet und geschützt.**	(10) **Versand streng geschützt** oder (11) **Transport, begleitet und geschützt.**
Aufbewahrung (Speicherung und Ablage)	(5) **Zugriff geschützt;** (7) **Daten-Chiffrierung;**	(6) **Zugriff streng geschützt;** (12) **Ablage geschützt;** (13) **Daten-Auslagerung.**
Löschung / Entsorgung	(15) **Strenge Datenlöschung** (17) **Strenge Informationsträger-Entsorgung;**	-

<u>Anm.:</u> Nachfolgende Tabelle zeigt die Erläuterungen der Massnahmen pro Ziffer

Erläuterung der Massnahmen für Informationen der Stufen 2 und 3 in den einzelnen Schutzphasen

(1) **Berechtigte:** Einzelpersonen oder Personengruppen (z. B. organisatorische Einheit), die Kenntnis oder Zugriff auf bestimmte Daten erhalten, werden durch den Owner festgelegt. Owner ist , wenn nicht speziell bestimmt, der Ersteller der Daten oder des Dokuments.

(2) **Meldepflicht Datenschutzgesetz :** Personendaten auf Meldepflicht des Datenschutzgesetzes (DSG) prüfen und, wenn erforderlich, an den zuständigen Datenschutzbeauftragten der Gesellschaft melden.

(3) **Klassifikationsvermerk:** Vorderste Seite des höchstklassierten Einzeldokument mit Vermerk ‚VERTRAULICH‘ oder ‚STRENG VERTRAULICH‘ versehen. Klassifikation kann auch zeitlich beschränkt werden, z. B.: ‚VERTRAULICH bis 1. August 2005, 12.00 Uhr‘.

(4) **Sicherstellung:** Originaldaten reproduktionsfähig kopieren (Daten-Backup) und getrennt vom Original aufbewahren oder transportieren.

(5) **Zugriff geschützt:** Zugriff auf Daten nur mittels Schlüssel (Passwort, Schlüssel etc.).

(6) **Zugriff streng geschützt:** Zugriff geschützt, zusätzlich lückenlose Beweissicherung der erfolgten Zugriffe.

(7) **Daten-Chiffrierung:** Kryptographische Verschlüsselung der Daten bei der Abspeicherung oder Uebertragung, die nur durch den Besitzer des geheimen Schlüssels (resp. Passworts) rückgängig gemacht werden kann.

(8) **Digitale Unterschrift:** Kryptographisches Beweisverfahren für die Richtigkeit von Absender und Dateninhalt einer Meldung.

(9) **Versand geschützt:** Post oder Interner Kurier: Verschlossenes Behältnis und persönlich adressiert.

(10) **Versand streng geschützt:** Post oder Interner Kurier: Persönlich adressiertes verschlossenes Behältnis mit Klassifikationsvermerk versehen und zusätzlicher äusserer Verpackung mit Vermerken ‚EINSCHREIBEN‘, ‚PERSOENLICH‘.

(11) **Transport, begleitet und geschützt:** Zugriff geschützt und unter persönlicher Aufsicht eines Berechtigten oder einer Vertrauensperson.

(12) **Ablage geschützt:** Originalfähige Daten vor Elementarereignissen geschützt, d. h. Aufbewahrung in feuersicherem Behältnis, Datensafe, etc. oder in separatem Brandabschnitt.

(13) **Daten-Auslagerung:** Originalfähige Daten zusätzlich zur Ablage in einem separaten Gebäude aufbewahren (z. B. externes Archiv).

(14) **Daten-Löschung:** Löschen gemäss Lösch-Standard. Protokollierung des Lösch-Vorgangs.

(15) **Strenge Datenlöschung:** Löschung gemäss Standard. Lückenlose Beweissicherung.

(16) **Informations-Datenträger-Entsorgung:** Abholung durch Entsorgungsdienst. Protokollierung des Entsorgungs-Vorgangs.

(17) **Strenge Informations-Datenträger-Entsorgung:** Vernichten (z. B. Shreddern) durch Informations-Owner selbst oder durch ihn selbst beauftragte Person. Lückenlose Beweissicherung des Vorgangs.

A.4   Formulare zur Einschätzung von IT-Risiken

Formular zur Durchführung des „First Cut"

Formblatt First Cut

Abteilung / Projektname / Systembezeichnung:

Kontext und Kurzbeschreibung: Fortsetzung auf Zusatzblätter ☐
Geschäftsprozess, Geschäftsanforderungen, Auftraggeber, Verantwortlichkeiten, verwendete Infrastruktur, Technologie, Anwendungsumfeld, Anzahl Benutzer, Art der Benutzer, Verbindung zu anderen Systemen, Bedeutung für Geschäft, spezifische Sicherheitsanforderungen, Systemabgrenzungen usw.

Kernfragen zur Informations-Sicherheit

1. Sind Grundschutz-Massnahmen eingerichtet?   Nein ☐   Ja ☐
   Wenn ja, welche?
2. Welche Informationen werden mit dem System behandelt?
3. Welche Schutzwürdigkeit besitzen die mit dem System verwendeten Informationen?

	keine	Stufe 1	Stufe 2	Stufe 3
Vertraulichkeit	☐	☐	☐	☐
Integrität	☐	☐	☐	☐

4. Ist das System mit Datennetzen verbunden   Nein ☐   Ja ☐
   Wenn ja, mit welchen?
5. Kann das System andere Systeme gefährden?   Nein ☐   Ja ☐
   Wenn ja, welche?
6. Ist das System mit Systemen von Dritten verbunden?   Nein ☐   Ja ☐
   Wenn ja, mit welchen?
7. Sind Informationen oder IT-Prozesse and Dritte ausgelagert (z. B.   Nein ☐   Ja ☐
   durch Outsourcing)?
   Wenn ja, an wen?

Zusammenfassung der Ergebnisse der Risikoanalyse

Füllen Sie diese Tabelle **nach** der Beantwortung der angefügten Formulare aus	sehr klein	klein	mittel	gross	sehr gross
Vertraulichkeit	☐	☐	☐	☐	☐
Integrität	☐	☐	☐	☐	☐
Verfügbarkeit (höchstes bewertetes Ausfallrisiko)	☐	☐	☐	☐	☐

Einverständnis und Genehmigung First Cut

Vorbehalte / Auflagen:

....

Rolle	Datum	Name	Unterschrift
Projektleiter			
Business Owner (Auftraggeber)			
Chief Information Secuity Officer			

Einstufung der Häufigkeiten aufgrund der Bedrohung

Bezeichnung System / Prozess:...

Wie *häufig* tritt aufgrund einer **Bedrohung** ein Schaden in Bezug auf Vertraulichkeit, Integrität und Verfügbarkeit auf?	Vertraulichkeit a b c d e	Integrität a b c d e	Verfügbarkeit a b c d e
Maskerade einer User- oder System-Identität	☐☐☐☐☐	☐☐☐☐☐	☐☐☐☐☐ 15 Min. ☐☐☐☐☐ 1 Std. ☐☐☐☐☐ 1 Tag ☐☐☐☐☐ 1Woche ☐☐☐☐☐ >1Woche
Abhören der Kommunikation	☐☐☐☐☐		
Infiltrierung der Kommunikation	☐☐☐☐☐	☐☐☐☐☐	☐☐☐☐☐ 15 Min. ☐☐☐☐☐ 1 Std. ☐☐☐☐☐ 1 Tag ☐☐☐☐☐ 1Woche ☐☐☐☐☐ >1Woche
Einschleusen von schädlicher Software	☐☐☐☐☐	☐☐☐☐☐	☐☐☐☐☐ 15 Min. ☐☐☐☐☐ 1 Std. ☐☐☐☐☐ 1 Tag ☐☐☐☐☐ 1Woche ☐☐☐☐☐ >1Woche
Lahmlegen von Systemressourcen			☐☐☐☐☐ 15 Min. ☐☐☐☐☐ 1 Std. ☐☐☐☐☐ 1 Tag ☐☐☐☐☐ 1Woche ☐☐☐☐☐ >1Woche
Diebstahl	☐☐☐☐☐		☐☐☐☐☐ 15 Min. ☐☐☐☐☐ 1 Std. ☐☐☐☐☐ 1 Tag ☐☐☐☐☐ 1Woche ☐☐☐☐☐ >1Woche
Absichtliche Beschädigung / Terrorismus		☐☐☐☐☐	☐☐☐☐☐ 15 Min. ☐☐☐☐☐ 1 Std. ☐☐☐☐☐ 1 Tag ☐☐☐☐☐ 1Woche ☐☐☐☐☐ >1Woche
Benutzerfehler	☐☐☐☐☐	☐☐☐☐☐	☐☐☐☐☐ 15 Min. ☐☐☐☐☐ 1 Std. ☐☐☐☐☐ 1 Tag ☐☐☐☐☐ 1Woche ☐☐☐☐☐ 15 Min.
Betriebsfehler	☐☐☐☐☐	☐☐☐☐☐	☐☐☐☐☐ 15 Min. ☐☐☐☐☐ 1 Std. ☐☐☐☐☐ 1 Tag ☐☐☐☐☐ 1Woche ☐☐☐☐☐ 15 Min.
HW & SW - Wartungsfehler	☐☐☐☐☐	☐☐☐☐☐	☐☐☐☐☐ 15 Min. ☐☐☐☐☐ 1 Std. ☐☐☐☐☐ 1 Tag ☐☐☐☐☐ 1Woche ☐☐☐☐☐ >1Woche
Fehlfunktion / Versagen der Applikations-Software	☐☐☐☐☐	☐☐☐☐☐	☐☐☐☐☐ 15 Min. ☐☐☐☐☐ 1 Std. ☐☐☐☐☐ 1 Tag ☐☐☐☐☐ 1Woche ☐☐☐☐☐ >1Woche
Fehlfunktion / Versagen der infrastrukturnahen Software	☐☐☐☐☐	☐☐☐☐☐	☐☐☐☐☐ 15 Min. ☐☐☐☐☐ 1 Std. ☐☐☐☐☐ 1 Tag ☐☐☐☐☐ 1Woche ☐☐☐☐☐ >1Woche
Fehlfunktion / Versagen der Hardware		☐☐☐☐☐	☐☐☐☐☐ 15 Min. ☐☐☐☐☐ 1 Std. ☐☐☐☐☐ 1 Tag ☐☐☐☐☐ 1Woche ☐☐☐☐☐ >1Woche
Naturkatastrophen		☐☐☐☐☐	☐☐☐☐☐ 15 Min. ☐☐☐☐☐ 1 Std. ☐☐☐☐☐ 1 Tag ☐☐☐☐☐ 1Woche ☐☐☐☐☐ >1Woche
Arbeitskräftemangel	☐☐☐☐☐	☐☐☐☐☐	☐☐☐☐☐ 15 Min. ☐☐☐☐☐ 1 Std. ☐☐☐☐☐ 1 Tag ☐☐☐☐☐ 1Woche ☐☐☐☐☐ >1Woche
Andere (bitte spezifizieren)	☐☐☐☐☐	☐☐☐☐☐	☐☐☐☐☐ 15 Min. ☐☐☐☐☐ 1 Std. ☐☐☐☐☐ 1 Tag ☐☐☐☐☐ 1Woche ☐☐☐☐☐ >1Woche

Hinweis: Metrik zur Einstufung der Häufigkeiten siehe folgende Tabelle

Metrik zur Einstufung der Häufigkeit

Häufigkeit der Fälle				
a	b	c	d	e
sehr oft	oft	selten	sehr selten	unwahrscheinlich
mehrere mal pro Jahr	1 mal in 1 bis 3 Jahren	1 mal in 3 bis 10 Jahren	1 mal 10 bis 30 Jahren	1 mal in > 30 Jahren

Bestimmung von Schadensausmass und Risiko

Bezeichnung System / Prozess:...

Schadensausmass (Impact) (Einstufungen entsprechend Schadens-Metrik Tabelle A.3.5)	Aufgrund Vertraulich-keitsverlust A B C D E	Aufgrund Integritäts-verlust A B C D E	Aufgrund Verfügbarkeits-verlust A B C D E	Monetarisierter Schaden (€)
Finanzieller Verlust (z. B. Direkter Geschäftsverlust, Betrug, Wiederherstellungskosten)	☐☐☐☐☐	☐☐☐☐☐	☐☐☐☐☐ 15 Min. ☐☐☐☐☐ 1 Std. ☐☐☐☐☐ 1 Tag ☐☐☐☐☐ 1Woche ☐☐☐☐☐ >1Woche	
Schädigung der geschäftlichen und wirtschaftlichen Interessen (z. B. Verwertbarkeit von Informationen wie Methoden, Konzepten, Verträgen, Störungen von Vertriebskanälen)	☐☐☐☐☐	☐☐☐☐☐	☐☐☐☐☐ 15 Min. ☐☐☐☐☐ 1 Std. ☐☐☐☐☐ 1 Tag ☐☐☐☐☐ 1Woche ☐☐☐☐☐ >1Woche	
Beeinträchtigung der Management- und Geschäftsvorgänge (z. B. Falsche Führungsentscheide, Ineffizienter Betrieb, Schwache Verhandlungen)	☐☐☐☐☐	☐☐☐☐☐	☐☐☐☐☐ 15 Min. ☐☐☐☐☐ 1 Std. ☐☐☐☐☐ 1 Tag ☐☐☐☐☐ 1Woche ☐☐☐☐☐ >1Woche	
Verlust an Goodwill (z. B. schlechtes öffentliches Image, Verlust an Glaubwürdigkeit/Ranking, Fallen des Aktienpreises)	☐☐☐☐☐	☐☐☐☐☐	☐☐☐☐☐ 15 Min. ☐☐☐☐☐ 1 Std. ☐☐☐☐☐ 1 Tag ☐☐☐☐☐ 1Woche ☐☐☐☐☐ >1Woche	
Nichteinhaltung von gesetzlichen und regulativen Verpflichtungen (z. B. keine ordnungsgemässe Geschäftsführung, Verletzung Sorgfaltspflicht, Geldwäscherei, Computerkriminalität, Sittenwidrigkeit)	☐☐☐☐☐	☐☐☐☐☐	☐☐☐☐☐ 15 Min. ☐☐☐☐☐ 1 Std. ☐☐☐☐☐ 1 Tag ☐☐☐☐☐ 1Woche ☐☐☐☐☐ >1Woche	
Beeinträchtigung von Informationen anderer Personen (z. B. Verletzung Geschäftgeheimnis, Verletzung Datenschutzgesetz)	☐☐☐☐☐	☐☐☐☐☐	☐☐☐☐☐ 15 Min. ☐☐☐☐☐ 1 Std. ☐☐☐☐☐ 1 Tag ☐☐☐☐☐ 1Woche ☐☐☐☐☐ >1Woche	

<u>Anm.</u>: Bei Verwendung der „First Cut"-Formulare erfolgt die Risikobestimmung mit den aus der Einschätzung resultierenden Höchstwerten für „Häufigkeit" und „Schadensausmass".

Bestimmung des Risikos					
Schadenshöhe pro Fall [Mio. €] Häufigkeit der Fälle	E klein < 0.3	D mittel 0.3 - 1	C gross 1-3	B sehr gross 3 - 10	A katastrophal > 10
sehr oft (mehrere mal pro Jahr)	mittel	gross	sehr gross	katastrophal	irreal
oft (1 mal in 1 bis 3 Jahren)	klein	mittel	gross	sehr gross	katastrophal
selten (1 mal in 3 bis 10 Jahren)	sehr klein	klein	mittel	gross	katastrophal
sehr selten (1 mal in 10 bis 30 Jahren)	sehr klein	klein	klein	mittel	katastrophal
unwahrscheinlich (1 mal in > 30 Jahren)	-	sehr klein	klein	mittel	katastrophal

Beispiel einer Schadensmetrik für IT-Risiken

Impacts Stufe	Direkter finanzieller Verlust (Barwert der Ersatzkosten+ Opportunitätskosten) [in Mio. €]	Sonstige firmentypische Schadensauswirkungen		
		Schädigung der geschäftlichen und wirtschaftlichen Interessen Beeinträchtigung der Management- und Geschäftsvorgänge Verlust an Reputation	Nichteinhaltung gesetzlicher und regulativer Verpflichtungen (*)	Beeinträchtigung Informationen anderer Personen (*)
		Beispiele		
katastrophal A	> 10 z. B. aufgrund umfassender Zerstörungen und/oder zeit- und ressourcen-aufwändiger Wiederherstellungs-Aktivitäten	Massiver Umsatzrückgang aufgrund eines Ereignisses mit sehr grosser Marktbeeinflussung	Endgültiger Lizenzentzug oder Höchst-Strafen bei aufgetretenen Schadensfällen	-
sehr gross B	3 - 10 z. B. aufgrund langanhaltender Ausfälle	Kunden stellen infolge preisgegebener Produktionsgeheimnisse oder irreparabler Imageschäden auf Alternativprodukte um	Vorübergehender Lizenzentzug oder Strafen bei aufgetretenen Schadensfällen	Klagen wegen Abhören und gezieltem Missbrauch von Personal- und/oder Kundendaten in grossem Umfang
gross C	1 - 3 z. B. aufgrund Zerstörung von Produktionssystemen und entsprechenden Produktionsausfällen	Abnehmer drücken Preis aufgrund abgeflossener Geschäftsinformationen	Sanktionen/ Strafen wegen grober Sorgfaltspflicht-verletzung	Klage und Schadens-ersatz wegen Verletzung des Geschäftsgeheim-nisses von Kunden oder Partnern
mittel D	0.3 - 1 z. B. aufgrund Schadensersatz-forderungen bei fehlerhaften Produkt- und/oder Service-Lieferungen	Erhöhte Werbeauf-wendungen infolge angeschlagener Reputation	Verfahren wegen Mängel der ordnungsgemässen Geschäftsführung	Klagen wegen indiskreter Behandlung von Personaldaten
E klein	< 0.3 z. B. aufgrund kleinerer Störungen und daraus entstandener Rückvergütungen	-	-	Schadensersatz wegen vereinzelter Verletzung des Datenschutzes

* z. T. persönliche Haftung verantwortlicher leitender Personen

A.5 Beispiele zur Aggregation von operationellen Risiken

A.5.1 Beispiel der Bildung eines VAR durch Vollenumeration

Sollen zwei Verteilungen von Zufallszahlen zu einer Gesamtverteilung aggregiert werden, dann kann dies – vorausgesetzt die Verteilungen sind voneinander statistisch unabhängig – durch Faltung der beiden Wahrscheinlichkeitsdichtefunktionen und numerisch mit der Vollenumeration erfolgen:

$$h(x) = \int_{i=1}^{n} f(x \mid k) \times p(k) \; dk$$

Im Folgenden wird die Aggregation der Daten einer „Verlustanzahl"-Verteilung mit einer „Verlusthöhen"-Verteilung zu einer Gesamtverlust-Verteilung mittels Vollenumeration gezeigt. Die Gesamtverlustverteilung dient sodann der Ermittlung eines „Operational Value at Risk":

Verlustanzahl-Verteilung p(k)			Verlusthöhen-Verteilung f(x I k)		
Verlustanzahl pro Jahr	Wkt. *)		Verlusthöhe [Mio. €]	Wkt.	
0	0.3		1	0.4	
1	0.5		2	0.5	
2	0.2		4	0.1	
0.9		x	1.8		1.62 Mio. € (erwarteter Gesamtverlust)

*) Wkt: Wahrscheinlichkeit als rel. Häufigkeit erfasst

Verlust-anzahl	Wkt. Verlust-anzahl	1. Verlust-höhe [Mio. €]	Wkt. 1. Ver-lusthöhe [Mio. €]	2. Ver-lusthöhe [Mio. €]	Wkt. 2. Ver-lusthöhe [Mio. €]	Gesamt-verlust [Mio. €]	Gesamt-Wkt.
0	0.3	-				0	0.3
1	0.5	1	0.4			1	0.2
1	0.5	2	0.5			2	0.25
1	0.5	4	0.1			4	0.05
2	0.2	1	0.4	1	0.4	2	0.032
2	0.2	1	0.4	2	0.5	3	0.04
2	0.2	1	0.4	4	0.1	5	0.008
2	0.2	2	0.5	1	0.4	3	0.04
2	0.2	2	0.5	2	0.5	4	0.05
2	0.2	2	0.5	4	0.1	6	0.01
2	0.2	4	0.1	1	0.4	5	0.008
2	0.2	4	0.1	2	0.5	6	0.01
2	0.2	4	0.1	4	0.1	8	0.002

Der **Operational Value at Risk (OpVAR)** ergibt sich aus dem „Value at Risk für ein x-prozentiges Konfidenz-Niveau" minus dem „erwarteten Verlust".

Gesamtverlust [Mio. €]	Gesamt- Wkt.	Kumulierte Gesamt-Wkt. *)	Beispiele von OpVAR bei unterschiedlichen Konfidenz-Intervallen
0	0,3	0.3	
1	0,2	0.5	
2	0.282	0.782	
3	0.08	0.862	
4	0.1	0.962	OpVAR = 2.38 Mio. € bei Konfidenz-Niveau 96.2 %
5	0.016	0.978	
6	0.02	0.998	OpVAR = 4.38 Mio. € bei Konfidenz-Niveau 99.8 %
8	0.002	1.0	

*) Zur Berechnung eines VAR bei einem genau definierten Konfidenzintervall kann zwischen zwei Gesamt-Wahrscheinlichkeiten linear interpoliert werden.

Das für die Erläuterung der Aggregation anschauliche Verfahren der Vollenumeration zeigt gleichzeitig, dass bei vielen Datenwerten das Verfahren schnell sehr umfangreich und aufwändig wird. Im praktischen Einsatz ist deshalb eine Monte-Carlo-Simulation, wie sie unter A.5.3 grob skizziert wird, vorteilhafter einzusetzen.

A.5.2 Beispiele für Verteilung von Verlusthöhen und Verlustanzahl

Die Abb. A.1 zeigt die Lognormal-Verteilung als mögliche Annäherung für statistische Verteilung der Verlusthöhen (vgl. Piaz, Jean-Marc: Operational Risk Management bei Banken. Zürich: Versus Verlags AG, 2002, S. 116–117).

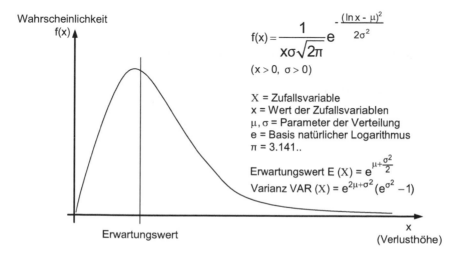

$$f(x) = \frac{1}{x\sigma\sqrt{2\pi}}\, e^{-\frac{(\ln x - \mu)^2}{2\sigma^2}}$$

$(x > 0, \ \sigma > 0)$

X = Zufallsvariable
x = Wert der Zufallsvariablen
μ, σ = Parameter der Verteilung
e = Basis natürlicher Logarithmus
π = 3.141..

Erwartungswert $E(X) = e^{\mu+\frac{\sigma^2}{2}}$
Varianz $VAR(X) = e^{2\mu+\sigma^2}(e^{\sigma^2}-1)$

Abb. A.1 Verteilung der „Verlusthöhe" mit Lognormal-Verteilung

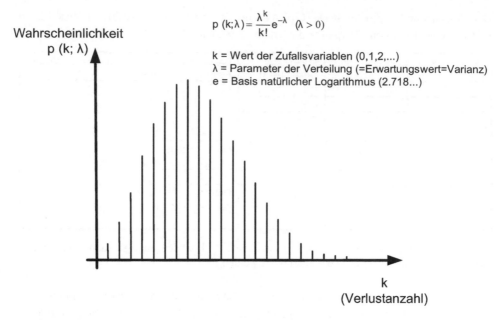

Abb. A.2 Verteilung der „Verlustanzahl" (Häufigkeit) mit Poisson-Verteilung

Die Abb. A.2 zeigt die Poisson-Verteilung die sich beispielsweise für die statistische Verteilung der „Verlustanzahl" anbietet (vgl. Piaz, Jean-Marc: Operational Risk Management bei Banken. Zürich: Versus Verlags AG, 2002, S. 114–116).

Die Kombination der Verlusthöhen-Verteilung (s. Abb. A.1) und der Verlustanzahl-Verteilung (s. Abb. A.2) zu einer Gesamtverlust-Verteilung kann, statistische Unabhängigkeit vorausgesetzt, mit der „Faltung" der beiden Verteilungsdichtefunktionen durchgeführt werden (s. A.5.1).

A.5.3 Aggregation mittels Monte-Carlo-Methode

Aus verschiedenen Gründen können sich rein analytische Berechnungen als unlösbar darstellen. Solche Fälle liegen dann vor, wenn beispielsweise zu wenig und ungenaues statistisches Datenmaterial vorliegt oder die den Risiken zugrundeliegenden Zufallsvariablen statistische Abhängigkeiten besitzen.

Eine Methode, die auch in diesen Situationen sinnvolle quantitative Ergebnisse liefert, ist die Monte-Carlo-Simulation. (Der Name kommt von der berühmten Spielbank in Monte-Carlo.)

Die Methode ist am Beispiel der Kombination einer Verlustanzahl-Verteilung mit einer Verlusthöhen-Verteilung zu einer Gesamtverlust-Verteilung, anhand von drei groben Prozessschritten gezeigt (statistische Unabhängigkeit vorausgesetzt):

Schritt 1

Als Input-Daten werden vorhandene Zufallsdaten eingegeben, die mit fehlenden und für die Zukunft relevanten Zahlen und Parametern ergänzt werden können. Sollen theoretische Verteilungsfunktionen approximiert werden, dann kann dies mit entsprechenden Tests erfolgen (z. B. Chi-Quadrat-Anpassungstest). In unseren Beispielen sind die Verlusthöhen auf eine Log-Normal-Verteilung und die Verlust-Anzahl auf eine Poisson-Verteilung zu approximieren.

Schritt 2

Der Monte-Carlo-Algorithmus wählt nun aus der Verlustanzahl-Verteilung nach dem Zufallsprinzip eine Anzahl von Verlusten und wählt entsprechend dieser Anzahl zufällige Verlustwerte aus der Verlusthöhen-Verteilung aus. Diese Anzahl von Verlusthöhen werden nun aufsummiert und bilden mit ihrer Wahrscheinlichkeit (Häufigkeit) einen Punkt in der Gesamtverlustverteilung.

Schritt 3

Der Schritt 2 wird so oft wiederholt, bis sich eine genügend genaue Kurve für die Gesamt-verlust-Verteilung ergibt.

Stichwortverzeichnis

© Springer Fachmedien Wiesbaden GmbH 2017
H. Königs, *IT-Risikomanagement mit System*, Edition <kes>,
DOI 10.1007/978-3-658-12004-7

Printed by Printforce, the Netherlands